D1718672

Global Text

Edited by
Prof. Dr. Rolf Bühner

Titles published:

Global Text

Herausgegeben von
Prof. Dr. Rolf Bühner

Erschienene Werke:

Dülfer, International Management in Diverse Cultural Areas –
Internationales Management in unterschiedlichen Kulturbereichen
Rasch, Verdooren, Gowers, Fundamentals in the Design and
Analysis of Experiments and Surveys – Grundlagen der Planung
und Auswertung von Versuchen und Erhebungen
Volz, The Organisations of the World Economy –
Die Organisationen der Weltwirtschaft

The Organisations of the World Economy

By
Dr. Gerhard Volz

R. Oldenbourg Verlag München Wien

Die Organisationen der Weltwirtschaft

Von

Dr. Gerhard Volz

R. Oldenbourg Verlag München Wien

Die Deutsche Bibliothek - CIP-Einheitsaufnahme

Volz, Gerhard:
Die Organisationen der Weltwirtschaft. The Organisations of the
World Economy, Englisch-Deutsch / von Gerhard Volz. – München ;
Wien : Oldenbourg, 2000
  (Global text)
  ISBN 3-486-25537-1

© 2000 Oldenbourg Wissenschaftsverlag GmbH
Rosenheimer Straße 145, D-81671 München
Telefon: (089) 45051-0
www.oldenbourg-verlag.de

Gedruckt auf säure- und chlorfreiem Papier
Gesamtherstellung: Druckhaus „Thomas Müntzer" GmbH, Bad Langensalza

ISBN 3-486-25537-1

Foreword

Why, you might be asking yourself, why should I ever read this book?
For your orientation, therefore, here is a very brief outline of what it is all about:

As its title suggests this book first of all provides a comprehensive overview of all major international organisations that in one way or another deal with today's global economy and its all-important engine of growth: free trade! When were they established, what do they do, and where are they situated? What are the interrelationships among them?
Furthermore, unlike most other books on the subject, at least unlike those that I know, it tries to provide a full picture of these organisations covering their economic and legal aspects as well as their respective historical backgrounds. Particular emphasis has been accorded to the question of what, if any, effective remedies are open to the private economic entities acting within these different frameworks, i.e., what remedies does a private business enterprise have if any of the international treaties on which these organisations are based is violated?
There are two clear focal points in this book: the first concerns the so-called "organisations of Bretton Woods", i.e., the IMF, the World Bank and the WTO (GATT). The second one is the European Community (nowadays often referred to as the "European Union"). Even though only regional in character, its bearing upon the world economy as a whole is such that it, too, belongs here. What is more, as quasi text-book examples of the different ways economic (and other) cooperation can be organised among sovereign states under differing circumstances, these two groups of treaties and organisations serve as an ideal background to illustrate the central problem that ultimately underlies almost every discussion about the virtues of free trade and its limitations, and which at the same time constitutes one of the main topics of this book: that is the eternal tension between local self-determination and the individual liberty (the right "to be different" and to act differently, i.e., to "discriminate") that comes with it, on the one hand, and the advantages of standardisation - and the disadvantages of the accompanying uniformity! - on the other. How is this tension resolved by the two different systems, the truly global one of Bretton Woods and the highly elaborate and intensive one of the European Community? As a kind of "finale" the book closes by contrasting the solutions provided by these two different systems with those worked out by two other important political constructions: these are the two federal systems of the United States and of Germany, respectively.

As a proper understanding of these organisations' international implications requires some basic understanding of how a modern economy works on the national or domestic level, these basics are presented "up front" in Part

Vorwort

Warum, so fragen Sie sich vielleicht gerade, warum sollten Sie ausgerechnet dieses Buch lesen? Deshalb hier zu Ihrer Orientierung ein ganz kurzer Abriß seines Inhalts:

Dieses Buch will dem Leser einen umfassenden Überblick über alle wichtigen internationalen Organisationen vermitteln, die sich in irgendeiner Weise mit der Weltwirtschaft befassen und damit auch mit deren entscheidenden Motor: dem freien Handel. Dabei versucht es – anders als die meisten anderen Bücher zu diesem Thema, zumindest als die, die mir bekannt sind - sowohl die wirschaftlichen als auch die rechtlichen Aspekte dieser Organisationen zu beleuchten und außerdem noch den historischen Hintergrund aufzuzeigen, vor dem sie jeweils entstanden sind. Ein weiterer Schwerpunkt liegt auf der Darstellung der rechtlichen Möglichkeiten, die den privaten wirtschaftlichen Akteuren, insbesondere also den Wirtschaftsunternehmen, jeweils offenstehen, um sich gegen Verletzungen der Verträge zu wehren, die von diesen Organisationen verwaltet werden.

Bezüglich der vorgestellten Organisationen werden zwei klare Schwerpunkte gesetzt: den ersten bilden die sogenannten "Organisationen von Bretton Woods", also der IWF, die Weltbank und die WTO (GATT). Den zweiten stellt die Europäische Gemeinschaft (heutzutage meist als "Europäische Union" bezeichnet) dar. Diese hat zwar an sich einen lediglich regionalen Charakter. Trotzdem ist ihr Einfluß auf die Weltwirtschaft insgesamt so erheblich, das auch sie unbedingt hierher gehört. Dazu kommt noch der Umstand hinzu, daß sie und die drei bereits erwähnten "Drillinge von Bretton Woods" zwei Musterordnungen schaffen, anhand derer sich geradezu schulbuchmäßig aufzeigen läßt, auf welche Weise die verschiedenen Systeme das zentrale Problem lösen, das die Diskussion um den freien Welthandel und seine Grenzen ebenso bestimmt, wie es auch dieses Buch quasi als "roter Faden" durchzieht: das ist das ewige Spannungsverhältnis zwischen individueller Freiheit (einschließlich des Rechts, "anders zu sein" und sich unterschiedlich zu verhalten, kurz, zu "diskriminieren") auf der einen und den Vor-, aber auch Nachteilen, die mit einer möglichst weitgehenden Standardisierung und damit auch Uniformität einhergehen, auf der anderen Seite! Wie lösen die beiden oben erwähnten und so stark unterschiedlichen Systeme dieses Spannungsverhältnis jeweils auf? Als eine Art "Finale" werden schließlich noch zwei weitere hochentwickelte Systeme kontrastierend in diese Betrachtung mit einbezogen. Das sind die beiden föderativen Ordnungen der USA und der Bundesrepublik Deutschland.

Da das Verständnis der hier vorgestellten internationalen Organisationen und ihrer Funktionen auf der supranationalen Ebene gewisse Grundkenntnisse über das Funktionieren einer Volkswirtschaft auf der nationalen Ebe-

1 of this book. Those readers who are knowledgeable enough to start right with Part 2, (or even Part 3) can of course do so.

This is the second edition of this book and the first one to include an English version. In this regard, it must be noted that the two versions of this book – German and English – are not word-for-word translations of each other, at least not throughout. Rather, I have taken the liberty – which, as the book's author, I believe is my privilege – of sometimes reading a whole paragraph in one language, and then writing it again, albeit in the other language, a technique that not only proved less tedious for me but which has also given to each version a rather more authentic flavour - or so at least I hope. The occasional differences in the lengths of the two versions that resulted I have tried to make up for by adapting the space between the lines of the two texts accordingly. As for the footnotes, the great majority of them are identical in both versions and accordingly bear the same numbers. The few footnotes that do not appear in both versions - a rare exception! - are marked by one *, two ** or three *** asterisks.
Otherwise, questions of style apart, the two versions are similar enough (indeed, they are often even identical) to make sure that by reading only one version the reader is not going to lose any of the book's substance!

Finally, I want to take the opportunity to give my thanks to my brother, Dr. Joachim Volz, Berlin, and to my friends, Dr. Wolfram Gerdes, Munich, Tilman Steinmayer, Stuttgart, and Martin Wernecke, Erlangen, as well as to my colleagues, Messrs Lothar Krumbügel, Dieter Führung and Hartmut Becker, Nürnberg, who all gave valuable comments on specific parts of this book.

By far the greatest contribution, however, was made by Mrs Glenna Burckel, Kansas, who spent considerable periods of her year in Germany working on the translation of this book as well as giving her always engaged and highly valuable advice on both the quality of language and the comprehensibility of its contents. Thus, if the language (of the English version) is any good, most merit in this respect is due to her!

Even though her contribution to this book has been immense, all and any mistakes that may be contained in it remain fully my own responsibility– as usual in such cases! -, however, with one major exception: should the reader ever miss a hyphen where there ought to be one or should he ever find one where there ought to be none, she alone is to blame!

Erlangen, Gerhard Volz

ne voraussetzt, habe ich diese in Teil 1 des Buches für diejenigen meiner Leser zusammengefaßt, die sich zunächst hierüber kurz orientieren wollen. Wer über die betreffenden Kenntnisse bereits verfügt, kann natürlich diesen Teil (ebenso wie ggf. Teil 2) überspringen.

Dies ist die erste zweisprachige Auflage dieses Buches. Hierzu ist zu bemerken, daß seine beiden sprachlichen Fassungen keine wortgetreuen Übersetzungen voneinander sind, jedenfalls nicht durchwegs. Als Autor habe ich mir vielmehr die Freiheit genommen, seinen Inhalt passagenweise zu übertragen, bzw. erst in der einen und anschließend in der anderen Sprache nochmals zu schreiben. Das hat den Stil hoffentlich ein wenig authentischer und weniger steif gemacht, bringt aber natürlich den Nachteil mit sich, daß die Texte beider Sprachen gelegentlich ein wenig differieren, insbesondere in der Länge. Das habe ich durch entsprechend geänderte Zeilenabstände so gut wie möglich auszugleichen versucht. Hinsichtlich der Fußnoten gilt folgendes: soweit - wie in der ganz überwiegenden Zahl der Fälle - Fußnoten in beiden Sprachen inhaltlich gleich wiedergegeben sind, haben sie in beiden sprachlichen Fassungen auch dieselbe Nummer. Taucht dagegen eine Fußnote ausnahmsweise nur in einer der beiden Fassungen auf, so ist sie dort statt mit einer Nummer mit einem *, zwei ** oder drei *** Sternchen versehen.
Trotzdem sind aber die Unterschiede zwischen den beiden Fassungen des Buches nahezu ausschließlich stilistischer Art. Wer also nur eine der beiden Fassungen liest, versäumt deshalb nichts Wesentliches.

Zum Abschluß möchte ich die Gelegenheit wahrnehmen, mich bei verschiedenen Personen für ihre Unterstützung zu bedanken, die meist in der Form kritischer Kommentare erfolgte. Es sind dies mein Bruder, Dr. Joachim Volz, Berlin, meine Freunde, Dr. Wolfram Gerdes, München, Tilman Steinmayer, Stuttgart, und Martin Wernecke, Erlangen, sowie meine Kollegen Lothar Krumbügel, Dieter Führing und Hartmut Becker, alle Nürnberg. Den mit Abstand wichtigsten Beitrag zu diesem Buch leistete jedoch Frau Glenna Burckel, Kansas, die einen erheblichen Teil ihres einjährigen Aufenthaltes in Deutschland auf seine Übersetzung verwandt hat. Aber auch ihre engagierten Kommentare sowohl zum Inhalt als auch zum Stil des Buches waren von unschätzbarem Wert.

Wie bei solchen Gelegenheiten üblich, bleibt mir abschließend nur noch zu betonen, daß natürlich alle verbleibenden Fehler und Schwächen dieses Buches vollständig zu meinen Lasten gehen, allerdings mit einer bedeutenden Ausnahme: sollte der Leser in der englischen Fassung des Buches irgendwo einen Bindestrich finden, wo keiner hingehört oder umgekehrt einen solchen zu Recht irgendwo vermissen, dann ist dafür ausschließlich Frau Burckel verantwortlich!

Erlangen, Gerhard Volz

CONTENTS

INHALTSÜBERSICHT

Part 4:   The GATT and its Successor: The WTO-System

Teil 4:   Das WTO-System

PART 1: INTRODUCTION: THE BASIC ELEMENTS OF OUR ECONOMIC SYSTEM

"As it is the power of exchanging that gives occasion to the division of labour, so the extent of this division must always be limited by the extent of that power, or, in other words, by the extent of the market."

Adam Smith, "The Wealth of Nations", 1776

Chapter 1: The Different Methods of Allocating[1] Goods
(Strengths and Weaknesses of the Market Principle)

Imagine there are three islands: Polynesia, Melanesia and Tahiti. On the island of Polynesia, the only fruit one can grow is coconut; in Melanesia there exist only bananas; and the inhabitants of Tahiti are relegated to tuna as their only nourishment. One day, however, one of the islanders invents the canoe. Thus for the first time it becomes possible to go from one island to the other. What will our islanders do under these changed circumstances in order to make their menu better and more varied? Provided they are peace-loving, they will enter into the business of exchanging goods. The inhabitants of Polynesia will share their coconuts with the others and will receive bananas and tuna in return. Thus it will not be long before the inhabitants of all three islands can enjoy a tastier, more interesting and even healthier diet even without any increase in the total supply of food. The only thing to have changed is the allocation of the available goods among the consumers.

This allocation can take place in various ways: the most direct of these is the appropriation by force (robbery; war) of the available resources by the strongest party. However, although historically well proven, this method entails high costs for all concerned and its advantages, if any, are strictly limited to the stronger party. This very effect simultaneously constitutes its greatest drawback: it rewards not the one who most efficiently *produces* wealth but the one who is best able to *take* such wealth *away* from others. So it encourages the production of weapons rather than meeting the ordi-

---

[1] From Latin *"locus"* = *place*, *"loc-ation"*, and *"ad"* = *to, towards*, together: *to take somewhere, to "locate"*.

TEIL 1: EINFÜHRUNG: DIE WESENTLICHEN GRUNDELEMENTE UNSERES WIRTSCHAFTSSYSTEMS

"As it is the power of exchanging that gives occasion to the division of labour, so the extent of this division must always be limited by the extent of that power, or, in other words, by the extent of the market."

                    Adam Smith, "The Wealth of Nations", 1776

Kapitel 1: Die Methode der Güter*verteilung* (Allokation)[1]
(Stärke und Grenzen des marktwirtschaftlichen Prinzips)

Stellen wir uns folgendes vor: Auf der Insel Polynesia wachsen ausschließlich Kokosnüsse; in Melanesia gibt es lediglich Bananen. Die Einwohner von Tahiti dagegen verfügen als einzige Nahrungsquelle über Thunfisch, den sie mühsam mit Netzen fangen. Eines Tages erfindet einer der Bewohner von Tahiti das Kanu: erstmals wird es möglich, von einer Insel zur anderen zu fahren. Was werden die Bewohner von Polynesia, Melanesia und Tahiti jetzt wohl tun, um ihr tägliches Menü etwas abwechslungsreicher zu gestalten? Vorausgesetzt, sie sind friedlich gesonnen, werden sie tauschen: die Bewohner von Polynesia werden den anderen von ihren Kokosnüssen abgeben und dafür teilweise Bananen und teilweise Thunfisch eintauschen. Im Ergebnis werden die Bewohner aller drei Inseln ein schmackhafteres, abwechslungsreicheres und gesünderes Menü zur Verfügung haben als zuvor und das, obwohl die Anzahl der vorhanden Wirtschaftsgüter sich gegenüber dem vorhergehenden Zustand gar nicht vergrößert hat. Das einzige, was sich geändert hat, ist die *Verteilung* (*"Allokation"*) der vorhandenen Güter auf die Verbraucher.

Dabei kann diese Verteilung auf verschiedene Art und Weise erfolgen: die unmittelbarste Methode ist die gewaltsame Wegnahme (Raub; Krieg) durch die stärkere Seite. Obwohl historisch "bewährt", ist diese Methode im allgemeinen für alle Beteiligten mit hohen Kosten verbunden und meist, wenn überhaupt, bestenfalls für die stärkere Partei von Nutzen. Gerade darin besteht wirtschaftlich gesehen zugleich ihr Hauptnachteil: sie belohnt nicht denjenigen, der Wohlstand produziert sondern denjenigen, der am besten dazu in der Lage ist, diesen Wohlstand anderen wegzunehmen. So

---

[1] Von lat. *"locus"* (Ort, vgl. "Örtchen") und *"ad"* (zu) = an einen Ort bringen, "plazieren".

nary needs of the population ("*guns*" instead of "*butter*"). The resulting incentives do not exactly make for an increase in wealth, at least not when -
as here - wealth is understood as the aggregate of all goods and services[2].

Another method of allocation *distributes* goods among the people *administratively*, according to certain criteria like status, merit or need. A good
example for such a system is provided by the animal world: first the male
lion eats, second it's the ladies´ turn, next come the cubs, followed by the
hyenas, then come the vultures and, finally, the worms and ants.
However, this hierarchical (or "administrative") method of allocating goods
is by no means limited to animals: on the contrary, e.g, the economic systems of the former Eastern bloc, the so-called "centrally planned economies", were based on exactly this principle. That holds true at least for
capital goods (machines etc.) the resources for which were distributed in
these economies centrally and without regard to actual demand. Even
though the recent collapse of these very systems seems unambiguously to
prove the superiority of what we conventionally call "market" economies,
one ought to keep in mind that large parts of this system are organised
according to the same - administrative - principle. This applies, first, to the
entire field of state administration, but also holds true for all distribution of
resources (labour and material as well as capital) that takes place *within* all
private firms (firm-*internal* relations). In both, resources are channelled not
to where high prices indicate urgent need, but where administrative *fiat* so
orders. Thus both the state as well as private firms employ the very allocative mechanism which the champions of the market economy never tire of
deriding as hopelessly inefficient[3].

---

[2] As has been shown most impressively by *Miller*, "*Bloodtaking and Peacemaking*", this purely economic view of the different modes of transactions is both
relatively modern and by no means mandatory. In Viking Iceland, e.g., each
transfer of goods, and especially the way this transfer was carried out, had a high
symbolic significance in defining both the honour and the relative status not only of
the participants themselves, but also of their entire clan(s). Thus, often, the economic effects of a certain transfer of goods were reduced to a minor role beside
this social significance of the transaction.
[3] It was the great work of *Ronald Coase* to have pointed out this obvious contra-
diction between the theory of the unqualified superiority of the market mechanism
over all other methods of allocation and the existence of economic entities that
derive their very efficiency from an opposing system of allocation, viz., from the
hierarchical one. *Coase* explained this apparent dichotomy with the relative transaction costs implied by each system, see *Coase*, "*Nature of the Firm*", in: *Coase*,

schafft sie den Anreiz, im Zweifel lieber militärische Güter zu produzieren als die Bedürfnisse der Bevölkerung zu befriedigen ("*Kanonen statt Butter*"). Dies aber ist wirtschaftlich offensichtlich unproduktiv[2].

Eine zweite Verteilungsmethode besteht in der *administrativen Zuordnung* der vorhandenen Güter auf die jeweiligen Verbraucher nach bestimmten Kriterien wie deren jeweiligen Rang, Verdienst oder Bedürftigkeit. Ein Beispiel für eine Verteilung nach dem Rang der Berechtigten bietet die Tierwelt: erst frißt der Löwenmann, anschließend die Damen, als nächstes die Jungen, danach die Hyänen, anschließend die Geier und ganz zum Schluß die Ameisen und Würmer. Dabei ist diese "hierarchische" Methode der Güterverteilung keineswegs auf das Tierreich beschränkt: vielmehr beruhten auch die Wirtschaftssysteme des ehemaligen Ostblocks, die sogenannten Zentralverwaltungswirtschaften, auf demselben Grundgedanken. Das galt zumindest im Bereich der Investitionen, in dem die Verwendung der vorhandenen Mittel von der zentralen Planungsbehörde unabhängig von Angebot und Nachfrage administrativ festgesetzt wurde. Wenngleich der kürzlich erfolgte Zusammenbruch der so organisierten Wirtschaftssysteme die Überlegenheit des marktwirtschaftlichen Systems eindeutig zu belegen scheint, darf man nicht vergessen, daß auch große Teile unseres eigenen Wirtschaftssystems nach eben diesem Prinzip organisiert sind. Das trifft nicht nur auf den gesamten Bereich der staatlichen Verwaltung zu, sondern gilt auch für sämtliche privaten Wirtschaftsunternehmen: diese steuern den Einsatz ihrer Ressourcen (Arbeitskräfte wie Sachmittel) intern nämlich gerade nicht über den Mechanismus von Angebot und Nachfrage, sondern im Wege der hierarchischen Anordnung, beziehen also ihre Effizienz und Schlagkraft gerade aus der Organisationsform, die von den Ideologen der Marktwirtschaft gemeinhin als ineffizient verpönt wird[3].

---

[2] Wie vor allem *Miller, Bloodtaking and Peacemaking*, eindrucksvoll gezeigt hat, ist diese rein ökonomische Betrachtungsweise der verschiedenen Methoden des Gütertransfers allerdings relativ modern und keineswegs zwingend. Im alten Island der Wikinger etwa hatte jedweder Gütertransfer, und vor allem die dafür gewählte Methode, hohe symbolische Bedeutung: sie bestimmte wesentlich die Ehre der daran Beteiligten als auch die sozialen Beziehungen sowie den relativen Rang zwischen ihnen bzw. den Angehörigen des jeweiligen Clans. Der mit einer solchen Güterbewegung gleichzeitig verbundene Wohlstandstransfer spielte demgegenüber in der damaligen Gesellschaft eine bestenfalls untergeordnete Rolle.

[3] Auf diesen offensichtlichen Widerspruch der Theorie von der angeblich absoluten Überlegenheit des marktwirtschaftlichen Mechanismus zu der Wirklichkeit unseres Wirtschaftslebens hat als erster der Nobelpreisträger in Wirtschaftswissenschaften von 1990, *Ronald Coase*, in seinem 1937 erschienenen Aufsatz "*Nature of the*

Still, experience seems to have proven that a system that subjects at least the relationships *among* firms to the forces of the market (firm-*external* relations) seems to be superior to one that indiscriminately and forcefully arranges all these relationships (firm-internal as well as external) on a strictly administrative basis[4].

One of the main advantages the market system has over its rivals is that only there can the consumer indicate in an objective way - through the price he is ready to pay - the relative importance he places on a certain resource (provided, of course, he has the necessary means to enter the pertinent "bidding" process).

In this way, it is assured (as well as possible) that the always scarce resources are channelled to where they are most needed.

Chapter 2: The Size of the Available Market

I) Natural Limitations

This capacity of an economic system to distribute or allocate the available supplies among the various interested parties is called its *allocative efficiency.* As we have seen, that capacity depends to a large extent on the economic system chosen. However, some other factors are also important: that can be well demonstrated by the example outlined at the beginning of this book: obviously, to the inhabitants of our three little islands the best market-driven system of distribution will be of little use without the invention of the canoe. Thus, one important factor of allocative efficiency is the means of transportation that exist within a certain economic area or, more generally, its infrastructure. To this must be added the cultural, linguistic and/or climatic differences within any one such region that render the ex-

---

"The Firm, The Market and The Law", p. 33 ff. It was partly for this insight that *Coase* was awarded the Nobel Prize for economics in 1990.

[4] Indeed, the exactly opposite mistake to that committed by the protagonists of an entirely "pure" market system was made by Marxist theory. One of the central tenets of this theory was the conviction that the *"productive forces"* inherent in every economy would only be raised to their full potential once the economy as a whole was lifted out of the "anarchy" of the mechanisms of supply and demand and instead was organised along the lines of an individual firm. It seems likely that this cardinal point of Marxist theory was an intellectual contribution of *Friedrich Engels, Marx'* closest friend who, as an important industrialist, was almost daily exposed to the experience of the awe-inspiring efficiency with which the process of manufacturing was organised within any one firm.

Immerhin hat die historische Erfahrung gezeigt, daß jedenfalls die unternehmens*externe* Zuteilung der vorhandenen Ressourcen in einem marktwirtschaftlichen Gesamtsystem einem *durchgehend* administrativ organisierten Wirtschaftssystem überlegen zu sein scheint[4].

Einer der Hauptvorteile des marktwirtschaftlichen Systems besteht darin, daß nur in ihm der Nachfrager die Möglichkeit hat, die Dringlichkeit seines Bedarfes durch den Preis, den er für eine bestimmte Ressource zu zahlen bereit ist, auf eine objektivierte Art zum Ausdruck zu bringen und so (bestmöglich) dafür zu sorgen, daß die (immer knappen) Güter jeweils demjenigen zugute kommen, der dafür den dringendsten Bedarf hat.

Kapitel 2: Die Größe des verfügbaren Marktes

I) Naturgegebene Grenzen

Diese Fähigkeit eines Wirtschaftssystems, den vorhandenen Güterbestand auf die verschiedenen Interessenten zu verteilen, bezeichnet man als seine *allokative Effizienz*. Wie wir gesehen haben, hängt diese zwar in starkem Maße von der Art des gewählten Wirtschafts- bzw. Verteilungssystems ab, doch sind auch einige weitere Faktoren dafür von ebenso maßgeblicher Bedeutung: das läßt sich gut an unserem eingangs skizzierten Beispiel demonstrieren: offensichtlich hilft etwa den Einwohnern unserer drei Inseln das beste marktwirtschaftliche Verteilungssystem nichts ohne die Erfindung des Kanus. Einen wichtigen Faktor der allokativen Effizienz bilden also auch die Transportmöglichkeiten innerhalb des betrachteten Wirtschaftsraumes bzw. ganz allgemein dessen Infrastruktur. Dazu kommen noch die kulturellen, sprachlichen oder klimatischen Unterschiede der verschiedenen Regionen, die einen Güteraustausch unter Umständen er-

---

wiesen. Darin erklärt er die Wahl zwischen der hierarchischen Ressourcenallokation innerhalb einer Firma und dem auf der zumindest formalen Gleichberechtigung der Beteiligten beruhenden Prinzip von Angebot und Nachfrage mit den beiden Methoden jeweils spezifischen *"Transaktionskosten"*.

[4] Dies zu verkennen, dürfte der folgenschwerste Irrtum der marxistischen Lehre gewesen sein, die - insoweit maßgeblich wohl auf Gedanken des Unternehmers *Friedrich Engels* zurückgehend - der Meinung war, die Entfaltung der durch die industrielle Revolution geweckten "Produktivkräfte" dadurch zu ihrer "natürlichen Vollendung" bringen zu können, daß man die zentrale Planung und hierarchische Organisationsform, die man innerhalb der Fabriken und Manufakturen als so außerordentlich produktionssteigernd erlebte, auf das Wirtschaftssystem als Ganzes übertrug, und so das als unüberschaubar empfundene "Chaos" einer ungeregelten Marktwirtschaft durch die vertraute und bewährte Ordnung ersetzte, die man von der Fabrik her gewohnt war.

change of goods more difficult. Thus, for example, it may be that in spite of excellent transportation connections between themselves and, say, the Eskimos of Greenland, and in spite of the availability of first class interpreters, the inhabitants of our little archipelago may not be very interested in the cod-liver oil offered them by their cousins in Greenland – whether for reasons of differing taste or because, due to their different climate, they have no need for it.

II) "Artificial" Limitations: Governmental and Private Trade Barriers

Apart from these natural barriers to trade there is a multitude of man-made ones through which the exchange of goods is prevented from reaching its theoretical optimum. Some of them result from the legal framework by which it is governed. Thus, the invention of the canoe in our example can increase the wealth of our islanders only so long as the three chieftains do not prohibit the importation of "foreign" merchandise (whether out of fear of the gods, or for "the protection of domestic industry", or for the conservation of their own "cultural identity") or demand special "sacrifices" ("customs duties").
Finally, the potential advantages of this pioneering invention can also be thwarted through the intervention of powerful individuals. Thus, the complete fleet of canoes will do little good - nor will the most liberal trade practices be much help - if it is regularly robbed by pirates.

All three elements discussed so far - the existence of a viable infrastructure (canoe) and the absence of excessive governmental and/or of private interference ("ban" on foreign merchandise; piracy) - have one characteristic in common: they all affect the number of consumers who demand a particular product or, conversely, they determine the number of goods available for a consumer at reasonable prices. In brief: it is these barriers which finally determine the size of the economic area in question. If this area is organised according to the principles of supply and demand (as in 18th century England), it may well be called a "market", after its physical model. This is exactly what the philosopher and economist *Adam Smith* did in his famous treatise on the "*Wealth of Nations*" (cf. the quotation at the beginning of this book).

All the aforesaid may be briefly summarised as follows: the ease with which an existing supply of goods is distributed ("allocated") among the various consumers (*allocative efficiency*) depends, *first*, on the *system of distribution* and, *second*, on the *size of the available market*.

schweren: so haben die Einwohner von Polynesia vielleicht selbst bei besten Verkehrsverbindungen nach Grönland und trotz ausgezeichneter Dolmetscher vermutlich kein Interesse an dem von den Eskimos angebotenen Lebertran, sei es aus geschmacklichen Gründen, sei es, weil sie seine Wirkstoffe wegen ihres warmen Klimas nicht benötigen.

II) "Künstliche" Grenzen: staatliche und private Handelserschwernisse

Außer von diesen naturgegebenen Handelshindernissen wird der theoretisch denkbare Güteraustausch ferner durch eine Vielzahl menschengemachter Hindernisse zusätzlich erschwert. Dazu gehören u.a. die rechtlichen Rahmenbedingungen, unter denen sich dieser Güteraustausch vollzieht. So kann sich etwa die Erfindung des Kanus in unserem obigen Beispiel natürlich nur dann positiv auf den Wohlstand unserer Inselbewohner auswirken, wenn die Häuptlinge der drei Inseln ihren Untertanen die Einfuhr "ausländischer" Produkte nicht verbieten (sei es aus Angst vor dem Zorn der Götter, sei es zum "Schutze der heimischen Wirtschaft", sei es zum Zwecke der "Erhaltung der eigenen kulturellen Identität") oder für deren Einfuhr spezielle Opfergaben ("Zoll") verlangen. Schließlich können die potentiellen Vorteile dieser bahnbrechenden technischen Neuerung aber auch noch durch Eingriffe mächtiger Privatpersonen verhindert oder erschwert werden: so nutzt die gesamte Kanuflotte einschließlich liberalster Handelspraktiken der verschiedenen Inselfürsten den Inselbewohnern auch dann nichts, wenn sämtliche Transportkanus regelmäßig etwa von Piraten ausgeraubt werden.

All diese Handelshindernisse weisen eine entscheidende Gemeinsamkeit auf: sie beeinflussen letztlich die Anzahl der Verbraucher, die ein bestimmtes Wirtschaftsgut nachfragen, bzw. umgekehrt hängt von ihnen die Anzahl der Güter ab, die für einen konkreten Verbraucher zu wirtschaftlich vertretbaren Preisen zur Auswahl stehen. Kurz: sie definieren letztlich die Größe des betreffenden Wirtschaftsraumes. Ist dieser, wie etwa im England des 18. Jahrhunderts, marktwirtschaftlich organisiert, so kann man ihn nach seinem Vorbild im kleinen, auf dem sich derartige Transaktionen tagtäglich anschaulich miterleben lassen, insgesamt als *"Markt"* bezeichnen, wie dies der berühmte schottische Philosophieprofessor und Ökonom *Adam Smith* in seinem eingangs wiedergegebenen Zitat getan hat.

Zusammenfassend läßt sich nach alledem feststellen: die Leichtigkeit, mit der sich ein vorhandener Güterbestand möglichst sinnvoll auf die verschiedenen Verbraucher verteilt (*allokative Effizienz*), hängt wesentlich von zwei Faktoren ab: einmal von dem gewählten Verteilungs- bzw. Wirtschaftssystem, zum zweiten von *der Größe des* zur Verfügung stehenden *Marktes.*

Chapter 3: The *Productive* Efficiency of a World-Wide Exchange of Goods

I) Increasing the Supply of Goods through the Creation of Incentives to Work[5]

Besides this more static effect (efficient distribution of a – given – supply of goods) the market system is characterised by another essential property of a more dynamic nature. By channelling the goods to those who are both able and willing to pay for them, the market system rewards the ownership of money and thus creates an incentive to work hard in order to obtain it. In this way it spurs everybody on to intensified industriousness which in turn leads to an increase in the overall supply of goods. This dynamic effect is called *"productive efficiency"*.

II) The Increase in the Supply of Goods through Specialisation

The mechanism just described further provides an incentive for each individual not only to work harder but to employ his labour more shrewdly, that is, to increase his productivity (thereby once more enhancing both the quantity and quality of his products). At the beginning of industrialisation, at least, the best way to achieve this was through an ever-increasing specialisation of labourers in ever more narrowly defined tasks. Possibly the most extreme degree of this "division of labour" could be found in the few motions to which an assembly-line worker typically was relegated - and often still is today. Indeed, this process was believed by *Adam Smith* to be of such eminent importance that he put its description at the very beginning of his famous work on the *"Wealth of Nations"*. It is true, through increased automation of many work-processes this effect may to a certain extent have become virtually obsolete just where it originally was most pronounced, viz., in the field of manual and industrial labour. In its place however, specialisation today has gained all the more importance in the field of education and training (both vocational and academic) on which our highly developed modern economies have come to depend. In other words: the more job opportunities I have worldwide, the more worthwhile it is for me to invest in a prolonged and highly specialised education.

---

[5] See: *Posner, "The Economics of Justice"*, p. 66.

Kapitel 3: Die *produktive* Effizienz eines weltweiten Güter-austauschs

I) Gütervermehrung durch Leistungsanreiz[5]

Neben diesem mehr "*statischen*" Effekt (Verteilung eines - gegebenen - Güterbestandes) weist gerade das marktwirtschaftliche System aber auch noch eine entscheidende "*dynamische*" Eigenschaft auf: da die vorhandenen Güter über Angebot und Nachfrage demjenigen zugeteilt werden, der bereit und in der Lage ist, am meisten dafür zu bezahlen, lohnt es sich in einem solchen System, hart zu arbeiten mit dem Ziel, viel zu verdienen, um so möglichst erfolgreich am Verteilungswettbewerb teilzunehmen. Durch den dadurch angespornten allgemeinen Fleiß wird aber der Bestand an Gütern in einem solchen System nicht nur ideal verteilt, sondern darüber hinaus zugleich auch optimal vermehrt. Diesen dynamischen Effekt eines Wirtschaftssystems bezeichnet man als seine *produktive Effizienz*.

II) Vermehrtes Warenangebot durch verstärkte Spezialisierung

Durch den soeben skizzierten Mechanismus schafft das marktwirtschaftliche System zugleich einen Anreiz, die aufgewendete Arbeitskraft möglichst geschickt zu dieser Gütervermehrung einzusetzen, also nicht nur die Quantität der Arbeit zu vermehren sondern ebenso auch deren Qualität zu optimieren. Jedenfalls zu Beginn der Industrialisierung gelang dies am besten durch eine immer weitere Spezialisierung der einzelnen Arbeitskräfte auf bestimmte, *immer enger definierte* Arbeitsprozesse, deren eindrucksvollste Verwirklichung sich in der Beschränkung des Fließbandarbeiters auf einige wenige Handgriffe finden dürfte. Diesen Prozeß hielt *Adam Smith* für so wichtig, daß er seine Beschreibung ganz an den Anfang seines berühmten Werkes über den "*Wohlstand der Nationen*" stellte. Zwar ist er gerade im Bereich der handwerklich-industriellen Tätigkeit, in der er ursprünglich am deutlichsten auftrat, durch die zunehmende Automatisierung vieler Arbeitsprozesse inzwischen teilweise obsolet geworden.

Dafür aber tritt er immer ausgeprägter in Form zahlreicher langer und aufwendiger Ausbildungsgänge in Erscheinung, die immer mehr die Grundlage unserer hochentwickelten Wirtschaft bilden: Je mehr Auswahl ich hinterher weltweit an Arbeitsplätzen habe, desto mehr lohnt sich für mich eine aufwendige und spezialisierte Ausbildung.

---

[5] Vgl. zu diesem Thema: *Posner, The Economics of Justice*, S. 66.

Chapter 4: The Functions of Money

I) The Problem

While this specialisation provides an ever broader supply of goods and services, it at the same time renders the exchange of goods thus produced ever more urgent. However, in this process, the natural barter economy soon reaches its limits. Imagine that in our scenario the inhabitants of Polynesia, Melanesia and Tahiti wish to exchange coconuts, bananas and tuna as described. In the absence of money, the following problems would immediately arise:

First, our islanders would have to determine the value each of these goods has relative to each of the others. How many coconuts are worth one tuna, how many of them correspond to a banana, and, finally, how many bananas equal in value one tuna?

Second, in such a barter economy, every acquisition ("purchase") must be matched by a simultaneous sale by the "original" purchaser to the original seller of one or more items whose combined value roughly equals the value of the original purchase. This, of course, can only work if, *first*, the "original" purchaser does indeed have such an item at that time and if, *second*, the seller happens to be interested in this very product. Whenever these narrow conditions are not fully met, in most cases[6] the only remaining alternative is for the seller (of the original commodity) to waive his claim for immediate compensation and to make do with the buyer's promise that he will provide such compensation some time in the future.

Such a waiver, however, obviously requires substantial trust ("credit[7]") on the part of the seller in the ability and willingness of the buyer ("debtor") actually to keep his promise. It is this trust, however, that will generally be lacking, particularly in our modern mass economy[8].

---

[6] In certain situations there may be indeed a viable alternative to the extension of credit. This is, e.g., the case described below as a *"Circular Exchange Situation"*. As we shall further see (V, below), however, this alternative will not often work due to the prohibitive *"transaction costs"* that are usually implied by it.

[7] From Latin *"credere"* = to believe, to trust.

[8] It is true that the necessary trust may in some instances be created by the debtor through the provision of appropriate security, either by providing some kind of surety or mortgage or by voluntarily facilitating the enforcement of the pertinent debt as by issuing a draft.

Kapitel 4: Das Geld und seine Funktionen

I) Problemstellung

Die so geschaffene fein ziselierte breite Angebotspalette an Waren und Dienstleistungen macht freilich umgekehrt den gegenseitigen Güteraustausch ihrerseits noch dringender und notwendiger. Dabei stößt die naturale Tauschwirtschaft jedoch bald an ihre Grenzen: Stellen wir uns beispielsweise vor, in unserem oben skizzierten Szenario wollten die Bewohner von Polynesia, Melanesia und Tahiti wie beschrieben Kokosnüsse, Bananen und Thunfische austauschen. Bei einer reinen Tauschwirtschaft ohne Geld ergibt sich dabei für sie eine Vielzahl von Problemen:

Zum einen müssen sie u.a. den relativen Wert dieser drei Güter in ihrem Verhältnis zueinander bestimmen: wieviele Kokosnüsse entsprechen einem Thunfisch, wieviele einer Banane, und wieviele Bananen entsprechen schließlich einem Thunfisch?

Zum zweiten setzt in einer solchen Tauschwirtschaft jeder Erwerbsvorgang ("Kauf") fast zwingend voraus, daß der Erwerber (Käufer) zum Zeitpunkt seines Erwerbs entweder seinerseits über ein oder mehrere Wirtschaftsgüter verfügt, an dessen bzw. deren Erwerb ausgerechnet sein Verkäufer zufällig gerade in diesem Augenblick ebenfalls Interesse hat und dessen/deren Wert insgesamt dem Wert des von ihm gewünschten Gutes noch dazu mehr oder weniger genau entspricht/entsprechen. Andernfalls bleibt im allgemeinen[6] nur die Möglichkeit, daß der Verkäufer vorläufig auf jede konkrete Gegenleistung verzichtet und sich statt dessen mit dem bloßen Versprechen des Käufers begnügt, ihm *später einmal* eine solche Gegenleistung zu erbringen.

Das wiederum setzt aber ein erhebliches Vertrauen ("Kredit")[7] des Veräußerers in die entsprechende Leistungsfähigkeit *und* -bereitschaft des Käufers ("Schuldners") voraus, an dem es gerade in unserem heutigen anonymen Massenverkehr meist fehlen wird[8].

---

[6] Wie wir unten, V, sehen werden, gibt es als weitere "Alternative" zum Kredit noch die - theoretische - Möglichkeit eines *"Ringtauscharrangements"*. Ein solches wird aber wegen seiner Komplexität nur selten zustandekommen und ist allemal mit einem erheblichen Aufwand verbunden.

[7] Von lat. *"credere"* = glauben, vertrauen.

[8] Wenigstens in gewissem Umfang läßt sich das notwendige Vertrauen allerdings dadurch herstellen, daß der Schuldner dem Gläubiger Sicherheit leistet - etwa durch die Stellung eines Bürgen, der ggf. an seiner Stelle zahlt -, oder dadurch, daß er sich für den Fall der nicht-freiwilligen Einlösung seines Versprechens von vornherein einer besonders schnellen und effektiven Methode der zwangsweisen

Closely connected to this second problem is the *third* and final difficulty which arises in a pure barter economy: that is the lack of a suitable instrument for saving which would make possible to "store" value and - thereby - provide the essential precondition for investments of any larger size.

II) The Functions of Money

1) Unit of Value

The first of these three problems can best be solved by introducing a *unit of value* or a *unit for computation* which is common to all economic goods. If one makes this unit small enough, a simpler and at the same time more precise valuation of all commodities becomes possible. This holds true in particular whenever the value of these goods in relation to each other cannot be expressed as a whole-number multiplier. Thus it is considerably more precise, and in any case much easier, to say, for example, that one tuna is worth 87 units of our "currency" - let's call it "polineros" - than it would be to express its value in terms of bananas (7 ½) or coconuts (6 ¾). The primary advantage of such a unit for computation is, however, that it obviates the necessity of relating or comparing the value of each item to that of every other potential object for barter, i.e., of all other items supplied by the economy. (What is the value of a tuna expressed in bananas? in coconuts? in pineapples? in oranges? in canoes?)

Rather, it now suffices to express the value of each item exclusively in terms of this unit of value (or unit for calculation) to be able to calculate the worth of all goods relative to each other. Further, this method also provides a means for a much better intuitive grasp of this value relationship (once I know, for example, that a tuna is worth 87 and a banana is worth 11.6[9] polineros, I am able not only easily to calculate their relative values, but I also get a rather good intuitive idea of this relationship).

Through this simplification the number of necessary valuations is greatly reduced. This effect is all the more marked, the greater is the number of different categories ("apples", "pears") of goods in the market. Thus if, for example, the total number of such categories is, say, four only, only four valuations are required in a scenario in which such a computing unit exists, while otherwise six such valuations will be needed $(3 + 2 + 1)$[10].

---

[9] $(7 \frac{1}{2} \times 11.6 = 87!)$.

[10] With four different items, A, B, C, and D, the following value relationships need to be determined: AB; AC; AD; BC; BD; CD.

Eng mit diesem zweiten Problem zusammen hängt schließlich die *dritte und letzte Schwierigkeit*, die sich bei der reinen Tauschwirtschaft ergibt: es fehlt an einem geeigneten Wertaufbewahrungsmittel, das das Sparen und damit Investitionen von größerem Ausmaß ermöglichen würde.

II) Funktionen des Geldes

1) Rechen- bzw. Werteinheit

Das erste dieser drei Probleme läßt sich am besten durch die Einführung einer allen Wirtschaftsgütern gemeinsamen *Rechen- oder Werteinheit* lösen. Wählt man diese Einheit klein genug, ermöglicht sie eine einfachere und zugleich genauere Bewertung aller Güter, als sie sonst jemals möglich wäre. Das gilt insbesondere dann, wenn der Wert dieser Waren nicht im Verhältnis ganzzahliger Vielfacher zueinander steht. So ist es beispielsweise erheblich präziser, zumindest aber einfacher zu sagen, etwa ein Thunfisch sei beispielsweise 87 Werteinheiten - nennen wir sie "Polineros" - wert, als wenn wir seinen Wert nur in Bananen (7 ½) oder Kokosnüssen (6 ¾) ausdrücken könnten.

Der Hauptvorteil einer solchen Recheneinheit besteht aber darin, daß mit ihr die Notwendigkeit entfällt, den Wert einer jeden Ware zumindest potentiell mit dem *jeder* anderen Ware vergleichen bzw. in Beziehung setzen zu müssen, die als mögliches Tauschobjekt in Frage kommt ("welchen Wert hat Thunfisch, ausgedrückt in Bananen?, in Kokosnüssen?, in Ananas?, in Orangen?, in Kanus?"). Vielmehr genügt es jetzt, den Wert einer jeden Ware ausschließlich in dieser einen, allen Gütern gemeinsamen Wert- oder Recheneinheit auszudrücken, um zugleich ihren relativen Wert auch im Verhältnis zu diesen anderen Gütern sowohl genau berechnen als auch intuitiv gut erfassen zu können (sobald ich z.B. weiß, daß ein Thunfisch beispielsweise 87 und eine Banane 11,6[9] Polineros wert ist, kann ich ihren relativen Wert in ihrem Verhältnis zueinander nicht nur leicht ausrechnen, sondern habe durch eine solche Berechnung auch bereits eine recht gute Vorstellung von diesem Wertverhältnis).

Durch diese Vereinfachung vermindert sich also die Anzahl der (zumindest potentiell) notwendigen Bewertungen, und zwar umso mehr, je größer die Anzahl der auf dem Markt verfügbaren Güter ist. So ergeben sich beispielsweise bei einem Gesamtgüterbestand von nur vier Gütern *mit* einer solchen Recheneinheit vier notwendige Bewertungen und *ohne* sie (auch nur) sechs (nämlich 3 + 2 + 1)[10].

Durchsetzung dieses Versprechens unterwirft. Beide Methoden kombiniert in idealer Weise der - klassische - Dreipersonenwechsel: hier haftet neben - und sogar vor - dem Aussteller noch mindestens eine dritte Person (nämlich der Bezogene; im Falle eines indossierten Wechsels darüber hinaus auch noch alle Indossanten!), und außerdem läßt er sich aus verschiedenen Gründen besonders leicht und schnell gegen jeden der Verpflichteten durchsetzen.

[9] $7 \frac{1}{2} \times 11,6 = 87$!.

[10] Bei vier Waren A, B, C und D sind nämlich folgende Wertrelationen zu bestimmen: AB; AC; AD; BC; BD; CD.

With a stock of, e.g., ten wares, in contrast, the difference will rise to 10 versus 55![11]
As we can see, in an economy of even modest complexity the number of comparative valuations necessary without the introduction of such a unit of computation almost immediately becomes exorbitant.

2) Means of Payment

The advantages of our newly introduced unit for calculation can be considerably increased if it is simultaneously defined as the standard means of payment. This has the great advantage of *uncoupling the operations of buying and selling*. That is, if, e.g., in 2001, somebody (Ms. Abraham, say, who lives in London) wants to sell a certain object to, say, Mr. Badger (who also lives in London), she can do so without having to purchase anything from her buyer or indeed from anyone else at that particular time. Having received our newly introduced means of payment for it, she is now free to purchase with this "money" whatever she wants from a different supplier (Mrs. Chou) at a different place (New York) and at a different time (2003). This means that a seller can concentrate completely on the production and/or distribution of his merchandise and needn´t concern himself with disposing of all the bartered goods he would otherwise receive as payment.

The so-called barter or exchange transactions becoming more common today in international transactions (because of foreign currency shortages) show how much a pure barter economy impedes specialisation[12]. What can a German builder of power plants do with the Tadjik crude oil offered him instead of payment in money? Since he himself has no use for it he must try to resell it. That is possible, of course, but involves relatively high costs for him as a newcomer in the oil business. Moreover, it only makes sense for him if finally he receives money and thus freely-disposable purchasing power at this second stage, the sale of the oil. If instead he could again obtain only bartered goods for his oil, say, carpets and Kalashnikovs, constructing that power plant would become totally unattractive.

---

[11] Generally speaking, the number of value relationships that need to be ascertained in such a system is determined by the famous formula of the German mathematician *Gauß* that reads $n \times (n + 1) / 2$, *"n"* representing the total number of goods in the market. In our example of $n = 10$ this results in $10 \times 11 / 2 = 55$. Contrast this with the number of 10 such determinations that remain to be ascertained once money is introduced!
[12] Within the EC this kind of barter trade is particularly common with governmental purchases of military equipment from foreign supplier. Such equipment is explicitly exempt from the free trade rules of both the GATT and the EC-treaty.

Bei einem Warenbestand von zehn Gütern dagegen beträgt der Unterschied bereits zehn zu 55[11]! Wir sehen also: in einer auch nur ansatzweise komplexen Wirtschaft wird die relative Bewertung der verschiedenen Güter ohne die Einführung einer solchen Recheneinheit sehr schnell außerordentlich aufwendig, wenn nicht gar unmöglich.

2) Zahlungsmittel

Die Vorteile der so eingeführten Recheneinheit lassen sich indes noch erheblich dadurch vermehren, daß man gleichzeitig mit ihr auch ein allgemein anerkanntes standardisiertes *Zahlungsmittel* schafft, das in bestimmten Vielfachen dieser Recheneinheit denominiert ist und das bei einem Verkauf oder Kauf statt einer naturalen Tauschware als Gegenleistung hingegeben werden kann. Das bietet den großen Vorteil, daß es die Vorgänge des *An-* und des *Ver*kaufs sowohl zeitlich als auch geographisch und personell voneinander entkoppelt. Das wiederum bedeutet u.a., daß sich beispielsweise der Verkäufer einer Ware voll auf Herstellung und Vertrieb der von ihm produzierten Waren konzentrieren kann und sich nicht auch noch damit zu beschäftigen braucht, alle möglichen Tauschwaren seinerseits "an den Mann zu bringen", die er von seinen verschiedenen Abnehmern als Gegenleistung für seine Waren erhält, und für die er selbst häufig gar keine Verwendung hat.

Wie sehr im Vergleich dazu eine reine Tauschwirtschaft die sonst mögliche Spezialisierung behindert, zeigen die sogenannten *"barter"*- oder "Kompensations"-, also Tausch- Geschäfte, die infolge der Devisenknappheit mancher Staaten gerade bei internationalen Transaktionen heute zunehmend wieder an Bedeutung gewinnen.[12] Was fängt beispielsweise ein deutscher Kraftwerkshersteller mit tadschikischem Rohöl an, das er statt Geld für die Errichtung seines Kraftwerks erhält? Da er selbst dafür keine Verwendung hat, muß er versuchen, es seinerseits zu veräußern. Das ist zwar möglich, für ihn als Neuling im Ölgeschäft aber mit relativ hohen Kosten verbunden. Zudem macht es für ihn überhaupt nur deshalb Sinn, weil er wenigstens in diesem zweiten Schritt (Verkauf des Öls) Geld und damit frei verfügbare Kaufkraft erhält. Könnte er auch dieses Öl wiederum nur gegen Orientteppiche und Kalaschnikows eintauschen, wäre der Bau des Kraftwerks für ihn endgültig uninteressant.

---

[11] Allgemein richtet sich die Anzahl der insgesamt zu bestimmenden Wertrelationen nach der berühmten *Gauß*'schen Formel $n \times (n + 1)2$, wobei n die Anzahl der insgesamt vorhandenen Güter repräsentiert. In unserem Beispiel $n = 10$ ergibt sich so die Zahl $10 \times 11 : 2 = 55$.

[12] Insbesondere im Bereich wehrtechnischer Ausschreibungen sind derartige Kompensationsverpflichtungen sogar in der EG auch heute noch nahezu ausnahmslos Teil der Vergabebedingungen - eine Folge der Tatsache, daß dieser Wirtschaftsbereich sowohl aus der GATT-Disziplin wie auch aus dem Anwendungsbereich des EG-Vertrages ausgenommen ist.

Because of the possibility of dividing such a means of payment into units almost as small as one likes, another problem is elegantly solved at the same time, which in a barter system arises as soon as the values of the sale and the *quid pro quo* are not related by an even multiplier. In such a case exact payment cannot effected. How do I pay for a tuna with coconuts if the former doesn´t happen to correspond to exactly 6 or 7 coconuts, but as in the above example to 6 ¾,?

3) Storage of Value

Such a calculation unit designed as a general means of payment - i.e., what is familiar to us as "money" - exhibits a further pronounced advantage: it is much better suited than any other object for the storage of value and thus for saving. This property of money is called its *value-preserving function*. This provides crucial advantages for the individual economic participant as well as for the economy as a whole.

For the individual it creates the possibility of making his expenditures to a certain extent independent of his current income, at least to smooth out temporary fluctuations of this income. So, by taking advantage of the instrument of money, I can conveniently save the portion of my current income not needed now in order to have it at my disposal in my old age, something that would not be possible had I received payment in the form of pineapples or coconuts. In brief: the introduction of money as a means of preserving value considerably improves the ability of the individual economic agent to allocate his disposable means optimally with regard to *time*. At least this applies as long as he spends only *after* first having accumulated the necessary savings. Otherwise, if his present needs surpass his immediately available means and he wants to borrow, the mere introduction of money as such does not generally suffice to solve the problem. Rather, for just such cases, the establishment of various financial institutions, ("credit" institutions!) is necessary, at least exceptionally helpful.

Durch die Möglichkeit der nahezu beliebig kleinen Stückelung eines solchen Zahlungsmittels ist zudem zugleich elegant ein weiteres Problem gelöst, das sich in jeder reinen Tauschwirtschaft zwingend ergibt, sobald die Werte von Leistung und Gegenleistung nicht zufällig in dem Verhältnis eines ganzzahligen Vielfachen zueinander stehen: so erleichtert die Einführung eines (ggf. durch die Einführung von 1/10 oder 1/100 - Einheiten - "Pfennigen") möglichst gering denominierten Zahlungsmittel nicht nur die exakte *Bewertung* sämtlicher Waren, sondern sie ermöglicht häufig auch erst die (genaue und damit vollständige) *Bezahlung*: wie bezahle ich einen Thunfisch etwa mit Kokosnüssen, wenn ein Thunfisch nicht zufällig genau sechs oder sieben Kokosnüssen entspricht sondern wie im obigen Beispiel 6 ¾? Da ist es erheblich einfacher, für den Fisch 87 Polineros zu bezahlen und für eine Kokosnuß 12 Polineros und 89 Polinessos.

3) Wertspeicher

Eine solche als allgemeines Zahlungsmittel ausgestaltete Recheneinheit - letztlich also das uns vertraute Geld - weist aber darüber hinaus noch einen weiteren entscheidenden Vorteil auf: es eignet sich nämlich viel besser als jeder andere Sachgegenstand zur Speicherung von Wert und damit zum Sparen. Diese Eigenschaft des Geldes bezeichnet man als seine *Wertaufbewahrungsfunktion*. Diese bringt sowohl für den einzelnen Wirtschaftsteilnehmer als auch für die Volkswirtschaft insgesamt entscheidende Vorteile mit sich: dem einzelnen verschafft sie insbesondere die Möglichkeit, sein Ausgabeverhalten weitgehend unabhängig von seinen jeweils aktuellen Einkünften zu gestalten, zumindest aber temporäre Schwankungen dieses Einkommens zu überbrücken. So kann ich beispielsweise mein heute erzieltes Einkommen, soweit ich es gegenwärtig nicht benötige, in Form von Geld besser aufbewahren, um es im Alter zur Verfügung zu haben, als wenn ich meinen Lohn ausschließlich in der Form etwa von Ananas oder Kokosnüssen ausbezahlt erhalten würde. Kurz: Die Einführung des Geldes als Wertaufbewahrungsmittel verbessert erheblich die Möglichkeit des einzelnen Wirtschaftsteilnehmers, seine verfügbaren Mittel auch in *zeitlicher* Hinsicht optimal zu *aloziieren*. Zumindest gilt dies solange, als er zunächst anspart und seine Ersparnisse erst *anschließend* ausgibt. Für den umgekehrten Fall, daß sein gegenwärtiger Bedarf seine gerade verfügbaren Mittel übersteigt und er folglich Kredit aufnehmen will, reicht dagegen die Einführung von Geld allein im allgemeinen noch nicht aus. Vielmehr ist gerade für solche Fälle zusätzlich die Einrichtung verschiedener Finanzinstitutionen ("Kredit"institute!) erforderlich, zumindest aber außerordentlich hilfreich.

Before we examine these institutions and their functions in an economic system more closely in the following chapter, we want briefly to visualise the over-all economic effect of saving, namely the value-preserving function of money. This means that only through saving and the accumulation of the savings of many individual economic agents can the sums be accumulated that are indispensable for any large-scale investments[13]. In this way, then, money also serves a decisive macro-economic function.

III) Forms of Money

In what forms does money appear and how can it be recognised as such?

However obvious the question may sound, the answer to it is rather less so. Certainly banknotes in the form familiar to us appeared relatively late in history, and even then they were for a long time considered to be not the actual compensation itself but rather a certificate that incorporated the right of its bearer to demand such compensation at some later time. The "real" compensation, according to this view, consisted in some valuable tangible items, usually precious metal like gold and silver or coins made from them, which were not themselves made the object of the actual exchange only because of the logistical difficulties this would have entailed[14,15].

The main reason for this earlier attitude towards banknotes is that considering such a piece of paper as what it actually is – viz., a claim for some good or service to be delivered at some later time - requires an ability of abstraction that is generally absent in primitive societies. Besides, it is much more natural to conceive of something as payment that not only

---

[13] Economists generally consider as equal the total amount of investments and the total amount of savings within the economy (I = S). This implies that all money that is not or not immediately consumed is effectively invested. It thereby neglects the - theoretical! - possibility that at least part of an individual's savings will unproductively vanish under his or hers *"mattress"*.

[14] This concept of a banknote as a mere symbol for gold as the "actual" means of payment is most clearly illustrated by the sentence ascribed to the head of state which is printed on every English pound note and reads as follows: *"I promise to pay the bearer upon demand the sum of 1 pound sterling"*, see *Obst/Hintner, "Geld-, Bank- und Börsenwesen"*, p. 91.

[15] In Germany it was as late as 1909 that banknotes acquired their present status as the actual legal tender, i.e., as the official means of payment. Until then these notes had been understood merely as certificates that entitled their bearer to demand their redemption by the Reichsbank against gold, but were otherwise worthless. In particular, they did not need to be accepted by anybody as payment for monetary debts, cf. *Obst/Hintner*, p. 201.

Bevor wir uns jedoch diese Institutionen sowie ihre jeweilige Funktion in unserem Wirtschaftssystem in den folgenden Abschnitten näher betrachten (unten Kapitel 5), wollen wir uns noch den erwähnten gesamtwirtschaftlichen Effekt des Sparens, also der Wertaufbewahrungsfunktion des Geldes, kurz vor Augen führen: dieser besteht darin, daß nur durch das Sparen und durch die Zusammenfassung der Ersparnisse vieler einzelner die Finanzvolumina zusammenkommen, die für Investitionen größeren Ausmaßes unverzichtbar sind[13]. Damit erfüllt das Geld auch insoweit eine ganz entscheidende gesamtwirtschaftliche Aufgabe.

III) Erscheinungsformen des Geldes

In welchen Formen tritt aber Geld in Erscheinung bzw. woran erkennt man es?
So selbstverständlich die Frage klingt, so schwierig ist bei näherer Betrachtung ihre Beantwortung. Sicher ist, daß Geld in der uns vertrauten Form von Banknoten historisch erst relativ spät entstanden ist und auch dann noch lange nicht als das eigentliche Zahlungsmittel angesehen wurde sondern lediglich als Symbol oder Urkunde des "eigentlichen" Geldes. Dieses aber bestand aus irgendeinem wertvollen Material, meist Gold oder einem anderen Edelmetall, und war nur wegen der damit verbundenen logistischen Schwierigkeiten nicht selbst Gegenstand des Austauschgeschäftes[14][15].
Das liegt neben einigen weiteren Gründen vor allem daran, daß ein bloßes Stück Papier als Symbol eines Anspruchs auf eine spätere Leistung - nichts anderes stellt eine Banknote dar - eine in einfachen Gesellschaften nicht vorhandene Abstraktionsfähigkeit voraussetzt. Viel einfacher zu fas-

---

[13] Die Ökonomen gehen sogar soweit, den Gesamtbetrag der in einer Volkswirtschaft getätigten Investitionen dem Gesamtbetrag des Sparens gleichzusetzen (I = S). Dabei wird stillschweigend davon ausgegangen, daß sämtliches nicht konsumiertes Vermögen produktiv investiert wird. Die Möglichkeit eines unproduktiven Verschwindens der Ersparnisse im geheimen Sparstrumpf wird dabei offensichtlich vernachlässigt.

[14] Besonders deutlich wird diese ursprüngliche Vorstellung der Banknote als eines bloßen Symbols für das eigentliche Zahlungsmittel Gold auf den englischen Pfundnoten, auf denen auch heute noch die englische Königin dem Inhaber der Note persönlich verspricht, die Note bei Vorlage gegen die entsprechende Menge Goldes einzutauschen. *" I promise to pay the bearer upon demand the sum of 1 pound sterling "*, hierzu *Obst/Hintner, Geld-, Bank- und Börsenwesen*, S. 91.

[15] In Deutschland erhielten die damals bereits seit Jahrzehnten von der Reichsbank ausgegebenen und im Umlauf befindlichen Banknoten ihren heutigen Status als das "eigentliche" gesetzliche Zahlungsmittel erst 1909. Vorher betrachtete man auch sie als bloße "Schuldscheine" der Reichsbank, die dem Inhaber eigentlich nur einen Anspruch auf Einlösung in Gold gegen die Reichsbank vermittelten, anson-

symbolises a claim to be satisfied at some time in the future (upon its presentation) - like modern banknotes - , but that *constitutes* this compensation in *itself*, e.g., through the value of the material it is made of[16].

In order fully to fulfill the functions required of it, this medium of payment must therefore be susceptible to division into small and identical units. Further, it needs to be both durable and valuable in order to constitute sufficient value even when transported in small volume and, finally, it must for obvious reasons not be easily duplicated at will.

Although in certain cultures and at certain times all imaginable objects have taken on the functions of money thus described - at least temporarily (cigarettes after the 2nd World War, rare mussels or pearls among certain island dwellers) -, the precious metals, particularly gold and silver, have shown themselves through the centuries to meet all these criteria particularly well. Quite apart from their suitability for the production of jewelry and/or of fillings and quite apart from their excellent characteristics as electrical conductors, they have always exercised such a strong, even magical fascination for man[17], that they were simply *felt* to be enormously valuable. Moreover, both can relatively easily be broken down into equal small units and are comparatively easy to coin and thus to standardise. Furthermore, because of their chemical properties as precious metals they are extremely durable, and because of their high value even in small quantities, relatively easy to carry. Finally, the supply of both can be increased only with the greatest effort through expensive mining operations[18]. In sum, both metals meet the above criteria just about perfectly[19].

---

[16] With this kind of *"payment"* every *"purchase"* finally boils down to a barter deal which is much more susceptible to human intuition than the notion of a modern *"money purchase"*.

[17] Cf., e.g., the song of the birds that is overheard by young *Siegfried* in the saga of the *Nibelungen* referring to the treasure of the *Nibelungen* which allegedly contained masses of gold: *"All the bracelets, buckles and clips and the gold red as blood, doomed are they all to destroy you!"*

[18] Historically, there were only two major instances of inflation of precious metals: the first one occurred after the discovery of Latin America when masses of Latin American gold and silver were brought from there to Europe. The second glut came in the wake of what is generally known as the *"California Gold Rush"* at the end of the 19th century, cf. *Obst/Hintner*, ibid., p. 91.

[19] On the other hand, the utilisation of precious metals as the exclusive means of payment also entails certain drawbacks. The financial losses suffered by the world economy because about 30% of the world supply of gold is stored in the cellars of central banks - rather than being put to industrial use - amounts to ca. 368 billion dollars per year, cf. *"The Economist"*, Nov. 22nd, 1997, pp. 107 ff.

sen ist demgegenüber natürlich ein Zahlungsmittel, das nicht bloß wie die heutigen Banknoten einen *Anspruch* (auf spätere Einlösung) *symbolisiert*, sondern das aufgrund seines Materialwerts selbst unmittelbar eine - dem Kaufpreis der gekauften Ware genau entsprechende - Gegenleistung darstellt[16].

Um die mit dieser Rolle verbundenen Anforderungen zu erfüllen, muß das als Geld verwendete Medium sich zum einen leicht in identische Einheiten jeweils gleicher Größe aufteilen lassen. Ferner muß es ebenso haltbar wie wertvoll sein, um auch in kleinem transportierbarem Volumen einen ausreichenden Wert zu repräsentieren, und schließlich darf es aus offensichtlichen Gründen nicht ohne weiteres beliebig vermehrbar sein.

Wenngleich in bestimmten Kulturen bzw. in bestimmten Zeiten alle möglichen Gegenstände die oben beschriebenen Funktionen des Geldes übernommen haben (Zigaretten nach dem Zweiten Weltkrieg; seltene Muscheln oder Perlen bei bestimmten Inselvölkern) so haben sich historisch über die Jahrtausende doch immer wieder die Edelmetalle - und hier insbesondere Silber und Gold - als all diesen Anforderungen besonders gut entsprechende Materialien erwiesen: Abgesehen von ihrer praktischen Nutzbarkeit für die Herstellung von Schmuck und/oder Zahnplomben wie auch als exzellente elektrische Leiter haben beide auf die Menschen nahezu aller Kulturen eine so starke, oft geradezu magische Faszination ausgeübt[17], daß sie zu fast allen Zeiten und von jedermann, ganz unabhängig von ihrem *praktischen* Nutzwert, einfach als ungeheuer wertvoll *empfunden* wurden. Dazu kommt, daß sich beide relativ einfach in gleichmäßige, kleine Einheiten (Münzen) zerlegen lassen und noch dazu vergleichsweise leicht zu prägen und damit zugleich zu standardisieren sind. Außerdem sind sie aufgrund ihrer chemischen Eigenschaft als Edelmetalle gut haltbar und wegen ihres hohen Wertes selbst in volumenmäßig geringen Mengen relativ einfach zu transportieren. Schließlich kann der Vorrat an beiden im allgemeinen nur unter größten Mühen im Wege des teuren Bergbaus vermehrt werden[18]. Kurzum, beide Metalle erfüllen die oben aufgeführten Kriterien in nahezu idealer Weise[19].

---

[16] Bei dieser Art der "Bezahlung" stellt sich jeder Kauf letztlich als ein Tauschgeschäft dar, das der menschlichen Intuition erheblich zugänglicher ist als ein moderner Geld"kauf".

[17] Vgl. etwa den Gesang der Vögel, mit dem diese in der Nibelungensage Siegfried vor dem Erwerb des Nibelungenschatzes warnen wollen: *"die Spangen, die Ringe, all das glutrote Gold, führen Dich einst ins Verderben!"*

[18] historisch gab es zweimal eine Edelmetallinflation: nach der Entdeckung Lateinamerikas sowie nach dem kalifornischen Goldrausch Ende des 19. Jahrhunderts, vgl. *Obst/Hintner*, aaO, S. 91.

[19] Andererseits bringt die Verwendung von Edelmetallen als Zahlungsmittel bzw. als Zahlungsmittelgarantie keineswegs nur Vorteile mit sich. Im Gegenteil: nach Auffassung einer kürzlich zu diesem Thema erschienen Studie belaufen sich die weltweiten Verluste, die dadurch entstehen, daß c.a. 30% des Weltgoldbestandes

This explains why in almost all cultures and among all people these two metals constituted the basis[20] for money (if not money itself!) right up to the thirties of this century. This was so, even though for reasons of practicality the importance of gold and silver as the means for effecting actual payments has declined dramatically since first banknotes and - quite recently - simple and fast electronic accounting (via credit and debit cards) have increasingly assumed this function.

Thus the "official", i.e., the governmentally-issued, money has gradually lost its character as a document representing title in or claim to some tangible object like gold or silver and has instead developed into a mere number which is cancelled out against similar figures put into one large system of mutual offsetting, with only the net difference being paid out on demand to the beneficiary. Thereby, however, it has virtually lost its main characteristic by which money originally differed from privately extended "credits", namely its tangibility. Thus, in our modern economy, the original difference between money and private "credit" granted by firms or banks, has become more and more blurred. This is particularly true for credit that is issued by banks which indeed fulfils the functions of "real" (i.e. of "tangible" or "primary") money in all respects. Its main remaining difference from the above-mentioned "primary" money lies in the fact that it has no tangible form, but is created and destroyed by mere accounting procedures. As these procedures take place (at least until recently, when the "electronic revolution" changed that, too) not in "tangible reality" but only via corresponding entries into accounting books, this kind of money technically is referred to as *"book money"*[21].

This development has ultimately blurred the difference between governmentally issued "money" on the one hand and privately extended credit on the other. In fact, within our current financial system, both (money and credit) fulfill virtually the same functions and have almost identical effects. This is most elegantly illustrated by the exchangeability between payment

---

[20] The unrestricted exchangeability of all current banknotes of a given currency for a fixed amount of gold is called *"gold standard"* in the narrow sense. If, on the other hand, only such a part of the current banknotes is backed up by gold as experience has shown will at most be cashed in by the investing public at any particular time, the pertinent financial system is best referred to as a *"gold kernel standard" (F. A. von Hayek, "Was der Goldwährung geschehen ist" ("What happened to the gold standard")*, p. 19). The first of these two systems in its theoretically pure form has probably never really existed anywhere in history.

[21] Alternatively it may also justifiably be called *"secondary money"*, as it is mainly created by private economic agents like banks and industrial firms, and depends on the existence and the viability of the *"real","tangible" or "primary"* money originally issued by the pertinent monetary authority, usually a country's central bank.

Das erklärt, warum sie noch bis in die dreißiger Jahre unseres Jahrhunderts hinein in nahezu allen Kulturen und bei allen Völkern zumindest die Grundlage des Geldes[20] gebildet haben, auch wenn aus Gründen der Praktikabilität Gold und Silber als das Medium für die Bewirkung konkreter Zahlungen zunehmend hinter dem später eingeführten Papiergeld und seit jüngstem hinter der bloß elektronisch bewirkten reinen Verrechnung stark zurückgetreten, ja weitgehend gänzlich verschwunden sind.

Hand in Hand mit dieser zunehmenden Lösung des Geldes bzw. des Geldwertes von der Existenz irgendeines in sich selbst werthaltigen standardisierten Referenzgegenstandes wie beispielsweise dem Gold, und seiner Entwicklung hin zu einem bloßen Verrechnungsposten gegenseitiger Ansprüche, verschwamm zugleich der Unterschied des staatlich ausgegebenen "Geldes" zu einem von einem privaten Wirtschaftsteilnehmer ausgegebenen Kredit. Das gilt in besonderem Maße für von den Banken vergebene Kredite, die in vollem Umfang die Funktion "echten" Geldes erfüllen und deshalb von unserer modernen Finanzwirtschaft dem eigentlichen staatlichen Banknotengeld ("Primärgeld") ohne weiteres als sogenanntes "Buchgeld" bzw. "Giral"geld[21] als absolut gleichwertig an die Seite gestellt wird. Am intuitiv deutlichsten führt man sich diese zunehmende Identität von Kredit und "Geld" anhand der beiden unterschiedlichen Arten von Zahlkarten vor Augen, mit denen der Zahlungsverkehr heute bargeldlos abgewickelt wird: auf der einen Seite stehen diejenigen Karten, auf denen ein vorher eingezahltes Guthaben (Geld) elektronisch gespeichert ist und bei Benutzung abgebucht wird, wie etwa elektronische Essensmarken, Telefonkarten u.a.. Bezeichnen wir sie als "Guthabens"- oder "Wert"karten[22]. Diesen gegenüber stehen die sogenannten "*Kredit*"karten (wie etwa *American Express, Master-* und *Visa-Card - "credit-cards"*[*]), bei denen der Abbuchungsvorgang eine Kreditgewährung durch die kartenausgebende Gesellschaft an den jeweiligen Inhaber auslöst, der anschließend mit einem Rückgriffsanspruch dieser Gesellschaft auf das Kontoguthaben des Karteninhabers bei seiner Hausbank verrechnet wird. Ange-

---

weltweiten Verluste, die dadurch entstehen, daß c.a. 30% des Weltgoldbestandes ungenutzt in den Kellern der verschiedenen Zentralbanken liegen und damit einer industriellen Nutzung entzogen sind, auf rund 368 Milliarden US Dollar, vgl. "*The Economist*" Nov. 22nd, 1997, SS. 107 ff.

[20] die vollständige Eintauschbarkeit sämtlicher umlaufender Banknoten gegen eine entsprechende Menge Goldes bezeichnet man als "Gold"währung im engeren Sinne. Ist dagegen nur der Teil der Noten durch Gold gedeckt, der erfahrungsgemäß vom Publikum maximal eingelöst wird, spricht man von einer Gold*kern*währung (*F. A. von Hayek, Was der Goldwährung geschehen ist*, S. 19). Erstere dürfte wohl historisch im ganz strengen Sinne nie und nirgends existiert haben.

[21] Von ital.: *giro* = Kreis, Kreislauf, vgl. auch den "*giro d'Italia*".

[22] englisch, aus der Sicht der ausgebenden Gesellschaft, als sogenannte "*debit-cards*" bezeichnet.

[*] Hier gewährt die Kreditkartengesellschaft dem Kunden einen Kredit.

in cash (i.e., with real money) or by credit or debit card[22] (what used to be called book money but may nowadays just as well be referred to as electronic money).

IV) Summary

The introduction of money is of decisive importance for our economic system[23]. Its three main functions can be concisely expressed as follows: it is a) a *unit for calculation*, b) a *means of payment* and c) a *means to store value*!

These functions were originally fulfilled mostly by precious metals which were usually coined for easier reference and comparison. Only later was this kind of money increasingly replaced by paper money (bank notes) and, in modern times, by book or electronic money. In many cases, money in our present understanding has thus evolved into just one item in an overall clearing schedule. In the process, it has become more and more similar to credit handed out by private economic agents such as firms or banks.

V) Final Example: The "Circular Exchange" within a Single Economy - with and without Money

Let`s illustrate this by again having recourse to our familiar island scenario. Suppose that the chieftain of Polynesia (Polynesio) wants to acquire coconuts from his friend Melanesio, having at his disposal only bananas growing on his island as a means of payment. Melanesio, his friendship with Polynesio notwithstanding, is a fish-addict: he wants nothing but tuna. This,

---

[22] The difference between the latter two modes of payment concerns only the relationship between the issuer of the card and its user. With a so-called *credit card* (like American Express, VISA or MASTERCARD) the issuer extends credit to the user of the card by paying the user′s debts to third parties, and thereby obtains the right to reimbursement from the cardholder. In the case of a *debit card* (like, e.g., meal cards for industrial canteens or photocopy cards) it is the user of the card who extends credit to the issuer, by paying for it in advance. The exchangeability of all three modes of payment nicely illustrates to what extent the concepts of *"money"* and of privately extended *"credit"* have become virtually identical in function and effect. At the same time, the comparison between credit and debit cards demonstrates to what extent the "electronic revolution" has converted the act of payment into a mere act of (in these cases: electronic) accounting.

[23] That is why no modern economy is able to make do without money that performs the three functions described above. The one attempt made in modern times to abolish money as an alleged *"symbol of capitalism and exploitation"* and to return to a pure barter society was undertaken in Cambodia by the *"Khmers Rouges"* under their infamous leader *Pol Pot* between 1975 and 1979. It led to a complete breakdown of the whole economy almost at once.

sichts dieser jüngsten technischen Veränderungen, ist es gerechtfertigt, statt von "Giral-" oder "Buch"geld von "elektronischem Geld" zu sprechen.

IV) Zusammenfassung

Die Einführung von Geld ist für das Funktionieren unseres Wirtschaftssystems in vieler Hinsicht von ganz entscheidender Bedeutung[23]. Seine vielfältigen Funktionen lassen sich ganz grob mit den folgenden drei Stichworten beschreiben: *"Recheneinheit, Zahlungsmittel und Wertspeicher"*. Diese Funktionen wurden ursprünglich von - meist geprägtem - Edelmetall erfüllt. Erst später wurde dieses von Papiergeld (Bank"noten") abgelöst, bis es sich im Rahmen unserer modernen Kreditwirtschaft immer mehr zu einem bloßen Verrechnungsposten (dazu mehr unten) entwickelte. Als sogenanntes "Giralgeld" ist es heute seinen Funktionen nach von einem privaten Kredit praktisch nicht mehr zu unterscheiden.

V) Abschließendes Beispiel: Der "Ringtausch" im Binnenhandel - mit und ohne Geld

Machen wir uns abschließend die enorme Bedeutung des Geldes für das Funktionieren des Warenaustauschs nochmals anhand eines Beispiels ("Ringtauschgeschäft") klar, das wir wiederum unserem bereits mehrfach strapazierten Inselszenario entnehmen wollen: stellen wir uns vor, der Häuptling von Polynesia will von dem Häuptling von Melanesia Kokosnüsse erwerben. Als "Zahlungsmittel" stehen ihm lediglich die auf seiner Insel wachsenden Bananen zur Verfügung. An diesen hat aber Häuptling Melanesio keinerlei Interesse. Vielmehr wünscht Melanesio ausschließlich Thunfisch zu kaufen. Diesen aber kann er nur von seinem Kollegen Tahitio erwerben. Auch dieser *Deal* scheitert indes, da Tahitio kein Interesse an den Kokosnüssen hat, die ihm Melanesio bieten kann. Tahitio ist jedoch Bananenfan und bietet Polynesio Thunfisch an, um von diesem Bananen zu erwerben. Auch dieses Geschäft kann - isoliert betrachtet - nicht gelingen, da Polynesio an Fischallergie leidet und ausschließlich Kokosnüsse kaufen will. Kennt man hier die Gesamtsituation, liegt die für alle drei Beteiligten ideale Lösung auf der Hand: Polynesio gibt Tahitio von seinen Bananen, jener stellt dafür Melanesio von seinem Thunfisch zur Verfügung und letzterer gibt dafür Tahitio von seinen Kokosnüssen ab. Da aber die drei Häuptlinge auf drei verschiedenen Inseln sitzen und diese Gesamtsi-

---

[23] Keine moderne Wirtschaft kommt deshalb ohne irgendeine Form von Geld, d.h. ohne ein Medium aus, das die drei oben besprochenen Funktionen erfüllt. Der eine moderne Versuch, das als "Symbol von Kapitalismus und Ausbeutung" verteufelte Geld abzuschaffen und zu einer reinen Tauschwirtschaft zurückzukehren, wurde von dem Regime der sogenannten *"Roten Khmer"* unter ihrem Führer *Pol Pot* von 1975 - 1979 in Kambodscha unternommen. Er führte zu einer absoluten Wirtschaftskatastrophe.

however, he can obtain only from his colleague Tahitio. Tahitio, in turn, fancies bananas and therefore offers Polynesio tuna in order to get them. His efforts are in vain, however, as Polynesio - let´s assume - suffers from a fish allergy and wants to acquire only coconuts. If any one of them were familiar with the situation as a whole, the ideal solution for all would be obvious: Polynesio would let Tahitio have some of his bananas; Tahitio in turn would make some of his tuna available for Melanesio, while the latter would give Polynesio some of his coconuts. However, since the three chiefs are sitting on three different islands and none of them has the whole picture, the described transaction, even though advantageous for all three of them, will most likely not come about in a barter economy.

The reason is that in such a system, none of the three will usually be pre-pared to part with any of his property without immediately receiving in re-turn a payment of equal value from the recipient. All this is changed after, say, pearls are introduced on the three islands as a common currency. Now each is willing to forfeit some of his wares in return for pearls which he knows will be accepted by both other kings as payment.

Chapter 5: The Functions of Commercial (Retail)[24] Banks

I) Deflation and Recession as Natural Consequences of Saving

Let`s visualise the following scenario in our island world: during the season the inhabitants of Tahiti sell so many of their tuna to the inhabitants of Polynesia and Melanesia that at the end of the season almost the entire stock of pearls of all three islands accumulates in their hands. If the Tahi-tians, in a final spending spree, spend this hoard of pearls immediately and completely on coconuts and bananas, no problems arise. The pearls go back into circulation (or remain available there) and economic activities can continue undisturbed. But what if most of the Tahitians, sated from the rich catch and still sufficiently supplied with fruit, decide *not* to *spend* their pearls for a while but to *save* them and therefore store them away in their hammocks for future use? In such a situation, "effective *demand*"[25] for the

---

[24] Whenever we talk about *"commercial"* banks in this book, we mean commer-cial in the broad sense, i.e., all banks that deal directly with the public ("retail" banks), no matter exactly what activities they carry out. Thus, this term as used here comprises all institutions that professionally keep checking and/or savings accounts, extend loans to the public (commercial banks in the narrow sense) or act as underwriters or issuers of equity capital (investment banks) or, finally, which act as brokers in countries where - as in Germany - such activities are legally within the realm of professional banks.

[25] The term *"effective demand"* - supposedly although never explicitly contrasted with "ordinary" or "ineffective" demand - is a term of art introduced into the general vocabulary of economics by *J. M. Keynes* in his great work on *"The General The-*

tuation nicht kennen, muß das für alle drei vorteilhafte Geschäft bei einer reinen Tauschwirtschaft scheitern: keiner von den dreien wird einem der anderen von seinen Waren abgeben, ohne unmittelbar von diesem eine gleichwertige Gegenleistung zu erhalten. Das aber wäre - ohne "Geld" - erforderlich, damit es zu dem beschriebenen Waren-austausch kommen kann. Anders nach der Einführung der allen drei Inseln gemeinsamen Perlenwährung: jetzt ist jeder der drei bereit, jedem anderen von seinen Waren abzugeben, solange er von diesem dafür Perlen erhält, von denen er sicher sein kann, daß sie auch der dritte Kollege, von dem er wiederum seinerseits Waren erwerben will, als Zahlungsmittel für diese Waren akzeptieren wird.

Kapitel 5: Funktionen der (Geschäfts-)[24] Banken

I) Deflation und Rezession als natürliche Folge des Sparens

Malen wir uns in unserer Inselwelt weiter folgendes Szenario aus: während der Thunfischsaison verkaufen die Bewohner von Tahiti so viele Thunfische an die Einwohner von Polynesia und Melanesia, daß sich am Ende der Saison (nahezu) der gesamte Perlenbestand aller drei Inseln in ihrer Hand befindet. Geben die Tahitianer diesen Vorrat an Perlen in einem anschließenden "Kaufrausch" gleich wieder für Kokosnüsse und Bananen aus, führt dies zu keinerlei Schwierigkeiten: die Perlen gelangen wieder in den Wirtschaftskreislauf zurück (bzw. stehen darin weiterhin zur Verfügung) und das Wirtschaftsleben in unserem kleinen Paradies kann sich ungestört fortsetzen. Was aber, wenn die Tahitianer, satt von der reichen Thunfischernte und gleichzeitig noch immer auch mit Obst ausreichend eingedeckt, beschließen (vielleicht nicht alle, aber doch wenigstens die meisten von ihnen), ihre Perlen zumindest vorläufig nicht wieder auszugeben sondern zu sparen und sie für die spätere Verwendung in ihre Hängematten einzunähen? In einer solchen Situation ist die (durch Kaufkraft in Form von Perlen gedeckte) *effektive Nachfrage*[25] nach den verfügbaren Wirtschaftsgütern (Kokosnuß, Banane und Thunfisch) gegenüber dem zuerst skizzierten Szenario offensichtlich erheblich vermindert. Das gilt selbst dann, wenn gleichzeitig etwa die Bewohner von Melanesia einen hohen *Bedarf* an Kokosnüssen (Produkt von Polynesia) oder noch immer an Thunfisch (Tahiti) haben: solange diese weder über zusätzliche Perlen

---

[24] (für deutsche Leser irrelevant)

[25] Dieser Begriff bezeichnete eine Nachfrage, die von Geld gedeckt ist, d.h., die sich in tatsächlichem Ausgabeverhalten niederschlägt. Der Begriff stammt ursprünglich von *R. F. Kahn*, vgl. dazu *Barber, William J.*, *"A History of Economic Thought"*, 1967, S. 243, wurde aber erst durch *Keynes'* Meisterwerk *"Allgemeine Theorie von Beschäftigung, Zinsen und Geld"* (erstmals 1936 veröffentlicht) dem breiteren (Fach-) Publikum geläufig.

available goods (coconuts, bananas and/or tuna) is obviously considerably reduced, compared to the original situation. This is true even when the Melanesians are desperate for coconuts (product of Polynesia) or for still more tuna (Tahiti). As long as they have at their disposal neither additional pearls nor surplus bananas, the Polynesians won`t sell to them. What will the result be? *First* of all, lacking effective demand for coconuts the existing ones won`t be harvested. *Second*, if the Polynesians expect this state of affairs to continue for a longer period of time, no bushes will be planted for the next year.

In such a situation, no one will be needed for planting and harvesting coconuts: consequently, the coconut farmers will become unemployed, earn no more income and will therefore stop spending.

In brief, the reduction of the stock of money circulating throughout the economy soon leads to a decline in the production of goods. The final result will be a generalised economic crisis, and that in a situation where not only a sufficient amount of pearls is at hand to pay for all goods that can be produced, but where furthermore a need for these goods exists and the requisite capacity actually to produce them is also at hand. The problem obviously lies solely in that the people who have the need for these goods (here: the Polynesians and Melanesians) don´t have the means to put this need into effective demand and those who dispose of the pearls needed to pay for these goods don´t do so. This dilemma requires the obvious solution of somehow bringing into congruence the two factors of demand and purchasing power.

II) Credit as a Means of Uniting Purchasing Power and Demand

How can this be accomplished? The desired congruence of demand and purchasing power can be achieved if the inhabitants of Tahiti put their pearls at the disposal of the residents of Melanesia as credit for the period of time when they themselves don´t need them. To be sure the Tahitians won´t do this for free, rather they will demand a certain payment (interest) to cover both their abstention from *present* consumption and the ever-present risk of loss. Nevertheless the transaction is worthwhile for the Melanesians, too, since the interest they pay for this credit can generally be easily derived from the considerably higher level of economic activity they are able to finance thereby. Thus a situation is created in which each of the participants wins. The people of Melanesia can meet their present need; those of Tahiti get interest on their savings, and economic life can continue on a markedly higher level than it otherwise would have.

---

ory *of Employment, Interest and Money"* (first published in 1936). It denotes a demand that is backed up by purchasing power and thus can make itself effectively felt in the market. (Actually, the term originated with his Cambridge colleague *R. F. Kahn*, see *Barber, William J.; "A History of Economic Thought"*, 1967, p. 243.)

noch über ausreichende Mengen an überschüssigen Bananen zum Tauschen verfügen, verkaufen die Polynesier ihnen diese Kokosnüsse nicht.

Was aber ist die Folge? Mangels ausreichender, durch Kaufkraft gedeckter Nachfrage nach Kokosnüssen werden zum einen die bereits vorhandenen Nüsse nicht geerntet und, sollten die Polynesier sich auf eine längere derartige Periode eingestellt haben, auch keine neuen Stauden für das nächste Jahr angepflanzt. Dadurch vermindert sich zum einen der Gesamtgüterbestand im Vergleich zu der zuerst geschilderten Situation. Gleichzeitig wird in Polynesia aber auch niemand zum Anbauen und Ernten der Kokosnüsse mehr gebraucht; die dortigen Kokosnußfarmer werden also arbeitslos, erzielen kein Einkommen mehr und fangen ihrerseits an zu sparen.

Kurz: die Verminderung des aktiven Geldbestandes führt seinerseits zu einem Rückgang der Güterproduktion (Deflation). Eine allgemeine Wirtschaftskrise ist die Folge, und das, obwohl an sich sowohl ausreichende Geldmittel zur Bezahlung der herstellbaren Güter vorhanden sind als auch Bedarf an diesen Gütern besteht und die erforderliche Produktionskapazität vorhanden ist. Das Problem liegt einzig darin, daß Geldbestand (Tahiti) und Bedarf (Melanesia) personell auseinanderfallen. Die offensichtliche Lösung dieses Problems besteht also darin, diese beiden Faktoren - Bedarf und Kaufkraft - miteinander zur Deckung zu bringen.

II) Die Kreditvermittlung als Mittel, Kaufkraft und Bedarf miteinander zur Deckung zu bringen

Wie aber läßt sich dies bewirken? Die erwünschte Kongruenz von Bedarf und Kaufkraft läßt sich dadurch erreichen, daß die Bewohner von Tahiti den Einwohnern von Melanesia ihre Perlen für den Zeitraum, während dessen sie diese selbst nicht benötigen, *als Kredit* zur Verfügung stellen. Zwar werden die Tahitianer dies nicht kostenlos tun; vielmehr werden sie als Gegenleistung für ihren gegenwärtigen Konsumverzicht wie auch als Kompensation für das immer vorhandene Ausfallrisiko eine gewisse Zahlung verlangen. Dennoch lohnt sich das Geschäft auch für die Melanesier, denn aus dem mit diesem Kredit finanzierten erheblich höheren Niveau an Wirtschaftstätigkeit lassen sich die Kreditzinsen im allgemeinen ohne weiteres finanzieren. Damit aber ist eine Situation geschaffen, bei der jeder der Beteiligten gewinnt: die Bewohner von Melanesien können ihren jetzt vorhandenen Bedarf decken; die Einwohner von Tahiti erhalten auf ihr Erspartes Zinseinkünfte; und das Wirtschaftsleben auf unserer gesamten Inselwelt kann auf erheblich höherem Niveau weitergeführt werden, als dies sonst der Fall wäre.

III) The Advantages of Concentrating the Provision of Capital (in the Forms of Debt as well as of Equity) with pertinent Professional Institutions (Banks and Stock Exchanges)

The administration of such a credit, however, carries with it some serious problems: in the first place, how do the potential creditor and borrower get into contact with each other? How can repayment best be assured and, if necessary, enforced? Solving these problems is often very time-consuming and requires a kind of expertise not usually at the disposal of the ordinary participant in the market. The resulting dilemma is optimally resolved by having an appropriate specialist take on the task of bringing together creditor (buying power) and borrower (demand or need), thereby translating the - theoretical - need (or demand) into "effective" demand. For the question discussed here[26] it makes no difference whether the lender (investor) provides his money in the form of a loan (that is, from the perspective of the borrower, the utilisation of "foreign" or "debt" capital) or whether he provides it in the form of equity (e.g., by buying shares in the "borrowing" firm).

Commercial banks in modern economies have specialised in managing such borrowed capital, and stockmarkets in the investment in equity[27]. Let us here concentrate on banks. This specialisation carries with it various important advantages: not only does it greatly increase the professional competence of the relevant lending institution (e.g., with regard to judging the creditworthiness of a particular borrower), but it also creates considerable synergies (for example, concentrating all debt-collection functions in one officer). Further, it facilitates the flow of vital information, such as information about the current status of a customer who is threatened with insolvency. Finally, it is only through such a concentration of "credit capital" in specialised institutions that it becomes possible to offer the greatest

---

[26] The principal difference between the two forms in which the capital used by an economic enterprise can be provided, viz., self-owned and "foreign"-owned (equity and debt), lies in the different distribution of risk inherent in these two forms of capitalisation. While the shareholder (= provider of equity) immediately participates in both the risks and the profits of the enterprise, the provider of a loan (creditor) is to a great extent sheltered from both. With regard to the provision of equity, a shareholder, as provider of such equity, to a certain extent becomes the co-owner of the enterprise; therefore, providing equity is not exactly a case where the monetary means of one person (the shareholder) are made available to some entirely different person (the company). Nevertheless, both forms of providing capital "activate" monetary means that might otherwise be left idle and thus have a very similar effect for the problem discussed here.

[27] Private (= commercial) banks whose main objective is to make a profit are distinguished from state-run central banks which have rather different tasks (cf. ch. 6, below).

III) Vorteile der Konzentration der Kapitalbeschaffung (Fremd- wie Eigenkapital) bei Banken und Börsen

In der praktischen Abwicklung eines solchen Kredits stecken freilich in der Praxis gleich mehrere Probleme: wie lernen sich der potentielle Kreditgeber und der potentielle Kreditnehmer kennen? Wie kann die Rückzahlung am günstigsten sichergestellt und ggf. durchgesetzt werden? Die Lösung dieser Fragen erfordert häufig einen erheblichen Zeitaufwand und eine ebensolche Sachkenntnis, über die der "normale" Wirtschaftsteilnehmer im allgemeinen nicht in ausreichendem Maße verfügt. Dieses Problem wird idealerweise offensichtlich dadurch gelöst, daß ein entsprechender Spezialist es übernimmt, Kreditgeber (Kaufkraft) und Kreditnehmer (Bedarf) zusammenzubringen und dadurch eine effektive Nachfrage zu erzeugen. Dabei ist es zunächst gleichgültig, ob dieser dabei (wie meist etwa der Börsenmakler) lediglich als Vermittler tätig wird, oder ob er das Kapital in eigenem Namen entgegennimmt (wie die Banken), und ob er es als Fremdkapital anlegt, etwa durch die Gewährung festverzinslicher Kredite an Industrieunternehmen oder den Staat, oder ob er es in Aktien, also in der Form von Eigenkapital, investiert[26].

Genau darauf haben sich in den modernen Volkswirtschaften vor allem die (Geschäfts-)[27] Banken, und für die Anlage als Eigenkapital die Börse, spezialisiert.

Diese Spezialisierung fördert nicht nur die *fachliche Kompetenz* der betreffenden Sachbearbeiter (etwa bzgl. der Beurteilung der Bonität eines bestimmten Kunden), sondern schafft darüber hinaus diverse Rationalisierungsmöglichkeiten (z.B. Konzentration des Mahnwesens bei einem bestimmten Sachbearbeiter) und verbessert den notwendigen Informationsfluß, etwa über den neuesten Entwicklungsstand bei drohender Zahlungsunfähigkeit eines Kunden. Darüber hinaus wird durch eine solche Konzentration der Kapitalvergabe die *Angebotspalette* der Banken an möglichen Krediten hinsichtlich Laufzeit, Risiko, Verzinsung, Besteuerung etc. entscheidend *erweitert* und diese dadurch in ganz anderer Weise in die Lage versetzt, ihren Kunden (und zwar sowohl den Geldanlegern wie auch den

---

[26] Erwirbt jemand Aktien oder Geschäftsanteile, so wird er zu einem bestimmten Bruchteil Eigentümer der Gesellschaft, so daß der zu diesem Bruchteil sein eingeschossenes Kapital sozusagen sich selbst "leiht". Streng genommen stellt er sein Kapital also nicht in vollem Umfang "anderen" Personen zur Verfügung. Für den hier verfolgten Gedanken spielt dies jedoch keine Rolle) selbst mit einem bestimmten Bruchteil Eigentümer wird, leiht er zu diesem Bruchteil Genau genommen.

variety of credit facilities (with regard to term, risk, interest rate, taxation, etc.) which in turn leads to the provision of credit that is tailor-made for the individual needs of the various borrowers. Simultaneously, through the resulting diversification, the overall risk that, with all professionalism and care can of course never be fully avoided, will at least be minimised.

The *major advantage* which the *individual* derives from all this is his ability to spend his income when(ever) he needs to rather than only after he has actually earned it. In other words: just as money as such uncouples the processes of *buying* and *selling* - in terms of place, time and business partner - the availability of credits further uncouples the processes of *earning* and *spending* in terms of time.

For the *national economy* as a whole, the mechanism we have outlined means that amassed savings are not simply left idle - with all the recessionary and deflationary consequences such a withdrawal of money from the economy would almost inevitably entail. Instead, they can be put to use, to the great benefit not only of the persons immediately involved in the process but of the economy as a whole, which will thus be able to run at *a far higher level.*

Finally, the broad range of opportunities for the investment of capital makes it possible to direct this capital to where it will be most efficiently used. Thus, the existence of institutions that specialise in the collection and redistribution of capital introduces yet another efficiency into our economic system: the efficient *allocation* of the available *capital.* (both in terms of place, time and business segment). This may indeed constitute the most beneficial effect occasioned by banks and stockmarkets.

IV) The "Multiplier Effect"

The activities of these "credit institutions" further have an impact on the over-all money supply and thus on the stability of the currency that is as great as it is at first surprising. It works as follows: as the aggregate amount of money kept in current or in savings accounts usually remains more or less constant (the many net withdrawals by certain customers approximately being compensated for by additional net savings of others), usually the banks need to keep ready for immediate pay-out only a fraction of the total amount of the money kept in them. The remainder can safely be used for extending long-term credits even in a situation where the moneys lent out by the bank are obtained by it only on a short-term basis, as is the case with current and savings accounts. This phenomenon has an amazing effect: let's assume the bank lends money to somebody who uses

Kreditnehmern) die jeweils für ihre individuelle Situation ideale Form der Geldanlage bzw. des Kredits sozusagen "maßgeschneidert" anzubieten. Gleichzeitig wird durch die so bewirkte *Diversifizierung* das bei aller Sorgfalt und Überwachung notwendig verbleibende *Rest-Ausfallrisiko* nochmals vermindert.

Der *Hauptvorteil,* den der *einzelne* aus alledem zieht, besteht darin, daß er sein (Lebens-) Einkommen relativ unabhängig von dem Zeitpunkt seines Erwerbs dann verbrauchen kann, wenn er es individuell benötigt, und somit in *zeitlicher Hinsicht* eine enorme *Dispositionsfreiheit* gewinnt.

Für die *Volkswirtschaft insgesamt* bedeutet der skizzierte Mechanismus zugleich, daß gesparte Vermögensmassen ihr nicht einfach entzogen werden - mit den fast notwendig folgenden rezessionären und deflationären Konsequenzen -, sondern daß diese im Gegenteil für sinnvolle Investitionen genutzt werden können und zugleich die gesamte *Wirtschaftstätigkeit auf einem erheblich höheren Niveau* gehalten wird, als dies sonst möglich wäre.

Gleichzeitig führt die dadurch bewirkte breite Angebotspalette an Kapitalanlage- wie Kreditaufnahmemöglichkeiten dazu, daß das insgesamt in der Wirtschaft *verfügbare Kapital* sowohl *in* geographischer wie branchenmäßiger und *zeitlicher Hinsicht* dorthin gelenkt wird, wo der größte Bedarf dafür besteht. Dieser *Allokationseffekt* bezüglich des verfügbaren Kapitals funktioniert auch hier wieder über den Preis, der hier in der Form von Haben- bzw. Sollzinsen in Erscheinung tritt. Er dürfte vielleicht den größten Nutzen darstellen, den die Tätigkeit von Banken und Börse mit sich bringt.

IV) Der Multiplikatoreffekt

Schließlich hat diese Konzentration der Kapitalverteilung bei den Banken - zumindest indirekt - auch auf den Geldbestand innerhalb des betroffenen Wirtschaftssystems, und damit auf die Stabilität bzw. Instabilität der betreffenden Währung, einen ebenso großen wie zunächst überraschenden Einfluß. Die Ursachen dafür sind folgende:

---

[27] Die (privaten) "Geschäftsbanken", deren Hauptziel die Gewinnerwirtschaftung ist, werden vor allem von der (meist staatlichen) Zentralbank unterschieden, die ganz andere Aufgaben hat (s.u. Kapitel 6).

it to pay for a machine he has just bought. Once the supplier of this machine has received payment, what is he likely to do with it? He will either pay his own suppliers or will use it in some other way. Often, he will also save part of it by putting it into *his* bank account where it (or a considerable fraction of it) will be lent out once again for use by still other people. In other words: rather than lying idly about, this money finances a whole lot of transactions that would otherwise not be made and thus creates a tremendously expansionary effect throughout the economy. This effect will often offset if not reverse the deflationary effect all saving naturally entails[28].

This phenomenon, too, was first analysed by *Keynes* in his *"General Theory"(see fn. 26).* Because the same "set" of coins and bank-notes (primary money) is used repeatedly for the financing of many otherwise unrelated transactions, in this book *Keynes* baptised this phenomenon the *"Multiplier Effect"*, a denomination that it has kept ever since. What really happens here is that a whole series of transactions is consummated with credits the various participants grant to each other. However, as these credits are all based on "real money" and can on demand be exchanged for that at any time, they indeed fully serve all the functions of this real money and that is what they really are themselves - money! However, unlike our familiar "primary money" these credits - as long as they are not withdrawn from the bank in the form of cash - do not exist in tangible form but only as entries in the books of the various economic agents (banks and merchants). Therefore, they are generally referred to as *"book-money"*.

V) Limits to the Creation of Book Money

The above observations immediately raise the question whether there is any limit to this "money-generating machine" just discovered. Indeed, there are several:

The *first* is that every transaction entails costs in terms of both time and money. This alone puts a certain "lid" on the number of transactions that can possibly be consummated within a certain period of time, no matter how easily the money supply flows.

The *second* such limitation is the fact that book-money can be - and regularly is - not only continuously *created* through the *extension* of credit, but that - by every *repayment* of credits -, it is constantly being *destroyed* as well: just as primary money that is not put to use has a deflationary effect on the economy, credit that is paid back without a corresponding new loan simultaneously being extended, in the same way ceases to render a potential demand "effective" in the *Keynesian* way. Thus, the repayment of a

---

[28] While every act of saving necessarily implies a certain deflationary effect, not every instance of deflation necessarily results from too much saving. Rather, a radical lowering of prices may also be due to a technological break-through as can presently be observed in the areas of computing and telecommunication, cf. see also *"The World Economy"*, in: *"The Economist", Sept. 25th - Oct. 1st, 1999,* after p. 78, Survey, p. 20).

Da die meisten bei der Bank angelegten Beträge bei Fälligkeit wieder neu angelegt oder durch andere Einlagen in vergleichbarer Höhe ersetzt werden, braucht die Bank im allgemeinen nur einen entsprechend geringen Anteil ihres Geldbestandes in liquider Form zur Auszahlung bereit zu halten. Den Rest kann sie langfristig anlegen, und zwar selbst dann, wenn die von den Kunden bei ihr angesparten Beträge in der Form von Sichtguthaben gehalten werden.

Dazu kommt der sogenannte *"Multiplikatoreffekt"* [**], der es den Banken im allgemeinen ermöglicht, dieses Kapital sogar gleich mehrfach anzulegen, Dieser Effekt funktioniert wie folgt: häufig wird der erste Kreditnehmer der Bank - etwa der Käufer einer Maschine - mit dem Kredit seine Lieferanten (hier den Hersteller der Maschine) bezahlen und dieser den von ihm vereinnahmten Kaufpreis wenigstens teilweise wiederum bei seiner Bank in der Form eines Guthabens anlegen. Ein Teil des von den Banken jeweils als Kredit vergebenen Betrages fließt also über kurz oder lang in der Form von Spareinlagen wieder an das Bankensystem zurück und - steht dort erneut für die Kreditvergabe zur Verfügung, ein Effekt, der sich theoretisch in beliebiger Häufigkeit wiederholen läßt. Zwar erfolgen all diese Kreditvergaben wie die korrespondierenden (Wieder-) Einlagen gemeinhin nicht durch die Übergabe von Münzen oder Banknoten, sondern treten als reine Papiervorgänge (bzw. heute: in der Form rein elektronischer Verbuchung) in Erscheinung. Da jedoch all diese Kredite bzw. Spareinlagen auf Verlangen des Berechtigten in der Form von Banknoten aus- bzw. zurückbezahlt werden müssen, erfüllen sie dieselben Funktionen wie diese und stellen somit ebenso wie diese echtes Geld dar, das jedoch im Gegensatz zu "herkömmlichem" sogenanntem Papier- oder Münzgeld als "Buchgeld" oder "Giralgeld" bezeichnet wird. Damit wird also angespartes Geld von den Banken im allgemeinen der Wirtschaft gleich mehrfach wieder für Investitionen zur Verfügung gestellt und der kontraktionäre bzw. deflationäre Effekt des Sparens, den wir uns eingangs vor Augen geführt haben, mehr als überkompensiert[28].

[**] Dazu näher *Obst/Hintner*, S. 96 ff.

[28] Auch wenn jeder Akt des Sparens einen deflationären Effekt hat, geht umgekehrt nicht jeder beobachtete deflationäre Effekt auf Sparen zurück. Ein allgemeiner oder sektorspezifischer Preisverfall kann nämlich auch die Folge eines oder einer Vielzahl von technischen Neuerungen bzw. Produktivitätszuwächsen sein, vgl. *"The World Economy"* in: *"The Economist"*, 25. September 1999, *Survey*, nach Seite 78.

loan has the same effect on the over-all amount of book-money and thereby on the total money supply as has the sewing into their hammocks of their currency-pearls by the inhabitants of our island (see par. I, supra). Still, as long as there is even one single such credit extended within an economy, the over-all amount of book-money within that economy will always be above zero.

The *third* crucial limitation to the power of the described "Multiplier Effect" is that its effectiveness entirely depends on the uninterrupted general confidence of the saving public in just this: the continuous functioning of this mechanism at all times! Once the public - or at least a substantial part of it - begins to doubt the ability of a certain bank (or even of the banking system as a whole) to pay out in cash all deposits kept in it, everybody will rush to cash in his "book" money for primary money first, i.e., before the reserves of primary money held by the bank(-s) for just such a contingency, run out. Because - as we have seen - any amount of primary money that was ever paid into a bank or into the banking-system, will usually have been lent back to the public as book-money several times over, the bank(s) will after some time indeed become unable to do that. The result will be that one or several banks will go bankrupt, usually triggering the same effect throughout the whole banking system. The impact of such a *"domino effect"* on the economy as a whole will be devastating, as the historic experience of the *"Great Depression"* dramatically demonstrated. It is for this reason, i.a., that commercial banks now everywhere are obligated by law to assist each other in such cases of emergency by the mutual provision of cash. However, it is mainly up to the banks themselves to make sure such a crisis in the confidence of the public does not happen. Accordingly, they must increase to increase their liquid reserves accordingly. But where do they get the necessary "primary money" to do so? They take it as a certain percentage of the amounts of primary money that are deposited with them. This of course means that each time primary money is paid into an account held by some private person at his bank, only part of the amount so deposited can be lent out again by that bank.

This mechanism, too, puts a "natural lid" upon the otherwise seemingly endless money-generating effect of the Multiplier.

VI) The Danger Arising for the Stability of the Value of Money from the Creation of Book-Money

As a provisional result we can note at this point that through their credit policies banks (as well as other private participants in the market!) have gained a far-reaching influence on the amount of debt or credit extended throughout the economy and thereby on the over-all money supply.

However, as private economic agents are neither guided in their behaviour by, nor particularly interested in, nor even responsible for the public good, this obviously entails a considerable danger for the stability of the total money supply, and thus for the stability of the currency. As we shall see in

V) Grenzen der Giralgeldschöpfung

Freilich funktioniert die soeben beschriebene "Gelderzeugungsmaschine" nicht grenzenlos, und zwar aus mehreren Gründen:
Erstens braucht jede giralgeldschöpfende Transaktion einen gewissen Zeitraum, so daß schon von daher der Erzeugung eines solchen Geldes, bezogen auf einen gewissen Zeitraum, gewisse Grenzen gesetzt sind.
Zudem wird solches Geld *zweitens* nicht nur ständig erzeugt, sondern gleichzeitig - durch jeden Akt der Rückzahlung eines Kredits - ebenso konstant wieder vernichtet.
Drittens funktioniert diese Art der Geldschöpfung nur solange, als die Sparer ihr Geld bei Fälligkeit tatsächlich weitgehend wieder bei der Bank (bzw., bei gesamtwirtschaftlicher Betrachtung: bei irgendeiner Bank) anlegen bzw., bei kurzfristigen Einlagen, diese nicht abrufen. Das aber setzt wiederum voraus, daß die Sparer ein ausreichendes Vertrauen in die Bank (bzw. in das Bankensystem insgesamt) haben, so daß diese jederzeit in der Lage ist, ihnen bei Bedarf ihr Guthaben in Form von "echtem" Geld ("Primärgeld") in vollem Umfang auszubezahlen. Geht dieses Vertrauen einmal verloren, wie etwa in der Bankenkrise von 1929, kommt es zu massenhaften Guthabensabrufen, ohne daß das abgerufene Geld wie sonst wenigstens weitgehend wieder in das Bankensystem zurückfließt. Da aber auf jede konkret vorhandene Banknote der entsprechende Betrag gleich mehrfach als Kredit bzw. als Giralgeld an das Publikum vergeben ist, sind die Banken zu einer solchen Rückzahlung in einer derartigen Situation nicht in der Lage. Deshalb ist es für das Funktionieren unseres Bankensystems von entscheidender Wichtigkeit, daß eine solche Vertrauenskrise gar nicht erst entsteht. Zu diesem Zweck besteht u.a. eine Verpflichtung der Banken untereinander, sich mit ihren jeweiligen Liquiditätsvorräten auszuhelfen, sollte eine von ihnen aus irgendeinem Grunde kurzfristig zahlungsunfähig sein. Vor allem aber sind die Banken selbst gezwungen, bei Giralgeldbestand ihre Liquidität erhöhen, um eventuelle Auszahlungsforderungen bezahlen zu können. Das vermindert immer mehr den für eine Wiederauszahlung des von ihren Kunden (wieder-)angelegten Geldes.

VI) Gefahr für die Stabilität des Geldwertes durch die Giralgeld-
schöpfung

Als Zwischenergebnis läßt sich also festhalten, daß die Banken durch ihre Kreditpolitik einen weitgehenden Einfluß auf den Forderungsbestand bzw. das Kreditvolumen und damit auf die Giralgeldmenge gewonnen haben. Infolge dieser Entwicklung ist nicht nur diese, sondern die Geldmenge insgesamt und damit letztlich der Geldwert sowie dessen Stabilität zunehmend mehr in die Abhängigkeit von dem Verhalten privater Wirtschaftsteilnehmer geraten.

a minute, the prevention of this very danger is one of the major tasks and responsibilities of central banks, and one of the main reasons for their existence.

Chapter 6: The Functions of National Central Banks[29]

"The most subtle and surest means to overturn the existing basis of society is to debauch its currency."
                    Vladimir Iljich Uljanov, called *Lenin*[30]

I) Introduction: The Central Banks as One of Several Bodies Discharging Economic Policies

Before we go into the various tasks entrusted to a modern central bank in any more detail it is useful clearly to realise in which environment such a bank operates, i.e., what other economic policies have an impact on these tasks, and what bodies are in charge of these policies.

There is, *first*, the determination of how and how much income a state raises in the form of tax (*"fiscal"* or *"tax"* policy); *another* one is how it spends that money (the *"budget"*)* , and a *third* one how liberally or restrictively it treats the exchange of goods, services and currencies with other countries (*"trade policy"*, including *"exchange rate policy"*, about which more in a moment). *Another* factor of great bearing upon the overall price level throughout an economy is the development of a country's wages, which in turn is subject to "wage policy".

None of these factors can be directly influenced and even less determined by the central banks. Rather, *fiscal policy* and the *budget* everywhere remain within the responsibility of the politically elected *national governments,* which are also in charge of *trade policy*** . One part of this trade

---

[29] (Cf. *Obst/Hintner*, p. 91 ff.. For an excellent survey on modern central banking and the problems connected with it, see also *"The World Economy"*, in: *"The Economist"*, *Sept. 25ᵗʰ - Oct. 1ˢᵗ, 1999*, after p. 78 - many of the arguments made in this chapter are to be found there in identical or similar form, without necessarily being quoted explicitly.)

[30] Cited from *J.M. Keynes, "The Economic Consequences of the Peace"* (1919), Chapter 6, p. 236.

* These two policies together represent the bulk of what is collectively called a country's *"financial policy"*.

** For the countries of the European Community, it is no longer the national governments of the various *member-states* that wield these powers but Community itself. This speciality notwithstanding, it is the ordinary executive organs of that body (viz., the EC-Council and the Commission, cf. for details Ch's 59 and 58,

Angesichts dieser Situation bedarf es einer zentralen Institution, die über die notwendigen Instrumente verfügt, mit denen das Verhalten dieser Privaten - möglichst ohne Verwendung von Zwang - durch entsprechende Anreize so gesteuert wird, daß dabei das Allgemeininteresse in Form der Geldwertstabilität nicht aus den Augen verloren wird. Sie sorgt also dafür, daß die Schöpfung bzw. Vernichtung von Giralgeld möglichst immer gerade in dem Ausmaß erfolgt, wie dies die Anpassung der Gesamtgeldmenge an den sich ständig wandelnden Gesamtgüterbestand im Interesse dieser Stabilität jeweils gerade verlangt.

Kapitel 6: Die Funktionen der staatlichen Zentralbank[29]

"Die Zerstörung ihrer Währung ist die subtilste und zugleich sicherste Art, eine bestehende Gesellschaftsordnung aus den Fugen zu heben"
Wladimir Iljitsch Uljanow, genannt *Lenin*[30]

I) Einführung: Rolle und Einfluß der Zentralbanken im Bereich der und auf die Wirtschaftspolitik

Bevor wir uns näher mit den verschiedenen Funktionen einer modernen Zentralbank befassen, ist es sinnvoll, kurz auf das Umfeld einzugehen, in dem eine solche Bank agiert, sich also darüber klarzuwerden, welche weiteren Institutionen neben ihr noch auf dem Gebiet der Wirtschaftspolitik tätig sind, und wofür sie jeweils zuständig sind.

Da ist zum einen die staatliche Regierung selbst. Diese ist in fast allen Ländern für die *Steuer-* (*"Fiskal"-*)Politik ebenso zuständig wie für den *Staatshaushalt*, bestimmt also Art und Umfang der staatlichen Einnahmen ebenso wie seiner Ausgaben. In ihren Verantwortungsbereich fällt schließlich auch die *Außenhandelspolitik*, also die Frage, wie freizügig der grenzüberschreitende Warenaustausch gehandhabt wird, einschließlich der *Wechselkurspolitik*. Auf diese wird allerdings sogleich noch einmal näher einzugehen sein. Für die *Lohnpolitik* dagegen, ein weiterer entscheidender Faktor für die Preisentwicklung innerhalb einer Volkswirtschaft und damit zugleich für die Stabilität ihrer Währung, sind die Tarifpartner selbst zu-

---

[29] Näher zum Ganzen: *Obst/Hintner*, S. 91 ff.

policy, however, namely what is generally if imprecisely[***] referred to as a country's *"exchange rate policy"*, occupies a middle ground. Because it is nowhere explicitly assigned to any political body in particular, it everywhere remains fully within the realm of the ordinary national government - at least theoretically. However, governments usually lack the instruments necessary to influence the exchange rate effectively. They therefore delegate the task of assuring its maintenance - more often than not silently – to the same agency that is responsible for determining domestic price stability, viz., to their central bank. The decisive difference between monetary policy (directed at the internal value of money, i.e., at price stability) and exchange rate policy, then, lies not in *who* carries them out (that is the central bank in both cases), but in who determines the *targets* to be pursued in both areas: while the determination of how large the money supply throughout the domestic economy should be during any one period (and thus what rate of nominal inflation, if any, is desired) is delegated to the central bank along with the responsibility and authority to carry out the measures required to achieve this target, the same does not apply to the *determination* of the exchange rate. Rather, as an important ingredient of foreign policy the governments of all nations have kept this particular responsibility to themselves.

Finally, at the other end of the scale is to be found a country's *"wage policy"*. In spite of its enormous importance for the economy as a whole, the pertinent power has in all market-oriented states been removed from the state's responsibility altogether (whether exercised by the "ordinary" government or by the central bank) and has instead been vested in the collective bargaining bodies set up by the private parties concerned, namely the *trade unions* and the *employers or their associations*.

After all that, we can see that whatever power a central bank may enjoy or not enjoy in any particular country, it must always be borne in mind that it is only one - albeit an important one! - actor on a stage that is occupied by a variety of several interdependent players.

With this *caveat* in mind, we shall now focus our attention on the tasks and powers typically entrusted to a central bank.

---

respectively, infra) also, and not its central bank (the ECB, see Ch. 72, infra) that exercises these related powers.

[***] Imprecisely insofar as usually no differentiation is made between the determination of what the desired exchange rate should be and the measures taken to achieve respectively maintain that rate, although different bodies are competent for each of the two, see immediately below!)

ständig, also die Gewerkschaften einerseits und die Arbeitgeber bzw. deren Verbände andererseits. Die Einflußmöglichkeiten des Staates (sei es der Regierung, sei es der Zentralbank) sind hier in allen modernen Volkswirtschaften fast vollständig zurückgedrängt.

Eine Besonderheit gilt hingegen im Bereich der bereits angesprochenen *Wechselkurspolitik*: Wenn, wie meist, davon gesprochen wird, dafür sei – im Gegensatz zu ihrer Verantwortung für die (interne) Geldwert (= Preis-) stabilität - nicht die Zentralbank zuständig, sondern die Regierung selbst, so trifft dies nur insoweit zu, als sich die Regierungen *aller* Länder die *Festlegung* des erwünschten Wechselkurses als einen entscheidenden Teil Außen(handels-)politik selbst vorbehalten haben. Insofern besteht in der Tat ein entscheidender Unterschied zur *internen* Geldwertstabilität, bezüglich derer die Zentralbanken nicht nur für die praktische Umsetzung sondern auch für die *Bestimmung* des angestrebten Ziels (Inflationsrate) zuständig sind. Die Durchführung der betreffenden Politik dagegen bleibt auch bezüglich des von der Regierung vorgegebenen Wechselkurses – meist stillschweigend - weitgehend der Zentralbank überlassen - was schon wegen des engen Zusammenhangs mit der internen Geldpolitik auch gar nicht anders sein kann und der Regierung selbst ohnehin weitgehend die dafür erforderlichen Instrumente fehlen.

Kurz: die Zentralbank ist nur einer, wenn auch ein wichtiger, von mehreren Akteuren auf der wirtschaftspolitischen Bühne. Mit dieser Erkenntnis wollen wir uns nun die Aufgaben und Befugnisse näher ansehen, die einer modernen Zentralbank heutzutage typischerweise übertragen sind.

---

[30] Zitiert nach *Keynes, "The Economic Consequences of the Peace"* (1919), Kapitel 6, S. 236.

II) Overview of the Tasks of a Central Bank[31]

1) Making Financial Transactions Possible by Providing Banknotes, etc.

As we already saw above, first of all central banks are responsible for providing the economy with money as a means of payment. They do this by issuing sufficient "primary" money - bank-notes and coins - which by law every participant in the market must accept as valid legal tender. At the same time this money constitutes the indispensable basis and reference point for the book-money that is subsequently created by the individual economic players, particularly by the commercial banks.

2) Maintaining the (Domestic) Stability of the Currency (Its Purchasing Power)

The stability of the domestic purchasing power of money - that is, the predictability of future as compared to present prices[32] - is an indispensable condition for any long-term economic planning, in particular for deciding whether a certain expenditure or investment is better made today or deferred until tomorrow (allocation of resources over time). It thereby fulfills a similar function in terms of time as current prices have with regard to geography and business branch, informing people which goods to buy now (rather than later), instead of constituting the basis for deciding where (in terms of geography and/or business partner) and in what sectors to invest their money (see Ch. 3, supra).

3) The Role of the Central Bank with Regard to the Exchange Rate

As we have also just discussed, even though the responsibility for the external stability of a currency (i.e., of its "exchange rate") is nowhere officially assigned to the central banks, in practice it is their policies that have the greatest impact on it.

Let's now look at the two latter problems in a little bit more detail:

---

[31] Cf. *"The World Economy"*, p. 5.

[32] Thus, for many central banks today it is not the absolute stability of zero-inflation that is sought, but a slight but constant rate of nominal inflation, see III 3, infra.

II) Überblick über die Aufgaben einer zentralen Notenbank[31]

1) Ermöglichung des Zahlungsverkehrs, u.a. durch die Bereitstellung von Banknoten

Zuallererst ist die Zentralbank verantwortlich für die Ermöglichung des *Zahlungsverkehrs*. Diese Aufgabe erfüllt sie im wesentlichen einfach dadurch, daß sie der Wirtschaft in Form von Münzen oder Banknoten ausreichend "Primär"-geld zur Verfügung stellt, das einerseits selbst als Zahlungsmittel dient und gleichzeitig die unverzichtbare Grundlage und Referenz für das von den privaten Wirtschaftsteilnehmern zusätzlich geschaffene Giralgeld darstellt.

2) Erhaltung der Kaufkraftstabilität der Währung

Die Zentralbank ferner die Verantwortung für die *binnenwirtschaftliche Stabilität der Währung* übertragen, also die Verantwortung dafür, daß die Kaufkraft des Geldes über die Zeit hinweg so stabil bleibt wie möglich[32]. Diese Stabilität ist für jede wirtschaftliche Planung über einen längeren Zeithorizont unverzichtbar und hat damit für die Einteilung (*"Allokation"*) der insgesamt verfügbaren Ressourcen über einen bestimmten Zeithorizont hinweg (was kaufe ich sofort, welche Ausgaben tätige ich erst später?) die gleiche Bedeutung, wie sie dem Grundsatz des freien Güteraustauschs in geographischer und branchenmäßiger Hinsicht zukommt.

3) Erhaltung der Wechselkursstabilität

Wie soeben (oben I) dargestellt, ist der Zentralbank schließlich noch die Verantwortung für die *außenwirtschaftliche Stabilität der einheimischen Währung* übertragen, also für die Erzielung und Aufrechterhaltung der von der jeweiligen Regierung vorgegebenen *Wechselkurse*.

Die beiden zuletztgenannten Verantwortungsbereiche (2 und 3) wollen wir uns nunmehr etwas näher ansehen:

---

[31] Vgl. *"The World Economy"*, S. 5.

[32] Anders als früher besteht heute das Ziel der Geldpolitik nicht mehr notwendig in einer Inflationsrate von 0%. Vielmehr wird ein gewisser Inflationseffekt aus verschiedenen Gründen durchaus toleriert, wenn nicht sogar angestrebt. Entscheidend ist aber, daß diese Inflationsrate wenigstens "als solche" stabil bleibt, vgl. dazu unten III 3.

III) Maintaining the Stability of a Currency's Domestic Purchasing Power (2, above)

1) What Determines the Domestic Purchasing Power of Money

Even though certain speculative elements have gained an ever greater influence on the short-term valuation of money, its underlying long-term worth, i.e. its purchasing power, is determined by the ratio between the amount of it that is available at any one time[33] on the one hand and the quantity and quality of goods and services for which it may be exchanged on the other. Thus, maintaining the purchasing power of money stable seems simple enough: just keep this ratio the same!

2) How to Ascertain this Ratio

a) Impossibility of Measuring with Sufficient Accuracy the Supply of Goods and that of Money

The problem is, however, that neither of these two quantities can be measured with sufficient accuracy to permit monetary policy to be directly governed thereby. The most important reason for this is that both quantities are subject to constant change: thus, the amount of goods increases continuously through additional production as well as imports, and simultaneously decreases through consumption, wear and tear and exports while the supply of money grows through the issuance of additional primary money (notes and coins) as well as by the creation of book-money (and of electronic money) by private actors, most notably the commercial banks (see ch. 5, above). At the same time, the supply of money constantly de-

---

[33] To be precise, the total supply of money can only be evaluated with regard to a particular period of time. Thus the money supply depends not only on the quantity of money (primary or book money) in circulation at any one particular point in time but just as much on the average velocity with which it, once spent, is once again used for (a) further transaction (-s). Thus the real supply of money is its quantity Q multiplied by the average velocity V with which it is used for another transaction once it has already served as payment for one transaction. Thus the total money supply $M = Q \times V$; cf. *Obst/Hintner*, pp 65 ff. However, for simplicity's sake, we shall just ignore this extra complication by assuming that V more or less remains constant during the time spans under consideration.

III) Stabilität der Kaufkraft der Währung (oben 2)

1) Die die Kaufkraft des Geldes bestimmenden Faktoren

Zuzugeben ist zunächst, daß der relative Wert einer jeden Währung zunehmend mehr von spekulativen Vorgängen bestimmt wird. Das gilt allerdings nur kurzfristig. Langfristig dagegen bestimmt sich dieser Wert aus dem Verhältnis zwischen der vorhandenen Geldmenge[33] auf der einen Seite und der Menge und Qualität der dafür eintauschbaren Güter auf der anderen Seite. Damit scheint eine einfache Methode der Erhaltung dieser Kaufkraft bereits gefunden: es kommt lediglich darauf an, dieses Verhältnis stabil zu halten!

2) Bestimmung des Waren- und Geldbestandes

a) Unmöglichkeit einer ausreichend genauen Feststellung des jeweils vorhandenen Waren- und Geldbestandes

Leider lassen sich aber beide Bestände - Waren (einschließlich Dienstleistungen) - wie Geldbestand - nicht mit der Genauigkeit feststellen, die erforderlich wäre, um die Geldpolitik unmittelbar danach auszurichten. Dafür ist im wesentlichen der Umstand verantwortlich, daß beide Bestände einer kontinuierlichen Veränderung unterworfen sind: so nimmt der *Güter*bestand durch Neuherstellung und Importe ständig zu, während er sich andererseits gleichzeitig durch Verbrauch, Abnutzung und Export ununterbrochen vermindert. Ebenso unterliegt auch der Gesamt*geld*bestand einer dauernden Änderung. Das liegt zum einen an den durch die Ausgabe neuer und den Verlust bzw. die Einziehung alter Banknoten bewirkten Veränderungen der Menge des umlaufenden Primärgeldes, vor allem aber an den Veränderungen des Bestandes an Giralgeld, das durch die Rückzah-

---

[33] Genau genommen setzt sich dieser Geldbestand zusammen aus der *Menge* des von der Zentralbank, den Geschäftsbanken und der Privatwirtschaft erzeugten Geldes einerseits und der *Geschwindigkeit*, mit der dieses Geld nach Durchführung einer Transaktion im Durchschnitt zur Finanzierung des nächsten Geschäfts erneut ausgegeben wird andererseits. Der volkswirtschaftliche Begriff der Geldmenge "M" (für "*money*") ist also genaugenommen als das Produkt aus dem vorhandenen Geldbestand (Q) und dessen durchschnittlicher Umlaufgeschwindigkeit (V) definiert, also M = Q x V, vgl. *Obst/Hintner*, aaO, SS. 65 f.. Der Einfachheit halber werden wir jedoch bei den folgenden Überlegungen das Problem der Umlaufgeschwindigkeit vernachlässigen.

clines through the loss of primary money (both literally and by being taken out of circulation by being stored away under one's mattress), and by the destruction of book-money brought about by the repayment of debt.

b) Turning to the Rate of Inflation Instead

As the two factors that together determine the purchasing power of the currency cannot be ascertained with the necessary precision, we have to look for an alternative guidance for our monetary policy. Here the determination of the change in the overall price level, i.e., the determination of the inflation rate, can serve as a useful proxy. This rate can relatively easily be determined by looking at the changes in the *consumer price index* that is regularly compiled by various economic institutions. And indeed, that is exactly what central banks everywhere have been doing for years.

c) Adding into the Equation the Changes in the Prices for Real Estate, Capital Goods, Equity and Foreign Currency[34]

However, this method has the major drawback that it fails to take account of all those large parts of the economy that are not directly employed to satisfy consumer demand, like commercial real estate, machinery and other equipment (capital goods), even though the change in their value may be at least as informative for the future development of the value of one's currency as are the changes in consumer prices. Indeed, by including capital goods as well as - possibly - share prices and - according to a very new theory[35] - even the prices of foreign currencies expressed in terms of the currency under consideration, i.e., its rate of exchange[36], - into the overall balance, monetary policy might become much better able to stabilise the long-term value of the currency than by focussing on the development of consumer prices alone. In particular, an inclusion of the changes in the prices of commodities of this type might greatly help to identify early on and thereby possibly obviate the dangers of so-called

---

[34] Cf. a working paper titled *"Asset Prices and Central Bank Policy"* by *Cecchetti, Genberg, Lipsky and Wadhwany*, to be published by the Geneva-based *International Centre for Monetary and Banking Studies* (ICMB) (forthcoming), excerpts presented in *"The Economist"* of May 13th, 2000, pp. 77 ff..

[35] see preceding fn!

[36] Under this theory the close relationship between the *internal* value of money (i.e., ist domestic purchasing power) and its *external* value (ist rate of exchange) becomes particularly obvious!

lung alter und die gleichzeitige Vergabe neuer Kredite ununterbrochen in großem Umfang vernichtet und andererseits neu geschaffen wird.

b) Rückgriff auf die Inflationsrate

Wenn sich aber keiner der beiden Faktoren, die zusammen für die Kaufkraft der Währung verantwortlich sind, mit ausreichender Genauigkeit feststellen läßt, muß diese Kaufkraft, bzw. ihre jeweilige Veränderung, anders bestimmt werden. Als Ausweg bietet sich an, die Veränderung des allgemeinen Preisniveaus, also die sogenannte Inflationsrate, zu beobachten. Zu diesem Zweck wird allgemein gerne auf den sogenannten Verbraucherpreisindex zurückgegriffen, der regelmäßig von zahlreichen Institutionen festgestellt wird. Das ist auch die Methode, derer sich die meisten Zentralbanken mit Vorliebe bedienen.

c) Zusätzliche Berücksichtigung der Veränderung der Preise für Grundstücke, Investitionsgüter, Firmenanteile und Devisen[34]

Jedenfalls bei isolierter Anwendung weist aber auch diese Methode eine gravierende Schwäche auf: da sie sich auf die Beobachtung von Veränderungen der Preise allein der *Verbrauchs*güter beschränkt, vernachlässigt sie vollkommen den unter Umständen hohen Informationsgehalt, der sich aus der Entwicklung der Preise für (vor allem gewerblich genutzte) Grundstücke, sonstige Investitionsgüter, Kapitalanteile an Unternehmen und – nach einer ganz neuen Theorie[35] – auch aus dem Außenwert der betreffenden Währung, also ihrem Wechselkurs[36], ergibt. Die hier zu beobachtenden Preisentwicklungen sind vor allem für die Früherkennung, und damit eventuell gar Vermeidung, sogenannter *"bubbles"* [*] wertvoll.

Mit diesem Schlagwort wird eine Situation bezeichnet, die sich häufig aus einem ganz normalen und gesunden *Boom* heraus entwickelt. Wenn die Unternehmen im Rahmen eines solchen *Booms* hohe Gewinne einfahren und dementsprechend hohe Dividenden auszahlen und ihr Kurswert trotzdem noch ständig steigt, dann erscheint eine Geldanlage an der Börse – das berühmte "Spekulieren" – vielen Leuten so attraktiv, daß jedermann daran teilzunehmen versucht, u.U. unter Aufnahme hoher, festverzinsli-

---

[34] So ein Arbeitspapier mit dem Titel *"Asset Prices and Central Bank Policy"* von *Cecchetti, Genberg, Lipsky and Wadhwany*, das von dem Genfer *International Centre for Monetary and Banking Studies* (ICMB) herausgegeben werden wird. Sein wesentlicher Inhalt wurde in der Ausgabe des *"The Economist"* vom 13. Mai 2000, auf den Seiten 77 ff. vorgestellt..

[35] siehe vorangehende Fußnote!

[36] Unter dieser Theorie wird der enge Zusammenhang zwischen dem *internen* Wert einer Währung (also ihrer Kaufkraft) und ihrem *externen* Wert (also ihrem Wechselkurs) besonders deutlich!

[*] wörtlich: *"Seifenblasen"*!

"stockmarket bubbles" such as those that preceded the great crisis of 1929 and the crash of the Japanese stockmarket in the early nineties, both of which brought along with them marked and long-term economic downturns for the countries concerned.

Such bubbles usually grow out of a period of real economic growth where firms make large profits and pay out high dividends to their shareholders while the value of their shares continues to rise, and both investment and consumption are running at full capacity. In such a situation, everybody wants to share in the huge profits that seem to be so effortlessly made by "speculating" in the stockmarket. Thus, large amounts of money - much of it borrowed against fixed rates of interest - are shifted into the investment in equities. This, in turn, has several marked consequences: First, the "paper value" of real estate which is typically used as security for the huge loans taken out for investments in equity increases manyfold[37]. The same applies to the prices of shares, due to the high demand for them. Finally, by showering firms with lots of - ever cheaper - capital (in the form of the money paid for the shares) firms are lured into investing in ever more production capacity, usually in a degree far higher than is warranted by effective long-term consumer demand. Therefore, such a bubble, sooner or later, is bound to lead to a crash, as happened during the two historical events referred to before.

Now, as such a situation is strongly reflected in the prices of shares and of real estate, while it shows through only marginally, if at all, in the prices for consumer goods[38] taking into account changes in the prices for the above mentioned assets might help to reduce the effects of if not obviate bubbles of this kind altogether. At the same time, it would of course make for a much greater stability of overall economic development and thereby of monetary constancy as well.

d) Increasing the Money Supply According to Estimated Economic Growth

Another method of determining the appropriate monetary policy is simply to estimate the average long-term growth of the economy as a whole and increase the money supply accordingly, no matter what a concrete short-

---

[37] Thus, at the hight of the Japanese stockmarket bubble, the premises of the royal palace in Tokyo were valued as high as the entire area of California!

[38] On the contrary, due to the ever larger supply of these goods that result from the additional production facilities just set up, these prices, if anything, tend to fall rather than increase in such a situation!

cher Kredite. Das führt zu einem erheblichen Preisanstieg für Grundstücke, die primär als Sicherheit für solche Kredite herangezogen werden[37]. Gleichzeitig zieht die erhebliche Nachfrage nach Aktien und anderen Anlageformen dieser Art einen weiteren Preisanstieg der entsprechenden Papiere nach sich, was wiederum deren Erwerber von der Richtigkeit ihrer Investition überzeugt. Schließlich fließen den Unternehmen auf diese Weise riesige Beträge an Eigenkapital zu äußerst günstigen Konditionen zu – nämlich in Form des von den Anlegern für die betreffenden Aktien bezahlten Geldes – das sie, angesteckt von dem allgemeinen Optimismus, in die Beschaffung zusätzlicher Investitionsgüter (Maschinen etc.) stecken, um die scheinbar grenzenlose Nachfrage befriedigen zu können. Dadurch steigen nicht nur die Preise auch für derartige Güter, sondern es entsteht vor allem irgendwann eine Produktionskapazität, die den langfristigen Bedarf der Verbraucher weit übersteigt. Damit aber ist der Zusammenbruch solcher wirtschaftlicher "Seifenblasen" vorprogrammiert. Welch verheerende gesamtwirtschaftliche Folgen ein solcher Zusammenbruch mit sich bringen kann, haben sowohl die Krise nach 1929 als auch der japanische Börsenkrach der frühen neunziger Jahre eindrucksvoll gezeigt.

Da sich eine derartige Entwicklung oft sehr gut an dem Anstieg der Preise für die eingangs aufgezählten Güter erkennen läßt, sich aber, jedenfalls zunächst, so gut wie gar nicht in der Preisentwicklung für Konsumgüter niederschlägt[38], bietet es sich an, bei der Festlegung der jeweiligen Geldpolitik neben der Entwicklung der reinen Verbraucherpreise die Veränderungen in den Werten für diese anderen Güter zumindest ergänzend mit heranzuziehen. Auf diese Weise ließen sich möglicherweise krisenhafte Entwicklungen der skizzierten Arten frühzeitig erkennen und damit u.U. vermeiden. Mit der dadurch gewonnenen erhöhten wirtschaftlichen Stabilität würde aber zugleich auch diejenige des Geldwertes entsprechend zunehmen – zumindest bei einer langfristigen Betrachtung.

d) Erhöhung des Geldbestandes entsprechend dem erwarteten gesamtwirtschaftlichen Wachstum

Eine weitere Methode, die jeweils erforderliche Menge an zusätzlichem Geld festzulegen, besteht darin, einfach die durchschnittliche langfristige Wachstumsrate der Wirtschaft zu schätzen und den Geldbestand jährlich entsprechend zu erhöhen, ganz unabhängig von der – meist kurzfristigen – Entwicklung der Preise – sei es derjenigen für Verbrauchsgüter, sei es unter Berücksichtigung (auch) derjenigen für die oben aufgezählten Inve-

---

[37] So wurde etwa auf dem Höhepunkt des japanischen Börsenfiebers allein das Areal des japanischen Kaiserpalastes genauso hoch bewertet wie das Gebiet von ganz Kalifornien!

[38] Im Gegenteil sinken diese Preise in einer solchen Situation eher noch, eine weitere Folge der geschaffenen industriellen Überkapazität!

term inflation rate - however measured - happens to indicate at a particular moment[39]. This method, even though based on mere prediction, elegantly avoids the mistakes that measuring the variations in the general price level by comparing the changes in value of only part of the existing commodities (as does the consumer price index) necessarily entails and thus serves as a useful supplement to the method just described. It is employed by various central banks, most notably by the *European Central Bank*[40] (cf. ch. 72).

3) Determinig the Target of Monetary Policy: Zero Inflation and Its Alternatives

Once it has been decided which one or which ones of the methods just described to use for measuring the value (purchasing power) of the currency and this value's stability over time, it must next be determined what rate of inflation we should actually aim for. While the ideal to be achieved, in particular with regard to the optimal allocation of investments in terms of time (see ch. 5 III, above), obviously is an inflation rate of zero, this is not necessarily the rate actually preferred by modern monetary policy makers under all circumstances. Instead, a slightly (1 – 2%) positive but constant nominal rate of inflation has been widely accepted as the right target of monetary policy. Such a - low - positive inflation rate not only provides a certain "safety cushion" against the - very real - dangers of deflation, but it also stimulates present consumption and can thereby have a positive influence on present economic growth. Finally, by reducing the real value of money over time, it makes for a certain wealth transfer from the providers of capital within an economy to those who contribute actual work. The reason for this is that capital is usually lent out long-term against fixed rates of interest whose real value in times of inflation decreases over time, along with the general decline in the value of money, while the same effect does not, or not as much, apply to payments for work done. Thus a modest, but positive, inflation rate to a certain extent alleviates the ever higher differ-

---

[39] The most famous protagonist of this - so-called "monetarist" - view is once again *Milton Friedman*, cf. *Friedman, "The Control of Money"*, in: *"Capitalism and Freedom"*, Chicago, 1962, reprint 1982, pp. 37 ff.

stitionsgüter[39]. Diese Methode scheint zwar insofern unexakt, als sie letztlich auf reinen Schätzungen beruht. Dafür weist sie aber den eleganten Vorteil auf, die gesamtwirtschaftliche Entwicklung in ihrer vollen Breite zu berücksichtigen und nicht - wie dies etwa die allein an den Verbraucherpreisen orientierte Methode tut – auf statistische Größen zu verlassen, die von vornherein bestimmte wichtige wirtschaftliche Faktoren außer Betracht lassen. Angesichts dieser Eigenschaften bietet sich diese Methode zumindest als Ergänzung zu den beiden oben skizzierten Vorgehensweisen an und wird als solche auch in der Tat von verschiedenen Zentralbanken herangezogen, nicht zuletzt von der Europäischen Zentralbank[40].

3) Bestimmung des angestrebten Zieles der Geldpolitik: Eine Inflationsrate von Null und ihre Alternativen

Hat man sich einmal für die Methode oder die Methoden zur Bestimmung des Geldwertes entschieden, ist als nächstes das anzustrebende Ziel der Geldpolitik festzulegen. Wie wir bereits gesehen hatten (oben, Kapitel 5 III), ist unter dem Gesichtspunkt der in zeitlicher Hinsicht optimalen Allokation der Ausgaben eine Inflationsrate von Null an sich das Optimum. Trotzdem sind in den letzten Jahren aus verschiedenen Gründen viele Zentralbanken von diesem Ziel abgegangen und streben stattdessen eine zwar geringe (c.a. 1 – 2 %), dafür aber konstante nominal positive Inflationsrate an. Diese dient zum einen als ein gewisses Sicherheitspolster gegenüber der – echten – Gefahr einer Deflation mit all ihren verheerenden Konsequenzen. Zum zweiten begünstigt sie den gegenwärtigen Konsum und kann damit eine anregende Wirkung auf die Konjunktur entfalten. Schließlich führt sie zu einem gewissen Wohlstandsransfer von den reinen Kapitalgebern einer Gesellschaft auf diejenigen, die konkrete Arbeit leisten. Das liegt daran, daß die Kapitalgeber ihr Geld meist langfristig gegen einen festen Zinssatz zur Verfügung stellen, dessen realer Wert im Zuge der allgemeinen Geldentwertung allmählich immer mehr abnimmt, während der Lohn für geleistete Arbeit sofort ausbezahlt wird, ohne im selben Ausmaß einer solchen Entwertung zu unterliegen. Dies hat den – wiederum wirtschaftsfördernden – Effekt, die in Zeiten eines langfristigen allgemeinen Wohlstands infolge von unterschiedlichem Sparverhalten und

---

[39] Der berühmteste Vertreter dieser sogenannten "monetaristischen" Theorie ist der *Stanford* (und früher *Chicago*er) Wirtschaftsprofessor *Milton Friedman*, vgl. *Friedman, "The Control of Money"*, in: *"Capitalism and Freedom"*, Chicago, 1962, Neuauflage von 1982, SS. 37 ff.

[40] Das wurde insbesondere von *Otmar Issing,* Vorstandsmitglied der EZB, auf einer Konferenz klargestellt, die Anfang Mai 2000 von dem Genfer *International Centre for Monetary and Banking Studies* (ICMB) organisiert worden war, vgl. *"The Economist"* vom 13. Mai 2000, SS. 77 ff.

ences in individual affluence that accumulate throughout any society in step with the overall increase in wealth - and its bequest by way of inheritance – which is the necessary result of long periods of peace and general prosperity. It thus increases the relative value of the remuneration for what actually keeps any economy going: active work[41].

Whatever rate of inflation is ultimately chosen as the target according to the above considerations, must then be actively pursued. What instruments are at the disposal of a typical central bank to achieve this aim, must therefore logically be determined next:

4) The Instruments at the Disposal of a Typical Central Bank to Influence this Stability

As the rate of inflation – whether actual or desired - is but a different denomination for the ratio between the supply of goods and services on the one hand and of money (both primary and secondary) on the other (see 1), above) it can obviously be influenced by a manipulation of either of the two. However, being a purely financial institution, the central bank has only the second of these options at its disposal, namely adjusting the money supply. But not even here is it totally in charge, as its direct influence is limited to the supply of primary money, while it wields no direct control over the creation and destruction of book-money. Thus, it can affect the overall money supply only *indirectly*, through establishing a good system of incentives for the commercial banks to create more or less book-money. And indeed, the central bank does dispose of a multitude of policy instruments for doing just this. The most important ones of these shall briefly be outlined here:

The *first* is determining the *quantity of banknotes* in circulation. As there is a certain interdependence between the amount of primary money and "privately" created book-money - even if extremely loose -, the central bank can thereby also influence the supply of book-money, albeit only marginally.

---

[40] This was made clear by *Otmar Issing,* a member of the ECB's Executive Board, at a conference held by the Geneva-based *International Centre for Monetary and Banking Studies* (ICMB) in May 2000, *"The Economist",* May 13th, 2000.

[41] This idea was most prominently developed by *John Maynard Keynes,* in. *Essays in Persuasion, ch. II, Inflation and Deflation,* London, New York, 1963.

Erbschaft immer ausgeprägter werdenden individuellen Wohlstandsunterschiede wenigstens etwas abzumildern und zugleich das zu belohnen, von dem letztlich jede Wirtschaft entscheidend lebt: konkrete Arbeit[41]!

Ist das Ziel der Geldpolitik einmal festgelegt, kommt es als nächstes darauf an, dieses Ziel so gut wie möglich zu erreichen. Welche Möglichkeiten hierfür der Zentralbank typischerweise zur Verfügung stehen, soll deshalb Gegenstand der nun folgenden Überlegungen sein.

4) Der Zentralbank hierfür zur Verfügung stehende Instrumente

Nachdem, wie wir gesehen haben, die Inflationsrate – und zwar sowohl die tatsächliche wie auch die angestrebte – letztlich nur eine andere Bezeichnung für das Verhältnis der vorhandenen Geldmenge (Primärgeld wie Buchgeld) zu der Menge sämtlicher Waren und Dienstleistungen darstellt, läßt sie sich offensichtlich wahlweise durch die Beeinflussung des einen wie des anderen dieser beiden Faktoren beeinflussen. Als reiner Finanzinstitution steht der Zentralbank dabei jedoch allein die zweite dieser beiden Möglichkeiten offen, also die Einflußnahme auf den verfügbaren Geldbestand. Nicht einmal über diesen hat sie allerdings eine umfassende Alleinkontrolle. Das liegt vor allem daran, daß ihr zwar die Schaffung des Primärgeldes allein obliegt, die Schöpfung und Vernichtung des für die Geldwertstabilität absolut gleichwertigen Giralgeldes durch die privaten Geschäftsbanken ihrem *unmittelbaren* Zugriff jedoch fast vollständig entzogen ist. Eine effektive Beeinflussung der verfügbaren Gesamtgeldmenge kann deshalb bestenfalls indirekt erfolgen, durch die Schaffung der entsprechender Anreize für die privaten Finanzinstitute, entsprechend den jeweiligen Erfordernissen der Geldwertstabilität mehr oder weniger Giralgeld zu schöpfen. Um diese Anreize zu schaffen, steht der Zentralbank auch eine Vielzahl finanzpolitischer Instrumente zur Verfügung. Die wichtigsten von ihnen sollen hier wenigstens kurz angerissen werden:
Das *erste* dieser Instrumente ist die *Steuerung der Menge der* von ihr in den Wirtschaftskreislauf eingebrachten *Banknoten* (Primärgeld). Da sie als einzige Institution das Recht hat, solches Primärgeld auszugeben und zwischen diesem und der Menge des von den privaten Wirtschaftsteilnehmern erzeugbaren Giralgeldes eine - wenn auch äußerst lose - Abhängigkeit besteht, hat die Zentralbank schon dadurch zumindest eine gewisse Einflußmöglichkeit auf die verfügbare Gesamtgeldmenge.

---

[41] Dieser Effekt wurde von *J.M. Keynes*, in seinen *"Essays in Persuasion"*, London, 1963, entwickelt, vgl. dort vor allem, *ch. II, Inflation and Deflation.*

A *further* such instrument is its authority to require private banks to deposit with it as non-interest-bearing *"minimum reserves"* - or otherwise set aside - a certain percentage of all moneys available to them. In this way it can directly determine which percentage out of any amount of money deposited with these banks they can lend again as credit. The influence thus gained by the central bank is quite considerable, due to the Multiplier Effect explained above.

A *third* tool of the central bank to influence the overall money supply is the price – expressed as a certain percentage of the nominal value of such a loan – for lending cash (primary money) to the commercial banks wanting to increase their liquidity. Depending on the bank concerned as well as on whether such loans are backed up with some security, and sometimes even on the *type* of such security, the denomination of this price differs[42]. For our purposes here, what is important is that, by defining whichever one of these rates the central bank ultimately determines the level of interest throughout the entire economy and thereby, primarily by means of the Multiplier Effect explained above, the overall money supply.

Finally, by the term of *"open market policy"* we understand the direct purchase or sale by the central bank itself of medium- or long-term securities in the financial market, thereby directly increasing (by a purchase of such securities) or decreasing (by a sale) the amount of money available to the public for the financing of transactions[43].

---

[42] Thus, for example, the *Deutsche Bundesbank* – before its replacement by the *European Central Bank* (ECB; see ch. 72, infra) – used to distinguish between the *"rediscount rate"* it demanded for such loans if the security provided was a promissory note of a certain quality, and what it called the *"lombard-rate"* – the price for a loan backed up by any other security (the former was always about one per cent more favourable to the borrower than the latter). As most of the other central banks of *"Euro-land"* had not made such a distinction, it was not introduced for the ECB either. Thus, the ECB's so-called *"leading rate"* is a price uniformly asked by it for a cash-loan secured by whatever type of security. While thus the level of interest in the member-states of the Euro is determined by the rate asked by the Bank for backed-up loans, in the U.K. *(Bank of England)* as well as in the U.S. *(Federal Reserve Bank)* this determination is made for the rate to be paid for entirely unsecured loans. It is called the *"base rate"* or *"prime rate"*, respectively. As, of course, all such rates are highly dependant on each other, it ultimately makes no difference which one of these rates is directly defined by the central bank.

[43] However, the bank is required by statute to consummate transactions of this kind only for stabilising the purchasing power of the currency it issues and not for purposes of financial gain, cf. *Obst/Hintner,* p. 115.

Ein *weiteres* derartiges Instrument stellt ihre Befugnis dar, von den Geschäftsbanken die - zinslose - Hinterlegung eines bestimmten Prozentsatzes der von diesen vergebenen Kredite in der Form von echten Banknoten als sogenannte *Mindestreserve* bei ihr zu verlangen. Damit kann sie den Prozentsatz des den Geschäftsbanken bei der Giralgeldschöpfung für die erneute Kreditvergabe mehrfach zur Verfügung stehenden Geldbetrages, also die Höhe des oben beschriebenen "Multiplikators", unmittelbar beeinflussen, genauer: diesen Prozentsatz und damit die Menge des theoretisch erzeugbaren Giralgeldes nach oben hin begrenzen.

Ein *drittes* Feinsteuerungsinstrument der Zentralbank besteht in der Festlegung des Preises – ausgedrückt als Prozentsatz des Nominalwertes der betreffenden Summe -, zu dem sie den Geschäftsbanken, die auf diese Weise ihre Liquidität erhöhen wollen, für einen bestimmten Zeitraum Geld leihen. Je nachdem, ob das entsprechende Darlehen durch Wertpapiere besichert ist und ggf. auch in Abhängigkeit von der Art dieser Sicherheit, unterscheidet sich sowohl dieser Preis als auch seine jeweilige Bezeichnung[42]. Auch mit diesem Instrument läßt sich also die Liquidität der Banken steuern und damit letztlich wiederum auch die Geldmenge nach oben hin begrenzen - wenngleich auch hier nicht unmittelbar steuern!

Unter der sogenannten "*Offenmarktpolitik*" der Zentralbank schließlich versteht man den aktiven An- bzw. Verkauf von Wertpapieren auf dem Geldmarkt durch die Zentralbank, wiederum mit dem ausschließlichen Ziel, Einfluß auf die Liquidität des Geldmarktes zu nehmen[43].

---

[42] So unterschied etwa die *Deutsche Bundesbank* vor ihrer Ablösung durch die *Europäische Zentralbank* (EZB, dazu näher Kap. 72, unten) zwischen dem "*Rediskontsatz*" – so die Bezeichnung des Zinses für Darlehen, die mit Handelswechseln einer bestimmten Qualität besichert waren – und dem sogenannte "*Lombardsatz*", dem Preis für alle anderweitig besicherten Darlehen (letzterer war immer etwa ein Prozent höher als der Rediskontsatz). Da eine solche Unterscheidung jedoch in den anderen Mitgliedsländern des heutigen "*Eurolandes*" unbekannt war, wurde sie auch für die EZB nicht übernommen. Diese verlangt deshalb für alle besicherten Darlehen unabhängig von der Art der Besicherung einen einheitlichen sogenannten "*Leitzins*". Anders als sowohl die *Bank of England*, die amerikanische *Federal Reserve Bank* und die *Bank of Japan* steuert die EZB, wie vordem die *Deutsche Bundesbank*, die Geldmenge über den Preis für *gesicherte* Darlehen. Die englische sogenannte "*base rate*" bzw., für die USA sowie Japan, "*prime rate*" dagegen definieren den Preis für ungesicherte Zentralbankdarlehen, über den die Geldmenge in diesen Ländern gesteuert wird.

[43] Verboten ist es der Zentralbank dagegen, solche Geschäfte unter dem Gesichtspunkt bzw. mit dem Ziel der Gewinnerzielung zu tätigen, vgl. *Obst/Hintner*, S. 115.

5) *Outlook:* Will the Increasing Popularity of Electronic Money Render Central Banks Obsolete or Superfluous?

As we have seen, the control central banks have over the total money supply within an economy and thus over the stability of the currency hinges decisively upon their monopoly in the issuance of primary money and on the great influence they enjoy - through the various instruments just discussed - with regard to the amount of secondary or book-money in circulation. All these means of control, however, in their turn depend on the necessity for all money, including book money, to be ultimately "cleared" through the banking system and thus finally through this central bank. Now, what is meant by that? As we have seen, book-money is basically a credit granted by one private economic agent to an other. It is accepted by all participants only because and so long as this credit can be finally traced back to a credit provided by a commercial bank where it may be exchanged on demand for "real" or primary money. The reason why such credit is not simply accepted as what it is, viz., an obligation of the debtor to pay it back later, is the risk involved with regard to that person's later willingness and/or ability to do so. How much better to receive (book-) money instead whose value is ultimately underwritten and guaranteed by the central bank!

All this - at least according to some avantgardist view[44] - might be about to change due to the possibility newly opened by the internet to pay immediately on-line for electronically made purchases without recourse to a credit card and/or the involvement of any bank. This, in turn, makes it possible for and attractive to huge commercial conglomerates to issue to their customers units of entitlements in electronic form which they can either save or cash in electronically in return for any of the goods or services (e.g., transportation by the subway system operated by the issuer) offered or operated by the issuer without the involvement of any commercial bank and thus, of the central bank as well. In this way, so the theory goes, the control over the overall money supply presently enjoyed by central banks everywhere might well be greatly weakened, if not entirely eroded.

---

[44] For the sources of this view see, e.g., *"The World Economy"*, p. 42 and *"The Guardian"*, Sept. 2nd, 1999, p. 12. See also a working paper by Harvard professor *Benjamin M. Friedman* of Sept. 23rd, 1999, titled *"The Future of Monetary Policy: The Central Bank as an Army With Only one Signal Corps?"*

5) *Ausblick:* Macht das elektronische Geld Zentralbanken bald obsolet oder überflüssig?

Wie wir gesehen haben, hängt die Kontrolle der Zentralbanken über die Geldmenge und damit über die Währungsstabilität entscheidend von ihrer Monopolstellung bei der Ausgabe von Primärgeld und der Steuerung des darauf basierenden Sekundär- oder Giralgeldes ab. Dieses Monopol setzt aber seinerseits voraus, daß der gesamte Geldbestand der betreffenden Währung über die Geschäftsbanken letztlich auf das von der Zentralbank herausgegebene Primärgeld zurückgeht. Mit anderen Worten: es hängt davon ab, daß private Kredite von den jeweiligen Gläubigern letztlich nur deshalb akzeptiert werden, weil sie sich letztlich über die Geschäftsbanken bei der Zentralbank in "echtes" Primärgeld eintauschen lassen. Woher kommt es aber, daß solche Kredite nicht einfach als das akzeptiert werden, was sie sind: nämlich als eine Verpflichtung des Schuldners, das betreffende Darlehen bei Fälligkeit an den Gläubiger zurückzuzahlen? Ganz einfach: wegen der Unsicherheit über die Fähigkeit und Willigkeit des Schuldners, eben diese Rückzahlung vorzunehmen! Viel besser ist es natürlich, statt eines solchen bloßen Versprechens etwas entgegenzunehmen, dessen Wert von der Zentralbank garantiert wird: nämlich Geld!

Zumindest nach einer recht avantgardistischen Auffassung[44] steht aber infolge der durch das Internet eröffneten neuen technischen Möglichkeiten diesbezüglich möglicherweise eine entscheidende Änderung vor der Tür. Durch das Internet werde es – so diese Auffassung – nämlich erstmals möglich, fällige Schulden auch ohne Dazwischenschaltung von Kredit- oder Guthabenskarten auf elektronischem Wege sofort zu verrechnen. Das wiederum mache es für große kommerzielle Ketten (z.B. von Warenhäusern) attraktiv, ihren Kunden ohne Dazwischenschaltung des Bankensystems Ansprüche auszugeben, die diese in elektronischer Form speichern und jederzeit gegen Waren oder Dienstleistungen des jeweiligen Ausgebers eintauschen könnten. Auf diese Weise wird die Macht der Geschäftsbanken und damit zugleich auch diejenige der Zentralbank, über die Menge des in der Wirtschafts insgesamt umlaufenden Geldbestandes entscheidend geschwächt, wenn nicht sogar vollständig ausgehöhlt.

Unklar bleibt allerdings, worin diese angebliche Neuigkeit von derartigem elektronischen Geld bestehen soll. Schließlich gibt es auch heute schon in vielen Fällen die Möglichkeit (wenn nicht gar: Notwendigkeit!) ohne Einschaltung des Bankensystems sofort und in bar zu bezahlen (auf dem

---

[44] Für die Ursprünge dieser Auffassung siehe etwa *"The World Economy"*, S. 42 und *"The Guardian"*, 2.9. 1999, S. 12, ferner das Arbeitspapier des Harvard Professors *Benjamin M. Friedman* vom 23.9.1999, mit dem Titel *"The Future of Monetary Policy: The Central Bank as an Army With Only one Signal Corps?"*

However, it remains unclear what the novelty of electronic money in this respect really is: after all, in many instances the opportunity (if not, indeed, necessity) to effect immediate payment for purchases made has always existed (e.g. in the ordinary, "real" market place, by paying cash) without anybody ever getting the idea of issuing "private money" in the sense of the above theory. Further, it is not to be seen why anybody should prefer such money over the "official" governmentally issued money. Surely only if it provides better interest? If so, the amounts created or issued by a private issuer would once more depend on a factor fully under the control of the central bank - in exactly the same way as is today the creation of any "secondary" money!

6) The Additional Role of *Minimum Reserves* to Assure Liquidity for the Banking System[45].

The *"minimum reserves requirement"* explained above has yet another important beneficial effect within our monetary system: it serves as an additional reserve pool on which the commercial banks can draw in times of need to avoid the devastating effects a liquidity shortage might other-wise trigger for the economy (see ch. 5 V, supra)[46]. This effect of the minimum reserves requirement is reflected in the name of the American central bank which is called the Federal *Reserve* Bank (or "*Fed*"). How-ever, in this second function the minimum reserves requirement merely supplements the mutual support the commercial banks within one country pledge to each other for such cases (cf. ch. 5 V, supra).

---

[45] Cf. *"The World Economy"*, p. 41.

[46] In this respect, therefore, a national central bank fulfills on the domestic level one of the functions the IMF has internationally, see ch. 14 IV 3 b.

"echten" Marktplatz beispielsweise), ohne daß irgendjemand *deshalb* auf die Idee gekommen wäre, ein derartiges "Privatgeld" zu schaffen. Auch leuchtet nicht ein, warum irgendjemand an derartigem Privatgeld überhaupt Interesse haben sollte. Wegen der im Vergleich zum staatlichen Geld trotz allem eingeschränkten Verwendungsmöglichkeiten eines solchen Geldes sicher nur, wenn es einen höheren Zins bietet als das staatliche Geld? Damit aber ist die Akzeptanz eines solchen Geldes und damit auch dessen Umlaufmenge bereits wieder in Abhängigkeit gebracht von der Geldpolitik der staatlichen Zentralbank!

6) Die Zusatzfunktion der "*Mindestreserve*" als Liquiditätsreserve des Bankensystems[45]

Schließlich sei an dieser Stelle noch auf einen weiteren, für unsere späteren Überlegungen ganz wichtigen Aspekt der durch die oben erwähnte Mindestreserve bewirkten Liquiditätsabschöpfung eingegangen: neben der Steuerung von Liquidität und Geldmenge erfüllt nämlich diese "Zwangsabgabe" noch die - allerdings ganz andere - Funktion einer Art von kooperativem Finanzpool, aus dem die Zentralbank eine unerwartet in Zahlungsschwierigkeiten geratene Geschäftsbank mit Liquidität versorgen und somit einer eventuell drohenden Bankenkrise bereits in ihren Anfängen effektiv entgegenwirken kann[46]. Damit stellt diese Mindestreserve aus der Sicht der Geschäftsbanken nicht nur einen - als solchen lästigen - Abfluß von Liquidität dar, sondern hat zugleich doch auch einen willkommenen "Versicherungseffekt". Aus dieser Funktion heraus erklärt sich auch die Bezeichnung der amerikanischen Zentralbank als "*Federal Reserve Bank*". Mit dieser Funktion tritt die bei der Zentralbank gehaltene Mindestreserve jedoch nur ergänzend neben die ohnehin bestehende Verpflichtung der Geschäftsbanken zu gegenseitiger Unterstützung im Falle einer Liquiditätsknappheit (vgl. Kapitel 5, oben).

---

[45] Cf. *"The World Economy"*, S. 41.
[46] Damit hat die jeweilige Zentralbank auf nationaler Ebene u.a. die Funktion, die im internationalen Bereich der Internationale Währungsfonds (IWF) erfüllt, vgl. unten, Kapitel 14 IV 3 b.

IV) Maintaining the Stability of the Exchange Rate *(in Detail)*

Let's suppose that the hypothesised pearl currency may not be accepted everywhere. Instead, only the Tahitians pay with pearls. Among the Polynesians, a rare type of coral has taken on the function of money and in Melanesia a particular rare variety of mussel serves as a means of payment. In this situation the following two questions call for our attention:

1)   How is the exchange rate among currencies determined and what connection exists between these exchange rates and the domestic purchasing power of each currency?

2)   How (if at all) does a multilateral transaction ("Circular Exchange", see ch. 4, V, supra) work in such circumstances?

Let's deal with these two questions in turn:

1) The various methods for determining exchange rates

a) Leaving it to the free market

Imagine that we let the exchange rate be determined entirely freely according to the "laws" of supply and demand, as some advocates of the free market principle[47] suggest. However tempting this analogy may at first appear, upon closer examination it becomes problematic. *First*, considering the enormous ease and speed with which money can be transferred (purchased and sold) as compared to ordinary goods, as well as the far greater gains and losses to be obtained or suffered by a change in the value of money (as opposed to a change in the prices of one or two out of thousands of commodities), it is obvious that money would be much more the object of speculation and manipulation, were it left to these market forces entirely unprotected - causing enormous disruptions of international trade.

---

[47] Most notably *Milton Friedman,* cf., e.g., in:*"International Trade Arrangements"*, p 67, in: *"Capitalism and Freedom"*, London 1962, reprinted 1982.

IV) Externe Geldwertstabilität (Wechselkurse) (im Detail)

Stellen wir uns vor, in unserer Inselwelt würde nicht einheitlich die oben angenommene Perlenwährung gelten. Statt dessen zahlen nur die Tahitianer mit Perlen. Bei den Polynesiern dagegen hat eine seltene Korallenart die Geldfunktion übernommen und in Melanesien dient eine bestimmte seltene Muschelsorte als Zahlungsmittel. In dieser Situation stellen sich für unsere Überlegungen zwei Fragen:

1) Wie bestimmt sich der Tauschwert von Währungen untereinander, und welcher Zusammenhang besteht insbesondere mit der binnenwirtschaftlichen Kaufkraft dieser Währungen?

2) Wie, wenn überhaupt, funktioniert in einer solchen Situation das oben in Kapitel 4, V dargestellte Dreiecksgeschäft (dort "Ringtausch" genannt)?

Diesen Fragen soll im folgenden nachgegangen werden.

1) Die verschiedenen Möglichkeiten zur Bestimmung des Wechsel kurses

a) Bestimmung durch den freien Markt

Eine Möglichkeit zur Bestimmung der Wechselkurse besteht darin, diese voll und ganz den Gesetzen von Angebot und Nachfrage zu überlassen, wie dies einige Verfechter der reinen Marktwirtschaft in der Tat vorschlagen[47]. Bei all ihrer Attraktivität erweist sich die darin liegende Analogie bei näherer Betrachtung aber doch als problematisch. Angesichts der erheblich größeren Leichtigkeit, mit der sich im Vergleich zu Waren auch beliebig große Summen von Geld transferieren (kaufen oder verkaufen) lassen wie auch angesichts der erheblich höheren Gewinne (oder Verluste) die sich durch die Spekulation mit Geld bzw. mit Währungen erzielen lassen, liegt die ungeheure Gefahr, der die Wechselkurse ausgesetzt würden, wollte man sie völlig ungeschützt den hier waltenden Kräften überlassen, auf der Hand. In gleichem Umfang wäre zugleich auch der internationale Handel bedroht.

---

[47] Hauptvertreter dieser Richtung ist einmal mehr *Friedman*, vgl. z.B: *Friedman*, *"International Trade Arrangements"*, in *"Capitalism and Freedom"*, SS. 56 ff., insbesondere SS. 67 ff.

Second, it is highly problematic whether money, as the reference point for the valuation of all other goods, can itself be treated like just another one of them. After all, if money itself became an object of constant change and speculation, this vital function would be greatly endangered. Indeed, the stability of the value of money might be called the *"firm spot"* Archimedes claimed to be seeking in order to *"move the earth"*[48]. If it were removed (by making money fully subject to speculative forces) the world of economics might indeed cease to move[49].

One further disadvantage of leaving the determination of the value of money to the market would be the exceptional uncertainty this would entail with regard to paying for cross-border transactions. Indeed, this disadvantage has usually been considered so grave that such a system has so far never been fully adopted anywhere. On the contrary, it was for a long time the aim of exchange rate policy in many countries to make them as stable as possible. As we shall see in more detail later, the creation of this very stability was indeed the original aim of the IMF. However, there remains the question of *how* such stability can possibly be attained in view of the incessant change to which all factors determining exchange rates are exposed.

b) Direct Governmental Intervention

Because of the connection between the domestic purchasing power of a currency and its stability abroad, one could affect either of them by a change in the supply of goods and/or in the supply of money. In relations with other countries the following options are available: greatly reducing imports by means of tariffs or import restrictions, and/or substantially increasing exports through subsidies (commodity side), likewise manipulating the flow of payments into or out of the country (payment side). All actions of this kind have in common the disadvantage of requiring major interference with individual freedom of choice and a major involvement of bureaucracy.

---

[48] The exact wording of the citation by *Archimedes* reads as follows: *"Give me but one firm spot on which to stand and I will move the earth"*, cited from the *"Oxford Dictionary of Quotations"*.

[49] A similar argument is made in *"The World Economy"* on page 41 in a slightly different context.

Als zweiter entscheidender Unterschied von Geld zu allen "anderen" Waren kommt seine Eigenschaft als Bezugspunkt für die Bewertung aller übrigen Handelsobjekte hinzu. Diese wichtige Funktion könnte durchaus entscheidend beeinträchtigt werden, wollte man das Geld selbst ebenfalls zum Gegenstand der Spekulation werden lassen. In der Tat könnte man die Stabilität des Geldwertes als den einen *"festen Punkt"* bezeichnen, den Archimedes zu brauchen behauptete, um *"die Welt aus den Angeln zu heben"*[48]. Würde man sie beseitigen, würde die Welt, jedenfalls die Wirtschaftswelt, möglicherweise wirklich zum Stillstand kommen[49]

Ein solches Vorgehen wiese darüber hinaus auch noch den Nachteil auf, daß das Währungsrisiko bei allen grenzüberschreitenden Geschäften mit Kreditcharakter ganz erheblich zunehmen würde. Dieser Nachteil wurde gemeinhin immer als so schwerwiegend angesehen, daß die Wechselkurse von keinem Land jemals in dieser Weise völlig freigegeben wurden. Im Gegenteil hat man lange Zeit hindurch versucht, die Wechselkurse möglichst völlig stabil zu halten. Genau dies war, wie wir noch sehen werden, das ursprüngliche Ziel des IWF. Damit bleibt freilich noch immer die Frage zu beantworten, wie das Ziel einer derartigen möglichst hohen Stabilität erreicht werden kann.

b) Direkte Staatliche Eingriffe

Wegen des engen Zusammenhangs zwischen der (internen) Kaufkraft einer Währung und der Stabilität ihres Wechselkurses lassen sich beide wahlweise durch eine Beeinflussung entweder des Waren- oder des Geldbestandes beeinflussen. Auf der Warenseite kann dies durch die Verringerung der Importe durch die Erhebung von Einfuhrzöllen oder durch andere Einfuhrbeschränkungen (z.B. die Festlegung von Einfuhrquoten) geschehen oder umgekehrt durch die staatliche Subventionierung der eigenen Ausfuhren. In ähnlicher Weise lassen sich auch die entsprechenden Geldflüsse manipulieren. All diesen Maßnahmen ist indes der Nachteil gemein, daß sie nicht nur eines erheblichen bürokratischen Aufwandes bedürfen sondern darüber hinaus notwendigerweise auch mit ganz erheblichen Eingriffen in die persönliche Freiheit der Bürger verbunden sind.

---

[48] Zitiert nach *Büchner, "Geflügelte Worte"*.
[49] In diesem Sinne auch der Autor in *"The World Economy"*, S. 41, wenngleich in einem etwas anderen Zusammenhang.

c) The Compromise: Intervention by the Central Bank Through the Market Mechanism

Another approach to realising and then maintaining a certain exchange rate consists in having some wealthy financier buy or sell the currencies in question in sufficient quantities to create an equilibrium between supply and demand at the desired rate. This method enjoys the additional attraction of being far less inimical to free-market principles than those described above. Such a person - or institution - would have to dispose of the following qualities:

First, it must have at its disposition a sufficient supply of all the currencies in question.

In the *second* place, it should be both able and willing to carry out such sales and purchases to the extent necessary to bring about the desired result.

Third, and indeed most important, is its ability *credibly to communicate* its determination to carry out these transactions in spite of the heavy financial losses such anti-cyclical behaviour would necessarily entail. Indeed, as soon as doubts about this arise in the market, once more[50] the evil mechanism of a self-fulfilling prophecy is triggered. All market participants suddenly abandon the currency which is under pressure and precisely thereby bring about the very loss they expected or feared (even if for themselves, they might indeed manage to avoid these consequences - if they are lucky!).

As the actions to be taken are in the public's rather than in any particular private interest and usually involve considerable financial losses, it is clear that this task must be entrusted to some public institution. What, then, would be more natural than to pick the central bank for this purpose? Not only is it the public body with the greatest expertise in matters financial, it also usually disposes of huge foreign currency reserves and, in theory at least, an almost unlimited supply of its own currency - after all, it is the body that decides how much of it to print (primary money)! Accordingly, it is indeed the central banks that are in most modern countries charged with attending to the stability of the exchange rates of their country's currency.

---

[50] The first scenario where such an effect can easily occur is a liquidity shortage suffered by a commercial bank, see ch. 5 V, supra.

c) Der Mittelweg: Eingreifen der Zentralbank unter Nutzung des Marktmechanismus.

Eine andere Möglichkeit zur Stabilisierung eines bestimmten Wechselkurses besteht darin, daß irgendein wohlhabender Finanzier die von einer Wechselkursänderung bedrohten Währungen jeweils in so großem Umfang an- oder verkauft, daß das Angebot an der betreffenden Währung und der Nachfrage nach ihr auf dem für die Erhaltung des erwünschten Wechselkurses erforderlichen Niveau miteinander im Gleichgewicht bleiben bzw. daß dieses Gleichgewicht wieder erreicht wird. Dabei müßte die betreffende Person die folgenden Eigenschaften aufweisen:
Zum einen müßte sie über ausreichende Mengen all der betreffenden Währungen verfügen.

Darüber hinaus müßte sie *zweitens* bereit sein, die notwendigen An- und Verkäufe tatsächlich in dem Umfang durchzuführen, der erforderlich ist, um das gewünschte Ergebnis zu erzielen.

Drittens – und das ist fraglos die wichtigste Voraussetzung – muß sie die notwendige Glaubwürdigkeit besitzen, daß sie nicht nur in der Lage sondern auch tatsächlich bereit ist, die dafür erforderlichen Transaktionen in dem notwendigen Umfang und unter Umständen über lange Zeit hinweg durchzuhalten, trotz der erheblichen finanziellen Verluste, die ein derartiges antizyklisches Verhalten unvermeidbar mit sich bringt. Sobald an dieser Fähigkeit und Bereitschaft irgendwelche Zweifel entstehen, verkaufen nämlich viele Marktteilnehmer die von der Abwertung bedrohte Währung und erzeugen gerade dadurch den Druck, der dann unweigerlich zu dieser Abwertung führt, auch wenn sie selbst vielleicht das Glück haben, den Folgen dieser Abwertung durch ihr Verhalten zu entgehen! (Hier haben wir es also wieder einmal[50] mit einer sogenannten sich selbst erfüllenden Prophezeiung zu tun).

Da die hier notwendigen Maßnahmen nicht im Interesse irgendeiner Privatperson sondern im öffentlichen Interesse vorzunehmen sind, ist klar, daß dieser "Financier" nur irgendeine staatliche Institution sein kann. Was aber liegt unter diesen Umständen näher, als die staatliche Zentralbank mit dieser Aufgabe zu betrauen? Sie ist nicht nur die staatliche Institution mit der größten Sachkenntnis und Erfahrung in diesem Bereich, sondern sie verfügt gewöhnlich auch über die erforderlichen Reserven an Devisen. Ihr Vorrat an der eigenen Währung schließlich ist sogar unbegrenzt: sie braucht es nur zu drucken!

---

[50] Dem ersten derartigen Szenario sind wir bei der Betrachtung eines Liquiditätsengpasses einer Geschäftsbank begegnet, vgl. oben, Kapitel 5 V.

d) Which Countries' Central Banks Should Intervene?

After all that, it only remains to decide *which countries'* central banks should so intervene in a particular case. To be sure, although it seems most natural that it should be the bank or the banks of one or both countries whose exchange rate is out of equilibrium, this need not be so. Rather, the central banks of *any* country could theoretically also take on this task - provided, they have the necessary reserves of the currencies in question or otherwise sufficient amounts of other currencies with which to buy the currency whose value exceeds the desired rate - without, at the same time, endangering the value of their currencies. Indeed, analogous to the mutual assistance afforded by commercial banks within one country in case of a liquidity crisis of one of them (see ch. 5 V, above) such assistance by countries other than those directly affected by a certain exchange-rate disruption can prove very effective. As we shall see (Ch. 14, infra), establishing just such mutual support was and is one of the foremost achievements of the International Monetary Fund (IMF). Nevertheless, absent a pertinent collective agreement like the IMF, as any such intervention usually entails considerable financial losses (see above), it is rather unlikely that a third country will indeed venture to get involved.

Under these circumstances, only the central banks of the two countries directly affected remain for this task. Of these two, it is obviously the central bank of the country with the currency increasing in value which is in a better position to remedy the situation. After all, it enjoys unlimited supply of the currency that needs to be sold in the international monetary market to reestablish the desired exchange rate. In contrast, the ability of the country with the "weak" currency to purchase back its own currency of course is more limited as it would need a huge supply of other countries' currencies (over which it does not have control!) in order effectively to do so. The problem is further acerbated by the fact that usually the same reasons that create a downward pressure on the exchange rate of a certain country at the same time also make for a general scarcity of foreign currency reserves in that country's coffers (namely in its central bank). Nevertheless, in spite of their more favourable position, the countries with the "strong" currency have traditionally left it entirely to the countries with the "weaker" currencies to carry out the necessary corrective measures. This attitude of neglect, apart from these countries' natural egotism causing them to avoid costly interventions in the monetary market (whenever these did not seem to be required by their own immediate interest) was traditionally reinforced by a certain moral arrogance. This arrogance was based on the general conviction that the weakness of a currency was the consequence of a bad, and often even profligate, economic or monetary policy

d) Die Zentralbank welchen Landes sollte eingreifen?

Nach alledem bleibt nur noch festzulegen, welchen Landes Zentralbank jeweils eingreifen sollte. Dabei muß man sich zunächst klarmachen, daß dies keineswegs diejenige(-) des bzw. der beiden betroffenen Länder zu sein braucht/brauchen. Dazu ist vielmehr jede Zentralbank in der Lage, die über die ausreichenden Devisenbestände verfügt. Und tatsächlich kann eine Intervention einer solchen "Drittbank" durchaus wirksam und hilfreich sein – ähnlich der gegenseitigen Unterstützung, die sich die Geschäftsbanken innerhalb eines Landes beim Auftreten einer plötzlichen Liquiditätskrise bei einer von ihnen leisten (vgl. oben, Kapitel 5). Wie wir noch sehen werden (unten, Kapitel 14), eine der wesentlichen ursprünglichen Aufgaben des IWF bestand gerade darin, eine solche gegenseitige Unterstützung formal zu organisieren. Ohne eine derartige formale Basis ist allerdings eine solche Hilfe wegen der damit zwangsläufig verbundenen Verluste unwahrscheinlich. Deshalb bleiben für diese Aufgabe im Normalfall realistischerweise letztlich doch nur die Zentralbanken der beiden jeweils beteiligten Länder übrig. Von diesen beiden ist die Bank des Landes mit der unter Aufwertungsdruck stehenden Währung besser in der Lage, die notwendigen Maßnahmen durchzuführen: schließlich kann sie die Währung – nämlich ihre eigene – deren Kurs nach unten korrigiert werden muß, in beliebigen Mengen selbst erzeugen und diese auf den internationalen Finanzmärkten anbieten. Demgegenüber sind die entsprechenden Möglichkeiten der Bank des Landes mit der abwertungsgefährdeten Währung deutlich mehr eingeschränkt. Sie nämlich müßte ihre eigene Währung zurückkaufen. Dazu aber bräuchte sie ausreichende Devisen, an denen es ihr jedoch meist mangeln wird, zumal dieselben Gründe, die zu dem bestehenden Abwertungsdruck geführt haben, fast immer auch eine generelle Devisenknappheit des betreffenden Landes mit sich bringen. Trotz ihrer nach alledem so viel besseren Ausgangsposition haben es die Banken der Länder mit der jeweils "starken" Währung traditionellerweise den Banken der "schwachen" Länder überlassen, die notwendigen Korrekturmaßnahmen durchzuführen. Neben einem natürlichen Egoismus war für diese Nachlässigkeit häufig auch eine gewisse moralische Arroganz verantwortlich, die in der Überzeugung begründet lag, der Abwertungsdruck auf eine bestimmte Währung sei die natürliche Folge einer schlechten und oft verschwenderischen Wirtschafts- oder Geldpolitik des betroffenen Staates. Wenn *"sie" "über ihre Möglichkeiten leben"*, so könnte man die

of the countries concerned: *"if "they" have lived beyond their means, let them bear the consequences"* might rightly describe this attitude[51].

Again, it was *John Maynard Keynes*[52] who first pointed out to the international public that the various causes responsible for such a revalorization pressure in either direction usually lie with both or all affected countries, and can have a wide variety of reasons quite apart from profligacy. So, for example, an unfavourable trade balance between two countries - more often than not a contributing factor in such dislocations - is just as frequently a consequence of measures taken by the wealthy country, perhaps of trade barriers affecting the goods of the poor country, as it is the result of an excessive or "immoral" frenzy of consumption in the poor country. As we shall see when we consider the IMF more closely, the reforms of the international monetary system realised through this institution's creation, although they have indeed greatly alleviated this problem, have at the same time given rise to problems of their own, the discussion of which, however, we shall defer to chapter 14.

2) The Circular Exchange in an International Setting: the Problem of Convertibility[53]

The establishment of the proper exchange rate or of the stability of the currency is by no means the only difficulty which the existence of different currencies entails. That is to say that as soon as we deal with more than two - perhaps three - currency areas, exactly the same problem arises on an international scale that we confronted on the domestic level in the absence of money as such. That's the difficulty with our so-called "Circular Exchange" (see ch. 4 V, supra).

---

[51] This attitude was first strongly attacked by *John Maynard Keynes* in connection with his deliberations with regard to establishing the IMF, cf. *Keynes*, Vol. XXV, p. 211. The following text in the main section is based on the arguments made by *Keynes* on this occasion.

[52] See preceding footnote.

[53] During the discussions about the IMF *Keynes* had repeatedly pointed out this analogy between the functions he wished to assign to the new institution in relation to the participating countries/currency areas and the function a central bank has for the commercial banks for which it is responsible, cf., e.g., *Vol. XXV*, pp. 75 ff.

zugrundeliegende Einstellung zusammenfassen, *"dann sollen sie ruhig die Folgen tragen!"*[51]

Einmal mehr war es *John Maynard Keynes*[52], der dem internationalen Publikum die Tatsache bewußt machte, daß die Gründe für einen solchen Druck auf die Wechselkurse – und zwar für den Druck in beiden Richtungen – häufig bei beiden beteiligten oder gar dritten Ländern liegen und keineswegs immer auf "Verschwendungssucht" des abwertungsgefährdeten Landes zurückzuführen sind. So kann die negative Handelsbilanz eines Landes – ein häufiger Grund für Druck auf den Wechselkurs des betreffenden Staates – ebenso gut die Folge von Maßnahmen des "reichen" Landes sein, etwa von Einfuhrzöllen oder sonstigen Handelsbeschränkungen, wie die Folge eines "unmoralischen Kaufrauschs" des abwertungsgefährdeten Landes der die entsprechende "Bestrafung" dieses Landes moralisch rechtfertigen könnte. Hier Abhilfe zu schaffen, war eines der zentralen Anliegen des Internationalen Währungsfonds (IWF). Wie wir in Kapitel 14 noch sehen werden, ist dies auch weitgehend gelungen, wenngleich die dadurch geschaffene neue Situation ihrerseits zu neuen Problemen eigener Art geführt hat.

2) Das "Ringtauschgeschäft" im internationalen Rahmen: Problem der Konvertibilität der Währungen[53]

Die Bestimmung des jeweils richtigen Wechselkurses bzw. dessen Instabilität ist allerdings keineswegs die einzige Schwierigkeit, die die Existenz unterschiedlicher Währungen mit sich bringt. Sobald nämlich mehr als nur zwei - etwa drei - Währungsgebiete vorhanden sind, taucht hier auf der internationalen Eben genau dasselbe Problem wieder auf, das wir bereits oben in etwas anderem Zusammenhang durchdacht hatten. Das ist die Schwierigkeit bei dem (von uns oben so bezeichneten) Ringtausch.

---

[51] Erstmals ernsthaft angegriffen wurde diese Haltung von *John Maynard Keynes* im Zusammenhang mit seinen Überlegungen zur Gründung des IWF, vgl. *Keynes*, Vol. XXV, S. 211. Nachfolgender Text stützt sich weitgehend auf die dort von *Keynes* angestellten Überlegungen, ohne jedoch im einzelnen die jeweilige Fundstelle anzugeben.

[52] Vgl. die vorangehende Fußnote.

[53] Auf die im folgenden dargestellte Analogie zwischen der Funktion der von ihm geplanten *"Clearing Bank"* – also dem späteren IWF - im Verhältnis der Währungsgebiete untereinander mit der Aufgabe der normalen "Geschäfts"-Banken innerhalb eines Währungssystems hatte *Keynes* in den der Gründung des IWF vorausgehenden Diskussionen immer wieder hingewiesen, vgl. z.B. *Vol. XXV*, SS. 75 f. Sie entspräche überdem einer der wichtigsten Funktionen jeder Börse, vgl. dazu näher unten, Fn 65.

We recall that the chiefs of our three islands - before the invention of money - weren't ready to deliver anything from their stock to one of their colleagues as long as they had no immediate need for anything from his current supplies (see ch. 4 V, supra). So the exchange of bananas for coconuts, coconuts for tuna and tuna for bananas (actually advantageous for all) failed because of the lack of a common reference point: money. But what is the situation when there is in fact money on each of the islands - in the form of rare mussels, pearls, and coral - but each island uses a different currency? Then nothing is gained for the "inter-insular" exchange of goods compared to a barter economy. After all, Chief Tahitio won't let himself be bought off by his colleague Melanesio with Melanesian coral in return for his tuna any more than with coconuts, if he has no need for coconuts and these are the only item he can buy with Melanesian coral. Tahitio will agree to such a deal only if he can barter Melanesian coral for Polynesian mussels, for which he can buy his favourite bananas in Polynesia. This means: since there isn't a standardised "world currency" automatically accepted everywhere, the advantages of money just outlined end at every border, unless the various currencies are freely convertible at any time.

V) Summary and Possible Solutions

The very existence of more than one currency causes various difficulties for the international exchange of goods and thereby for the ideal allocation of resources. The two most important of these are the stability of exchange rates and the perennial convertibility of the currencies. In theory, at least, both problems could best be solved by the introduction of one single worldwide standardised currency. In practice, of course, such a standardisation, if at all, can only be achieved in areas of close political and economic integration such as the European Community. A second possible solution lies in the fixing of the exchange rates among the currencies concerned. Under such a system, there must be an "anchor" to which all other currencies are tied. This anchor can either be some non-monetary medium (such as gold) or one of the currencies concerned, usually referred to as "reserve" currency, as it is used to fix liquidity shortages that might arise in any one of

Wir erinnern uns: in unserer oben skizzierten Inselwelt waren die Häuptlinge unserer drei Inseln nicht bereit gewesen, ihren Kollegen etwas aus ihrem jeweiligen Warenbestand zu liefern, solange sie selbst keinen – vergleichbaren - Bedarf an den Gütern eben dieses selben Kollegen hatten. So war der für alle drei Beteiligten eigentlich vorteilhafte Ringtausch "Banane gegen Kokosnuß", "Kokosnuß gegen Thunfisch" und "Thunfisch gegen Banane" zum Nachteil aller drei Beteiligten an dem fehlenden gemeinsamen Referenzmedium gescheitert: dem Geld. Wie aber ist die Lage, wenn es zwar auf jeder der drei Inseln Geld - etwa in der Form seltener Muscheln, Perlen und Korallen - gibt, jede Insel aber über eine unterschiedliche Währung verfügt (Muscheln, Perlen, Korallen)? Dann ist für den "interinsularen" Güteraustausch im Vergleich zu einer reinen Naturalwirtschaft nichts gewonnen: schließlich wird sich Häuptling Tahitio von seinem Kollegen Melanesio für seine Thunfische ebensowenig mit melanesischen Korallen abspeisen lassen wie mit Kokosnüssen, wenn er keinen Bedarf an Kokosnüssen hat und diese aber das einzige sind, was man mit den melanesischen Korallen kaufen kann. Auf ein solches Geschäft wird sich Tahitio in einer solchen Situation vielmehr erst dann einlassen, wenn er die melanesischen Korallen in polynesische Muscheln eintauschen kann, für die er in Polynesia die von ihm favorisierten Bananen erhält. Das bedeutet: da es ein einheitliches, in allen Staaten der Welt automatisch gültiges "Weltgeld" nicht gibt, enden die soeben skizzierten Vorteile des Geldes an der jeweiligen Landesgrenze, jedenfalls, solange die verschiedenen Währungen nicht frei gegeneinander eintauschbar (*"konvertibel"*) sind.

V) Zusammenfassung und Lösungsmöglichkeiten

Die Existenz verschiedener Währungen bringt für den internationalen Güteraustausch und damit für die - international ideale - Ressourcenallokation verschiedene Schwierigkeiten mit sich, die die Verläßlichkeit des Geldes in seiner Eigenschaft als standardisiertes Tauschmedium und zuverlässiger Wertspeicher gefährden. Das sind insbesondere die beiden Probleme der Wechselkursstabilität sowie der (jederzeitigen) Konvertierbarkeit der Währungen.
Beide Probleme ließen sich durch die Einführung einer weltweit einheitlichen Währung theoretisch am besten lösen, doch ist diese Lösung außerhalb eng miteinander verbundener Wirtschaftsräume (*Euro*) politisch nicht durchsetzbar.
Eine zweite Lösung besteht in der Einführung von (indirekt) festen Wechselkursen durch die Bindung sämtlicher Währungen an ein ihnen allen gemeinsames Referenzmedium wie etwa an das Gold zur Zeit der (echten)

the participating countries. The first of these systems is usually called the "gold standard". It has the advantage of providing probably the greatest degree of stability, but makes the money supply dependant on the existing amount of gold plus the amount additionally produced during any one period, i.e., on factors that have nothing whatsoever to do with the changes in the supply of goods and services at that time

More flexibility in this respect is offered by the second approach, viz., tying all other currencies to one "reserve currency". However, this system, too, is not without its drawbacks. One of these is the fact that the overall money supply becomes dependent on an institution that is only answerable to and responsible for the state to which it belongs, not the world economy as a whole. What is more, such a system opens the possibility for that country to pay back its international debts - usually denominated in its own currency - simply by printing the money owed rather than with money earned through exports, thereby causing world-wide inflation and - at least in the long run - putting at risk the very system it exploits. Basically that is what happened in the seventies when the United States began to "finance" its expenditures for the war in Viet Nam partly in just this way, and the *"Bretton Woods"* system of fixed exchange rates thereby came to an end (for details of this development see ch. 14 I 1, infra).

A further option - really a variety of the one just described - is the fixing of exchange rates among several countries without explicitly making one of them the dominating "reserve currency" but by fixing the various rates to some other monetary reference point, e.g., to a "basket" consisting of all or some of the currencies of the participants. This was the leading idea underlying the two European currency systems of the seventies (for details see ch. 47, infra). As was clearly demonstrated by the ultimate break-up of these two systems, this idea, too, is not without its difficulties.

However, at the end of the Second World War, this experience was still lacking. Instead, what was to be avoided above all was a return of the unabated economic anarchy that had dominated the inter-war period by installing some kind of international institution that would carry out this task (The details of this development will be discussed mainly in Chapter 13, infra).

Goldwährung oder an die Währung eines bestimmten Landes (Leitwährung). Dabei bringt die Bindung an das Gold den schwerwiegenden Nachteil mit sich, daß der entsprechende Welt-Goldvorrat vom jeweiligen Goldverbrauch sowie seiner jeweiligen Förderung abhängt, also von Faktoren, die nicht nur unflexibel sind, sondern die vor allem nichts mit dem jeweiligen Geldbedarf der Weltwirtschaft zu tun haben[*].

Besser anpaßbar ist demgegenüber der Weltgeldbestand an den verfügbaren Warenbestand, wenn diese Referenzeigenschaft von der Währung (Leitwährung) eines bestimmten Landes (wie etwa früher das Pfund Sterling oder heute der US Dollar) wahrgenommen wird. Der Nachteil eines solchen Systems besteht wiederum in der starken Abhängigkeit aller anderen Länder von der jeweiligen Geldpolitik desjenigen Staates, dessen Währung diese Leitwährungsfunktion innehat, ohne daß dessen Zentralbank dem Allgemeinwohl aller angeschlossenen Länder (statt den Interessen nur dieses einen Staates) verpflichtet wäre. Dadurch ergibt sich beispielsweise für den Leitwährungsstaat leicht die Versuchung, ggf. seine Auslandsschulden - die fast immer ebenfalls in dieser Währung denominiert sein werden - ganz einfach durch das Drucken der eigenen Währung zu begleichen. Ein gutes historisches Beispiel für ein solches System bietet die Zeit unter dem ursprünglichen "*Bretton Woods*"-Regime zwischen 1945 und 1973 (näher dazu unten, Kapitel 14). Damals waren die Währungen der meisten bedeutenden Staaten fest an den Dollar als Leitwährung geknüpft, was die USA weidlich dazu ausnutzten, ihre insbesondere durch den Vietnam-Krieg verursachten hohen Auslandsschulden nach Möglichkeit auf die oben beschriebene Weise zu "decken"[**], was schließlich zum Zusammenbruch des Bretton Woods Systems der festen Wechselkurse führte..

Eine ähnliche – heute häufig genutzte - Möglichkeit stellt die Bindung eines Wechselkurses an ein ganzes Bündel anderer Währungen statt an eine einzige Leitwährung dar. Auf dieser Idee beruhten etwa die beiden europäischen Währungssysteme (vgl. unten, Kapitel 47).

Wie der letztendliche Zusammenbruch all dieser Systeme eindrucksvoll vor Augen geführt hat, birgt jedoch auch dieses Konzept erhebliche Schwierigkeiten in sich. Am Ende des Zweiten Weltkriegs hatte man diese Erfahrung noch nicht. Was es aus der damaligen Erfahrung heraus unter allen Umständen zu vermeiden galt, war die vollständige internationale wirtschaftliche Anarchie, die die Zwischenkriegszeit dominiert und letztendlich in den Zweiten Weltkrieg gemündet hatte. Einer solchen Wiederkehr der Verhältnisse wollte man durch die Errichtung einer entsprechenden Organisation vorbeugen (diese Entwicklung wird unten in Kapitel 13 näher nachgezeichnet).

---

[*] Zu den sonstigen Nachteilen vgl. die Ausführungen in Fn 19.

[**] Vgl. *Grabbe*, aaO, S. 22.

PART 2: WHY A WORLD MARKET - AND WHY NOT?

Chapter 7: The Various Kinds of Obstacles to Trade

As we saw in Chapter 2 above, the extent of possible specialisation critically depends on the size of the available market. The more freely goods, services, labour and capital can move, the more broadly and precisely can the various tasks be distributed among people and regions. Further, such freedom makes it possible to direct all resources to where they are most needed, anywhere in the world (optimal resource allocation). Seen from this perspective, the ideal solution would be one great and fully integrated global market.

However, there are numerous obstacles in the way to this ideal. While some of them have to do with infrastructure like communication and transportation, others are due to human interference, both private and governmental.

As for the infrastructural problems, even though they can often be considerable even today, they generally tend to decline, thanks to ever more modern technology. Most markedly, the recent growth of the Internet has greatly reduced the costs for both communication and information[54]. However, this general development, although somewhat susceptible to governmental interference, is largely independent of it. We will therefore concentrate on the man-made obstacles

Chapter 8: Impediments to the Free Flow of Goods Caused by *Private* Action

The different kinds of negative private interference with free trade can be divided into two categories: The first consists of "ordinary" criminality such as robbery, piracy or theft, the second could be called "white collar" crimes. Probably the best known - and certainly the most notorious of this category - is the *setting up of business cartels* and the *monopolization of trade*. Both

---

[54] There are, however, some more factors that are responsible for the decline in the costs of transport relative to other costs. These are: the introduction of the container; the shift from the transportation of raw material to processed goods; and the rising proportion of high-value-adding services within a shipment of goods, cf. *"The Economist"*, Nov. 15th, 1997, pp. 89 ff.

TEIL 2: WARUM EIN GLOBALER BINNENMARKT?

Kapitel 7: Die verschiedenen Arten von Handelshindernissen

Wie bereits in Kapitel 2, oben, gezeigt, hängt der Grad einer möglichen Spezialisierung entscheidend von der Größe des verfügbaren Marktes ab. Je ungehinderter Waren, Dienstleistungen und Kapital transferiert werden können, desto besser gelingt die Aufteilung der verschiedenen Tätigkeiten auf Personen und zwischen geographischen Regionen. Außerdem können die vorhandenen Ressourcen dann auch am besten dort eingesetzt ("alloziiert") werden, wo sie am dringendsten gebraucht werden. Unter diesem Gesichtspunkt wäre ein einziger großer weltumspannender Binnenmarkt optimal.

Der Verwirklichung dieses Ideals stehen allerdings zahlreiche Hindernisse entgegen. Von diesen sind einige dem Bereich der Infrastruktur zuzurechnen (etwa Kommunikation und Transport)[54], andere dagegen gehen auf das Verhalten von Menschen zurück. Letztere Gruppe läßt sich wiederum in Aktivitäten von privaten Personen und in solche des Staates einteilen.

Dabei nimmt die Bedeutung der infrastrukturell bedingten Handelshindernisse infolge der technischen Entwicklung, etwa des Internet, immer mehr ab. Dabei erfolgt diese Entwicklung jedoch im wesentlichen unabhängig von staatlichen Aktivitäten, auch wenn sie freilich durch entsprechende staatliche Weichenstellungen behindert oder gefördert werden kann. Wir wollen uns im folgenden jedenfalls auf die Handelshemmnisse konzentrieren, die auf das Verhalten von Menschen zurückzuführen sind.

Kapitel 8: Die auf das Verhalten von *Privat*personen zurückgehenden Handelshemmnisse

Die zahlreichen Verhaltensweisen Privater, die den freien Warenaustausch in irgendeiner Weise behindern, lassen sich in die folgenden zwei Kategorien einteilen: in "gewöhnliche" Kriminalität wie Raub, Diebstahl oder Piraterie, und in die Gruppe der sogenannten *"white collar"* Kriminalität. Dabei dürfte die Bildung von Kartellen oder die unrechtmäßige Ausnutzung einer

---

[54] Weitere wichtige Faktoren hierfür sind u.a.: die Einführung des Containers im Transportwesen, die zunehmende Verlagerung weg vom Transport relativ geringwertiger Rohstoffe hin zu höherwertigen, veredelten Produkten (Disketten statt

tend to restrict output and raise prices and therefore ultimately harm the consumer. They are therefore nowadays[55] prohibited almost everywhere. *"Dumping"* is another case in point: Here a company (say, a foreign one) which has considerable financial reserves offers its goods for less than the cost to produce them (or at least for less than it demands elsewhere). The goal of this manoeuvre is to force the competition out of the market. Again, the restriction of output and the raising of prices is the ultimate goal.

While all these kinds of conduct can and do occur in a domestic context, they are particularly dangerous in an international arena, for several reasons: *First*, generally there is the increased difficulty facing foreigners who try to prise open a new market. *Second* comes the virtual lack of supranational regulations in this field, and *third* is the geographically limited authority of all agencies investigating and prosecuting such conduct.

Chapter 9: General Disadvantages of an Entirely Standarised and Correspondingly Uniform World[56]

Before we examine the various governmental impediments and their - possible - justifications, it is useful to have a brief look at some general arguments against creating a world wide uniform market by global unification of currencies and legal norms.

I) Loss of Essential Elements of National Sovereignty

For one thing, the national governments, whose original task it is to assure the maintenance of important public interests like public health, consumer protection or the protection of the environment and of threatened species (a state's *"police power"*), would to a large degree lose the justification for their very existence[57].

---

[55] Their classic and first ever proscription was and still is contained in Secs. 1 and 2, respectively, of the famous *"Sherman Antitrust Act"*, passed in the United States in 1890.

[56] Cf. to all of the following aspects, albeit purely from an antitrust perspective *Meesen, Karl M., "Weltkartellrecht"*.

[57] Of course some tasks would likely remain for them like safeguarding national security against external threats.

Monopolstellung mit zu den bekanntesten Vergehen der zweiten Gruppe gehören. Beide führen tendenziell zu einer Verknappung des Warenange-bots bei steigenden Preisen und schaden daher letztlich den Endverbrau-chern. Deshalb sind sie heute[55] fast überall unter Strafe gestellt. Auch das sogenannte *"Dumping"*, also der Verkauf von Waren unter Einstandspreis oder jedenfalls billiger als auf anderen, vergleichbaren Märkten, gehört hierher, wenn es zu dem Zweck erfolgt, die Wettbewerber zu ruinieren. Auch hier besteht der Zweck letztlich in der Verknappung des Angebots und der damit verbundenen Erhöhung der Preise.

Gerade im internationalen Kontext sind diese Vergehen aus mehreren Gründen besonders gefährlich: *zum einen* verstärken sie die Schwierig-keiten, mit denen sich ein potentieller Wettbewerber gerade beim Eintritt in einen neuen, ausländischen Markt ohnehin konfrontiert sieht. Dazu kommt *zweitens* das Fehlen einheitlicher, übernational anwendbarer Vorschriften in diesem Bereich und drittens die jeweils territorial begrenzte Zuständig-keit der verschiedenen nationalen Ermittlungs- und Strafverfolgungsbehör-den.

Kapitel 9: Allgemeine Nachteile einer durchwegs verein-heitlichten Welt[56]

Bevor wir die verschiedenen staatlichen Eingriffe in die Freiheit des Han-delsverkehrs im einzelnen näher untersuchen, bietet es sich an, sich zu-nächst einmal die ganz allgemein gültigen Argumente vor Augen zu füh-ren, die gegen einen weltumspannenden Binnenmarkt mit durchwegs ein-heitlichen Rechtsvorschriften und mit nur einer einheitlichen Währung. sprechen.

I) Verlust grundlegender Elemente staatlicher Souveränität

Zum einen würden die Regierungen der verschiedenen Länder, deren auf-gabe u.a. in der Sicherung wichtiger öffentlicher Interessen wie der Volks-gesundheit, dem Verbraucher-, Tier- und Umweltschutz besteht, weitge-hend ihre Existenzberechtigung verlieren[57].

Kohle) sowie der zunehmend höhere Anteil der Dienstleistungen gegenüber dem Güterverkehr, vgl. zum Ganzen *"The Economist"*, Nov. 15th, 1997, SS. 89 ff.

[55] Das klassische und historisch erste Verbot eines solchen Verhaltens findet sich in den Artikeln 1 und 2 des berühmten *"Sherman Antitrust Act"* der USA von 1890.

[56] Zu sämtlichen Aspekten des hier behandelten Problems, wenngleich beschränkt auf das Wettbewerbsrecht, vgl. *Meesen, Karl M., "Das Für und Wider eines Weltkartellrechts".*

[57] Einige Aufgaben, wie etwa die Gewährleistung der äußeren Sicherheit, würde ihnen freilich selbst dann noch bleiben.

II) Loss of Democratic Self-Determination

Furthermore, the individual's ability in such a super-state to influence the policies of the government would necessarily be negligible. This would amount to a serious loss of democratic self-determination.

III) Impossibility of Adapting such Globally Unified Standards to Differing Local Conditions

At the same time it would be impossible (or much more difficult, in any case) to adapt laws enacted by such a centralised authority to the differing local circumstances, needs and preferences.

IV) Loss of Competition among the Various Countries, Including Their Different Legal Systems (*"Laboratory Effect"*)

Moreover, even though such uniformity would provide a fair *base line* for the struggle among companies and thereby be conducive to inter-*company* competition, it would at the same time eliminate another important element of competition, i.e., that among *countries* for the "optimal regulatory mix" of governmental rules (called the *"laboratory effect"*), the trade-offs between these two very different kinds of competition being hard to determine[58].

> The German Industrial Standards (DIN) are a case in point: as the "DIN"-norms have always been particularly strict, they have made sure that products *"made in Germany"* are generally of good quality and therefore held in high esteem world-wide. Thus, even though such rules may be onerous for the firms that must adhere to them, they ultimately provide advantages that may compensate the firms for the additional costs incurred. Apart from quality rules, this principle holds true in many other areas as well. Thus rules for protecting the environment, for example, even though usually costly for the firms having to comply with them, can also have their beneficial effects, even for these firms themselves, by making the pertinent location more attractive for a highly qualified, mobile work-force.

---

[58] An excellent discussion of this problem with regard to the potential benefits as well as drawbacks of a world-wide unified competition law can be found in *Meessen, Karl. M. "Weltkartellrecht"*. *Meesen* argues that only experience will tell which aspects of competition law should be unified in order to provide a fair *"base line"* for inter-company competition and which aspects should be left to regulation on a national or regional level and thus be part of a *"competition among the systems"*.

II) Verlust an demokratischem Selbstbestimmungsrecht

Dazu kommt der Nachteil, daß der einzelne in einem derartigen Superstaat praktisch kein nennenswertes Mitbestimmungsrecht mehr haben könnte, was zu einem entscheidenden Verlust an demokratischer Selbstbestimmung führen würde.

III) Fehlende Flexibilität derart zentraler Regelungen mit Hin sicht auf lokale Gegebenheiten

Außerdem könnten Gesetze, die eine derart zentralisierte Regierung erlassen würde, bestehende örtliche Besonderheiten, bedürfnisse und Präferenzen notwendigerweise nicht, oder jedenfalls viel schlechter berücksichtigen.

IV) Verlust an Wettbewerb unter den verschiedenen Staaten einschließlich ihrer Rechtssysteme (''Wettbewerb der Standorte'')

Wenn auch eine derartige Vereinheitlichung einen fairen Ausgangspunkt für den Wettbewerb unter den Unternehmen führen würde, würde dadurch doch zugleich eine andere Spielart des Wettbewerbs ausgemerzt werden: das ist der Wettbewerb um den optimalen ''Mix'' von Vorschriften (sogenannter ''Laboratoriumseffekt''). Dabei ist völlig ungeklärt, wie die jeweils auftretenden Gewinne oder Verluste an Wettbewerb vergleichsweise zu bewerten sind[58].

> Ein gutes Beispiel hierfür stellen die berühmten DIN-Normen dar. Nicht zuletzt infolge von deren Strenge haben Produkte *''made in Germany''* weltweit ein hohes Ansehen für ihre Qualität erlangt. Letztlich haben diese Vorschriften, auch wenn sie für das einzelne Unternehmen auch oft lästig sein mögen, doch einen Zustand geschaffen, der beträchtliche Vorteile mit sich bringt, die letztlich die mit der Einhaltung der DIN-Normen verbundenen Kosten durchaus wieder einspielen können. Die gleiche Überlegung gilt aber auch in vielen anderen Bereichen, beispielsweise für Umweltschutzvorschriften, die zwar ebenfalls oft Kosten verursachen, gleichzeitig aber in ihrer Gesamtheit die gesamte Gegend attraktiver machen und damit die Rekrutierung etwa von anspruchsvollem Personal erleichtern.

---

[58] Eine hervorragende Erläuterung dieses Problems, bezogen auf die potentiellen Vor- und Nachteile einer weltweiten Vereinheitlichung des Kartellrechts, findet sich in *Meessen, Karl. M. ''Das Für und Wider eines Weltkartellrechts''*, siehe Fn 56; *Meesen* vertritt die Auffassung, daß die Frage, welche Elemente des Kartellrechts zur Schaffung einer einheitlichen und fairen *''base line''* vereinheitlicht werden sollten und bei welchen der Vorteil eines *''Wettbewerbs der Systeme''* überwiege und eine Vereinheitlichung dementsprechend nicht angezeigt sei, nicht abstrakt entschieden sondern Schritt für Schritt nur empirisch herausgefunden werden könne.

V) Loss of Efficiency Caused by Excessive Size in a Global State

Countries, like companies, have a certain size at which they are most efficient. As many instances clearly demonstrate, this optimal size today still lies considerably below that of one single, centralised state[59].

This is why the so-called *"principle of subsidiarity"*[60] was explicitly incorporated into the EEC-treaty by the reforms of *Maastricht* in 1993. its essence is that decisions should be taken centrally only where the advantages of standardisation clearly outweigh the price in lost democracy and flexibility. The same idea forms the basis for all federally organised states like the U.S.A., Canada, Germany and Switzerland.

Chapter 10: Governmentally Created Barriers to Trade on the Payment Side[61]

I) Impeding Effects of the Existing Variety of Currencies

The involvement of more than one currency in any trade between two countries or currency areas gives rise to the following disadvantages:

1) *Conversion costs;*

2) Costs of *"hedging"*[62], i.e., insuring an international transaction *against* the danger of *exchange-rate fluctuations.*

---

[59] Cf. fn. 4.

[60] Art. 5 EC-Treaty.

[61] Cf. *"The Economist"*, Oct., 25th, 1997, pp. 99f.

[62] This term is probably derived from English agriculture where, due to heavy winds and the lack of forests and mountains, the best protection against the seed's being blown away by the wind has always been the planting of hedges between the fields, hedges that are characteristic for the English landscape to this day.
In modern finance by this term one understands the purchase of various kinds of exchange rate insurance. For example: if I expect to receive payment in a certain currency (my own or a foreign one) some time in the future and intend to use this income to pay debts denominated in some currency other than that in which I will collect my own receivables, I might come into difficulties if the value of the currency which I receive consideraby falls relative to the value of the currency in which my own debts are due. In order to guard against this danger, I can buy a so-called *"call"*- (or *"put"*-) option which confers on me the right, but not the obligation, against payment of a certain sum now, to exchange up to a certain maximum amount of one currency into another currency at a certain, predetermined point of

V) Effizienzverlust eines "Weltstaates" infolge von Übergröße

Länder wie Firmen haben eine bestimmte Größe, in der sie optimal funktionieren. Diese Größe liegt aber gegenwärtig jedenfalls noch weit unter der eines einzigen weltumspannenden zentralen Staates[59].
Nicht zuletzt aus diesem Grunde wurde auch durch die Maastrichter Reformen von 1993 das Prinzip der *"Subsidiarität"*[60] in den EG-Vertrag aufgenommen. Dieses Prinzip hat zum Inhalt, daß Entscheidungen nur dann von der übergeordneten zentralen Instanz getroffen werden sollten, wenn die Vorteile einer Einheitlichkeit den dadurch erlittenen Verlust an Selbstbestimmung und Flexibilität klar überwiegen. Dieselbe Idee liegt auch allen föderalistisch aufgebauten Staaten wie den USA, Kanada, Deutschland oder der Schweiz zugrunde.

Kapitel 10: Staatliche Handelshindernisse auf der Zahlungsseite[61]

I) Generelle Nachteile der Existenz verschiedener Währungen

Die Existenz verschiedener Währungen als solche bringt in mehrfacher Hinsicht Nachteile für den internationalen Handel mit sich:

1) *Umtauschkosten;*

2) Währungssicherungskosten (sogenanntes *"hedging"*[62])*;*

---

[59] Siehe hierzu oben, Fußnote 4.

[60] Art. 5 EG-Vertrag.

[61] Vgl. *"The Economist"* vom 25. Okt. 1997, SS. 99 f.

[62] Dieser Begriff dürfte seinen Ursprung in der Landwirtschaft Englands haben, wo der beste Schutz des frisch ausgesähten Samens vor dem Wind in der Anlegung zahlloser Hecken bestand, die die englische Landschaft bis heute entscheidend prägen.
Heute versteht man darunter den Kauf verschiedener Wechselkursversicherungen. Erwartet man etwa in der Zukunft Zahlungseingänge in einer bestimmten Währung (der eigenen oder auch einer anderen), während man mit diesen Beträgen eigene Verbindlichkeiten in einer anderen Währung begleichen will, kauft man heute das Recht, etwa am Tag des Zahlungseingangs die eine dieser Währungen zu einem bereits heute festgelegten Kurs in die andere umtauschen zu dürfen. Je nachdem, ob das Recht darin besteht, zu dem festgelegten Termin und zu dem vereinbarten Kurs einen Verkauf oder einen Kauf (von Währungen) tätigen zu dürfen, spricht man von einer *"put"* oder einer *"call"*-Option.

3) A third problem appears whenever different currencies are not readily *convertible* (cf. ch. 4 II 2, above).

4) Finally there are many countries that even today foster some kind of other *restrictions on cross-border payments* in the form of what in Nazi Germany[63] was called *"Devisenbewirtschaftung"* (state monopoly of the possession and management of foreign currency). Such restrictions are usually introduced in order to make all foreign currency available exclusively to the government in question. Some of the most popular kinds of regulations of that kind are a total ban on the possession of foreign currency by private citizens or enterprises, or the requirement that such currency only be exchanged in government-controlled banks at far below market rate.

Of course, such a generally undesirable policy critically depends on the existence of different currencies and would be automatically obviated if a single currency were introduced world-wide.

The intense discussion surrounding the introduction of a single currency even for countries as homogeneous as the members of the European Community (cf. ch. 72, below), has made it clear once and for all that the obvious solution for the problems just discussed, the establishment of one world currency, at present is not a realistic possibility.

II) Advantages of the Existence of a Variety of Currencies

1) Easier Adaptation to Differing Growth in Productivity

The growth in productivity in the different countries is of course subject to constant change. In order to illustrate the problems deriving from this, let us once more return to our island world but change one assumption: Polynesia and Tahiti now both grow coconuts which they sell throughout the entire archipelago. Originally, on each of the two islands, an average of one hour of work is needed to grow and harvest one coconut. The Polynesians sell their nuts for one Polinero, while the Tahitians ask for two Tahiteros. In this situation, one Polinero will "sell" for two Tahiteros, i.e., the exchange rate will be 1:2.

---

time and at a certain predetermined exchange rate, which may or may not be the one actually in force at that time.

[63] Under its well-known President of the Reichsbank, *Hjalmar Schacht,* measures of this kind were tried first in modern times, as for details cf. *Schacht, Abrechnung mit Hitler"("Settling Accounts with Hitler"),* Hamburg, Stuttgart, 1954.

3) Konvertierungsverbote oder – hindernisse (siehe oben, Kapitel 4 II 2).

4) In vielen Staaten existieren darüber hinaus selbst heute noch alle möglichen sonstigen Beschränkungen hinsichtlich grenzüberschreitender Zahlungen, wie sie erstmals in moderner Zeit im Dritten Reich unter dem damaligen Wirtschaftsminister und Reichsbankpräsidenten *Hjalmar Schacht* unter der Bezeichnung *"Devisenbewirtschaftung"* (staatliches Monopol des Eigentums und Managements sämtlicher Devisen) eingeführt worden waren[63]. Der Zweck derartiger Beschränkungen besteht im allgemeinen darin, die gesamten Devisenbestände dem Staat zur Verfügung zu stellen. Dies wird entweder durch ein totales Verbot des Privatbesitzes ausländischer Währung oder dadurch erreicht, daß diese ausschließlich bei bestimmten staatlich vorgeschriebenen Stellen eingetauscht werden können, selbstverständlich zu weit überhöhten Kursen.

All diese Nachteile würden natürlich automatisch verschwinden, wenn es weltweit nur eine einheitliche Währung gäbe. Dennoch ist die Einführung einer solchen Währung zumindest derzeit sicher keine realistische Option. Das hat die heiße Diskussion, die die Einführung einer gemeinsamen Währung nur innerhalb des vergleichsweise homogenen Gebietes der Europäischen Gemeinschaft begleitet hat (vgl. dazu Kapitel 72, unten), deutlich gezeigt.

II) Vorteile der Existenz verschiedener Währungen

1) Leichtere Anpassung an unterschiedliche Produktivitätszuwächse

Das Wachstum der Produktivität in den verschiedenen Ländern ist natürlich einem ständigen Wandel unterworfen. Die daraus resultierenden Probleme wollen wir uns anhand unseres bekannten Inselbeispiels verdeutlichen: Dabei gehen wir in leichter Abänderung unserer bisherigen Annahmen davon aus, daß Polynesien und Tahiti nunmehr beide Kokosnüsse anbauen und diese im gesamten südpazifischen Archipels verkaufen. Ursprünglich brauchte man für Anbau und Ernte auf beiden Inseln durchschnittlich eine Stunde Arbeit pro Kokosnuß. Die Polynesier verkaufen ihre Nüsse für einen Polinero pro Stück, die Bewohner von Tahiti für zwei Tahiteros. Dementsprechend beträgt der Umstauschkurs zwei Tahiteros für einen Polinero.

---

[63] Vgl. im einzelnen *Schacht, Abrechnung mit Hitler"*, Hamburg, Stuttgart, 1954.

Meanwhile chief Polinesio has obtained a World Bank grant to study agriculture in the reader's home country and has successfully obtained his M.S.. for his pioneering work on *"The Optimisation of Coconut Production in a Tropical Island Environment"*. On his return, he immediately puts his new abilities into practice, cutting the average time for harvesting a coconut in half in the process. In other words, productivity in Polynesia has soared by a hundred percent and the Polynesians will now sell two coconuts for one Polinero. At the same time, his friend Tahitio had also enrolled abroad. Unfortunately, though - at least for his subjects, if not for him - he made a different use of his stipend, having had a jolly good time but not earning a degree. Accordingly, the productivity of Tahiti has remained the same. Now, people can either buy one coconut for two Tahiteros in Tahiti or for ½ a Polinero in Polynesia. Provided the exchange rate hasn't changed, people owning two Tahiteros who wish to purchase coconuts can do one of two things: they can either spend their money in Tahiti, obtaining one coconut in the process, or they can exchange it for one Polinero and buy two coconuts in Polynesia instead. The consequences of this are clear: everybody owning Tahitian money will rush to exchange it for Polynesian money and the Tahitians will sell nothing. In such a dire situation, they have three options to make their products cheaper. The first is to enhance their productivity accordingly. If they can't do that, they must nevertheless reduce their prices. This can be achieved most elegantly and with relatively little social upheaval by adapting the exchange rate to the new circumstances: if one Polinero is now exchanged for four Tahiteros (instead of two, as before), the Tahitians are once again competitive - albeit less wealthy than their Polynesian neighbours -, as both amounts now buy the same number of coconuts (viz., one). If, however, this "elegant" solution is foreclosed to them for whatever reason (e.g., if exchange rates were fixed or if both islands shared the same currency!), the only alternative left to them is to effectively cut their costs by paying only half as much as previously both to their suppliers and to their workers. Quite obviously, this is not a favourite course of action for any government wishing to remain in power.

Dann jedoch erhält Häuptling Polinesio ein Stipendium der Weltbank, um in dem Heimatland des Lesers Landwirtschaft zu studieren. Dieses Studium schließt Polinesio dann auch tatsächlich erfolgreich mit einer bahnbrechenden Dissertation über *"Die Optimierung des Anbaus von Kokosnüssen auf tropischen Inseln"* mit dem "Dr. agrar." ab. Nach seiner Rückkehr setzt er seine neuen Erkenntnisse sofort in die Praxis um mit dem Ergebnis, daß sich der durchschnittliche Aufwand pro geernteter Kokosnuß in Polynesien halbiert. Kurz: die Produktivität in Polynesien hat sich verdoppelt und eine polynesische Kokosnuß kostet nunmehr nur noch 50 Polinessos. Gleichzeitig mit Polinesio war auch dessen Freund Tahitio zum Studium im Ausland. Anders als Polinesio hat dieser seine Studienzeit in vollen Zügen ausgekostet, dafür aber auf einen Abschluß verzichtet. Kurz: die Produktivität in Tahiti blieb unverändert. Damit haben die Verbraucher nun die Wahl, eine Kokosnuß entweder für 50 Polinessos in Polynesien zu erwerben oder für zwei Tahiteros in Tahiti. Bei zunächst unveränderten Wechselkursen ist klar, daß alle Besitzer von Tahiteros diese in Polineros umtauschen, erhalten sie doch dafür in Polynesien den doppelten Gegenwert wie in Polynesien. Die Folge davon ist, daß die Tahitianer gar nichts mehr verkaufen. In dieser Situation haben sie drei Möglichkeiten, um ihre Produkte billiger anzubieten: die beste Möglichkeit wäre natürlich, ihre eigene Produktivität entsprechend zu steigern. Gelingt dies – aus welchen Gründen auch immer – nicht, besteht die eleganteste Alternative in einer entsprechenden Anpassung des Wechselkurses: wenn nunmehr statt 2 Tahiteros 4 Tahiteros für einen Polinero bezahlt werden müssen, sind Kokosnüsse auf beiden Inseln wie zuvor wieder gleich teuer und die Tahitianer sind wieder "im Geschäft". Dadurch sind sie zwar im Vergleich zu den Polynesiern ärmer geworden – was sie spätestens bei ihrem ersten Kanuausflug dorthin merken werden, wenn sie feststellen, daß der übliche Krabbensalat für sie (gemessen in ihrer eigenen Währung) dort nunmehr doppelt so teuer geworden ist wie zuvor. Trotzdem ist eine solche Währungsabwertung im Vergleich zu der letzten verbleibenden Alternative noch immer sozial erheblich besser durchsetzbar. Diese besteht darin, durch die Halbierung der Löhne wie auch der Preise, die sie ihren Zulieferern zahlen, ihre Kosten auf das Niveau von Polynesien zu bringen. Dabei liegt es auf der Hand, daß diese letzte Methode bei keiner Regierung, die an der Macht bleiben will, besonders beliebt ist.

Welche Schwierigkeiten entstehen, wenn zwei Wirtschaftsgebiete mit krass unterschiedlicher Produktivität wirtschaftlich zusammengeschlossen sind ohne die Möglichkeit, diesem Unterschied durch eine entsprechende Anpassung ihrer Währungen Rechnung zu tragen, hat in geradezu lehrbuchmäßiger Weise der deutsch-deutsche Währungsverbund vom

Indeed, the difficulties arising out of having two economic areas with vastly differing productivity levels bound together by a common currency is exemplified in an almost textbook-like manner by the monetary unification of East and West Germany (soon to be followed by their political unification) that took place on July, 1st, 1990 (see ch. 51, below). As the possibility of taking account of the enormous productivity gap between these two countries' economies by an appropriate definition of the exchange rate between their currencies had thereby been foregone, this difference must be made up for by a commensurate difference in the *wages* paid in their respective former territories. And indeed, even now, more than 10 years after this unification, workers in what formerly used to be East Germany are generally paid only 80% of the wages obtained by their Western counterparts for comparable work. Even though such "discrimination" is absolutely unavoidable if one wants unemployment in former East Germany not to become even higher than it already is anyway, both the former and the present German governments can tell a thing or two about the social tension and envy (and thereby, political trouble) even this – comparably small – difference creates!

2) Better Adaptation of One's Monetary Policy to Differing Local Conditions

Second, a variety of currencies makes it possible to adapt monetary policy better to differing local circumstances. Imagine, for example, that the main economic problem in country A at a certain time is unemployment while inflation isn't an issue. While under such circumstances the right monetary policy in that country is likely to be an expansion of the overall money supply to spur consumption and investment, the opposite course might be indicated in neighbouring country B, where the economy is booming but which suffers high inflation. In such a situation, it may indeed be advantageous if the two countries have different currencies allowing them to pursue monetary policies best adapted to their specific situation rather than having one single unified currency or - almost the same thing -, fixed exchange rates. Indeed, economists are by no means unified in their opinion as to what the ideal conditions are for a certain geographical entity to be unified into one "currency area". We'll come back to this problem a little more deeply in our discussion of the recent establishment of the European Monetary Union (cf. ch. 72, below).

1.7.1990 (siehe unten, Kapitel 51), bzw. die kurz darauf (3.10.1990) erfolgende deutsche Wiedervereinigung eindrucksvoll gezeigt. Die für beide früher getrennte Staaten nunmehr einheitliche Währung hatte zur Folge, daß die Löhne der ostdeutschen Arbeitnehmer nominal wie effektiv bis heute (immerhin bereits 10 Jahre später) deutlich niedriger sind (zur Zeit bei c.a. 80%) als die entsprechenden Einkommen ihrer westlichen Kollegen. Obwohl das offensichtlich notwendig ist, um eine noch höhere Arbeitslosigkeit in den neuen Bundesländern zu verhindern, können die alte ebenso wie die neue Bundesregierung ein Lied davon singen, zu welchen politischen und sozialen Spannungen dies bis heute führt.

2) Möglichkeit der Anpassung der Geldpolitik an unterschiedliche örtliche Gegebenheiten

Der zweite Vorteil von mehreren Währungen besteht darin, daß sie es möglich macht, die Geldpolitik den jeweiligen Besonderheiten der verschiedenen Währungsgebiete besser anzupassen. Stellen wir uns beispielsweise vor, daß das wirtschaftliche Hauptproblem eines bestimmten Landes – Land A - eine hohe Arbeitslosigkeit ist, während Inflation dort kaum existiert. Unter solchen Umständen besteht die optimale Geldpolitik in einer Ausweitung des Geldumlaufs, um Nachfrage und Investitionen zu erhöhen und auf diese Weise Arbeitsplätze zu schaffen. In Land B dagegen sei die Lage umgekehrt, so daß sich dort eine restriktive Geldpolitik empfiehlt. In einer solchen Situation kann die Tatsache, daß die betroffenen Gebiete über unterschiedliche Währungen verfügen, durchaus von Vorteil sein, da sie es ermöglicht, die Geldmenge den jeweils unterschiedlichen Bedürfnissen anzupassen, während eine einheitliche Geldpolitik unabhängig von ihrem Inhalt (expansiv oder restriktiv) in jedem Fall verkehrt wäre – jedenfalls für einen Großteil des betroffenen Währungsgebietes.

Diese Frage werden wir bei der Behandlung der Europäischen Währungsunion noch einmal vertiefend aufgreifen (vgl. unten, Kapitel 72).

3) Conclusion

Any global financial institution dealing with international payments should therefore not strive to abolish the variety of existing currencies, but to minimise the numerous risks and costs associated with it. We shall see later whether and how well today's financial institutions, in particular the International Monetary Fund, perform this function (cf. Ch's. 14 and 15, infra).

Chapter 11: The First Category of Governmental Barriers on the Commodity Side: "Overt" or "Protectionist" Obstacles)

I) The Different Kinds of such Obstacles

This group of impediments to trade consists of provisions directly aimed at inhibiting or eliminating the cross-border exchange of goods and/or services. The best known of these are, in the order of their effectiveness, *total import or export prohibitions (including embargoes), the limitation of imports or exports* of certain goods ("quantitative restrictions" or "quotas"), *customs duties and export subsidies*.

II) The Motives behind such Obstacles

These different kinds of obstacles may be motivated by a variety of reasons, and often by a combination of several, not all of which can be dismissed out of hand as illegitimate. The following can give only a broad overview:

1) Protection of Domestic Industry

Probably the most popular motive for protectionist trade restrictions imposed by governments is the desire to protect domestic industry against foreign competition. Such protection can take many forms, but usually is sought by quantitative import restrictions (including a ban on the import of certain foreign goods) and/or by the imposition of import duties. While such restrictions are considered by most economists to be generally inefficient and even harmful for the very countries taking recourse to them, their

3) Schlußfolgerung

Nach alledem läßt sich feststellen, daß sich eine weltweit operierende Finanzinstitution keine weltweite Vereinheitlichung der Währungen anstreben sondern sich damit begnügen sollte, die aus der bestehenden Währungsvielfalt resultierenden Risiken und Kosten möglichst gering zu halten. Ob und in welchem Umfang dies den verschiedenen bestehenden Organisationen, insbesondere dem IWF, gelingt, werden wir im Laufe der weiteren Abhandlung sehen (vgl. unten, Kapitel 14 & 15).

Kapitel 11: Die erste Kategorie staatlicher Handelshindernisse auf der Güterseite: "Offene" bzw. "protektionistische" Hindernisse

I) Die verschiedenen Arten derartiger Hindernisse

Die nunmehr untersuchte Gruppe von Handelshindernissen zeichnet sich dadurch aus, daß sie unmittelbar und offensichtlich das Ziel verfolgen, den grenzüberschreitenden Handel mit Waren und/oder Dienstleistungen zu erschweren oder sogar vollständig zu unterbinden oder diese Folgen jedenfalls bewußt in Kauf nehmen. Die bekanntesten Einschränkungen dieser Kategorie sind, in der Reihenfolge ihrer Wirksamkeit, totale Einfuhr- oder Ausfuhrverbote (einschließlich Embargos), mengenmäßige Beschränkungen der Ein- oder Ausfuhr bestimmter Güter (häufig auch als "Quoten" bezeichnet), Zölle sowie die Subvention von Exporten.

II) Die Motive für derartige Hindernisse

Diese verschiedenen Spielarten von Handelshindernissen können alle möglichen Gründe haben, von denen sich keineswegs alle ohne weiteres als illegitim abtun lassen. Im folgenden wollen wir einige der wichtigsten derartigen Gründe kurz beleuchten:

1) Schutz der einheimischen Industrie

Der Schutz der eigenen Industrie ist der wahrscheinlich häufigste Grund für Handelsbeschränkungen der hier betrachteten Art. Während jedoch die meisten Fachleute die Auffassung vertreten, daß all diese Maßnahmen ineffizient sind, gerade auch für das Land, das sie anwendet, wird ihr Sinn, zumindest aber ihre Legitimität, jedenfalls in bestimmten Ausnahmesituation, im allgemeinen nicht in Frage gestellt. Dabei handelt es sich zum

usefulness and legitimacy are generally conceded for certain exceptional situations One of them is the temporary protection of a newly established *"infant"* industry, the other is as an emergency measure during an economic crisis. A good example of protecting infant industry is the quotas set for cheap Italian cars imported into Japan in the immediate post-war period. So-called *"Voluntary Export Restraints"*[64] on Japanese car exports into the United States are another case in point.

2) Raising Revenue

Another reason for imposing customs duties is raising revenue. While clearly hampering trade, such measures do have some legitimacy in principle.

3) Tool of Foreign Trade Policy

A third motive for imposing certain import or export restrictions can be foreign policy, the object of which may - but need not - be economic. The various measures unilaterally imposed - and even more often threatened - by the American government under *Sec. 301* of the American *Trade Act of 1974* exemplify this type of restriction. The aim of such measures is - or is at least alleged to be - to put pressure on other countries so as to make them pursue a more liberal trade policy vis à vis the United States. Thus, while the immediate effect of the steps taken is to reduce trade with the "culprit" country, the long-term goal is exactly the opposite, viz., the increase of this very trade. And, indeed, it must be conceded that this policy instrument has often proved very effective.

4) Trade Restrictions as a Tool of *General* Foreign Policy

Another objective of trade sanctions can be some general foreign policy goal. The prohibition of the exportation of strategically important technology (such as used to be listed in the recently abolished *"Co-Com"* list[65] during the Cold War), or forbidding the importing of goods from certain countries, Iraqi oil, say, to enforce U.N. political sanction, belong here. Two well-known historical examples are the following two American embargoes:

---

[64] For details of this instrument cf. ch. 31, below.

[65] *"Co-ordinating Committee for East-West Trade Policy"*, an organisation that during the Cold War collected all strategically important technologies in a list which formed the basis for prohibitions against exporting them, particularly to the countries of the *Warsaw Pact*.

einen um den Schutz neu gegründeter Industriezweige vor der Vernichtung durch die ausländische Konkurrenz, zum anderen um vorübergehende Maßnahmen in besonderen Krisensituationen. Ein gutes Beispiel für den zuerst genannten Fall boten die japanischen Einfuhrbeschränkungen für italienische Kleinwagen in der unmittelbaren Nachkriegszeit. Ebenfalls hierher gehören die sogenannten *"Freiwilligen Export Beschränkungen"* (*"Voluntary Export Restraints"*, VER's[64]), wie sie insbesondere hinsichtlich japanischer Autoexporte in die USA während der achtziger Jahre außerordentlich verbreitet waren.

2) Einnahmequelle

Einen weiteren Grund, jedenfalls für die Zollerhebung, stellen die damit verbundenen Staatseinnahmen dar, ein Ziel, dem als solches eine gewisse Legitimität ebenfalls nicht abzusprechen ist.

3) Mittel der Außenhandelspolitik

Ein dritter Grund für derartige Maßnahmen ist die Außenpolitik, insbesondere die Außenhandelspolitik. Ein bekanntes Instrument dieser Art stellen die von den USA gegen bestimmte ausländische Staaten gemäß Sec. 301 des amerikanischen *Trade Act* von 1974 verhängten und noch häufiger angedrohten Sanktionen dar, mit denen diese ihrerseits zur Aufgabe bestimmter Handelshindernisse gegenüber den USA gezwungen werden sollen. Dabei besteht also das langfristige Ziel in einer weiteren Liberalisierung des Handels, auch wenn der unmittelbare Effekt solcher Maßnahmen zunächst das Gegenteil bewirkt. Der Erfolg dieses amerikanischen Vorgehens läßt sich kaum bestreiten.

4) Mittel der allgemeinen Außenpolitik

Derartige Maßnahme eignen sich aufgrund ihrer Wirksamkeit aber auch hervorragend als Mittel der allgemeinen Außenpolitik. Beispiele hierfür sind das frühere Ausfuhrverbot bestimmter Technologien mit strategischer Bedeutung in den damaligen "Ostblock", wie es sich aus der mittlerweile abgeschafften sogenannten *"Co-Com"* Liste[65] ergab, ebenso wie auch Importverbote gegenüber Produkten bestimmter Länder, etwa irakischem Öl,

---

[64] Genaueres hierzu in Kapitel 31, unten.

[65] *"Co-ordinating Committee for East-West Trade Policy"*, eine Organisation, die während des Kalten Krieges eine Liste mit sämtlichen strategisch wichtigen Technologien erstellte, deren Export in Länder außerhalb der NATO, insbesondere in die Staaten des *Warschauer Paktes,* verboten war.

the ban on deliveries of helium (which could not be obtained anywhere else) to Nazi Germany forcing it to use hydrogen for its Zeppelins instead. This led to the disaster in 1938 at *Lakehurst* where an entire Zeppelin burned up, with all passengers and all personnel killed.

Even more famous was the event provoked by the American embargo of strategically important raw material, especially of oil, against Japan which finally prompted the desperate Japanese to stage their attack on *Pearl Harbour* in December '41[66].

Chapter 12: The Second Category of Governmental Barriers on the Commodity Side: "Hidden" or "Unintended" Obstacles)

I) Definition

However, the list of categories of possible impediments to international trade is not exhausted yet. In fact, the most complex types of obstacles are yet to be presented. These are characterised by the fact that they are contained in regulations or measures which are

1) *product-related* and

2) *not* - at least not openly - *motivated by protectionism*, i.e., they have as their objective some policy goal other than sheltering domestic industry from foreign competition.

The imposition of safety inspections of imported products, of quarantine prescriptions for imported animals - such as those required by the U.K. and the U.S. - belong to this category, just as do regulations concerning the marketing or the manner of production of certain wares. It is true that certain rules regulating human behaviour - e.g., laws defining and protecting property - are essential in order to make any commerce possible in the first place. At the same time it must be admitted that myriads of such rules have some inhibitory side-effects. That is particularly true for regulations which, for reasons of safety and the environment, demand, e.g., that automobiles must have air-bags, brakes, lights and catalytic converters. To the extent that such rules either prohibit or impede the importation of prod-

---

[66] The idea of that attack was to destroy the American Pacific fleet in order to secure Japan's planned appropriation of the oil fields of Indonesia.

Contrast this with *Stalin's* policy of punctually delivering to Nazi Germany any strategic material wanted, right up to the day of the German attack on the Soviet Union, whereby he had hoped to prevent just such action.

die aus rein außenpolitischen Gründen verhängt wurden. Bekannte historische Beispiele sind etwa das von den Amerikanern gegenüber Nazi-Deutschland aus strategischen Gründen seinerzeit verhängte Verbot der Ausfuhr von Helium (an dem die USA damals das Monopol besaßen), was 1938 zu der Katastrophe von Lakehurst führte, als ein mangels Helium mit CO_2 betriebener deutscher Zeppelin mit der gesamten Besatzung und allen Passagieren ausbrannte. Ein noch berühmteres Beispiel war das amerikanische Embargo Japans bezüglich verschiedener kriegswichtiger Rohstoffe, insbesondere Öl, was die verzweifelten Japaner letztlich zu dem Überfall auf Pearl Harbour verleitete[66].

Kapitel 12: Die zweite Kategorie staatlicher Handelshindernisse auf der Güterseite: "Versteckte" oder unbeabsichtigte Hemmnisse

I) Definition

Mit dem Vorgesagten ist unsere Liste möglicher Handelshindernisse indes noch nicht zu Ende. Im Gegenteil: die Art solcher Hemmnisse von der größten Komplexität haben wir noch gar nicht berührt. Diese Hindernisse zeichnen sich dadurch aus, daß sie in Regelungen oder Maßnahmen enthalten sind, die

1) *produktbezogen* und

2) *nicht* – zumindest nicht offen – *von protektionistischen Motiven* getragen sind, d.h., die zumindest offiziell ein anderes Ziel verfolgen als den Schutz der einheimischen Wirtschaft vor ausländischer Konkurrenz.

Hierher gehören etwa alle Arten von Sicherheitsvorschriften für eingeführte Waren, Quarantänevorschriften für eingeführte Tiere wie sie sowohl in Großbritannien wie auch in den USA gelten, aber auch Vorschriften über die Art und Weise der Vermarktung oder umgekehrt über die Herstellung bestimmter Produkte. Dabei ist zuzugeben, daß praktisch jede Vorschrift, die in irgendeiner Weise menschliches Verhalten im Rahmen des Handels

---

[66] Dadurch sollte die amerikanische Pazifikflotte ausgeschaltet werden, um den geplanten japanischen Zugriff insbesondere auf die Ölvorkommen Indonesiens militärisch abzusichern.
Vergleiche damit *Stalins* Politik pünktlicher Lieferungen gerade auch von strategisch wichtigen Rohstoffen an das "befreundete" Nazi-Deutschland bis zum Vorabend des deutschen Überfalls auf die Sowjetunion, durch die er gerade einen solchen Präventivschlag Deutschlands zu vermeiden gehofft hatte!

ucts failing to satisfy these requirements - no matter, how justified they may be -, do have an inhibiting effect on trade.

II) The Three Different Groups of Regulations of this Category

Regulations of this kind can be divided into three groups distinguished by the stages within the "history" of a product to which they pertain. These stages are:

1) *the actual manufacturing process*

Example: Country A stipulates that during the manufacture of mechanical clock-work components no cleaning products containing CFC's may be used and, in order to make this provision effective, forbids the importing of clocks made in country B in a manner that "violates" this prohibition[67].

Other such regulations (imposed by the country of destination) concern the protection of employees, including working hours and minimum-age requirements, the protection of animals and/or the environment in and by the country of origin!

Question: Imagine you're the minister of labour in a country whose products are denied access to an important market, for example, the USA, because they are produced by the labour of children under 14, while work for children of this age is prohibited in the U.S.. How would you argue before an international tribunal to have this import prohibition removed? What concerns conflict here?

2) the design and other *characteristics inherent in the product itself* like its permitted volume, weight, voltage, safety features etc.,

Example: According to the latest EC regulations, headlights on cars must be adjustable in height. Since vehicles imported from the U.S. (which lacks such a requirement) do not meet these standards, they can only be imported into the EC after a thorough and extremely costly retrofitting carried out for each individual vehicle by the pertinent technical authorities (in Germany, the TÜV[68], for example).

---

[67] (Which of course does not, at least not directly, apply in the country of manu-facture!)

[68] (*"Technischer Überwachungsverein"*, Technical Supervisory Agency)

regelt, einen in gewisser Weise eine handelsbeschränkende Wirkung hat, insofern nämlich, als sie Verhalten, das der betreffenden Norm widerspricht, verbietet. Trotzdem müssen derartige Vorschriften natürlich zulässig sein, was etwa mit Hinsicht auf Sicherheitsvorschriften wie Bremsen, Airbag und Beleuchtung von Fahrzeugen sofort offensichtlich wird.

II) Die drei Arten derartiger Regelungen

Die Vorschriften der soeben betrachteten Art lassen sich entsprechend dem typischen "Lebenslauf" eines Produktes in die folgenden drei Kategorien einteilen:

1) Vorschriften, die den *Herstellungsprozeß* betreffen

Beispiel: Land A schreibt vor, daß bei der Herstellung mechanischer Uhrwerke keine CKWs freigesetzt werden dürfen. Flankierend verbietet es die Einfuhr von ausländischen Uhrwerken, die unter "Verletzung" dieser Vorschrift hergestellt worden sind[67].

Andere Vorschriften dieser Art betreffen den Schutz der Arbeitnehmer (im Herstellungsland, aber durch das Bestimmungsland), einschließlich Arbeitszeitregelungen und dem Verbot von Kinderarbeit, den Tier- sowie den Umweltschutz.

Frage: Wie würden Sie als Arbeitsminister eines Landes argumentieren, dessen Produkten etwa die USA die Einfuhr verweigern mit der Begründung, diese seien unter Ausnutzung der Arbeitskraft von unter 14-jährigen hergestellt worden, was in den USA als sogenannte Kinderarbeit verboten sei. Welche Interessen treffen hier aufeinander?

2) Vorschriften, die das Design oder andere **Eigenschaften** des Produktes selbst betreffen, wie etwa sein zulässiges Gewicht, Volumen, Spannung, Sicherheitseinrichtungen usw.

Beispiel: Nach den neuesten EG-Richtlinien müssen die Scheinwerfer von Kraftfahrzeugen höhenverstellbar sein. Da aus den USA (wo es eine vergleichbare Vorschrift nicht gibt) eingeführte Fahrzeuge dieser Anforderung nicht entsprechen, dürfen sie nur nach einer gründlichen und mit großem Aufwand überprüften (in Deutschland beispielsweise durch den TÜV[68]) Nachrüstung importiert werden bzw. erhalten nur unter der entsprechenden Auflage eine jeweils auf das individuelle Fahrzeug bezogene Zulassung.

---

[67] (Das in dem Herstellungsland natürlich unmittelbar sowieso nicht gilt!)
[68] (*"Technischer Überwachungsverein"*)

3) its *marketing, distribution and after-sales service.*

Example: A French law for the protection of the French language, called the *loi Toubon*, prescribes that all advertising for the French market must be exclusively in the French language. Advertising slogans such as Nike's *"Just Do It!"*, *"Drink Coca-Cola"* or *"Vorsprung durch Technik"* thus only in France are not allowed to appear in their original language but must first be specially translated. This rule not only increases costs but the advertising often loses much of its effectiveness which in many instances is due to its unchanging character (or to its foreign aura only conveyed by the original language).

III) The Problem of Jurisdiction for Passing Laws Containing Such Hidden Trade Barriers

The problem with distinguishing all three groups within this category from the cases discussed earlier (ch.'s 10 and 11, above) is that the interests and the authorities of both countries - that of origin and that of destination - are much more intensely intertwined here than in these other cases. Accordingly it is here that the question of which countries concerned should have jurisdiction to pass the pertinent regulations arises much more forcefully than in the cases so far examined.

When considering this question, our natural starting point must be the realisation that, as part of their sovereignty, both states are entirely free to attach any conditions they wish to any of the three "stages" within the life of a product for permitting its manufacture and/or marketing in their respective territories. In other words, as any product needs to be both manufactured and brought to market, it is evident that it must, in theory, fulfill the pertinent conditions of both countries. Obviously, this not only creates costs but may sometimes even make commerce impossible if the conditions concerned are not complementary but contradictory. Therefore, if one wants to facilitate such trade, one or both of these countries must be prepared to give up at least some of its sovereignty in this respect.

The ideal way of doing this, of course, would be by way of a multilateral treaty concluded by as many countries as possible, as this would not only assure the greatest equity among the different states but would, presumably, also constitute the solution most supported by public opinion and therefore the one most easily enforced.

When we look at the present situation, we find that a whole sheaf of multilateral agreements have indeed been signed that deal quite satisfactorily with these problems regarding conflicting regulations affecting the payment

3) Vorschriften, die die **Vermarktung,** den **Vertrieb** sowie **Wartung** und **Service** betreffen

Beispiel: Ein französisches Gesetz zum Schutze der französischen Sprache, die sogenannte *loi Toubon*, verlangt, daß sämtliche Werbung auf bzw. für den französischen Markt ausschließlich in französischer Sprache zu erfolgen hat. Werbesprüche wie Nikes *"Just Do It!"*, oder *"Drink Coca Cola"* sind in Frankreich in der Originalsprache demnach ebenso wenig zulässig wie etwa der deutsche Spruch *"Vorsprung durch Technik".* Die demnach erforderliche Übersetzung kostet die betreffenden ausländischen Unternehmen nicht nur Geld, sondern führt oft auch zu einem erheblichen Verlust an Wirkung und/oder Aussagekraft.

III) Zuständigkeit für den Erlaß derartiger Gesetze

Die in diesem Kapitel betrachtete Fallgruppe von Handelshindernissen unterscheidet sich von den zuvor (Kapitel 10 und 11) untersuchten Hemmnissen u.a. auch darin, daß die Regelungsinteressen des Herstellungslandes und die des Bestimmungslandes hier besonders intensiv miteinander verquickt sind. Dementsprechend stellt sich die Frage nach der jeweiligen Regelungszuständigkeit hier auch mit besonderer Schärfe.

Natürlicher Ausgangspunkt bei der Beurteilung dieses Problems muß dabei die Erkenntnis sein, daß es jedem Land zunächst einmal freisteht, bezüglich aller drei der oben genannten Bereiche festzulegen, welche Voraussetzungen ein ausländisches Produkt erfüllen muß und welche Bedingungen er an den Herstellungspozeß dieses Produktes knüpft, damit er dessen Einfuhr in sein Territorium gestattet. Das ist Teil seiner natürlichen Souveränität. Da aber das betreffende Erzeugnis gleichzeitig natürlich auch die Vorschriften erfüllen muß, die in dem Herstellungsland gelten, muß es offensichtlich die meist unterschiedlichen Regeln von mindestens zwei Staaten erfüllen. Das ist im günstigsten Falle ein Kostenproblem, im ungünstigsten unmöglich. Will man also den internationalen Handel überhaupt möglich machen, bedarf es auf beiden Seiten der Bereitschaft, diese Souveränität in gewissem Umfange einzuschränken. Der beste Weg zu dem notwendigen Kompromiß wäre natürlich ein oder mehrere internationale Abkommen, die die betreffenden Fragen regeln. Das wäre nicht nur am fairsten, sondern wäre auch Methode, die sich dem höchsten Respekt der internationalen öffentlichen Meinung sicher sein könnte und schon deswegen zugleich auch am effektivsten durchgesetzt werden könnte.

Eine entsprechende Bestandsaufnahme ergibt, daß es tatsächlich eine Vielzahl einschlägiger multilateraler Abkommen zu diesen Themen gibt, die entweder den Bereich der grenzüberschreitenden Zahlungen regeln (hier ist insbesondere der IWF zu erwähnen), oder auch die erlaubten bzw. vorgeschriebenen Eigenschaften eines Produkts wie auch den Bereich

side of trade (an area covered by the IMF) or the the characteristics of a product or the way of its being marketed (primarily the GATT).

Not so, however, with regard to regulations pertaining to the *manner of manufacture*. As we shall see, it is particularly here that problems of the greatest political sensitivity are encountered. These are the problem of what the right standard ought to be with regard to utilising the limited resources of our environment like air, water or clean soil, and what kind of treatment of humans, and in particular of the labourers concerned (or of animals, for that matter) should constitute a minimum standard below which any cost advantage ought to be considered as unfair exploitation rather than as a legitimate cost advantage, justifying, in particular, either import prohibitions against or the imposition of some kind of "countervailing" import duty by the receiving countries on, merchandise that has been produced in "violation" of these standards. Upon closer consideration it turns out that this problem has two distinct, if strongly interrelated aspects.

The *first* of these aspects concerns the *effectiveness* with which any *standards* in these ever more important areas can be set and adherence to them monitored and enforced by and in the country of destination. If that country were not permitted to keep out of its market products manufactured in violation of universally agreed minimum standards or - in the absence of a multilateral agreement - of its own domestic standards, any progress with regard to environmental rules as well as to labour standards would be seriously impaired.

The *second* aspect concerns the creation of a fair *"base-line"* for the competition among countries and their companies with respect to the costs of compliance with those rules. In terms of price, enterprises in countries with low environmental standards, for example, would enjoy a competitive advantage over those where environmental awareness is further developed. The question that must be decided is which of the two standards constitutes the "fair" competitive "base-line" from which to judge whether any cost advantage from lower safety, labour or environmental standards constitutes a genuine *locational advantage* or is the result of *intolerable exploitation* of the workforce and/or the environment. The proponents of the latter view - who generally represent the wealthier countries - tend to deride lower standards elsewhere as *"social"* or *"eco-dumping"*, while the developing countries reject this view as *neo-colonialism*[69]. They gleefully and, it must be admitted, not entirely without justification, point out that nothing was heard of such standards at the time when the rich countries of today

---

* This German term means *"Leading through technology"*.

[69] *Hauser/Schanz*, pp. 258 ff.

Vertrieb, Marketing und Werbung (GATT). Hinsichtlich der erlaubten oder verbotenen *Herstellungsmethoden* dagegen fehlen einschlägige supranationale Vereinbarungen dieser Art fast vollständig. Dieser Bereich betrifft insbesondere auch die Fragen, welche Standards gelten sollen bei der Benutzung der begrenzten Ressourcen unserer Umwelt (sauberes Wasser, Luft und Boden) und welche Mindeststandards bezüglich der Behandlung von Menschen und Tieren, insbesondere der betroffenen Arbeitnehmer, gelten sollen, bei deren Nichteinhaltung durch das Herstellungsland ein Importverbot der betreffenden Waren durch die anderen Länder rechtfertigen würde. Bei genauerer Betrachtung zeigt sich, das dieses Problem zwei unterschiedlich, wenn auch stark miteinander verquickte Aspekt aufweist.

Der *erste* betrifft die Effektivität der Durchsetzung der einschlägigen eigenen Standards gegenüber den einheimischen Herstellern, insbesondere, wenn diese - wie meist - mit Kosten verbunden sind.
Der *zweite* Aspekt betrifft die Festlegung einer fairen Basis für den internationalen Wettbewerb, von der aus die Frage zu beurteilen ist, ob bestimmte Kostenvorteile (z.B. geringe Lohnkosten) als echte Standortvorteile anerkannt werden müssen oder ob sie als Elemente unzulässiger Ausbeutung Importverbote oder Strafzölle der betroffenen Einfuhrländer gegen solche Waren rechtfertigen. Die beiden sich bei dieser Auseinandersetzung gegenüberstehenden Positionen lassen sich schlagwortartig mit den Begriffen *"Sozial- oder Öko-Dumping"* einerseits und *"Neokolonialismus*[69]*"* andererseits abstecken. Dabei stammen die Vertreter der ersten Positionen überwiegend aus den reicheren, entwickelten Ländern, die Repräsentanten der zweiten Auffassung aus den Entwicklungsländern. Diese betrachten die aus diesem niedrigeren Schutzniveau resultierende Kostenersparnis als einen echten Standortvorteil und weisen fast hämisch darauf hin, daß seinerzeit, als die jetzt reichen Länder das Niveau erreicht haben, auf dem sich jetzt die Entwicklungsländer befinden, von den Standards, diese jetzt verlangen, keine Rede war. Die in diesem Vergleich stillschweigende Parallele zwischen beiden Situationen kann aber so ohne weiteres nicht gezogen werden. *"Warum"*, so lautet nämlich das Gegenargument, *"sollen wir die Fehler von früher nochmals machen?"* Dazu kommt, daß die heutige Entwicklung soviel rasanter und auf einer so viel breiteren Bevölkerungsbasis erfolgt, daß jede Maßnahme ebenso wie jede Unterlassung einer solchen sich sofort unmittelbar auf dem gesamten Globus auswirken kann. Dementsprechend ist heutzutage eine "Einmischung" in die "internen Angelegenheiten" anderer Länder gerade in diesem Bereich heute sehr viel mehr gerechtfertigt, als dies etwa vor 200 Jahren der

---

[69] *Hauser/Schanz*, SS. 258 ff.

found themselves at the same stage of economic development. The parallel implied in this criticism, however, is not accepted by the developed world, at least not without several important qualifications. *"Why make the same mistakes again?"*, goes its first rejoinder to the above argument. What is more, the present development is so much swifter and includes so much larger populations that any neglect, in particular of environmental concerns, not only immediately affects the entire world population (and thereby renders any interference in the "internal" affairs of the developing countries much more justified than it would have been two centuries before), such neglect clearly contradicts the vital long-term interests of the offenders themselves.

While it is difficult to make a case for any interference in other countries' human rights and labour standards policies on purely economic grounds (in this respect one would have to rely on moral arguments outside the scope of this book), not so with regard to environmental concerns. Considering the world-wide repercussions which every country's industrial policy has on the welfare of all others in today's globally interdependent world, the striving for certain minimum standards to be applied everywhere with regard to the environment seems utterly justified. However, how should the extent as well as the contents of such standards be determined?

In theory, they should be allowed to the extent to which their absence is due to their inherent *"externality"*[70] or to what modern game theory would call the *"collective action problem"*[71]. Both these catchwords describe a situation in which all members of a group would be better off if all of them acted in a certain way which creates costs for each of them no matter what the other participants do (example: installing expensive sootfilters on chimneys), while the beneficial effects (clean air) only come to pass if every participant acts in the required way. In such a situation, absent an external force compelling each group member to behave in the common interest, the beneficial effects of the collective action are likely to be forfeited as no participant will be prepared to incur the costs unless he can be certain that everyone else will, too.

Applied to the situation discussed here that means: globally unified minimum standards are warranted to the extent that the industrial policy of one

---

[70] This term was coined by *Paul A. Samuelson*, but its workings as well as its effects were made widely known by *Ronald Coase* in his pioneering essay on *"The Problem of Social Cost*, in: *"The Firm, The Market and The Law"*, pp. 23 f. and 157 ff.

Fall gewesen wäre. Davon abgesehen, schadet eine allzu nachlässige Behandlung der hier erörterten Probleme langfristig massiv gerade den Interessen der Länder am meisten, die hier gegenwärtig die größte Nonchalance zur Schau tragen.

Im Gegensatz zu der Thematik Menschenrechte bzw. Arbeitsbedingungen, bei denen das Recht zu einer Einmischung in die internen Verhältnisse eines Landes durch ein anderes sich kaum mit rein wirtschaftlichen Gründen begründen läßt (hierfür ist vielmehr auf moralische Argumente zurückgegriffen werden, diese aber sind nicht Gegenstand dieses Buches), ist das gerade mit Hinsicht auf den Umweltschutz durchaus der Fall. Im Gegenteil: angesichts der globalen Auswirkungen aller diesbezüglicher Maßnahmen erscheint eine solche Einmischung jedenfalls im Grundsatz durchaus gerechtfertigt.

Viel schwieriger zu beurteilen ist, wieweit eine derartige Einmischungsbefugnis gehen sollte. Rein theoretisch lautet die Antwort: genau so weit, wie die Existenz oder Nicht-Existenz von Umweltschutzvorschriften durch sogenannte *Externalitäten*[70] bestimmt ist, d.h., soweit sie darauf beruhen, daß die Auswirkungen der betreffenden Vorschriften bzw. die Auswirkungen der Tatsache, daß solche nicht bestehen, nicht diejenigen betreffen, die diese Vorschriften erlassen oder erlassen könnten, sondern – zunächst Unbeteiligte – Dritte. Von der modernen Spieltheorie wird die Situation, die in solchen Fällen vorliegt, seit Olson[**] auch als "Situation der konzertierten Aktion" (*"Collective Action"*[71]) bezeichnet. Mit diesem Schlagwort wird eine besondere Art von Externalität bezeichnet, nämlich die Situation, bei der eine bestimmte Gruppe von Menschen ihre gesamten Lage dadurch verbessern könnte, daß alle sich in einer bestimmten Weise verhalten, die geforderte Handlung oder Unterlassung jedoch für die jeweils Betroffenen in jedem Falle Kosten verursacht, der entsprechende Vorteil sich aber nur dann ergibt, wenn wirklich alle sich in der geforderten Weise verhalten (Beispiel: die Installation von Rußfiltern an Industrieschornsteinen ist trotz der damit verbundenen Kosten für alle Beteiligten insgesamt von Vorteil, aber nur solange jede Fabrik solche Filter benutzt, da die Luft sonst so oder so dreckig bleibt). In einer solchen Situation werden die möglichen Vorteile meist nicht realisiert, weil sich kein Teilnehmer sicher sein kann, daß, sofern er sich forderungskonform verhält, dies wirklich alle anderen ebenfalls tun.

---

[70] Dieser Fachausdruck wurde von *Paul A. Samuelson* geprägt, seine Funktions- und Wirkungsweise wurden aber erst durch *Ronald Coase'* bahnbrechenden Aufsatz *"The Problem of Social Cost"*, in: *"The Firm, The Market and The Law*, SS. 23 f und 157 ff, einem größeren Publikum bekannt.

[**] *Olson, Mancur, "The Logic of Collective Action"*, Cambridge, MA, 1965.

[71] Vgl. dazu *Baird/Gertner/Picker, Game Theory and the Law*, passim. Sowohl das zugrundeliegende Konzept wie auch der Begriff als solcher stammten von *Mancur Olson, "The Logic of Collective Action"*, Cambridge, MA, 1965.

country directly or indirectly affects natural resources (like water or air, but also land) that are both finite and shared by all, if the overall benefits to be derived from universal compliance clearly outweigh the costs of enacting and enforcing them. This, of course, will only work if it is assured that sufficient benefits accrue to those countries bearing the greatest costs. Example: Compelling countries like Brazil and Indonesia to refrain from clear-cutting their rainforests will only be possible if these countries are duly compensated for the economic losses incurred thereby[72].

Defining in practice the extent to which measures of this kind ought to be permitted in the face of their detrimental effect on the international exchange of goods is of course a task of the utmost difficulty. So it is no wonder that its solution is in its very early stages. However, it is not the difficulty of this task alone that is responsible for the long neglect suffered by these concerns even in the industrialised countries. Rather, several more factors account for this striking inertia. For *one thing*, it has only been in the recent past that people have become fully aware of the fact that environmental resources are finite. A *second* reason is the increasing competitive pressure emanating from the developing countries, itself a consequence of their successful industrialisation, as well as of reduced transportation and communication costs. A *third* factor are the ever greater social and environmental costs confronting firms in the industrialised countries. Finally, this new emphasis in part reflects the success of the various liberalisation agreements in eliminating or at least attenuating the "traditional" forms of protectionism (such as tariffs and quotas). As having recourse to these methods of import restriction has been made so difficult, the legitimate non-economic reasons outlined above (public health, the environment, consumer protection) are

---

[71] Cf. *Baird/Gertner/Picker, "Game Theory and the Law"*, seriatim. The concept as well as the term was developed respectively coined by *Mancur Olson, "The Logic of Collective Action"*, Cambridge, MA, 1965.

[72] Strictly speaking, as rainforests grow only in some countries, the example given is not one of *collective action* but a case of *externality* (as the costs associated with a certain behaviour, here: the clear-cutting, do not, or not fully, accrue to the person deriving the benefits). However, the underlying economics are the same in both cases. A collective action problem "proper" however, clearly exists *within* these countries with regard to logging committed by private farmers and/or companies for their individual benefit but to the collective detriment of these countries as a whole.

Auf die hier vorliegenden Umstände übertragen bedeutet dies folgendes: eine "Einmischung" in den von einem anderen Land – dem Herstellerland - geforderten Produktionsprozeß ist insoweit gerechtfertigt, als sich *erstens* die Industriepolitik dieses Landes auf Ressourcen auswirkt (Luft, Wasser, Boden, Rohstoffe), deren Verknappung entweder die Menschheit insgesamt, zumindest aber die Bewohner des sich einmischenden Landes, ebenfalls unmittelbar berührt, und die Vorteile, die sich aus den vorgeschlagenen Regeln für alle insgesamt ergeben, die damit verbundenen Nachteile, insbesondere die Kosten der Erarbeitung und Durchsetzung dieser Regeln, klar übersteigen. Dies wird sich drittens aber auch nur dann durchsetzen lassen, wenn sichergestellt ist, daß die Länder, für die die vorgeschlagenen Maßnahmen Kosten nach sich ziehen, einen entsprechend hohen Ausgleich aus den sich bei Durchführung dieser Maßnahmen ergebenden – finanziellen – Vorteilen erhalten. So werden Länder wie etwa Indonesien und Brasilien nur dann bereit sein, der rücksichtslosen Rodung ihrer Regenwälder Einhalt zu gebieten, wenn sie für den damit verbundenen Verzicht einen ausreichenden Ausgleich erhalten[72].

Die Umsetzung dieser Grundsätze in die Praxis stellt freilich eine der schwierigsten Aufgaben überhaupt dar. Trotzdem ist es bisher in den Einzelheiten allgemein noch wenig untersucht worden und wird auch in den verschiedenen internationalen Abkommen, die wir im folgenden näher betrachten werden, (noch) nicht behandelt. Auch ist es überhaupt erst in jüngster Zeit in seiner vollen Tragweite erkannt worden. Das wiederum dürfte darauf zurückzuführen sein, daß man sich auch in den Industrieländern erst seit kurzem ernsthaft darüber klargeworden ist, daß die Ressource Umwelt nicht unbegrenzt zur Verfügung steht. Ein zweiter Grund ist sicher der ständig zunehmende Importdruck seitens der Entwicklungsländer, seinerseits eine Folge der erfolgreichen Industrialisierung dieser Länder, der ständig wachsenden sozial und umweltschutzbedingten Lohn(neben-) kosten in den Industrieländern sowie der zunehmend besseren und billigeren Transportmöglichkeiten. Schließlich spiegelt diese "späte Erkenntnis" zum Teil sicher auch gerade den Erfolg der verschiedenen im folgenden darzustellenden Liberalisierungsabkommen wider, durch die "importgefährdeten" Ländern der "Rückgriff" auf die traditionellen Methoden der Einfuhrbeschränkung so erschwert worden ist, daß man insbeson-

---

[72] Genau genommen liegt hier kein echter Fall einer konzertierten Handlung vor sondern der einer "normalen" *Externalität*, da Regenwälder nicht in allen Staaten wachsen, so daß nur einige, aber nicht alle Beteiligten die Kosten eines Rodungsverzichts zu tragen hätten, während umgekehrt alle von dem durch den Regenwald verbesserten Klima profitieren. Das zugrundeliegende Prinzip ist indes in beiden Fällen dasselbe. Ein echtes *"collective action"* - Problem besteht allerdings *innerhalb* der betreffenden Länder bezüglich der von einzelnen Privatleuten oder -firmen durchgeführten Rodungen, die zwar den einzelnen jeweils kurzfristig Nutzen bringt, insgesamt aber einen enormen Schaden anrichten.

often used as a welcome pretext for shutting out imports from more competitive countries for reasons that are (in substance) more or less protectionist.

Of all the problems treated so far, and in what follows, this is perhaps the most difficult. Nevertheless it has generally been investigated very little in detail, and is not (yet) dealt with - at least not appropriately - in the various international agreements which we shall examine shortly.

Still, there has been some progress recently. One of the best known examples of this is the change in attitude with regard to such concerns within the frame-work of the various WTO-agreements which was shown by the WTO's *"Dispute Settlement Body"* in a recent decision[73].

IV) Conclusions

If, for the various reasons presented, one wants to do without a complete global standardisation of all safety, health and consumer-protection regulations, the question then arises how the present diversity can best be harmonised with an international exchange of commodities largely unimpeded by such differences. In other words, the legitimate interests of the various countries in independent and optimal regulation of their own affairs should somehow be reconciled with the requirements of free trade. In countries with a federalist structure, including the European (Economic) Community, this demarcation is a matter of how the pertinent constitution distributes power among the various levels of government (local, state, federal or the supranational entity of the EEC). Not so on the international level: here the tension between these competing interests of independent self-government and freedom of trade must be resolved by international agreements.

However, to the extent that no such universal minimum standards have been worked out, as is the case in particular with regard to both environmental and labour standards to be applied during the manufacturing process, enforcement of national rules currently is the only alternative if any environmental protection is to be achieved at all. This dilemma ought to be kept in mind when judging such enforcement's legitimacy.

---

[73] (For details, cf. the *"sea turtle - shrimp case"* presented in ch. 28, below.)

dere in den Industrieländern nun verstärkt nach neuen Gründen sucht, mit denen man den Importen aus der Dritten Welt entgegentreten kann[*].

Von all den bisher angesprochenen wie auch den erst später behandelten Problemen dürfte diese Abwägung zwischen der Berechtigung derartiger Importverbote und der Notwendigkeit eines möglichst unbehinderten internationalen Warenaustauschs als Grundlage unserer aller Wohlstand wohl eine der schwierigsten Probleme überhaupt darstellen. Trotzdem gehört aber gerade dieser Bereich noch mit zu den am wenigsten abgeklärten Gebieten. Insbesondere fehlt es insoweit weitgehend an einschlägigen internationalen Abkommen.

Dennoch ist auch hier allmählich ein, wenn auch bislang recht geringer, Fortschritt zu verzeichnen. Das legt jedenfalls insbesondere eine kürzlich ergangene Entscheidung[73] des zuständigen Streitentscheidungsorgans der neugegründeten WTO, des sogenannten *"Dispute Settlement Body"* nahe, die wir uns zu gegebener Zeit noch näher betrachten werden.

IV) Folgerungen

Wenn man aus den verschiedenen dargestellten Gründen auf eine vollständige globale Vereinheitlichung der einschlägigen Sicherheits-, Gesundheits- und Verbraucherschutzvorschriften verzichten will, dann stellt sich die Frage, wie man in möglichst optimaler Weise die vorhandene Vielfalt mit dem Interesse an einem möglichst reibungslosen internationalen Güteraustausch kombinieren kann. Dabei gilt es, einerseits die legitimen Interessen der verschiedenen Länder an der selbständigen und aus ihrer Sicht möglichst optimalen Regelung der o.g. Bereiche zu respektieren, andererseits aber auch die damit verbundenen Hindernisse für den freien Warenaustausch so gering wie möglich zu halten. Auf der rein innerstaatlichen Ebene innerhalb von Staaten mit einem föderalistischen Staatsaufbau ist diese Abgrenzung eine rein verfassungsrechtliche Frage und wird durch die Verfassungen der verschiedenen Länder unterschiedlich beantwortet. Ähnliches gilt für den Bereich der Europäischen (Wirtschafts-) Gemeinschaft, deren Mitgliedsstaaten durch den EG-Vertrag zumindest quasi-verfassungsrechtlich verklammert sind. Anders auf der "voll" internationalen Ebene: hier muß dieses Problem durch internationale Abkommen gelöst werden. Im Lauf unserer folgenden Untersuchung werden wir sehen, ob bzw. inwieweit diese Aufgabe durch die verschiedenen bestehenden internationalen Abkommen befriedigend gelöst wird.

---

[*] Vgl. zu dieser Problematik im Rahmen des GATT: *Hauser/Schanz*, aaO, SS. 258 ff.

[73] Vgl. den Seeschildkröten-Garnelen Fall in Kapitel 28, unten.

PART 3:   THE "BRETTON-WOODS CONFERENCE"

Chapter 13: Historical Background[74]

I) The Origins: German Economic Minister Funk's 1940 Concept of a "New Order of Europe"

Today's international economic order has been decisively determined by three international treaties and by the three organisations which they created. They can all be traced back to a conference held in July 1944 in the small town of *Bretton Woods* in the north of the American state of *New Hampshire.* It is from there that the conference derived its name. Upon the invitation of the USA, it was attended by the delegates of 44 different nations which were all in some way supporting the Allied Powers' war effort against Germany and Japan. Even the Soviet Union participated in this conference, although – in a foreshadowing of the impending Cold War - it was soon to suspend its cooperation.

Not so Japan and Germany: being the convening powers' principal adversaries in the Second World War - which at that time was raging with unabated force - these two countries were of course excluded. Indeed, the Japanese and German populations were not even informed of this conference. Thus, the crucial decisions regarding the economic system that was to govern the post-war period were taken without any involvement of these two countries.

To be sure, the German (like the Japanese) public at this time was fully preoccupied by rather different problems: in the West the Allied invasion of Normandy had been successfully completed only a few weeks earlier, while on the Eastern front the Red Army had driven back the Wehrmacht right up to the Weichsel. At the same time, the attempt by Count *von Stauffenberg* to assassinate Hitler had just failed, while night after night the German cities were being bombed to rubble by the Allied air raids. From the perspective of the Allies this meant that the – victorious – termination of the war for the first time seemed to have come within reach. Under these circumstances it had become a matter of urgency to give some serious thought to what kind of international relations should be set up thereafter.

On the political level this led to the founding in the summer of 1945 of the United Nations. However, questions of a purely economic nature were not included among the original responsibilities of the UN, but had instead been reserved for negotiations of their own, viz., for the treaties and organisations now to be presented.

---

[74] For a detailed historical account see *Grabbe, "The Rise and Fall of Bretton Woods",* pp. 1 ff.

TEIL 3: DIE KONFERENZ VON "BRETTON-WOODS"

Kapitel 13: Historischer Hintergrund[74]

I) Die Anfänge: Die Radioansprache von Reichswirtschaftsminister Funk zur "Neuordnung Europas" von 1940

Auch heute noch ist die internationale Wirtschaftsordnung maßgeblich von drei völkerrechtlichen Verträgen geprägt sowie von den drei Organisationen, die durch diese Verträge geschaffen wurden. Sie alle gehen auf eine Konferenz zurück, die im Juli des Jahres 1944 in dem kleinen Städtchen *Bretton Woods* im Norden des amerikanischen Bundesstaates *New Hampshire* abgehalten wurde, von dem sie ihren Namen bezieht. An ihr nahmen auf Einladung der USA die Delegierten von 44 mit den Alliierten Mächten verbündeten Ländern teil. Selbst die Sowjetunion beteiligte sich noch an dieser Konferenz, wenngleich sie bald darauf ihre weitere Teilnahme und Mitarbeit in einer Vorahnung des sich anbahnenden Kalten Krieges einstellen sollte.

Anders Japan und Deutschland: als Hauptgegner in dem noch immer mit unveränderter Härte tobenden Zweiten Weltkrieg waren diese beiden Länder natürlich von der Teilnahme an dieser Konferenz ausgeschlossen, ja, die deutsche Öffentlichkeit ahnte seinerzeit nicht einmal etwas von deren Existenz; so wurden die entscheidenden Weichen für die weitere wirtschaftliche Entwicklung nach dem Kriege ohne Wissen und erst recht ohne jede Beteiligung Deutschlands gestellt!

Freilich war man dort zu dieser Zeit mit ganz anderen Sorgen beschäftigt, war doch der Krieg soeben in seine letzte, entscheidende Phase eingetreten: so waren die Alliierten erst einen Monat zuvor erfolgreich in der Normandie gelandet, die Rote Armee hatte die Wehrmacht bereits bis an die Weichsel zurückgeworfen, und das Attentat des Grafen Stauffenberg auf Hitler war soeben gescheitert, während Nacht für Nacht die alliierten Bomberströme die deutschen Städte in Schutt und Asche legten. Aus alliierter Sicht hingegen bedeutete dies, daß die - siegreiche - Beendigung des Weltkrieges erstmals mit relativer Gewißheit in überschaubare Nähe gerückt war - damit aber war es höchste Zeit geworden, sich über die Ordnung der internationalen Beziehungen für die Zeit danach ernsthafte Gedanken zu machen.

Auf der rein politischen Ebene kam es deshalb im Sommer 1945 zur Gründung der Vereinten Nationen. Rein wirtschaftliche Fragen gehörten indes nicht zu dem ursprünglichen Betätigungsfeld der UNO, sondern waren eigenen Verhandlungen bzw. Verträgen vorbehalten: eben den Verträgen bzw. Organisationen von *Bretton Woods*!

---

[74] Eine eingehende Darstellung hierzu findet sich in *Grabbe, The Rise and Fall of Bretton Woods,* SS. 1 ff.

After almost exactly one month of virtually uninterrupted negotiations the delegates of the 44 participating countries finally brought the conference to a successful conclusion by passing the founding articles of, *first*, the *"International Monetary Fund"* (IMF), and, *second*, the *"International Bank for Reconstruction and Development"* (IBRD), which is more commonly known as the *"World Bank"*. Both of these are situated in Washington, D.C., where they began their work as early as 1945.

The *third* and - if only in terms of time - the last of the so-called *"triplets of Bretton Woods"*[75] was an organisation founded three years later (in 1947) on the occasion of a conference held not in *Bretton Woods* but in Geneva[**], Switzerland. It was originally called the *"General Agreement on Tariffs and Trade"*, best known under its acronym of "GATT", after the international treaty it was set up to administer. The three treaties, together with their respective organisations, were to embody for a period of roughly three decades (1944 - 1973) what was known as the *"order of Bretton Woods"*[76].

The conference of *Bretton Woods* thus completely fulfilled the expectations set for it. This success had of course only been possible on the basis of intensive preparatory work carried out by *John Maynard Keynes*, the world-famous British economist, later joined by *Harry Dexter White*[77], the head of the American delegation to *Bretton Woods*.

Curiously enough, though, the original initiative for these considerations had not even come from the Allies themselves, but, of all things, from Germany, the much-hated enemy. More precisely, it had first been presented to the European public in a radio broadcast by the German minister of economics and president of the Reichsbank, *Walther Funk*[78], right after Germany's military defeat of France in the summer of 1940. In this speech

---

[75] The three organisations' close interrelation is reflected, i.a., by the fact that membership in the IMF is a condition for accession to the World Bank. Also, Art. XV GATT obligated the GATT to cooperate closely with the IMF even before the foundation of the WTO (for the current situation, cf. Art. III par. 5 of the WTO agreement).

[**] (where it is also located).

[76] Cf. *Guitián, "The Unique Nature of the Responsibilities of the International Monetary Fund"*, p. 4.

[77] A member of the staff of the American Secretary of the Treasury at the time, *Henry Morgenthau*, who became famous throughout the German population for his plans to de-industrialize Germany after the war.

[78] Interestingly *Funk* who - like his predecessor *Hjalmar Schacht* - had at the time been praised as a *"financial wizard"* even by the opposing side, was later convicted to a life sentence by the famous first International Military Tribunal (IMT) held in Nuremberg after the war. In contrast *Schacht*, with one other of 24 accused, was eventually acquitted.

Nach fast auf den Tag genau einem Monat ununterbrochener Beratungen war es dort den Delegierten der 44 Teilnehmerstaaten schließlich gelungen, die Konferenz mit der Verabschiedung der Gründungssatzungen von zwei der drei nach ihr benannten Organisationen zu einem erfolgreichen Ende zu bringen: So wurden sowohl der sogenannte "Internationale Währungsfonds" (IWF, *"International Monetary Fund"*, IMF) als auch die *International Bank for Reconstruction and Development"* (IBRD), die meist einfach kurz als die *"Weltbank"* bezeichnet wird, am letzten Tag der Konferenz aus der Taufe gehoben. Beide nahmen bereits im Jahre 1945 ihre Arbeit auf.

Der dritte der drei *"Drillinge von Bretton Woods"* ist das meist unter dem Namen GATT (*"General Agreement on Tariffs and Trade"*) bekannte sogenannte *"Allgemeine Zoll- und Handelsabkommen"*, das kürzlich (seit 1995) durch die neugegründete Welthandelsorganisation (*"World Trade Organisation"*, WTO) ergänzt und teilweise ersetzt worden ist. Obwohl seine Gründung erst 1947 in Genf erfolgte[*] , wird es wegen seines engen sachlichen Zusammenhangs[75] mit den beiden anderen Organisationen voll zu den damit insgesamt drei *"Organisationen von Bretton Woods"*[76] gerechnet.

Damit hatte die Konferenz von *Bretton Woods* die in sie gesetzten Erwartungen voll erfüllt. Dieser Erfolg war freilich nur möglich gewesen auf der Basis jahrelanger, gründlicher Vorarbeiten, die wiederum von *Keynes* geleistet worden waren, wenngleich unter zunehmender Beteiligung des amerikanischen Delegationsleiter *Harry Dexter White*[77].

Dabei war die ursprüngliche Initiative für diese Überlegungen kurioserweise gar nicht von den Alliierten selbst ausgegangen sondern ausgerechnet von dem verhaßten Kriegsgegner Deutschland, genauer: von einer Rede, die der damalige Reichswirtschaftsminister und Präsident der Deutschen Reichsbank, Walther Funk[78], unmittelbar nach der Niederwerfung Frank-

---

[*] IWF und Weltbank dagegen haben beide ihren Sitz in Washington.

[75] Der enge sachliche Zusammenhang der drei Organisationen spiegelt sich auch in einer entsprechend engen juristischen Verflechtung wider: So ist beispielsweise die Mitgliedschaft im IMF Voraussetzung für die Mitgliedschaft in der Weltbank, und das GATT bzw. seine Mitgliedsländer werden durch den GATT-Vertrag ausdrücklich auf eine Zusammenarbeit mit dem Währungsfond verpflichtet (Art. XV GATT).

[76] Cf. *Guitián, "The Unique Nature of the Responsibilities of the International Monetary Fund"*, S. 4.

[77] Mitarbeiter des in Deutschland vor allem wegen seiner Pläne hinsichtlich der Behandlung Deutschlands nach dem Kriege bekannten damaligen amerikanischen Finanzministers *Henry Morgenthau*.

[78] Interessanterweise wurde der damals wie sein Amtsvorgänger *Hjalmar Schacht* selbst von der Gegenseite noch als "finanzieller Zauberer" (*financial wizard*) gepriesene *Funk* in dem 1. Nürnberger Kriegsverbrecherprozeß später als einer der

Funk outlined the basic principles according to which he proposed to or-
ganise economic relations among the European states, as soon as the war
was finally terminated by the (then) expected German victory. The key
concept of his proposed system - that he interestingly enough referred to
as the (or "a") *"European Economic Community"*[79]! - was that the controls
set up in the wake of the war on any cross-border movements of capital
would have to remain in place thereafter. *Funk* considered these controls
as essential to assure that the participating countries would utilize their
scarce reserves of foreign currency exclusively for the benefit of the
population at large, rather than to allow a small bunch of war profiteers to
enrich themselves at the public's expense. The ultimate responsibility for
these controls was to rest with a central financial authority that was to be
superior to the various countries' central banks. This body should further
serve as a "clearing agency" whose task it should be, i.a., continuously to
offset the foreign debts of all members[80].

Upon learning of this speech the British government turned to *Keynes* and
asked him to develop an alternative concept with which Britain might effectively counter the considerable propaganda effect Germany had thereby
achieved with the European audience[81]. To its great surprise, however,
Keynes declined this request on the ground that, in his opinion, *Funk*'s
concept was not only viable but, indeed, *"brilliant"*. As he did not fail to
explain, the German plan outlined exactly the kind of economic policies
that would have to be pursued by Britain itself! He therefore advised the
government not to attack *Funk's* basic principles as such but to concentrate its counter-arguments on the credibility and capability of the Germans
to put their plan into practice[82]. *Keynes'* principle assent to *Funk's* ideas
was mainly founded on his conviction that it would indeed not be possible
after the war simply to return to the system of unabated *laisser-faire* so
successful during the time *before* the *First* World War.

For this, the economic and financial upheavals occasioned by the two
world wars and the inter-war period had been too great. In this situation
Keynes, too, considered as indispensable a marked involvement of the

---

[79] The exact title of a speech held by *Funk* in March, 1944, was: *"Die Länder des
Südostens und die Europäische Wirtschaftsgemeinschaft"* (*"The Countries of the
South-East and the European Economic Community"*), edited by the *Südostecho
Verlagsgesellschaft*, Vienna, 1944.

[80] For the exact wording of this and other speeches by *Funk* see: *Funk, Walter,
"Wirtschaftliche Neuordnung Europas" ("The Economic Order of the New
Europe")*, Sonderdruck 1940, made available to the author by and with the com-
pliments of the archives of the Deutsche Bundesbank.

[81] *Grabbe*, ibid., p. 4.

[82] *Keynes*, Vol. XXV, pp. 1 ff.

reichs durch die deutsche Wehrmacht im Jahre 1940 im Rundfunk gehalten hatte. In dieser Rede[79] hatte Funk die Grundsätze skizziert, nach denen die Staaten Europas im Falle eines endgültigen deutschen Sieges ihre gegenseitigen Wirtschaftsbeziehungen in einer von ihm bereits so bezeichneten *"Europäischen Wirtschaftsgemeinschaft"*[80] nach dem Kriege organisieren würden. Kernaussage seiner Rede war, daß die strenge Devisenbewirtschaftung der seinerzeitigen Kriegswirtschaft auch nach dem Kriege beibehalten werden müsse, um sicherzustellen, daß knappe Devisenressourcen für das Allgemeinwohl ausgegeben würden und nicht irgendwelchen Kriegsgewinnlern zugute kämen. Die Verantwortung dafür hatte er den Zentralbanken der beteiligten Länder zugedacht. Diese wiederum sollten sich unter der Schirmherrschaft einer übergeordneten zentralen *"Clearing"*-Stelle zusammenschließen, deren Aufgabe u.a. darin bestehen sollte, die jeweiligen Devisenbestände der beteiligten Länder jederzeit miteinander zu verrechnen.

Als die britische Regierung von dieser Rede erfuhr, wandte sie sich an *Keynes* mit dem Auftrag, einen geeigneten Gegenentwurf zu diesem deutschen Plan zu entwerfen, mit dem man Funk in dem erbittert geführten Propagandakrieg wirksam entgegentreten könnte[81]. Zur allgemeinen Überraschung lehnte *Keynes* diesen Auftrag jedoch ab, und zwar ausgerechnet mit der Begründung, das von dem "Nazi" Funk entwickelte Konzept sei - so wörtlich - geradezu *"brilliant"* und beschreibe exakt die Wirtschaftspolitik, die auch Großbritannien selbst nach dem Kriege notwendig verfolgen müsse. Er riet deshalb der britischen Regierung, sich bei ihrer Gegenpropaganda darauf zu beschränken, die *Glaubwürdigkeit* sowie die *Fähigkeit* Deutschlands in Zweifel zu ziehen, Funks Konzept ggf. wirksam in die Tat umzusetzen, das Konzept als solches jedoch nicht öffentlich anzugreifen[82]. *Keynes'* grundsätzliche Zustimmung zu den Überlegungen Funks gründeten sich im wesentlichen auf die - beiden Ökonomen gemeinsame - Überzeugung, daß man nach dem Kriege keinesfalls einfach zu dem alten Zustand eines ungebremsten außenwirtschaftlichen *laisser faire* zurückkehren könne, wie er sich vor allem in der Zeit vor dem Ersten Weltkrieg bewährt hatte. Dazu waren die wirtschaftlichen und finanziellen Verwerfungen zu groß, die sowohl die beiden Weltkriege als auch die Zwischenkriegszeit mit sich gebracht hatten. Angesichts der gegebenen Situation hielt vielmehr auch *Keynes* jedenfalls für die europäischen Länder eine ausgeprägte

---

Hauptschuldigen angeklagt und zu lebenslänglicher Haft verurteilt - anders als Schacht, der als einer von nur zwei der Angeklagten freigesprochen wurde.

[79] Der Titel einer Ansprache Funks vom März 1944 lautete: *"Die Länder des Südostens und die Europäische Wirtschaftsgemeinschaft"*, Südostecho-Verlagsgesellschaft, Wien, 1944.

[80] Im wesentlichen abgedruckt in: *Walther Funk, "Wirtschaftliche Neuordnung Europas"*, Sonderdruck 1940, freundlicherweise zur Verfügung gestellt von dem Archiv der Deutschen Bundesbank.

[81] *Grabbe*, aaO; S. 4.

[82] *Keynes*, Vol.XXV, SS. 1 ff.

state in the regulation of all external trade, an involvement to be characterised by strict controls of the import and export of merchandise as well as on the capital with which that trade was financed. In this way, he wanted to provide European, and especially British, industry with a breathing space to adapt to the new situation, before being exposed to the full force of international, and that meant: American, competition[83].

Keynes' reservations about a return to unabated free trade after the war was reinforced by the crucial and life-threatening experience his country had been subjected to twice within only twenty years: that was the threat posed to Britain's survival as an independent nation by German submarine warfare. In the face of this experience he was prepared to forfeit some of the advantages of unrestricted free trade for the sake of greater British economic autarky[84,85].

However, once one was prepared in principle not only to tolerate state interventions in international economic relations but even considered them necessary, how then could a repetition of the catastrophe of the preceding two decades be avoided? After all, it had been such interventions that had triggered the Crash of 1929 and thus had, indirectly, caused the war!

II) Keynes' Original Concept of Multilaterality and Cooperation

Not least to counter the danger of all countries pursuing their own economic policies regardless of their effect on others, *Keynes* planned to restrict their power to intervene at will in these relations. His plan therefore contained two main points:

First, the members of the new system were to be closely bound together by a multitude of international treaties to be concluded on a multilateral rather than on the traditional bilateral basis. These should oblige them to take proper account of the legitimate interests of the other members when formulating their national economic policies. Thus, the traditional antagonism would be supplanted by a new, more co-operative relationship among the participating nations.

---

[83] *Keynes,*. Ibid., p. 52 and Vol. XXVII, pp. 305 ff.

[84] (*"self-sufficiency"*, from ancient Greek *"auto"*, *"self"* (cf. *"auto-mobile"*) and *"archein"*, *"to rule"*, (cf. the *"arch"*-bishop), thus literally *"home-rule".*)

[85] *Keynes,* Vol. XXVI, pp. 263 ff.

staatliche Kontrolle ihres jeweiligen Außenhandels mit strikten Ein- und Ausfuhrbeschränkungen sowie einer strengen Devisenbewirtschaftung für unverzichtbar. Dadurch wollte er der europäischen Industrie eine Atempause verschaffen, während der sie sich auf die geänderten wirtschaftlichen Rahmenbedingungen des Friedens sollte einstellen können, bevor sie der vollen Wucht insbesondere der amerikanischen Konkurrenz ausgesetzt würde[83].

Dazu kam für den Briten *Keynes* die mittlerweile bereits zweimalige entscheidende Erfahrung der existentiellen Bedrohung seines Landes durch den deutschen U-Boot-Krieg, die ihm eine allzu weitgehende internationale Spezialisierung wegen der daraus folgenden Abhängigkeit des eigenen Landes von Zulieferungen aus dem - überseeischen - Ausland aus strategisch-militärischen Gründen zu gefährlich erscheinen ließ. Auch unter diesem Gesichtspunkt der Autarkie[84] waren nach seiner Überzeugung wirtschaftslenkende Maßnahmen des Staates erforderlich[85].

Wenn man aber bereit war, derartige staatliche Eingriffe in die zwischenstaatlichen Wirtschaftsbeziehungen hinzunehmen, ja, sie sogar als notwendig forderte, wie wollte man dann vermeiden, daß sich die soeben erst überstandene Katastrophe der vergangen zwei Jahrzehnte einfach wiederholte? Immerhin waren es gerade solche Eingriffe gewesen, die diese Katastrophe ausgelöst hatten!

II) *Keynes'* ursprüngliches Konzept von Multilateralität und Zusammenarbeit

Nicht zuletzt als Gegenmittel gegen die Versuchung aller Länder, bei der Verfolgung ihrer jeweiligen wirtschaftlichen Interessen deren Auswirkung auf die übrigen Länder außer acht zu lassen, bestand ein Eckpfeiler des *Keynes*'schen Konzepts darin, deren gegenseitige Beziehungen auf eine völlig neue Grundlage zu stellen, die im wesentlichen durch die folgenden zwei Punkte gekennzeichnet war:

Zum einen sollten die Mitglieder dieses neuen Systems durch eine Vielzahl von multilateralen Verträgen miteinander verbunden werden statt wie bis dahin üblich lediglich auf jeweils bilateraler Basis. Dadurch sollten sie stärker als bisher dazu bewegt werden, bei der Formulierung ihrer jeweils eigenen wirtschaftlichen Politiken stärker als bisher auch die Interessen der übrigen Mitglieder dieses Systems in Betracht zu ziehen. Grundgedanke war dabei, den traditionellen Antagonismus der verschiedenen Staaten durch ein mehr von Kooperation geprägtes Verhältnis zu ersetzen.

---

[83] *Keynes*, aaO, S 52, und *Vol. XXVI*, SS. 305 ff.

[84] *"Selbstgenügsamkeit"*, von griechisch *"auto"*, *"selbst"*(vgl. *"Automobil"*) und *"archein"*, *"herrschen"*, (vgl. engl. *"arch"*-bishop für Erzbischof), wörtlich also "Selbstherrschaft" oder "Selbstbeherrschung".

[85] *Keynes, Vol. XXVI*, SS. 263 ff.

Second, his plan provided for the founding of supranational organisations for each of these new multilateral systems. These were to assure strict adherence to these treaties. Further they would serve as a neutral forum to settle differences of opinion among the member-states. As central, supranational agencies, the new institutions would further very soon dispose of an enormous know-how that could be made available to all members in times of need.

As regards the IMF in particular, according to *Keynes'* concept the proposed universal bank was to function as a central and superior authority vis-à-vis the central banks of the various members, both for clearing purposes[86] and for refinancing. *Keynes* even wanted it to possess the right to issue its own currency, which by definition would have become the first ever real "world-money". In short, this universal bank was to exercise internationally almost exactly the function of a country's central bank[87] on the domestic level. As we shall see, this part of his concept was eventually realised only in part.

Among these various new features characterising *Keynes'* concept, the one that made it decisively superior to all competing schemes was the idea of *cooperative multilaterality*[88].

One of the key elements of this idea was that each member-state was to enjoy exactly the same rights and duties towards all the others. This meant that the system of arbitrary discrimination that until then had dominated the international scene would finally be replaced by a system of mutually equal treatment. its *second* element was the idea of - multilateral - support among its members. Thus, in case a member-state fell into financial distress, e.g., in consequence of a sudden shortage of foreign currency reserves, the IMF would grant it credit in the currencies needed, even on short notice. Such credits were to be financed mainly through membership

---

[86] The main function of such a *"clearing"* point consists in, first, collecting all mutual claims and obligations among the various member-states and netting them all out against each other as far as possible. Thus, only the remaining excess amounts need to be paid out at all. In our above example of the failed *"Circular Exchange"* (see above, ch. 6, IV 2) such a clearing agency would enable the deal to take place smoothly without the need that any payment be made at all. In the same way, this kind of *"clearing"* constitutes one of the most important tasks of every stock exchange.

[87] Cf. *Keynes, Vol. XXVI*, p. 171. The outcome of all these debates was the IMF which does not have the right to issue such a currency. Confusingly, some of the tasks originally envisaged by *Keynes* for his *"universal bank"* were later assigned not to the IMF - which nevertheless still comes closest to his concept -- but to the World Bank. This confusion was pointedly laid bare by *Keynes* himself who - upon once being asked to explain the difference between the IMF and the World Bank - returned the following answer: *"Actually, I am confused: the Bank is really a fund, and the Fund is really a bank!"*, cf. *Driscoll*, p.1.

[88] (From Latin, *"multi = "many"*, and *"latus" = "side"*).

Als *zweiten* Eckpfeiler seines Systems hatte *Keynes* die Schaffung übernationaler Organisationen für jeden dieser Verträge vorgesehen, deren
Aufgabe u.a. in der Überwachung der Mitglieder hinsichtlich der Beachtung
dieser Verträge bestehen sollte. Außerdem sollten diese als neutrales Forum für die Beilegung von Streitigkeiten zwischen den Mitgliedern dienen.
Schließlich würden diese supranationalen Organisationen bald über ein
enormes Know how verfügen, das den Mitgliedern bei Bedarf zur Verfügung gestellt werden könnte.
Nach *Keynes'* Vorstellungen sollte außerdem die von ihm ins Auge ge-
faßte Universalbank den Zentralbanken der beteiligten Ländern gegenüber
die Funktion einnehmen, die diese innerhalb ihres eigenen Landes im Verhältnis zu den verschiedenen Geschäftsbanken innehaben[86]. Entsprechend
der Konzeption Funks hatte auch er dieser Bank darüber hinaus auch noch
die Rolle einer internationalen Verrechnungs (*"clearing-"*)[87] Stelle für sämtliche bilateralen Devisenforderungen und – verbindlichkeiten der angeschlossenen nationalen Zentralbanken zugedacht. Außerdem sollte sie
berechtigt sein, ein eigenes, übernationales "Weltgeld" herauszugeben.
Wie wir noch sehen werden, wurden diese Pläne durch den später tatsächlich geschaffenen IWF allerdings nur teilweise verwirklicht.

Von all seinen Ideen war es die der kooperativen Multilateralität[88], mit der
Keynes in entscheidender Weise über alle bisher dagewesenen Konzepte
hinausging. Dabei bestand *eines* der Schlüsselelemente dieses Konzepts
in der absoluten Gleichberechtigung aller Mitglieder untereinander, das in
schroffem Gegensatz stand zu der bis dahin geübten Praxis, die alleror-
tens von Diskriminierungen geprägt gewesen war. Seine *zweite* Grundidee
war die einer umfassenden gegenseitigen Unterstützung der Mitglieder.
Diese Hilfe bestand insbesondere in der – u.U. auch sehr kurzfristigen –
Gewährung von Krediten im Falle einer unvermuteten Devisenknappheit.

---

[86] Cf. *Keynes, Vol. XXVI,* p. 171. Das Produkt all dieser Debatten war der IWF,
dem ein Recht zur Herausgabe einer eigenen Weltwährung nicht zugestanden
wurde. Verwirrenderweise wurden auch einige weitere Aufgaben, die *Keynes* für
die von ihm konzipierte "Weltbank" vorgesehen hatte, nicht dem Fonds zugewiesen sondern der Weltbank. Die dadurch entstehende Begriffsverwirrung brachte
Keynes einmal treffend zum Ausdruck, als er, auf den Unterschied zwischen diesen beiden Institutionen angesprochen, antwortete: *"Ehrlich gesagt, bin ich da
selbst verwirrt. Eigentlich ist der Fonds eine Bank und die* (ergänze: *Welt-*) *Bank
ein Fonds!",* Driscoll, S. 1.

[87] Die Hauptaufgabe einer derartigen *"clearing"* Stelle besteht darin, zunächst
einmal die jeweiligen Schuldpositionen der einzelnen Mitgliedsstaaten zu sammeln
und dann miteinander zu verrechnen, so daß letztlich nur die verbleibenden Diffe-
renzen effektiv abgewickelt, und d.h., bezahlt werden müssen. In der oben (Kapitel
6 IV 2) dargestellten Ringtauschsituation würde eine solche Stelle den Ringtausch
leicht möglich machen, ohne daß überhaupt Zahlungen zu fließen bräuchten. Eine
vergleichbare Funktion hat im übrigen beispielsweise jede Börse.

[88] (Von lateinisch *"multi = "viele",* und *"latus" = "Seite"*).

contributions. In this way the burden of any adaptive measures that might become necessary would, for the first time in history, no longer need to be carried by the indebted member-states alone, but was partially shifted onto the community of all participants. These would thus be forced to accept some of the responsibility for the situation of their partners.

This far-reaching proposal was indeed revolutionary[89]. As advantageous as it was in many respect, compared to earlier practice, it is becoming ever clearer that it gives rise to its own variety of problems. The main one of these is that it leads more and more countries which do get into financial straits to carelessly continue their bad economic or monetary policies in the comfortable - and usually correct! - conviction that, if things really get bad, *"the IMF will then fix it!"* Indeed, this effect not only most rewards the country pursuing the worst policy most, it also creates an incentive for a country that already is in difficulty to actually aggravate rather than try to remedy them. As only if its situation gets bad enough will it become eligible for certain aid programs offered by the IMF. The incentives in such a system are designated by modern game theory as *"moral hazard"*[90]. According to widespread belief, it is this very mechanism that was largely responsible for the gravity of the series of currency crises that began in Indonesia in 1999and finally affected virtually all East Asian economies. The also applies to various similar calamities haunting different Latin American countries (Brazil and Mexico, in particular) during the same year and the decade before.

III) From Concept to Reality: The American Influence

However, in the course of the passionate discussions of all these ideas ensuing between *Keynes* and the American delegation's leader, *Harry D. White*, this concept was considerably attenuated since the American interests differed markedly from those of highly-indebted and industrially-exhausted Great Britain.

The United States, which had already become the largest creditor nation through the events of World War I, consolidated its financial dominance during and after World War II. Indeed, it was the only country that disposed of the financial means needed to launch the planned new "world currency". However, the Americans at that time were not (or rather: no longer!*) prepared to go quite that far, as it was *they* who would have had to foot the bill.

Nor did the idea of accepting each nation's traditional power to interfere with the international flow of goods - a key instrument in the concepts of both *Funk* and *Keynes* - harmonise with American interests. The reason was that through the war American industry had experienced such a boom

---

[89] To the difficulties inherent in the previous, "traditional" system, cf. Chapter 6 IV 1 c).

[90] See *Baird/Gertner/Picker, Game Theory and the Law*, 1994, seriatim.

Die dafür erforderlichen Gelder sollten in erster Linie über Mitgliedsbeiträge aufgebracht werden. Auf diese Weise sollte die Last der erforderlichen wirtschaftlichen Anpassungsmaßnahmen erstmals in der Geschichte wenigstens teilweise von den betroffenen Schuldnerländern weg auf alle Mitgliedsstaaten verteilt werden. So sollten diese einen Teil der Verantwortung für die jeweiligen Probleme mitübernehmen.

Diese weitreichenden Vorschläge waren in der Tat revolutionär[89]. Langfristig zeigte sich jedoch, daß sie keineswegs nur Vorteile mit sich brachten. Tatsächlich besteht ihr Hauptnachteil darin, daß sie die Länder mit einer drückenden Schuldenlast zunehmend dazu verführen, sich im Vertrauen auf den IWF und seine Unterstützung sozusagen "hängen zu lassen", da dieses System eine schlechte Wirtschaftspolitik in gewisser Weise letztlich geradezu belohnt, indem es besonders günstige Konditionen exklusiv für diejenigen bereit hält, denen es besonders schlecht geht, ein Anreizsystem, das von der modernen Spieltheorie mit dem Begriff "moral hazard" bezeichnet wird[90]. Vielerorts wird davon ausgegangen, daß es genau dieser Mechanismus war, der weitgehend für die Schwere der ostasiatischen Wirtschaftskrise des Jahres 1999 verantwortlich war, die in Indonesien ihren Ausgang nahm und nach und nach praktisch alle Länder des Fernen Ostens erfaßte. Das gleiche gilt aber auch für diverse ähnlich gelagerte Krisen, von denen zuvor mehrere lateinamerikanische Staaten, allen voran Mexiko und Brasilien, in dem vorangegangenen Jahrzehnt erschüttert worden waren.

III) Vom Planungsstadium bis zur Verwirklichung: Der Einfluß der USA

Im Verlaufe der langwierigen Diskussion der oben skizzierten Pläne mit dem Leiter der amerikanischen Delegation, *Harry D. White*, wurde dieses Konzept indes immer weiter abgeschwächt. Grund dafür war das im Vergleich zu dem hochverschuldeten und industriell erschöpfen Großbritannien ganz anders gelagerte Interesse der USA. Waren diese bereits im und durch den Ersten Weltkrieg zur Weltweit größten Gläubigernation aufgestiegen, festigte sich ihre finanzielle Position nochmals im und nach dem Zweiten Weltkrieg. So waren die USA das offensichtlich einzige Land, das über die Mittel zur Etablierung der von *Keynes'* vorgesehenen Weltwährung verfügte. Die USA waren damals indes nicht bereit, diese Finanzierung zu übernehmen. Davon abgesehen, waren sie auch nicht damit einverstanden, den Mitgliedsstaaten des neu zu gründenden Systems die traditionelle Befugnis einzuräumen, mit allen möglichen handelspolitischen Maßnahmen in den freien Güterverkehr einzugreifen, was ein weiteres zentrales Anliegen der Konzepte sowohl von *Funk* als auch von *Keynes*

---

[89] Zu den Problemen, die durch das bis dahin existierende "traditionelle" System aufgeworfen wurden vgl. oben, Kapitel 6 IV 1 c).

[90] Vgl. *Baird/Gertner/Picker, Game Theory and the Law*, 1994, passim.

that the U.S. did not fear foreign imports. On the contrary, the Americans were convinced that they would successfully penetrate all other markets in no time. In such a situation any kind of national barrier, either to imports or to exports, could only be detrimental to their interests.

Due to the strong American influence, the treaties ultimately concluded had acquired a flavour rather different from that of *Keynes'* original proposal. Even though his original *dirigiste* concept does show through in the form of the many exceptions contained in the articles of the IMF and all the other treaties, they are all based on the classic and liberal ideal of a world trade undisturbed by state interference.

Still, with all the differences between the new system as it actually materialised and *Keynes'* original vision[91], this new scheme nevertheless stood in stark contrast to the anarchy which had characterised economic relations between the wars. This difference resulted from the realisation on the part of both founders that free trade, especially in times of distress, needs a powerful advocate who is not indebted to anyone's particular interest, but acts as an "honest broker" for the benefit of all.

The enormous success of this new international system is impressively illustrated by the contrast between the situation after the First World War and the tremendous speed with which the world economy has developed since the end of the Second World War. This system may best be described as a compromise between discipline and liberty - the latter to be understood as the liberty of the individual to pursue his personal economic aims and of the participating nations to regulate - within certain limits - their foreign trade. This success, it is true, is not due to the three *Bretton Woods* organisations alone. Nevertheless, they undoubtedly do deserve considerable credit for it.

---

[91] For the differences in detail between the American concept of an *"International Monetary Fund"* and the *"Clearing Union"* or *"Currency Union"* that *Keynes* had originally wanted to establish, see *Keynes*, ibid., *Vol. XXV*, pp. 437 ff.

gewesen war. Grund dafür war ihr industrielles Selbstbewußtsein. Infolge des durch den Krieg bedingten Booms ihrer Volkswirtschaft waren die USA damals nämlich der Überzeugung, ohne weiteres und binnen kürzester Zeit mit ihren Waren die Märkte sämtlicher anderen Länder durchdringen zu können, während ihnen umgekehrt vor Einfuhren aus Übersee überhaupt nicht bange war. In einer solchen Situation würden sich sämtliche Handelsbeschränkungen natürlich nur zum Nachteil Amerikas auswirken.

Dementsprechend erhielten die schließlich verabschiedeten Verträge infolge des starken amerikanischen Einflusses ein ganz anderes Gepräge, als dies *Keynes* ursprünglich vorgeschwebt hatte[91]: Wenngleich sein dirigistisches Ursprungskonzept auch heute noch in Form der vielen Ausnahmevorschriften, die die Satzungen von IWF und Weltbank wie auch der GATT-Vertrag und die weiteren WTO-Verträge enthalten, immer wieder aufblitzt, basiert die eigentliche Grundkonzeption all dieser Verträge bzw. Organisationen doch ganz klar auf dem klassisch-liberalen Ideal eines von staatlichen Eingriffen weitgehend unbehelligten Welthandels.

Von dem vorhergehenden Zustand des reinen zwischenstaatlichen wirtschaftlichen Anarchismus hebt sich das neue System aber doch durch die Umsetzung der Erkenntnis ab, daß das Interesse des Freihandels jedenfalls in Zeiten der Krise eines effektiven Fürsprechers bedarf, der nicht den Interessen nur eines der beteiligten Länder verpflichtet ist, sondern als allen Ländern gemeinsame Organisation im Interesse des Gesamtwohls aller Mitgliedsstaaten tätig wird.

Daß der aus dieser Erkenntnis hervorgegangene Kompromiß zwischen Organisation und Bindung einerseits und Freiheit, verstanden sowohl als die Freiheit der einzelnen Wirtschaftsteilnehmer als auch als die Freiheit der beteiligten Staaten, ihre außenwirtschaftlichen Beziehungen eigenverantwortlich zu regeln, andererseits, insgesamt gut gelungen und auch vom Ergebnis her mehr als erfolgreich gewesen ist, zeigt eindrucksvoll der Vergleich zwischen der Situation nach dem Ersten Weltkrieg und der geradezu stürmischen Entwicklung, die die Weltwirtschaft in den ersten Jahrzehnten nach dem letzten Krieg genommen hat. Dafür waren die drei Organisationen von *Bretton Woods* zwar sicher nicht allein verantwortlich, doch wird niemand ernsthaft bestreiten, daß ihnen für diese positive Entwicklung zumindest ein erhebliches Verdienst zukommt.

---

[91] Zu den Unterschieden zwischen den amerikanischen Vorstellungen eines *"International Monetary Fund"* und der von *Keynes* ursprünglich propagierten *"Clearing Union"* oder *"Currency Union"*, vgl. im einzelnen *Keynes*, aaO, *Vol. XXV*, SS. 437 ff.

Chapter 14: The International Monetary Fund (IMF)[92]

I) Historical Development of the IMF since its Foundation

Regarding the tasks entrusted to the IMF two different periods need to be distinguished:

1) Period from 1944 - 1973:- Fixed Exchange Rates, Gold Backing and Free Convertibility

The IMF, as it was originally established, tied the currencies of all member-states to the dollar at a fixed rate of exchange; thus, indirectly, they were also fixed in relation to each other (system of fixed exchange rates). At the same time the (external) value of the dollar relative to gold was again guaranteed by the American central bank (the *"Federal Reserve Bank"* or *"Fed"*) at its pre-war level of 35 $ per ounce of gold (gold standard)[93]. Finally, under the IMF system, all members guaranteed the full convertibility of their currencies at any time.

This system of fixed exchange rates ultimately backed by gold, plus their free convertibility was the essence of the original *"Order of Bretton Woods"*. It was supposed to serve two purposes: *first*, it eliminated the risk of variations in the exchange rates and thereby the costs of insuring against them (*"hedging*[94]*"*). *Second*, it also served an important macro-economic function, viz., preventing a wave of competitive devaluations with their catastrophic deflationary effects. The theoretical framework for this system had essentially been developed by *Keynes* in his *"General Theory"* where he had analysed the currency shortages experienced by various countries during the time of the Great Depression as primarily of a short-term nature (i.e., as a liquidity bottleneck) which could be overcome by the provision of a commensurate short-term currency credit. To provide such loans to afflicted member-countries was thus to be the first and fore-most task of the newly created *International Monetary Fund*[95] The only other task that remained for it was to strictly monitor the financial policies of all member-countries to make sure that they all obeyed its rules.

---

[92] Cf. *Guitián*, aaO, SS. 1 ff.

[93] This guarantee, however, was restricted to so-called Euro-Dollars, i.e. dollars held by foreigners outside the United States.

[94] For the origin and meaning of this term cf. fn. 54, supra.

[95] Thus the IMF, in relation to its members, has a function quite similar to that of an ordinary central bank vis-à-vis the commercial banks under its supervision, cf. ch. 6, II 3, above.

Kapitel 14: Der Internationale Währungsfond (IWF)[92]

I) Historische Entwicklung des IWF seit seiner Gründung

Bezüglich der Aufgabenstellung des IWF sind zwei Perioden grundsätzlich zu unterscheiden:

1) Zeitraum von 1944 - 1973: feste Wechselkurse, Anbindung an Gold und unbeschränkte Konvertibilität

Nach dem ursprünglichen Konzept des IWF waren die Währungen sämtlicher Mitgliedsstaaten zu einem festen Umtauschkurs an den Dollar gekoppelt und damit indirekt auch in ihrem Verhältnis zueinander festgeschrieben (System der festen Wechselkurse). Gleichzeitig wurde der Wert des Dollar im Verhältnis zu Gold von der amerikanischen Zentralbank mit 35 $ pro Unze Gold garantiert[93] (Goldstandard). Schließlich garantierten sämtliche Mitglieder des IWF die jederzeitige freie Umtauschbarkeit (Konvertibilität) ihrer Währungen. Diese drei Charakteristika machten die "ursprüngliche" *"Ordnung von Bretton Woods"* aus. Sie sollte zum einen dazu dienen, internationale Handelsgeschäfte für die beteiligten Kaufleute berechenbarer zu machen und die sonst immer notwendigen Absicherungskosten (*"hedging"*[94]) zu sparen. Vor allem aber sollte auf diese Weise eine Wiederholung der in den dreißiger Jahren erlebten Welle kompetitiver Abwertungen mit ihren katastrophalen deflationären Effekten vermieden werden. Seine Grundlage bildete die im wesentlichen auf den Erkenntnissen von *Keynes* beruhende Vorstellung, daß währungspolitische Probleme die Folge von meist nur kurzfristigen Zahlungsbilanzproblemen einzelner Länder seien und durch eine ebenso kurzfristige Ausweitung der Wirtschaftätigkeit des bedrängten Schuldnerlandes behoben bzw. überbrückt werden könnten. Ursprüngliche Aufgabe des Fonds war es deshalb unter diesem System, seinen Mitgliedern in einem solchen Fall durch die Gewährung von kurzfristigen Devisenkrediten (maximal zwei Jahre Laufzeit) über einen solchen "Liquiditätsengpaß" hinwegzuhelfen[95]. Im übrigen beschränkte sich die Aufgabe des IWF damals im wesentlichen darauf zu überwachen, daß die Mitgliedsländer nicht von dem System fester Wechselkurse abwichen.

---

[92] Vgl. zum Ganzen z.B. *Guitián*, aaO, S 1 ff.

[93] Diese Garantie bezog sich allerdings lediglich auf sogenannte Eurodollar, also auf Dollar, die von Ausländern gehalten wurden.

[94] Zu diesem Begriff siehe oben, Fn. 54.

[95] Der IWF hat damit im Verhältnis zu den beteiligten Mitgliedsstaaten u.a. die Funktion eines Reservepools für Devisen, vergleichbar der Funktion, die auf der innerstaatlichen Ebene die Zentralbank für die einheimische Währung gegenüber den Geschäftsbanken erfüllt, vgl. oben, Kapitel 6, II 3.

However, it soon turned out that the analysis underlying that system - or at least the general understanding of that analysis - suffered from one major flaw. That was the conviction of the founders of the IMF that *all* currency shortage problems necessarily had to be of the short-term nature so brilliantly described by *Keynes*. However, they had overlooked the fact that pressure on a certain exchange rate might just as well result from long-term differences between the productivity rates of the economies in question. If these rates differ over a long enough period of time, at some point a corresponding adjustment of the exchange rate becomes virtually unavoidable. It is true, the pressure building up on a weaker economy's currency in such a case may be fended off for some time by whatever authority in that country is responsible for its exchange rate. It does this by buying up its own currency in the international financial markets, by selling its foreign currency reserves, thereby artificially increasing the demand for and thus the "price" of its own currency. Naturally, this kind of rescue-operation finds its limits in the limited supply of foreign currency reserves of that country. However large such reserves may be they are bound to run out at some point (cf. our discussion of this problem in ch. 6 IV 1 c, above).

And this indeed is exactly what happened during the first two decades after the Second World War in the relations between the United States' currency and the currencies of the booming economies of Western Europe - especially Germany - and Japan. Starting from a level of productivity that, due to the war-induced devastation, had originally been much lower than corresponded to their underlying economic and technical strength, this productivity would naturally greatly rise during the first post-war decades, both in absolute terms and relative to that of the United States. The result of this development was that the rate at which the US dollar had been fixed by the *Bretton Woods* agreement was soon to become much higher than was justified by its domestic purchasing power.

This in turn led to considerable competitive advantages for the European and Japanese economies. The swarms of VW beetle cars awaiting shipment to the United States symbolised the resulting export boom. This development for the first time led to the transfer of considerable dollar reserves into non-American hands. When the OPEC-cartel successfully staged the first oil crisis in 1973, this tendency was accelerated by the enormous increase in the price of imported oil. To this was added the heavy budget deficit run by the American government as a consequence

Die diesem System zugrundeliegende Analyse – jedenfalls in der Form, wie sie gemeinhin verstanden wurde - übersah jedoch, daß Druck auf einen bestimmten Wechselkurs nicht nur eine Folge kurzfristiger Liquiditätsengpässe sein kann, sondern häufig auch eine viel langfristigere Entwicklung widerspiegelt, die durch kurzfristige Kredite gar nicht oder kaum beeinflußt werden kann: nämlich die unterschiedliche Produktivitätsentwicklung in den verschiedenen Ländern. Entwickelt sich diese langfristig auseinander, ist eine entsprechende Wechselkursanpassung unvermeidbar, da die Zentralbank oder die sonstigen mit der Aufrechterhaltung der Wechselkurse beauftragten Institutionen ihre Währung nur dadurch vor den "Kräften des Finanzmarktes" "schützen" kann, daß sie ihre eigene Währung durch Aufkäufe vom Markt nimmt. Dazu braucht sie aber die entsprechenden Devisen, doch gehen diese notwendig irgendwann einmal zur Neige (vgl. dazu oben, Kapitel 6 IV 1 c).

Genau diese Entwicklung trat während der ersten beiden Jahrzehnte nach dem Zweiten Weltkrieg im Verhältnis zwischen den USA einerseits und den aufblühenden Wirtschaften Westeuropas, zumal Deutschlands, und Japans andererseits ein. Ausgehend von einem infolge der kriegsbedingten Verwüstungen naturgemäß erheblich niedrigeren Produktivitätsniveau nahm die Produktivität dieser Länder im Verhältnis zu derjenigen Amerikas während dieses Zeitraums erheblich stärker zu, so daß der Dollar gegenüber den Währungen dieser Staaten unter diesem System schon bald erheblich höher bewertet war, als es seiner relativen Kaufkraft innerhalb Amerikas entsprach. Dies wiederum führte seinerseits zu erheblichen Wettbewerbsvorteilen insbesondere der deutschen und der japanischen Wirtschaften, die dadurch ihre Exporte in die USA (klassisches Symbol dieser Exportwelle: der VW Käfer!) erheblich steigern konnten und damit erstmals begannen, ihrerseits über größere Devisen- bzw. Dollarreserven zu verfügen. All diese Umstände hätten eine Anpassung der Wechselkurse an sich viel früher notwendig gemacht als diese dann im Jahre 1973 endlich erfolgte. Neben den Exporterfolgen der deutschen und später dann auch der japanischen Wirtschaft auf dem amerikanischen Markt war außerdem die erstmalige Einführung eines sehr teuren Sozialstaatssystems ("*New Society*") unter der Regierung von Präsident *Johnson* sowie das ebenfalls äußerst kostenträchtige Vietnam-Engagement der Vereinigten Staaten dafür verantwortlich, daß das internationale Vertrauen in die USA, daß diese den hohen Kurs des Dollars noch beliebig lange würden verteidigen können, erheblich erodierte[96]. Den eigentlichen Auslöser des endgültigen "Zusammenbruchs" des oben skizzierten Systems bildete dann jedoch die erste Ölkrise 1973, die dazu führte, daß sich plötzlich erhebliche Dollarreserven (Petrodollar) in ausländischen, zumal arabischen, Händen befanden. In dieser Situation erschien vielen Investoren die ursprüngliche Golddeckungsgarantie der amerikanischen Bundesbank zugunsten des Dollar langfristig als immer mehr gefährdet. Die Folge war ein allge-

---

[96] Vgl. *Grabbe*, S 22.

of the colossal expenses of the U.S. military engagement in the *Viet Nam* war and of President *Johnson* *"War on Poverty"* (*"New Society"*[96]).

All these factors together exerted an ever increasing downward pressure on the American currency which would normally have resulted much sooner in a commensurate adjustment of the rates of exchange. The alternative would have been a collapse of the entire system.

The fact that the dollar had been able to withstand these intensifying pressures for so long was due mainly to the exceptional strength of the American economy after the war and to the awe-inspiring reserves both of gold[97] and of foreign currencies that it then had at its disposal.

In 1973, President *Lyndon B. Johnson* finally had to declare the suspension of the US government's guarantee of the convertibility of its currency into gold at the rate of 35 US $ per ounce. The immediate effect was indeed the breakdown of the *Bretton Woods* system of fixed exchange rates among the IMF member-states.

2) The Period since 1979

The "old" system quite obviously was not to be revived, not even on the basis of new rates of exchange. Instead, it gradually became accepted wisdom that exchange rates do need some occasional "tweaking".

At the same time one did not wish to forego the advantages of a certain stability of these rates[98]. Therefore, their formation could not entirely be left to the forces of the market – and thereby subjected them to unabated

---

[96] Cf. *Grabbe*, p. 22.

[97] At the end of the Second World War the United States disposed of more than 60% of the world's entire gold reserves, cf. *Grabbe*, p. 8.

[98] (Cf. ch. 6 IV 1 c, above)

meiner "Run" ausländischer Dollarinhaber, ihre Dollar vor deren befürchteter Abwertung gegenüber dem Gold schnell noch bei der amerikanischen Bundesbank zu dem garantierten Kurs von $ 35 für eine Unze Gold einzutauschen. Gerade dadurch wurde der allseits befürchtete Effekt natürlich beschleunigt, wenn nicht gar überhaupt erst endgültig unvermeidlich: 1973 verkündeten die USA das Ende der Golddeckungsgarantie. Dies wiederum führte zu einer erheblichen Wertminderung des Dollar gegenüber dem Gold und damit auch im Verhältnis zu sämtlichen anderen wichtigen Währungen. Mit diesem Schachzug erreichten die USA zwar einerseits u.a. eine erhebliche Verminderung ihrer (natürlich in Dollar notierten) Auslandsschulden. Zugleich aber bedeutete dieser Schritt das Ende des bis dahin geltenden festen Wechselkurssystems und damit das Ende von "*Bretton Woods proper*".

Daß sich das ursprüngliche Konzept überhaupt so lange hatte halten können, ist einzig der absolut überragenden Stellung zu verdanken, die die amerikanische Wirtschaft unmittelbar nach dem Ende des Zweiten Weltkrieges innehatte: nicht nur verfügten die USA damals über die weltweit einzige größere Volkswirtschaft, die unzerstört geblieben, ja, im Gegenteil, durch die ungeheure kriegsbedingte Produktionsausweitung sogar nochmals erheblich gestärkt worden war, sondern sie waren aufgrund ihrer *Lend-and-Lease*-Aktivitäten während des Krieges gegenüber ihren damaligen Alliierten und durch die nach dem Kriege einsetzende Wirtschaftshilfe (*Marshall*-Plan) dann auch gegenüber den seinerzeitigen Verliererstaaten zu dem weltweit größten Gläubigerland avanciert, das über schier unerschöpfliche Devisenreserven verfügte und in dessen Schatztruhen sich zugleich fast der gesamte Weltvorrat an Gold[97] angesammelt hatte, während gleichzeitig außerhalb Amerikas kaum nennenswerte Dollarvorräte gehalten wurden, eine Situation, in der die Position der amerikanischen Wirtschaft und damit auch die des Dollar lange Zeit nahezu unangreifbar erschien. Erst die oben skizzierten verschiedenen Entwicklungen führten dann allmählich zu einer geänderten Einschätzung und letztlich zu dem beschriebenen Zusammenbruch des ursprünglich "gold"festen Dollarkurses und damit des "ursprünglichen" Konzepts von "*Bretton Woods*".

2) Periode seit 1979

Das "alte" System war offensichtlich nicht mehr wiederzubeleben, auch nicht mit geänderten Wechselkursen. Vielmehr setzte sich jetzt endgültig die Einsicht durch, daß Wechselkurse einer gelegentlichen gegenseitigen Anpassung bedürfen. Aus den bereits oben[98] angesprochenen Gründen wollte man gleichzeitig jedoch noch immer nicht vollständig auf eine gewisse Stabilität der Kurse verzichten und deren Bildung etwa vollständig

---

[97] Bei Kriegsende verfügten die USA über 60% des Weltbestandes an Gold, *Grabbe*, aaO., S 8.

[98] (Kapitel 6 IV 1 c).

speculative swings – as had for some time been proposed by the so-called *"monetarists"* under the ideological leadership of the Chicago professor *Milton Friedman*. After a prolonged discussion, a new system had been worked out by 1979 which seemed to constitute a valid compromise between the two differing standpoints (totally unchangeable fixed rates there, fully "free" or "floating" rates here). This new system was to become the entrenched method that has been the basis of international "trade in money" ever since. It is characterised primarily by the principle that exchange rates no longer are considered entirely unchangeable, but may be adapted every now and then to new circumstances. On the other hand, they are not fully left to the forces of the "market" either. Instead, rates may be changed, but only occasionally and only after sufficient account has been taken of the interests and needs of the countries most likely to be affected by the proposed changes.

One main difference by which the "classic" system of *Bretton Woods* had been distinguished from the earlier anarchy, was maintained even under the new "reformed" system. Even though no longer fully fixed, exchange rates must not again be used as a means to improve one's own competitiveness at the cost of the other participating countries, as had been commonplace before. Instead, the only legitimate reason for their occasional modification was to adapt them to the different rates of growth in the productivity of the countries concerned (Art. 1 iii) of the IMF articles).

Under today's system every country first determines the external value of its currency according to certain criteria[99], and then sustains this rate through appropriate interventions (purchases and sales of currencies) within the monetary markets, whereby it may call on the IMF for assistance. Once the underlying economic data make a modification of one or more exchange rates seem unavoidable, under today's regime these rates may indeed be adjusted.

Even today, though, a participating country may not change this rate unilaterally. Rather, it must beforehand discuss the proposed measure and its potential repercussions both with the Fund and with the countries most likely to be adversely affected by the proposed devaluation (principle of the limited liberty of exchange rates).

This new order obviously requires the IMF to take greater account of the long-term tendencies in the economic performance of the participating countries. In the process, a certain overlapping with the activities of the World Bank (cf. ch. 15, infra) has ensued.

---

[99] In principle, every member state is free to choose the way it determines the value of its currency. One way to do this is by tying it to the value of the currency of some other state or to a group ("basket") of such currencies. Another possibility is to determine this value in relation to a certain commodity or basket of commodities. During recent years the SDR (cf. IV 3, below) has developed into a quite popular reference point for this purpose. Paradoxically the only commodity which is explicitly forbidden as a reference is gold, the one commodity to which all currencies had been bound under the old system!

den freien Kräften des Finanzmarktes - und damit auch der ungebremsten Spekulation - überlassen. In dieser Lage schälte sich nach längerer Diskussion dann 1979 ein neues System heraus, das den Beteiligten als ein tragbarer Kompromiß zwischen den beiden Extrem-Standpunkten (unerschütterlich feste Wechselkurse hier, völlige "Freigabe" dort) erschien und noch heute in dieser Form gültig ist.

Dieses neue System zeichnet sich vor allem dadurch aus, daß die Wechselkurse nun grundsätzlich flexibel sind, den jeweils geänderten Bedingungen also hin und wieder angepaßt werden können, andererseits jedoch nur mit Bedacht und Rücksicht auf die Belange und Interessen der anderen Mitgliedsstaaten und nur gelegentlich durchgeführt werden sollen. Vor allem aber sollen sie nicht wie in den dreißiger Jahren dazu eingesetzt werden, die eigene Wettbewerbsfähigkeit international zu erhöhen, sondern sie dürfen lediglich zu dem Zweck erfolgen, die unterschiedliche Produktivitätsentwicklung in den beteiligten Ländern auszugleichen (Art 1 iii) der IWF-Satzung). Auf diese Weise soll gleichzeitig sowohl einer übermäßigen Währungsspekulation vorgebeugt und die bei einer völligen Freigabe der Wechselkurse befürchteten hohen Kurssicherungskosten ("*hedging*") in vertretbaren Grenzen gehalten werden.

Unter dem noch heute geltenden System legt jeder Staat den Wert seiner Währung zunächst einmal nach bestimmten Kriterien fest[99] und hält diesen einmal festgelegten Kurs durch die entsprechenden Interventionen auf dem Finanzmarkt zunächst einmal stabil, wobei er sich ggf. der Hilfe des IWF bedienen kann. Sobald jedoch die zugrundeliegenden volkswirtschaftlichen Gegebenheiten eine Anpassung eines oder mehrerer Wechselkurse unumgänglich erscheinen lassen, ist unter dem heutigen Regime eine Wechselkursänderung nicht mehr von vornherein tabu. Allerdings kann auch heute noch ein einzelnes Mitgliedsland den einmal festgelegten Wechselkurs nicht einfach einseitig nach Belieben ändern. Vielmehr bedarf es hierfür einer intensiven Abstimmung mit dem Fonds, bei der auch diejenigen anderen Mitgliedsstaaten zu Wort kommen, die von der erwogenen Abwertung einer Währung am meisten betroffen würden. (Prinzip der beschränkten Wechselkursfreigabe).

Die unter diesem neuen Regime geänderte Aufgabenstellung des IWF aber macht offensichtlich eine intensivere Auseinandersetzung des IWF auch mit den langfristigeren Tendenzen in den Volkswirtschaften der beteiligten Mitgliedsländer erforderlich, wodurch mittlerweile eine gewisse Überschneidung mit den Aufgaben der Weltbank (s.u. Kapitel 15) aufgetreten ist.

---

[99] Dabei ist es jedem Land freigestellt, wie es den Wert seiner Währungen im Markt zunächst einmal festlegt, ob im Verhältnis zu einer einzelnen anderen Währung, zu einem bestimmten Währungskorb oder im Verhältnis zu einer bestimmten Ware oder einem Warenkorb. Ein beliebter Bezugspunkt für diese Festlegung stellt die künstliche Währungseinheit der "Sonderziehungsrecht" dar, vgl. unten IV 3. Die einzige Ware, die als Anknüpfungspunkt für die Wertfestlegung der Mitgliedswährungen nicht (mehr) erlaubt ist, ist ausgerechnet: das Gold!

II) Today's Tasks of the IMF

Accordingly, the activities of the IMF are presently divided into the following four tasks:

1) Securing the Stability of the Exchange Rate through the Prohibition of uncoordinated, unilateral Devaluations (see immediately above)

2) Securing the Convertibility[100] of the Participating Currencies and

3) the Freedom of the Movement of Payments (limited to Payments for Current Deliveries).

According to the articles of the IMF, all member-states must liberalise their regulations concerning international currency transfers as far as possible. In particular, they must guarantee the continued convertibility of their currencies and may not impede the transnational flow of payments more than necessary (Art. VIII of the IMF articles). This freedom of the movement of payments - at least under the IMF - is limited to payments for current deliveries, i.e., to payments made in immediate exchange for goods and/or services received.

In contrast, obstacles set up by the member-state or even the complete prohibition by a country of the flow of capital payments, i.e., payments made for the investment in capital assets (real estate, machinery, etc.) and/or for the acquisition of shares in foreign enterprises, are not prohibited by the IMF. The reason for this exception was the original fear by the founding nations that primarily the small countries with small currency reserves might otherwise too easily get into balance-of-payments difficulties. Experience, however, has not justified these original concerns. On the contrary, it is generally the small developing nations that today dispose of considerable foreign currency reserves[101]. Accordingly, the major member-states of the IMF have in the meantime subscribed to the free movement of capital as well. However, this has taken place not within the framework of the IMF, but within the OECD (see ch. 39, infra).

---

[100] Literally: "Exchangeability", cf. Latin lat. *"con-vertere"* = to turn entirely, cf. *"convert"* (one who changes his religion), *"conversion"* (changeover from the manufacture of military equipment to the production of commodities of a civilian nature), see also: *"convertible"* (a car with a removable roof)!

[101] Cf. *The Economist*, Jan. 11th. 1997, p. 71.

II) Heutige Aufgaben des IWF

Die Aktivitäten des IWF gliedern sich dementsprechend gegenwärtig im wesentlichen in die folgenden vier Aufgaben:

1) Sicherung der *Wechselkursstabilität* durch das Verbot unkoordinierter, einseitiger Abwertungen (siehe oben)

2) Sicherstellung der Konvertibilität[100] aller teilnehmenden Währungen sowie die

3) Zahlungsverkehrsfreiheit, bezogen auf Zahlungen für laufende Lieferungen

Nach der Satzung des IWF sind alle Mitgliedsländer verpflichtet, ihre Vorschriften über den Zahlungsverkehr soweit wie möglich zu liberalisieren, insbesondere also die jederzeitige *Konvertibilität* ihrer Währungen sicherzustellen sowie den grenzüberschreitenden Zahlungsverkehr nicht durch Devisenbeschränkungen mehr als erforderlich zu behindern (Art. VIII der IWF-Satzung). Diese *Zahlungsverkehrsfreiheit* gilt jedoch nur für die sogenannten *"laufenden Zahlungen"*, also Zahlungen für unmittelbar gelieferte Waren bzw. unmittelbar erbrachte Dienstleistungen. Dagegen ist der sogenannte *Kapitalverkehr*, also Zahlungen für den Erwerb ausländischer Fabriken oder Produktionsanlagen und/oder von Unternehmen oder Unternehmensbeteiligungen, aus dem Regelungsbereich des IWF von vornherein ausgenommen. Grund für diese Ausnahme war seinerzeit die Befürchtung der IWF-Gründungsstaaten, daß insbesondere die kleineren devisenschwachen Länder dadurch zu leicht in Zahlungsbilanzschwierigkeiten geraten könnten. Diese Befürchtung hat sich indes nicht oder nur selten bestätigt. Im Gegenteil: heute sind es gerade die kleinen (Entwicklungs-)länder, die über außerordentlich hohe Devisenreserven verfügen[101]. Dementsprechend haben sich die wichtigsten Mitgliedsländer des IWF im Rahmen der OECD zur Freigabe auch des Kapitalverkehrs verpflichtet (s.u., Kapitel 39).

---

[100] Wörtlich: "Umtauschbarkeit, von lat. *"con-vertere"* = vollständig (um-)drehen, vgl. *"Konvertit"* (einer, der die Konfession wechselt), *"Konversion"* (Umstellung der Rüstungsindustrie auf zivile Produktion), sowie engl.: *"convertible"* = *Kabriolet*!.

[101] Vgl. *The Economist*, 11. 01. 1997, S 71.

What is more, in the member-states of the European Community the free movement of money as current payments and as investment capital is guaranteed by the EC-Treaty, not only for payments made among EC-residents but also for those between them and people outside the Community ("external" payments, cf. art. 67 EC Treaty). Thus, for EC-residents, all payment restrictions are definitely a thing of the past. Besides, with regard to payments within the EC all currency restrictions will become technically impossible once the common European currency – the Euro - has finally been introduced in all of them.

For all these reasons, the centre of gravity of IMF activities today has clearly moved to the developing world.

4) Assistance to the Eastern Bloc

Finally, since the efforts for reforms have begun in the countries of the former Eastern bloc, the IMF is also engaged in providing them with expertise and credits for financing the necessary measures of restructuring.

III) Measures of Support undertaken by the IMF

1) Bilateral Preventive Counselling (*"Surveillance"*)

In order to fulfill these tasks, the IMF regularly (generally once per year) consults with the people in charge of economic policy in the various member-states, usually the ministers for the economy. At these consultations, the economic problems of the country in question are extensively discussed. Where appropriate, the IMF-experts give their advice or even assign specialised personnel on a long-term basis to assist in solving a particular problem.
In this way, it is hoped that potential problems may be avoided altogether. This preventive activity of the IMF is carried out with every single member-state, even with the economic paragons. In IMF terminology it is called *"surveillance"*.

2) Multilateral Harmonisation of Economic Policies

A few years ago the Fund supplemented its bilateral activities by multilateral studies and conferences on the development of the world economy as a whole.

Für die Mitgliedsstaaten der EG ist darüber hinaus durch den EG-Vertrag neben dem Zahlungs- auch der Kapitalverkehr nicht nur zwischen ihnen, sondern sogar in ihrem Verhältnis zu Drittstaaten (Art. 67 EG-Vertrag) ohnehin frei und durch einzelstaatliche Maßnahmen nicht mehr beschränkbar. Zudem werden die Probleme des Kapitaltransfers sowie der Wechselkurse jedenfalls innerhalb der Europäischen Gemeinschaft mit der geplanten Einführung einer einheitlichen europäischen Währung ohnehin der Vergangenheit angehören. Damit liegt der Schwerpunkt der Tätigkeiten des IWF insoweit heute eindeutig bei den nichtindustrialisierten sowie den sogenannten Schwellenländern.

4) "Ostblockhilfe"

Schließlich ist der IWF seit den dortigen Reformbestrebungen auch in den Staaten des ehemaligen Ostblocks beratend wie auch durch die Vergabe spezieller Kredite zur Finanzierung der notwendigen Umstrukturierung tätig.

III) Unterstützungs-Maßnahmen des IWF

1) Bilaterale präventive Beratungen ("*Surveillance*")

Um diese Aufgaben zu erfüllen, hält der IWF zum einen regelmäßig (meist einmal im Jahr) mit den für die Wirtschaftsentwicklung der Mitgliedsstaaten jeweils verantwortlichen Personen in den Mitgliedsstaaten, meist den jeweiligen Wirtschaftsministern, Konsultationen ab, bei denen die wirtschaftlichen Probleme des betreffenden Landes umfassend erörtert werden. Ggf. erteilen die Experten des IWF entsprechende Ratschläge oder stellen gar langfristig spezialisiertes Personal ab, um dem jeweiligen Land bei der Lösung eines bestimmten Problems zu helfen. So sollen eventuelle Probleme möglichst von vornherein verhindert werden. Diese vorbeugende (präventive) Tätigkeit wird mit allen Mitgliedsländern des IWF durchgeführt, also auch den wirtschaftlichen "Musterknaben" der OECD. In der IWF-eigenen Terminologie wird sie als "*Surveillance*" bezeichnet.

2) Multilaterale Abstimmung der Wirtschaftspolitiken der Mitgliedsländer

Seit einigen Jahren hat der Fonds seine bilateralen Aktivitäten im Rahmen der oben beschriebenen präventiven Konsultationen (*Surveillance*) und der Kreditvergabe und Reformüberwachung (*Conditionality*) außerdem noch um einen multilateralen Aspekt ergänzt, indem er inzwischen regelmäßig auch Untersuchungen über die Entwicklung der Weltwirtschaft insgesamt durchführt.

3) Temporary Suspension of a Member's Duties

If a member country is in serious difficulties, it may be granted an official temporary suspension from its duties under the IMF (including compliance by its rules) in order to enable it to recover. With such a dispensation, member-states could violate the rules without having to fear retaliatory measures. The purpose of this technique is to prevent a repetition of the deadly cycle of competitive foreclosures of national markets such as had resulted from the infamous *Smoot-Hawley Act*, passed by the United States in 1932.

4) Extension of Credit and Securing Repayment (*"Conditionality"*)

If, in spite of the counselling provided by the IMF, balance-of-payment problems and the resulting danger for the currency in question nevertheless persist, the IMF provides help in two different ways: first, just as before the reforms of 1973, it makes available foreign currency credits with relatively short terms, but still considerably longer (viz., up to four years) than what used to be the standard before then.

This is meant to enable the country in question to solve certain problems, even those of a longer-term nature. Simultaneously, the IMF imposes strict conditions on the credit-receiving country regarding its economic policy. The purpose of this so-called *"conditionality"* is twofold: *first*, it makes sure that the loans are paid back fully and on time. While this purpose lies more in the interest of the lender countries, the *second* reason lies in the interest of the borrowing country itself: the measures demanded from the borrowing country by the IMF are targeted at solving the underlying problem, usually some bad economic policy, at its roots.

This *"conditionality"* is of course often not popular with the countries concerned and even less so with their rulers. That holds true in particular for the potentates of Third World states who regularly denounce it as an instrument of classic colonialism whose only purpose (allegedly) is to perpetuate the well-known patronisation and exploitation of the countries in question.

Besides its immediate purpose (structural reforms in the country concerned) this policy and its strict execution has yet another - welcome – side effect: it greatly enhances – and often is an indispensable precondition for

3) Zeitenweise Suspendierung eines Mitgliedslandes von seinen satzungsmäßigen Pflichten

Gerät ein Mitgliedsstaat in ernsthafte Schwierigkeiten, hat der Fonds ferner die Möglichkeit, das betreffende Land für einen bestimmten Zeitraum offiziell von einer oder mehrerer seiner satzungsmäßigen Verpflichtungen freizustellen (etwa von seiner Beitragszahlung oder von der Verpflichtung, den Wechselkurs seiner Währung stabil zu halten). Zweck einer solchen Freistellung ist es, durch gezielte Befreiungen Länder in Not von einem rechtswidrigen Alleingang abzuhalten, der allzuleicht Gegenmaßnahmen der übrigen Mitglieder auslöst, wie die Welle kompetitiver Währungsabwertungen während der dreißiger Jahre deutlich gezeigt hat, die durch die einseitige Verhängung protektionistischer Schutzzölle durch den berüchtigten *Smoot Hawley Act* der USA heraufbeschworen wurde und in dem bekannten wirtschaftlichen und letztlich politischen Chaos endete, das letztlich mit verantwortlich war für den Ausbruch des Zweiten Weltkriegs.

4) Kreditgewährung und Sicherstellung ihrer Rückzahlung
   (*"Conditionality"*)

Für den Fall, daß es trotz der Beratung im Rahmen der *Surveillance* zu Zahlungsbilanzproblemen und damit zu einer Gefahr für die Stabilität der Währung des betreffenden Landes kommt, hilft der IWF auf zweierlei Weise: zum einen stellt er wie schon vor 1973 Devisenkredite zur Verfügung, deren Laufzeit zwar nach wie vor relativ kurz, gegenüber den Verhältnissen vor 1973 aber doch deutlich verlängert ist (heute bis zu vier Jahre). Dadurch soll es dem betreffenden Land ermöglicht werden, auch gewisse, nur mittelfristig zu behebende Strukturprobleme zu lösen. Gleichzeitig erlegt der IWF dem kreditnehmenden Land strenge Auflagen bezüglich seiner Wirtschaftspolitik auf. Diese sollen im Interesse der anderen Mitgliedsländer zum einen sicherstellen, daß die gewährten Devisenkredite pünktlich und vollständig zurückbezahlt werden können. Zum zweiten haben sie aber natürlich den Zweck, das entsprechende Problem, aus dem sich die Notwendigkeit der Inanspruchnahme des Kredits überhaupt erst ergab, im eigenen Interesse des betreffenden Landes zu beseitigen. Diese Politik der strengen Auflagen wird im IWF-Jargon als *"Conditionality"* bezeichnet. Von den Machthabern in der Dritten Welt, die das Geld des IWF am liebsten ohne derartige Auflagen entgegennehmen würden, wird diese Politik der *"Conditionality"* natürlich mit Vorliebe als Ausbeutungsinstrument des Kolonialismus gebrandmarkt. Abgesehen von ihrem unmittelbaren Zweck (Strukturreform in dem entsprechenden Land) hat diese Politik und ihre strenge Durchsetzung aber häufig außerdem noch den - willkommenen - Nebeneffekt, daß sich dadurch oft auch private Geldgeber und/oder Investoren dazu bereit finden, die Kredite des IWF ihrerseits zu ergänzen bzw. in dem betreffenden Land zu investieren, wozu sie ohne die

- the willingness of private donors/investors to supplement the credits extended by the IMF with means of their own and to invest in that country (the *"catalyst effect"*).

IV) Financial Sources of the IMF

There are two main sources from which the IMF obtains its financial means:

1) International Financial Markets

First, the IMF turns to the international financial markets for credits. This method of indirect borrowing is more favourable for the borrowers than if they had to turn to these markets directly themselves, because, due to its first-class repayment record, the IMF enjoys much better borrowing conditions than they could ever obtain themselves.

Besides, the economic reforms enforced by the IMF often improve that country's economic performance so much that it indeed becomes able to repay this credit when it matures.

2) Membership Fees

Second, the IMF disposes of financial means of its own. According to its articles every member-state, upon its accession, must pay or pledge a certain sum of money as membership fee (which is called "quota", cf. Sec. III IMF articles), the size of which depends on its economic prowess and simultaneously determines its voting power within the Fund as well as the amount it may take out of the Fund in times of trouble[102]. In this respect, then, the Fund resembles a commercial corporation more than an assembly of - formally - equals like, e.g., the U.N. or the World Bank, where voting power is assigned strictly according to the principle *"one country, one vote"*.

Since the IMF receives these sums virtually free of charge, it is able to pass them on as credits under very favourable conditions. As in times of need this pool is open to any member-state under the same conditions, the

---

[102] *Driscoll*, ibid., pp. 1 ff.

Tätigkeit des IWF häufig nicht bereit wären (sogenannter *"Katalysatoreffekt"*).

IV) Finanzqellen des IWF

Für die Finanzierung derartiger Kredite verfügt der IWF im wesentlichen über zwei Quellen:

1) Internationale Finanzmärkte

Zum einen nimmt er dafür seinerseits Kredite auf den internationalen Finanzmärkten auf. Für die kreditversorgten Mitgliedsländer ist diese indirekte Methode der Kreditaufnahme deshalb günstiger, als wenn sie sich dafür selbst direkt an die Kapitalmärkte wenden müßten, weil der IWF wegen seiner enorm guten Rückzahlungsreputation solche Kredite dort zu (etwas) günstigeren Bedingungen erhält als sie einem - notleidenden - Land ohne das Eingreifen des Fonds gewährt werden würden. Dazu kommt, daß gerade die infolge der *"Conditionality"* durchgesetzten Wirtschaftsreformen im allgemeinen eine gute Gewähr dafür bieten, daß das betreffende Problem beseitigt wird und das Schuldnerland folglich bei Fälligkeit in der Lage sein wird, den gewährten Kredit zurückzuzahlen.

2) Mitgliedsbeiträge

Zum zweiten verfügt der IWF aber auch über eigene Finanzmittel. Gemäß der Satzung des IWF zahlt nämlich jedes Mitgliedsland mit seinem Beitritt eine seiner Wirtschaftskraft entsprechende Geldsumme als "Mitgliedsbeitrag" (sogenannte Quote) ein und erhält dafür umgekehrt das Recht, in Zeiten der Not entsprechend der Vergabebedingungen des IWF auf diesen Geldpool zurückzugreifen[102]. Da dem IWF *diese* Beträge nahezu kostenfrei zur Verfügung stehen, kann er sie ggf. auch zu finanziell äußerst günstigen Konditionen als Kredite vergeben. Da die Möglichkeit eines Zugriffs auf diesen Pool in Zeiten der Not grundsätzlich jedem Mitgliedsstaat zu den gleichen Bedingungen offensteht, hat der Fonds insoweit *quasi genossenschaftliche Züge*. Die günstigen finanziellen Konditionen, zu denen der Fond seinen Mitgliedern Kredite auslegen kann, erleichtert es ihm zugleich natürlich wesentlich, den Schuldnerländern gegenüber die erforderlichen, oft schmerzhaften Wirtschaftsreformen zunächst bei der Kreditvergabe abzuverlangen und hinterher auch durchzusetzen.

Übrigens sind sowohl die Beträge, die die einzelnen Mitgliedsländer aus diesem Pool erhalten können als auch ihr Stimmrecht bei Entscheidungen des Fonds (beispielsweise über die Kreditvergabe an bestimmte Länder) von der Höhe des einbezahlten Mitgliedsbeitrages abhängig und damit

---

[102] *Driscoll*, aaO., SS. 1 ff.

Fund resembles a cooperative society. The power to provide credits on such favourable terms of course greatly facilitates both the imposition of necessary but often painful reforms and their subsequent enforcement in the debtor countries.

3) The so-called *"Special Drawing Rights"* (SDR)

Part of that membership fee must be paid in and may be taken out, not in any actually existing national or supranational currency, but in the form of a currency that is fictitious. When looking for a name for this quasi-currency, giving this "world money" a proper denomination was avoided for reasons of political sensitivity[103]. Instead, its units became known as *"Special Drawing Rights"*[104] (SDRs), after the claim of the member-states upon the Fund to be granted a credit out of the financial pool which is (partly) made up of these monetary units.

Just as the former European "currency" unit, the ECU, was composed of the national currencies of its members, the SDR is also defined as a weighted average of member-currencies, albeit - in that respect different from the ECU - not of the currencies of *all* its members, but only of the five most important of them. Indeed, since the common European currency, the Euro, was introduced on Jan. 1st, 1999, it has replaced the two currencies of the German mark and the French franc which had previously been part of that basket, thereby reducing the number of weighted currencies to four. Presently these four currencies are (with the relative weight currently attributed to each of them indicated in brackets): the US $ (39%), the Euro (32%), the Japanese yen (18%) and the British pound sterling (11%).

However, beyond the clearing operations carried out among the Fund and its various member-states, this artificial currency unit has never acquired any importance.

V) Enforcement Measures available to the IMF

If a certain member-state for a considerable period of time fails to fulfill its duties under the IMF, like paying its membership fee or paying back credits at maturity or failing to carry out economic reforms as it had promised, a whole arsenal of options is open to the Fund.

These extend from temporary exclusion from eligibility for new credits to a suspension of its voting rights in the Fund, to involuntary expulsion. The last measure has been utilised only once, when some years ago the status of membership was withdrawn from Sudan.

---

[103] For background information see: *Grabbe*, ibid., p 20.
[104] This is one point where the money-like function of credits (cf. ch. 4 III, supra) is reflected even in the name of that artificial currency!

nach der Wirtschaftskraft der verschiedenen Länder gestaffelt. Dadurch unterscheidet sich der IWF wesentlich beispielsweise von der UNO, aber ebenso von der WTO und der Weltbank, bei denen jedes Mitgliedsland, unabhängig von seiner Größe und Bedeutung, grundsätzlich das gleiche Stimmrecht hat.

3) Die sogenannten "Sonderziehungsrechte" (*Special Drawing Rights*, SDR)

Ein Teil dieser Mittel wird übrigens nicht in einer bestimmten nationalen Währung eingezahlt bzw. ausgeben, sondern in Form einer übernationalen "Kunstwährung". Aus Gründen der politischen Sensibilität[103] hat man diesem "Welt-Geld" allerdings keinen richtigen Namen gegeben, sondern bezeichnet es nach dem Anspruch, den die Mitgliedsländer auf die Einräumung eines entsprechenden Kredits haben, als sogenanntes *"Special Drawing Right"* (SDR)[104] Ähnlich wie in Europa der ECU setzt sich ein solches Sonderziehungsrecht sozusagen als "Währungskorb" aus den Währungen der wichtigsten Handelsländer zusammen, die gemäß ihrer jeweils unterschiedlichen Bedeutung auch unterschiedlich gewichtet werden. Seit der Ablösung der DM und des Franc durch den Euro am 1.1.1999 sind dies (in der Reihenfolge ihrer jeweiligen Bedeutung) der US-Dollar (39%), der Euro (31%), der japanische Yen (18%) und das £-Sterling (11%).

Außerhalb der Abrechnungen im Rahmen des IWF und seiner Mitglieder hat diese Kunstwährung allerdings praktisch keine Bedeutung erlangt.

V) Zwangsmaßnahmen des IWF

Kommt ein Mitgliedsstaat seinen Verpflichtungen unter dem IWF auf Dauer nicht nach - leistet er also etwa fällige Zahlungen - Mitgliedsbeiträge wie Kreditrückzahlungen - nicht oder führt er die im Rahmen der *conditionality* vereinbarten Wirtschaftsreformen nicht durch, steht dem Fonds ein ganzes Arsenal von Reaktionsmöglichkeiten zur Verfügung. Diese reichen vom (zeitweisen) Ausschluß des betreffenden Landes von der Vergabe (neuer) Kredite über die Suspendierung seines Stimmrechts bis zum zwangsweisen Ausschluß von der Mitgliedschaft. Letzteres Mittel wurde indes bislang erst ein einziges Mal eingesetzt, als vor wenigen Jahren dem Sudan seine Mitgliedschaft entzogen wurde.

---

[103] Vgl. zu den Hintergründen: *Grabbe*, S 20.

[104] Hier kommt also die geldgleiche Funktion von Krediten (vgl. oben Kapitel 4, III) bereits im Namen dieser Kunstwährung zum Ausdruck!

Chapter 15: The World Bank

The World Bank is composed of two divisions, viz., the *"International Bank for Reconstruction and Development"* (IBRD) and the *"International Development Association"* (IDA). In addition, there are three further organisations attached to it, the *"International Finance Corporation"* (IFC), the *"Multilateral Investment Guarantee Agency"* (MIGA) and the *"International Centre for the Settlement of Investment Disputes"* (ICSID).

While the three organisations last named deal primarily with private investors (industrial firms), the services of the World Bank itself (IBRD and IDA), like those of the International Monetary Fund, are reserved for states. In contrast to the Fund the World Bank does not assist its member states to overcome short-term balance of payments problems. Rather, its purpose consists in setting up the basic structures necessary for long-term growth. It does this mainly through in-depth economic counselling as well as by providing long-term credits.

Originally, it was meant to be one of the two principal targets of the Bank to finance the reconstruction of war-devastated Europe and Japan (*"Reconstruction"*). As it happened, though, in this respect its activities were limited to a few early and large credits which were provided to France[105] and some smaller European states[106] where they indeed rendered good service during the time after American military aid (*"Cash & Carry"* and *"Lend - Lease"*) had run out.

However, as early as 1948, when this programme of the World Bank had just begun to take off, it was already being displaced by the massive payments granted to all European countries by the United States under the newly-established *Marshall Plan*. These payments were much larger and were granted under so much more favourable conditions than anything the World Bank could offer. Thus, this function of the World Bank quietly faded away before it reached the importance for the reconstruction of Europe originally expected and reflected in its name to this day. Even though the means of the *Marshall Plan* theoretically might have been administered by the World Bank, a brand-new institution was founded for this purpose with its main office in Paris. This was the OEEC (*"Organisation for European Economic Cooperation"* which was later to become the OECD (for details see ch. 39, below).

Accordingly, the Bank was able much earlier than expected to turn its attention to its second principal task, which since then has become more or less its only purpose: to help to overcome the perpetual poverty of the Third World through assisting its economic development (*"Development"*).

---

[105] Where the European subsidiary of the World Bank is also located.

[106] Cf. for details *Doggart, The Evolving Role of the World Bank, From Reconstruction to Development in Europe and Japan*, pp. 1 ff.

Kapitel 15: Die Weltbank

Die Weltbank selbst gliedert sich in zwei Unterorganisationen, nämlich in die "*International Bank for Reconstruction and Development*" (IBRD) und in die "*International Development Association*" (IDA). Außerdem sind ihr drei weitere Organisationen angeschlossen, die "*International Finance Corporation*" (IFC), die "*Multilateral Investment Guarantee Agency*" (MIGA) sowie das "*International*" Centre for Settlement of Investment Disputes" (ICSID).

Während sich die drei letztgenannten Organisationen sogar primär mit privaten Investoren (Unternehmen) befassen, stehen die Dienste der Weltbank selbst (IBRD und IDA) ebenso wie diejenigen des Währungs-fonds, allein Staaten zur Verfügung. Anders als der Fonds sieht die Welt-bank ihre Aufgabe jedoch nicht darin, ihren Mitgliedsstaaten dabei zu hel-fen, kurzfristige Schwierigkeiten lediglich zu überbrücken. Sie ist vielmehr dazu da, diese durch umfassende Wirtschaftsberatung wie auch durch die Vergabe geeigneter Kredite dabei zu unterstützen, langfristig die Struktu-ren zu schaffen, die für ein dauerhaftes Wachstum erforderlich sind.

Als eine der beiden Hauptaufgaben der Bank war ursprünglich die Finan-zierung des Wiederaufbaus ("*Reconstruction*") der kriegsbedingten Zerstö-rungen in Westeuropa und Japan vorgesehen, wo sie speziell Frank-reich[105] und einigen kleineren Staaten[106] gerade in der kritischen Phase nach dem Auslaufen der amerikanischen Militärhilfe ("*Cash & Carry*" bzw. "*Lend & Lease*") und vor dem Einsetzen des *Marshall*-Planes ("*European Recovery Program*", ERP) durch die Vergabe einiger großer Kredite wert-volle Hilfe leistete. Dieser Zustand währte indes nur bis zum Einsetzen des Kalten Krieges etwa Anfang 1948, in dessen Gefolge die massiven Zah-lungen des bereits erwähnten *Marshall*-Planes einsetzten, die sowohl ih-rem Umfang nach als auch in den Vergabekonditionen die Möglichkeiten der Weltbank bei weitem übertrafen und nicht von der Weltbank verwaltet wurden sondern von der eigenes zu diesem Zweck ins Leben gerufenen OECD (siehe unten, Kapitel 39).

Entsprechend früher als erwartet konnte sich die Bank deshalb ihrem zweiten Ziel und heutigen Hauptzweck zuwenden: der Beseitigung der Armut in der Dritten Welt durch die Förderung der dortigen wirtschaftlichen Entwicklung ("*Development*"). Dabei konzentriert sich die Bank auf die wirt-

---

[105] Das ist nicht zuletzt der Grund dafür, daß die europäische Außenstelle der Weltbank ihren Sitz in Paris hat - wie übrigens auch die europäische zentrale Ver-teilungsorganisation für die Gelder des *Marshall*-Planes, der OEEC = die spätere OECD, vgl. unten, Kapitel 39.

[106] Vgl. im einzelnen *Doggart*, "*The Evolving Role of the World Bank, From Re-construction to Development in Europe and Japan*", SS. 1 ff.

In this regard the Bank concentrates on providing economic expertise to the developing countries and on financing or granting credit, for important projects of infrastructure (roads, telecommunication, power stations; more recently also schools and other educational facilities) which, although often of essential importance for long-term growth, are not in themselves profitable and thus not suitable for private investment. Whether these efforts have all been well-made investments, has been the subject of heavy debates for as long as the Bank exists.

To a large extent the IBRD obtains its financial means from ordinary capital markets, where it is able – just like the IMF – to borrow money on considerably more favourable terms than would ever be available to the countries which the Bank finances. Not so its sister organisation, the *"International Development Association"* (IDA): the IDA is financed exclusively by donations which it receives from the more affluent of its members. This enables it to offer its credits on terms that are even more favourable than those of the IBRD. Accordingly, its aid is focussed on the very poorest countries (which are presently officially defined as those with a per capita income of less than $ 1,305 per year).

However, recently the importance of private initiative for all kinds of economic developments has increasingly been recognised. Accordingly, the other three institutions named at the beginning of this chapter have gained in importance.

The *"International Finance Corporation"* assists the recipients by promoting private initiative that either originates in or is targeted at these countries. Accordingly, it either grants credits to or gets itself financially engaged in private enterprises which take on projects that fall within the area generally considered as worthy of assistance by the World Bank.

Similarly, the *"Multilateral Investment Guarantee Agency"* (MIGA) provides either immediate or indirect insurance-guarantees against the political (not the economic!) risks associated with such projects.

Finally, the *"International Centre for the Settlement of Investment Disputes"* (ICSID) provides assistance with regard to such political risks as expropriations, prohibitions of taking profits out of a state, or any other restrictions concerning the transfer or conversion of currencies. In addition, it runs an arbitration institution which is particularly tailored for disputes that might arise from governmental action between the government in question and the enterprise concerned.

For this purpose the centre disposes of a pool of highly qualified arbitrators and has developed arbitration rules which are precisely tailored to this kind of dispute. Depending on the preferences of the parties, its proceedings are held in one of the four following cities: Washington, D.C., The Hague, Cairo or Kuala Lumpur. Quite different from other arbitration organisations (like the ICC in Paris), the fees charged by the ICSID are not contingent on

schaftliche Beratung der Entwicklungsländer und auf die Teilfinanzierung sowie Kreditvergabe vor allem für wichtige Projekte der Infrastruktur (Straßen, Telekommunikation, Kraftwerke, aber auch Schulen und andere Ausbildungsinstitutionen), die zwar für ein langfristiges Wirtschaftswachstum wesentlich sind, die aber oft keinen unmittelbaren Gewinn abwerfen und für die sich deshalb häufig nur schwer und oft gar keine privaten Investoren finden lassen. Ihre Finanzmittel holt sich die IBRD zwar weitgehend auf den allgemeinen Kapitalmärkten, doch kann auch sie hier - wie der IWF - zu erheblich günstigeren Bedingungen Geld aufnehmen als dies die von ihr finanzierten Länder der Dritten Welt selbst könnten. Anders die IDA: diese finanziert sich aus reinen Spendenmitteln, die ihr von den wohlhabenderen ihrer Mitgliedsländern überlassen werden. Deshalb kann sie ihre Kredite zu noch günstigeren Konditionen anbieten als die IBRD. Dementsprechend konzentriert sie ihre Hilfe auf die allerärmsten Länder unseres Globus (z.Zt. definiert als solche mit einem Jahresprokopfeinkommen von weniger als 1,305 $).

Gerade in jüngster Zeit ist aber die Bedeutung der privaten Initiative für alle Arten der wirtschaftlichen Entwicklung wieder verstärkt ins Bewußtsein zurückgekehrt. Dementsprechend haben auch die drei eingangs zuletzt genannten Institutionen zunehmend an Bedeutung gewonnen: Die *International Finance Corporation* hat die Aufgabe, vor allem in den Entwicklungsländern solche *privaten* Unternehmen durch die Vergabe von Krediten oder durch eine finanzielle Beteiligung (Anteilserwerb) mitzufinanzieren, für die sich sonst keine oder keine ausreichende Finanzierung finden läßt, obwohl sie gesamtwirtschaftlich gesehen für das betreffende Land von hoher Bedeutung sind. Die *Multilateral Investment Guarantee Agency* (MIGA) dagegen stellt für derartige Projekte entweder Garantien gegen die damit verbundenen politischen (nicht: wirtschaftlichen!) Risiken oder entsprechende Versicherungen oder Rückversicherungen zur Verfügung. Das *International Centre for the Settlement of Investment Disputes* (ICSID) schließlich hilft bei derartigen politischen Risiken, etwa Enteignung, Verbot von Gewinnrückführung, Devisenbeschränkungen etc., auf wiederum andere Weise: es bietet sich als Schiedsstelle für Streitigkeiten an, die sich im Zusammenhang mit einer "Investition" eines ausländischen Unternehmens in einem Mitgliedsstaat des entsprechenden (ICSID-) Übereinkommens zwischen diesem Unternehmen einerseits und dem Staat bzw. Behörden des Staates, in dem diese Investition getätigt wird, andererseits, ergeben. Zu diesem Zweck verfügt das *Centre* über eine Reihe hervorragend qualifizierter Schiedsrichter und hält außerdem eine Schiedsordnung zur Verfügung, die genau auf derartige Auseinandersetzungen zugeschnitten ist. Nach Wahl der Parteien tagt das Schiedsgericht entweder in Washington, D.C., in Den Haag, in Kairo oder in Kuala Lumpur. Anders als andere Schiedsgerichte (etwa dasjenige der ICC, Paris) berechnet das ICSID seine Gebühren nicht nach dem - in derartigen Fällen fast immer exorbitant hohen - Streitwert sondern nach dem tatsächlichen Arbeitsanfall. Außerdem sind seine Schiedsurteile in allen Mitgliedsstaaten des

the value of the dispute, which in such cases will usually be exorbitant, but depend on the actual workload connected with the case. One of the major advantages of awards granted by that organisation is that they are immediately enforceable in every member-state of the ICSID-treaty just as any decision made by a domestic court in that country would be. Therefore, when making an investment in a member-country of the ICSID (presently there are 130 of those), the conclusion of such an arbitration contract with the host-state is highly recommended. That holds true especially, of course, in countries where governmental actions of the kind described cannot be ruled out with certainty.

PART 4: The WTO System

Chapter 16: The "old" GATT: Historical Outline

While the conference of *Bretton Woods* had brought to life both the World Bank and the IMF after only a one-month negotiation marathon, the birth of the third of the three *Bretton-Woods triplets*, the GATT[107, 108], took much more time (viz., until 1947) and almost ended in a stillbirth. After several years of negotiations an elaborate system of treaties had been worked out, covering not only trade in commodities, but also services, intellectual property and antitrust (= competition). All these treaties were to be administered by a joint supranational body, the *"International Trade Organisation"* (ITO). So everything was fine until it came to ratifying the results. It was then that the American Congress, of all institutions, almost brought down the entire system by withholding its assent. This was particularly paradoxical as it had been the

---

[107] Strictly speaking, therefore, it is not quite correct to list the GATT as one of the *"Bretton Woods"* Agreements. Still, there is some justification for doing so as at least the intellectual roots for it were laid at the *"Bretton Woods"* conference.

[108] Originally, GATT was the acronym not only for the pertinent treaty but also for the Geneva-based organisation charged with both assuring compliance with and

ICSID-Abkommens ebenso wie ein innerstaatliches Gerichtsurteil des betreffendes Landes ohne weiteres vollstreckbar. Bei Investitionen in einem Mitgliedsland des ICSID (z.Zt. ca. 130 Länder) bietet es sich also für private Unternehmen an, mit dem betreffenden Gaststaat eine entsprechende Schiedsvereinbarung abzuschließen, insbesondere in Ländern, in denen Maßnahmen wie die o.g. nicht auszuschließen sind. Auch sollte man als privater Investor in Ländern der Dritten Welt keinesfalls zögern, zum Zwecke der (Teil-) Finanzierung bzw. Absicherung der Risiken mit den beiden anderen der o.g. Institutionen Kontakt aufzunehmen. Dabei bietet sich für europäische Unternehmen für eine solche Kontaktaufnahme die *Pariser Niederlassung* der Weltbank besonders an.

TEIL 4: Das WTO-System

Kapitel 16: Das "alte" GATT: Historischer Abriß

Ein klein wenig später als IWF und Weltbank (nämlich 1947) wurde auch das dritte der drei *"Bretton Woods Babies"* aus der Taufe gehoben, allerdings nicht mehr in *Bretton Woods* selbst, sondern in Genf. Dabei handelt es sich um das "Allgemeine Zoll- und Handelsabkommen" (*General Agreement on Tariffs and Trade*, "GATT") von 1947[107, 108]. Nach der ursprünglichen Planung sollte seine Aufgabe im wesentlichen lediglich darin bestehen, die umfassenden Zollsenkungen vertraglich "festzuklopfen", die zwischen seinen Gründungsmitgliedern seit 1945 ausgehandelt worden waren. Auf Initiative der USA war nämlich neben dem eigentlichen GATT zunächst der Abschluß einer ganzen Reihe von weiteren Verträgen vorgesehen, die die verschiedenen Aspekte des internationalen Handels zusammen umfassend hätten regeln sollen. Insbesondere war der Abschluß eines weiteren (Teil-) Abkommens zur Regelung grenzüberschreitender Investitionsmaßnahmen geplant sowie die Festlegung einer übernationalen Wettbewerbsordnung, mit deren Hilfe es z.B. möglich geworden wäre, internationale Monopole und Kartelle nach übernational einheitlichen Kriterien umfassend zu überwachen und ggf. zu verbieten. Dieses "Bündel" von Verträgen sollte von einer supranationalen Institution überwacht und verwaltet werden, der *"International Trade Organisation"* (ITO).
Doch auch hier wie überhaupt, kam es anders als man glaubt (W. Busch)! Überraschenderweise scheiterten nämlich sowohl der Abschluß der vorgesehenen weite-

---

[107] Deshalb ist es streng genommen nicht ganz korrekt, auch das GATT als *"Bretton Woods* Abkommen"* zu bezeichnen. Letztlich rechtfertigt sich dies aber daraus, daß jedenfalls die geistigen Wurzeln für sein Entstehen ebenfalls auf der *Bretton Woods* Konferenz gelegt wurden.

[108] Dabei wurde mit GATT nicht nur das Abkommen selbst bezeichnet, sondern auch die in Genf ansässige Organisation, die die Einhaltung und Weiterentwicklung seiner Regeln sicherstellen bzw. vorantreiben sollte. Das seinerzeitige "GATT-Sekretariat" ist heute in die *World Trade Organisation* (WTO) überführt, die insoweit die Nachfolge der Organisation "GATT" übernommen hat.

Americans who had originally pressed hardest for such an extensive scheme to be worked out. As without the participation of the United States (by far the greatest trading power in the immediate post-war period) the whole scheme would have been meaningless, this manoeuvre by the U.S. Congress would have sounded the deathknell for the whole enterprise, had not President *Harry S. Truman* signed a protocol according to which at least the GATT, as well as the multiple tariff concessions that had been negotiated along with it, was made effective only "provisionally"[109]. So they were to remain until 1994[110], when the U.S., like all other participants, properly signed and ratified the whole set of treaties worked out during the *Uruguay Round* of trade negotiations[111].

Besides "nailing down" these tariff concessions, the greatest achievement of the GATT was that it for the first time laid out a consistent set of principles by which the international exchange of commodities has been governed to this day. In various rounds of renegotiation[112], these basic principles have since been elaborated and supplemented by various side-agreements dealing more specifically with certain specialised aspects of the commodities trade. Moreover, in these rounds the participating countries' import duties could be continuously further reduced. Through all of this, together with the IMF and the World Bank, the GATT can be credited

---

developing further the provisions of that treaty. Since the founding of the WTO, however, the latter function has passed to that organisation.

[109] For details see: *Jackson/Davey/Sykes*, p. 298.

[110] That was due to the fact that according to the U.S. Constitution only the Congress can properly ratify such a treaty, not the President on his own!

[111] Indeed, there seems to be a certain tendency inherent in documents of a *"provisional"* character to enjoy a long and successful life, like the GATT and the German Basic Law (Constitution of 1949), while the opposite can be said about Empires - or walls, for that matter - built for 1000 years (The Third Reich, respectively one hundred years in the case of the Berlin Wall (cf. ch. 51, infra).

[112] The last four of these were: the *"Dillon Round"* (1960-61); the *"Kennedy Round"* (1964 - 67); the *"Tokyo Round"* (1973 - 79); the *"Uruguay Round"* (1986 - 94); for details see *Jackson/Davey/Sykes*, pp. 314 ff. A convention of the WTO members in Seattle, USA, which was meant to kick off the next such Round, broke down in acrimony and protest on December 3rd, 1999!

ren Verträge als auch die Gründung der ITO selbst ausgerechnet am Widerstand ihres gemeinsamen "Taufpaten" USA! Während der naturgemäß langwierigen Verhandlungen war dort nämlich die öffentliche Meinung inzwischen umgeschwenkt und der enorme Enthusiasmus für internationale Zusammenarbeit, der Amerika während der unmittelbaren Nachkriegszeit beherrscht hatte, hatte inzwischen einer erheblichen Zurückhaltung bezüglich eines solchen Engagements Platz gemacht. Kurz: Der amerikanische Kongreß weigerte sich, die ITO-Satzung sowie die dazugehörigen Verträge zu ratifizieren[109]. Nur das GATT[110] trat in Kraft, und zwar auf amerikanischer Seite ohne Zustimmung des Kongresses und deshalb allseitig nur "vorläufig"[111]. Damit war der Plan einer umfassenden übernationalen Regelung (nahezu) aller Aspekte des internationalen Handels zunächst einmal gescheitert, denn ohne die Teilnahme der USA als der damals mit Abstand mächtigsten Handelsmacht wäre die Gründung einer derartigen Organisation zumindest zum damaligen Zeitpunkt völlig sinnlos gewesen.

Trotz all dieser Schwierigkeiten kam es aber doch immerhin zum Abschluß des GATT, das allerdings gegenüber der ursprünglichen Konzeption inhaltlich um einige wesentliche Punkte erweitert worden war und im Verlaufe der dann folgenden vierzig Jahre außerdem durch weitere Ergänzungen sowohl seines eigentlichen Textes als auch durch den Abschluß verschiedener Zusatzabkommen noch mehr erweitert und verfeinert wurde[112]. Dazu kam, daß die ursprünglich sehr hohen Einfuhrzölle der beteiligten Staaten in immer neuen Verhandlungsrunden ganz wesentlich gesenkt werden konnten. Gerade dadurch, aber auch mittels seiner sonstigen Regelungen, hat das GATT - zusammen mit IWF und Weltbank - zweifellos einen ganz wesentlichen Beitrag zu dem enormen Aufschwung geleistet, den der internationale Handel und damit zugleich das weltweite Wirtschaftswachstum seit der Beendigung des Zweiten Weltkrieges genommen haben. Die Leistung der "*Bretton Woods Drillinge*" (natürlich keineswegs von ihnen allein) wird besonders deutlich, wenn man die Situation der Weltwirtschaft *vor* dem letzten Weltkrieg mit derjenigen danach vergleicht.

---

[109] Näher dazu *Jackson/Davey/Sykes*, SS. 298 ff.

[110] Infolge bestimmter verfassungsrechtlicher Probleme wurde es allerdings nur "vorläufig" in Kraft gesetzt, doch dauerte dieser Zustand letztendlich bis zum Inkrafttreten des WTO Abkommens am 1.1.1995.

[111] Ähnlich wie beim deutschen Grundgesetz dauerte dieser Zustand der Vorläufigkeit letztlich allerdings über 40 Jahre, nämlich bis zum Inkrafttreten des neuen GATT am 1.1. 1995 - speziell "vorläufige" Organisationen scheinen also einen Hang zur Dauerhaftigkeit zu haben, ganz im Gegensatz zu "tausendjährigen" Reichen und zur Berliner Mauer, der Honecker kurz vor dem Ende der DDR noch eine hundertjährige Lebenserwartung zugeschrieben hatte, vgl. unten, Kapitel 51.

[112] Diese Zusatzabkommen wurden anläßlich der regelmäßig stattfindenden Verhandlungsrunden der Mitgliedsstaaten erarbeitet und abgeschlossen. Die letzten vier dieser Runden waren: die *"Dillon Runde"* (1960-61); die *"Kennedy Runde"* (1964 - 67); die *"Tokyo Runde"* (1973 - 79); und die *"Uruguay Runde"* (1986 - 94); vgl. im einzelnen *Jackson/Davey/Sykes*, SS. 314 ff. Ein Anfang Dezember 1999 in *Seattle*, USA, mit großen Erwartungen angesetztes Treffen als Auftakt einer neuen solchen Verhandlungsrunde, endete kläglich in Protesten von WTO-Gegnern!

with having made a major contribution to the enormous success of the post-war economic order.

Nevertheless - not least because of the surprising difficulties it had experienced at its birth – the GATT showed various serious deficiencies[113] from its incipiency whose importance even increased over time:

For one thing, its ambit was conceptually restricted to *trade in commodities* only, while the other fields to be regulated under the comprehensive system of the ITO remained largely unresolved for over 50 years, because the relevant treaties were never ratified.

Second, several areas of varying importance were expressly excluded from its purview, most notably agriculture and textiles[114]. The exclusion of the latter, in particular, was highly distressing especially for the countries of the developing world, as textiles were - and still are - a field where these countries had a natural competitive advantage because of their low labour costs.

Third, another great weakness was that the numerous side-agreements of the GATT had not been signed by all of its members. Rather, the group of participants was different for each of them. This, of course, not only greatly detracted from the concept of "multilateralism", one of the cornerstones of the GATT since its inception. For the same reason it greatly diminished the sought-after transparency of the trade relationships among its members.

In the *fourth* and final place, an effective mechanism for conflict resolution was missing, such as had been foreseen in the articles of the ITO. To be

---

[113] Cf. *Hauser/Schanz*, p. 45.

[114] Here the so-called *"Multi-Fibre Agreement"* (MFA) has played a crucial role up to this day.

Trotzdem wies das GATT - nicht zuletzt wegen der überraschenden Schwierigkeiten bei seiner Geburt - von Anfang an verschiedene schwerwiegende Mängel bzw. Schwächen[113] auf, deren Bedeutung im Laufe der Zeit sogar noch zunahm:

Zum einen behandelt(e) es lediglich den *Handel mit Waren*. Damit blieben die immer wichtiger werdenden (grenzüberschreitenden) *Dienstleistungen* aus seinem Regelungsbereich völlig *ausgeklammert*. Auch fehlte in ihm jede verbindliche Regelung für *grenzüberschreitende Investitionen* sowie für gesetzliche Mindeststandards, die seine Mitgliedsländer zum *Schutze* ausländischen *geistigen Eigentums* (Patente, Gebrauchsmuster, Urheberrechte, Designs) einhalten müßten[*]. Allein dadurch aber werden internationale Investitionen erheblich erschwert. Kein Investor wird nämlich bereit sein, industrielles *Know How* und insbesondere patentiertes (und damit allgemein zugängliches!) Wissen in ein Land zu transferieren, in dem solches Wissen gesetzlich nicht geschützt ist und deshalb von jedermann lizenzfrei kopiert werden kann (ein eindrucksvolles Beispiel für die Konsequenzen einer derartigen Situation stellten insbesondere früher die verschiedenen "Marken"uhren, etwa *"Cartier"*, dar, die z.B. in Taiwan für US $ 50 erworben werden konnten). Ohne den notwendigen *Know-how*-Transfer machen aber solche Investitionen offensichtlich keinen Sinn. Auch fehlte es an einer *übernational einheitlichen Wettbewerbsordnung*, insbesondere an einer internationalen Regelung für Monopole und Kartelle.

Dazu kam *zweitens* die Ausklammerung verschiedener Bereiche, vor allem Textilien[114] und landwirtschaftliche Produkte, die für den Export der weniger entwickelten Länder von besonderer Bedeutung gewesen wären.

Zu diesen verschiedenen inhaltlichen "Lücken" des GATT kam *drittens* der Umstand dazu, daß die zahlreichen Nebenabkommen, die in der Zwischenzeit über verschiedene Detailfragen abgeschlossen worden waren, keinesfalls von allen GATT-Mitgliedern gezeichnet worden waren. Vielmehr war der "Teilnehmerkreis" für jedes dieser Abkommen ganz unterschiedlich, wodurch neben anderen Nachteilen eine erhebliche Unübersichtlichkeit entstand.

Schließlich fehlte es *viertens* an einem effektiven Streitschlichtungsmechanismus, wie er in der - gescheiterten - Satzung der ITO ursprünglich vorgesehen gewesen war. Zwar stellte auch das GATT unter bestimmten Umständen einen solchen Mechanismus zur Verfügung, doch zeichnete sich dieser durch die verblüffende

---

[113] Cf. *Hauser/Schanz*, S. 45.

[*] Zwar gab es schon damals die ebenfalls in Genf ansässige *World Intellectual Property Organisation* (WIPO), eine offizielle Unterorganisation der Vereinten Nationen, die ebenfalls die Aufgabe hat, die Einhaltung intellektueller Schutzrechte zu überwachen. Anders als das neue GATS sind jedoch viele wichtige Länder nicht Mitglieder dieser Organisation und deshalb durch ihre Vorschriften auch nicht gebunden. Außerdem überwacht die WIPO lediglich die gleichmäßige Anwendung bestehender Gesetze auf In- und Ausländer, verlangt von ihnen aber nicht, solche Gesetze überhaupt oder in bestimmtem Umfang zu erlassen. Eine solche Verpflichtung enthält erstmals das GATS.

[114] Insoweit ist das – in den nächsten Jahren allmählich auslaufende – sogenannte *"Mult-Fibre Agreement"* (MFA) zu erwähnen, dazu sogleich.

sure, after the ITO had failed, the original GATT was supplemented to include some such mechanism itself. However, this mechanism turned out to be rather ineffective as the judgements (*"reports"*) of its decision-making bodies (so-called *"panels"*) would only become effective when and if *all members of the GATT* affirmatively consented to it, including the party that had lost the case!

Chapter 17: The New World Trade System after the *"Uruguay Round"*[115]: An Overview

Therefore, again mainly at the urging of the U.S., in 1988 a new round of extensive negotiations was launched, with a view to eliminating these flaws as far as possible. Since these discussions were started in Uruguay's *Punta del Este*, they are collectively referred to as the *Uruguay Round*. These negotiations proved unusually difficult and were repeatedly thought to be dead. Ultimately, though, a comprehensive agreement was reached and signed by all participants on April 15, 1994, in Marrakesh, Morocco. It consisted of the new and revised system of the WTO which has been in effect since January 1, 1995.

Through it, the world trade order has been both greatly improved in substance and been made more effective procedurally. its essential features are the following:

I) Introduction of GATS, TRIPS, and TRIMS

The lacunae outlined above (among many) of the "old" GATT were essentially eliminated by the completion of two new parallel agreements. Through the *"General Agreement on Trade in Services"* (GATS), cross-border services were included for the first time in the *"Bretton-Woods Discipline"*. And through the agreement on *"Trade-Related Intellectual Property"* (TRIPS), the second of the two topics missing until then was finally attended to. Finally an additional, completely new kind of agreement was inaugurated dealing with *Trade-Related Investment Measures* (TRIMS). Unlike GATS and TRIPS, the TRIMS-agreement does not represent a parallel agreement to the system consisting of the three major treaties (GATT, GATS and TRIPS), but one - new - (of several) *"side agreements"* to the GATT itself.

However, even this conference failed to establish any standardised supranational rules on how to deal with private anti-competitive behaviour (antitrust).

---

[115] As for the history of the *"Uruguay Negotiations"* cf. in particular *"The EIU Guide to the new GATT"* (EIU), pp. 1 ff.

Besonderheit aus, daß Entscheidungen des zuständigen Entscheidungsgremiums (sogenanntes *"Panel"*) nur dann Wirksamkeit erlangten, wenn ihnen u.a. auch die jeweils unterlegene Partei ausdrücklich zustimmte!

Kapitel 17: Die neue Welthandelsordnung nach der sogenannten *"Uruguay-Runde"*[115] im Überblick

Auf Betreiben wiederum primär der USA kam es deshalb im Jahre 1988 zu erneuten Verhandlungen, mit dem Ziel einer umfassenden Reform des (alten) GATT, mit der u.a. die oben skizzierten Schwächen beseitigt werden sollten. Da diese Verhandlungen in *Punta del Este*[*] in Uruguay ihren Ausgang nahmen, wird diese Verhandlungsrunde kurz als die "Uruguay-Runde" bezeichnet. Diese Verhandlungen erwiesen sich als außerordentlich schwierig und wurden mehrfach bereits tot geglaubt. Schließlich kam es aber doch zu einer Einigung, und am 15. April 1994 unterzeichneten die Handelsminister aller beteiligten Staaten in Marrakesch, Marokko, die ausgehandelten Verträge. Sie traten am 01.01.1995 in Kraft.

Der wesentliche Inhalt der durch die Uruguay-Runde herbeigeführten neuen Welthandelsordnung besteht in folgendem:

I) Einführung von GATS, TRIPS und TRIMS

Die oben skizzierten (sowie verschiedene andere) Lücken des "alten" GATT sind durch den Abschluß zweier neuer (Parallel-) Abkommen zum GATT im wesentlichen beseitigt worden: durch das "*General Agreement on Trade in Services*" (kurz: GATS) sind nun erstmals auch grenzüberschreitende Dienstleistungen in die "*Bretton Woods* Disziplin" miteinbezogen und durch das Abkommen über "*Trade Related Industrial Property*" (TRIPS) ist nun auch der zweite der oben skizzierten bisher fehlenden Themenbereiche endlich einer vertraglichen Regelung zugeführt worden. Schließlich kam es noch zu einem weiteren völlig neuartigen Abkommen, nämlich dem Abkommen über "*Trade Related Investment Measures*" (TRIMS). Anders als das GATS und das TRIPS-Abkommen stellt das TRIMS allerdings kein Parallelabkommen zu dem nun insgesamt drei "Hauptabkommen" (GATT; GATS und TRIPS) umfassenden Vertragssystem dar, sondern ein - allerdings neues - Nebenabkommen (*"side agreement"*) zum GATT selbst.

Andererseits fehlt aber nach wie vor jede übernational einheitliche Regelung des Wettbewerbsrechts.

---

[115] Zur Geschichte der *"Uruguay-Verhandlungen"* vgl. insbesondere *"The EIU Guide to the new GATT" (EIU)*, SS 1 ff.

[*] *Punta del Este* ist einer der mondänsten Badeorte Lateinamerikas.

II) Phasing out of the *"Multi-Fibre-Agreement"* (MFA) and Gradual Opening of the Rich Countries' Agricultural Markets

Another important result of the Uruguay negotiations was the phasing-out of the *Multi-Fibre-Agreement* which until then had virtually exempted the whole sector of textiles from the GATT discipline altogether. Further, the industrialised countries finally agreed to a gradual opening of their hitherto heavily protected agricultural markets.

III) *"All or Nothing"* Principle
(Obligatory Participation of All Member-States in All Treaties)

Participation in (almost) all side agreements was made obligatory for all members of the three major treaties (GATT, GATS, TRIPS), whereby a considerable expansion and thereby also a greater transparency of membership was achieved.

IV) Introduction of an Effective Mechanism for Dispute Resolution

Rather similar to the ITO as originally planned, an organisation was established for the administration of all these new agreements and for the resolution of conflicts arising under them. In brief, this new administrative body, called the *"World Trade Organisation"* (WTO) was endowed with far more authority than its counterpart had had under the old GATT. In particular the mechanism for conflict resolution in the WTO was considerably strengthened.

V) Outlook

Thus, albeit with a delay of almost half a century, through the implementation of the WTO, both the organisational structure and the breadth of authority originally been foreseen for the ITO have finally been fairly well achieved today. In this regard, the history of the world trading system bears certain peculiar similarities to the development of *political* (as opposed to purely *economic*) integration in Europe. Both concepts at their inception had been fairly comprehensive (viz., the envisaged but failed ITO-system described above and the European Political Union, respec-

II) Auslaufen des Multifaser-Abkommens (MFA) sowie allmähliche Öffnung der wohlhabende Länder für Agrar-Importe

Ein weiteres wichtiges Ergebnis der Verhandlungen von Uruguay bestand in der Vereinbarung, das oben erwähnte Textil-Abkommen (Multifaserabkommen) auslaufen zu lassen sowie die Märkte der wohlhabenden Länder Schritt für Schritt für die Einfuhr landwirtschaftlicher Produkte zu öffnen.

III) Obligatorische Teilnahme aller Mitgliedsstaaten an allen Abkommen (*"Alles-oder-Nichts-Prinzip"*)

Die Teilnahme an (fast) allen der sehr zahlreichen Nebenabkommen wurde für sämtliche Mitglieder der drei Hauptabkommen (GATT, GATS, TRIPS) zur Pflicht gemacht, wodurch insoweit eine erheblich größere Einheitlichkeit erzielt wurde, als sie zuvor gegeben war.

IV) Einführung eines effektiven Streitschlichtungsmechanismus

Ähnlich wie die ursprünglich geplante ITO wurde zur Verwaltung und ggf. Streitschlichtung eine Organisation gegründet, die mit erheblich mehr Kompetenzen ausgestattet ist, als sie der bisherigen Verwaltungsorganisation im Rahmen des alten GATT: die (neue) Welthandelsorganisation (*World Trade Organisation*, WTO) zur Verfügung stehen. Insbesondere wurde der Streitschlichtungsmechanismus der WTO gegenüber dem bisherigen Zustand (s.o.) erheblich verbessert.

V) Ausblick

Letztlich ist damit, wenngleich mit über vierzigjähriger Verspätung, für das GATT heute in etwa der Zustand erreicht, der eigentlich schon von Anfang an vorgesehen war. Damit weist die Geschichte des GATT eine eigenartige Parallele zu derjenigen der Europäischen Gemeinschaft auf: ebenso wie beim GATT eine umfassende Regelung des Welthandels einschließlich der dazugehörigen Verwaltungsorganisation (damals: ITO) zunächst ausgerechnet am Widerstand derjenigen Macht scheiterte, auf deren Initiative hin es überhaupt erst zu ernsthaften Überlegungen in dieser Richtung gekommen war (die USA)[116], so scheiterte auch die ursprünglich vorgesehene vollständige Einigung Europas, die neben rein wirtschaftlichen

---

[116] Ganz ähnlich war nach dem Ersten Weltkrieg der Völkerbund - Vorgängerorganisation der UNO - ganz entscheidend auf das Betreiben der USA zustandegekommen, die ihm dann aber als einzige der damaligen Siegermächte letztendlich selbst nicht beitraten.

tively), but could at first be realised only in part (through the original GATT of 1947 and the European Economic Communities of 1952 and 1958[116]). Several decades later, then, through grand revisions of the original agreements, both were finally broadened in a way that at least came close to the original scheme. What is more, each of these two concepts owed its original failure to a sudden disinterest on the part of the very country that had been responsible for its initiation: in the case of the world trading system the United States[117], France in the case of the political unification of Western Europe[118].

Chapter 18: The Basic Structures of the GATT

In spite of the ever increasing importance of services and investments[119], it certainly is still the exchange of tangible commodities that constitutes not only the most visible component of international trade but also its most important. That alone ought to be reason enough to concentrate on this area. Besides, due to a period of over 50 years of experience, the pertinent rules for trade in goods – laid down in the GATT - are much more refined and better worked out than the rules on international services and investments provided for in the - entirely new - agreements of the GATS and the TRIPS, respectively.

All these agreements not only are very extensive and complicated but they teem with exceptions - and with exceptions to these exceptions! In this book, therefore, we can do no more than try to familiarise the reader with just these *basic principles*. Accordingly, while an understanding of this basic structure is essential to appreciate actual cases properly, it alone generally does not suffice to arrive at reliable answers to specific questions. In practice it will always be necessary to examine in detail whether some special regulations might be applicable to a particular problem, often leading to an unexpected result.

With this *caveat*, let's finally acquaint ourselves with these basic principles:

The GATT's four central provisions are laid down in its Arts. XI, II, I and III.

---

[116] For details about the latter, see Ch's 42 and 44, below.

[117] Likewise after World War I the United States ultimately declined to join the League of Nations - forerunner of the United Nations - even though it had originally initiated its establishment. Indeed, such an institution had been declared to be one of the major aims pursued by the United States in that war.

[118] Cf. ch. 43, below.

[119] In fact, upon closer examination, this relative growth of cross-border services as compared to commodities is by far less marked than is generally assumed. Thus, e.g., world-wide commercial services accounted for 18.5% of world trade in 1990 and had risen to just 19.6% eight years later, in 1998, cf. *"The Economist"* of April 15th, 2000, p. 106.

Fragen gerade auch den politischen und militärischen Bereich miteinbezogen hätte (also die von *Winston Churchill* seinerzeit beschworenen *"Vereinigten Staaten von Europa"*) ebenfalls ausgerechnet am Widerstand desjenigen Landes, das zuvor den Anstoß zu derartigen Überlegungen (Europäische Politische Union[117] und Europäische Verteidigungsgemeinschaft) gegeben hatte, nämlich an Frankreich[118]. Mit nahezu gleicher Verzögerung kam es dann in Europa fast zeitgleich mit der Schaffung der WTO und den entsprechenden Ergänzungen und Erweiterungen des GATT zur Bildung der Europäischen Union, deren erklärtes Ziel es ist, Europa über den bloß wirtschaftlichen Bereich hinaus nun auch einer umfassenden politischen Einigung zuzuführen.

Kapitel 18: Die Grundstrukturen des GATT

Trotz der hohen und nach wie vor zunehmenden Bedeutung von Dienstleistungen[119] und Investitionen gerade auch im grenzüberschreitenden Handel dürfte doch der "klassische" Warenverkehr noch immer den wichtigsten, jedenfalls aber den anschaulichsten Bereich des internationalen Handels darstellen. Dazu kommt, daß sowohl das GATS als auch das TRIPS gerade erst in Kraft getreten sind und man deshalb noch kaum Erfahrung mit ihnen hat. Aus diesen Gründen wird sich unsere Darstellung im wesentlichen auf das GATT konzentrieren, und zwar auf das GATT in der Form, wie es heute gültig ist. Dabei muß man sich vorab allerdings klar machen, daß das GATT ein äußerst umfangreiches und komplexes Regelwerk darstellt, das von Ausnahmen zu seinen Regelungen - und Ausnahmen von diesen Ausnahmen - nur so wimmelt und zudem noch durch zahlreiche Nebenabkommen ergänzt wird. Eine Darstellung im hier gegebenen Rahmen kann deshalb nicht mehr sein als eine *Einführung in die Grundstruktur* des Abkommens. Dabei sollte man sich immer bewußt sein, daß ein Verständnis dieser Grundstrukturen zur Lösung realer Fälle zwar unumgänglich ist, für sich allein jedoch keinesfalls ausreicht, um zuverlässige Ergebnisse zu erhalten. Vielmehr ist in jedem Einzelfall detailliert zu prüfen, ob und in welchem Umfang irgendwelche Spezialvorschriften ergänzend oder überlagernd eingreifen.

Das GATT verfolgt im wesentlichen vier Grundideen. Diese ergeben sich aus seinem Artikel XI sowie den Artikeln II, I und III:

---

[117] Siehe hierzu unten, Kapitel 42 und 44.

[118] Vgl. dazu unten, Kapitel 43.

[119] Bei genauer Betrachtung erweist sich die Zunahme des Dienstleistungsanteils am grenzüberschreitenden Handelsverkehr allerdings doch als weniger dramatisch als vielfach angenommen wird. So betrug der Anteil der Dienstleistungen hier im Jahre 1990 18.5% und stieg in den acht Jahren bis 1998 gerade einmal auf 19.6%, *"The Economist"* vom 15.04., 2000, S. 106.

Chapter 19: Art. XI GATT: Prohibition of Quantitative Import and Export Restrictions and Related Measures

Art. XI GATT is the GATTs central norm prohibiting governmentally instigated restrictions on trade. It explicitly distinguishes three kinds of restrictions: Its first alternative encompasses the classic import or export ban as well as quantitative[120] restrictions (quotas) of any kind. its second and third alternatives include import and export licences and restrictions brought about by any other measure – except customs duties[121] - having an equivalent effect.

In terms of our distinction among the different categories of trade barriers identified in Chapter 7 ff., above, the cases falling within the first alternative, next to financial charges dealt with by Art. II GATT, are the classic protectionist measures or what we have called *"overt"* barriers to trade.

Not so the other two alternatives. These deal with norms or measures which, even though they *do* have a restrictive effect on cross-border commerce, are not – or at least not openly – aimed at hampering such trade. Rather, they usually pursue some non-economic, and in most cases legitimate, policy goal, like the protection of the environment or the safety of the consumer etc. which unintentionally and indirectly also have some negative effect on trade. In other words, we are dealing here with what in chapter 12 we called *"hidden"* trade barriers. We'll go into all that in more detail in a moment.

Art. XI GATT categorically prohibits all norms and/or measures of any of these three categories. As virtually any measure or norm necessarily has *some* negative impact on trade – each law, say, that contains any mandatory product-related requirement that must be complied with tacitly or expressly also includes a prohibition on imports failing to satisfy these requirements and thus incidentally constitutes a restriction on trade – doesn't that mean that no inhibitions of trade of whatever kind – protectionist or non-protectionist – are possible? And does this not imply, further, that governments are being deprived of all power to regulate - whether or not protectionist?

As a closer look at the structure of the GATT shows us, fortunately that is not so. It is true, none of the measures listed in Art. XI GATT must be employed for protectionist reasons (whether overt or hidden).

Still, it remains possible for governments to put up some protectionist defences against foreign imports which may – and indeed, necessarily must, discriminate against foreign products. However, these measures must be

---

[120] (These may be determined in terms of volume, weight or value etc.)

[121] These are dealt with in Art. II GATT, cf. ch. 21, below.

Kapitel 19: Art. XI GATT: Verbot mengenmäßiger Ein- und Ausfuhrbeschränkungen und vergleichbare Maßnahmen

Art. XI GATT beinhaltet das zentrale Verbot staatlicher Handelsbeschränkungen. Dabei werden drei Fallgruppen unterschieden: seine erste Alternative hat die klassischen staatlichen Beschränkungen des grenzüberschreitenden Warenaustauschs zum Gegenstand: das völlige Ein- oder Ausfuhrverbot sowie entsprechende mengenmäßige[120] Beschränkungen ("Quotenregelungen"). Seine zweite und dritte Alternative umfaßt Einfuhr- und Ausfuhrlizenzen sowie "alle anderen Maßnahmen gleicher Wirkung mit Ausnahme von Zöllen[121]. Von all diesen Handelsbeschränkungen betrifft die erste Alternative genau diejenigen, die wir im Rahmen der von uns oben in Teil 2 herausgearbeiteten Fallgruppen als "offen" bzw. "offensichtlich" bezeichnet hatten, während die beiden anderen Alternativen nahezu alle die Fälle umfassen, die sich als ungewollte, indirekte oder "versteckte" Handelshindernisse innerhalb dieser Kategorisierung darstellen.

Da letztlich nahezu jede Vorschrift, die irgendwelche den Handel berührenden Regelungen enthält, diesen notwendigerweise zugleich irgendwie beschränkt – indem sie nämlich ein zu diesen Regelungen in Widerspruch stehendes Verhalten verbietet – stellt sich die Frage, ob das kategorische Verbot handelsbeschränkender Vorschriften aller Art so kompromißlos, wie es in Art. XI GATT formuliert ist, grundsätzlich all derartige Regelungen untersagt.

Bei genauerer Betrachtung zeigt sich indes, daß dies nicht der Fall ist. Zwar sind alle die in Art. XI erfaßten Maßnahmen in der Tat dann verboten, wenn sie aus protektionistischen Gründen erfolgen. Dennoch ist damit aber noch nicht einmal jeder Protektionismus untersagt. Vielmehr können

---

[120] Dabei können diese über das Volumen, das Gewicht, den Wert oder andere entsprechende Größen definiert werden.

[121] Diese nämlich sind Gegenstand von Art. II GATT, vgl. unten, Kapitel 21.

in the form of customs duties and as such must conform to the requirements set up for the legitimacy of such duties by Art. II GATT.

What is even more important, though, is the possibility that under certain conditions any of the measures described in Art. XI GATT may nevertheless be employed provided this happens not for protectionist reasons but in pursuit of some other, non-protectionist and therefore usually non-economic, legitimate policy goal. What these legitimate policy goals are as well as what further conditions must be met for such norms/measures to pass muster, is exhaustively stated in the exceptional clause of Art. XX GATT which we will examine shortly. Al this boils down to the following: if we find a norm or measure falling within the purview of any ot the three alternatives contained in Art. XI GATT, this alone does not suffice to determine its illegality. Rather, Art. XI leads only to a presumption of such illegality which may be rebutted upon showing that the norm/measure in question pursues one of the legitimate policy goals listed in Art. XX GATT and meets all other requirements set out there for such a norm/measure to gain legitimacy.

Let s finally consider these requirements.

The norm/measure in question must

1) pursue one or several[122] of the **legitimate policy goals** listed in Art. XX GATT.

> These are, i.a.,   public morals, public safety, public health, the protection of wildlife, the environment, cultural treasures, the consumer, etc..

2) must be **proportionate** with regard to achieving this goal (this would be the terminology used by European courts, in particular the European Court of Justice, see ch. 68, infra) or (to use American terminology),

> must be *reasonably related to* this goal.

(principle of *"proportionality in the broader sense"*).

---

[122] If there is doubt as to whether a legitimate or an illegitimate goal is the primary intent of the measure/norm in question and the norm should therefore be maintained or declared in violation of the GATT, the former must always be assumed. This follows from the principle of the separation of powers which requires the judiciary to retain laws passed by the democratically elected legislature as long as they are not in clear violation of superior law (here: the GATT).

die Mitgliedsländer sich durchaus vor fremden Einfuhren schützen, solange dies in Form von Zöllen erfolgt, die entsprechend den Vorschriften des Art. II GATT erhoben werden (dazu unten, Kapitel 21).

Vor allem aber sind selbst die in Art. XX GATT aufgeführten Maßnahmen unter bestimmten Voraussetzungen erlaubt. Deren wichtigste ist, daß sie nicht zu protektionistischen Zwecken sondern in Verfolgung irgendeines anderen, meist nicht wirtschaftlich motivierten politischen Regelungsziels durchgeführt werden. Das ergibt sich aus Art. XX GATT, der im übrigen diese politischen Regelungsziele erschöpfend aufführt (dazu sogleich). All das vorher Gesagte läuft darauf hinaus, daß Maßnahmen, die unter Art. XI GATT fallen, nicht bereits deswegen endgültig GATT-widrig sind. Art. XI GATT bedeutet lediglich die Vermutung einer solchen Rechtswidrigkeit, die jedoch im Einzelfall durch den Nachweis widerlegt werden kann, daß die betreffende Maßnahme eines der in Art. XX GATT aufgeführten legitimen politischen Regelungsziele verfolgt und auch alle übrigen Anforderungen dieser Vorschrift erfüllt.

Dafür muß eine solche **Vorschrift/Maßnahme**

1) eines oder mehrere[122] der in Art. XX GATT aufgeführten **legitimen politischen Regelungsziele verfolgen**.

Zu diesen gehören, u.a.,   die öffentliche Moral, die Volksgesundheit, der Tierschutz, Umweltschutz, der Schutz von Kulturgütern, der Verbraucher u.a.

2) verhältnismäßig sein (dies entspräche dem Sprachgebrauch des Europäischen Gerichtshofs, vgl. Kapitel 68, unten) oder müßte (entsprechend der amerikanischen Terminologie) in vernünftiger Weise auf die Erreichung eines solch legitimen Regelungsziels gerichtet sein

(Grundsatz der "Verhältnismäßigkeit im weiteren Sinne).

---

[122] Solange die Illegitimität einer bestimmten Maßnahme oder Regelung nicht zweifelsfrei nachgewiesen ist, ist ohne weiteres von ihrer Rechtmäßigkeit und damit Wirksamkeit auszugehen. Das erfordert der Respekt der Gerichte vor dem demokratisch legitimierten Gesetzgeber und seines Verwaltungsapparats.

This, in turn means that the norm/measure in question must be

a) **conducive to** and
b) **necessary**   for achieving this goal. Further its
                    trade-impeding effect must not be
c) **disproportionate**   as compared to the importance of the goal
                    pursued, in other words, it must not
                    be **excessive**.

Finally, it

3) must **neither** constitute a hidden **barrier to trade nor** must it **unduly discriminate.**

Let's look at these various conditions in turn:

1) Legitimate policy goal?

Example 1:   Out of - alleged - concern for the safety of Japanese skiers, the Japanese government requires foreign skis to be tested one by one for their "compatibility with the peculiarities of Japanese snow", rather than offering general sales licence for the type of ski in question, such as can be obtained by Japanese ski manufacturers.

Question: are we dealing here with a legitimate policy goal?

Answer: clearly yes, as what is pursued here is the safety and well-being of the Japanese consumer, a legitimate policy goal for the Japanese government and one that is listed in the list of Art. XX GATT.

Note: we do *not* consider here the question of whether the method foreseen by this regulation for achieving that goal is *fair* or whether this – purported – goal is even *seriously pursued*, but solely ask for the *legitimacy* of the policy goal as such – whether real or alleged. These other questions are reserved for later scrutiny within our scheme of testing (see below).

Our **answer** to the above question is therefore: **yes**, we have a legitimate policy goal here!

2) Proportionality

Example 2:   The prevention of smuggling, even though by definition "prevention" of the free exchange of goods, does in principle constitute a legitimate aim of state policy (although it is not explicitly contained in Art. XX's list of "proper" goals). Was the former Berlin Wall therefore justified as an appropriate means for achieving this goal?

Das wiederum setzt voraus, daß die betreffende Norm/Maßnahme

c) geeignet und	
b) erforderlich	ist, um dieses Ziel zu erreichen und daß sie ferner nicht
c) übermäßig	ist in Anbetracht der Bedeutung des jeweils verfolgten Regelungsziels.

Schließlich darf die Norm/Maßnahme

3) weder ein verstecktes Handelshindernis darstellen noch darf sie diskriminieren.

Im einzelnen bedeutet das:

1) Legitimes politisches Regelungsziel?

Beispiel 1:   Unter dem Vorwand der Sorge um die Sicherheit der japanischen Skifahrer erteilt die japanische Regierung ausländischen Skiherstellern keine allgemeine Typenzulassung sondern verlangt, daß jedes Paar Ski einzeln auf ihre "Kompatibilität mit japanischen Schnee zu überprüfen ist. Japanische Skihersteller sind von einer vergleichbaren Auflage befreit

Frage: Wird hier ein legitimes politisches Regelungsziel verfolgt?

Antwort: Ja, die Sicherheit der japanischen Skifahrer stellt ein iSd Art. XX GATT legitimes Regelungsziel dar.

Merke: In diesem Zusammenhang interessiert (noch) die Frage nicht, ob die dabei angewandte methode fair ist oder ob dieses – angebliche – Regelungsziel damit tatsächlich ernsthaft verfolgt wird. Beides wird im Rahmen des gerade entwickelten Prüfungsschemas erst an späterer Stelle Gegenstand unserer Untersuchung sein.

2) Verhältnismäßigkeit

Beispiel 2:   Ein gem. Art. XX (wenngleich oben nicht aufgeführtes) grundsätzlich legitimes Ziel staatlicher Maßnahmen besteht in der Verhinderung von Schmuggel an den Grenzen. Stellte beispielsweise die Berliner Mauer unter diesem Aspekt einen gerechtfertigten Eingriff in die Freiheit des Güterverkehrs dar?

Solution : The Wall was certainly **a) conducive to** largely halting smuggling and it was certainly also **b) necessary for** that aim to be effectively achieved, at least in the sense that such a low level of smuggling certainly couldn't have been assured otherwise. This is shown clearly by the conditions along the present German-Polish border since the opening of the Iron Curtain. Therefore, the Wall does indeed satisfy the above stated conditions of *suitability* and *necessity* (both with regard to the effective prevention of smuggling). Nevertheless it is inadmissible: the seriousness of the restriction of trade that necessarily comes along with it (only this aspect of the Wall counts in this connection, not the effect it had on the free movement - or even the life! - of people) is **c) out of proportion,** *compared to the importance of the goal sought thereby,* **i.e., it is excessive.**

Example 1 (cont.): It is here, too, that the Japanese regulation for imported foreign skis meets its deserved abolition: even though the alleged policy goal – the protection of the Japanese skier – as such constitutes a legitimate objective for the Japanese government to pursue, and even though the prescribed testing procedure is even *conducive to* achieving that goal (step 2 a within our testing scheme), it most certainly fails the test to be conducted under nrs. 2 b and c of the scheme: such strict testing certainly is *not necessary* (why should a general licence not suffice, just as for Japanese skis?), it is also *excessive* (the additional safety possibly gained by such strict testing requirements is too small to warrant the enormous costs associated with this requirement!).

If, as in the two cases at hand, any one of the three conditions is not met, we have reached the end of our examination: the presumption of illegality of such a measure deriving from Art. XI GATT is not rebutted by Art. XX GATT. This means that the norm/measure in question definitely violates the GATT.

If, on the other hand, the tests to be conducted under nrs. 1 and 2 of our scheme are passed by the norm/measure in question, the following – final – question must be answered.

3) Does the norm/measure in question perhaps nevertheless represent a hidden trade barrier or does it unduly discriminate?

Even though these two requirements look entirely different at first sight, they are virtually always so closely intertwined that they really constitute but one single condition. That is so because I almost always identify the "barrier" character of a trade-impeding norm or measure through its discriminatory **intent** or **effect** (either of the two makes for a violation of Art. XX, as we shall see in a moment). Indeed, when testing whether such a discriminatory intent or effect is at hand in any particular case, we once

Lösung: Die Mauer war sicherlich *geeignet*, den Schmuggel weitgehend auszuschalten und war dafür wohl auch *notwendig* - jedenfalls in dem Sinne, daß sich anders ein vergleichbar geringes Schmuggelniveau gewiß nicht hätte sicherstellen lassen - das zeigt sich heute nach ihrem Wegfall deutlich an den Verhältnissen beispielsweise an der deutsch-polnischen Grenze. Soweit würde also die Mauer die Voraussetzungen des Art XX erfüllen. Dennoch ist sie unzulässig: die mit ihr verbundene Einschränkung des Warenverkehrs (nur dieser Aspekt ist in diesem Zusammenhang von Bedeutung!) steht *außer Verhältnis* zu der durch sie bewirkten Ausschaltung des Schmuggels!

Beispiel 1 (Fortsetzung): an dieser Stelle scheitert auch die o.e. japanische Ski-test-Verordnung. Wie wir oben gesehen haben, verfolgt diese zwar ein legitimes Regelungsziel; auch ist sie – zumindest möglicherweise - geeignet, dieses Ziel zu erreichen. Sicher aber ist sie nicht *erforderlich* (schließlich ist nicht einzusehen, daß eine Typenzulassung hier nicht ebenso ausreichen würde wie bei japanischen Skiern). Außerdem ist sie auch *übermäßig*, da der dafür erforderliche Aufwand außer Verhältnis steht zu der auf diese Weise zusätzlich gewonnenen Sicherheit.

Wenn aber, wie hier, auch nur eines dieser Erfordernisse nicht erfüllt ist, ist unsere Prüfung bereits am Ende: die durch den Verstoß der untersuchten Norm/Maßnahme gegen Art. XI GATT aufgestellte Vermutung ihrer Rechtswidrigkeit kann dann – mangels Erfüllung aller der in Art. XX GATT genannten Voraussetzungen – nicht widerlegt werden und es bleibt endgültig bei der durch Art. XI GATT indizierten Rechtswidrigkeit.

Sind dagegen die Voraussetzungen der Punkte 1) und 2) der nach Art. XX GATT durchzuführenden Prüfung erfüllt, dann ist schließlich noch die folgende Frage zu beantworten:

3) Stellt die untersuchte Norm/Maßnahme nicht vielleicht trotzdem ein verkapptes Handelshindernis dar oder hat sie eine ungerechtfertigte Diskriminierung zum Inhalt?

So sehr sich die beiden in der Überschrift aufgeführten Anforderungen auf den ersten Blick auch zu unterscheiden scheinen, so eng erweisen sie sich bei näherer Betrachtung doch als miteinander verquickt. Das liegt daran, daß sich die Eigenschaft einer Norm/Maßnahme als Handelshindernis fast immer in einer solch diskriminierenden Ungleichbehandlung ausländischer und einheimischer Ware äußert. Dabei unterscheiden wir auch hier zwischen "offensichtlichen" und "verkappten" Fällen, wobei sich diese Begriffe diesmal nicht auf unmittelbar auf ein Handelshindernis beziehen sondern

again need to distinguish between "overt" cases ("intent") and "hidden" ones ("effect"), albeit this time these terms are applied to different forms of discrimination rather than to trade barriers (although, as we have stated, both amount virtually to the same thing).

Before we look at *these* two categories of discriminations ("overt" and "hidden") more closely, let's briefly clarify *to what the unequal treatment* inherent in such discrimination *relates*. Just as in Art. III GATT (about which more later), the discrimination referred to in Art. XX GATT *alternatively* refers to unequal treatment afforded foreign products either as compared to domestic products of the country whose norms/measures are at issue, or as compared to another - foreign - country's products, again by the country of destination.

a) "Overt" Discrimination

Open discrimination is always present when the norm/measure expressly attaches certain negative effects to the foreign origin of the imported product which do not apply (or apply differently) to comparable domestic commodities or vice versa.

Example 3:   An example for this type of cases is provided by the governmentally supported *"Buy British"* campaign in the United Kingdom during the late seventies which clearly discriminated against all non-British goods.

Example 1 (cont.):   It is here that the Japanese ski-testing regulation considered above would fail the test: the less favourable treatment afforded foreign skis is openly attached to their origin and not to any – perceived – danger emanating from them as distinct from Japanese made skis. It thus constitutes discrimination and thus a barrier to trade.

However, such cases have become - not least because of their obviousness - relatively rare and, when they arise, are usually easy to recognise and resolve.

Accordingly, the far more important cases are those of

b) Hidden Discrimination

Here the encumbrances are   not - or not explicitly - connected to the foreign place of origin. Instead, certain legal consequences are attached to a situation defined in an entirely "innocent" or neutral way, but which in view of the actual circumstances applies exclusively or predominantly to goods of foreign or - as the case may be - of domestic origin:

auf die Art der jeweiligen Diskriminierung, wobei jedoch beide, wie wir gesehen haben, letztlich auf das gleiche hinauslaufen.

Bevor wir uns jedoch als nächstes diese beiden Formen von Diskriminierung näher betrachten, wollen wir kurz klarstellen, auf die Behandlung jeweils welcher Gegenstände sich eine solche Diskriminierung bezieht: ebenso wie in Artikel III GATT (dazu später) umfaßt auch die in Art. XX GATT definierte Diskriminierung zwei unterschiedliche Anknüpfungspunkte: eine unzulässige Diskriminierung liegt im Sinne beider Vorschriften genau dann vor, wenn *entweder* gleichartige Waren aus *unterschiedlichen fremden Ländern* ohne sachlich gerechtfertigten Grund unterschiedlich behandelt werden *oder* wenn sich dieser Unterschied auf die Behandlung von *Importware* im Vergleich zu gleichartigen *einheimischen Erzeugnissen* bezieht.

a) "offene" Diskriminierung

Offene Diskriminierung liegt immer dann vor, wenn die fragliche Norm/Maßnahme nachteilige Rechtsfolgen ausdrücklich an die ausländische Herkunft der fremden Ware knüpft.

> **Beispiel 3:** Ein gutes Beispiel hierfür stellt die *"Buy British"*-Kampagne dar, mit der die englische Regierung in den siebziger Jahren die britische Wirtschaft anzukurbeln versuchte, die schon aufgrund ihrer eindeutigen Bevorzugung einheimischer Ware ausländische Importe gerade wegen ihrer Herkunft aus dem Ausland klar benachteiligte.

> **Beispiel 1 (Fortsetzung):** spätestens an dieser Stelle würde unsere oben skizzierte japanische Verordnung über die Behandlung ausländischer Skier sich (erneut) als rechtswidrig erweist, knüpft doch auch sie die von iihr angeordneten nachteiligen Rechtsfolgen (Notwendigkeit individueller Test in jedem einzelnen Falle ausdrücklich an die ausländische Herkunft der betroffenen Produkte an. Damit stellt diese Verordnung gleichzeitig eine (offene) Diskriminierung wie auch ein (offenes) Handelshindernis dar.

Derartige Fälle sind aber gerade wegen ihrer leichten Erkennbarkeit heute eher zu Ausnahmen geworden und stellen aus demselben Grund im übrigen auch kein größeres Problem dar. Die viel wichtigeren und zugleich erheblich schwierigeren Fälle sind dementsprechend die, in denen

b) Versteckte Diskriminierung

vorliegt. Diese zeichnet sich gegenüber der offenen Diskriminierung dadurch aus, daß eventuelle Benachteiligungen ausländischer Ware zumindest nicht explizit an deren Herkunft geknüpft ist. Vielmehr sind die betreffenden Nachteile an auf den ersten Blick neutrale bzw. unverdächtige

Example 4:   Cars made in Italy in their overwhelming majority have less than 2-litre cubic capacity. Italy then introduces a luxury car tax which only applies to vehicles (wherever they originate!) with a cubic capacity of at least 2 litres: open discrimination is not present since the tax is not connected to the place of manufacture of these vehicles but to their cubic capacity. Still, as this tax, due to the factual circumstances, applies almost exclusively to foreign cars, this case is – or is at least highly likely to be – one of hidden discrimination.

Example 5:   To encourage the cultivation of rhubarb (the "German lemon"), above all to protect Germany's foreign currency reserves, the Propaganda Ministry forbids the growing and sale of all tropical fruits in Germany. Discrimination? Not an open one, since the ban applies to *all* tropical fruit, including that cultivated in Germany. But there is hidden discrimination since (except for the Isle of Mainau in Lake Constance) no tropical fruits grow in Germany and the ban therefore almost exclusively affects foreign goods.

Another method of identifying hidden discrimination in a certain norm or measure is to pose the following question:

Who is the principal beneficiary of the questionable measure in the importing country, the producers of comparable products there or the consumers?

If the measure *primarily* benefits the manufacturers, this strongly raises the suspicion that we are dealing here with discrimination against foreign producers, in other words: with a disguised trade barrier. If, on the other hand, the restriction occurs *primarily* in the interest of consumers, this speaks for the legitimacy of the regulation.

In any case, this like any other such test needs to be applied with the greatest caution and must never supplant critical thinking. For one thing, every import restriction even when *primarily* in the interest of consumers inevitably also benefits the local sellers. Furthermore with sufficient effort almost any import restriction can be explained as promoting some remote consumer interest.

Tatbestandsmerkmale geknüpft, deren Verwirklichung aber angesichts der konkreten Umstände ausschließlich oder überwiegend, bzw. umgekehrt gar nicht oder erheblich seltener bei der ausländischen als bei der einheimischen Ware zu erwarten ist.

Beispiel 4: Italien baut nahezu ausschließlich Kleinwagen mit weniger als 2 Liter Hubraum. Es führt eine Luxussteuer ein, die nur für Fahrzeuge (gleich welcher Herkunft!) gilt, die mindestens 2 Liter Hubraum haben: eine offene Diskriminierung liegt hier deshalb nicht vor, weil die Luxussteuer hier nicht ausdrücklich an die ausländische Herkunft der betreffenden Fahrzeuge geknüpft ist sondern an ihren Hubraum. Eine verdeckte Diskriminierung ist jedoch gegeben (zumindest ein starker Verdacht einer solchen Diskriminierung!), da sich diese Belastung aufgrund der konkreten Gegebenheiten nahezu ausschließlich auf ausländische Importfahrzeuge auswirkt.

Beispiel 5: Zur Förderung des Anbaus von Rhabarber (der "deutschen Zitrone"), vor allem aber zur Schonung der deutschen Devisenreserven, verbietet der Propagandaminister ab sofort sowohl den Anbau als auch den Verkauf sämtlicher Südfrüchte in Deutschland. Diskriminierung? Offen nicht, da das Verbot für *alle* Südfrüchte gilt, also auch für die in Deutschland angebauten. Es liegt aber eine versteckte Diskriminierung vor, da (außerhalb der Insel Mainau am Bodensee) in Deutschland keine Südfrüchte wachsen und das Verbot deshalb (fast) ausschließlich ausländische Waren belastet.

Eine andere Methode, eine verdeckte Diskriminierung als solche zu erkennen, besteht in der Untersuchung der folgenden Frage:

Wem in dem einführenden Staat nützt die fragliche Maßnahme (hauptsächlich) - den dortigen Herstellern vergleichbarer Produkte oder den Verbrauchern des Einfuhrlandes?

Nutzt die Maßnahme *primär* (nur) den dortigen Herstellern, liegt ein starkes Indiz dafür vor, daß es sich um ein verkapptes Handelshindernis handelt. Geschieht die Behinderung dagegen *primär* im Verbraucherinteresse, spricht dies für die Legitimität der betreffenden Vorschrift.
Allerdings ist bei diesen Überlegungen immer höchste Vorsicht geboten – eine rein mechanische Anwendung verbietet sich. Zum einen nützt jede Einfuhrerschwernis durch die damit einhergehende Verknappung des Angebots entsprechender Waren auf dem Inlandsmarkt auch dann, wenn sie primär im Interesse der Verbraucher erlassen worden ist, automatisch immer (zumindest auch) den einheimischen Anbietern. Umgekehrt läßt sich bei genügender Anstrengung nahezu jede Einfuhrbeschränkung mit irgendeinem entfernten Verbraucherinteresse "begründen".

Example 6:   By reducing the drug supply on the domestic market, the prohibition of the importation of drugs naturally benefits local drug producers. Of course this is not the reason for such a prohibition. Rather, its purpose is the protection of the indigenous "consumer" and the entire population, and not the promotion of the business interests of the domestic poppy processors.

To summarize: As a first step we always need to determine whether a certain trade-impeding measure or norm falls within the purview of Art. XI GATT. If this question is to be answered in the affirmative, we have at hand a *presumption* of its illegitimacy, to be rebutted if all conditions for applying Art. XX GATT are met. Thus, in order to ascertain whether that is the case, we need to apply the three-pronged test developed above. If all conditions of this test are met, the trade-inhibiting measure/norm is permitted under the GATT. If not, it violates the agreement.

To conclude, one further case study **follows.**

Chapter 20: The Case of *"Mad Cow Disease"* (BSE)[123]:

Because of the danger of so-called "mad cow disease" (BSE), Poland (non-member of the EC!) forbids the importation of British beef. Does this ban violate Art. XI GATT?

Solution:

I) An Import Barrier according to Art. XI?

Since a total import ban always necessarily includes a quantitative limitation according to GATT Art. XI, a *prima facie* violation is present.

II) Justified according to GATT Art. XX?

The prohibition could however be an exception justified by GATT Art. XX.

1) The ban pursues the legitimate purpose of protecting the health of the Polish population.

2 a - c)

It moreover is   **a)**   *suitable/conducive* and

---

[123] (*"Bovine Spongiform Encephalopathy"*.= "disease changing cattle brains into sponges".)

Beispiel 6: Das Einfuhrverbot für Drogen nützt durch die Verknappung des Angebots an Drogen auf dem Inlandsmarkt natürlich (auch) den einheimischen Drogenproduzenten. Trotzdem existiert es natürlich *primär* zum Schutze der einheimischen "Verbraucher" bzw. der einheimischen Bevölkerung als ganzem und ist nicht im Interesse der einheimischen Mohnindustrie erlassen.

Zusammenfassung: Zunächst ist immer festzustellen, ob das jeweils untersuchte Handelshindernis überhaupt Art. XI des GATT unterliegt. Ist das der Fall, besteht eine Vermutung ihrer Rechtswidrigkeit. Diese Vermutung wird im Einzelfall nur dann widerlegt, wenn alle Voraussetzungen des Art. XX GATT sämtlich erfüllt sind. Dafür ist unser oben erarbeiteter dreigliedriger Test durchzuführen. Besteht die untersuchte Norm bzw. Maßnahme diesen Test, ist sie ausnahmsweise doch zulässig. Andernfalls verstößt sie gegen das Abkommen.

Zu Abschluß zur Vertiefung noch der

Kapitel 20: Der Fall "Rinderwahn" (BSE)[123]

Wegen der Gefahr des sogenannten "Rinderwahns" (BSE) verbietet Polen (Nicht-Mitglied der EG!) die Einfuhr von britischem Rindfleisch. Verstoß gegen Art. XI GATT?

Lösung:

I) Einfuhrhindernis i.S.d. Art. XI ?

Da ein totales Einfuhrverbot zugleich immer eine mengenmäßige Beschränkung i.S.v. Art. XI GATT darstellt, liegt *prima facie* ein Verstoß gegen Art. XI vor.

II) Gerechtfertigt gem. Art. XX GATT ?

Das Verbot könnte aber gemäß Art. XX GATT ausnahmsweise gerechtfertigt sein:

1) Das Verbot verfolgt den legitimen Zweck, die Gesundheit der polnischen Bevölkerung zu schützen.

2 a - c)

Es ist ferner **a)** *geeignet* und

---

[123] (*"Bovine Spongiform Encephalopathy"* = "Krankheit, die Rinderhirne zu Schwämmen macht".)

b)   *necessary* (one can of course argue about that, perhaps increased inspections and labelling would also suffice) to achieve this legitimate goal and,

c)   in view of the great significance of human health and the fatal danger to which it is exposed by BSE, it is *not excessive* with regard to the limitation of cross-border trade involved .

3) Does it nevertheless constitute a **hidden trade barrier**?

This is usually the case if an unjustified discrimination against foreign manufacturers and/or products can be discerned. Is any discrimination involved here?

a) Open discrimination

This is present here since only *British* (and thereby *non*-Polish!) beef (as defined by origin) is subject to the ban! Accordingly, the ban is unlawful, the import of contaminated meat may not be prevented – an impressive example of the great confidence the GATT places in the individual responsibility of the consumers!

This result is also affirmed when we apply the "who-benefits" test (see above): as the ban on British beef reduces the overall supply of beef on the Polish market, it is the producers (both Polish and foreign, non-British ones!) that benefit from this ban and the higher prices resulting from the reduced supply and not the Polish consumers who have to foot the corresponding bill!

Caution: As a sound sense of justice clearly tells us (or at least should tell us), this result just *can't* be correct - but how can this be justified properly within the framework of our model? The answer lies in the fact that although *only British* beef is the target of the Polish import ban, this is not so *because* it is British (or from the Polish viewpoint: not domestic) but because the perceived *danger* (by coincidence) happens to emanate only from British beef.

The tie to the nationality of the product – though generally suspect – constitutes here but a more easily identifiable synonym for *"dangerous"* or *"potentially dangerous"*, and is therefore made here not for purposes of discriminating against foreign products, but - exceptionally – is synonymous with the group of products posing the threat. In other words: the distinction and the commensurately different treatment accorded the product of a particular foreign country (as opposed to products of various foreign nationalities and those of domestic origin) is justified by objectively different conditions in both groups of products and can therefore not be called "discriminatory"!

b) (im Zweifel wohl auch) *erforderlich* (darüber läßt sich zwar streiten, vielleicht helfen auch vermehrte Kontrollen!), um dieses legitime Ziel zu erreichen und steht

c) angesichts der hohen Bedeutung der menschlichen Gesundheit und der erheblichen Gefahr, der diese durch BSE ausgesetzt ist, zu der damit verbundenen Einschränkung des grenzüberschreitenden Handels *nicht außer Verhältnis.*

3) Handelt es sich dennoch um ein **verkapptes Handelshindernis?**

Indiz hierfür: Diskriminierung. Liegt eine solche vor?

a) offene Diskriminierung?

Ist hier gegeben, da nur *britisches* (und damit *nicht*-polnisches!) Rindfleisch dem Verkaufsverbot unterliegt! Das Verbot ist deshalb rechtswidrig, die Einfuhr des verseuchten Fleischs darf also nicht unterbunden werden - das GATT vertraut eben in hohem Maße auf die Eigenverantwortung der Verbraucher!

Dieses Ergebnis wird auch durch die Anwendung unseres oben erarbeiteten "Begünstigungs-Test" bestätigt: das Einfuhrverbot für britisches Rindfleisch vermindert das Gesamtangebot solchen Fleischs auf dem polnischen Markt. Das aber erhöht die Preise, was wiederum den dortigen Verbrauchern schadet, den einheimischen Herstellern dagegen nützt!

Achtung: Das stimmt natürlich nicht! Das sagt einem eindeutig das gesunde Rechtsempfinden - doch wie läßt sich dies im Rahmen unseres Schemas ordnungsgemäß begründen? Die Lösung liegt hier darin, daß zwar *nur britisches* Rindfleisch betroffen ist, aber eben *nicht deswegen, weil es britisch* (bzw., aus polnischer Sicht: nicht einheimisch) ist, *sondern weil* hier eben ("zufällig") nur von britischem Rindfleisch die *Gefahr* ausgeht. Die Anknüpfung an das Herkunftsland erfolgt hier also gerade nicht zum Zwecke einer (sachlich nicht gerechtfertigten) Diskriminierung der ausländischen Ware, sondern stellt hier ausnahmsweise den richtigen Anknüpfungspunkt zur Eingrenzung der wahrgenommenen Gefahr dar, ist also im Sinne unserer oben angestellten Überlegungen zur Diskriminierung hier ausnahmsweise einmal sachlich gerechtfertigt!

Dabei besteht auch hier ein *Neben*effekt dieses Einfuhrverbots natürlich darin, daß die Rindfleischpreise in Polen wegen der verminderten Angebotsmenge steigen werden, wovon in jedem Fall die polnischen, aber auch alle nicht-britischen ausländischen Anbieter profitieren. Gerade dieser Fall ist also ein gutes Beispiel dafür, wie die legitime Ausübung staatlicher

At the same time here, too, a *side effect* of this import ban is of course that beef prices in Poland will climb because of the reduced supply: All Polish as well as all other foreign non-British suppliers will profit from this situation. However, this relatively minor effect will always be present in cases of this type. What really counts here, then, is not that there is also *some* infinitesimal beneficial economic benefit for the Polish beef producers but the fact that by far the more important effect is to the benefit of the consumers: after all, it is their *life* that is at stake! This case is thus a good example of how the legitimate exercise of state sovereignty at least in the area of foreign trade can' t help having some negative impact on commerce[124].

a) Hidden discrimination[125]

Chapter 21: Art. II GATT: Putting a Ceiling on Permitted Tariffs and Reducing them Continuously

Article II of the GATT represents an essential complement to Art. XI. Indeed, the latter provision would be almost useless if it were left open to the member-states (as an alternative to quotas) to close their markets to foreign goods through the imposition of unlimited tariffs!
However, unlike Art. XI, Art. II does not entirely outlaw protective and/or revenue-raising duties[126] but merely narrows the scope of their legitimacy, albeit in two important ways:

1) Upon joining the GATT (or today: the WTO), each member provides the WTO with a list of all tariffs which it at that time levies on all kinds of products. At the moment of surrendering this list it loses the right to increase these tariffs in whole or in part: rather, these remain the allowable maximum rates for this country for all time!

2) Second, each member upon joining obligates itself to work toward a further continuous reduction of tariffs, and in particular to participate in the regular multilateral negotiating rounds of the WTO. These - especially in the initial period after the Second World War - led to considerable progress

---

[124] It must be taken into account, though, that governmental action (including providing infrastructure and maintaining law and order), although it might often indeed have a restrictive effect on trade, is to a certain extent indispensable to make this very exchange possible. So it would indeed be bad, not only for the consumer but for trade as well, if the former could not rely on certain measures of, e.g., hygiene to be either carried out or at least monitored by the state.

[125] As the distinction between foreign ("British") and domestic ("Polish") is made here quite openly, the inherent discrimination - if there were any - would in any case be "overt." Thus, exceptionally, option b) need not be checked in this case.

[126] Protective tariffs primarily aim to protect domestic industry, financial tariffs aim to raise revenue, cf. Art. 17 EC-Treaty.

Souveränität jedenfalls auf dem Gebiet der Außenwirtschaft fast immer zugleich auch den Handel behindert[124].

b) versteckte Diskriminierung[125]

Kapitel 21: Art. II GATT: Festschreibung und kontinuierliche Senkung der Zollsätze

Art. II des GATT stellt eine wesentliche Ergänzung von Art. XI dar. Dieser würde nichts nützen, wenn gleichzeitig die Mitgliedsstaaten die Möglichkeit hätten, die Waren ihrer jeweiligen Handelspartner durch beliebig hohe Schutzzölle auf legitime Weise gänzlich von ihren Märkten fernzuhalten. Anders als Art. XI verbietet zwar Art. II des GATT Schutz- und Finanzzölle[126] nicht vollständig, doch unterwirft er sie zwei wesentlichen Einschränkungen:

1) Mit seinem Beitritt zum GATT (bzw. heute: zur WTO) reicht jeder Mitgliedsstaat bei der WTO eine Liste mit sämtlichen Zollsätzen ein, die er bei der Einfuhr der verschiedenen Produkte zu diesem Zeitpunkt jeweils verlangt. Mit dem Augenblick der Abgabe dieser Liste verliert er dann das Recht, diese Zollsätze ganz oder zum Teil wieder zu erhöhen; diese bleiben vielmehr für alle Zeiten als das für diesen Staat erlaubte Maximum bestehen.

2) Zum zweiten verpflichtet sich jeder Mitgliedsstaat mit seinem Beitritt dazu, an einer kontinuierlichen weiteren Herabsetzung seiner Zollsätze mitzuwirken und insbesondere an den regelmäßigen multilateralen Verhandlungsrunden der WTO-Mitglieder teilzunehmen, die - vor allem in der Anfangszeit nach dem Zweiten Weltkrieg - zu erheblichen Fortschritten

---

[124] Dabei muß man sich jedoch klarmachen, daß derartige staatliche Eingriffe zwar einerseits die Freiheit des Handels einschränken, andererseits ihn jedoch häufig erst ermöglichen bzw. zumindest erheblich erleichtern: könnte sich der Verbraucher beispielsweise nicht darauf verlassen, daß eingeführte Güter auf ihre Hygiene hin geprüft werden, müßte er selbst für eine entsprechende Prüfung sorgen. Dies käme häufig so teuer, daß die Einfuhr überhaupt unterbliebe.

[125] da die unterschiedliche Behandlung hier "offen" an die jeweilige Herkunft der betreffenden Produkte anknüpft, ist die hier getroffene Unterscheidung zumindest "offen". Wenn in dieser unterschiedlichen Behandlung wie meist, hier aber ausnahmsweise nicht, eine unrechtmäßige Diskriminierung liegt, ist diese "offen", so daß b) ("versteckte Diskriminierung") in solchen Fällen nicht zusätzlich geprüft zu werden braucht.

[126] Schutzzölle werden Zölle genannt, deren hauptsächlicher Zweck der Schutz der einheimischen Industrie darstellt; als Finanzzölle werden dagegen Zölle bezeichnet, deren primärer Zweck in der Verschaffung von staatlichen Einnahmen liegt, vgl. Art. 17 EG-Vertrag.

toward the lowering of tariffs internationally, and thus made a vital contribution to the strengthening of world trade and general economic growth[127].

> **Question:**   Do you think the continuous reduction of duties could have repercussions on the popularity of other kinds of trade barriers? In particular, on the use of *"restrictions having equivalent effects"* within the meaning of Art. XI 3rd alternative of the GATT? If so, would the popularity of such restrictions also have been reduced in consequence, or would the number of instances of that kind on the contrary have increased? [128]

While quantitative restrictions as laid out in Art. XI 1. Alt. GATT do have the advantage over customs duties that the reduction in volume of imports/exports effected by them can be determined quite accurately[129], customs duties were generally agreed upon during the original GATT negotiations as the preferred means of reducing imports as compared to such quotas systems for a variety of reasons:

For one thing, customs duties allow for a more flexible adjustment of the quantity of imported products to changing domestic demand.

Second, imposing a tariff entails much less effort, since one never needs to determine or to check who has already imported how many goods of what kind within a fixed period of time. Rather, each interested party can import as much as he likes, provided he pays the pertinent duty .

Third, in contrast to quantitative restrictions which require detailed regulations as to how they are to be distributed among various interested parties, tariffs are not only much easier to administer, but they also have the advantage of automatically treating all foreign sellers equally without the strong temptation to corruption that is inherent in any such administratively organised system.

Fourth, the effect of a tariff on the *price* of imported goods (the percentage of increase in price it brings about) is much more readily identifiable than the effect caused by an import quota.

---

[127] Since World War II the world economy has on average increased by 3% annually. In contrast, the international exchange of goods has risen twice as fast during the same period, cf. *"The Economist"*, Nov. 15th, 1997, p. 89.

[128] Cf. EIU; p. 20 ff.

[129] On this argument *J.M. Keynes* relied, one of the many advocates of the general permissibility of measures of that kind, *Keynes, Vol. XXVI*, p. 257.

beim Abbau der zwischenstaatlichen Zölle geführt und damit einen ganz wesentlichen Beitrag zum Erstarken des Welthandels und dem allgemeinen Wirtschaftswachstum geleistet haben[127].

> **Frage:** Meinen Sie, daß sich die kontinuierliche Herabsetzung der Zölle auf andere Arten von Handelshindernissen in irgendeiner Form ausgewirkt haben könnte? Insbesondere auf die "Beschränkungen mit gleicher Wirkung" im Sinne des Art. XI GATT? Wenn ja, werden solche Beschränkungen als Folge der Zollherabsetzungen ebenfalls weniger geworden sein - oder eher mehr?[128]

Obwohl mengenmäßige Beschränkungen iSv Art. XI 1. Alt. GATT im Vergleich zu Zöllen den Vorteil aufweisen, daß sich mit ihnen der Umfang der erwünschten Einfuhren (zumindest theoretisch) genau bestimmen läßt[129], gab man bei den GATT-Verhandlungen als erlaubtes Mittel zu deren Reduzierung seinerzeit doch letzteren den Vortritt. Dafür gab es eine Reihe von Gründen:

Zum einen ermöglichen Zölle eine erheblich flexiblere Anpassung der Einfuhrmengen an Schwankungen der Inlandsnachfrage.

Zum zweiten erfordert die Zollerhebung erheblich weniger bürokratischen Aufwand als eine Quotenregelung, da sich eine Überprüfung der Fragen erübrigt, wer in welchem Zeitraum jeweils bereits wieviele Einheiten einer bestimmten Ware wohin eingeführt hat. Erhebt man Zoll, genügt es festzustellen, daß dieser ordnungsgemäß bezahlt worden ist.

Drittens bedarf es beim Zoll auch keiner Zuteilung der erlaubten Einfuhrquoten auf bestimmte Berechtigte mit all der damit verbundenen Versuchung zur Korruption. Vielmehr ist bei der Zollerhebung die Gleichbehandlung aller Importeure automatisch sichergestellt.

Viertens läßt sich der Effekt, den ein bestimmter Zolltarif auf den Endpreis der Ware hat, einfach und genau erkennen, was bei mengenmäßigen Beschränkungen wiederum nicht der Fall ist.

---

[127] So ist die Weltwirtschaft insgesamt seit dem Zweiten Weltkrieg im Durchschnitt um satte 3% jährlich gewachsen - dennoch hat der Umfang des grenzüberschreitenden Warenaustauschs im selben Zeitraum sogar doppelt so schnell zugenommen, vgl. "*The Economist*", Nov. 15th, 1997, S 89.

[128] Vgl. hierzu EIU; SS. 20 ff.

[129] Auf diese Überlegung stützte sich auch *J.M. Keynes*, einer der vielen Befürworter der grundsätzlichen Zulässigkeit von derartigen Hemmnissen, *Keynes, Vol. XXVI*, S. 257.

Finally, the tariff imposed (at least in the view of the importing country) also has the advantage of providing revenue for the state (which quotas do not) [130].

Questions:
* Who profits from the artificial shortage in the supply of goods that is brought about by quotas?[131]

——
* Who "pays the corresponding bill"[132]?
* What difference is there in these two respects between the setting of a quota and the determination of a tariff[133]?

Chapter 22: Art I GATT: (Principle of Automatic *"Most-Favoured-Nation "*Status for all GATT Members)

I) The Status *of "Most-favoured Nation"*

Along with Taiwan (the *"Republic of China"*), the *"People's Republic of China"* ("China") is one of the last prominent non-members of the WTO and thus of the GATT. Nevertheless, China has for many years been enjoying the much-coveted status of a *"most-favoured* nation" with regard to the United States. However, due to its non-membership in the WTO, this status is not automatic but is instead based upon relatively short-term bilateral agreements between the two countries' governments, which need to be renewed every one or two years. Consequently, the U.S. theoretically can decline such renewal. Everyone knows the annual ritual where a concerned American president takes a stand on the human rights situation in China (keyword: *"Tiananmen"*) and then threatens to cancel China's *"most-favoured nation"* status unless some significant improvement is made in this area soon. And indeed, such an expiration of its *most-favoured* nation status would have dire consequences for China's developing economy. However, the ramifications of such a termination on the American econ-

---

[130] Until about a century and a half ago, when they were supplanted in this role by other forms of taxation, customs duties constituted the most important source of state revenue.

[131] **Answer:** both the foreign and the domestic producers.

[132] **Answer:** the domestic consumer.

[133] **Answer:** In case of a quota, the benefit of the scarcity created inures to producers (both foreign and domestic), in case of customs duties it accrues to the government of the importing country. In both cases, however, it is the domestic consumer who pays the higher price.

Schließlich verschafft die Zollerhebung anders als eine Quotenregelung dem einführenden Land Einnahmen, was sich zumindest aus dessen Sicht als ein weiterer Vorteil darstellt[130].

Fragen: Wem kommt die durch Einfuhrquoten künstlich geschaffene Knappheit des betroffenen Gutes zugute?[131]
Wer dagegen trägt die durch sie erhöhten Preise?[132]
Welcher Unterschied besteht insoweit zwischen einer mengenmäßigen Einfuhrbeschränkung und einem Einfuhrzoll?[133]

Kapitel 22: Art I GATT: Meistbegünstigungsklausel (Prinzip des automatischen "*Most Favoured Nation*" - Status aller GATT-Mitglieder)

I) Der Status einer *"Most Favoured Nation"*

Gemeinsam mit Taiwan (der "Republik China") ist die "Volksrepublik China" ("China") eines der letzten Nicht-Mitgliedsländer der WTO und damit auch des GATT. Trotzdem hat China schon seit Jahren den Status der Meistbegünstigung gegenüber den USA inne. Allerdings ist dieser Status infolge dieser fehlenden Mitgliedschaft nicht selbstverständlich sondern ergibt sich nur aus immer wieder auslaufenden, relativ kurzfristigen (1 bis 2 Jahre) bilateralen Abkommen zwischen diesen beiden Ländern. Dementsprechend könnten die USA die notwendige Verlängerung bei jedem derartigen Vertragsablauf theoretisch verweigern. Jeder kennt das alljährliche Ritual, wenn ein besorgter amerikanischer Präsident zur Situation der Menschenrechte etwa in der Volksrepublik China Stellung nimmt (Stichwort: "*Tiananmen*") und damit droht, den Chinesen den Status der "Meistbegünstigung" zu entziehen, falls sich bei ihnen auf diesem Gebiet nicht bald etwa Entscheidendes ändere (wahrgemacht hat er diese Drohung aber noch nie[134]). Tatsächlich hätte ein Ende dieser Meistbegünstigung für China äußerst unangenehme Konsequenzen für Chinas aufstrebende Wirtschaft. Die entsprechenden Folgen für die amerikanische Wirt-

---

[130] Bis vor ca. 150 Jahren stellten die Zölle die größte Einnahmequelle eines Staates überhaupt dar.

[131] **Antwort:** sowohl die ausländischen wie auch die einheimischen Hersteller.

[132] **Antwort:** der einheimische Verbraucher.

[133] **Antwort:** von einer mengenmäßigen Einfuhrbeschränkungen profitieren die Hersteller (einheimische wie auch ausländische), bei Zöllen die Regierung des einführenden Landes. Die korrespondierenden Kosten tragen in beiden Fällen die Verbraucher des Einfuhrlandes.

[134] Nach der amerikanischen Verfassung ist der Präsident hierfür auch gar nicht zuständig sondern der amerikanische Kongreß.

omy, though probably not quite to the same extent, would most certainly also be dramatic. This interdependence is easily the main reason why no American president, however hand-wringing and troubled he may at first have acted, has so far ever made good on this threat[134].

But what is this *most-favoured* nation status all about?

As a consequence of its sovereignty each country is basically free to impose whatever duty it pleases on whatever goods for whatever reason, be it for reasons of collecting revenue, be it to protect domestic industry, or be it for whatever other foreign policy reasons.
At the same time not only can it differentiate among the types of commodities in question but also according to the countries of origin. Before the coming into force of the GATT in 1947, both were absolutely standard practice world-wide, and even today such distinctions persist.

The *most-favoured* nation principle means that the importing country imposes no higher tariff on the goods of a nation that enjoys this status than it requires for the same kind of imports from any other country. If Germany levies 10% import tax on bananas from Nicaragua and 15% on those from Paraguay, and 20% on Japanese autos but only 12% on those from Korea, and then grants *most-favoured* nation status to Malaysia, then Malaysian bananas will be charged no more than 10% import duty and Malaysian autos 12%.

II) Automatic *"most-favoured-nation"* status of all GATT members

A crucial element of Art. I GATT is the fact that every member-state upon joining *automatically* both grants to, and receives from, every other member-state *most-favoured* nation status for all their goods[135].
That means that if, say, Britain one day decides to reduce its import duty on copper shavings from Germany from 30% to 7%[136], all other GATT members automatically benefit from this reduction even if Great Britain wanted expressly to limit this reduction to Germany alone.

---

[134] Besides, this decision is ultimately vested not in the President but in the American Congress.

[135] Note that paragraphs 2 ff of Art. I contain numerous exceptions to this rule which, however, are not among the provisions reproduced at the beginning of this book.

[136] This example deliberately ignores the fact that both Germany and the U.K. are of course members of the EC and as such trade with each other free of any tariffs anyway!.

schaft wären zwar wahrscheinlich nicht ganz so ausgeprägt, wahrscheinlich aber immer noch dramatisch genug. Das allein ist schon Grund genug, warum noch kein amerikanischer Präsident, egal wie besorgt um die Menschenrechtssituation in China er sich auch jeweils gegeben haben mag, die Drohung des Abbruchs dieser Beziehung jemals wahrgemacht hat.

Was aber hat es mit dieser Meistbegünstigung auf sich?

Infolge seiner Souveränität ist jeder Staat grundsätzlich frei, für die Einfuhr (wie Ausfuhr) von Waren in sein Territorium denjenigen Zollsatz zu erheben, der ihm zum Schutz der einheimischen Industrie, zur Optimierung seiner Zolleinnahmen oder aus welchen Motiven auch immer am besten erscheint. Dabei kann er seine Zolltarife nicht nur nach den jeweils betroffenen Waren differenzieren sondern außerdem auch nach den Ländern, aus denen diese Waren jeweils importiert werden. Vor dem Inkrafttreten des GATT 1947 war beides weltweit absolut üblich, und selbst heute gibt es noch derartige Unterscheidungen.

Das Prinzip der Meistbegünstigung bedeutet, daß der importierende Staat auf die Waren des so begünstigten Landes keinen höheren Zoll erhebt, als er für die Einfuhr von Waren derselben Art aus irgendeinem anderen Land verlangt. Wenn Deutschland Bananen aus Nicaragua mit 10% und solche aus Paraguay mit 15% Einfuhrzoll belegt und für Autos aus Japan 20%, für solche aus Korea aber nur 12% Einfuhrzoll verlangt und dann z.B. Malaysia Meistbegünstigung einräumt, dann werden malaysische Bananen lediglich mit 10% und malaysische Autos mit 12% Einfuhrzoll belegt.

II) Automatischer "*Most-Favoured-Nation*"-Status aller GATT-Mitglieder

Entscheidender Inhalt des Art. I GATT ist es nun, daß mit seinem Beitritt zum GATT jeder Mitgliedsstaat jedem anderen Mitgliedsstaat *automatisch* Meistbegünstigung hinsichtlich sämtlicher Waren einräumt und umgekehrt automatisch von allen anderen Mitgliedern Meistbegünstigung erhält[135].
Das bedeutet: wenn etwa Großbritannien eines Tages beschließt, seinen Zolltarif für die Einfuhr von Kupferspänen aus Deutschland von 30% auf nur 7%[136] herabzusetzen, dann kommen auch alle anderen GATT-Mitglieder automatisch in den Genuß dieses günstigen Einfuhrtarifs und zwar selbst dann, wenn Großbritannien diese Vergünstigung ausdrücklich nur auf Deutschland beschränken wollte, etwa wegen dessen Verdiensten

---

[135] Umfangreiche Ausnahmen zu diesem Grundsatz finden sich allerdings u.a. in den Absätzen 2 ff von Art. I, die jedoch vorne nicht mit abgedruckt sind.

[136] Hierbei wird bewußt die Besonderheit außer Acht gelassen, daß beide Länder Mitgliedsstaaten der EG sind und damit vorrangig die Vorschriften des EG-Vertrages anzuwenden sind.

The same benefit would inure to the other GATT-members, even if Britain had agreed to such a reduction with a non-member state, say: with China, as an incentive for gentle treatment of Hong Kong after 1997. (Read Art. I carefully: from which formulation of that article does this follow?).

For our initial case ("*Tiananmen*") this means: if China were a member of the GATT, it would automatically have *most-favoured-nation* status in its relation to the U.S.. Then the American president (and the Congress) could be spared this annual ritual described above, since the U.S. then could not deprive China of this *most-favoured* nation status.

Chapter 23: Art. III GATT: Principle of Equal Treatment of Goods already Imported on the Domestic Market (Domestic Equal Treatment)

The regulations contained in Arts. XI, II, and I of the GATT are completed and rounded off by the rule laid down in Art. III, the last of the four basic principles of the GATT. This rule reads in essence as follows:

"Once a foreign product is imported, i.e., it has properly crossed the customs boundary (and has been properly charged any duties and if necessary inspected), then it must from then on be treated in every respect just as well ("no less favourably") as a "like" product of domestic origin."

This principle is further developed in paragraphs 1, 2 and 4 of Art. III, the emphasis of each of these different paragraphs being on different aspects of possible discrimination.

In connection with GATT Art. III the following questions arise:

1) What is the right standard for comparison, in other words, how do I recognise a *"like"* product as such?

2) What exactly is meant by the term *"no less favourable"*?

3) How is the scope of Art. III to be distinguished from the ambit of the three GATT provisions so far considered, especially from that of Art. XI, 3rd.alternative (*"measures of equivalent effect"*)?

um die Sauberkeit der Nordsee (Stichwort *"Brent Spar"!)*. Das Gleiche gälte übrigens selbst dann, wenn Großbritannien diesen Tarif als Anreiz für eine schonende Behandlung von Hong Kong nach 1997 mit der Regierung in Peking nur im Verhältnis zu China vereinbart hätte, und das, obwohl China (noch?) kein Mitglied der WTO ist (Lesen Sie Art. I sorgfältig - aus welcher Formulierung dieses Artikels ergibt sich dies?).

Für unseren Ausgangsfall *("Tiananmen")* bedeutet dies: wäre die Volksrepublik China Mitglied des GATT, hätte es automatisch Meistbegünstigungsstatus auch in seinem Verhältnis zu den USA. Damit könnte sich der amerikanische Präsident sein oben beschriebenes jährliches Ritual ersparen, da die USA China dann den Meistbegünstigungsstatus gar nicht entziehen dürften.

Kapitel 23: Art. III GATT; Grundsatz der Gleichbehandlung von bereits eingeführten Waren im Inland (Inländergleichbehandlung)

Die Regelungen der Artt. XI, II und I des GATT werden entscheidend von der Regelung in Art. III ergänzt und abgerundet, dem letzten der vier Grundprinzipien des GATT. Dieses lautet im wesentlichen wie folgt:

"Ist eine ausländische Ware erst einmal importiert, d.h., hat sie ordnungsgemäß die (Zoll-) Grenze überschritten (und ist dementsprechend ordnungsgemäß verzollt und ggf. inspiziert), dann muß sie anschließend in jeder Beziehung "genauso gut" ("no less favourable") behandelt werden wie eine "vergleichbare" Ware inländischer Herkunft".

Dieser Grundsatz wird in den Absätzen 1, 2 und 4 von Art. III GATT unter Betonung jeweils unterschiedlicher Aspekte einer möglichen Diskriminierung in teilweise überlappender Weise näher ausgeführt.

Im Zusammenhang mit Art. III GATT stellen sich insbesondere die folgenden drei Fragen:

1) Welches ist der richtige Vergleichsmaßstab, m. a. W., woran erkenne ich ein "gleichartiges" Produkt als solches?
2) Was genau ist mit dem Begriff *"no less favourable"* ("nicht ungünstiger") gemeint?

3) Wie ist der Regelungsbereich des Art. III GATT von den Anwendungsbereichen der bisher bereits besprochenen drei GATT-Vorschriften abzugrenzen, insbesondere von der 3. Alternative des Art. XI GATT ("Maßnahmen gleicher Wirkung").

These questions will be the subject of enquiry in chapters 24, 25 & 27.

Chapter 24: Defining *"Likeness"* according to Art. III GATT

I) The Economic Viewpoint: A High Cross-Elasticity of Demand as Evidence for the *"Likeness"* of the Products Compared

First of all, it is clear that an imported item can never be "identical" to or "the same" as a domestic one: a Californian lemon, even after importing it into Morocco, is still not a Moroccan lemon! So it is always necessary to combine a number of not-quite-like goods under a general term, and then put them into a "basket" of "comparable" commodities. In doing this the question arises of how to define the scope of this basket: is the Californian lemon to be compared only to Moroccan *lemons* or to Moroccan *citrus fruits*, to *fruit in general*, or even to the *entire basket of food*?

As may be known from the determination of the relevant market in anti-trust law, a judgement about this question greatly depends on the so-called *"cross-elasticity"* of demand for these products, which one wants to combine into one market or basket of goods for purposes of comparison. By this term one understands the relative ease with which the average consumer switches from one product to another if the price for the first product is raised[137]. The higher this cross-elasticity is, the more it is justified to consider the two (or more) products under consideration to be put into one common "basket" of goods all of which warrant identical treatment.

> **Example:** For purposes of illustration let's assume that the average Morocan consumer quite easily switches from oranges to lemons and vice versa, i.e., the cross-elasticity of demand is extremely high between these two types of products. Let's further assume that about half of all oranges consumed there are home-grown, while the other half is imported from California. In contrast, the entire demand for lemons can be satisfied by domestic production. The Moroccan government now imposes a heavy "luxury tax" on the sale of oranges to which there is no equivalent regarding the treatment of lemons. Does this tax violate Art. III GATT?

> **Solution:**

> **1)** There is no "overt" discrimination in that tax, because it does not make its imposition in any way dependant on the origin (Moroccan or Californian) of the oranges in question.

---

[137] For a more detailed explanation of this term and how it is determined cf. *Hovenkamp, Herbert, Economics and Federal Antitrust Law*, St. Paul, Minn., 1985, pp. 62 ff.

Diese Fragen sind Gegenstand der nun folgenden Kapitel 24, 25 & 27.

Kapitel 24: Definition der Gleichartigkeit iSd Art. III GATT

I) Die ökonomische Sichtweise: Vergleichbarkeit bei einer hohen Kreuzelastizität der Nachfrage

Zunächst ist klar, daß ein Importprodukt mit einer einheimischen Ware nie "identisch" oder auch nur "gleich" sein kann: eine kalifornische Zitrone ist eben auch nach ihrem Import nach Marokko keine marokkanische Zitrone! Deshalb ist es immer erforderlich, eine Menge von nicht ganz gleichen Waren unter einem bestimmten Sammelbegriff zu einem "Korb" "vergleichbarer" Waren zusammenzufassen. Dabei stellt sich zum einen die Frage, wie der Umfang dieses Korbes zu definieren ist: ist die algerische Zitrone nur mit marokkanischen Zitronen zu vergleichen oder mit marokkanischen Zitrusfrüchten, mit Obst als Ganzem oder gar mit dem Gesamtwarenkorb "Lebensmittel"?

Wie u.U. von der Bestimmung des jeweils relevanten "Marktes" aus dem Kartellrecht bekannt, hängt die Beurteilung dieser Frage zumindest weitgehend von der sogenannten gegenseitigen *Elastizität der Nachfrage"* [137] derjenigen Produkte ab, die man zu einem Markt bzw. Warenkorb zusammenfassen will: je eindeutiger die Verbraucher bei einer Verknappung/Verteuerung beispielsweise von Zitronen gerade auf Orangen ausweichen (statt etwa allgemein auf anderes Obst), desto mehr ist es gerechtfertigt, den relevanten Warenkorb hier als "Zitrusfrüchte" zu definieren und nicht als "Obst" mit der Folge, daß z.B. Lagerungsvorschriften, die ausschließlich für Zitrusfrüchte gelten aber nicht für anderes Obst, keine unzulässige Diskriminierung der importierten Zitronen im Vergleich etwa mit einheimischen Bananen darstellen würden.

> **Beispiel:** Nehmen wir an, der durchschnittliche Marokkaner würde je nach Angebot ohne weiteres von Zitronen zu Orangen wechseln und umgekehrt, die Kreuzelastizität zwischen diesen beiden Produkten in Marokko sei also hoch. Nehmen wir ferner an, etwa der halbe Bedarf Marokkos an Orangen werde durch die einheimische Produktion gedeckt, während die andere Hälfte durch Importe aus Kalifornien bestritten werde. Gleichzeitig werde der gesamte marokkanische Bedarf an Zitronen durch einheimische Erzeugnisse gedeckt. Die marokkanische Regierung erhebt nunmehr schwere Luxussteuern auf den Verkauf von Orangen, von der Zitronen jedoch befreit sind. Verletzt diese Steuer Art. III GATT?

> **Lösung: 1)** Eine "offene" Diskriminierung liegt nicht vor, da die Steuer unabhängig von der Herkunft der Orangen (marokkanisch oder kalifornisch) erhoben wird.

---

[137] Nähere Erläuterungen zu diesem Begriff finden sich in *Hovenkamp, Herbert, Economics and Federal Antitrust Law,* St. Paul, Minn., 1985, SS. 62 ff.

2) There is no "hidden" discrimination if one looks solely at the treatment of oranges: as a considerable portion of the relevant products is both imported and home-grown, the new tax is not one-sidedly burdensome on foreign oranges only.

3) However, what if we include the lemons in the picture? As we have seen, the average Moroccan consumer tends to switch easily from oranges to lemons if the former become scarce and/or more expensive, this is exactly what we have to do. Obviously, this will decisively change our view of the new tax: if oranges and lemons have to be considered together as but different variations of one relevant product (*"citrus fruits"*), then it becomes clear that there *is* discrimination after all. This discrimination consists in the fact that imported citrus fruits are treated worse (as all of them fall under the purview of the new tax) than those grown at home (only part of which are so burdened: namely oranges, while lemons, all of which are home-grown, do not fall under the tax).

Thus, in our case, the considered tax indeed *is* discriminatory.

II) The customs-oriented view

The analysis according to customs law is much more formal but easier to apply. So considered, products are similar always and only - according to Art. III - if they are listed in the tariff code under the same or neighbouring headings.

III) Result

Which of these two criteria - or what other considerations - for establishing the similarity of products according to Art. III GATT are or should be determinative has not yet been finally decided[138]. But it should seldom come to a clash between the two: since the tariff code arranges wares systematically according to technical aspects, goods that are closely related technically and which therefore are usually highly competitive (with a high cross-elasticity of demand) will generally be found close together in the tariff code also.

---

[138] Cf. *Jackson/Davey/Sykes, International Economic Relations*, pp. 445 ff.

2) Betrachtet man allein die von der Steuer betroffenen Orangen, fehlt es auch an einer verdeckten Diskriminierung, da sie sich in erheblichem Umfang sowohl auf einheimische wie auch auf ausländische Produkte auswirkt.

3) Was aber, wenn man auch Zitronen in die Betrachtung einbezieht? Genau dies haben wir nämlich angesichts der oben erörterten Kreuzelastizität der Nachfrage nach den beiden Produkten zu tun. Betrachtet man nun die Warengruppe "Zitrusfrüchte" insgesamt, dann ergibt sich, daß eine verdeckte Diskriminierung möglicherweise vorliegen kann: von den ausländischen Früchten (Orangen) unterfallen nämlich alle dieser Luxussteuer, von den einheimischen dagegen nur ein Teil – nämlich die Orangen, während ein anderer Teil unbesteuert bleibt. Freilich ist dies allein nur ein mögliches Indiz für eine willkürliche Ungleichbehandlung und damit Diskriminierung. Ob eine solche vorliegt, hängt von den genauen Umständen ab (warum beschränkte der Gesetzgeber den Anwendungsbereich der Vorschrift nur auf Orangen, welche Bedeutung bzw. welchen Umfang hat die Gesamtnachfrage nach Zitronen im Vergleich zu Orangen?). Diese konkreten Umständen wären vor einer endgültigen Entscheidung dieser Frage in der Realität noch zu ermitteln.

II) Die zollrechtliche Sichtweise

Sehr viel formaler, dafür aber auch einfacher zu handhaben, ist die zollrechtliche Methode. Danach gelten Produkte immer und nur dann als vergleichbar iSd Art. III, wenn sie im Tarifkodex unter den gleichen oder wenigstens eng beieinander befindlichen Nummern aufgeführt sind.

III) Ergebnis

Welche dieser beiden Kriterien - oder welche sonstigen Überlegungen - für die Feststellung der Gleichartigkeit von Produkten iSd Art. III GATT letztlich maßgeblich sind oder sein sollen, ist durch die bisher ergangenen Entscheidungen des GATT-*Panel* zu dieser Frage noch nicht abschließend entschieden[138], doch dürfte es darauf in den wenigsten Fällen ankommen: da der Zollkodex die Waren systematisch nach technischen Gesichtspunkten ordnet, stehen technisch eng verwandte und damit typischerweise eng miteinander im Wettbewerb stehende Waren mit hoher "Kreuzelastizität" der Nachfrage auch im Kodex meist eng nebeneinander.

---

[138] Vgl. *Jackson/Davey/Sykes, International Economic Relations*, SS. 445 ff.

Chapter 25: Content of the Domestic Equal Treatment Rule

The consciously chosen formulation *"no less favourable"* includes two features which complement each other:

I) Prohibition of (technically) worse Treatment of Foreign Products

For one thing, the importing country, according to GATT Art. III, must not treat foreign products worse than similar domestic ones without objectively justified reasons, simply because of their foreign origin ("discrimination").

For checking whether such discrimination is indeed involved in a particular case, exactly the same criteria must be applied as those we used when we investigated whether a certain governmental measure constituted a hidden trade barrier according to Art. XI GATT.

However, there is a technical difference: in cases of Art. XI GATT, the question of whether unlawful discrimination is involved is asked only in connection with determining whether the exceptional provision of Art. XX GATT applies in a particular case. In contrast, in cases under the purview of Art. III GATT. this question is already asked within the test of whether that article's conditions are fulfilled.

II) The Requirement for "Positive Discrimination" (*"Affirmative Action"* [139])

The equal treatment requirement, however (here as within the scope of Art. XX GATT and thus indirectly of Art. XI GATT also) goes beyond a mere prohibition of *worse treatment* of foreign products compared to domestic ones. Rather it calls for measures on the part of the importing country which actively promote foreign goods over domestic ones: ultimately even for "positive" discrimination, that is, for *better* treatment of the foreign product, as far as that is necessary to create a fair opportunity for competition for the foreign item. A merely technically *equal* treatment of foreign and domestic goods does not by itself guarantee such an opportunity (as defined by Art. III or Arts. XI & XX GATT). The reason for this is that domestic and foreign products are never the same. This becomes clear immediately if one imagines a German law requiring all goods sold in Germany to carry a label reading *"made in Germany"*, no matter where they were actually made.

---

[139] This term as a mandate for the government to equalize opportunities through deliberate preferences for the members of socially disadvantaged groups (possibly through quotas) comes from the American civil rights movement.

Kapitel 25: Inhalt des Inländergleichbehandlungsgebots

Die bewußt gewählte Formulierung *"no less favorable"* beinhaltet zwei sich gegenseitig ergänzende Aspekte:

I) Verbot der (formalen) Schlechterbehandlung ausländischer Erzeugnisse

Zum einen darf der Importstaat gemäß Art. III GATT ausländische Ware im Vergleich zu gleichartiger Ware aus einheimischer Produktion nicht ohne sachlich gerechtfertigten Grund allein deshalb schlechter behandeln ("diskriminieren"), *weil* sie ausländischer Herkunft ist. Dabei erfolgt die Überprüfung, ob dies jeweils der Fall ist, nach exakt denselben Kriterien, die wir oben im Rahmen des Art. XX GATT bei der Prüfung herangezogen hatten, ob eine Maßnahme iS dieser Vorschrift ein verkapptes Handelshindernis darstellt oder nicht.

Anders als dort stellt sich bei der Überprüfung der Rechtmäßigkeit einer staatlichen Maßnahmen nach Art. III des GATT diese Frage allerdings nicht erst bei der Prüfung der Rechtfertigungsvorschrift des Art. XX GATT, sondern ist bereits Teil der Untersuchung der fraglichen Verbotsnorm (Art. III) selbst.

II) Gebot "positiver Diskriminierung" (*"affirmative action"*[139])

Das Gleichbehandlungsgebot geht aber (hier, wie übrigens auch im Rahmen des Art. XX und damit indirekt auch in Art. XI GATT) über ein bloßes Verbot der *Schlechterbehandlung* der ausländischen Waren (also der bloß passiven Abwesenheit einer Diskriminierung) hinaus und verlangt darüber hinaus von dem einheimischen Gesetzgeber bzw. von dessen Behörden u.U. Maßnahmen, die die ausländischen Waren gegenüber den einheimischen sogar aktiv fördern, letztlich also umgekehrt, d.h. "positiv", "diskriminieren"., sofern dies erforderlich ist, um der ausländischen Ware auf dem einheimischen Markt eine faire Wettbewerbschance erst einmal zu verschaffen. Eine bloß formale Gleichbehandlung ausländischer und inländischer Produkte stellt also für sich allein noch keine Garantie dafür dar, daß die ausländische Ware (im Sinne des Art. III bzw. des Art. XI mit XX GATT) "fair" behandelt wird. Der Grund dafür liegt darin, daß inländische und ausländische Produkte eben nie dasselbe sind. Das leuchtet sofort ein, wenn man sich etwa ein - deutsches - Gesetz vorstellt, das von allen in Deutschland vertriebenen Waren unabhängig davon, wo sie

---

[139] Dieser Begriff als Gebot an den Staat, durch bewußte Bevorzugung der Angehörigen von gesellschaftlich vernachlässigten Gruppen einen Ausgleich für diese Benachteiligung zu schaffen, etwa durch Quotenregelungen, stammt aus der amerikanischen Bürgerrechtsbewegung.

This extreme case makes clear that in certain cases the requirement of effectively equal treatment or actual non-discrimination can call for somewhat different - and for foreign goods - usually a somewhat less demanding treatment.

> **Example:** Germany has the most stringent environmental regulations for passenger cars and demands that after a certain date every imported vehicle meet particular emission levels which, at the present stage of technology, can only be attained by an appropriately adjusted catalytic converter. California has similarly strict but slightly different rules for emissions. Since only a few American cars are sold on the German market, it would be uneconomical to change such a small number of vehicles specially for the German requirements. Instead, in such a situation, the mandate of positive discrimination toward foreign goods as contained in Art. III GATT may require Germany to let it suffice that these cars are manufactured to Californian standards (rather than to those of some other - less "clean" - American state) in order to be admitted to the German market - although even the standards in force there are not *exactly* the same as those in Germany[140].

Chapter 26: Case of *"GASTON SCHUL"* I (ECJ 15/81, 5.5.82)
(facts slightly altered)

Let us now see, by way of an example, how far this duty of "positive discrimination" for foreign products goes.

An illustration of the problem is offered by the case of *Gaston Schul* leading to the decision of the *European Court of Justice* mentioned above. In that case, a Dutchman, named *Gaston Schul*, bought a second-hand sailing yacht which he wanted to use privately in the Netherlands, just as his - New Zealand - seller had done before him. Upon the importation into the Netherlands, the Dutch customs authorities charged *Schul* with what we'll call *"import tax"*[141], a special kind of *"Value Added Tax"* (VAT) imposed by every EC member-state on goods upon their importation. To avoid the particularities of intra-EC trade, we further assume for the moment that the seller is located in New Zealand, a non-member state. Finally, we posit that the system of taxation levied in New Zealand is essentially the same as that in force within the EC.

In order to appreciate the issue, we first must briefly outline the general principles of VAT in force in the Community. Despite various EC directives[142] which greatly harmonised the VAT systems throughout the EC, the

---

[140] Cf. the solution to this problem developed by the *European Court of Justice* for cross-border transfers of that kind within the EC in its holding of *"Cassis de Dijon"*, ch. 80, infra.

[141] In U.S. usage, the American equivalent to this import tax is commonly referred to as *"use tax"* in the context of inter-state trade.

[142] (see ch. 50 III, infra).

hergestellt wurden, als Herkunftsangabe gleichmäßig den Aufdruck "*made in Germany*" verlangen würde.

Dieser Extremfall macht deutlich, daß in bestimmten Fällen das Gebot der effektiven Nichtdiskriminierung bzw. der effektiven Gleichbehandlung eine (etwas) unterschiedliche - und gegenüber den ausländischen Waren meist etwas tolerantere - Behandlung der ausländischen gegenüber der einheimischen Ware erfordern kann.

Beispiel: Deutschland hat strengste Umweltschutzvorschriften für PKW und verlangt ab einem bestimmten Zeitpunkt von jedem neuzugelassenen PKW die Einhaltung ganz bestimmter Emissionswerte, die nach dem gegenwärtigen Stand der Technik nur mit einem geregelten Katalysator erzielt werden können. Die USA haben ähnlich strenge, jedoch leicht unterschiedliche Emissionsvorschriften. Da nur wenige amerikanische PKW auf dem deutschen Markt abgesetzt werden, wäre es unwirtschaftlich, eine solch geringe Menge an Fahrzeugen speziell auf die deutschen Anforderungen hin umzurüsten. In einer solchen Situation kann das Gebot der Nichtdiskriminierung es ausnahmsweise erfordern, daß Deutschland die Einfuhr solcher PKW und deren Betrieb in Deutschland - unter Umständen unter bestimmten Auflagen - gestattet, obwohl diese nicht genau den Anforderungen entsprechen, die neuzugelassene PKW sonst erfüllen müssen[140].

Ein in vieler Hinsicht instruktives Beispiel bietet die Problematik, die der Entscheidung des Europäischen Gerichtshofs (EuGH) im Fall "*Gaston Schul*" zugrundelag:

Kapitel 26: Der Fall "Gaston Schul" I (EuGH 15/81 5.5.1982)
(Sachverhalt leicht abgewandelt)

Veranschaulichen wir uns die Bedeutung dieser "positiven Diskriminierungspflicht" gegenüber ausländischer Ware anhand eines konkreten Beispiels. Dafür bietet sich der Fall *"Gaston Schul"*, der der oben angegebenen Entscheidung des Europäischen Gerichtshofs zugrundelag, besonders an. Ein Niederländer namens Gaston Schul hatte von einem neuseeländischen Segler in Neuseeland – privat von privat – eine gebrauchte Segeljacht zur eigenen privaten Nutzung in den Niederlanden erworben. Bei der Einfuhr der Jacht in die Niederlande verlangten die niederländischen Zollbehörden von Schul für die Jacht die entsprechende Einfuhrumsatzsteuer[141]. Bei dieser Steuer handelt es sich um eine Unterart der allgemeinen

---

[140] (Vgl. die Lösung dieses Problems im Rahmen des EG-Binnenmarktes in der Entscheidung des Europäischen Gerichtshofs *"Cassis de Dijon"*, unten, Kapitel 80.)

[141] Das US-amerikanische Äquivalent wird meist als *"use tax"* bezeichnet.

VAT has remained a national tax levied by each state on a domestic level. According to this system every "new" item (i.e., one sold by a merchant but not goods sold privately = "second-hand") when sold, is burdened with VAT which, however, is refunded to the exporter if the "new" product leaves the country. No refund, however, is granted for used goods. On the other hand, no such distinction is made when a product *enters* the country. Then each member-state charges import tax (which in essence and amount equals its ordinary domestic VAT), no matter whether the product is new or second-hand. While that produces fair results for *new* items - in effect, these are always and only charged the VAT of the country of destination (either in the form of "ordinary" VAT or in the form of "import tax") -, this system has serious implications for second-hand items. As any used commodity was once new, it was at that time charged the VAT of the country from which it is now exported. This charge remains a burden on that good and thus constitutes an integral part of its price even when it is later passed on to some other private owner as "second-hand". As, unlike new products, there is no tax refund on the export of such goods, this applies even when it is exported. Nevertheless, VAT is imposed on such a used commodity again, this time by the country of destination, upon its importation there (in the form of import tax). Contrast this with the situation of a second-hand product made in the country of destination (i.e., a "like" domestic product) which was subjected to the VAT of only one country, viz., that of the country where it both was made and is now being traded.

Even though - from the perspective of the country of destination - such an item is treated the same as a comparable domestic one - both must pay that country's VAT - , it is clear that *in the aggregate* the foreign product is much more heavily burdened and therefore suffers a serious competitive disadvantage.

This inequality is now challenged by *Schul* as violating the *"equal-treatment"* rule of Art. III of the GATT.

Question: Is *Schul* right and, if so, what can he do?

The answer turns on whether and in what form the equal-treatment rule of that article requires the country of destination to take account of the tax burdens already imposed on a product when it arrives at its borders. In other words, must this country provide some kind of "affirmative action", in the form of a reduction ("rebate") in its import tax?

As a careful reading of the various paragraphs of Art. III GATT (in particular, its second one) shows, such a requirement does *not* exist with regard

Umsatz- oder Mehrwertsteuer (dabei handelt es sich um zwei verschiedene Ausdrücke für dieselbe Sache), die von allen Mitgliedsstaaten der EG bei der Einfuhr von Waren auf diese erhoben wird. Zur Vereinfachung nehmen wir ferner an, daß das Umsatzsteuersystem von Neu-Seeland demjenigen in den EG-Mitgliedsstaaten entspricht.

Für eine angemessene Würdigung des vorliegenden Problems bedarf es zunächst einer ganz kurzen Einführung in das Umsatzsteuersystem der EG. Trotz erheblicher Harmonisierungen[142] handelt es sich bei dieser Steuer nach wie vor um eine solche, die jeweils von den verschiedenen Mitgliedsstaaten auf rein nationaler Ebene erhoben wird. Das Grundprinzip dieser Steuer besteht darin, daß auf jede Veräußerung einer *neuen* Sache (d.h. bei Verkäufen, die der Verkäufer in gewerblicher Absicht durchführt und nicht zu rein privaten Zwecken) eine an dem Wert der betreffenden Ware orientierte Umsatzsteuer anfällt, die jedoch u.a. dann wieder erstattet wird, wenn die Ware das betreffende Land verläßt. Diese Erstattung gilt aber wohlgemerkt nur für Neuwaren, nicht aber für solche, die jemand zu privaten Zwecken besitzt. Bei der Einfuhr von Waren dagegen wird eine derartige Unterscheidung nicht getroffen. Vielmehr erhebt hier das jeweils einführende Land bei der Einfuhr auf neue wie auf gebrauchte Waren in gleicher Weise Einfuhrumsatzsteuer, die im übrigen in Höhe und Art der "normalen" einheimischen Umsatzsteuer dieses Landes vollumfänglich entspricht. Für Neuwaren führt dies zu angemessenen Ergebnissen. Diese werden im Endeffekt vollumfänglich und ausschließlich mit der (Einfuhr-) Umsatzsteuer des Bestimmungslandes belastet und unterliegen somit dort der gleichen Belastung wie einheimische Waren gleicher Art. Das gilt jedoch nicht für Gebrauchtwaren. Zwar fällt nach dem geltenden Umsatzsteuersystem auf den Verkauf einer gebrauchten Ware keine eigene Umsatzsteuer an, die anläßlich ihres Exportes zu erstatten wäre. Dennoch ist aber eine gebrauchte Ware bei ihrem Verkauf in der ihrem Restwert entsprechenden Höhe noch immer mit der Umsatzsteuer des Herkunftslandes belastet, die der private Verkäufer bzw. Exporteur bei deren Erwerb für sie bezahlt hat. Diese Belastung bleibt natürlich auch bei ihrer Weiterveräußerung als Teil des Wiederverkaufspreises bestehen. Insgesamt bedeutet das, daß eine gebrauchte (also eine von einem Privatmann verkaufte) Ware anläßlich ihrer Verbringung von einem Land in ein anderes insgesamt doppelt mit Umsatzsteuer belastet wird: mangels Erstattung bei ihrem Export bleibt sie mit der bereits bezahlten Umsatzsteuer des Ausfuhrlandes belastet, während bei der Einfuhr in das Bestimmungsland dazu noch dessen Einfuhrumsatzsteuer hinzukommt. Im Ergebnis ist also eine eingeführte Gebrauchtware nach ihrer Verbringung in das Bestimmungsland zweimal mit (Einfuhr-) Umsatzsteuer belastet, eine vergleichbare einheimische gebrauchte Ware dagegen nur einmal.

Wenngleich aus der rein subjektiven Sicht des Einfuhrlandes die Ware (von ihm selbst) auch nicht stärker belastet wird als eine vergleichbare einheimische Ware, ergibt sich damit insgesamt eine deutlich höhere Be-

---

[142] Vgl. hierzu unten, Kapitel 50 III.

to *monetary* burdens. Rather, it clearly suffices if the importing country affords formally equal treatment (no "higher" taxes as opposed to "no less favourable" taxes!) to both categories of goods, foreign and domestic.

To summarize, *financial* burdens do not require the importing country to treat an imported product more leniently, even though they may be of much greater relevance for its competitiveness than its compliance with technical requirements. Isn't that startling?

The actual reason why the dictates of "positive discrimination" do not extend to the field of financial charges presumably is the unwillingness of the importing countries to waive their own revenues in favour of some foreign state. Moreover, this differentiation between the treatment of *technical* characteristics of a foreign product and its exposure to *financial* charges does make overall economic sense, for various reasons.

First, technical characteristics can generally be ascertained with relative ease even many years after production. Obviously, that does not apply to financial charges levied in the course of years in and by various countries.

Second is the recognition that a product must first of all[143] satisfy the rules of the country of destination. It is this country alone, or at least predominantly, where the effects of its use on its environment are typically felt. From the standpoint of every importing country, therefore, any import ought to conform to all requirements with regard to its technical characteristics and pay all charges imposed there on like domestic wares. However, perfect adherence to this principle is often not practicable with regard o a products technical and other characteristics without forfeiting the advantages of economies of scale and of international specialisation. This concern does not apply to *financial* charges. As these are independent of the production process, they need not be standardised but can easily be ascertained and charged differently in each country of destination. If, for whatever reason, in certain exceptional cases like the one just discussed, the tax authorities of the exporting country fail to grant a refund of the taxes paid there, that is unfortunate for the exporter but definitely no reason for the receiving country to waive any revenue. To that argument, it is true, it may be objected that it is very hard for the exporting country to calculate the amounts to be refunded when a second-hand item is exported, as both such an item's value and the amount of tax paid on it are often elusive. However, this is exactly what would have to be ascertained

---

[143] Unless, however, for reasons of particular solidarity among certain states, the importing country lets it suffice if a product conforms with the technical requirements of the country of origin or, for the same reason, grants a rebate on charges paid there, as is the case within the EC, cf. cases *"Cassis de Dijon"* and *"Gaston Schul"* II, ch.'s 80 and 81, respectively.

Furthermore, of course in many settings, a product will additionally have to comply with certain rules of other countries besides the country of destination, e.g.. with the pertinent safety requirements of the countries through which it is transported.

lastung und damit ein entsprechender Wettbewerbsnachteil für die eingeführte ausländische Ware.
Schul will nun gegen die darin liegende Ungleichbehandlung gerichtlich
vorgehen, da sie seiner Meinung nach gegen Art. III GATT verstößt.

Frage: Hat *Schul* Recht, und was kann er ggf. tun?

Die Antwort hängt offensichtlich entscheidend davon ab, ob der Gleichbe-
handlungsgrundsatz des Art. III GATT verlangt, daß das Importland bei der
Festlegung seiner Einfuhrumsatzsteuer die eventuell in anderen Staaten
auf die gleiche Ware bezahlten Steuern – in Form eines wie auch immer
gearteten "Rabatts" – berücksichtigt.

Die sorgfältige Lektüre von Art. III GATT, insbesondere die seines zweiten
Absatzes, zeigt, daß eine solche Pflicht nicht besteht. Im Gegensatz zu
den anderen Absätzen dieser Vorschrift, die darauf abheben, daß ausländische Ware "nicht schlechter", also unter Umständen durchaus nicht nur
gleich sondern sogar besser, zu behandeln seien als vergleichbare einheimische Ware, ist der für finanzielle Belastungen einschlägige zweite
Absatz weniger stringent formuliert. Insoweit reicht aus, daß die (von dem
Einfuhrland) *auferlegte* Steuer "nicht höher" ist als die für einheimische
Produkte. Auf eine Gesamtschau kommt es somit gerade nicht an. Das
überrascht, hat diese (Gesamt-)Belastung erhebliche Bedeutung für die
Wettbewerbsfähigkeit der Ware im Bestimmungsland.

Wahrer Hintergrund dieser Regelung dürfte die Unwilligkeit der traditionellen Einfuhrstaaten gewesen sein, zugunsten irgendwelcher anderen
Länder auf ihnen sonst zustehende Einnahmen zu verzichten. Davon abgesehen, ist diese unterschiedliche Handhabung von technischen Eigenschaften und finanzieller Belastungen aber auch in mehrfacher Hinsicht
wirtschaftlich sinnvoll.
Zum einen lassen sich die Eigenschaften eines Produktes im allgemeinen
an diesem Produkt selbst erkennen und erfordern nicht, wie die Feststellung von irgendwann einmal bezahlten Steuern, einen erheblichen Re-
chercheaufwand.
Zum zweiten hätte die rücksichtslose Anwendung des reinen
"Bestimmungslandsprinzips" (mit dem Inhalt, daß alle Waren, die in ein
bestimmtes Land eingeführt werden, die dort für ein Produkt dieser Art
vorgeschriebenen Eigenschaften bis auf das letzte "i-Tüpfelchen" erfüllen
müssen)[143] zwingend den Verzicht auf die sonst mögliche Massenprodukti-

---

[143] Es sei denn, das Einfuhrland läßt es aufgrund einer besonderen Solidarität mit
dem Herstellungsland ausnahmsweise einmal genügen, daß das eingeführte Erzeugnis wenn schon nicht seinen eigenen, dann wenigstens den einschlägigen
Vorschriften dieses Landes genügt, vgl. dazu insbesondere den Fall *"Cassis de
Dijon"*, unten, Kapitel 80, oder es ist bereit, bereits im Ausland auf das Produkt

by the tax authorities of the *importing* country if it were required to equalise these charges by an appropriate rebate.

To summarise: unlike its requirements for technical characteristics, the equal treatment rule of Art III GATT does not oblige a country to reduce its charges on an imported product below the level it imposes on comparable domestic ones, just to balance their overall tax burdens. It suffices here if the importing country imposes *no higher* taxes on the imported item than it does on its domestic equivalent.

Chapter 27: How to Distinguish the Principles Contained in Art. III GATT from those Found in Arts. XI, II and I of the GATT

1) Distinguishing Art. I from Art. III GATT

It is primarily one property that Arts. I and III GATT have in common: both of them forbid discrimination in the sense of different treatment that is not reasonably justified by factual differences. The main difference between these two provisions lies in the *object of comparison*:

Within Art. I GATT the treatment afforded by the importing state to two or more products imported from two or more exporting countries is compared. Art. III GATT, in contrast, forbids unequal treatment - apart from necessary border inspections - of an *imported product* as compared to a "like" *product of domestic origin*.

2) Distinguishing Art. II from Art. III GATT

Art. II GATT permits one single kind of discrimination only: This discrimination concerns the treatment of **1)** foreign imported goods as compared to like domestic products; **2)** only in the form of customs duties; and **3)** only on the occasion of the foreign item crossing the border (import), and all of these with the aim of gradually reducing and ultimately abolishing this burden entirely.

3) Distinguishing Art. XI from Art. III GATT

Unproblematic is the identification and thereby differentiation from all other provisions of the GATT of cases falling under the first alternative of Art. XI GATT ("quantitative restrictions"): quotas of all kinds clearly and unambiguously are governed by this provision alone.

on und den daraus resultierenden Einsparungseffekt (*"economies of scale"*) zur Folge. Dieser Nachteil steht bei rein finanziellen Belastungen dagegen offensichtlich nicht zu befürchten, denn diese können ohne Verluste dieser Art selbstverständlich von jedem Land unterschiedlich festgelegt werden.

Zusammenfassend läßt sich somit festhalten: anders als hinsichtlich der technischen Eigenschaften eines Produktes genügt das einführende Land seiner Verpflichtung gemäß Art. III GATT mit Bezug auf die finanzielle Heranziehung eines eingeführten Produktes in jedem Falle bereits dann, wenn es die importierte Ware formal (und das heißt hier: betragsmäßig) gleich behandelt wie gleichartige Produkte des eigenen Landes. Eine Berücksichtigung des bisherigen "Werdegangs" des Produktes (im Sinne der auf ihm bereits ruhenden Belastungen) ist dafür also nicht erforderlich. Insoweit besteht also ein wesentlicher Unterschied zu technischen Vorschriften bzw. Produkteigenschaften, wo die ausländische Herkunft einer Ware durchaus eine im Vergleich zu Waren einheimischer Produktion "mildere" Behandlung nicht nur zulassen sondern unter Umständen sogar gebieten kann.

Kapitel 27: Abgrenzung der Grundsätze des Art. III GATT von Artt. XI, II und I des GATT

1) Abgrenzung von Art. I GATT

Den Artikeln I und III des GATT ist vor allen Dingen die Eigenschaft gemeinsam, daß sie jeweils eine sachlich nicht begründete Ungleichbehandlung "Diskriminierung" verbieten. Der Unterschied liegt in dem jeweiligen Vergleichsobjekt: Im Rahmen des Art. I GATT werden die Maßnahmen bzw. Regelungen miteinander verglichen, denen ein und derselbe Mitgliedsstaat des GATT Waren aus zwei verschiedenen Export-Staaten unterwirft, die bis aus ihre unterschiedliche Herkunft "gleichartig" sind. Vergleichsgegenstand sind also *zwei* im übrigen gleichartige *jeweils ausländische Produkte*, die allerdings *aus unterschiedlichen Ländern* stammen. Hier gelten zwei Grundsätze: 1) "kein Nichtmitglied besser als irgendein Mitglied" und 2) "jedes Mitglied gleich gut". Art. III GATT dagegen vergleicht die Behandlung einer bestimmten ausländischen Ware mit den Regeln, denen der Einfuhrstaat seine eigenen einheimischen Produkte der betreffenden Art unterwirft.

2) Abgrenzung von Art. II GATT

Art. II GATT erlaubt eine einzige Diskriminierung, und auch diese nur widerwillig und nur bei einer ganz bestimmten Gelegenheit. Er erlaubt eine Diskriminierung im Vergleich **1)** von eingeführten ausländischen Waren im Vergleich zu gleichartigen Waren einheimischer Herkunft (also nicht untereinander, das verbietet vielmehr gerade Art. I GATT), **2)** lediglich in Form von Zoll und auch das **3)** nur anläßlich des Grenzübertritts (Einfuhr) der ausländischen Ware - und all das schließlich mit dem Ziel einer zunehmenden Verringerung und schließlich gänzlichen Abschaffung dieser Belastung.

---

bezahlte Abgaben auf die zu erhebende Einfuhrsteuer anzurechnen, siehe dazu unseren Fall *"Gaston Schul"* II, unten, Kapitel 81.

Not much less difficult is the differentiation of cases falling within the ambit of the second and third alternatives of Art. XI GATT (*"licenses"* and *"measures having equivalent effect"*), from Art. III.

Their respective purview can easily be understood if we once again recall the differentiation of product-related rules worked out in Chapter 7 above: Rules that pertain either to the manner of a product's manufacture or to the result of that manufacture (viz., its characteristics) - i.e., rules pertaining to a set of facts being entirely in the past at the time the product reaches the border of the importing country - squarely fall within the scope of Art. XI GATT. In contrast, Art. III GATT concerns the way a commodity is treated either *upon or after its crossing of the border*, i.e., it deals with all kinds of prescriptions or prohibitions pertaining to its marketing and/or distribution in the country of destination, or that either upon or after its importation subject it to any tax or charge other than proper customs duties.

In order to illustrate more plastically the function of as well as the differences among these four articles, let's visualise the central market of a medieval town. The wall around it symbolises all prohibitions/prescriptions or restrictions that in any way impede the importation into the city of goods originating outside it.

Art. XI GATT, then, says that all *other* kinds of extra fortifications, moats, say (quantitative restrictions), or devices to cast boiling oil at those laying siege (methods having "equivalent" effect, viz, not letting outsiders in unscarred) are strictly prohibited.

Art. II GATT permits raising such a wall that makes it a little harder for outsiders to enter that market, compared to merchants domiciled within the town, as long as it is made purely of conventional material (customs duties).

Art. I GATT demands that the wall be of equal height everywhere for all outsiders who want to scale it.

Art. III GATT, finally, requires that those "foreign" merchants who have successfully climbed the wall, had their wares properly inspected and paid the due customs, may now no longer be discriminated against by, e.g., having to pay higher fees for obtaining a stall to sell their products than that charged indigenous merchants[144].

---

[144] According to the official footnote to Art. III (see the asterisk) this applies even when such a duty is collected, like the importation tax explained above, right at the border, so long as it is meant to do nothing but equalize a tax, like VAT, usually connected to some event (like a transaction in the case of VAT) that ordinarily takes place within one country.

3) Abgrenzung zu Art. XI GATT

Unproblematisch ist die Identifizierung und damit zugleich die Abgrenzung gegenüber allen übrigen Vorschriften des GATT von Fällen, die Art. XI, 1. Alternative GATT ("mengenmäßige Beschränkungen") unterfallen: findet sich irgendwo ein (nationales) Verbot der Ein- bzw. Ausfuhr, dessen Eingreifen allein von der Menge oder dem Wert gleichartiger Waren abhängt, die in das oder aus dem betreffenden Mitgliedsstaat bereits ein- bzw. ausgeführt worden sind, liegt ein solcher Fall unter Ausschluß aller übrigen Vorschriften des GATT eindeutig vor.

Unter Heranziehung der von uns oben in Kapitel 11 und 12 herausgearbeiteten Unterscheidung fällt aber auch die Abgrenzung von den beiden weiteren Alternativen des Art. III GATT (Lizenzen und "Maßnahmen gleicher Wirkung") nicht schwer. Dem Artikel XI GATT unterfallen alle diejenigen Vorschriften, die sich entweder auf die Art und Weise der Herstellung des Produktes beziehen oder auf das Ergebnis dieses Herstellungsprozesses, also auf seine Eigenschaften. Kurz: alle Regelungen, die sich auf Sachverhalte oder Umstände beziehen, die zu dem Zeitpunkt, an dem die Ware die Grenze des einführenden Landes erreicht, bereits endgültig abgeschlossen sind. Art. III GATT dagegen behandelt den Zeitraum ab Erreichen dieser Grenze, und vor allem den danach, betrifft also insbesondere nationale Vorschriften, die in irgendeiner Weise den Vertrieb oder die anschließende Wartung, aber auch ihre steuerliche Behandlung durch das Einfuhrland betreffen.

Zusammenfassend kann man sich die verschiedenen Regelungsbereiche der Art. XI, II, I und III GATT bildlich wie folgt veranschaulichen: Dabei stellen wir uns vor, der Markt es Importlandes sei der Innenhof einer Burg, der rundherum von einem Verteidigungswall umgeben ist.

Art. XI sagt aus, daß dieser Wall nur aus konventionellem Stein (Zoll) errichtet sein darf, während die Verminung des Walles durch die Burgbewohner untersagt ist.

Art. II verbietet die Erhöhung des Walles.

Art. I schließlich verlangt darüber hinaus, daß der Wall gegenüber allen Bundesgenossen (GATT-Mitglieder) gleich hoch gebaut wird. Wenn er überhaupt Höhenunterschiede aufweist, dann sind allein Erhöhungen und diese lediglich gegenüber Nicht-Bundesgenossen zulässig.

Art. III verbietet es den Burgbewohnern, denjenigen Belagerern, die den Wall einmal erfolgreich überwunden haben, einen höheren Eintrittspreis für die Teilnahme an dem Gelage innerhalb der Burg abzuknöpfen, als ihn die Burgbewohner selbst bezahlen[144].

---

[144] Gemäß der offiziellen Fußnote zu Art. III GATT gilt dies selbst dann, wenn eine bestimmte Abgabe (Steuer) im Zusammenhang mit dem und bei Gelegenheit des Grenzübertritts erhoben wird (etwa die Einfuhrumsatzsteuer). Voraussetzung für die Anwendbarkeit dieser Vorschrift ist demnach nur, daß die betreffende Abgabe einer Belastung entspricht, der gleichartige Waren einheimischer Herkunft innerhalb dieses Landes unterworfen sind (wie z.B. die Umsatzsteuer).

Chapter 28: Import Prohibitions in Defence of Domestic Standards of Manufacturing

I) The New Preamble of the WTO

"The Parties to this agreement,

Recognizing that their relations in the field of trade and economic endeavour should be conducted with a view to raising standards of living, ensuring full employment and a large and steadily growing volume of real income and effective demand, and expanding the production of and trade in goods and *services*, while allowing for the optimal use of the world's resources *in accordance with the objective of sustainable development, seeking both to protect and preserve the environment and enhance the means for doing so in a manner consistent with their respective needs and concerns at different levels of economic development**,

....
Agree as follows:"

(Preamble of the WTO-Agreement of 1994)

---

* (The text marked by *italics and underlining* was added to the preamble of the WTO in 1994 as compared to the preamble of the GATT of 1947.)

We have dealt with the problem of whether and to what extent one state ought to be permitted to shut out from its territories imports that were manufactured in "violation" of the importing country's rules of manufacturing in a more abstract and general way in chapter 12, above. On this occasion we saw that the most prominent fields where this problem can crop up are the minimum standards for the treatment of labour and of the environment that may fairly be required by the importing country from all other states where an item imported into that country might have been made. Neither of these fields is at present satisfactorily solved or even explicitly addressed by the WTO agreements (except the new insertions into the preamble of the WTO agreement, see immediately above). However, in two prominent cases that were recently decided by the (former) GATT-panel respectively by the WTO's new *Dispute Settlement Body* (see chapter 35, below) these bodies had and used the opportunity to develop a first guideline of orientation in this difficult area. As it happens, both concern environmental regulations; they shall now be presented:

Kapitel 28: Einfuhrverbote zum Schutz einheimischer Herstellungsstandards

I) Die neue Präambel der WTO

"Die Parteien des vorliegenden Abkommens,

in der Erkenntnis, daß ihre Beziehungen auf dem Gebiet von Handel und Wirtschaft auf die Erhöhung des Lebensstandards, auf Vollbeschäftigung, auf die Erhöhung des Realeinkommens ebenso wie auch der effektiven Nachfrage ausgerichtet sein sollten sowie darauf, Herstellung und Handel sowohl mit Waren als auch mit Dienstleistungen kontinuierlich zu erhöhen, dabei aber gleichzeitig die optimale Nutzung der globalen Rohstoffreserven sicherzustellen, *mit dem Ziel einer auf Dauer und auf die Erhaltung und den Schutz der Umwelt ausgerichteten Entwicklung sowie auf eine Vermehrung der hierfür verfügbaren Mittel entsprechend ihren jeweiligen Bedürfnissen und ihrem je nach ihrem Entwicklungsstadium unterschiedlichen Bewußtseinsstand**

kommen hiermit wie folgt überein:"

(Präambel des WTO-Abkommens von 1994)

(* *Kursiv und unterstrichen* = Zusätze, die 1994 neu in die Präambel der WTO im Vergleich zu der Präambel des GATT von 1947 aufgenommen wurden)

Dem generellen Problem, inwieweit ein Land berechtigt sein sollte, die Einfuhren aus anderen Staaten allein deshalb zu verbieten, weil diese nicht den eigenen, einheimischen Mindeststandards der Arbeitsbedingungen oder des Umweltschutzes entsprechen, waren wir bereits oben in Kapitel 12 begegnet. Es wird von den WTO-Verträgen nicht gelöst, ja, abgesehen von den oben wiedergegebenen Einfügungen in die Präambel des neuen WTO-Vertrages, noch nicht einmal ausdrücklich angesprochen. Immerhin hatten ein früheres GATT-*Panel* und der neue *Dispute Settlement Body* der WTO (dazu Kapitel 35, unten) mittlerweile in zwei von ihnen entschiedenen Streitfällen in den letzten Jahren Gelegenheit, erste Richtlinien in diesem schwierigen Bereich zu entwickeln. Beide Entscheidungen betrafen den Umweltschutz. Sie wollen wir uns nunmehr kurz betrachten:

II) The *Dolphin-Tuna* Case[145]:

1) Factual Background (simplified):

In order to protect maritime mammals, in particular dolphins, the USA passes a law prohibiting catching tuna on the high seas by using especially dense and therefore especially effective nets, because nets of that type also catch young dolphins which then must perish. Instead, American fishermen must use wide nets which, it is true, render fishing less efficient and therefore more expensive, but let baby dolphins escape. So as to protect American fishermen from foreign competition which is not bound by that law and can therefore offer its products more cheaply, the United States simultaneously prohibits the importation into the U.S. of any tuna caught in the forbidden way. Mexico, one of the largest suppliers of tuna, brings action against the United States before the WTO (then still the GATT) because of the restriction of trade inherent in this prohibition.

2) Question:

Does this prohibition indeed violate Articles III or XI GATT and, if so, does one of the exceptions listed in Art. XX GATT apply here?

3) Solution:

a) Art. III or Art. XI applicable?

As we are dealing here with a regulation pertaining the manner of production this clearly is a case of Art. XI GATT. Art III GATT does not apply.

We then ask whether the presumption of illegality deriving from the above is rebutted by Art. XX GATT:

b) Justification of the American Import Prohibition according to Art. XX GATT?

As we have stated before, in order for Article XX GATT to apply, several conditions must be satisfied. These are – for purposes of a quick review -: *First*, the measure in question must aim at a non-protectionist, legitimate policy goal, preferably at one of those explicitly listed in Art. XX GATT itself. *Second*, it must be proportionate, i.e., suitable and necessary to achieve that goal and not excessive in its consequences. *Third*, and finally, it must not constitute a hidden trade barrier or unduly discriminate.

---

[145] 39th Supp. BISD 155 (1993). This *"panel report"* never became legally effective as the - losing - United States withheld its consent. The report was issued at a time when the adoption and thus effectiveness of such reports required the unanimous consent of all GATT member-states, cf. ch. 35, infra).

II) Der *Delphin-Thunfisch*-Fall[145]:

1) Sachverhalt (vereinfacht):

Zum Schutze der Meeressäugetiere, insbesondere der Delphine, erlassen die USA ein Gesetz, das den amerikanischen Hochseefischern verbietet, mit besonders engmaschigen und damit zugleich auch besonders ergiebigen Netzen auf Thunfischfang zu gehen, weil von derartigen Netzen zufällig mitgefangene Delphin-Babies erdrosselt werden. Statt dessen müssen die amerikanischen Fischer weitmaschige Netze verwenden, die zwar den Fang weniger ergiebig und damit teurer machen, gleichzeitig jedoch den Delphinjungen eine Fluchtmöglichkeit lassen. Um die amerikanischen Fischer vor ausländischem Wettbewerb zu schützen, der sich nicht an diese Regeln hält und Thunfischfleisch deshalb billiger anbieten kann als diese, verbieten die USA gleichzeitig die Einfuhr ausländischen Thunfischs, sofern dieser nicht ebenfalls mit derart weitmaschigen Netzen gefangen worden war. Mexiko, einer der größten Anbieter von Thunfisch auf dem amerikanischen Markt, klagt vor der WTO (damals noch: GATT) gegen dieses Importverbot.

2) Fragestellung:

Verstößt dieses Verbot gegen Art. III oder Art. XI des GATT und ist ein ggf. vorliegender Verstoß gem. Art. XX ausnahmsweise gerechtfertigt?

3) Lösung:

a) Art. III oder Art. XI einschlägig?

Die vorliegende Vorschrift betrifft die Art und Weise der "Herstellung" des fraglichen Produkts. Damit liegt ein Fall von Art. XI GATT vor. Demnach ist das amerikanische Gesetz *prima facie* rechtswidrig. Es fragt sich jedoch, ob diese vermutete Rechtswidrigkeit im vorliegenden Fall gemäß Art. XX GATT widerlegt werden kann:

b) Rechtfertigung dieses Verbots durch Art. XX GATT ?

Wir erinnern uns zunächst noch einmal kurz an die dafür erforderlichen Voraussetzungen: das untersuchte Gesetz müßte ein legitimes politisches Regelungsziel verfolgen, müßte verhältnismäßig, d.h. geeignet, erforderlich und nicht exzessiv sein, um dieses Ziel zu erreichen, und darf weder ein verkapptes Handelshindernis darstellen noch eine Diskriminierung zum Inhalt haben (wobei die beiden zuletzt genannten Erfordernisse mehr oder weniger identisch sind).

---

[145] 39th Supp. BISD 155 (1993), durch den Widerspruch der - verurteilten! - Vereinigten Staaten nicht wirksam geworden!

The first of these conditions seems to be easily fulfilled here: as the pertinent import prohibition clearly aims at the survival of a certain valuable animal species (viz., dolphins), it most certainly pursues a legitimate policy goal. With this, we might simply carry on our investigation by checking the next of the conditions listed above and probably come to the conclusion that, yes, the ban was of course suitable and necessary to achieve that goal, and most definitely not excessive (on the contrary, one might even say, this prohibition, if anything, probably did not go far enough in ensuring the endangered species' survival!). Thus, our final decision would turn on the question of whether or not this prohibition constituted a "hidden trade barrier".

However, not so the relevant panel. As might be surprising at first, it found that, contrary to what we just said before, the first condition, the pursuance of a legitimate policy goal, was indeed lacking. How is that, one might ask: doesn't the WTO respect the protection of animals as a worthy and legitimate policy goal?

And indeed, this is exactly the kind of criticism the WTO has since then (if not earlier) been exposed to, not least at its failed summit at Seattle in December, 1999.

However, the panel's reasons for its decision were of quite a different nature. They stemmed not from a lack of respect for the protection of animals but were based on the fear of a misuse of this worthy goal and on respect for international law.

As for the international law concerned, what kind of animals are protected or deemed to be protected by the American import prohibition? A proper object of unilateral American legislation – according to the panel - can only be those animals that fall under the jurisdiction of the U.S. This is the case only for animals situated on U.S. territory or within its coastal area[**] . This condition was not satisfied in the present case, as the dolphins in question lived on the high seas that are under no country's unilateral authority. Thus, in effect, the panel read an additional condition into Art. XX GATT that – although it is nowhere explicitly to be found in the text of that article – must also be fuifilled for Art. XX GATT to be applicable: not only must one of the legitimate policy goals listed in that article be the object of the policy in question, but this object must further fall within the proper jurisdiction of the relevant country. In the opinion of the panel, this additional requirement was warranted not only by the principles of international law, but also by the needs of free trade: too obvious and inviting are the opportunities for unilateral misuse that would otherwise be open to all countries: *"What, your cows are not fed in the way as we yesterday declared mandatory for their contentment? Your chocolate made from such unacceptable milk cannot come into my country!"*

The result of it all was that the panel found the American import prohibition to be in violation of Art. XI GATT.

[**] Regarding people, a country's international jurisdiction extends to all its nationals, wherever they are situated, as well as to all persons of whatever nationality that are present on its territory at the relevant time.

Zumindest die erste Bedingung scheint hier ohne weiteres erfüllt zu sein. Das amerikanische Einfuhrverbot soll dem Schutz der Delphine dienen, ein sicherlich legitimes politisches Regelungsziel. Ferner erscheint es auch geeignet erforderlich und nicht übermäßig (wenn überhaupt, ist es im Zweifel wohl eher nicht scharf genug). Damit käme es entscheidend auf die letzte Frage an: stellt das Gesetz ein verkapptes Handelshindernis dar oder hat es eine diskriminierende Wirkung.

Überraschend anders entschied jedoch das GATT-*Panel*. Entgegen den soeben angestellten Überlegungen hielt es nämlich schon die erste der oben aufgezählten Bedingungen, also die Legitimität des verfolgten politischen Regelungsziels, nicht für gegeben. Dafür stützte es sich auf die Überlegung, daß aus Gründen des Völkerrechts jeder Staat mit seiner Regelungsbefugnis sowohl in territorialer Hinsicht (Hoheitsgebiet) als auch personell (Staatsangehörigkeit) auf seinen Hoheitsbereich beschränkt sei und anderen Staaten dementsprechend keine Vorschriften machen dürfe, die dessen Verhalten oder das seiner Staatsbürger außerhalb dieses Hoheitsbereichs beträfen, hier also die Frage, wie mexikanische Fischer auf der Hohen See außerhalb des amerikanischen Hoheitsbereichs ihrem Beruf nachgingen. Das sei selbst dann unzulässig, wenn dieses Verhalten nicht direkt selbst geregelt werde – schließlich enthielt das umstrittene amerikanische Gesetz keine Regelungen, die den nicht-amerikanischen Fischern irgendwelche direkten Vorschriften gemacht hätten – sondern wie hier nur indirekt negative Folgen (Einfuhrverbot) an ein solches Verhalten knüpften. Damit las das *Panel* unter Berufung auf das allgemeine Völkerrecht eine zusätzliche Bedingung in Art. XX GATT hinein, die dort nicht ausdrücklich niedergelegt ist. Da diese Voraussetzung hier nicht erfüllt war, fehlt es bereits an der ersten Bedingung für das Eingreifen des Ausnahmevorschrift des Art. XX GATT. Damit kam Art. XX GATT nicht zum Zuge und es blieb bei der durch den Verstoß gegen Art. XI GATT indizierten Rechtswidrigkeit des amerikanischen Einfuhrverbots.

Bei diesem Ergebnis ist es kein Wunder, daß das GATT (heute die WTO) insbesondere von seiten der Umweltschützer herbe Kritik erfuhr. Dabei war es aber gar keine Mißachtung des Umweltschutzes an sich, der das *Panel* zu dieser Entscheidung kommen ließ sondern seine – völkerrechtlich begründeten - Bedenken gegen ein derart einseitiges Vorgehen, wie es die USA hier an den Tag gelegt hatten. Nach seiner Auffassung wären zudem

As one can easily imagine, the WTO has been heavily criticised for this decision and that, as might be expected, from various quarters. However, contrary to popular belief, the panel in its decision did not categorically and absolutely rule out the legitimacy of all measures in favour of the animals, the environment or the wilderness. Rather, it condemned only the unilaterality of the action taken by the United States in the case at hand, and left open the possibility of legitimate multilateral treaties dealing with these problems.

The *Sea Turtle-Shrimp* Case[146]:

This idea it recently had the opportunity to further develop in a case basically identical to the one just discussed, the only difference being that this time it was sea turtles rather than dolphins that were to be protected by devices which would prevent their being caught in the nets used by American fishermen to catch shrimp[147]. As in the *Dolphin-Tuna* case, the effectiveness of this prescription was once again reinforced by an import ban on shrimp harvested by vessels from countries which did not have regulations in place comparable to that in force in the U.S.

Although in this case, too, the reports of the pertinent decision-making bodies in the end reached the same conclusion as in the *Dolphin-Tuna* case, the tone of both reports was even more defensive than the earlier one in the *Dolphin-Tuna* case. Indeed, the *Standing Appellate Body*, in particular, by explicitly citing the passages concerning the *"protection and preservation of the environment"* newly added to the text of the WTO-preamble of 1994, made it quite clear that prohibitions of the kind issued by the American government might in principle be legitimate under Art. XX of the GATT, provided that they were based on a multilateral treaty or that at least good-faith efforts had been made to reach an agreement before unilateral action was taken. Second, the regulation in question, in its practical application, must treat equally and fairly all foreign products whatever their country of origin. Both the *Panel* and the *Standing Appellate Body* found the American regulation on the protection of sea-turtles wanting on both counts, and therefore held the U.S. import ban to be indeed violative of Art. XI GATT*.

---

[146] ITLR, Vol. III, issue 5.

[147] The pertinent *Panel* and *Standing Appellate Body* reports were adopted by the *Dispute Settlement Body (DSB)* on November 6th 1998, see ITLR, Vol. III, issue 5 for the functioning of dispute resolution within the WTO see ch. 35, infra.

die Mißbrauchsmöglichkeiten zu groß, die sich zugunsten protektionistischer Kräfte ergeben würden, wenn man derartige einseitige Maßnahmen grundsätzlich zulassen wollte. *"Was, Deine Kühe werden nicht nach der Methode gefüttert, wie ich dies gestern für die Kühe meines Landes verbindlich vorgeschrieben habe? Keinesfalls kann ich da die Einfuhr der aus solcher Milch hergestellten Schokolade in mein Land erlauben!"*

III) Der *See-Schildkröten – Garnelen* Fall[146]

In einem kürzlich[147] von der mittlerweile dafür zuständig gewordenen WTO entschiedenen, fast identisch gelagerten Fall hatte diese Gelegenheit, ihre bereits in dem obigen Fall angelegten Lösungsansätze hinsichtlich der Wirkung entsprechender multilateraler Vereinbarungen weiter zu entwikkeln. Diesmal ging es um die vorgeschriebene Benutzung von Vorrichtungen, durch die die seltenen See-Schildkröten beim Fischen von Garnelen davor bewahrt werden sollten, sich in den Netzen zu verfangen. Wiederum wurde die entsprechende inneramerikanische Vorschrift durch ein entsprechendes Einfuhrverbot gegenüber Garnelen, die ohne Verwendung solcher Vorrichtungen von ausländischen (also nicht-amerikanischen) Fischern eingebracht worden waren, ergänzt und abgesichert.

Zwar kamen beide hier entscheidenden Instanzen – das *Panel* wie auch der *Standing Appellate Body* – wegen bestimmter Ungereimtheiten der konkret zu beurteilenden Fassung des amerikanischen Gesetzes im Ergebnis auch hier zu dessen GATT-Widrigkeit. Dennoch waren die Ausführungen beider Instanzen hinsichtlich einer – möglichen - Legitimität derartiger Umweltschutzvorschriften noch erheblich defensiver als schon in der oben zitierten Delphin-Thunfisch Entscheidung. Nicht zuletzt unter ausdrücklicher Berufung auf die oben wiedergegebene Ergänzung der Präambel des WTO-Abkommens im Verhältnis zu der früheren Fassung des GATT wurde ausdrücklich die Möglichkeit eingeräumt, daß derartige Vorschriften dann völkerrechtlich unbedenklich seien und dementsprechend gemäß Art. XX GATT aufrechterhalten bleiben könnten, wenn sie von dem betreffenden Staat nicht einseitig ergriffen würden sondern durch entsprechende völkerrechtliche Abkommen abgesichert seien. Voraussetzung dafür sei freilich außerdem, daß die betreffenden nationalen Vorschriften die Anforderungen dieses Artikels auch im übrigen erfüllten, woran es vorliegend fehlte (konkret wurde insbesondere die fehlende Gleichbehandlung aller potentiellen Einfuhrstaaten durch das amerikanische Gesetz beanstandet).

---

[146] ITLR, Band. III, Ergänzungslieferung Nr. 5.
[147] Die betreffenden Berichte des *Panel* wie auch des *Standing Appellate Body* wurden von dem dafür zuständigen WTO-Organ, dem *"Dispute Settlement Body"* (*DSB)* am 6. November 1998 formal angenommen, siehe ITLR, Vol. III, issue 5 - zum Ablauf eines derartigen Verfahrens vgl. unten, Kapitel 35.

IV) General Importance of these Decisions

The two decisions just outlined clearly demonstrate that what is ultimately needed is the definition of international minimum standards both with regard to the environment and to working conditions which will have to be mandatory for all competitors. These, however, will only be achieved by international agreements.

Here, the two decisions do not in themselves offer a solution, but by clearly addressing the issue they have certainly greatly promoted the necessary public debate about this difficult topic

Chapter 29: Summary

The contents of Arts. XI, II, I and III GATT may then be summarised as follows:

1) Whenever states for whatever reasons wish to limit the import and export of certain goods, they must not do so by setting up quantitative restrictions like quotas or complicated licence requirements or in any other non-monetary way, but only by raising customs duties. Reason: Better transparency and greater flexibility! **(Art XI)**.

2) Both monetary import and export restrictions and customs duties ought to be reduced as much as possible. Neither of them can, once reduced, be raised again at any time thereafter **(Art. II)**.

3) Any commercial advantage (monetary or non-monetary) granted by a member-state to any other country (whether or not that country is also a WTO member) automatically and irrevocably pertains to all other members states of the WTO. (*"Most Favoured Nation"* - Principle) **(Art. I)**.

4) Once a foreign product has crossed a national frontier and has been properly subject to the appropriate customs duties and the prescribed and legitimate border inspection (with regard to product safety, etc.), it may in no way be treated worse than a like domestic product only because of its foreign origin **(Art. III)**.

Test Question: Does the GATT leave its members any legitimate possibility at all of treating differently

    a) foreign goods and like domestic products[148]?
    b) like products imported from two different foreign countries[149]?

---

[148] **Answer:** yes, as Art. II permits the imposition of duties which pertain only to foreign goods, not to domestic ones.

IV) Grundsätzliche Bedeutung dieser Entscheidungen

Die beiden soeben besprochenen Entscheidungen machen deutlich, daß die – langfristig notwendige – einheitliche Festlegung solcher Mindeststandards nur über entsprechende internationale Übereinkommen erreicht werden kann.

Insoweit haben die beiden soeben betrachteten Entscheidungen zwar (noch) keine unmittelbaren Lösungen gebracht, wenigstens aber das Problem klar formuliert und damit die öffentliche Diskussion über dieses Thema wesentlich vorangebracht.

Kapitel 29: Zusammenfassung:

Der Inhalt der Art. XI mit II, I und III des GATT läßt sich im wesentlichen wie folgt zusammenfassen:

1) Soweit Staaten die Ein- oder Ausfuhr von Waren bewußt begrenzen wollen, sollen sie dies möglichst nicht in der Form mengenmäßiger Einfuhrbeschränkungen oder durch die Aufstellung schwieriger Formalitäten (Ein- oder Ausfuhrlizenzen) oder anderer nicht-monetärer Hindernisse tun sondern im Wege des Zolls. Grund: Transparenz sowie die vermehrte Flexibilität von Zöllen! **(Art XI)**
2) Sowohl nicht-monetäre Ein- und Ausfuhrhindernisse als auch Zölle sollen möglichst abgebaut werden. Beide können gegenüber einem einmal erreichten Niveau nicht wieder angehoben werden **(Art. II)**.
3) Eine von einem Mitgliedsstaat einem anderen Mitgliedsstaat eingeräumte Vergünstigung hinsichtlich irgendwelcher (monetärer wie nicht-monetärer) Ein- und Ausfuhrbeschränkungen gilt automatisch und unwiderruflich auch allen anderen Mitgliedsländern gegenüber ("*Most Favoured Nation*" - Prinzip) **(Art. I)**.
4) Sobald eine ausländische Ware einmal die Landesgrenze überschritten hat und ordnungsgemäß verzollt worden ist, soll sie nur insoweit anders als vergleichbare inländische Erzeugnisse behandelt werden als dies aus schwerwiegenden Gründen (öffentliche Gesundheit usw.) unbedingt erforderlich ist und der internationale Handel dadurch nicht unnötig erschwert wird **(Art. III)**.

Kontrollfrage: Besteht nach dem GATT überhaupt noch irgendeine unterschiedliche Behandlung

    a) zwischen einheimischen und ausländischen Erzeugnissen[148]?

    b) zwischen ausländischen Erzeugnissen aus unterschiedlichen Ländern?[149]

---

[148] **Antwort:** ja, Art. II erlaubt, nur ausländische Ware mit Zoll zu belegen, während gleichartige einheimische Produkte davon befreit sind.
[149] **Antwort:** nein!

Chapter 30: Further Contents of the GATT and its Side-Agreements

Until now we have been concerned with just the major principles of the GATT. But the GATT is quite an extensive agreement which, along with numerous exceptions to these principles (for this topic see ch. 31, infra), deals with many additional subjects. Moreover, in the course of the various negotiating rounds of the GATT, many so-called side agreements to the GATT were concluded which, with few exceptions since the *Uruguay Round,* are just as binding for all WTO members as the GATT itself.

Usually - though not always - these side agreements pin down details in areas which were already loosely regulated in the GATT itself. In some cases, however, they open entirely new fields.

Within the scope of this discussion we cannot go into these further. It will have to suffice for orienting the reader to simply list the topics which the GATT and its side agreements go into, beyond the problems already discussed. The most important of these are:

a) *Dumping* and the permission for governmental *anti-dumping measures;*
b) *Export subsidies* by foreign countries and the permission for counter-measures (so-called "*countervailing duties*");
c) The treatment of standards and norms;
d) Rules about how the country of origin is to be determined;
e) Regulations for public procurement (invitations to bid);
f) The treatment of trade-related investment measures.

In conclusion, just two brief remarks on the theme of dumping/subsidies (cf. ch. 8): the difference is that with dumping the foreign company sells its goods - for whatever reason - on the market "below cost" (usually cost of production) and bears the ensuing losses itself. In the case of subsidies, on the other hand, the low prices offered by a foreign competitor on the affected party's domestic market are made possible by supporting payments granted to him by his government which are not likewise available to the domestic producers.

In both cases the importing country "flooded" with such goods can, on its own initiative and *without involving* any WTO agency, impose countermeasures (usually protective tariffs) on such products.

The author has a negative view of anti-dumping measures from the standpoint of the national economy as a whole. Still, for the sake of completeness it should be mentioned that *companies* affected by particularly strong foreign competition can turn to their respective governments trying to persuade them to impose such protective tariffs. In the case of the United States, e.g., this is the United States Trade Representative (USTR). For European companies the agency to turn to is the EC-Commission (not their respective national governments)(cf. ch. 35, below).

---

[149] **Answer:** no!

Kapitel 30: Weitere Inhalte des GATT und seine Nebenabkommen

Bisher haben wir lediglich die tragenden Grundsätze des GATT behandelt. Das GATT ist jedoch ein recht umfangreiches Abkommen, das neben zahlreichen Ausnahmen von diesen Grundsätzen (dazu unten Kapitel 31) auch viele weitere Sachgebiete behandelt. Außerdem wurden im Laufe der verschiedenen Verhandlungsrunden des GATT zahlreiche sogenannte Nebenabkommen zum GATT abgeschlossen, die mit wenigen Ausnahmen seit Abschluß der *Uruguay*-Runde für alle WTO-Mitglieder ebenso verpflichtend sind wie das GATT selbst. Meist - aber nicht immer - regeln diese Nebenabkommen die Details in Sachgebieten, die bereits im GATT selbst sozusagen "grob" geregelt sind. Teilweise erschließen sie jedoch auch ganz neue Sachgebiete, die im GATT selbst noch gar nicht behandelt sind. Auf alle diese kann im Rahmen dieser Abhandlung nicht näher eingegangen werden. Vielmehr muß es hier genügen, zu einer bloßen Orientierung des Lesers kurz die Themenbereiche aufzuzählen, mit denen sich das GATT sowie seine diversen Nebenabkommen außer den bereits behandelten Problemen noch befassen. Die wichtigsten von diesen sind:

a) *Dumping* und die Erlaubnis zu staatlichen *Anti-Dumping*-Maßnahmen.
b) Exportsubventionen ausländischer Staaten und die Erlaubnis zu Gegenmaßnahmen (sogenannte *"Countervailing Duties"*).
c) Die Behandlung von Standards und Normen
d) Ursprungsregeln
e) Vorschriften über das Öffentliche Beschaffungswesen (Ausschreibungen)
f) Die Behandlung von handelsrelevanten Investitionsmaßnahmen

Abschließend hierzu nur noch zwei ganz kurze Bemerkungen zur Thematik Dumping/Subventionen: der Unterschied zwischen beiden liegt darin, daß beim Dumping das ausländische Unternehmen die Ware auf dem inländischen Markt - aus welchen Motiven heraus auch immer - "unter Wert" (meist: die Herstellungskosten) verkauft und die sich daraus ergebenden Verluste selbst trägt. Subventionen dagegen sind staatliche Fördergelder, die für die Herstellung bestimmter Waren gewährt werden und den entsprechend geförderten ausländischen Hersteller gegenüber dem nicht geförderten einheimischen Produzenten "unfair" bevorzugen.

In beiden Fällen kann der von derartigen Waren "überschwemmte" Importstaat *ohne Einschaltung* irgendeiner GATT-Behörde auf eigene Initiative hin Gegenmaßnahmen (meist Schutzzölle) auf solche Waren verhängen. Der Autor hält zwar insbesondere von Anti-Dumping-Maßnahmen unter gesamtwirtschaftlichen Gesichtspunkten recht wenig. Immerhin ist aber darauf hinzuweisen, daß für Unternehmen, die von besonders starker ausländischer Konkurrenz betroffen sind, die Möglichkeit besteht zu versuchen, die insoweit zuständigen Stellen der EG (siehe dazu unten Kapitel 35) zur Verhängung von Schutzzöllen zu bewegen. Besonders geeignet hierfür ist die Behauptung, die ausländische Konkurrenz verkaufe unter

Particularly suited to this end is the assertion that the foreign competition sells below its production costs or below the prices for which the product is offered on their own (or another) market (thus "*dumping*").

Chapter 31: Exceptions to the GATT Principles and Opportunities for Circumvention

I) Explicit Exceptions

According to the well-known principle of "*no rule without exceptions*", there exist within the framework of the GATT (likewise in the parallel agreements GATS and TRIPs discussed later) numerous rules for exceptions and opportunities for circumvention.

Some of the cases we have already briefly sketched: the right of members to introduce temporary quantitative restrictions because of an unfavourable balance of payments (Art. XII), likewise the general exception rule of Art. XX. Moreover, the industrialised countries have maintained preferential treatment for certain developing countries, usually their former colonies (Art. I, paragraph 2). Furthermore, there exist certain exemptions in principle from the GATT discipline for the developing countries. Likewise, some such opportunities are available to all members. In particular, the EC has obtained, by a particular agreement to that effect[150] a special waiver regarding its *most-favoured-nation* obligation that allows it to grant certain trading privileges to a whole group of Third-World countries known as the African Caribbean Pacific Island (ACP) countries. These more or less consist of the former British and French, and to a certain degree also Spanish colonies.

II) Regional Integration according to GATT Art. XXIV

For our further considerations GATT Art. XXIV is of particular interest. For certain kinds of regional alliances, which it both defines and permits, this article makes explicit exceptions from the equal treatment or *most-favoured-nation* principle of Art. I GATT, by allowing the participants in such an alliance to grant to each other certain privileges without having to extend them to all other GATT members.

This exception applies, i.a., to two kinds of regional alliances, viz., to Free Trade Areas and to Customs Unions set out in para. 8 of the above article:

1) Free Trade Areas

These are characterised by the absence of import duties on wares originating from other member-states of the free trade zone, and by the elimination of any other import and export restrictions for such goods.

---

[150] "*The Agreement of Lomé*" which in 1975 replaced the older "*Agreement of Yaoundé*", cf. *Jackson/Davey/Sykes*, p. 462.

ihren Herstellungskosten oder unter den Preisen, zu denen sie das entsprechende Produkt auf ihrem eigenen oder einem anderen relevanten
Drittmarkt anbiete (also *"Dumping"*).

Kapitel 31: Ausnahmen von den Grundsätzen des GATT sowie Umgehungsmöglichkeiten

I) Verschiedene ausdrückliche Ausnahmen

Nach dem bekannten Grundsatz "keine Regel ohne Ausnahmen" bestehen
auch im Rahmen des GATT (wie auch der weiter unten behandelten Parallelabkommen GATS und TRIPs) zahlreiche Ausnahmevorschriften und
Umgehungsmöglichkeiten. Von diesen haben wir bereits einige kurz ge-
streift: das Recht der Mitglieder, aus Gründen der Zahlungsbilanz zeitlich
begrenzt mengenmäßige Einfuhrbeschränkungen einzuführen (Art. XII)
sowie die generelle Ausnahmevorschrift des Art. XX. Außerdem haben
sich die Industrieländer eine weitere Bevorzugung bestimmter Entwicklungsländer, meist ihrer früheren Kolonien, vorbehalten (in Art. I Abs. 2)[150].
Nach ihrer geographischen Verteilung werden diese meist als AKP-Staaten
(Afrika, Karibik und Pazifik) bezeichnet. Weiter bestehen ganz grundsätzlich bestimmte Befreiungen von der GATT-Disziplin für die Entwicklungsländer sowie für alle Mitgliedsländer unter bestimmten Voraussetzungen
verschiedene weitere Befreiungsmöglichkeiten von ihren GATT-
Verpflichtungen.

II) Regionale Zusammenschlüsse nach Art. XXIV GATT

Für unsere weiteren Überlegungen besonders von Interesse ist hier Art.
XXIV des GATT (LESEN !), der für besondere Arten regionaler Zusammenschlüsse eine Ausnahme von dem Grundsatz der Gleichbehandlung
aller Mitgliedsstaaten (*Most Favoured Nation*-Prinzip, Art. I) vorsieht und
es den Teilnehmern eines solchen regionalen Zusammenschlusses erlaubt, (nur) sich gegenseitig besondere Privilegien einzuräumen. Dieses
Recht gilt für zwei Arten regionaler Zusammenschlüsse, die in Art. XXIV
Abs. 8 GATT zugleich definiert werden:

1) Freihandelszonen

Sie sind dadurch gekennzeichnet, daß sie auf Waren aus den jeweils anderen Mitgliedsländern der Freihandelszone keine Einfuhrzölle erheben
und auch sonst sämtliche Ein- und Ausfuhrbeschränkungen für derartige
Waren abschaffen.
Die bis vor kurzem wohl bedeutendste derartige Freihandelszone dürfte
die EFTA *("European Free Trade Association")* gewesen sein, die ur-

---

[150] Diese Ausnahmen finden ihre Rechtsgundlage in dem *"Abkommen von Lomé"*,
das 1975 das ältere *"Abkommen von Yaoundé"*, ablöste, cf. *Jackson/Davey/Sykes*,
S. 462.

Until recently the most important such free trade area was the EFTA (*"European Free Trade Association"*), originally consisting of Ireland, the United Kingdom, Iceland, Norway, Sweden, Finland, Denmark, Austria, Switzerland, Liechtenstein, Spain and Portugal, that is, of virtually all Western European countries not members of the EEC. Since the accession to the E(E)C of Ireland, the U.K. and Denmark (in 1973), Spain and Portugal (in 1986) and of Austria, Finland and Sweden (in 1995) and their simultaneous departure from EFTA, the latter has become virtually obsolete (cf. Ch's 53 f., below).

Today NAFTA (the *"North American Free Trade Area"*) no doubt represents the most important free trade area, in force as of 01.01.1994 and including Canada, the USA and Mexico.

2) Customs Unions

In contrast to a mere free trade area, the customs union is distinguished by not only doing away with internal trade barriers - including all customs duties - among its members (Art. XXIV, par. 8, section i), but additionally standardises the customs duties of all member-states in relation to non-members (Art. XXIV, par. 8, section ii)).

The European Community represents the most important customs union of the present, although this community, as we shall see (ch. 76 ff., infra), extends far beyond a mere customs union.

3) Question: What advantage does a customs union have over a
        mere free trade zone with reference to the necessity
        a) for border controls between member-states?

        b) for determining the origin of products crossing the bor-
        der between two member-states?[151]

III) "Grey-zone measures", particularly *"Voluntary Export Restraints"* (VERs)[152].

Before the conclusion of the *Uruguay Round* many countries, in order to escape the discipline of the GATT, readily and often turned to so-called *"grey-zone measures"*, rather than make use of any of the (several) explicit exception clauses provided for in the GATT. By this term one generally understands measures by which a country can substantially escape its GATT obligations without actually violating its letter. The best-known of such measures are probably the so-called *"Voluntary Export Restraints"* by which the Japanese auto industry "voluntarily" restricted its car exports into the United States at the beginning of the eighties, against the background of very heavy political pressure from the U.S.. This export limitation was

---

[151] **Answer:** both are mandatory for a Free Trade Zone, but neither is necessary in a Customs Union.

[152] Cf. *Jackson/Davey/Sykes*, pp. 654 ff.

sprünglich Irland, das Vereinigte Königreich, Island, Norwegen, Schweden, Finnland, Österreich sowie die Schweiz mit Liechtenstein umfaßte. Seit dem Beitritt auch von Österreich, Finnland und Schweden zur EG zum 1.1.95 und ihrem gleichzeitigen Austritt aus der EFTA ist diese aber nahezu völlig bedeutungslos geworden. Die heute wohl wichtigste Freihandelszone stellt die NAFTA *("North American Free Trade Area")* dar, die zum 01.01.1994 zwischen Kanada, den USA und Mexiko in Kraft trat.

2) Zollverein

Gegenüber einer bloßen Freihandelszone zeichnet sich der Zollverein dadurch aus, daß er neben der Abschaffung der internen Handelshemmnisse zwischen den Mitgliedsstaaten (Art. XXIV, Abs. 8, Ziff. i)) außerdem noch die Außenzölle sämtlicher Mitglieder im Verhältnis zu Drittstaaten vereinheitlicht (Art. XXIV, Abs. 8, Ziff. ii)).

Den bei weitem bedeutendsten Zollverein der Gegenwart stellt die Europäische Gemeinschaft dar, wobei diese Gemeinschaft, wie wir sehen werden (unten, Kapitel 76 ff.) über einen bloßen Zollverein allerdings weit hinausgeht.

3) Frage: Worin besteht der Vorteil eines Zollvereins gegenüber einer bloßen Freihandelszone hinsichtlich der Notwendigkeit

 a) von Grenzkontrollen zwischen den Mitgliedsstaaten?
 b) der Ursprungsbestimmung von Waren, die die Grenze eines Mitgliedsstaates überschreiten?[151]

III) "Grauzonenmaßnahmen", insbesondere die sogenannten "*Voluntary Export Restraints*" (VERs)[152]

Vor dem Abschluß der *Uruguay*-Runde wurde zur Umgehung der GATT-Disziplin statt auf die ausdrücklich im GATT erlaubten Ausnahme- und Befreiungsvorschriften gern und häufig auf sogenannte "Grauzonenmaßnahmen" zurückgegriffen. Unter diesem Begriff versteht man Maßnahmen, durch die ein Land seinen GATT-Verpflichtungen inhaltlich entgehen kann und die zwar einerseits nach dem Wortlaut des GATT-Abkommens nicht ausdrücklich verboten, andererseits aber in den verschiedenen Ausnahmevorschriften des GATT auch nicht ausdrücklich als erlaubt vorgesehen sind.

Die bekanntesten dieser Grauzonenmaßnahmen dürften die sogenannten *"Voluntary Export Restraints"* (VERs) sein, zu denen sich auf massives Drängen der USA Anfang der achtziger Jahre insbesondere die japanische Autoindustrie "freiwillig" verpflichtete. Sie hatten zum Inhalt, daß die japanische Autoindustrie pro Jahr nicht mehr als eine bestimmte Stückzahl von

---

[151] **Antwort:** bei einer Freihandelszone ist beides an jeder Grenze erforderlich, bei einem Zollverein dagegen nicht.
[152] Vgl. hierzu *Jackson/Davey/Sykes*, SS. 654 ff.

meant to provide a breathing space for the severely battered American auto industry.

In actual practice, it was the Japanese *"Ministry of International Trade and Industry"* ("MITI") that both determined the internal distribution of the allowed export quota among Japanese auto manufacturers, and at the same time monitored their adherence to these quotas. In its economic effects what all this amounted to was an American-inspired Japanese export cartel which restricted the number of Japanese-made vehicles that could be imported into the United States, just as a corresponding import quota would have. Such an import quota, however, if imposed as such by the USA, would have constituted a clear violation of Art. XI of the GATT. In contrast, everybody seemed to believe the arrangement brought about under the name of VERs did not represent such a breach – at least, nobody cared, as all parties concerned (the American and Japanese governments and the American and Japanese auto manufacturers) perceived this arrangement as beneficial to themselves (which indeed it was with regard to all four parties involved in the negotiations; those who paid the bill were the American consumers).

In fact, however, depending on the degree of involvement of the Japanese government in this scheme (mere "encouragement" of the Japanese auto industry or an actual administrative order), these VERs either constituted a (private) cartel on the part of the Japanese exporters or an export quota imposed by the Japanese government. In the first case, the Japanese exporters would have violated American anti-trust law (which would have been applicable in that case as the VER's effects were suffered – or, depending on the standpoint – enjoyed, in the United States). In the second case, the Japanese government would have violated Art. XI GATT. Still, as explained above, the Americans, in particular, greatly preferred this scheme over the imposition of actual import restrictions which they believed would harm their international standing as one of the staunchest advocates of global free trade.

Why then, one is tempted to ask, did the United States not rather have recourse to one of the several exception clauses specifically contained in the GATT for cases of a temporary emergency like its Art. XIX? The reason is, most likely, appearances, that is, the U.S. did not wish officially to declare itself to be in an economic quagmire. Moreover, in this way it succeeded in avoiding all kinds of annoying formalities to be satisfied before one might lawfully make use of any of these exceptional clauses.

Looking at these VERs in retrospect today, it must be admitted that they indeed achieved their object: the American auto industry avoided its threatened demise and is in much better shape today than it was 15 years ago. Even so it was certainly the *Japanese* auto industry that benefited most from these measures, as they created a situation in which the monopoly profits resulting from the artificial scarcity in the supply of Japanese vehicles were harvested by the Japanese (and to a certain extent also the American) auto manufacturers. Had the American government instead imposed additional import duties, it would have been the American treasury that reaped the profits resulting from this scarcity. All in all, these VERs were indeed a paradox: they not only tolerated but created and even en-

Fahrzeugen auf den amerikanischen Markt exportierte und sollten dazu dienen, der damals schwer angeschlagenen amerikanischen Autoindustrie eine "Atempause" zu gönnen. Die Einhaltung der festgelegten Quoten und deren interne Aufteilung zwischen den japanischen Autoherstellern oblag nach diesen Vereinbarungen dem japanischen *"Ministry of International Trade and Industry"* ("MITI"). Im Effekt entstand auf diese Weise ein staatlich überwachtes Exportkartell, das in seiner Wirkung einer gem. Art. XI GATT unzulässigen mengenmäßigen Einfuhrbeschränkung der USA gleichkam, ohne jedoch eine solche darzustellen. Obwohl das GATT gerade für den Fall einer besonderen Krise in einer bestimmten Branche eine ausdrückliche Ausnahmevorschrift enthält, die dem betroffenen Land die erforderlichen Schutzmaßnahmen (Schutzzoll, Einfuhrbeschränkungen u.a.) ausdrücklich erlaubt (Art. XIX), zogen die USA diese *Voluntary Export Restraints* solchen Maßnahmen vor, u.a. wohl aus optischen Gründen, und um die Formalien zu vermeiden, die mit der Berufung auf diese Ausnahmevorschrift verbunden sind.

Wirtschaftlich betrachtet haben diese VERs ihren Zweck allerdings bestens erfüllt: die amerikanische Autoindustrie hat ihren drohenden *exitus* vermieden und steht heute erheblich besser da als vor 15 Jahren. Sicher aber ist, daß es vor allem die *japanische* Autoindustrie ist, die am meisten von diesen Maßnahmen profitiert hat. Durch diese VERs wurde nämlich ausgerechnet durch staatliche Anordnung genau das herbeigeführt, was ansonsten jedes staatliche Wettbewerbsrecht strengstens verbietet: ein Kartell der Hersteller, das diesen infolge der Verknappung des Angebots von japanischen Fahrzeugen auf dem amerikanischen Markt nicht nur erhebliche Monopolgewinne sicherte, sondern ihnen darüber hinaus für ihren weltweit wichtigsten Markt eine völlig konjunkturunabhängige exakte Absatzplanung ermöglichte. Hätten die USA dagegen GATT-konform (Art. XIX) beispielsweise temporäre Schutzzölle auf japanische Autoimporte erhoben, hätte nicht die japanische Industrie sondern statt dessen der amerikanische Fiskus die daraus resultierenden Verknappungsrenten (hier: Zölle) eingenommen.

Die VERs sind deshalb so interessant, weil sie gleich mehrere Zusammenhänge besonders deutlich aufzeigen: zum einen den engen Zusammenhang zwischen *Handels*politik und *Wettbewerbs*politik (nach der einen wird ein Kartell gefordert, nach der anderen ist es an sich verboten) und zum anderen die Tatsache, daß die Nichteinhaltung der GATT-Disziplin letztlich am meisten demjenigen schadet, der sie begeht: haben die VERs die amerikanische Autoindustrie möglicherweise zwar gerettet, so waren sie doch gegenüber den im GATT selbst vorgesehenen "Rettungsmöglichkeiten" gerade für Amerika das bei weitem schlechtere Mittel.

Wie aber sieht es rein rechtlich aus? Widerspricht ein VER nicht der Bestimmung des Art. XI (Verbot der mengenmäßigen Beschränkung auch des Exports)? Das ist in der Tat der Fall, jedenfalls solange diese Beschränkung eine staatliche Maßnahme ist. Die Verpflichtungen des GATT Abkommens richten sich nämlich allein an die Vertragspartner dieses Abkommens (mehr dazu unten Kapitel 35), also an die Mitgliedsstaaten, nicht

forced a situation which, under any other circumstances, is considered harmful and in many instances treated as criminal by the relevant antitrust laws. They officially sanctioned a cartel of Japanese producers which not only secured it monopolistic earnings, but provided it with an exact figure of future turnover almost independent of any fluctuations in the business cycle, and that for the most important auto market in the world.

VERs illustrate in a particularly impressive way how closely *trade policy* (which created and required VERs) and *antitrust policy* (whose primary purpose is the prevention of cartels of this kind) are interrelated. Simultaneously, they also nicely demonstrate that it almost always is the perpetrator who ultimately suffers most from any deviation from the trade discipline created by the WTO agreements. Even though the VERs discussed above probably did save the American auto industry from extinction, they probably did so with much higher costs to the American consumer than would have arisen had America instead resorted to any of the rescue measures provided for in the GATT.

In any event, in the meantime VERs are officially banned as anti-free-trade by an extra agreement, concluded under the WTO on the occasion of the Uruguay negotiations, called the *"Protective Clause Agreement"* (cf. that agreement's article 16 nr. 11).

Chapter 32: The *"General Agreement on Trade in Services "*(GATS)

Even more than the international exchange of goods, it is services which have experienced a significant increase in importance, both in absolute terms and relative to the rise of overall GNP. The corresponding shift away from manufacturing and towards the providing of services has been most marked in the developed countries. So the share of the service sector in Germany's total exports, for example, already amounted to about ¼ in the year 1990[153].

Nevertheless it took until the effective date of the GATS on 01. 01. 95 for a treaty to be concluded in which - for the first time in this multilateral framework - internationally standardised prerequisites could be established for cross-border services. At the same time the concept of services encompasses every activity performed for someone else outside an employment relationship (for employees an agreement corresponding to the GATS is still lacking entirely)[154].

---

[153] Cf. *Hauser/Schanz*, p 193.

[154] The English term of *"services"*, as used in the GATS, refers only to activities that are carried out outside an official employment relationship. Paradoxically, that seems nowhere to be explicitly spelled out, although it follows indirectly from the enumeration of the various *"services"* that might be affected by its provisions, cf., e.g., *"The EIU Guide to the New GATT"*, pp. 2 ff..

aber an private Unternehmen. Unausgesprochene Voraussetzung der von den USA behaupteten Zulässigkeit solcher VERs ist es also, daß das Verhalten der japanischen Industrie keine staatliche Maßnahme darstellt sondern eine freiwillige Initiative der betroffenen Unternehmen. Gerade als solche würde aber das japanische Kartell andererseits gegen das amerikanische Wettbewerbsrecht (*Anti Trust Law*) verstoßen. Trotzdem bestand diese Regelung jahrelang mit Wissen und Billigung der Regierungen beider Länder.

Ergebnis: Die von den USA insbesondere gegenüber Japan durchgesetzten VERs verstießen entweder gegen das GATT (Art. XI) oder gegen das geltende (hier das amerikanische, da sich die "Auswirkungen" dieses Verhaltens auf dem amerikanischen Markt zeigten) Kartellrecht, je nachdem, ob man das abgestimmte Verhalten der japanischen Unternehmen als vom japanischen Staat erzwungen und damit letztlich als "staatliche" Maßnahme ansieht oder als freiwillige private Initiative dieser Unternehmen. Eines neuen zusätzlichen Verbots solcher VERs hätte es deshalb gar nicht bedurft. Trotzdem wurde im Rahmen der Uruguay-Runde das sogenannte "Schutzklauselabkommen" abgeschlossen, das in seinem Art. 11 u.a. speziell *Voluntary Export Restraints* namentlich benennt und nochmals ausdrücklich verbietet.

Kapitel 32: Das Dienstleistungsabkommen "*General Agreement on Trade in Services*" (GATS)

Gerade in den letzten Jahrzehnten hat die Bedeutung des Dienstleistungssektors innerhalb der gesamten Wirtschaft weltweit und besonders in den Industrienationen ungeheuer zugenommen. Das gilt trotz der nach wie vor erheblichen Hindernisse auch für den grenzüberschreitenden Bereich. So betrug der Anteil des Dienstleistungssektors an dem Gesamtexport Deutschlands beispielsweise im Jahre 1990 immerhin bereits rund 1/4[153]. Trotzdem dauerte es bis zum Inkrafttreten des GATS am 01.01.1995, ehe dem GATT ein Vertragswerk an die Seite gestellt werden konnte, in dem - erstmals in diesem multilateralen Rahmen* - international einheitlich die Voraussetzungen festgelegt werden konnten, unter denen grenzüberschreitend Dienstleistungen erbracht werden können. Dabei umfaßt der Begriff Dienstleistungen in diesem Zusammenhang jede Tätigkeit, die außerhalb eines abhängigen (Arbeits-) Verhältnisses erbracht wird (für abhängig beschäftigte Arbeitnehmer fehlt ein dem GATS entsprechendes Abkommen noch vollständig)[154]. Daß es selbst für selbständige

---

[153] *Hauser/Schanz*, S. 193.

* (Im Rahmen der seinerzeit geplanten, letztlich aber gescheiterten ITO, vgl. Kapitel 13, I, war allerdings ein vergleichbares Abkommen bereits vorgesehen gewesen).

[154] Der englische Begriff "*services*" ist im Rahmen des GATS nämlich ebenso als Dienstleistung lediglich außerhalb eines dauerhaften Beschäftigungsverhältnisses und damit im Gegensatz zu "*employment*" zu verstehen wie im Rahmen des EG-

The fact that an agreement in this field was reached only so recently has a multitude of reasons. At least partly responsible for this delay were certainly the following features by which services differ decisively from the production or sale of goods.

I) The Necessity for People to Meet

Unlike cross-border traffic in goods, many - albeit not all - services require a *physical meeting* of the one who performs the service and the one who receives it. Indeed, thanks to greatly improved communication, such a personal meeting is no longer absolutely necessary today in all cases. Nevertheless, often it still is unavoidable (dentist!) and in many more it is at least extremely helpful.

Consequently a cross-border service in many instances requires the movement of people (sometimes of the provider, sometimes of the recipient and sometimes of both) beyond their national boundaries. Accordingly, complete liberalisation of international trade in services would only be possible with a simultaneous absolute freedom of movement for all people (in any case for the self-employed) among all the countries of the globe. In view of existing political circumstances, such a notion is utopian.

II) Mutual Recognition of Foreign Occupational Qualifications

Second, most services, and in particular those of higher value, critically depend on the *occupational qualifications* of their provider. At the same time the latter has ordinarily taken tests in only one country - usually his own. In view of the situation just described, this greatly limits the territorial scope where he may put his qualifications to work.

With regard to all activities (example: architect) where the provider of a service must go to his client in order to provide his service, this problem cannot be solved merely by doing away with trade impediments like duties

Dienstleistungen erst so spät zu einem derartigen Abkommen kam, hat eine Vielzahl von Ursachen. Zumindest mitentscheidend für diese Verzögerung dürften aber wohl die folgenden Besonderheiten sein, durch die sich Dienstleistungen maßgeblich von der Warenherstellung bzw. dem Vertrieb von Waren unterscheiden:

I) Notwendigkeit des Zusammenkommens von Personen

Anders als der grenzüberschreitende Warenverkehr erfordern viele - wenngleich auch keineswegs alle - Dienstleistungen ein *räumliches Zusammenkommen* von demjenigen, der die Leistung erbringt und demjenigen, der sie empfängt. Zwar ist ein solches persönliches Zusammenkommen wegen der wesentlich verbesserten Telekommunikation heute nicht mehr in allen Fällen unbedingt erforderlich, doch ist es in vielen Fällen nach wie vor zumindest äußerst hilfreich und in anderen Fällen völlig unverzichtbar (Zahnarzt!). Dementsprechend erfordert eine grenzüberschreitende Dienstleistung in vielen Fällen eine Bewegung von Personen (sei es des Leistungserbringers, sei es des Leistungsempfängers oder von beiden) über die betreffenden Staatsgrenzen hinweg. Dementsprechend wäre eine volle Liberalisierung des internationalen Dienstleistungsverkehrs nur möglich bei einer gleichzeitigen vollständigen Freizügigkeit aller Personen (jedenfalls der Selbständigen) zwischen allen Staaten unseres Globus. Angesichts der bestehenden politischen Verhältnisse ist eine solche Vorstellung natürlich utopisch.

II) Anerkennung ausländischer beruflicher Qualifikationen

Zum zweiten leben die meisten Dienstleistungen entscheidend von der *beruflichen Qualifikation* des Leistungserbringers. Dabei hat dieser die entsprechenden Prüfungen normalerweise aber natürlich nur in einem - meist seinem eigenen - Land abgelegt und besitzt deshalb auch nur dort die entsprechende berufliche Qualifikation und Zulassung. Das wiederum führt dazu, daß er seine Dienstleistungen auch nur in diesem Land erbringen kann, sofern seine Tätigkeit in einem anderen Staat nicht ausnahmsweise auch ohne die dort übliche Qualifikation bzw. Zulassung erbracht werden darf. Dies ist jedoch - jedenfalls bei den höherwertigen Tätigkeiten - fast nie der Fall.
Bei all den Tätigkeiten (Beispiel: Architekt), bei denen sich der Leistungserbringer zum Erbringen seiner Leistung zum Empfänger begeben muß, ist es deshalb mit einem bloßen Verzicht auf die Einführung neuer bzw. allein mit der Abschaffung der bestehenden Handelshemmnisse wie Zöllen oder Einfuhrquoten für die betroffenen Länder keineswegs getan. Erforderlich ist vielmehr der aktive Erlaß zahlreicher komplizierter und umfangreicher Detailregelungen bzgl. der Qualifikationsnachweise bzw. Prüfungen, die

---

Vertrages. Das findet sich zwar seltsamerweise nirgends ausdrücklich geschrieben, ergibt sich aber indirekt aus den für *"services"* jeweils gegebenen Aufzählungen, vgl. z.B. *The EIU Guide to the New GATT*, SS. 2 ff.

or import quotas. Rather, what is needed is the passing of voluminous and complex regulations of detail setting out what extra qualifications a foreigner must acquire in order to exercise his profession in another country. Above all, the experience of the European Community has shown that the problems arising in this area, even with a smaller group of participating lands with a comparatively homogeneous level of education and training, are enormous.

III) Social Security

A further very important problem for the effective performance of cross-border services is presented by the multiplicity of social security systems varying from country to country, which often has extremely negative consequences for the mobility of labour.
Indeed, in this regard the WTO system has not been able to improve the situation at all. In contrast, it must be pointed out that on the level of the EC considerable progress has recently been achieved (compare chapter 79, below).

IV) The Necessity for a Permanent Branch Office

Fourth and last, many services require not only a brief presence on the scene but a permanent office (banks, insurance companies) and thus, at the same time, cross-border investments.
Since many governments traditionally are extremely suspicious of significant investments made by foreigners, the effectiveness of the GATS essentially depends on that of the side agreement to the GATT on this subject, TRIMS[155].

V) Summary and Evaluation

In view of all these difficulties the GATS represents, in comparison to the GATT, no more than an extremely modest beginning. In essence, it constitutes a framework for particular, usually sector-specific, concessions which certain countries offer each other with regard to cross-border services. Furthermore it assigns all members the duty of advancing the liberalisation already initiated.
With numerous exceptions it defines as already binding among all signatories the following three obligations:

1) equal treatment of all foreigners independent of their country of origin (*most-favoured-nation principle*);

---

[155] (*"Trade Related Investment Measures"*)

Ausländer aus den unterschiedlichsten Ländern in jeder Branche zum Nachweis ihrer Fähigkeiten entweder beizubringen haben oder jeweils noch ablegen müssen.

Insbesondere die Erfahrung in der Europäischen Gemeinschaft hat gezeigt, daß die dabei auftauchenden Probleme selbst bei einem erheblich kleineren Kreis von beteiligten Ländern mit einem vergleichsweise homogeneren Bildungs- und Ausbildungsniveau enorm sind.

III) Sozialversicherung

Ein weiteres für die effektive Durchführung grenzüberschreitender Dienstleistungen sehr wichtiges Problem stellen die von Land zu Land unterschiedlichen Sozialversicherungssysteme dar, die sich häufig äußerst nachteilig auf die grenzüberschreitende Mobilität der Arbeitskräfte auswirken. Hier hilft allerdings das WTO-System bisher überhaupt nicht weiter. Auf der Ebene der EG sind hier jedoch inzwischen bedeutende Fortschritte erzielt worden (vgl. unten Kapitel 82).

IV) Notwendigkeit einer dauerhaften örtlichen Niederlassung

Viertens und letztens erfordern viele Dienstleistungen nicht nur eine kurzfristige Präsenz vor Ort, sondern eine ständige Niederlassung (Banken, Versicherungen) und damit zugleich grenzüberschreitende Investitionen! Da viele Länder umfangreichen Investitionen durch Ausländer traditionell sehr ablehnend gegenüberstehen, hängt die Effektivität des GATS zugleich wesentlich von der Wirksamkeit des diesbezüglichen Nebenabkommens zum GATT (TRIMS)[155] ab.

V) Zusammenfassung und Bewertung

Angesichts all dieser Schwierigkeiten stellt das GATS nicht mehr dar als einen im Vergleich mit dem GATT äußerst bescheidenen Anfang. Im wesentlichen bildet es den Rahmen für bestimmte, meist sektorspezifische Zugeständnisse, die sich bestimmte Länder bezüglich der verschiedenen Sachfragen im Zusammenhang mit grenzüberschreitenden Dienstleistungen gegenseitig machen. Außerdem legt es allen Mitgliedern die Verpflichtung auf, die einmal begonnene Liberalisierung weiter voranzutreiben. Mit jeweils zahlreichen Ausnahmen legt es für die Mitgliedsstaaten nur die folgenden drei Verpflichtungen als bereits heute im Verhältnis aller Mitgliedsländer untereinander unmittelbar verbindlich fest:

1) Gleichbehandlung aller Ausländer unabhängig vom Herkunftsstaat (Most-*Favoured-Nation-Prinzip*)

---

[155] (*"Trade Related Investment Measures"*)

2) publication of and easy access to all relevant laws and regulations to be observed to be allowed to perform a certain service in each member country (*transparency rule*)[156];

3) rules pertaining to the mutual recognition of standards and qualifications which as such, however, remains entirely voluntary under the GATS.

In particular the GATS does not directly grant the inhabitants of the member states the right to cross national borders to perform or receive a service. Rather, for this, additional agreements among the member-states are needed that will usually have to be sector-specific.

Chapter 33: The *"Agreement on the Protection of Trade-Related Aspects of Intellectual Property"* (TRIPS)

The third and final of the three major agreements concluded under the auspices of the WTO is the one about the protection of intellectual property called TRIPS.

Everyone knows the fake *Cartier* watches *"made in Taiwan"* or the *"genuine" Lacoste* shirts from the Philippines. Such fake products, and their generally benevolent toleration, particularly by the developing countries' governments, led in the past to considerable irritation on the part of the industrialised nations, and gave rise to a certain resistance to transferring know-how to such countries. Cross-border investments were thus considerably hindered.
It is true, various international agreements were in place long before the conclusion of the TRIPS. In these, the participants assured the nationals of the other signatory states equal treatment with regard to the protection of intellectual property.

However, all of these agreements were characterised by certain weaknesses, the most salient of which were/are the following three:

---

[156] In fact, GATS Art. III paragraph 4 requires every member of the GATS to designate one or more central *"enquiry points"* where all information regarding general laws or measures affecting the conditions for foreign nationals to render certain services in the member-state in question may be centrally called up. As no central list (e.g., at the WTO) of all enquiry points of all members exists and as these enquiry points are obligated to respond to enquiries by other member-*states* only, for private persons it is much easier to obtain such information through the internet. There all relevant information furnished by a member-state to the WTO can be called up under *http://www.wto.org/wto/online/ddf.htm*. The addresses of the enquiry points may be found there under *"S/ENQ/..."*, followed by a certain number, which for the United States is 29, and for the European Community, providing the addresses of the enquiry points of all EC member-states, 32.

2) die Veröffentlichung bzw. leichte Zugänglichmachung aller für die Erbringung von bestimmten Dienstleistungen einschlägigen Gesetze und sonstigen Vorschriften *(Transparenzgebot)*)[156].

3) Regeln zur (freiwilligen) Anerkennung von Standards und Qualifikationen.

Insbesondere gewährt das GATS den Einwohnern der Mitgliedsstaaten nicht unmittelbar selbst das Recht, zur Erbringung oder zur Entgegennahme einer Dienstleistung Staatsgrenzen zu überschreiten. Hierfür bedarf es vielmehr zusätzlicher (zwei- oder mehr-) seitiger, meist sektorspezifischer Abkommen zwischen den Mitgliedsländern.

Kapitel 33: Das Abkommen über den Schutz geistigen Eigentums (*Trade Related Industrial Property, TRIPS*)

Das dritte und letzte der drei großen Abkommen im Rahmen der neugegründeten Welthandelsorganisation (WTO) ist das Abkommen über den Schutz geistigen Eigentums.

Jeder kennt die vermeintlichen *Cartier*-Uhren aus Taiwan oder die "echten" *Lacoste*-Hemden aus den Philippinen. Solche Fälschungen und deren meist wohlwollende Duldung insbesondere durch die Entwicklungsländer hat in der Vergangenheit zu erheblichem Ärger mit den weiter entwickelten Nationen und zu einer gewissen Zurückhaltung beim Transfer des erforderlichen Know-hows in solche Länder geführt. Dadurch wurden insbesondere grenzüberschreitende Investitionen erheblich behindert. Zwar gab es schon vorher verschiedene internationale Abkommen, in denen sich deren jeweilige Mitgliedsländer dazu verpflichteten, durch den Erlaß entsprechender Gesetze einen gewissen Mindestschutz für das geistige Eigentum auch von Ausländern sicherzustellen.
Diese Abkommen wiesen aber insbesondere die folgenden drei Schwachpunkte auf, die durch den Abschluß des TRIPS nun beseitigt sein dürften:

---

[156] Übrigens verlangt Art. III Abs. 4 GATS, daß jedes GATS-Mitglied eine zentrale Informationsstelle bestimmt, von der jeweils sämtliche Vorschriften abgerufen werden können, in denen die Voraussetzungen für die Ausübung der verschiedenen beruflichen Tätigkeiten durch WTO-Ausländer in dem betreffenden Land festgelegt sind. Eine Liste mit den Adressen der verschiedenen nationalen Informationsstellen existiert allerdings nicht. Außerdem steht ein Einsichtsrecht in diese Listen ohnehin nur den jeweils anderen Mitgliedsstaaten zu. Nichtstaatliche Stellen sowie private Bürger rufen die gesuchte Information deshalb am besten unter folgender Adresse im Internet ab: *http://www.wto.org/wto/online/ddf.htm*. Die gesuchten Adressen finden sich dort unter *"S/ENQ/..."*, zuzüglich der jeweils landesspezifischen Nummer. Für die USA ist dies 29, für die Europäische Gemeinschaft 32. Letztere enthält wiederum die relevanten Internet-Adressen der Informationsstellen der verschiedenen EG-Mitgliedsländer.

1) Membership in all of them is far from universal and is indeed much smaller than that in the WTO and – thereby – in the TRIPS as well.

2) The protection of intellectual property was in many countries substantively incomplete, i.e., certain inventions or, more generally, products of the intellect, could be protected (e.g., patented) either not at all or only for extremely short periods of time. It is here, too, that the TRIPS agreement for the first time creates at least certain minimum standards.

3) Finally, judicial enforcement of intellectual property rights (and thus the effective protection against their violation) in many countries was at best rudimentary, to put it mildly. Here, too, the TRIPS has considerably improved the situation.

Chapter 30: Excursion: The *"World Intellectual Property Organisation"* (WIPO)

However, besides the WTO there exists yet another international organisation that is charged with tasks very similar to those entrusted to the WTO with respect to the TRIPS. This is the *"World Intellectual Property Organisation"* (WIPO) which is also situated in Geneva. The task of the WIPO consists in monitoring the adherence by the relevant member-states to various international agreements concerning intellectual/industrial property as well as developing them further.

Of these, the so-called *"Paris Convention" ("PC")*[157] is by far the most important and the most extensive. It applies to *all kinds* of intellectual property rights, i.e., patents, industrial designs, trademarks and copyrights, etc.. its main content is the obligation of the various signatory states to extend the protection provided by their national legal systems for any kind of intellectual property to all citizens of all the other member-countries at the same conditions as they grant to their own citizens. Furthermore, it contains certain minimum standards as regards such protection that must be granted to the nationals of the other member-states even if the state in question fails to grant them to its own citizens. In other words, this convention provides for both *equality* before the law (that is to say, the *most-favoured-nation* principle) *and* assures *certain minimum rights* in all member-states for the nationals of all other member states except its own. This achievement, considering that it was brought about at a time when nationalism everywhere was at its hight, with all shortcomings that still remain, may well be called revolutionary and at the time certainly constituted a real breakthrough for the international protection of intellectual property. Still, it must be admitted that with regard to *substantive guarantees* for what kinds of inventions could be protected in the first place, it did not go far beyond a

1) Die Mitgliedschaft in den bisher abgeschlossenen Abkommen (sogenannte Pariser und Berner Konvention) umfaßt nicht alle Mitgliedsländer der WTO. Anders das TRIPS, das für alle GATT, GATS bzw. WTO-
Mitglieder verbindlich ist.

2) Der Schutz geistigen Eigentums war in vielen Staaten inhaltlich unvoll-
ständig, d.h. bestimmte Erfindungen waren dort entweder gar nicht oder
nur für einen äußerst kurzen Zeitraum patentierbar. Hier schafft das
TRIPS-Abkommen Mindeststandards.

3) Schließlich ließ die gerichtliche Durchsetzbarkeit solcher Rechte (und
damit der effiziente Schutz vor deren Verletzung) in vielen Ländern
ebenfalls zu wünschen übrig. Auch hier legt das TRIPS bestimmte Mindeststandards fest und schafft auf diese Weise Abhilfe.

Kapitel 34: Exkurs: Die World Intellectual Property Organ- isation (WIPO)

Eine mit der Tätigkeit der WTO mit Hinsicht auf das TRIPS ganz ähnliche
Aufgabe erfüllt aber auch noch eine andere internationale Organisation.
Das ist die WIPO (*World Intellectual Property Organisation*), die ihren Sitz
wie die WTO in Genf hat. Ihre Aufgabe besteht darin, die Einhaltung verschiedener internationaler Abkommen auf dem Gebiet des gewerblichen
Rechtsschutzes durch deren jeweilige Mitgliedsstaaten zu überwachen und
außerdem für ihre Weiterentwicklung zu sorgen.

Das bei weitem wichtigste und umfassendste dieser Abkommen ist das -
zwischenzeitlich mehrfach geänderte - "*Pariser Verbandsübereinkommen*"
(PVÜ) von 1883[157]. Es umfaßt sämtliche Arten intellektueller bzw. gewerblicher Schutzrechte, also Patente, Gebrauchsmuster, Geschmacksmuster,
Marken (Warenzeichen) und Urheberrechte. Sein Hauptinhalt ist die Verpflichtung seiner jeweiligen Mitgliedsstaaten, den Staatsangehörigen der
jeweils anderen Mitgliedsstaaten unter den gleichen Bedingungen gewerblichen Rechtsschutz einzuräumen wie ihren eigenen Staatsangehörigen
(also wiederum das *Most-Favoured-Nation*-Prinzip).Darüber hinaus legt es
in gewissem – allerdings geringem – Umfang gewisse Mindeststandards
eines derartigen Schutzes fest, den die Mitgliedsstaaten den Angehörigen
der anderen Mitgliedsstaaten selbst dann einräumen müssen, wenn sie ihn
für ihrer eigenen Staatsangehörigen nicht vorsehen. Mit anderen Worten,
dieses Übereinkommen stellt sowohl eine Gleichbehandlung von Ausländern als auch bestimmte Minimalrechte für Ausländer sicher, ein erheblicher Fortschritt, der umso schwerer wiegt, als er in einer Zeit erzielt wurde,
als nationales Denken allerorten besonders ausgeprägt gewesen ist. Trotzdem muß man jedoch zugeben, daß die materiellrechtlichen Garantien

---

[157] "*Pariser Verbandsübereinkommen zum Schutze von gewerblichen Schutzrechten*" vom 20. Mai 1883 in der Fassung der Überarbeitung von Stockholm vom
14. Juli 1967.

real minimum. Indeed, it is primarily this field where the TRIPS agreement comes in (see the immediately preceding chaper).

In addition to the *Paris Convention,* the WIPO also administers several other important international treaties. In contrast to the PC, however, these other treaties usually pertain to only one kind of intellectual property rights each and are restricted to purely *procedural* aspects.

The first of these is the *"Patent Cooperation Treaty"* ("PCT") of 1970[158] which, as its name suggests, applies to *patents* only. This treaty enables an applicant to file his patent application either in the country of his domicile or – if it is different – alternatively in the country of his nationality and thereby – against payment of the pertinent reservation fees for the countries of his choice – to reserve his priority rights with regard to all these countries. Thus, with only one centralised application (and in only one language!) he has got the option – during the reservation period – to opt for patents in all or any of the selected countries. However, the procedure of the actual granting of these rights is then carried out *not* centrally by the WIPO but by the national patent offices of the countries concerned. Accordingly, what the applicant ultimately gets is a sheaf of patents purely national in nature and correspondingly limited to the territories of the countries in question.

Yet one step further goes the procedural simplification brought about for *trademarks* by the MMA and the protocol pertaining to it[159], both of which are also administered by the WIPO. In contrast to the PCT, these treaties enable the WIPO – rather than only *reserve* priority rights - to actually *grant* to the applicant what is called – confusingly and not quite correctly – an *"international"* trademark[160] (IR). Alàs, what the applicant really obtains once again is not one genuinely *"international"*, i.e. supranational, right equally valid within the territories of more than one country[161], but yet again merely a bunch of purely national rights effective in each country

---

[157] *"Convention of Paris for the Protection of Industrial Property of March 20th, 1883, as revised at Stockholm on July 14th, 1967."*

[158] For a German source cf. BGBl. II, 1976, p. 649.

[159] *"Madrid Trademark Agreement"* ("MMA").

[159] and, finally, the *"Protocol to the Madrid Trademark Agreement of 1989"* ("PMMA"). The protocol extends the range of the MMA to several additional countries and simultaneously contains several modifications regarding the MMA itself.

[160] usually earmarked by the acronym of IR = "Internationally Registered".

[161] in fact, the only really supranational intellectual property right in the sense outlinend here that is currently available at all is a European trademark issued by the European Trademark Office in Alicante, Spain (see ch. 70, below).

dieses Übereinkommens über ein bloßes Minimum nicht hinausgingen. Nicht zuletzt das ist auch der Grund für den Abschluß des TRIPS (siehe vorangehendes Kapitel).

Neben dem Pariser Verbandsübereinkommen verwaltet die WIPO noch verschiedene weitere internationale Abkommen, die allerdings jeweils nur bestimmte Arten von Schutzrechten und bei diesen nur rein verfahrensmäßige Fragen betreffen.

Das erste dieser Abkommen ist der *"Vertrag über die Internationale Zusammenarbeit auf dem Gebiet des Patentwesens"* von 1970 (*"Patent Cooperation Treaty"* – PCT[158]), das – wie sein Name schon sagt, ausschließlich Patente betrifft. Für diese bringt es die wesentliche Erleichterung, daß ein Erfinder seine Prioritätsrechte je nach Wunsch mittels eines einzigen Anmeldeverfahrens für beliebig viele Staaten reservieren kann und dadurch die Möglichkeit erhält, sich während dieser Reservationszeit für die Registrierung seines Patents in all diesen Ländern zu entscheiden. Dabei hat er für dieses Reservierungsverfahren die Wahl zwischen dem zuständigen Patentamt seines Wohnsitzstaates und, sollte sich dies in seinem Falle unterscheiden, demjenigen seiner Staatsangehörigkeit. Damit ist die Zentralisierung des Verfahrens für Patente aber auch bereits am Ende. Das eigentliche Erteilungsverfahren wird anschließend allein von den jeweils zuständigen Patentämtern der verschiedenen Mitgliedsstaaten durchgeführt.

Noch einen Schritt weiter geht die Vereinfachung, die in dieser Hinsicht das – sehr viel ältere – *"Madrider Markenabkommen"* (MMA)[159].sowie das *"Protokoll zum Madrider Markenabkommen von 1989"*(PMMA)[160].für den Bereich der *Marken* (nach der früheren deutschen Terminologie "Warenzeichen") gebracht haben. Beide Abkommen (das PCT wie auch das MMA) ermöglichen es den jeweiligen Anmeldern, durch ein einziges, zentrales Anmeldeverfahren die entsprechenden nationalen Schutzrechte mehrerer oder sogar aller einschlägigen Mitgliedsstaaten zu erwerben – sie brauchen in der Anmeldung nur benannt und die entsprechenden Gebühren bezahlt zu werden. Anders als für Patente nach dem PVÜ wird hier also nicht nur die Reservierung der Priorität zentral gehandhabt, sondern die eigentliche Erteilung der verschiedenen Rechte erfolgt ebenfalls zentral, und durch das sogenannte *"Internationale Büro"* der WIPO in Genf.. Dennoch muß man sich darüber klar sein, daß es sich bei dem, was die WIPO den jeweiligen Antragstellern ggf. erteilt, nicht um ein Schutzrecht von übernationaler Geltung handelt sondern ggf. um ein Bündel rein nationale Schutzrechte der jeweils betroffenen Mitgliedsstaaten. Diese sind zwar ihrem materiellen Inhalt nach weitgehend ebenfalls vereinheitlicht, doch ist ihr Geltungsbereich auf das Territorium des jeweiligen Staates

---

[158] abgedruckt in BGBL. II, 1976, SS. 649 ff.

[159] (genauer: *"Madrider Markenabkommen über die internationale Registrierung von Fabrik- und Handelsmarken"* vom 14. April 1891").

[160] (letzteres erweitert den Anwendungsbereich des MMA auf einige wichtige weitere Staaten und enthält zugleich einige Modifikationen zum MMA.)

only as determined by that country's domestic laws[*] and limited to its national boundaries. Even so, although even the MMA stays short of providing truly supranational rights, the simplification and savings in both time and money achieved by this unification of procedure may well be called remarkable.

The essential difference between the WIPO and the treaties administered by it on the one hand, and the TRIPS which is handled by the WTO, on the other, is the fact that – with the single and very limited exception of the Paris convention (see above) – only the TRIPS contains an obligation for its member states to actually provide any intellectual property protection at all for certain products of artistic and/or intellectual activity.

Thus the practice of copying foreign music cassettes or CDs without paying any licence for them, which for many years used to be very popular in places like Hong Kong or Taiwan (and now, most notoriously China), did not violate any national intellectual property right nor any of the WIPO-agreements, as under the domestic law of these countries products of this type generally could not be – and therefore of course were not – protected by any intellectual property right. Consequently, as this lack of protection extended equally to domestic inventions of this kind, it did not constitute a discrimination against the *foreign* invention and therefore did not violate the *most-favoured-nation* principle embodied in the various WIPO-agreements.

Of course this difference, in itself, does not justify the establishing of an additional organisation competing, to a certain extent, with the much older WIPO, just in order to administer the TRIPS. The reason why the WTO and not the WIPO was entrusted with the responsibility for the TRIPS was that, despite many attempts at persuasion, several important countries had never acceded to the WIPO-agreements. By making the TRIPS part of the "bundle" of WTO agreements which could be acceded to by any interested member-state either *in toto* or not at all (principle of *"all-or-nothing"*), it was hoped that many of these states might be prepared to sign this treaty, and thus eliminate the gaps in protection within their legal systems. As history has shown, this expectation was fully vindicated: if put before the alternative of being denied admittance to the whole WTO system with all its privileges, almost all of them chose to comply.

---

[*] However, these national trademarks, due to a large extent to these treaties, are almost identical in substance!

begrenzt[**] . Obwohl also bei derartigen Marken regelmäßig von "Internationalen" Marken gesprochen wird und diese mit der Abkürzung "IR"[***] versehen werden, handelt es sich der Sache nach doch um Rechte eines rein nationalen Zuschnitts[161]. Das freilich mindert nicht die erhebliche Vereinfachung und Ersparnis bei der Anmeldung, die diese beiden Abkommen im Bereich der Marken mit sich gebracht haben.

Der entscheidende Unterschied zwischen der WIPO und den von ihr verwalteten Verträgen einerseits und dem von der WTO verwalteten TRIPS andererseits besteht nach alledem darin, daß – mit der geringfügigen Ausnahme des PVÜ, s.o., - nur das TRIPS eine Verpflichtung seiner Mitgliedsstaaten enthält, bestimmte geistige und/oder künstlerische Produkte *überhaupt* unter den Schutz gewerblicher Schutzrechte zu stellen. So verstieß die insbesondere früher in vielen Staaten, etwa in Hong Kong und Taiwan (in dieser zweifelhaften Rolle heute weitgehend von China abgelöst), jahrelang geübte Praxis, ausländische Musikkassetten bzw. CDs lizenzfrei zu kopieren, weder gegen das nationale Schutzrecht dieser Staaten noch gegen eines der o.g. Abkommen, solange es in den betreffenden Ländern ganz generell keine gewerblichen Schutzrechte gab, mit deren Hilfe solche Werke auch dort unter Eigentumsschutz gestellt werden konnten bzw. – wie im Falle des in unserem Beispiel einschlägigen Urheberrechts – diesem Schutz automatisch unterstanden. Freilich hätte dieser Unterschied zum TRIPS für sich genommen es nicht notwendig gemacht, (nur) für letzteres eine eigene, und in gewisser Weise zu der bereits bestehenden WIPO im Wettbewerb stehende Organisation – nämlich die WTO – neu zu schaffen. Der entscheidende Grund, warum man der WTO und nicht der WIPO die Verwaltung des neuen TRIPS-Abkommens übertrug, bestand jedoch darin, daß trotz jahrelanger Bemühungen einige wichtige Staaten den von der WIPO verwalteten Abkommen sowie dieser selbst nie beigetreten waren, und man durch die Zuordnung auch des TRIPS zur WTO statt zur WIPO hoffte – und, wie sich gezeigt hat, zu Recht hoffte -, daß das TRIPS auf diese Weise wegen der WTO-immanenten Bedingung, daß eventuelle Mitgliedsstaaten, wenn überhaupt, dann nur allen WTO-Verträgen insgesamt beitreten können (das bereits erwähnte *all-or-nothing*-Prinzip), eine wirklich umfassende Verbreitung erfahren würde.

[**] (außerdem kann sich das weitere "Schicksal" dieser Schutzrechte von Land zu Land unterschiedlich weiterentwickeln – so kann es etwa in einem Land erfolgreich angegriffen und deshalb aufgehoben werden, während es in einem anderen aufrecht erhalten bleibt.)

[***] für *"Internationale Registrierung":*

[161] Das einzig wirklich "internationale" Schutzrecht, also eines mit supranationaler Geltung, ist weltweit die Europäische Marke, die einheitlich im Bereich der gesamten Europäischen Gemeinschaft gilt und vom Europäischen Markenamt in Alicante, Spanien, vergeben wird, vgl. unten, Kapitel 70).

Chapter 35: The *"World Trade Organisation"* ("WTO") and the New Quasi-Judicial Dispute Resolution Mechanism

I) Relationship among the WTO, GATT, GATS and TRIPS; *"All-or-Nothing Principle"*

Like the GATT before it[162] the WTO is two things at once: first, it is the central one of several free-trade *agreements* that together constitute what may be called the "WTO system". Second, it is the name of the *organisation* charged with the administration and the further development of this system/these agreements.

In its capacity as an agreement[163], the WTO constitutes the principal link that both overarches and connects all other agreements in this system. Its three main pillars are the GATT, the GATS and the TRIPS. Further, it also contains a whole lot of "side agreements" which theoretically might have been passed as supplements to any of the three main agreements. In fact, however, due to its much longer history, such side agreements have so far been passed only with regard to the GATT. Accordingly, so far, virtually all of these side agreements deal with particular aspects of free trade in goods alone.

One of the main features of this new system is that potential members no longer can "pick and choose" the side agreements which appeal to them. Instead, with - of course - two exceptions, this new system is marked by the principle of *"all-or-nothing"*, i.e., any state wanting to join the system must subscribe to all main and all side agreements or cannot become member in any of them.

As an organisation, the newly founded WTO, after some debate[164], determined to maintain its seat in Geneva, which had already served as headquarters for its predecessor, the GATT secretariat. With it, an organisation was finally established that can achieve in the area of trade the equivalent of what the IMF and the World Bank do in the areas of currencies, payments and economic development.

---

[162] Before the establishing of the WTO, the GATT had this double role. Since then, however, it has ceded the function of the organisation to the WTO and is now merely the name of the pertinent free-trade agreement.

[163] In this function its proper name is *"Agreement on the Founding and the Tasks of the World Trade Organisation" ("WTO-Agreement")*.

[164] Actually, Bonn, the former West German capital, with all its empty governmental buildings after the German government' s moving to Berlin, was under discussion for some time as a possible new location for the WTO.

Kapitel 35: Die Welthandelsorganisation (*World Trade Organisation*, WTO) und der neue quasigerichtliche Streitschlichungsmechanismus

I) Verhältnis von WTO, GATT, GATS und TRIPS: das "Alles-oder-Nichts-Prinzip"

Wie vor ihm bereits das GATT[162] erfüllte auch die WTO gleichzeitig zwei Funktionen. Zum einen ist sie eines - das wohl wichtigste - von mehreren parallelen Freihandelsabkommen, die in ihrer Gesamtheit als das "WTO-System" bezeichnet werden können. Zum zweiten ist dies aber auch der Name der Organisation, die mit der Durchführung und Weiterentwicklung dieses Systems, bzw. der dazugehörigen Abkommen betraut ist.

In ihrer Eigenschaft als Abkommen[163] stellt die WTO das Hauptverbindungsglied der daran beteiligten Abkommen dar, deren drei Hauptsäulen das GATT; das GATS und das TRIPS bilden. Dazu kommt noch eine Fülle von Nebenabkommen, die theoretisch zu jedem der drei Hauptverträge abgeschlossen werden könnten, bisher aufgrund seiner erheblich längeren Existenz tatsächlich nur für das GATT existieren. Dementsprechend liegt auch das Hauptschwergewicht dieser Nebenabkommen auf dem Handel mit Waren.

Einer der Hauptunterschiede des neuen WTO-Systems zu dem zuvor bestehenden Zustand besteht darin, daß die Mitglieder nicht länger aussuchen können, an welchen dieser Nebenabkommen sie teilnehmen möchten und an welchen nicht. Stattdessen gilt - von zwei Ausnahmen abgesehen - das *"Alles-oder-Nichts-Prinzip"*, d.h., jedes Mitglied kann dem System nur insgesamt beitreten oder überhaupt nicht.

Als Organisation entschied sich die WTO – nach einer gewissen Diskussion – den Sitz des bisherigen GATT-Sekretariats in Genf auch für sich beizubehalten. Sitz der WTO ist nach einiger Diskussion[164] Genf geblieben, wo bereits ihre Vorgängerin, das GATT-Sekretariat, angesiedelt gewesen war. Mit ihr dürfte endlich eine Organisation geschaffen worden sein, die auf dem Gebiet des Handels das zustande bringen kann, was im Bereich Währung und Entwicklung der IWF bzw. die Weltbank leisten.

---

[162] Vor der Gründung der WTO hatte das GATT diese Doppelrolle eingenommen. Mit deren Gründung gab es dann seine Funktion als Organisation an die WTO ab und ist nunmehr nur noch die Bezeichnung für das Abkommen als solches.

[163] Der genaue Name dieses Abkommens lautet: *"Agreement on the Founding and the Tasks of the World Trade Organisation" ("WTO-Agreement")*.

[164] Angesichts des Umzugs der deutschen Bundesregierung von Bonn nach Berlin, der gerade in dieser Zeit im Gange war, war auch Bonn eine Zeitlang als ein möglicher neuer Sitz der WTO ins Auge gefaßt worden..

II) Tasks of the WTO

1) Trade Policy Review

One of the tasks of the WTO consists in discussing with its members their respective trade policies and of providing its advice, all at regular intervals. The WTO further organises multilateral conferences for its members in order to harmonise their trade policies and monetary/currency and industrial development policies. In this respect it cooperates closely with its two sister organisations, the IMF and the World Bank.

2) The Resolution of Disputes through the *"Dispute Settlement Body"* *("DSB")*

One of the WTO´s most important tasks consists in providing an institutional framework for the resolution of disputes arising among its members with regard to any of the WTO agreements. For this purpose the WTO disposes of a kind of arbitration department called the *"Dispute Settlement Body"* (DSB) which can be called upon if a party to the WTO (i.e., a member-state) believes that any other party has violated its obligations under any of these agreements, and that either it or any of its nationals has been harmed thereby.

If such a dispute arises, the parties first must try to find an amicable solution. Only after serious attempts in this direction have been made and have come to nothing can the *Dispute Settlement Body* formally be called upon. Upon request of either party the DSB then establishes an arbitral body consisting of three arbitrators and called a *"panel"*. This panel, after hearing the arguments, concludes the procedure by issuing its "report", i.e., its understanding of the facts and, as part of that report, makes one or several *"recommendations"*. These are proposals as to what remedies, if any, the panel suggests should be granted to the aggrieved party. The details of procedure are laid down in a separate agreement, the *"Understanding on Rules and Procedures Governing the Settlement of Disputes."* Of these rules, one of its more controversial ones is that its hearings are held without access for the public, including the press. A further contrast to proceedings held before ordinary courts which are marked by their formality, is that the WTO-panel in its recommendations is in no

II) Aufgaben der WTO

1) Überwachung der Wirtschaftspolitik der Mitglieder

Die Aufgabe der WTO besteht zum einen darin, mit den Mitgliedsstaaten der WTO deren jeweilige Handelspolitik zu besprechen und diese zu beraten, die Handelspolitiken der verschiedenen Mitglieder u.a. im Rahmen multilateraler Konferenzen nach Möglichkeit aufeinander abzustimmen sowie durch entsprechende Konsultationen mit IWF, Weltbank und anderen internationalen Organisationen dafür zu sorgen, daß diese Handelspolitiken so gut wie möglich mit der jeweils verfolgten Währungs- und Entwicklungspolitik koordiniert werden. Insoweit entsprechen ihre Aufgaben weitgehend denen ihrer beiden Schwesterorganisationen.

2) Streitentscheidung durch den *"Dispute Settlement Body" ("DSB")*

Vor allem aber bietet die WTO den institutionellen Rahmen für die Klärung von Streitfällen, die zwischen den verschiedenen Mitgliedsstaaten über irgendeinen der drei Haupt- oder einen der zahlreichen Nebenverträge auftreten und stellt hier u.a. eine Art Schiedsgericht zur Verfügung, den sogenannten *"Dispute Settlement Body"*, kurz DSB, der über zwei Instanzen verfügt. An ihn kann sich jeder Vertragsstaat wenden, der glaubt, durch einen anderen in seinen Rechten aus einem der WTO-Abkommen verletzt worden zu sein.

Vor der Einleitung eines streitigen Verfahrens ist aber zunächst ein Güteversuch durchzuführen. Erst wenn dieser nachweisbar in konstruktiver Absicht eingeleitet wurde und gescheitert ist, richtet der DSB auf Antrag einer der beiden Parteien ein aus drei Schiedsrichtern bestehendes sogenanntes *Panel* ein. Dieses führt dann das streitige Verfahren durch, das es mit seinem sogenannten "Bericht" (*"report"*) abschließt, in dem es sein Verständnis des Sachverhalts sowie die von ihm vorgeschlagenen Abhilfemaßnahmen niederlegt. Die genaueren Verfahrensvorschriften sind in einem separaten Abkommen festgehalten[*].

Eine der - umstrittenen - Besonderheiten der vor der WTO geführten Verfahren besteht darin, daß sie nicht-öffentlich sind und sogar die Presse ausgeschlossen ist. Ein weiterer Unterschied zu den von Förmlichkeiten geprägten Verfahren vor staatlichen Gerichten liegt darin, daß es nicht mit einem "Urteil" abschließt, dessen Ergebnis sich streng juristisch auf vertraglich klar vorgegebene und/oder in den Anträgen der Parteien enthaltene Inhalte beschränken müßte. Vielmehr sind die oben erwähnten "Empfehlungen" des Entscheidungsgremiums in keiner Weise an die von den Parteien gestellten Anträge gebunden.

Das Verfahren vor dem *Panel* kommt aber erst durch die sogenannte "Annahme" (*"adoption"*) seiner Empfehlungen durch den DSB zu seinem

---

[*] (*"Understanding on Rules and Procedures Governning the Settlement of Disputes".*)

way bound by the motions or requests made by the parties. That is, it may recommend remedies that neither party has formally requested or even suggested in its pleadings.

After the panel has made its findings and/or recommendations, if neither party appeals against them, they need to be formally "adopted" by the DSB in order to become effective. This adoption, before the reforms made in connection with the setting up of the WTO in 1994/95, required the unanimous consent of all member-states of the - then - GATT, including that of the party that had lost the case. Thus, this adoption and thus the effectiveness of such a panel report could be torpedoed single-handedly by the losing party which did not even need to give any reason for withholding its consent. This is what happened in our *Dolphin-Tuna* case discussed above. Obviously, such a system of "dispute resolution" is not particularly efficient. Accordingly, the conditions of "adoption" have been stood on their head by the new *"Rules and Procedures"* introduced in the wake of the 1994/95 reforms. Today, such reports are automatically adopted unless all members unanimously *reject* them[165]! After this major reform, it is now up to the winning side, if necessary on its own, to force through the adoption by the DSB of such a panel report. It goes without saying that this new mechanism has of course greatly strengthened the efficiency of the entire procedure.

Another novelty introduced in the wake of the 1994/95 reforms is the possibility of appealing against such a panel report. Such an appeal is then decided upon by the second instance of the dispute resolution process, the *"Standing Appellate Body"*[166]. If such an appeal is launched, the above-described procedure of adoption takes place with regard to the report issued by the *Standing Appellate Body*, which in any case acts as the final instance.

3) Lack of an Enforcement Mechanism

Beside the considerable freedom regarding both the method of proceeding and the contents of the recommendations issued by the panel and the Standing Appellate Body, the second peculiarity of the WTO dispute resolution procedure is the lack of any institution that could in any way enforce the recommendations (once adopted by the DSB) against the will of the losing side. Thus, strictly speaking, their effect is of a purely moral nature.

Nevertheless a victory in such a procedure is by no means useless for the winning party, as it greatly strengthens its moral-diplomatic position with

---

[165] The fact that a report issued by such a *panel* or by the *Standing Appellate Body* referred to in the *Dispute Settlement Understanding* (DSU) is adopted by the *Dispute Settlement Body* (DSB) unless *all* members of the DSB formally object to it follows from DSU Art. 2, sentence 1, in connection with DSU Art. 16, no. 4. That the DSB is composed of one representative of each member-state follows from *WTO-Agreement* Art. IV, nos. 2 and 3.

[166] (not to be confused with the *"Dispute Settlement Body"*, or *"DSB"*, of which the *"Standing Appellate Body"*, *"SAB"*, is only an organ, albeit an important one.

förmlichen Ende. Vor der WTO-Reform von 1994/95 bedurfte eine solche Annahme der ausdrücklichen Zustimmung sämtlicher Mitgliedsstaaten, einschließlich des in dem Streit unterlegenen Landes. Dadurch konnte ein *Panel-Report* von dem verlierenden Staat im Alleingang unterlaufen werden, ohne daß dieser für seine Ablehnung auch nur eine Begründung zu geben brauchte, eine Eigenheit, die der Effizienz des Verfahrens offensichtlich nicht besonders zuträglich war. Dementsprechend wurde dieses Abstimmungsverfahren durch die Reformen von *Uruguay* förmlich auf den Kopf gestellt. Nunmehr bedarf die Ablehnung eines *Panel-Report*s bzw. der darin geäußerten Empfehlungen ihrerseits der Einstimmigkeit der Mitglieder[165]! Genau umgekehrt wie zuvor ist also nunmehr der obsiegende Staat in der Lage, theoretisch ganz allein die Annahme der *Panel*-Empfehlungen durchzusetzen.

Eine weitere Neuerung der 1994/95er Reformen betrifft die erstmalige Einrichtung einer Berufungsinstanz (des sogenannten *"Standing Appellate Body*[166] *)* für die Beurteilung von Einwendungen gegen einen solchen *Report*. Mit dessen Entscheidung, bzw. mit dessen Annahme durch den DSB, ist der Instanzenzug dann allerdings ausgeschöpft..

3) Das Fehlen eines Durchsetzungsmechanismus

Die neben der mangelnden Förmlichkeit des Erkenntnisverfahrens zweite große Besonderheit des WTO-Verfahrens besteht darin, daß es kein Gremium gibt, das die von ihm ausgesprochenen "Empfehlungen" gegen den Willen des "verurteilten" Staates zwangsweise vollstrecken könnte. Streng genommen ist ihre Wirkung also lediglich moralischer Natur. Trotzdem ist ein "Sieg" in einem solchen Verfahren für die obsiegende Partei keineswegs nutzlos, da es dessen moralisch-diplomatische Position gerade auch im Verhältnis zu Drittstaaten erheblich stärkt[167]. Um uns diesen Effekt klar-

---

[165] Die Notwendigkeit der Einstimmigkeit einer wirksamen Ablehnung eines solchen *Panel-* oder *Standing Appellate Body Reports* durch den *Dispute Settlement Body* (DSB) folgt aus Art. 2, Satz 1 des *"Dispute Settlement Understanding" (DSU)* in Verbindung mit Art. 16, Ziffer 4 *DSU*. Der Umstand, daß sich der DSB aus je einem Vertreter eines jeden Mitgliedsstaates zusammensetzt, ergibt sich wiederum aus Art. IV, Ziffern 2 und 3 des *WTO-Agreements.*

[166] Nicht zu verwechseln mit dem *"Dispute Settlement Body" (DSB).* Von diesem ist der *"Standing Appelate Body" (SAB)* nur ein, wenngleich ein wichtiges, Organ!

[167] Auch wenn dies zunächst überrascht, so ist das Urteil eines allgemein anerkannten Spruchkörpers auch und gerade dort, wo ein (staatlicher) Durchsetzungsmechanismus für ein solches Urteil fehlt, für die obsiegende Partei von erheblichem nicht nur moralischen sondern auch praktischen Wert. Das liegt insbesondere an dem Einfluß, den ein solches Urteil auf die jeweilige Fähigkeit der beiden Kontrahenten hat, die Unterstützung Dritter für ihre Sache zu gewinnen. Eine wirklich brillante Darstellung, wie dieser Mechanismus in einer Gesellschaft ohne staatliche Exekutive tatsächlich einmal funktioniert hat, findet sich bei *Miller, Bloodtaking and Peacemaking*, SS. 179 ff. für das mittelalterliche Island der Wikinger. In Form des sogenannten *Allthing* existierte dort zwar ein allgemein geachtetes Organ der Rechtsprechung, doch blieb die Durchsetzung der von diesem

regard to states not parties to the dispute[167]. For purposes of illustration as to the advantage this may confer upon the winner, imagine the following example (based on a real case taking place a few years ago): tiny Portugal with its fishing operations on the high seas gets in the way of the mighty United States. Left to its own devices it is relegated to entire impotence vis-à-vis its powerful opponent. It will therefore look around for allies; in a case like this most likely among its "fellow-states" within the EC - or it will even turn to the EC itself. Out of general solidarity grounded in the EC-Treaty, if for no other reason, these countries will likely be prepared, in principle, to support Portugal in this case. On the other hand, they would all like to avoid the high political and diplomatic costs connected with taking sides against NATO-master U.S.A. in whatever dispute.

Now, if in such a situation the person or country (here: Portugal) seeking international support found itself in the role of the "bad guy", this would make it much easier for its natural allies to deny such support and thereby avoid these costs. On the other hand, such a denial would be far more difficult to justify if the "black hat" were the U.S.

On the other hand, it is of course clear that a report that adopted by the *Dispute Settlement Body* will usually constitute but one of several factors that determine a party's "moral position" in the international arena. Our *Dolphin-Tuna* case (decided under the old, pre-1994/95 rules) is a case in point here, too: the findings made by the GATT panel (even though they were not officially adopted, due to an American veto), it is true, greatly improved the diplomatic position of Mexico in relation to the United States in that dispute. Still, it was the U.S., rather than Mexico, that commanded the greater moral support internationally, due to its "green" conservationist stand.

Instead of an official enforcement mechanism with which to effect the WTO "recommendations", the WTO dispute settlement procedure knows of a much more "archaic" and so-to-speak "symmetrical" sanction that may be imposed on the losing side if it does not fully follow the WTO's recommendations. In such a case, this body can grant to the aggrieved party the right officially to suspend certain favours or duties it otherwise owes to the violating party under the treaty concerned (treatment according to the

---

[167] As might at first seem surprising, even in an environment without any enforcement mechanism provided by a superior authority, a judgement issued by a generally respected judicial body does have considerable influence on the relative standing of the two parties and thereby on their ability to recruit support for their respective causes. The way this mechanism works *within* a society that lacks such a mechanism has been brilliantly described by *Miller, Bloodtaking and Peacemaking*, pp. 179 ff. for the case of medieval Iceland, where such a body existed in the form of the *Allthing*, but where - just as in the international setting under the WTO, for lack of a king or some other superior executive force, the enforcement of that body's ruling was entirely left to the initiative of the parties concerned.

Even though the time and place of the disputes considered here are entirely different from those analysed by *Miller*, his findings provide valuable insights into the relationships among nations. A good example of this is the influence exerted on international public opinion by decisions of the U.N., and in particular the Security Council as shown, e.g., in the Gulf conflict between Iraq and the United States.

zumachen, stellen wir uns folgenden Beispielsfall vor: das kleine Portugal (oder auch Mexiko, vgl. den *Delphin-Thunfisch-Fall*, oben, Kapitel 28) gerät hinsichtlich seiner Fischereirechte auf hoher See mit den USA aneinander. Allein ist es in diesem Streit völlig machtlos der "Willkür" der mächtigen USA ausgesetzt. Deshalb wird es Verbündete suchen, und zwar in einem solchen Fall voraussichtlich bei seinen "Bruderstaaten" innerhalb der EG bzw. bei der EG selbst. Diese werden zwar schon infolge der durch den EG-Vertrag begründeten Gemeinsamkeit einerseits grundsätzlich bereit sein, Portugal hier zu unterstützen. Andererseits würden diese Staaten die hohen (politischen und diplomatischen) Kosten, die eine Auseinandersetzung ausgerechnet mit dem NATO-Meister USA mit sich bringt, gerne vermeiden. Sollte in einer solchen Situation der Hilfesuchende (hier Portugal) selbst politisch-moralisch als der "böse Bube" dastehen, dann würde es seinen "natürlichen Verbündeten" natürlich erheblich leichter fallen, seine Bitte auf diplomatische Unterstützung abzuschlagen und die Kosten einer solchen Auseinandersetzung zu umgehen als wenn der moralische "Schwarze Peter" bei den USA läge.

Dabei ist andererseits natürlich klar, daß das Urteil des GATT-Entscheidungsgremiums u.U. nur einer von mehreren Faktoren ist, die für die "moralische Position" der Kontrahenten in der internationalen Öffentlichkeit maßgeblich sind. Auch dies wird bestens durch unseren *Delphin-Thunfisch-Fall* demonstriert, wo das Urteil des GATT-*Panels* die Position Mexikos gegenüber den USA zwar einerseits erheblich stärkte, die USA aber andererseits dennoch nach wie vor den moralischen Anspruch des Tierschutzes diplomatisch für sich verbuchen konnten.

Statt eine zwangsweise Durchsetzung dieser "Empfehlungen" zu ermöglichen, kennt der WTO-Streitschlichtungsmechanismus eine viel "archaischere" und sozusagen spiegelbildliche Sanktion: wenn sich das "verurteilte" Land nicht an die ausgesprochenen Empfehlungen hält, kann das Entscheidungsgremium das geschädigte Land dazu ermächtigen, seinerseits in entsprechendem Umfang Handelsvergünstigungen (etwa das *Most Favoured Nation* Prinzip) außer Kraft zu setzen, die es gegenüber dem

---

Organ gesprochenen Urteile allein der privaten Initiative der betreffenden Partei überlassen, denn eine staatliche (bzw. "fürstliche") Exekutivgewalt gab es in dieser Demokratie von freien Bauern nicht.

Freilich könnte der Unterschied in Zeit und Ort zwischen den von *Miller* untersuchten und den hier betrachteten Fällen krasser kaum sein. Dennoch lassen sich seine Erkenntnisse in vielerlei Hinsicht auf den "exekutivlosen" Zustand im Verhältnis der Völker bzw. der Staaten untereinander übertragen. Nur ein Beispiel von vielen hierfür ist etwa die politische Bedeutung, die die Verurteilung der irakischen Besetzung Kuwaits durch den Sicherheitsrat der Vereinten Nationen auf Ausgang und Verlauf des amerikanisch-irakischen Golf-Krieges hatte, war sie doch wesentlich verantwortlich für die politische Isolation, und nicht zuletzt damit auch für die schnelle militärische Niederlage des Irak.

most-favoured-nation principle, for instance), whereby the obligations to be suspended need have nothing to do with the area where the original violation occurred. Thus, in the *Dolphin-Tuna* case, for example, Mexico, might be permitted to levy extra charges on *Coca Cola* imported from the United States, or even ban such importation altogether for a certain period of time. Naturally, of course, the injured party could in theory have suspended the pertinent favours/obligations of its own accord even without any sanctioning by the WTO – as indeed the U.S. very often does under *Section 301* of its *Trade Act* of 1974. However, again, such unilateral measures generally impose much higher diplomatic costs on the country in question than those it would have to suffer if its actions were legitimated by an acknowledged international body like the WTO.

III) Legal Remedies and Right of Action of Private Corporations against the Violation of the WTO Agreements

As members of the WTO and signatories of the various agreements concluded under it, the WTO states themselves clearly not only are the beneficiaries of the rights conferred by them, but also have recourse to its remedies for violations by other member states. What, however, if anything, can private corporations or other business entities do about such violations? Here, several possibilities need to be distinguished.

1) No Immediate Right of Action for Private Business Entities before the *Dispute Settlement Body* of the WTO

a) Lack of "Standing" of Private Parties before the DSB

As private business enterprises are not parties to any of these agreements, they cannot bring an action of the sort considered above against a state (their own or a foreign one) through whose violation of any of these agreements (e.g., the imposition of an unlawful tariff or quota on their goods) they have suffered harm.

b) Section 302 US Trade Act: Right to Call Upon the *"United States Trade Representative"* (*"USTR"*) for Action

Obviously private citizens and corporations cannot demand from their governments a particular course of action in the field of foreign policy (to which trade policy belongs), nor can they force their governments to turn to the WTO mechanism in any specific case. Not so, of course, if a state, by domestic statute to that effect, grants its citizens such a right, as has been

"Verletzer" mit seinem Beitritt zur WTO eingegangen ist, wobei diese Auseinandersetzungen auf einem ganz anderen Gebiet liegen können als die
ursprüngliche Verletzung. Diese Aussetzung gilt dann ihrerseits nicht als
Verletzung GATT-vertraglicher Verpflichtungen. Zwar ist klar, daß das
geschädigte Land solche Gegenmaßnahmen an sich ebensogut auch ohne
eine derartige Genehmigung des GATT-Entscheidungsgremiums ergreifen
könnte - wie dies etwa die USA geradezu regelmäßig unter "*Section 301*
ihres berühmt-berüchtigten "*Trade Act*" von 1974 taten. Auch hier ist aber
die im allgemeinen verschlechterte diplomatische Position zu bedenken, in
die sich ein solcherart "auf eigene Faust rachenehmendes" Land ohne die
entsprechende Genehmigung der WTO durch ein solches Verhalten be-
gibt.

III) Rechtsschutz und Klagebefugnis privater Wirtschaftsunter-
nehmen unter dem WTO-Streitschlichtungsmechanismus

Zur Anrufung der WTO zum Zwecke der Streitschlichtung, insbesondere
zur "Ahndung" von Vertragsverletzungen seitens anderer WTO-Mitglieds-
staaten sind als Vertragspartner und Träger der Rechte aus den WTO-
Verträgen selbstverständlich alle Mitgliedsländer der WTO befugt. Uns soll
jedoch abschließend vor allem die Frage interessieren, ob und ggf. welche
Rechtsschutzmöglichkeiten privaten Unternehmen zusteht, die Einhaltung
der WTO-Verträge "durchzusetzen" bzw., was sie selbst tun können, um
sich gegen solche Vertragsverletzungen zu wehren. Dabei ist zu unterscheiden:

1) Keine unmittelbare Klagemöglichkeit privater Wirtschaftsunter
nehmen vor dem *Dispute Settlement Body* der WTO

a) Keine Befugnis Privater zur unmittelbaren Anrufung des DSB

Da eine unmittelbare Klagemöglichkeit privater Unternehmen, denen etwa
durch die GATT-widrige Erhebung von Strafzöllen ein (Umsatz-)verlust
entsteht, weder im WTO-Abkommen selbst noch in einem der unter ihm
verwalteten Verträge vorgesehen ist, haben diese nicht die Möglichkeit,
selbst vor der WTO ein Verfahren anzustrengen. Dieses Recht steht vielmehr lediglich den (Vertrags-) Staaten der WTO selbst zu.

b) *Section 302 US Trade Act 1974*: Das Recht der Anrufung des
"United States Trade Representative" ("USTR")

Da die Bürger grundsätzlich in keinem Land ihre Regierung juristisch dazu
zwingen können, auf dem Gebiet der Außenpolitik in bestimmter Weise
tätig zu werden, besteht für private Unternehmen darüber hinaus an sich
auch keine (juristische) Möglichkeit, ihre Regierungen (mit juristischen
Mitteln) dazu zu bewegen, gerade in ihrem Falle den WTO-Mechanismus
"zu bemühen". Anders ist dies nur dann, wenn und soweit ein bestimmtes
Land seinen Bürgern bzw. Unternehmen eine solche Möglichkeit per natio-

the case for several decades now in the U.S.. The U.S., in Sec. 302[168] of its Trade Act of 1974, grants every *"interested person"* (that is: person in the ordinary sense as well as corporations) the right to apply to the *United States Trade Representative* (USTR) for action if it feels it is suffering damage resulting from a foreign country's breach of one of its obligations under any of the WTO agreements. The USTR then is not obligated to actually do anything about the alleged violation but, if he or she does not, must give the reason for such inaction within 45 days. In this way, enormous political pressure is brought to bear on the Trade Representative to actually take action regarding the alleged grievance. For American businesses this means a highly effective tool for exerting political pressure - directly upon their own government, but indirectly against the foreign countries which violate - or are alleged to violate – such obligations[169].

c) Parallel Rule Within the EC: Regulation 3286/94

In view of the success of *Secs. 301* and *302* of the *U.S. Trade Act*, the EC in 1984 followed suit by passing a regulation[170] with similar contents which was considerably strengthened in 1995. According to the version of that regulation in force today (Council Reg. No 3286/94[171]), even a single business enterprise can now[172] apply for the initiation by the EC of a WTO procedure. The application must be submitted to the EC Commission. Under the present regulation, as of January 14th, 2000, 15 complaints have been lodged with the Commission under the new *Trade Barrier Regulation* out of which only two, however, were submitted by a single business enterprise, while all the others originated with various industrial unions or trade organisations. Out of these 15 cases, two were brought to some amicable solution by the Commission, ten have led to the initiation by the Commission of formal action with the WTO, while in the three remaining cases the

---

[168] *Section 301*, in contrast, merely enables the *United States Trade Representative* (USTR), to take action against foreign states but does not impose any obligation on her or him actually to do so.

[169] Since its inception in 1974, 119 such complaints were raised by American businesses under Section 302 of the *Trade Act* (as amended) (status as of July 13th, 1998) of which 19 were subsequently either withdrawn by the complainant or rejected by the USTR, while the rest has either led to some action on the part of the USTR or is still pending.
A detailed account of complaints raised at the USTR can be found on the USTRs website under http://www.ustr.gov/reports/index.html.

[170] Known as the EC's *"New Commercial Policy Instrument"* (NCPI), in force since Jan. 1st, 1985.

[171] (Known as the *"Trade Barrier Regulation"* or "TBR", and in force since Jan. 1st, 1995; for details cf. *Ohlhoff/Schloemann*, RIW 99, p. 649.)

[172] Under the previous regulation, only industrial unions had been entitled to do so.

nalem Gesetz ausnahmsweise ausdrücklich einräumt. Vorreiter waren hier die USA, die in *Section 302*[168] ihres *Trade Act* von 1974 jeder "betroffenen Partei" das Recht einräumen, bei dem hierfür zuständigen "*Trade Representative*" einen entsprechenden Antrag zu stellen. Da dieser gesetzlich verpflichtet ist, zu einem derartigen Antrag in kürzester Zeit begründet Stellung zu nehmen, entsteht für die US-Regierung in solchen Fällen ein erheblicher politischer Druck, sich der Angelegenheit anzunehmen. Für die betroffenen amerikanischen Unternehmen bedeutet dies ein entsprechend wirksames Druckmittel, nicht zuletzt auf die für die Beseitigung eventueller GATT-Verletzungen zuständigen politischen Stellen des Auslandes[169].

c) Parallelregelung der EG: Die Verordnung über Handelshindernisse

Angesichts des Erfolges von *Secs. 301* und *302* hat auch die EG erstmals 1984 eine Verordnung[170] mit ähnlichem Inhalt erlassen, die 1995 wesentlich verschärft worden ist. Nach der jetzt gültigen Fassung (VO Nr. 3286/94)[171] kann nun[172] auch ein einzelnes Industrieunternehmen in der EG unter bestimmten Voraussetzungen die Einleitung eines Verfahrens nach der WTO stellen. Dieser Antrag ist an die EG-Kommission zu richten. Seit Inkrafttreten der Neufassung der o.g. Verordnung, sind bisher (Stand 14. Januar 2000) 15 derartige Beschwerden bei der Kommission eingegangen, von denen allerdings nur zwei von individuellen Unternehmen eingereicht wurden; der Rest ging von nationalen und übernationalen Industrie- und Handelsverbänden aus. Von diesen 15 Fällen ist es der Kommission in zwei Fällen gelungen, eine außergerichtliche Einigung der Parteien herbeizuführen. Zehn weitere Fälle führten zur Einleitung förmlicher WTO-Verfahren durch die Kommission, und die drei verbleibenden Fälle befinden sich noch im Stadium der EG-internen Untersuchung. Bisher hat

---

[168] *Section 301* dagegen ermächtigt den *United States Trade Representative* (USTR), überhaupt Maßnahmen gegenüber fremden Staaten einzuleiten, verpflichtet ihn aber nicht, auf irgend jemandes spezifische Initiative hin tätig zu werden.

[169] Seit der Einführung dieser Möglichkeit im Jahre 1974, wurden von der amerikanischen Wirtschaft 119 derartige Beschwerden erhoben. Von diesen wurden ganze 19 von den Antragstellern entweder von sich aus zurückgenommen oder aber von dem *Trade Representative* zurückgewiesen. Die übrigen haben sämtlich irgendwelche Aktivitäten des USTR ausgelöst oder werden von diesem noch geprüft. Ein detaillierter Sachstand läßt sich im Internet unter der Verbindung *http: www.ustr.gov reports index.html* abrufen.

[170] Seinerzeit (1985 bis zu seiner Ablösung durch die TBR im Jahre 1995) als das sogenannte *"Neue Handelspolitische Instrument"* der EG bekannt.

[171] Die sogenannte *"Verordnung über Handelshindernisse" ("Trade Barrier Regulation"*, "TBR"), in Kraft seit 1. Januar 1995; vgl. im einzelnen *Ohlhoff Schloemann*, RIW 99, p. 649.)

[172] Unter der Geltung der Vorgängerverordnung waren lediglich Industrieverbände zu einer solchen Anrufung befugt gewesen.

necessary EC-internal investigations are still pending. No complaint has been rejected by the EC-Commission out of hand[173,174].

In view of this record, no European enterprise needs to be shy about having recourse to such a complaint whenever appropriate.

d) No Judicial Enforcement of the WTO Obligations against One´s Own Government

What remedies are open to a business enterprise when it is not foreign governments or their organs which violate any of the WTO agreements and thereby inflict harm on it but its own? For purposes of illustration of such a possibility imagine the business in question wishes to export certain goods, such as are listed in, say, the [175]dual use regulation of the EC, and is denied the necessary export licence by its government in violation of the GATT. As huge profits are in danger of being lost by that enterprise if it does not get that export permit it wants to know whether there are any judicial remedies at its disposal whereby it can force its government to comply with the pertinent WTO agreement.

As the company in question is not a party to these agreements, it obviously does not derive any rights from them in that capacity. However, things might look different if the pertinent treaty were effective in his home country like an ordinary domestic law, albeit with an even higher rank. In such case, the decline of the requested export permit would be violative of this higher ranking law and would therefore either be void or at least open for judicial attack.

However, in most countries throughout the world, such a "domestic" effect results from international treaties only when and only to the extent it is explicitly made domestically effective through a pertinent act of the relevant country's legislature. As such a "transformation" of the WTO agreements has nowhere taken place, this alternative, too, is foreclosed for our injured enterprise. However, there is one important exception to the principles just explained. In contrast to international custom, the EC follows the so-called "monistic" theory as regards the domestic effect of international treaties. That means that in the EC such treaties can and sometimes do have immediate effect as valid domestic law even without first being incorporated into the existing body of law by a pertinent act of the legislature. However, this automatism, according to this concept as developed by the *European Court of Justice*, works only if certain conditions are satisfied

---

[173] (This information, as well as that immediately following, has been provided to the author directly by the Commission.)

[174] For comparison: only 6 complaints were raised during the ten-years of its existence under the previous regulation out of which one was rejected by the Commission for lack of evidence.

[175] This regulation makes the exportation from the EC of certain products and/or technology that have dual applicability, i.e., which can be used both for civilian and for military purposes, dependant on the exporter having obtained a pertinent export licence from the competent authority of his country.

die Kommission noch keine derartige Beschwerde als offensichtlich unbegründet von vornherein zurückgewiesen[173,174].

Angesichts dieses Erfahrungsstandes besteht für europäische Unternehmen wirklich kein Grund, in begründeten Fällen nicht von der Möglichkeit einer solchen Beschwerde Gebrauch zu machen.

d) Keine gerichtliche Durchsetzung gegenüber der eigenen Regierung, soweit WTO-Verpflichtungen nicht in nationales Gesetzes recht übernommen sind

Was aber kann ein Unternehmen tun, wenn nicht fremde Regierungen bzw. die Verwaltungsorgane fremder Länder eines der WTO-Abkommen verletzen und ihm dadurch Schaden entsteht, sondern wenn dies die eigene Regierung bzw. die Behörden des eigenen Landes tun? Als Beispiel hierfür kann man sich z.B. eine Situation vorstellen, in der ihm die notwendiger Erlaubnis für die Ausfuhr bestimmter Güter (etwa solche nach der sogenannten *dual use*[175] -Verordnung der EG) in bestimmte Länder unter Verstoß gegen das GATT verweigert wird und dem Unternehmen dadurch ein enormer Gewinn entgeht. Kann das Unternehmen seine Regierung in einem solchen Fall gerichtlich zur Beachtung seiner GATT-Verpflichtungen zwingen?

Da das betroffene Unternehmen selbst nicht Vertragspartner der Abkommen ist, hat es jedenfalls in dieser Eigenschaft eine solche Möglichkeit nicht. Anders wäre es nur, wenn die WTO-Abkommen innerhalb seines eigenen Landes wie eine Art - höherrangiges - Recht eine gesetzesgleiche Wirkung hätte. Dann nämlich wäre das entsprechende Exportverbot wegen Verstoßes gegen höherrangiges Recht zumindest rechtswidrig und damit in den meisten demokratischen Staaten entweder automatisch nichtig oder jedenfalls vor den eigenen Gerichten mit einer entsprechenden Klage angreifbar.

Ein solcher innerstaatlicher Effekt eines völkerrechtlichen Abkommens setzt aber in den meisten Länder eine entsprechende Inkraftsetzung durch den Gesetzgeber des betreffenden Landes voraus. Eine solche hat aber bezüglich der WTO-Abkommen keines der beteiligten Länder vorgenommen, so daß eine derartige Möglichkeit nicht gegeben ist. Eine Besonderheit gilt insoweit allerdings für die EG. Anders als in praktisch allen sonstigen Staaten vertritt die EG nämlich hinsichtlich der innerstaatlichen Wirkung der von ihr mit Drittstaaten abgeschlossenen völkerrechtlichen Ver-

---

[173] Diese ebenso wie die unmittelbar nachfolgende Information wurde dem Autor freundlicherweise direkt von der Kommission zur Verfügung gestellt.

[174] Zum Vergleich: unter der alten Verordnung wurden während der gesamten 10 Jahre ihrer Geltung lediglich 6 Beschwerden erhoben, von denen eine von der Kommission wegen Mangels an Beweisen zurückgewiesen wurde.

[175] Diese Verordnung macht den Export bestimmter sowohl zivil als auch militärisch nutzbarer Güter und/oder Technologien von bestimmten strengen Voraussetzungen abhängig, deren Erfüllung der Exporteur durch eine entsprechende Ausfuhrlizenz nachweisen muß. Diese erhält er ggf. von der zuständigen Stelle seines Landes.

which - in the case of the WTO agreements considered here - it has found to be lacking. Thus, in effect, their are no legal remedies open to a private business corporation against violations of any of the WTO agreements committed by their own governments (including, as the case may be, the EC) either for companies located outside the European Community not for those inside it.

e) Right of Action before the Courts of Foreign Countries?

Nothing else applies of course with regard to violations committed by *foreign* countries save that for American and European businesses at least the possibility exists to apply political pressure on those governments via the United States Trade Representative or the European Commission, respectively.

On the other hand, of course, private enterprises - like anybody else - can always have recourse to all procedural (as well as substantive) remedies granted them by any foreign country for the enforcement of their rights. Example: If and when a country (e.g., Thailand) in pursuance of its obligations under the TRIPS, introduces effective protection against trademark violations and establishes a functioning court system to enforce it, then of course the foreign corporation (e.g., *Cartier*) can take advantage of it.

In contrast, the enterprise in question of course does *not* have the right to enforce the obligation entered into by the government of Thailand in the TRIPS agreement that it (Thailand) will indeed provide such protection in the first place. This obligation arises out of the WTO - more specifically: the TRIPS - and can therefore not be enforced by private parties but merely by that agreement's immediate beneficiaries. These, however, as we have seen, are merely the member-countries themselves and not their – nor any other – private citizens.

träge den sogenannten "monistischen" Ansatz. Dieser bedeutet, daß solche Verträge immer und zugleich nur dann auch innerstaatliche Wirkung in dem soeben erläuterten Sinn entfalten, wenn sie ihrem Inhalt nach bestimmte Voraussetzungen erfüllen. Liegen diese Voraussetzungen (zu diesen Voraussetzungen Näheres unten in Kapitel 66,67) vor, haben also die betreffenden Verträge innerhalb der EG automatisch Gesetzeskraft mit der Folge, daß sowohl die Bürger wie auch die Unternehmen der EG gegen entsprechende Maßnahmen ihrer Regierungen tatsächlich erfolgreich vor Gericht vorgehen könnten. Alàs, dem ist jedoch letztlich auch in der EG nicht so! Nach der Rechtsprechung des Europäischen Gerichtshofs (EuGH) sind die oben erwähnten Voraussetzungen für eine derartige unmittelbare Wirkung völkerrechtlicher Verträge speziell im Falle der WTO-Abkommen gerade nicht gegeben! Letztlich besteht also auch hier gegen derartige Verstöße kein effektiver Rechtsschutz für die betroffenen Unternehmen!

e) Klagemöglichkeit vor den Gerichten ausländischer Staaten?

Das Gleiche gilt selbstverständlich erst recht gegenüber entsprechenden Verstößen seitens fremder Staaten, wenngleich zumindest amerikanischen und europäischen Unternehmen hier wenigstens die Möglichkeit verbleibt, im Wege der Sec. 302 bzw. der TBR über den United States Trade Representative bzw. über die EG-Kommission auf diese fremden Staaten Druck auszuüben.

Andererseits können private Unternehmen selbstverständlich von den Rechtsschutzmöglichkeiten Gebrauch machen, die ihnen ein ausländischer Staat für die Durchsetzung ihrer Rechte zur Verfügung stellt. Beispiel: Wenn und soweit ein Staat (etwa Thailand) aufgrund des TRIPS einen effektiven gerichtlichen Schutz gegen z.B. die Verletzung von Warenzeichen ("*Cartier*") zur Verfügung stellt, kann das betreffende Unternehmen (hier etwa die *Cartier S.A.*) vor diesen Gerichten selbstverständlich auf Einhaltung der entsprechenden thailändischen Gesetze über den Schutz von Warenzeichen klagen. Dagegen hat es - außer ggf. indirekt über die EG-VO oder ein vergleichbares Instrument - nicht die Möglichkeit, Thailand juristisch dazu zu zwingen, einen solchen Rechtsschutz überhaupt einmal zur Verfügung zu stellen, obwohl Thailand als Mitglied des TRIPS dazu völkerrechtlich verpflichtet ist. Dies kann nur über das WTO-Verfahren durchgesetzt werden, und das steht, wie dargestellt, ausschließlich den WTO-Mitgliedstaaten selbst offen (hier etwa der Schweiz).

PART 5: ADDITIONAL GLOBALLY COMPETENT INTERNATIONAL ORGANISATIONS

Chapter 36: The *"United Nations Conference on Trade and Development"* (UNCTAD)

The function of the *"United Nations Conference on Trade and Development"* (UNCTAD) is in many ways comparable to that of the three *Bretton-Woods* institutions of IMF, World Bank and WTO. Yet, it rather differs from them with respect to its ideological basis. It was founded in 1964 as a sub-organisation of the UN and has its seat – like the WTO – in Geneva.

Ist founding essentially goes back to an initiative made by the countries of the Third World because of their discontent with the achievements of the *Bretton-Woods* organisations. At that time, the comet-like development certain countries, particularly in the Far East, were to undergo during the seventies, had not yet taken off, and it appeared that the fruits of economic advance - as before the war - would continue to benefit the already developed countries of the Western World alone[176].

As under such conditions the developing countries' catching up with the "rich" countries of the West seemed unattainable without massive economic aid, and especially not without the transfer of resources, an institution was called for that would remedy this situation. Thus the UNCTAD was founded as a more democratic, egalitarian and social counterpart to the existing *Bretton-Woods* institutions[177]. It was characterised by the following features: Other than the *Bretton-Woods* institutions to which only the "Western" countries and a small number of developing countries belonged,

---

[176] For a highly interesting new theory about the pattern of world-wide economic growth see *Robert Lucas*, in an essay to be published in the *"Journal of Economic Perspectives"*, a summary to be found in *"The Economist"* of January 8th, 2000, p. 90. If *Lucas'* propositions regarding the conditions for economic development originally to set off in a particular country, and for the differing rates of growth to be encountered in the different national economies today were true, not only would they explain very well the greatly different levels of wealth currently to be found in the different parts of the world but would also strongly suggest that after a 200-year period of ever increasing differences in wealth the same factors that have been responsible for these differences are just now about to cause the opposite effect, viz., an increasing global equalization of both individual and national prosperity!

TEIL 5: WEITERE INTERNATIONALE ORGANISATIONEN MIT WELTWEITER ZUSTÄNDIGKEIT

Kapitel 36: Die *"United Nations Conference on Trade and Development"* (UNCTAD

Eine den drei *Bretton-Woods*-Institutionen IWF, Weltbank und WTO von ihrer Aufgabenstellung her durchaus vergleichbare, in ihrer ideologischen Ausrichtung aber recht verschiedene Institution ist die "*United Nations Conference on Trade and Development*", kurz UNCTAD. Sie wurde 1964 als Unterorganisation der UNO gegründet und hat ihren Sitz - wie die WTO - in Genf.

Ihre Gründung geht wesentlich auf das Betreiben der Länder der - damaligen - Dritten Welt zurück. Grund dafür war, daß diese Länder mit den Leistungen der drei *Bretton-Woods*-Institutionen weitgehend unzufrieden waren. Damals hatte nämlich die kometenhafte Entwicklung, die bestimmte Länder insbesondere in Fernost in den siebziger Jahren nehmen sollte, noch nicht eingesetzt, und die Früchte des Wirtschaftswachstums nach dem Kriege schienen wie bisher allein den bereits entwickelten Ländern des Westens zugute zu kommen[176].

Da ein Aufholen der "reichen" Länder des Westens durch die Entwicklungsländer ohne massive Wirtschaftshilfe und insbesondere den Transfer von Ressourcen unter diesen Umständen aussichtslos erschien, wurde der Ruf nach einer Institution laut, die hier Abhilfe schaffen würde. So kam es zur Gründung der UNCTAD. Diese hatte es sich zum Ziel gesetzt, den als elitär empfundenen Prinzipien der drei *Bretton-Woods*-Institutionen eine demokratische, egalitäre und "soziale" Komponente gegenüberzustellen[177].

---

[176] Eine hochinteressante neue Theorie über die Strukturen der globalen wirtschaftlichen Entwicklung hat soeben der amerikanische Wirtschaftswissenschaftler *Robert Lucas* in einem Aufsatz entwickelt, der für eine Veröffentlichung in dem *"Journal of Economic Perspectives"* vorgesehen ist. Eine Zusammenfassung enthält *"The Economist"* vom 08.01.2000, S. 90. Die von ihm entwickelten Annahmen über die Voraussetzungen für das ursprüngliche Einsetzen der industriellen Entwicklung eines Landes und für die unterschiedlichen Wachstumsgeschwindigkeiten der verschiedenen Volkswirtschaften würden, sollten sie zutreffen, nicht nur eine plausible Erklärung dafür liefern, warum sich das Wohlstandsniveau in den verschiedenen Regionen unseres Globus während der vergangenen 200 Jahre so stark auseinanderentwickelt hat, sie würden - und das ist das Verblüffende an seiner Theorie - nahelegen, daß dieselben Faktoren, die bisher für dieses Auseinanderdriften verantwortlich gewesen sind, in Zukunft, und zwar in der unmittelbar bevorstehenden Zukunft, genau die gegenteilige Tendenz einleiten werden. Die Tendenz zu einer massiven globalen Nivellierung des Wohlstandsniveaus!

[177] EIU, S. 11.

the UNCTAD from the beginning comprised the entire Third World, the Soviet Bloc and China (Principle of *Universality*). As distinct from the IMF[178], in the UNCTAD the votes of the separate countries are not weighted according to a country's economic prowess. Rather, it is entirely governed by the egalitarian principle of "*one state, one vote*". Simultaneously the UNCTAD also rejects as illegitimate meddling in the internal affairs of these countries any conditions set with regard to development aid by the creditor countries, most particularly those imposed by the IMF under its principle of "*Conditionality*" (see ch. 14, above).

One of its core objectives is the promotion of the North-South dialogue. This was the purpose of its founding of the so-called *"Group of 77"*, a loose alliance of (77!) developing countries hoping to create a political "counterweight" to the rich nations of the "North".

Finally, the UNCTAD demands the regular transfer of ideally 1%, but at least 0.7%, of the GNP of the rich countries to the poor ones. This is meant to constitute a certain compensation for the famous "brain drain", i.e., for the emigration from the developing world to the industrialised countries of many highly qualified people. A further justification for the proposed transfer was seen in that most kinds of goods with regard to which the developing countries had a genuine locational advantage, namely raw materials, agricultural products and textiles, had been explicitly exempted from the provisions of the GATT.

Unsurprisingly, this stand of the UNCTAD has not exactly fuelled enthusiasm for this institution among the wealthy countries that find themselves the target of its criticism. This, in turn, has resulted in a certain weakness of that organisation, in particular as regards its finances.

However, it must be recognised that the UNCTAD has from the start provided intellectual contributions that were often essential for the further development of world trade. Indeed, parts of its early work can even be called pioneering, especially in certain areas with which – for whatever reasons - no other institution had dealt in so much detail, such as international shipping and insurance, transnational antitrust law, as well as the transfer of technology.

---

[177] EIU, p. 11.
[178] (but like both the World Bank and the WTO.)

Diese Komponente zeigte sich in den folgenden Unterschieden, die die UNCTAD zu diesen Institutionen aufwies:

Anders als die *Bretton-Woods*-Institutionen, an denen nur die "westlichen" Länder sowie ein Teil der Entwicklungsländer beteiligt waren, umfaßte die UNCTAD von Anfang an neben den "westlichen Industriestaaten" auch die gesamte Dritte Welt sowie die sozialistische Staatengemeinschaft der Sowjetunion sowie China (Grundsatz der *Universalität*).

Anders als im IWF[178] wird das Stimmrecht der einzelnen Länder in der UNCTAD nicht nach ihrer Wirtschaftskraft gewichtet. Vielmehr gilt hier strikt das demokratische Prinzip "*one state, one vote*".

Gleichzeitig lehnt die UNCTAD bei der Entwicklungshilfe sämtliche Auflagen seitens der kreditgebenden Länder (insbesondere also die "*conditionality*" des IWF) als Einmischung in die inneren Angelegenheiten dieser Länder ab.

Eines ihrer Hauptanliegen besteht ferner in der Förderung des sogenannten Nord-Süd-Dialogs. Zu diesem Zweck gründete sie u.a. die sogenannte Gruppe 77, einen losen Zusammenschluß von (77) Entwicklungsländern, die zusammen ein politisches Gegengewicht zu den reichen Nationen des "Nordens" bilden sollten.

Schließlich forderte die UNCTAD den regelmäßigen Transfer von möglichst 1%, mindestens aber 0,7% des Bruttosozialprodukts von den "reichen" Ländern an die "armen" Länder, nicht zuletzt als "pauschalierten" Ausgleich für den sogenannten "*brain drain*", d.h. für das Abwandern qualifizierter Arbeitskräfte aus den Entwicklungs- in die Industrieländer sowie dafür, daß ausgerechnet all diejenigen Warensorten aus den (früheren) Regelungen des GATT ausdrücklich ausgenommen waren, bei deren Herstellung bzw. Förderung die Entwicklungsländer gegenüber den Industrienationen einen echten Standortvorteil gehabt hätten, nämlich bei (nahezu allen) Rohstoffen, landwirtschaftlichen Produkten und bei Textilien.

Zusammen hat diese Ausrichtung der UNCTAD verständlicherweise zu einer erheblichen Zurückhaltung der (reichen) Geberländer des Westens gegenüber dieser Institution und damit letztlich zu ihrer Schwächung geführt.

---

[178] Aber wie bei der Weltbank und der WTO.

These impulses, it is true, in most cases have not resulted in concrete agreements – for this the UNCTAD has always stood too much in the shadow of *Bretton Woods*. Still, many of its initiatives have contributed to the development of the WTO System[179]. What is more, it must be conceded that the main emphasis of the *Bretton-Woods* institutions has always laid on the world-wide allocation of resources (money, goods and services, but not labour) and thereby on the *creation* of wealth, while it tacitly assumed that the mechanism of the free market will suffice to distribute this wealth justly. Indeed, virtually no importance was ever assigned by these institutions to how the individual person or the various countries or regions fare during this phase of growth (neoliberal approach). Here, the UNCTAD through its emphasis on a *fair distribution* of existing wealth certainly makes for a certain social counterweight. However, it, too, comes to a one-sided view. In truth, both aspects are important: the creation of wealth is an indispensable condition for its redistribution, while a certain fairness in its allocation is also called for, as even he who is most productive relies on the social and technical infrastructure and on many other factors beyond his own achievement or even control. This aspect, if no other, justifies a certain socially motivated redistribution of the existing wealth on the international level as much as among individuals within a country.

All in all the UNCTAD, by representing primarily the social component among the international organisations dealing with world trade, fulfills the function of an intellectual *"sparring partner"* for the three *Bretton-Woods* institutions and thereby serves an important supplementary function to the WTO-System, even though its immediate impact is comparably modest.

---

[179] A good example is provided by the entire fourth part of the GATT which tried to meet the concerns of the Developing World at least half-way, cf., in particular, Art. XXXIV GATT.

Immerhin gab die UNCTAD von Anfang an wesentliche gedankliche Impulse für die Weiterentwicklung des Welthandels. In bestimmten Bereichen, mit denen sich die genannten anderen Institutionen z.T. nicht so detailliert beschäftigten wie beispielsweise der Schiffahrt, dem internationalen Versicherungswesen, dem grenzüberschreitenden Kartellrecht und dem Technologietransfer, kann die von ihr geleistete Arbeit sogar als geradezu pionierhaft bezeichnet werden. Zwar haben diese Impulse meist nicht zu konkreten Abkommen geführt - dafür stand und steht die UNCTAD zu sehr im Schatten von *Bretton Woods*, doch sind viele ihrer Initiativen immerhin in die Weiterentwicklung des WTO-Systems eingeflossen[179]. Etwas vergröbernd läßt sich vielleicht sagen, daß der Hauptakzent der *Bretton-Woods*-Institutionen auf der weltweiten Optimierung der Ressourcenallokation liegt und damit auf der *Schaffung* von Wohlstand, wobei stillschweigend davon ausgegangen wird, daß der "Automatismus" des freien Marktes schon ausreichend für eine gerechte Verteilung dieses Wohlstandes sorgen werde. Dabei legen die *Bretton-Woods*-Institutionen von sich aus relativ wenig Augenmerk auf die Frage, wie es dem einzelnen bzw. den einzelnen Ländern in den verschiedenen Regionen der Welt während dieser Wachstumsphase konkret ergeht (neoliberalistischer Ansatz). Hier schafft die UNCTAD durch die Betonung des Aspekts einer *fairen Verteilung* des Weltwohlstands ein gewisses soziales Gegengewicht. Dabei tendiert sie jedoch möglicherweise wiederum zu einer etwas einseitigen Sichtweise. Wichtig sind eben beide Aspekte: die Schaffung von Wohlstand als Voraussetzung für jede Umverteilung als auch eine gewisse Fairneß bei dessen Verteilung. Auch der Leistungsfähige kann seine Leistung eben nur deshalb und nur dann voll entfalten, weil ihm dies durch eine Vielzahl von Faktoren ermöglicht wird, die keineswegs alle auf sein eigenes Verdienst zurückgehen. Das rechtfertigt eine gewisse soziale Umverteilung des vorhandenen Wohlstands auf der internationalen Ebene ebenso wie innerhalb eines Staates.

Alles in allem erfüllt die UNCTAD sozusagen als der intellektuelle *"Sparring Partner"* der drei *Bretton-Woods*-Institutionen, der primär die soziale Komponente innerhalb des Welthandels vertritt, eine wichtige ergänzende Funktion zu dem WTO-System, bleibt aber in seiner Bedeutung für die Entwicklung des Welthandels doch weit hinter diesem zurück.

---

[179] Ein gutes Beispiel hierfür stellt etwa der gesamte Vierte Teil des GATT dar, mit dem versucht wurde, diesen Anliegen der Entwicklungsländer entgegenzukommen, vgl. insbesondere Art. XXXIV GATT.

Chapter 37: The *"United Nations Commission on International Trade Law"* (UNCITRAL)

Like the UNCTAD, the *"United Nations Commission on International Trade Law"* (UNCITRAL) which was founded in 1966, is also an organisation of the United Nations. its seat is Vienna.

The UNCITRAL tries to harmonise, and where possible to standardise, the laws of the different nations dealing with international trade. As it has no legislative authority vis-à-vis the members of the U.N., it cannot achieve this goal by enacting supranational law as can the European Community relative to its member-states. Rather, the UNCITRAL has only two other possibilities at its disposal: the promotion of international agreements and the drafting of model laws.

As for international agreements, once they have entered into force, they provide for identical law in all states that are parties to them (or which have ratified them, as the case may be[180]). Probably the best-known example of this approach going back to the UNCITRAL, is the *"UN Convention on the Mutual Recognition of Arbitration Clauses and Arbitral Awards"*. It is in force in almost all countries in the world. It states, *first*, that all participating countries recognise arbitration clauses agreed upon by individuals with the consequence that, i.a., the courts of all these countries lose jurisdiction over any dispute to which such an agreement extends. its *second* essential provision is that an arbitral award can be executed in all participating countries as easily and in the same way as any judgement rendered by a domestic state court of that country. Except within the EC, this does not apply to judgements rendered by the courts of foreign countries. For purposes of executing (enforcing) awards it is therefore much more convenient to transfer jurisdiction over disputes arising out of a contract from the ordinary courts to a (private) court of arbitration. This can most easily be done by including in a contract a so-called "arbitration clause"[181].

The second possibility is the drafting of so-called *"Model-Laws"* and to recommend/submit these to the member-states of the UNCITRAL for domestic adoption. The best known example of this kind of "international statutory unification" is the *"Uniform Law on the International Sales of Goods"* which, after the UNCITRAL´s location in Vienna, is often also referred to as the *"Vienna Sales Law"*. It governs any cross-border sales and similar transactions, and provides uniform rules to be adhered to by both

---

[180] International treaties are first *signed* by the executive (usually the foreign ministry) and subsequently *ratified* by the legislature of the country concerned. Unless otherwise agreed, such a treaty takes effect internationally, i.e., creates its international rights and duties among the participating countries, when signed by all parties concerned while its domestic effects - whatever they may be - depend on its ratification.

[181] Such a clause might read as follows: *" Any disputes arising out of or in connection with this contract shall exclusively and finally be resolved by arbitration (e.g.: according to the rules and procedures of the ICC, Paris)."*

Kapitel 37: Die "United Nations Commission on International Trade Law" (UNCITRAL)

Die *"United Nations Commission on International Trade Law"* UNCITRAL) wurde 1966 ebenfalls als Unterorganisation der UNO gegründet und hat ihren Sitz in Wien. Ihre Aufgabe besteht darin, sich auf den für den internationalen Handel besonders wichtigen Gebieten um eine Vereinheitlichung des jeweiligen Rechts zu bemühen. Da sie gegenüber den Mitgliedsländern der UNO keine gesetzgebende Gewalt hat, kann sie dies allerdings nicht durch den "Erlaß" supranationaler Gesetze erreichen wie dies etwa der Europäischen Gemeinschaft gegenüber ihren Mitgliedsländern möglich ist (s.u. Kapitel 63 ff.). Vielmehr kann die UNCITRAL hier nur auf zweierlei Weise tätig werden:

Entweder sie fördert den Abschluß *völkerrechtlicher Verträge* zwischen den Mitgliedsstaaten, die nach ihrem Inkrafttreten (und ihrer Ratifizierung in jedem beteiligten Staat)[180] unmittelbar und einheitlich in allen Mitgliedsländern gelten. Das bekannteste derartige Übereinkommen, für das die UNCITRAL verantwortlich zeichnet, ist das UN-Übereinkommen über die gegenseitige Anerkennung von Schiedsabreden und Schieds-sprüchen. Es gilt in fast allen Ländern der Welt und hat erstens zum Inhalt, daß alle beteiligten Länder Schieds*vereinbarungen*, die im internationalen Handel getroffen werden, als wirksam anerkennen mit der Folge, daß eine Streitigkeit, für die eine Schiedsabrede besteht (Schiedsklausel), von den staatlichen Gerichten all dieser Länder gar nicht mehr zur Entscheidung angenommen wird. Seine zweite wesentliche Regelung besteht darin, daß Schieds*sprüche*, die ein Schiedsgericht über einen solchen Sachverhalt fällt, in diesen Ländern genauso leicht vollstreckt werden können wie das Urteil eines (inländischen) staatlichen Gerichts. Infolge dieses Übereinkommens ist es - jedenfalls im Verhältnis zum außereuropäischen Ausland (innerhalb des europäischen Wirtschaftsraums gelten bestimmte Sonderregeln für Gerichtsstandsvereinbarungen) - meist günstiger, eine Schiedsverein-barung zu treffen als sich über eine Gerichtsstandsvereinbarung beispielsweise auf ein staatliches deutsches Gericht (etwa auf das Landgericht Nürnberg/Fürth) zu einigen.

Die zweite Möglichkeit besteht darin, zu bestimmten Themenbereichen sogenannte "Mustergesetze" *(Model Laws)* zu erarbeiten und diese den Mitgliedsländern der UNCITRAL zur möglichst unveränderten Annahme als *nationales Gesetz* des jeweiligen Landes zu empfehlen. Das bekannteste derartige Mustergesetz ist das einheitliche UN-Kaufrecht (nach dem

---

[180] Völkerrechtliche Verträge werden zunächst von der Exekutive, also der Regierung, meist dem Außenminister, *gezeichnet* und anschließend von der zuständigen Legislative *ratifiziert*. Erst mit diesem zweiten Vorgang kann, muß aber nicht (das bestimmt die Legislative im Rahmen dieses Ratifizierungsvorgangs), der Vertrag wie ein innerstaatliches Gesetz für wirksam erklärt werden.

parties to such an international sales contract, as well as the remedies available in case one partner violates his contractual obligations. As the Uniform Law has in the meantime been adopted by almost all major trading nations, it now makes hardly any difference – at least as far as the applicable law is concerned - whether a transaction between, say, Taiwan and Germany, is governed by Taiwanese or by German law, since the provisions of both legal systems with regard to such transactions are in substance (almost) identical: both incorporate the *Uniform Sales Law*.

Besides this, the UNCITRAL is also active in various other areas such as law of transportation and the international harmonisation on the law governing bills of exchange.

Chapter 38: The *"International Chamber of Commerce"* (ICC), Paris

By no means must the *"International Chamber of Commerce"* (ICC)[*] be confused with the *"Chambers of Industry and Commerce"* which in most countries of continental Europe are corporations of public law with mandatory membership for all enterprises of trade and industry located in a certain region. While these *Chambers of Industry and Commerce* dispose of governmentally-delegated power of both general self-regulation and taxation of their members, the ICC has no such power.

Rather, the ICC is an international organisation founded in Paris in 1919 (right after the First World War) by private enterprises and federations of such enterprises on a purely voluntary basis, and has always been fully financed by its members. Not unlike the UNCITRAL, the ICC endeavours to promote and facilitate international trade. Therefore it has established the well-known *Court of International Arbitration,* also located in Paris.

Furthermore, it tries to systematise, develop and codify widely used commercial practices in order to make them more useful for international commerce. One of its best-known achievements in this regard is the well-known INCOTERMS it regularly publishes and updates. These are exactly

---

[*] Americans should also distinguish it from their own, domestic *"ICC"*, viz., the *Interstate Commerce Commission,* a federal agency in charge of, as its name suggests, trade among the states forming the American union.

Sitz der UNCITRAL häufig auch als *"Wiener Kaufrecht"* bezeichnet), das den grenzüberschreitenden Warenkauf und verwandte Geschäfte (Werklieferungsvertrag) international einheitlich regelt. Es enthält die wesentlichen Rechte und Pflichten von Käufer und Verkäufer sowie die Konsequenzen, die beide jeweils tragen müssen, wenn sie diese Pflichten nicht erfüllen. Da das UN-Kaufrecht inzwischen von nahezu allen wichtigen Handelsnationen angenommen worden ist, braucht man heute z.B. bei einem Verkauf von Taiwan nach Deutschland nicht mehr zu überlegen, ob ergänzend zu den ausdrücklichen Regelungen in dem eventuellen Liefervertrag etwa taiwanesisches oder deutsches Recht zur Anwendung kommt; für die meisten Fragen, die im Zusammenhang mit dieser Lieferung auftauchen können, ist dies nämlich gleichgültig, da beide Rechtsordnungen insoweit übereinstimmen, enthalten sie doch beide wortgleich die Vorschriften des Wiener Kaufrechts. Nur bei bestimmten Nebenproblemen (wie z.B. der Verjährung von Ansprüchen) spielt die Frage des anwendbaren nationalen Rechts bei derartigen Lieferung noch eine Rolle.

Daneben ist die UNCITRAL aber noch auf weiteren Gebieten tätig, etwa auf dem Gebiet des Transportrechts sowie der internationalen Vereinheitlichung des Scheck- und des Wechselrechts.

Kapitel 38: Die Internationale Handelskammer (ICC), Paris

Die "Internationale Handelskammer" *(International Chamber of Commerce,* ICC) darf man keinesfalls mit den sonst bekannten "Industrie- und Handelskammern" (IHKs) oder gar mit den bei den Landgerichten eingerichteten "Kammern für Handelssachen" verwechseln. Die deutschen (wie übrigens auch die französischen) "Industrie- und Handelskammern" sind öffentlich-rechtliche Körperschaften und damit letztlich staatliche Einrichtungen mit Hoheits- und insbesondere Steuergewalt über ihre Mitglieder. In ihnen sind alle Kaufleute und Unternehmen des entsprechenden Bezirks automatisch und zwangsweise Mitglied. Bei der ICC dagegen handelt es um eine (internationale) Organisation, die 1919 freiwillig und ausschließlich von privaten Unternehmen sowie Wirtschaftsverbänden gegründet wurde und auch heute noch ohne jede staatliche Hilfe allein von ihnen getragen wird. Sie hat ihren Sitz in Paris. Ähnlich wie die UNCITRAL hat sich auch die ICC die Aufgabe gestellt, den internationalen Wirtschaftsverkehr zu erleichtern. Dazu hat sie insbesondere den bekannten Internationalen Schiedsgerichtshof eingerichtet[181]; daneben versucht sie aber auch, die geltenden *Handelsbräuche* durch Systematisierung und Weiterentwicklung besser nutzbar zu machen. Einer ihrer wohl bekanntesten Erfolge sind z.B. die von ihr in regelmäßigen Abständen modernisierten und her-

---

[181] Eine entsprechende Schiedsklausel könnte etwa wie folgt lauten: *" für die Beurteilung aller Streitigkeiten, die sich aus oder im Zusammenhang mit der vorliegenden Vereinbarung ergeben, ist ausschließlich ein Schiedsgericht zuständig, das nach den Regeln der Internationalen Handelskammer in Paris konstituiert werden und entscheidet.*

defined terms that succinctly convey the distribution between seller and buyer of the risks and costs involved in the transportation of the object of a sale. They are usually given in an abbreviated form, like "ex works","fob","cif" etc. The ICC has further drafted the *"Uniform Rules on Letters of Credit"* which define this otherwise almost nowhere codified area of law in a world-wide, uniform way.

As the ICC, as a purely private institution, of course has even less legislative power than, say, the UNCITRAL, neither the INCOTERMS nor the *Uniform Rules* have any binding force by themselves. What is more, unlike the rules worked out by the UNCITRAL, those developed by the ICC have neither been the subject of international treaties nor have they been introduced anywhere into any country's legal system as a model law, along the lines of the *Vienna Law on the International Sales of Goods*. Therefore, the INCOTERMS, as well as the *Uniform Rules*, derive their force, if any, from being incorporated, often implicitly, into a private contract. Indeed, whenever parties to an international contract include in it an abbreviation found in the INCOTERMS or when they grant each other *"Letters of Credit"* (LoCs), it is generally assumed that they thereby refer to and thus incorporate into their agreement the definitions and effects of these terms as defined in the relevant ICC regulations.

Chapter 39: The *"Organisation for Economic Cooperation and Development"* (OECD)

The original name of this organisation which was founded in 1948 was *"Organisation for European Economic Development"* (OEEC). At its beginning its purpose was to administer and distribute the money provided by the Americans as the financial kick-off for the reconstruction of Western Europe under their famous *"Marshall Plan"*. In 1960 the organisation received its current name. The term *"European"* was dropped as meanwhile several non-European countries (the U.S., Canada, Japan, South Korea, Australia and New Zealand) had joined the organisation (Mexico joined it later) transforming it into a transcontinental forum ("club") of the established industrialised nations. Simultaneously, with European reconstruction having been successfully concluded, the renamed OECD was assigned new tasks. These were defined in its new by-laws as the promotion of the economic development of its members and of all other countries, and the general support of world-wide free trade. Thereby, obviously, a certain overlapping with the tasks of some of the other institutions and organisations so far introduced was inevitable, most notably with those of the *"Triplets of Bretton Woods"*.

In comparison to these organisations as well as compared to the UNCTAD, the OECD has both the advantage and disadvantage of having a membership that is both smaller and more homogeneous. This results in a much easier – and much more efficient - harmonisation of its members' views

ausgegebenen INCOTERMS wie auch etwa die *Einheitlichen Richtlinien über Dokumentenakkreditive*, die das Recht des Akkreditivs, das in fast keinem Land gesetzlich geregelt ist, weltweit einheitlich festlegt und zusammenfaßt. Da die ICC als rein private Institution aber selbstverständlich noch weniger eine Gesetzgebungsbefugnis besitzt als etwa die UNCITRAL, gelten auch die von ihr herausgegebenen INCOTERMS oder Akkreditiv-Richtlinien nicht von sich aus. Anders als die Regelungen der UNCITRAL sind sie aber außerdem auch weder Gegenstand eines völkerrechtlichen Vertrages geworden, noch wurden sie als Mustergesetz in die nationale Rechtsordnung irgendeines Landes aufgenommen. Deshalb gelten sie nur dann, wenn die Parteien sie jeweils im Einzelfall zum Gegenstand ihrer Vereinbarung machen. Daß dies, wenngleich oft stillschweigend, tatsächlich geschieht, wird man aber wegen der großen Bekanntheit und Beliebtheit sowohl der INCOTERMS als auch der Akkreditivrichtlinien in den meisten Fällen zumindest dann annehmen dürfen, wenn die jeweiligen Vertragsparteien in ihrem Vertrag die Begriffe der INCOTERMS bzw. der Akkreditivrichtlinien verwendet haben.

Kapitel 39: Die *"Organisation for Economic Cooperation and Development"* (OECD)"

Der ursprüngliche Name der 1948 gegründeten Organisation lautete OEEC (*Organisation for European Economic Development*). Ihr Zweck bestand anfänglich lediglich darin, die Gelder des berühmten *Marshall*-Plans zu verwalten und zu verteilen, mit denen die USA nach dem Zweiten Weltkrieg die Anschubfinanzierung des (west-) europäischen Wiederaufbaus leisteten. Im Jahre 1960 wurde die OEEC dann auf ihren jetzigen Namen umgetauft. Die Bezeichnung "europäisch" ließ man deshalb fallen, weil ihr nun neben den bisherigen rein europäischen Mitgliedsstaaten auch die USA, Kanada, Japan, Australien und Neuseeland (und später Mexiko) beitraten und sie sich dementsprechend zu einem kontinent-unabhängigen Forum ("Club") der industrialisierten Nationen weiterentwickelte. Zugleich veränderte sich mit dem erfolgreichen Abschluß des europäischen Wiederaufbaus ihre Aufgabenstellung. In ihrer neuen Satzung setzte sich die OECD die Aufgabe, ganz allgemein die wirtschaftliche Entwicklung sowohl ihrer Mitgliedsstaaten als auch aller anderen Länder weiterhin zu fördern und zugleich den weltweiten Freihandel auf jede nur denkbare Weise zu unterstützen. Damit bestehen offensichtlich erhebliche Überschneidungen mit dem Tätigkeitsbereich der bisher behandelten Institutionen, insbesondere mit den Aufgaben des "Trios von *Bretton Woods*". Speziell diesem als auch etwa der UNCTAD gegenüber hat die OECD den Nachteil bzw. Vorteil, daß ihre Mitgliedschaft kleiner und zugleich homogener ist als die viel umfassenderen Mitgliedschaften jener Institutionen. Dadurch sind Ab-

than is the case, e.g., in the UNCTAD. For this very reason, though, it is on the other hand often seen as an elitist club, diametrically opposed to the redistributive aims of, in particular, the UNCTAD.

Often, the industrialised countries prepare for conferences held by these more universal institutions through consultations organised within the framework of the OECD. In the cause of such consultations, two still smaller groups of countries have crystallised out of it. These are the so-called *"Group of Five"* (G 5), consisting of the USA, Japan, Germany, Britain and France, and the "Group of Seven" (G 7)(same membership as the G 5, plus Italy and Canada) which meet every other year for informal consultations regarding the expected development of the world economy. For a few years now, Russia has also been invited to attend[182].

The OECD is situated in Paris where it disposes of a well-equipped infrastructure. It is active in almost all fields we have been considering. What is more, it also collects statistics on all kinds of economic problems. In contrast to the institutions of *Bretton Woods,* it not only deals with the question of how to establish an ideal frame-work for private enterprises, but it also has a strong interest in improving the structures of government. Therefore, it is also working on questions like how to improve the various systems of taxation, or how corruption can best be eliminated or at least minimised.

Another of its interests is the labour-market (goal: full employment) which within the *Bretton-Woods* framework does not loom so importantly as the overarching aim of economic growth.

---

[182] Besides, the European Community is also represented there, parallel to its member-states, usually by the president of the EC Commission.

stimmungen zwischen den jeweiligen Mitgliedsländern innerhalb der OECD naturgemäß erheblich leichter herbeizuführen als insbesondere etwa im Rahmen der UNCTAD. Häufig dienen deshalb Beratungen innerhalb der OECD den Industrieländern als Vorbereitung auf und interne Abstimmung für Konferenzen, die im Rahmen der anderen umfasserenden Institutionen abgehalten werden. Als informelle und noch kleinere Gruppe innerhalb der OECD hat sich die "Fünfergruppe" (G 5) bzw. die "Siebenergruppe" (G 7) der bedeutendsten Industrieländer herauskristallisiert, die sich alle zwei Jahre abwechselnd in dem Land eines ihrer Mitglieder zu einer unverbindlichen Beratung über die Lage der Weltwirtschaft und ggf. Abstimmung der zu unternehmenden Schritte trifft. Mitglieder dieser Gruppe sind die USA, Japan, Deutschland, Frankreich und das Vereinigte Königreich, im Rahmen der G 7 zuzüglich Italien und Kanada. Informeller Gast bei diesen "internen" Beratungen ist seit einigen Jahren außerdem auch Rußland[182].

Die OECD hat ihren Sitz in Paris, wo sie über eine gut ausgestattete Organisation verfügt. Sie ist auf fast allen Gebieten tätig, die wir im Verlaufe unserer bisherigen Untersuchungen überhaupt betrachtet haben. Außerdem erhebt sie noch in großem Umfang Daten (Statistiken) über alle Arten wirtschaftlicher Fragestellungen. Im Gegensatz zu den *Bretton Woods* Institutionen beschäftigt sie sich außerdem nicht nur mit den äußeren Rahmenbedingungen für die optimale wirtschaftliche Entfaltung privater Unternehmen, sondern darüber hinaus auch sehr stark mit der Frage nach der möglichen Verbesserung der staatlichen Strukturen bzw. Aktivitäten als solchen, etwa des Steuersystems oder der Frage nach den Möglichkeiten, die Korruption staatlicher Behörden besser in den Griff zu bekommen. Ein weiteres ihrer Tätigkeitsgebiete bildet ferner die Arbeitsmarktpolitik (Ziel: Vollbeschäftigung), das im Rahmen von *Bretton Woods* zumindest nicht den Schwerpunkt der Aufmerksamkeit darstellt.

---

[182] Ein weiterer Teilnehmer dieser Treffen ist, parallel zu den ebenfalls vertretenen 3 bzw. 4 Mitgliedsstaaten, schließlich die EG, die dabei gewöhnlich von dem Kommissionspräsidenten vertreten wird.

Chapter 40: The Bank for International Settlements (BIS)

The *"Bank for International Settlements"* (BIS) is a joint organisation of the central banks of most European states as well as of several other industrialised countries[183]. It was founded in 1930 in Basle, Switzerland, in connection with the so-called *Young*-Plan. This plan had been set up in order to put on an entirely new footing the reparation payments imposed upon Germany by the Versailles Peace Treaty of 1919 which ended the First World War. This new organisation was to administer Germany's payments and to assure, by appropriate financial-technical measures, that Germany retained the ability to make them on a long-term basis.

Additionally, it had from the beginning also been charged with coordinating the cooperation of the central banks, primarily the European ones, and thus to assure both the stability and the convertibility of these countries' currencies. After the Second World War the BIS again supported the re-establishment of the convertibility, and later also of the stability, of the European currencies. In this function it constituted so-to-speak the "financial-technical arm" of the *"Organisation of European Economic Co-operation"* (OEEC)(see ch. 39, supra).

In the seventies it participated decisively in the setting up and the subsequent administration of the two European Currency Systems in force from the early seventies until the introduction of the Euro (cf. ch. 72, infra).

Today the BIS serves more or less exclusively as an agency for the settlement of payments among the participating central banks and as their common "reserve of last resort", in other words: as a kind of *"central bank for the central banks"*. In this respect, of course, its tasks partly overlap with those of the IMF. However, while the IMF grants its credits to the *governments* of its member-states, the BIS lends exclusively to the *central* banks of these countries. In any event, both these organisations today work closely together.

---

[183] USA, Japan, since September 1996 also Russia, China, India, Brazil, Mexico, Hong Kong, Singapore and South Korea, cf. *The Economist*, Sept. 14th, 1996, p. 90 f.

Kapitel 40: Die Bank für Internationalen Zahlungsausgleich (BIZ) bzw. Bank for International Settlements (BIS)

Die *Bank für Internationalen Zahlungsausgleich* (BIZ) ist eine gemeinsame Einrichtung der Zentralbanken fast aller europäischen Staaten sowie weiterer bedeutender Industrieländer[183]. Sie wurde 1930 im Zusammenhang mit dem sogenannten *Young*-Plan in Basel gegründet. Mit diesem Plan wurde der Betrag und die Fälligkeit der Reparationszahlungen, die das Deutsche Reich infolge des Versailler Vertrages an die Westmächte zu leisten hatte, völlig neu geregelt. Die Aufgabe der BIZ sollte in diesem Zusammenhang darin bestehen, die neu festgelegten Reparationszahlungen Deutschlands abzuwickeln und zugleich durch geeignete finanztechnische Maßnahmen die dauerhafte Zahlungsfähigkeit Deutschlands sicherzustellen. Parallel dazu war ihr aber ferner von Anfang an auch die Aufgabe zugedacht, ganz allgemein die Zusammenarbeit der Zentralbanken vor allem der europäischen Länder zu koordinieren und so u.a. die Stabilität und Konvertibilität der Währungen dieser Länder abzusichern. Nach dem Zweiten Weltkrieg war die BIZ zunächst wiederum wesentlich an der Wiederherstellung der Konvertibilität und später dann auch der Währungsstabilität vor allem der europäischen Länder beteiligt. In dieser Funktion bildete sie sozusagen den finanztechnischen Arm der damaligen OEEC. In den siebziger Jahren war sie dann entscheidend an der Herstellung und anschließenden Verwaltung des Europäischen Währungssystems (EWS) beteiligt.

Heute dient die BIZ im wesentlichen als Abrechnungsstelle und Währungsreservendepot der beteiligten Zentralbanken, letztlich also als eine "Zentralbank der Zentralbanken". Insoweit überschneiden sich ihre Aufgabe teilweise mit denen des IWF, mit dem sie inzwischen jedoch eng zusammenarbeitet. Anders als dieser gewährt die BIZ jedoch ihre Kredite nicht an die *Regierungen* ihrer Mitgliedsländer, sondern ausschließlich an deren *Zentralbanken*.

---

[183] (USA, Japan, sowie seit September 1996 auch Rußland, China, Indien, Brasilien, Mexiko, Hong Kong, Singapore und Südkorea, vgl. *The Economist*, Sept. 14th, 1996, SS. 90 f.).

PART 6: THE LONG ROAD TO EUROPEAN UNITY – A HISTORICAL SKETCH[184]

The reason for founding "NATO", thus goes a famous saying[185], *was "to keep the Americans in, to keep the Russians out and to keep the Germans down."*

It was most likely these very motives which also underlay the foundation of the three (!) European economic communities which came into existence shortly thereafter. However, genuine idealism and readiness for reconciliation certainly also played their part. How, then, did all this develop, in detail?

Chapter 41: Starting Point 1945: The New Order of Europe after World War II

In 1945 Europe was rubble economically, politically and morally. There it lay, squeezed between two rival power blocs: in the East, there was the Soviet Union which - armed to the teeth - was about to consolidate politically and to incorporate into its orbit all the territories conquered and occupied by the Red Army at the end of the war: East Germany; Czechoslovakia, Poland and the majority of the remaining Balkan states, while threatening the independence of the rest of Europe.

On the other side stood the victorious USA which, right at the end of the fighting, had almost immediately withdrawn most of its troops from the European theatre.

At the same time the U.K., due to its extraordinary efforts in the war, was exhausted both militarily and economically. In addition, its energies were to a great extent absorbed by the reorganisation of Britain's severely damaged Empire. The remainder of its attention was occupied by the simultaneous introduction of a generous welfare state (including the famous *"National Health Service"*), and the nationalisation of its coal and steel industries under Prime Minister *Clement Attlee's* new Labour government.

---

[184] Cf. for the first chapters of this section *Gormley, Introduction*, pp. 1 ff., and *MacKenzie Stuart, Problems of the European Community, Transatlantic Parallels*, pp. 184 ff.

[185] Despite many efforts, the origin of this standard quotation could not be ultimately ascertained. It is generally ascribed to Lord *Ismay*, a close aide of British Prime Minister *Winston Churchill*, and NATO's first secretary general, but an original source could not be pinned down. The first of my readers who can provide me with a reliable first-hand source will get a free hand-signed copy of this book and will be mentioned in its next edition.

TEIL 6: DER LANGE WEG DER EUROPÄISCHEN EINIGUNG - EIN HISTORISCHER ABRISS[184]

Nach einem berühmten Spruch[185] war die Gründung der NATO zu dem Zweck erfolgt, "*to keep the Americans in, to keep the Russians out and to keep the Germans down*".
Von durchaus ähnlichen Motiven dürfte, jedenfalls ursprünglich, die Gründung der drei(!) Europäischen Wirtschaftsgemeinschaften (zumindest mit-) getragen gewesen sein, die kurz darauf in insgesamt zwei Etappen erfolgte. Daneben bildeten gerade hierfür aber zweifellos auch eine Menge echten Idealismus und echter Versöhnungsbereitschaft die Grundlage. Wie aber kam es im einzelnen dazu?

Kapitel 41: Ausgangssituation 1945: Die Neuordnung Europas nach dem Zweiten Weltkrieg

1945 lag Europa wirtschaftlich, politisch und moralisch vollständig am Boden, eingezwängt zwischen zwei rivalisierenden Machtblöcken: auf der einen Seite wurde es von der militärisch hochgerüsteten Sowjetunion in seiner Existenz bedroht, die danach trachtete, die von ihr bei Kriegsende militärisch besetzten Gebiete (Ostdeutschland, Tschechoslowakei, Polen und die meisten Balkanstaaten) ihrem Machtbereich auch politisch dauerhaft einzuverleiben. Auf der anderen Seite standen die siegreichen USA, die sich jedoch unmittelbar nach Kriegsende militärisch zunächst stark aus Europa zurückgezogen hatten. England dagegen war durch seine enormen Kriegsanstrengungen militärisch und wirtschaftlich ausgeblutet. Dazu kam, daß es von der Neuordnung seines stark angeschlagenen *Empire* sowie innenpolitisch durch den Ausbau des Wohlfahrtsstaates unter der *Labour*-Regierung von Premierminister *Clement Attlee* und durch die Verstaatlichung seiner Schlüsselindustrien (insbesondere der Kohle- und Stahlindustrie) vollauf in Anspruch genommen war. Dadurch fiel England, obwohl

---

[184] vgl. zu den ersten Abschnitten dieses Kapitels allgemein die ausgezeichneten Darstellungen von *Gormley, Introduction*, SS. 1 ff., und *MacKenzie Stuart, Problems of the European Community, Transatlantic Parallels*, S. 184 ff.

[185] Trotz eines ganz erheblichen Rechercheaufwandes ist es mir nicht gelungen, eine Originalquelle dieses bekannten Spruches ausfindig zu machen. Viele Stellen geben als seinen angeblichen Urheber Lord *Ismay* an, einen engen Vertrauten des britischen Premierministers *Winston Churchill* und erster Generalsekretär der NATO. Einen echten Beleg hierfür habe ich jedoch nicht gefunden. Derjenige meiner Leser, der mir als erster die Herkunft dieses Zitats zweifelsfrei nachweist, erhält ein handsigniertes Autorenexemplar dieses Buches und wird in der Folgeausgabe namentlich erwähnt!

Thus England, like the United States, – if for entirely different reasons - was scarcely able to participate in shaping a new Western Europe.

Thus this task was left to France, alone among the three victorious Western powers. The French, however, found themselves in a tremendous psychological dilemma: after three horrifying wars with Germany (1870-71; 1914 – 18 and 1939 – 45), they were paralysed with fear of their Eastern neighbour. Accordingly, for them it was the third of the three political reasons for founding NATO quoted at the beginning of this section that formed their single and all-important objective: *"to keep the Germans down"*. In the beginning at least, they therefore resisted all efforts made by the Americans and the British to somehow unite the three Western zones, at least economically, or to permit any other measures that might allow (West-) Germany to regain strength.

However, in the face of the enormous shifts in political and military power that had occurred in the wake of the war, it was not before long that France came to realise that it had become too weak credibly to fill out the role to which it still felt itself called, if left entirely to its own resources: the role of a *"grande nation"* which ruled over a huge colonial empire and whose opinion was carefully attended to by the (other) great powers. This critical reassessment was strongly reinforced by the heavy criticism to which France found itself subjected by the two Anglo-Saxon powers, because of its vengeful and destructive attitude towards Germany.

Being far less traumatised by Germany than the French, these two powers had realised much earlier that – at least in the long run – the only realistic way to save Western Europe from Soviet expansion was by cooperation with a strong Western Germany. On the American side it was this recognition which not only led to the foundation of NATO in 1949, but which also constituted the reason for including West-Germany in the *"European Recovery Program"* launched in 1947 by the American Secretary of State George Marshall (*"Marshall plan"*)[186]. This programme was to provide financial assistance for the reconstruction of war-devastated Europe[187].

---

[186] The official name of this programme was *"European Recovery Program"* (ERP).

[187] In order to carry out this plan in 1948 the *"Organisation for European Economic Cooperation"* (OEEC) was founded, its seat located in Paris. It was the predecessor of today's *"Organisation for Economic Development and Cooperation"* (OECD). its German "branch" for the administration of the pertinent moneys was the *"Kreditanstalt für Wiederaufbau"* (KfW)(*"Credit Agency for Reconstruction"*), which still exists today.

siegreich aus dem Krieg hervorgegangen, als Machtfaktor bei der Neugestaltung Westeuropas nach dem Krieg weitgehend aus.

So blieb für diese Aufgabe von den drei westlichen Siegermächten letztlich nur Frankreich übrig.

Die Franzosen aber befanden sich damals psychologisch in einem gewaltigen Dilemma: einerseits steckte ihnen nach drei schweren Kriegen mit Deutschland (1870-71, 1914-18 und 1939-45) die Angst vor dem östlichen Nachbarn noch mächtig in den Knochen, so daß von den drei politischen Zielen der Westalliierten, die Churchill so prägnant formuliert hatte, für sie zunächst allein das dritte und letzte von alles entscheidender Bedeutung war: "*to keep the Germans down!*" Dementsprechend widersetzten sie sich, jedenfalls zu Anfang, allen Versuchen, auch nur die drei Westzonen Deutschlands wirtschaftlich zu vereinigen oder sonstige Maßnahmen zuzulassen, die zu einem Wiedererstarken (West-) Deutschlands führen könnten. Andererseits mußte sich Frankreich bei realistischer Betrachtung der veränderten Weltlage ebenso bald eingestehen, daß es sowohl wirtschaftlich wie militärisch zu schwach war, um neben den beiden Supermächten USA und Sowjetunion im Alleingang weiterhin die Rolle auszufüllen, zu der es sich zunächst (wieder) berufen sah: die Rolle einer "*grande nation*" mit einem eigenen Kolonialreich und mit eigenem internationalen Gewicht. Dazu kam, daß sich Frankreich mit seiner destruktiven Deutschlandpolitik bald einer wachsenden Kritik von seiten der beiden angelsächsischen Mächte England und USA ausgesetzt sah. Deutschland gegenüber weniger traumatisch voreingenommen als Frankreich hatten diese beiden Mächte nämlich früher als Frankreich erkannt, daß Westeuropa jedenfalls auf Dauer nur im Zusammenwirken mit einem starken Westdeutschland vor einer weiteren russischen Expansion bewahrt werden konnte. Neben der Gründung der NATO (1949) waren diese Überlegungen auf amerikanischer Seite maßgeblich dafür, daß ab 1947 auch (West-) Deutschland in die Wiederaufbauhilfe des berühmten "*Marshall*-Planes"[186] einbezogen wurde[187].

---

[186] die offizielle Bezeichnung dieses von dem damaligen amerikanischen Außenminister *John Marshall* ins Leben gerufenen Programms zur Finanzierung des Wiederaufbaus der europäischen Staaten lautete *"European Recovery Program")*.

[187] Zur Durchführung dieses Planes wurde 1948 übrigens die *"Organisation for European Economic Cooperation"* (OEEC) mit Sitz in Paris gegründet, die Vorläuferorganisation der heutigen *"Organisation for Economic Development and Cooperation"* (OECD). Der "deutsche Arm" für die Verwaltung der entsprechenden Geldmittel war die *"Kreditanstalt für Wiederaufbau"* (KfW), die ebenfalls heute noch existiert.

Chapter 42: 1.1.1952: The Founding of the *"European Coal and Steel Community"* (ECSC)

In these changed circumstances suddenly the ideas of the great European *Jean Monnet* began to be taken serious by the men in charge of France's foreign policy. As it was, *Monnet* had been advocating an all-encompassing reconciliation among the peoples and a political unification of Europe since as early as 1919, when he had served as the first *Secretary General* of the new *League of Nations* immediately after the First World War. Partly motivated by his ideas, partly out of the recognition that reconciliation with Germany was inevitable, the French Minister for Foreign Affairs of that time, *Robert Schumann*, submitted to Germany and to all other countries wishing to join, the revolutionary idea, (not all that surprisingly called the "*Schumann*-Plan") to remove from the sovereignty of the participating countries their coal and steel industries which were of such critical strategic importance. Instead, they should be subordinated to a jointly controlled supranational agency (later called the *"High Authority"*).

The result of this initiative was the founding, in 1952, of the *"European Coal and Steel Community* "(ECSC) which, in addition to Germany and France, was joined by Italy as well as the three Benelux[188] countries. In contrast the U.K., for the reasons outlined above, declined its participation. Thus the first of ultimately three *"European Communities"* came into being.

Chapter 43: The Fifties: The Failure of the Plans for an Encompassing Political Unification of (Western) Europe

It was *Jean Monnet*, the spirit of the ECSC, in particular, who saw this organisation as but the first step towards a comprehensive political unification of Europe, which was to cover not only the area of economics but foreign and defence policy as well. Therefore, several additional treaties were conceptualised with which this ambitious scheme should be effected. These were the treaties of the *"European Defence Community"* (1952) and of the *"European Political Union"* (EPU, 1952/53).

Paradoxically, it was the resistance of the French parliament, of all institutions, that ultimately caused both these treaties to fail, even though France had been a - if not *the* - driving force behind these plans. The reason for this was that the original pan-European idealism which had governed France right after the war had in the meantime given way to revived na-

---

[188] short form for Belgium, the Netherlands and Luxembourg.

Kapitel 42: 1.1. 1952: Gründung der *"Europäischen Gemeinschaft für Kohle und Stahl"* (EGKS)

In dieser veränderten Situation konnten sich in Frankreichs Außenpolitik plötzlich die Vorstellungen des großen Europäers *Jean Monnet* Gehör verschaffen, der schon seit 1919 - als damals erster Generalsekretär des neu gegründeten Völkerbundes - für eine umfassende Völkerverständigung und ein geeintes Europa eingetreten war. Teils beflügelt von dessen Ideen, teils aus Einsicht in die Notwendigkeit einer Verständigung mit Deutschland, unterbreitete der damalige französische Außenminister *Robert Schumann* Deutschland sowie allen anderen beitrittswilligen Ländern den revolutionären Plan (sogenannter *Schumann*-Plan), ausgerechnet die kriegsstrategisch so bedeutende Kohle- und Stahlindustrie aus der Hoheitsgewalt der beteiligten Staaten heraus und unter die Aufsicht eines gemeinsam kontrollierten übernationalen Organs (die später sogenannte *"Hohe Behörde"*) zu stellen. Das Ergebnis dieser Initiative war die Gründung der *"Europäischen Gemeinschaft für Kohle und Stahl"* (EGKS) im Jahre 1952, an der sich neben Deutschland und Frankreich auch noch Italien sowie die drei Benelux[188]staaten beteiligten. Großbritannien dagegen trat diesem Abkommen aus den bereits o.g. Gründen nicht bei. So entstand die erste der später insgesamt drei *"Europäischen Gemeinschaften"*.

Kapitel 43: Mitte der fünfziger Jahre: Das Scheitern der Pläne zu einer umfassenden politischen Einigung (West-) Europas

Insbesondere nach dem Willen ihres geistigen Vaters, *Jean Monnet*, sollte die EGKS jedoch lediglich die erste Stufe einer umfassenden politischen Vereinigung Europas darstellen, die außer der reinen Wirtschaftspolitik auch alle anderen Bereiche erfassen sollte, insbesondere auch die Außen- und Verteidigungspolitik. Parallel zur EGKS wurden deshalb sogleich noch weitere Abkommen ausgearbeitet, mit denen dieses weitgesteckte Ziel verwirklicht werden sollte. Dies waren die *"Europäische Verteidigungsgemeinschaft"* (EVP, 1952) und die *"Europäische Politische Union"* (EPU, 1952/53).

Beide Abkommen scheiterten jedoch paradoxerweise am Widerstand ausgerechnet des französischen Parlaments, obwohl ursprünglich gerade Frankreich eine der treibenden Kräfte hinter diesen Plänen gewesen war. Dort war nämlich der erste pan-europäische Idealismus zwischenzeitlich

---

[188] Zusammenfassende Kurzbezeichnung für Belgien, die Niederlande und Luxemburg.

tionalism. This new fervour would not admit that even part of French sovereignty - only just regained - be ceded to some supranational organisation or that the symbol of that sovereignty *par excellence*, the French army, be subordinated to international scrutiny.

Chapter 44: 1.1.1958: Continuation of Economic Integration of the West European States: Foundation of the *"European Atomic Community"* (Euratom) and of the *"European Economic Community"* (EEC)

I) Change in the Political Parameters: *Dien Bien Phu, Suez* and Hungary

After these setbacks to the "European idea" it was not long, however, before various international developments of far-reaching dimensions would mercilessly confront the Europeans, and particularly the French, with their political and military impotence *vis à vis* the two super-powers, the U.S.A. and the Soviet Union. These developments finally made it crystal-clear that the only way the European states might be saved from becoming mere pawns of the two super-powers, was even stronger unity.

The three most important of these events were, *first*, the surrender of the French Foreign Legion in the North Vietnamese jungle fortress of *Dien Bien Phu* to the Vietnamese troops under charismatic *Ho Chi Minh; second*, the thwarting, by the United States - of all countries! - of the united French-British military efforts to undo the uncompensated nationalisation of the Suez Canal carried out by Egypt under *Gamal Abdel Nasser;* and finally the invasion of Hungary by Soviet troops in the same year, a crisis that for the first time in history brought two nuclear powers into direct confrontation.

II) Consequences: 1.1.1958: The Founding of Euratom and the EEC

In this situation it was the Belgian Foreign Minister, *Paul-Henri Spaak,* who proposed that the grand design of West European integration be taken up again - in spite of all the setbacks experienced with all recent attempts at intensified European political unification. The novelty of his proposal was that for the time being this integration be limited to the very area in which a good start had been made with the ECSC, viz., the field of trade and economics. This initiative was generally received with enthusiasm. To be sure, the political unification of Europe as a long-term goal was never abandoned. On the contrary, it was hoped by the advocates of *Spaak's* concept

wieder einem verstärkten Nationalgefühl gewichen, das es nicht zulassen wollte, auch nur einen Teil der gerade erst wiedergewonnenen französischen Souveränität an irgendeine übernationale Organisation abzugeben oder gar deren Instrument *par excellence*, die französische Armee, unter internationale Kontrolle zu stellen.

Kapitel 44: 1.1. 1958: Fortführung der wirtschaftlichen Integration der westeuropäischen Staaten: Gründung der *"Europäischen Atomgemeinschaft"* (Euratom) und der *"Europäischen Wirtschaftsgemeinschaft"* (EWG)

I) Geänderte politische Rahmenbedingungen: *Dien Bien Phu, Suez* und Ungarn

Nach diesen Rückschlägen für die "Europäische Idee" dauerte es allerdings gar nicht lange, bis verschiedene umwälzende außenpolitische Ereignisse den Europäern, allen voran den Franzosen, ihre weltpolitische und militärische Ohnmacht gegenüber den beiden Supermächten USA und Sowjetunion überdeutlich vor Augen führten und ihnen endgültig klarmachten, daß allein ein (noch) stärkerer Zusammenschluß der (west-) europäischen Staaten diese davor bewahren konnte, endgültig zu einem bloßen Spielball in einem weltpolitischen Geschehen zu werden, das ausschließlich von diesen beiden Supermächten bestimmt wurde. Die drei bedeutendsten dieser Ereignisse waren: die Kapitulation der französischen Fremdenlegion in der nordvietnamesischen Dschungelfestung *Dien Bien Phu* der für Großbritannien wie für Frankreich außerordentlich enttäuschende Verlauf des ersten Palästina-Krieges von 1956 und schließlich der Einmarsch der sowjetischen Truppen in Ungarn im selben Jahr, eine Krise, die der Welt erstmals einen atomaren Schlagabtausch zwischen den Supermächten als reale Möglichkeit bewußt machte.

II) Die Folgen: 1.1.1958: Gründung von Euratom und EWG

In dieser Situation fand der Vorschlag des damaligen belgischen Außenministers *Paul-Henri Spaak* Gehör, die angestrebte Vereinigung der westeuropäischen Staaten zunächst in dem Bereich umfassend voranzutreiben, in dem sie sich bereits durch die EGKS praktisch bewährt hatte: in dem Bereich des Handels und der Wirtschaft. Dabei wurde freilich die politische Einigung der europäischen Länder zumindest als langfristiges Ziel keinesfalls aufgegeben. Im Gegenteil erhoffte man sich von der geplanten um-

that all-encompassing economic integration would be but one further step on the way to this long term goal. In fact, *Spaak's* idea wasn't nearly as new as it might have seemed after the great yahoo about the failed attempts at political unification. Rather, it had constituted the basic idea that had already underlain the foundation of the ECSC the preamble of which reads as follows:

> "(supplement: *The High Contracting Parties*)
>
> *Considering that world peace can be safeguarded only by creative efforts...,*
>
> *Resolved to substitute for age-old rivalries the merging of their essential interests; to create, by establishing an <u>economic community, the basis for a broader and deeper community</u>*[189] *among peoples long divided by bloody conflicts ...*
>
> *Have decided to create a European Coal and Steel Community ..."*

Interestingly enough, this concept stands in diametrical contrast to the conviction held by the Founding Fathers of the American Constitution. They believed that, on the contrary, closer economic cooperation among the thirteen original states could not be a first step on the way to an all encompassing political union but that, on the contrary, a comprehensive political unification constituted an indispensable precondition for the effectiveness of any closer economic integration.

This conviction had been formulated most succinctly by one of their most prominent members, *Alexander Hamilton*, as follows:

> *"A unity of commercial, as well as political, interests, can only result from a unity of government!"*[190]

Spaak finally succeeded in convincing all six European founding states of the conceptual suitability (at least for Europe) of his – opposite – approach. This eventuated in the conclusion, in 1957, of two additional treaties, commonly referred to as the *"Treaties of Rome"* after the city where they were concluded (in contrast to the ECSC of 1952 which had been signed in Paris). One of these was the treaty founding the *"European Economic Community"* ("EEC"); the second one established the *"European Atomic*

---

[189] Emphasis through underlining added by the author!

[190] *Hamilton* alias *Publius* in " *The Federalist Papers* ", No.11, towards the end.

fassenden wirtschaftlichen Integration auf lange Sicht gerade die entscheidenden Impulse hierfür.

Damit griff *Spaak* eine Idee wieder auf, die bereits für die Gründung der EGKS maßgeblich gewesen war und in der Präambel zu deren Gründungsvertrag mit folgenden Worten ausgedrückt wird:

"(Erg.: *Die Hohen Vertragschließenden Teile*)

IN DER ERWÄGUNG, *daß der* Weltfriede *nur* (so) gesichert *werden kann,*

ENTSCHLOSSEN, *an die Stelle der jahrhundertealten Rivalitäten einen Zusammenschluß ihrer wesentlichen Interessen zu setzen, durch die Errichtung einer* wirtschaftlichen Gemeinschaft *den* ersten *(!)* Grundstein für eine weitere und vertiefte Gemeinschaft[189] *unter Völkern zu legen, die lange Zeit durch blutige Auseinandersetzungen entzweit waren,*

HABEN BESCHLOSSEN, *eine Europäische Gemeinschaft für Kohle und Stahl zu gründen...*"

Interessanterweise steht dieser gedankliche Ansatz in diametralem Gegensatz zu der Überzeugung, von der sich bei der Gründung der Vereinigten Staaten von Amerika die Gründerväter der amerikanischen Verfassung hatten leiten lassen: diese waren nämlich umgekehrt davon überzeugt gewesen, daß die eigentlich erstrebte engere Zusammenarbeit der dreizehn Gründerstaaten auf wirtschaftlichem Gebiet nur gelingen könne, wenn sie - die Staaten - zuvor unter ein gemeinsames politisches Dach gestellt würden. Am prägnantesten hatte diese Überzeugung *Alexander Hamilton*, einer der Gründerväter der amerikanischen Verfassung, mit folgender Formulierung auf den Punkt gebracht:

"A unity of commercial, as well as political, interests, can only result from a unity of government!"[190]

Nach entsprechend intensiver Überzeugungsarbeit gelang es jedoch dem belgischen Europäer *Spaak*, alle sechs europäischen Gründerstaaten von der grundsätzlichen Richtigkeit (für Europa) seines - umgekehrten - Konzepts zu überzeugen. Das Ergebnis war der erfolgreiche Abschluß zweier weiterer wichtiger Wirtschaftsverträge (die nach ihrem Abschlußort Rom gemeinhin auch als die sogenannten *"Römischen Verträge"* bezeichnet

---

[189] Hervorhebung durch Unterstreichen vom Verfasser.
[190] *Hamilton* alias *Publius* in " *The Federalist Papers* ", No. 11, am Ende.

Community" ("Euratom")[191]. Both came into force on January 1st, 1958, and
– in conjunction with the ECSC – have continued to constitute the basic
framework of the - three! - *"European Communities"*[192].

Of these, we shall restrict our attention to the EEC alone. After the economic collaboration among the member-states had first proved viable
within the narrow fields prised open by the ECSC-treaty, the EEC-treaty
now extended this cooperation to virtually all areas of trade and industry[193].
Along with the treaty establishing NATO, this compact may well have been
the most important international agreement ever signed by the West European countries during the time of the Cold War. Because of its indubitable
success, today it constitutes both the model and the reference point for all
treaties of international economic cooperation considered or concluded
ever since.

Chapter 45: 1.1.1968: Introduction of a Unified Customs Codex
1.1.1970: Expiration of the Twelve-Year Transition
Period

I) Creation of a Customs Union

Although the EEC-treaty provided for a twelve-year transition period for its
rules to become fully effective, a joint tariff-code (determining unified tariffs of the EEC vis à vis third countries) was introduced even two years

---

[191] The necessity of close and peaceful cooperation in the civilian use of nuclear
energy had been pointedly brought home by the military stand-off between the
United States and the Soviet Union during the Hungarian crisis when for the first
time in history both opponents in such a conflict disposed of operational nuclear
weapons.

[192] Actually there are three *"European Communities"* , in this sense, one of which
was the former *"European Economic Community"* which through the Treaty of
Maastricht was first rechristened the (one and only) *"European Community"*, cf.
ch. 56 I, infra).

[193] (the most notable exception being defence and, consequently, weapons, Art.
296 par. 1 b.)

werden - im Gegensatz zu dem EGKS-Abkommen von 1952, das in Paris unterzeichnet worden war). Das war zum einen der Vertrag zur Gründung der *"Europäischen Wirtschaftsgemeinschaft"* (*"EWG"*), und zum zweiten der Vertrag zur Gründung der *"Europäischen Atomgemeinschaft"* (*"Euratom"*)[191]. Beide traten zum 1.1.1958 in Kraft und bilden seitdem zusammen mit der bereits bestehenden *"EGKS"* das Grundgerüst der sogenannten (insgesamt drei) *"Europäischen Gemeinschaften*[192].
Beide neuen Verträge schufen ihrerseits Organisationsstrukturen, die sich ganz an dem Leitbild der bereits bewährten EGKS orientierten und später zusammen mit jenen auch zu denjenigen Organen verschmolzen wurden, die bis heute gemeinsam für die Durchführung aller drei Abkommen zuständig sind.
Inhaltlich soll uns von diesen drei Verträgen im folgenden jedoch nur noch der EWG-Vertrag näher interessieren. Mit ihm wurde die wirtschaftliche Zusammenarbeit, die sich im Rahmen der EGKS zunächst in einem relativ engen Rahmen bewährt hatte, auf eine umfassende, nahezu[193] alle Bereiche der Wirtschaft und des Handels einschließende allgemeine Grundlage gestellt. Neben dem NATO-Vertrag dürfte dieses Abkommen den wichtigsten internationalen Vertrag darstellen, den die westeuropäischen Länder seit dem Zweiten Weltkrieg überhaupt abgeschlossen haben. Heute stellt er wegen seiner unbestreitbaren Erfolge - und zwar politisch wie wirtschaftlich!! -schlechthin *den* Referenzpunkt dar für alle *nach* ihm abgeschlossenen oder geplanten Verträge über eine übernationale bzw. regionale wirtschaftliche Zusammenarbeit zwischen verschiedenen souveränen Staaten.

Kapitel 45: 1.1. 1968: Einführung eines einheitlichen Zollkodex
1.1.1970: Ablauf der zwölfjährigen Übergangszeit

I) Schaffung der Zollunion

Obwohl der EWG-Vertrag eine zwölfjährige Übergangszeit vorsah, bis seine Vorschriften allesamt "mit voller Wucht" greifen würden, waren die Mitgliedstaaten diesem Termin mit Hinsicht auf die Einführung eines allen gemeinsamen Außenzolls sogar zuvorgekommen, indem sie sich schon

---

[191] Die Notwendigkeit einer engen und friedlichen Zusammenarbeit bei der zivilen Nutzung der Atomenergie war den Europäern nicht zuletzt durch das Erlebnis der direkten militärischen Konfrontation der beiden Supermächte USA und Sowjetunion angesichts der Ungarn-Krise besonders eindrücklich bewußt geworden, bei der erstmals beide Seiten über einsatzfähige Atomwaffen verfügten.

[192] Es gibt also in diesem Sinne drei *"Europäische Gemeinschaften"*, von denen eine die ehemalige *"Europäische Wirtschaftsgemeinschaft"* war, die durch den Vertrag von Maastricht - aber erst durch ihn! - die neue Bezeichnung als die (eine) *"Europäische Gemeinschaft"* erhielt, vgl. unten, Kapitel 52.

[193] Ausgenommen ist im wesentlichen nur der Handel mit Kriegswaffen, Art. 296 Abs. 1 b EG-Vertrag.

before that date, namely on January 1st, 1968.

When the remaining provisions of the treaty came into full force on January 1st, 1970, all internal customs and trade barriers were also abolished (with few exceptions) and the Community had become a true customs union (as defined in Art. XXIV of the GATT, see ch. 31, above).

II) Retention of Customs Offices for the Levying of Import Tax

Although border controls had thus become superfluous for customs purposes, they were still required by the system of Value-Added Tax then in force in all member-states. Under this system, every movement of goods across borders - even EC-internal borders - gave rise to the refunding of the VAT paid in the exporting country and the imposition of the *equivalent* tax in the country of destination, necessitating the registration and inspection of all such shipments.

Thus, it was not until 1995, when the European system of VAT on intra-Community trade was entirely overhauled, that these border controls could be done away with at last.

Chapter 46: 1.1.1973: First Territorial Enlargement of the EEC

I) The Accession of the U.K., Ireland and Denmark

In the early sixties, Britain had overcome its earlier reservation against the three Communities and applied for accession. The pertinent negotiations, however, finally failed due to the veto of Britain's old ally, French president *General de Gaulle*, of all people, who on the occasion of a press conference in January 1963 hurled his uncompromising Gallic *"Non"* against the startled British[194]. The reason for this surprising reaction was his fear – surely not unfounded – that British membership in the EC would undermine

---

[194] Cf. *Kapteyn Verloren van Themaat Gormley*, ibid., p. 19.

1967 auf einen gemeinsamen Zollkodex geeinigt hatten, der bereits zum 1.1. 1968 in Kraft trat.

Die übrigen Vorschriften des Vertrages, insbesondere diejenigen für den freien Warenverkehr zwischen den Mitgliedsstaaten, entfalteten ihre uneingeschränkte Wirkung wie vorgesehen mit dem Ablauf der Übergangszeit zum 1.1.1970. Von wenigen Ausnahmen wie etwa Spirituosen und Tabak abgesehen entfielen damit automatisch sämtliche Zoll- und Handelsschranken für den Austausch von Waren zwischen ihnen, so daß die EWG ab diesem Zeitpunkt eine echte Zollunion iSv. Art. XXIV des GATT darstellt (siehe dazu oben, Kapitel 31).

II) Beibehaltung der Zollämter zur Erhebung der Mehrwertsteuer

Trotzdem war es damit allein noch immer nicht möglich geworden, auf die Kontrolle des grenzüberschreitenden Warenflusses innerhalb der Gemeinschaft zu verzichten, wie dies für eine echte Zollunion, zu der die EWG somit geworden war, an sich zu erwarten gewesen wäre. Schuld daran war die damalige Ausgestaltung der Mehrwertsteuer in der Gemeinschaft. Diese war zwar infolge entsprechender Vorgaben (sogenannter EG-"Richtlinien", vgl. dazu unten, Kapitel 65) der Gemeinschaft in allen Mitgliedsstaaten nach den gleichen Grundsätzen organisiert, doch war sie - bei allen Bestrebungen nach Einheitlichkeit im übrigen - doch eine Steuer der Mitgliedsstaaten geblieben und nicht der Gemeinschaft. Das machte - jedenfalls nach ihrer damaligen Ausgestaltung - bei jedem Grenzübertritt der besteuerten Ware eine Abrechnung dieser Steuer zwischen den beiden beteiligten Ländern erforderlich und damit die zuverlässige Registrierung eines jeden derartigen Grenzübergangs. Da Registrierung, Kontrolle und Abwicklung dieser Abrechnung damals von den Zollämtern der beteiligten Staaten durchgeführt wurden, konnten diese trotz des Wegfalls der eigentlichen Zollerhebung selbst an den Binnengrenzen der Gemeinschaft nicht abgeschafft werden.

Erst mit dem Inkrafttreten des sogenannten *"Europäischen Binnenmarktes"* am 1.1.1993 (vgl. dazu unten, Kapitel 50) wurde das europäische System der Umsatzsteuererhebung so angepaßt, daß diese Registrierung entfallen und die bis dahin erforderlichen Grenzkontrollen endgültig aufgegeben werden konnten.

Kapitel 46: 1.1. 1973: Erste geographische Erweiterung der EWG

I) Beitritt Großbritanniens, Irlands und Dänemarks

Bevor sich die drei Gemeinschaften in der Folgezeit, in mehrfach abwechselnden Schüben, einerseits geographisch ausdehnen und andererseits im Sinne einer zunehmenden Integration intensivieren sollten, war es anfangs

France's dominant position there, particularly as he considered England as a kind of *"fifth column"*[195] of the all-powerful and sinister second one of the Anglo-Saxon powers, which he had always viewed with the utmost suspicion: the United States. His attitude regarding the EEC could at that time best be summarised as follows (*pace* Lord *Ismay*): *"to keep "la France" up, to keep the Germans in and to keep the British out!"* This attitude clearly shows the tremendous changes Europe had undergone since the war.

Thus it was only after long and excruciating negotiations and more than a decade later, on January 1st, 1973, that Britain – along with Ireland and Denmark - finally did join the three Communities.

II) Referendum against Accession in Norway

Not so Norway whose population, in a referendum held on that issue, rejected its government's proposal of joining the EEC along with the other three applicants.

---

[195] This term was coined by Spanish general *Móla*, colleague and main rival of Generalissimo *Franco* during the Spanish civil war. Upon mentioning the four columns with which the Falange approached Republican-held Madrid, he added: *"but our fifth column already is in the city"*, referring thereby to the Falange's supporters within the population of Madrid.

der sechziger Jahre nochmals zu einem außenpolitischen Eklat gekommen, und zwar wiederum durch Frankreich: inzwischen hatte Großbritannien es sich nämlich anders überlegt und war in Verhandlungen über einen Beitritt zur EWG eingetreten. Diese Verhandlungen scheiterten indes ausgerechnet am Veto seines alten Verbündeten, dem französischen Präsidenten *General de Gaulle,* der den verdutzten Briten auf einer Pressekonferenz im Januar 1963 sein unbeugsames gallisches "*Non!*" entgegenschleuderte[194]. Er fürchtete nämlich - sicher nicht ganz zu Unrecht - daß ein Beitritt Großbritanniens die dominierende Stellung Frankreichs innerhalb der Gemeinschaften aufweichen würde, zumal er England wegen dessen enger Beziehung zu den als übermächtig empfundenen USA sozusagen als deren *"fünfte Kolonne"*[195] in Europa betrachtete. In Anlehnung an die oben zitierte Formulierung Winston Churchills könnte man deshalb die damalige Sicht Frankreichs bezüglich des politischen Zwecks der EWG treffend mit den folgenden Worten beschreiben: "*to keep "la France" up, to keep the Germans in and to keep the English out!*" Wie man sieht, hatte sich seit den vierziger Jahren einiges verändert!

Erst nach langen und zähen Verhandlungen und über ein Jahrzehnt später, am 1.1.1973, kam es dann doch noch zum Beitritt Großbritanniens sowie (zeitgleich) auch Irlands und Dänemarks.

II) Beitrittsablehnung Norwegens durch Volksentscheid

Anders Norwegen, das ebenfalls Beitrittsverhandlungen geführt hatte und dessen Regierung den Beitritt des Landes zur EG gewünscht hatte: mittels eines entsprechenden Referendums lehnte das Volk von Norwegen die Teilnahme ihres Landes an der Gemeinschaft letztlich doch ab.

---

[194] Vgl. *Kapteyn/Verloren/van Themaat/Gormley,* aa0, S. 19.

[195] der Begriff stammt von dem falangistischen General *Móla,* Mitstreiter und Konkurrent *Francos,* aus dem spanischen Bürgerkrieg. Darauf angesprochen, daß die Falangisten mit je einer Kolonne von vier verschiedenen Seiten auf das von der republikanischen Regierung gehaltene Madrid zu marschierten, erwiderte: *"ja, und eine fünfte Kolonne befindet sich bereits in der Stadt".* Damit meinte er die Anhänger der Falange innerhalb der Stadt.

Chapter 47: The Seventies: Introduction of Direct Electi-
ons to the European Parliament and First
Attempts to Integrate the European Curren-
cies

I) Introduction of Direct Elections to the European Parliament

In 1976 direct elections of the deputies to the European Parliament in Strasbourg were introduced[196, 197]. The first election under the new rules was to take place in June, 1979.

Although even today the elections to the European Parliament are not held on a Community-wide but on a national basis, this reform greatly strengthened the democratic legitimacy and thereby the moral weight of this political body relative to the two other most influential organs of the Community, the Council and the Commission[198].

Except for this one – significant – reform, not much progress was made in the qualitative development of the EEC during the seventies.

II) First Attempts to Integrate Currencies on the European Level

However, for the first time, initiatives were taken to coordinate European exchange rates. As the EEC had no authority in this field, these developments occurred parallel to the Community on a state-to-state basis.

---

[196] Before that the members of the European Parliament had not been elected by the peoples of the member-states but had been delegated by the national parliaments, cf. *Holle, Welt- und Kulturgeschichte*, Vol. 17, p. 7786.

[197] According to Council Decision of 20/9/1976, 76/787/ECSC, EEC, Euratom, O.J. EEC nr. L 278 of 8/10/76, p. 1.

[198] Cf. ch's. 57 ff.

Kapitel 47: Die Siebziger Jahre: Einführung der Direktwahl des Europäischen Parlaments sowie erste Versuche einer Integration der europäischen Währungen

I) Einführung der Direktwahl des Europäischen Parlaments

1976 hatte die EWG erstmals[196] die Direktwahl der Abgeordneten des in Straßburg ansässigen Europäischen Parlaments eingeführt[197] - die erste Wahl dieses Organs durch die Völker der verschiedenen Mitgliedsstaaten - fand im Juni 1979 statt. Wenngleich die Wahlen für das Europäische Parlament auch heute noch nicht auf gesamteuropäischer sondern auf der Ebene der einzelnen Mitgliedsstaaten stattfinden, wurde dadurch die demokratische Legitimation und damit auch das moralische Gewicht des Europäischen Parlaments gegenüber den beiden anderen wichtigsten politischen Organen der Gemeinschaft - dem Rat und der Kommission[198] - entscheidend gestärkt.

Abgesehen von dieser einen - wenngleich nicht unbedeutenden - Neuerung gab es in den siebziger Jahren keine wirklichen Fortschritte bei der inhaltlichen Weiterentwicklung des eigentlichen EG-Vertrages.

II) Erste Versuche einer Integration der Währungen auf der europäischen Ebene

Dafür aber kam es erstmals zu weitergehenden Initiativen auf dem Gebiet der Währungspolitik. Auch wenn sich diese - mangels Kompetenz der EWG auf diesem Gebiet - seinerzeit weitgehend außerhalb bzw. parallel zu ihm abspielten, gehört die Betrachtung auch dieser Entwicklungen wegen ihres engen sachlichen Zusammenhangs mit derjenigen der "eigentlichen" EWG und wegen ihrer wichtigen Funktion als Vorläufer des kürzlich eingeführten *Euro* doch zwingend hierher.

---

[196] Zuvor waren die Mitglieder des europäischen Parlaments nicht von den Völkern der Mitgliedsstaaten gewählt sondern von den nationalen Parlamenten beschickt worden, *Holle, Welt- und Kulturgeschichte*, Bd.- 17, S. 7786.
[197] Laut Beschluß des Rates vom 20.9.1976, 76/787/EGKS, EWG, Euratom, ABl. EG Nr. L 278 vom 8.10.76, S1.
[198] Siehe dazu unten, Kapitel 57 ff.

1) 1952 to 1972: The almost complete lack of any rules concerning the freedom of payments on the European level

The very fact that the EEC-treaty had from the beginning contained numerous and far-reaching provisions for the freedom of trade makes it all the more surprising that these rules concentrated almost exclusively on the delivery side of such trade (goods and services), virtually neglecting the regulation of the corresponding payments.

Not only did the original EEC-treaty leave the different national currencies undisturbed, it did not even envisage the creation of a unified European currency, not even in the long run. As it was, during its first decades, the corresponding disadvantages were hardly noticed. The reason for this was that the global system of payment regulations, created by the IMF in 1944, already provided a satisfactory mechanism for such payments. So it was only in the early seventies when the dollar as the leading currency within the IMF-system increasingly came under pressure and the existing international system finally collapsed[199] that a solution on the European level suggested itself as desirable.

2) The two European Currency Systems 1972 – 1978 and since 1979

It had been the Luxembourg Minister of State, *Pierre Werner*, who in 1970 suggested that a currency union be established among the member-states and provided a detailed plan as to how this aim might be realised (*"Werner-Plan"*). As we know today, however, it was to take almost exactly another 30 years before this concept became a reality. Nevertheless, this proposal did not remain without effect. Rather, it provided the intellectual impetus needed to bring about two consecutive currency systems which - although neither aimed at a full currency union - did link together the extant monetary systems of the various members much more closely. The first one of these was called the *"European Currency Snake"* and lasted from 1972 until 1978. The second, the *"European Currency System"*, began in 1979 and was in deep crisis (both Britain and Italy having left the system as early as 1992), when it was superseded by the introduction of the common European currency, the *"Euro"*, on January 1st, 1999. The essence of both systems was that the value of all participating currencies was fixed in relation to the German Mark (DM) which acted as the leading currency. In contrast to the original IMF, this ratio was allowed to vary within a certain "corridor". However, once any currency threatened to exceed the permitted variations, the central banks of *all* participating coun-

---

[199] see ch. 14, above.

1) 1952 bis 1972: Das weitgehende Fehlen einer europäischen Regelung der Freiheit des Zahlungsverkehrs in den drei Gemeinschaftsverträgen

Wenngleich der EWG-Vertrag zahlreiche Regeln über die Freiheit von Handel und Wirtschaft enthält, die sich bald zu recht schlagkräftigen Instrumenten eines immer mehr aufblühenden Handels zwischen den Mitgliedsstaaten entwickeln sollten, so fällt bei näherer Betrachtung doch auf, daß sich diese fast ausschließlich auf den Bereich der eigentlichen *Herstellung* und der anschließenden *Verteilung* der verschiedenen Wirtschaftsgüter selbst konzentrieren (Güterverkehrsseite), während entsprechende Regeln für den Bereich der *Bezahlung* dieser Güter (Zahlungsseite) lange Zeit hindurch vergleichsweise rudimentär ausgebildet waren: so beließ es der EWG-Vertrag in seiner ursprünglichen Fassung nicht nur bei den verschiedenen Währungen der einzelnen Mitgliedsländer, sondern er sah selbst langfristig keinerlei Kompetenz der Gemeinschaft für die Schaffung einer einheitlichen europäischen Währung vor. Indes machte sich der damit verbundene Nachteil in den ersten Jahrzehnten der frisch gegründeten EWG kaum bemerkbar. Das lag daran, daß das globale Zahlungsverkehrssystem des 1944 gegründeten IWF bereits ein weitgehend befriedigendes Instrumentarium zur Sicherung des Zahlungsverkehrs bereitstellte. Das änderte sich erst Anfang der siebziger Jahre, als der Dollar als die Leitwährung des IWF-Systems infolge verschiedener Entwicklungen[199] immer mehr unter Druck geriet, und sich dementsprechend das Ende dieses Systems und damit die Notwendigkeit einer spezifisch europäischen "Ersatz"lösung immer deutlicher abzeichnete.

2) Die beiden europäischen Währungsverbünde 1972 - 1978 und seit 1979

So kam es bereits in den siebziger Jahren auch tatsächlich insgesamt zweimal zu einer entsprechenden währungpolitischen Vereinbarungen zwischen den Mitgliedsstaaten der EWG: einmal von 1972 bis 1978 (sogenannte *"Europäische Währungsschlange"*), und ein zweitesmal von 1979 bis zur Einführung des Euro am 1.1.1999.(*"Europäisches Währungssystem"*). Beide System hatten im wesentlichen zum Inhalt, daß sich die anderen europäischen Währungen im Rahmen einer gewissen erlaubten Bandbreite an der Deutschen Mark als der europäischen Leitwährung orientierten und sich die Zentralbanken aller beteiligten Staaten dazu verpflichteten, durch entsprechende Währungsan- und verkäufe auf den Geldmärkten zu intervenieren, sobald eine der beteiligten Währungen um

---

[199] Vgl. insoweit oben, Kapitel 14.

tries were obliged to intervene in the money market to reestablish the agreed-upon exchange rate.

However, as has already been indicated, the life-span of both systems was only a short one. The reasons for their eventual failures were the same as those that eventually had brought down the original IMF: after a certain period of time the (more or less fixed) exchange rates no longer accurately reflected the relative domestic purchasing power of the currencies which had changed due to different rates of growth in productivity among the participants.

3) Conclusion

From these repeated failures to establish monetary integration on the European level, its adversaries conclude that such a project is doomed to failure, or that the countries of Europe have not, at least not yet, reached the necessary "maturity" for such a union.

Those in favour of the recently established European Currency Union argue that, on the contrary, it is exactly this very breakdown that shows the necessity of *merging* of currencies. Only in this way could the underlying flaw in the former systems be obviated: the temptation for the members to evade the monetary discipline required from them in times of economic trouble by leaving the system and devaluing their currency. As long as this option remains open, such devaluations will be expected by the money-markets and trigger large scale currency speculation. This would put so much downward pressure on the troubled currency that its expected devaluation would ultimately become inevitable. This devastating mechanism is inherent in all systems of fixed currencies and can only be avoided by completely removing the authority of the participating countries over exchange rates. This, however, can best be achieved by the replacement of these currencies by one single, supra-national legal tender, i.e., by a currency union[200].

In contrast to the seventies, the eighties brought about various developments of importance for the Community as such. The first one of these was the

---

[200] Cf. for a fair representation of both lines of arguments: *North, Michael, "Das Geld"*, München, 1994, p. 201.

mehr als den erlaubten "Abweichungskorridor" von dem vereinbarten Wechselkurs abzuweichen drohte.

Beide Währungsverbünde scheiterten indes nach einer jeweils nur kurzen Lebensdauer. Die Gründe waren die gleichen wie die für das Scheitern des vergleichbaren Systems auf der globalen Ebene: das starre Wechselkurssystem des ursprünglichen IWF (vgl. dazu oben, Kapitel 14): die festgeschriebenen festen Wechselkurse entsprachen nach dem Ablauf einer gewissen Zeit unterschiedlicher Produktivitäts- und Lohnentwicklungen in den verschiedenen Teilnehmerländern bald nicht mehr dem echten "inneren" Wert (Binnen-Kaufkraft) der verschiedenen Währungen in ihrem jeweiligen Heimatland, so daß der Druck des Marktes über kurz oder lang eine entsprechende Anpassung ihres jeweiligen Außenwerts (Wechselkurs) an ihre tatsächliche binnenwirtschaftliche Kaufkraft unvermeidlich machte.

3) Folgerungen aus diesen Erfahrungen für das Projekt einer gemeinsamen europäischen Währung

Aus diesem wiederholten Scheitern aller Versuche, auf globaler oder wenigstens europäischer Ebene über die Einführung von zunächst festen Wechselkursen langfristig zu einer einheitlichen Währung zu kommen, ziehen die Gegner der soeben in Kraft getretenen Europäischen Währungsunion den Schluß, daß ein solcher Versuch generell zum Scheitern verurteilt sei, bzw., daß die europäischen Staaten für eine solche Union offensichtlich "noch nicht reif" seien. Umgekehrt wird von der Gegenseite argumentiert, gerade der Zusammenbruch des EWS habe gezeigt, wie notwendig die Währungsunion ist: erst die vollständige Abschaffung der einzelnen Währungen beseitigt die Gefahr eines Ausscherens eines der Mitgliedsstaaten aus einem solchen Verbund und die spekulativen Geldbewegungen zwischen ihnen, mit denen die Anleger versuchen, einem solchen Ausscheren zuvorzukommen und es häufig gerade dadurch umso unvermeidlicher machen[200] Wir werden dieses Thema bei der Behandlung der Europäischen Währungsunion unten Kapitel 72 wieder aufgreifen.

In den achtziger Jahren kam es dann jedoch auch bei der eigentlichen Gemeinschaft selbst zu einigen bedeutenden Entwicklungen. Das gilt zunächst einmal in geographisch-territorialer Hinsicht. Hier ist zum einen zu nennen die

---

[200] Vgl. zu beiden Argumentationen *North, Michael, "Das Geld"*, München 1994, S. 201.

Chapter 48: 1.1.1981: Second Territorial Enlargement of the Community: the Accession of Greece,

the second was the

Chapter 49: 1.1.1985: Third Territorial Enlargement of the Community through the Accession of Spain and Portugal.

Through the accession of the latter two countries in particular, both the Latin-Mediterranean (and Catholic) influence within the Community and the importance of France as its geographical and cultural centre reached their climax.

The third important development occuring during the eighties was the conclusion of

Chapter 50: 1.7.1987: The European Single Act and 1.1.1993: The Internal Market

The first important substantive development since the introduction of direct elections to the European Parliament (ch. 47 I, supra) was the so-called *"European Single Act"* (ESA) which came into force on July 1st, 1987. It was the first ever real substantive reform of the Community since its foundation in 1958. Its main object was to render the conditions of intra-Community commerce as similar as possible to trade *within* one member-state. This great goal was baptised *"Project Internal Market 1992"* and was to be fully realised by December 31st of that year.

I) Historical Background

This project had originated in 1981, through an initiative of the two foreign ministers of Italy and Germany, *Colombo* and *Genscher*. While this initiative had failed to receive attention at first, it was taken up and further developed in a well-publicised so-called *"White Book"* titled *"Europe without Frontiers"* (*"L' Europe sans Frontières"*) by the energetic and dynamic Frenchman *Jacques Delors*, right after he had been appointed president of the European Commission in 1985. In this White Book, *Delors* demonstrated to the European public the - allegedly enormous - losses incurred by the Community because the proposed *"Internal Market"* had not yet been (fully) realised.

Kapitel 48: 1.1. 1981: Zweite geographische Erweiterung der Gemeinschaft: Beitritt Griechenlands

und zum zweiten die

Kapitel 49: 1.1. 1985: Dritte geographische Erweiterung der Gemeinschaft (durch den) Beitritt der beiden iberischen Staaten Spanien und Portugal

Mit dem Beitritt insbesondere der beiden zuletzt genannten Länder hatte das romanisch-mediterrane (und zugleich das katholische) Element innerhalb der Gemeinschaft und damit der Einfluß Frankreichs seinen Höhepunkt erreicht, welches dadurch zugleich auch noch zum eindeutigen auch geographischen Mittelpunkt der Gemeinschaft geworden war.

Parallel zu dieser geographischen Erweiterung brachten die achtziger Jahre aber auch inhaltlich wieder neuen Schwung in die Gemeinschaft:

Kapitel 50: 1.7. 1987 Einheitliche Europäische Akte und 1.1.1993: Europäischer Binnenmarkt

Die neben der Einführung des Direktwahlprinzips für das Europäische Parlament (oben Kapitel 47) erste wirklich umfassende inhaltliche Weiterentwicklung der Gemeinschaft brachte die sogenannte Einheitliche Europäische Akte (EEA) vom 1.7.1987 (Datum ihres Inkrafttretens). Ihr wichtigster Inhalt bestand in der Verpflichtung der Gemeinschaft, bis spätestens zum 31.12.1992 Verhältnisse zu schaffen, bei denen der Wirtschaftsverkehr zwischen den einzelnen Mitgliedsstaaten demjenigen innerhalb nur eines seiner Mitgliedsstaaten so nahe kommt wie möglich (*"Binnenmarkt 1992"*).

I) Vorgeschichte

Den ersten Anstoß zu diesem Projekt hatte ein Papier geliefert, das die beiden damaligen Außenminister Italiens und Deutschlands, *Colombo* und *Hans-Dietrich Genscher,* bereits im Jahre 1981 entwickelt hatten. Dieses Papier war zwar zunächst ohne größere Resonanz geblieben, doch bildete es die gedankliche Grundlage für das vier Jahre später von dem damals frisch gewählten Präsidenten der Europäischen Kommission, dem energi-

Before this appointment, *Delors* had for several years served as "super-minister" for economics and finance under French president *François Mitterand,* where he had proved his awe-inspiring capabilities by rescuing the French economy from the catastrophic policy pursued during the first two years of *Mitterand's* presidency.

After his publication had led to the conclusion, in 1987, of a new treaty among the European member-states that greatly reformed the existing treaty on the European Economic Community, *Delors* lost no time putting into practice the Act's foremost idea, the creation of an *Internal Market*[201] in the above-defined sense throughout the Community.

II) 1.1.1993: The Planned Realisation of the "Internal Market of 1992"

The *"European Single Act"* (ESA), signed in Rome, changed the Community in several important ways:

First, the ESA considerably strengthened the authority of the Community vis-à-vis the member-states and, *second*, facilitated this authority's enforcement by replacing, at least for certain areas, the hitherto mandatory principle of unanimity by qualified majority-voting[*]. *Third*, the act also widened the scope of its responsibility by adding to the competences of the Community certain new areas, most notably the protection of consumers and the environment. *Finally*, it introduced into the text of the EEC-treaty the new term of *"Internal Market"*[202] and contained an extensive list of legislative and administrative measures the Community was to adopt in order to realise this objective for the accomplishment of this Internal Market. It even set a concrete date by which it was to be realised: December 31st, 1992 (which of course really means: 1993. Thus, the term of *"Europe 1992"* then a widely popular "European catchword" was really mistaken!).

---

[201] Originally, the EEC-Treaty had only contained the term of "*Common Market*". The term of *"Internal Market"* as an additional term of art, as well as the idea behind it, had first been introduced and officially declared one of the key objectives of the EEC-Treaty by the *European Court of Justice* (ECJ) in its famous holding of *"Gaston Schul"* in 1981. For this case cf. Ch's 26 and 80.

[*] For details cf. Art. 205 ECT.

[202] It is not altogether clear what exactly is the difference between these two terms. If anything, though, the term of *"Internal Market"* describes a market even more similar to a domestic market within any one state than does the term of *"Common Market"*.

schen und dynamischen Franzosen *Jacques Delors,* bereits kurz nach
seinem Amtsantritt präsentierte sogenannte "Weißbuch" mit dem Titel
"Europa ohne Grenzen" (*"Europe sans frontiers"*). In diesem Weißbuch von
1985 hatte *Delors* zunächst einmal in eindrucksvoller Weise die Kosten
zusammenstellen lassen, die Europa infolge der Nichtdurchführung dieses
Prinzips (angeblich) entstanden. Vor seiner Ernennung im Jahre 1985
hatte sich *Delors* als "Superminister" für Wirtschaft und Finanzen unter
dem französischen Präsidenten *Francois Mitterand* dadurch bewährt, daß
er dessen katastrophale Wirtschaftspolitik der vorangegangenen ersten
beiden Jahre von dessen Präsidentschaft in buchstäblich letzter Minute
aus dem Feuer gerissen hatte. *Delors* machte sich sofort nach seinem
Amtsantritt daran, die ursprünglich von *Genscher* und *Colombo* entwickelte
und bereits 1982 vom Europäischen Gerichtshof (EuGH) in seiner berühmten Entscheidung *"Gaston Schul"**[*]* ausdrücklich aufgegriffene Idee
eines europäischen *"Binnenmarktes"*[201], nun endlich in die Tat umzusetzen.

II) 1.1. 1993: Geplante Vollendung des Projekts *"Binnenmarkt 1992"*

Daraufhin kam es im Jahre 1987, symbolhafterweise wiederum in Rom,
zum Abschluß der sogenannten "*Einheitlichen Europäischen Akte*", der
ersten entscheidenden inhaltlichen Überarbeitung und Vertiefung des Vertrages über die Europäische Wirtschaftsgemeinschaft seit ihrer Gründung.
Dieser Vertrag erweiterte *erstens* die Kompetenzen der Gemeinschaft
gegenüber den Mitgliedstaaten und erleichterte *zweitens* deren Durchsetzung, indem erstmals die Möglichkeit einer Entscheidungsfindung durch
Mehrheit geschaffen wurde, während bis dahin sämtliche Beschlüsse der
Gemeinschaft einheitlich hatten gefällt werden müssen. Gleichzeitig wies
er der Gemeinschaft *drittens* inhaltlich neue, zum erstenmal nicht nur rein
wirtschaftliche Aufgaben zu, wie beispielsweise den Umwelt- und den Verbraucherschutz.
Schließlich führte die Einheitliche Akte erstmals zusätzlich und parallel zu
dem Begriff des "*Gemeinsamen Marktes*" den bereits erwähnten neuen
Begriff des sogenannten "*Binnenmarktes*"[202] in den EWG-Vertrag ein und
gab der Gemeinschaft den ausdrücklichen Auftrag, durch den Erlaß der
notwendigen Gesetze die Rechtsordnungen der Mitgliedsländer bis zum
1.1.1993 soweit zu vereinheitlichen, wie dies für das Erreichen eines umfassend definierten "Binnenmarkts" mit völliger Freizügigkeit von Waren,
Arbeitnehmern, Dienstleistungen und Kapital erforderlich war (daher das
seinerzeitige "Zauberwort" von - fälschlicherweise[**] - "199_2_").

---

[*] Vgl. Kapitel 26 und 81.

[201] damals enthielt der EWG-Vertrag lediglich den Begriff *"Gemeinsamer Markt"*.

[202] Was allerdings der genaue Unterschied zwischen diesen beiden begriffen sein
soll, ist nicht mit letzter Sicherheit geklärt. Im Zweifel weist wohl ein *"Binnenmarkt"* ein noch höheres Maß an Integration auf als ein *"Gemeinsamer Markt"*.

[**] Gemeint war der 31.12.1992, also praktisch 1993!

III) 1.1.1993: New EEC-Directive Reforming the Value Added Taxation of Cross-Border-Transactions

One of the most important harmonising measures carried out by the Community consisted in far-reaching amendments of the way the VAT is levied on intra-Community commerce. The new rules[203] did not deprive the member-states of the authority to impose and collect VAT on such trade (by transferring it to the Community). Instead they reassigned the responsibility for its collection from the *customs offices* to the ordinary internal *tax offices*. For the few cases where such transactions cannot - or not reliably - be monitored without actual inspections on site, in particular purchases by tourists, the new rules compromised the general principle that VAT is ultimately to be paid in the country of destination, leaving in place instead taxation in the country where the purchase was made[204].

It was this reform - together with the introduction of a Community-wide customs union which had been introduced much earlier[**] - that finally made possible the complete abolition of border-controls of intra-Community trade[205]. When, shortly thereafter, the problems concerning the cross-border movements of *persons* from non-Community countries were also resolved through the agreements of Edinburgh, Dublin and Schengen (see ch. 56, infra), the way was finally made clear for the abolition of all border-controls throughout the EEC.

Chapter 51: The Breakdown of the Former Soviet Empire

I) General Consequences of Gorbachev's Policies of *Perestroika* and *Glasnost*

Meanwhile, however – and scarcely perceived at first in the West – the Eastern part of the European continent (whose very existence people in the West had conveniently repressed for so long) had suddenly started to stir. Faster than could ever be expected and indeed even contrary to the intentions of their initiator, *Michail Gorbachev's* reforms of *Glasnost* and *Perestroika* had brought about the collapse of what until then had been considered by the outside world as both an unmoving and unmovable colossus: the vast multinational Empire of the Soviet Union.

---

[203] Council Directive 91/680/EEC of 16.12.1991, O.J. EC No. L 376.

[204] Essentially, these cases boil down to souvenirs brought back by tourists

[**] The European customs union had become effective 2 years ahead of schedule, viz., on January 1st, 1968.

[205] Yet another condition, of course, was the renunciation of controls of persons at these borders. That, in turn, makes necessary, i.a., a certain harmonisation of immigration and asylum policies among the members. It was in this area that the agreements concluded in Dublin and Schengen (see ch. 56, below) brought crucial progress, although not all pertinent problems were solved on these occasions.

III) 1.1. 1993: Inkrafttreten der Mehrwertsteuer-Binnenmarktrichtlinie

Eine der wichtigsten Harmonisierungen im Rahmen des Projekts *"Binnenmarkt 1992"* dürfte die Änderung des Mehrwertsteuererhebungssystems gewesen sein, wie sie durch die sogenannte Mehrwertsteuer-Binnenmarkt-Richtlinie[203] für grenzüberschreitende, aber innergemeinschaftliche Geschäfte herbeigeführt wurde, die pünktlich zum 1.1.1993 in Kraft trat. Durch sie wurde die zwischenstaatliche Abrechnung der Mehrwertsteuer, soweit dies abwicklungstechnisch möglich ist, von den bis dahin zuständigen Zollämtern der Mitgliedsstaate auf die Finanzämter verlagert. Für die verbleibenden Fälle[204] wurde ganz einfach auf diese Abwicklung verzichtet.

Auf diese Weise wurde eine der beiden[205] entscheidenden Voraussetzungen dafür geschaffen, die bisherigen Zollkontrollstellen an diesen Grenzen überhaupt vollständig abzuschaffen, wie das in dem Abkommen von Schengen für die an diesem Abkommen beteiligten Staaten erstmals vorgesehen und größtenteils auch bereits tatsächlich umgesetzt worden ist.

Kapitel 51: Der Zerfall des ehemaligen sowjetischen Empire und der Beitritt Ostdeutschlands zur Gemeinschaft (Vierte geographische Erweiterung der Gemeinschaft

I) Allgemeine Folgen von Gorbatschows Politik der *Perestroika* und *Glasnost*

Inzwischen war jedoch - zunächst fast unbemerkt - der solange fast vergessene östliche Teil unseres Kontinents gewaltig in Bewegung geraten. Schneller als man es hüben wie drüben überhaupt fassen konnte, hatte der gerade erst zur Macht gelangte *Michail Gorbatschow* mit seinen Reformen - *Glasnost* und *Perestroika* - den unnahbaren Koloß östlich der Gemeinschaft wider Willen auch schon zum Einsturz gebracht. Den Auslöser für diese Entwicklung hatte seine berühmte Bemerkung dargestellt, daß *"wer zu spät kommt, den bestraft das Leben!",* mit der er anläßlich der Feier

---

[203] (Richtlinie 91/680/EWG des Rates vom 16.12.1991, ABl. EG Nr. L 376).

[204] Das sind im wesentlichen die privaten Reisemitbringsel von Touristen.

[205] Die anderer Voraussetzung ist der Verzicht an diesen Grenzen auch auf die Kontrolle von Personen. Das wiederum setzt eine in gewissem Umfang einheitliche Einwanderungs- und Asylpolitik der Mitgliedsstaaten gegenüber Personen aus Drittstaaten und deren konsequente Durchführung an den gemeinsamen Außengrenzen durch alle Mitgliedsstaaten voraus, wie dies durch die Abkommen von Dublin und Schengen (vgl. dazu unten, Kapitel 56) für die an diesen Abkommen beteiligten Staaten vorgesehen und teilweise bereits umgesetzt ist.

The trigger for this development had been *Gorbachev's* famous comment on a speech given by *Erich Honecker*, the leader of East Germany, during the celebrations held in East Berlin for the 40th anniversary of the German Democratic Republic in October, 1989. When *Honecker* tried to explain to him why it was neither necessary nor appropriate for East Germany to emulate the reforms being carried out in the Soviet Union, the latter had drily replied that *"He who cometh late will be punished by life"*. This remark was generally understood as a renunciation of what used to be called the *Brezhnev*-doctrine: the unconditional commitment of the Soviet leadership to keeping its puppet regimes in Eastern Europe in power at all costs, if need be by military intervention.

As it soon turned out, that was all that was needed to dissolve the already fermenting Soviet bloc.

II) Loss of the "Anti-Imperialist Bulwark" of the GDR through German Reunification

On the same occasion *Honecker* had maintained that the Berlin Wall would *"still be around in a hundred years, unless the conditions that had led to its erection changed thoroughly"*. If this proposition was right, the same cannot be said of his implied expectation that this unhappy moment was of course safely hundred years away. Contrary to everybody's expectation, the Wall came down as early as November 6th, 1989, only a few weeks after that remark had been made. After another five months, on May 18th, 1990, the two Germanies entered into a far-reaching *"Currency, Economic and Social Union"* whose primary object was the introduction into East Germany of the DM as official currency on July 1st of the same year. This currency fusion constituted an unforeseen test-case for the *European Monetary Union* the establishment of which was agreed upon by the participating states shortly thereafter (see ch's 52 and 56, below). Both these unions have in common that they were primarily motivated not by economic but by political considerations and were meant to constitute an important step toward a political fusion.

From then on it was to take only a few more months until East Germany officially dissolved and its constituting Länder acceded to the Western part of Germany, thereby completing official reunification on October 3rd, 1990[206].

---

[206] The legal basis for this unification was the intra-German *"Unification Treaty"* of August 31, 1990, which took effect on October, 3rd of the same year. It was supplemented by the so-called *"2 + 4 - Treaty"* between the two Germanies and the four victorious powers of World War Two. While this treaty entered into force only on March15[th], 1991, it had actually been concluded before unification took place, viz., on Sept. 12th,1990. Through it, the four powers gave their assent to this

zum 40jährigen Bestehen der DDR im Oktober 1989 auch diese auf den von ihm angestoßenen Reformkurs hatte verpflichten wollen und dabei hatte erkennen lassen, daß die Sowjetunion selbst nicht länger gewillt war, die Regime der mit ihr verbündeten Satellitenstaaten unter allen Umständen auch unter Einsatz der Roten Armee zu stützen.

II) Verlust des *"antiimperialistischen Bollwerks"* DDR durch die deutsche Wiedervereinigung

Bereits wenige Wochen nach diesem Signal, am 6. November 1989, fiel daraufhin die Berliner Mauer, von der der Vorsitzende des Staatsrats der DDR, Erich Honecker, gerade noch behauptet hatte, sie werde "*auch in hundert Jahren noch stehen*".

Von da ab dauerte es wiederum weniger als ein Jahr bis zur staatlichen Wiedervereinigung Deutschlands am 3. Oktober 1990[206]. Dieser war einige Monate zuvor, am 1.7.1990, die sogenannte "*Währungs-, Wirtschafts- und Sozialunion*" zwischen beiden deutschen Staaten vorausgegangen, deren bei weitem wichtigstes Element die Einführung der DM als der offiziellen Währung auch in der DDR gewesen war. In gewisser Weise läßt sich diese Entwicklung als Experiment im kleinen der wenige Jahre später vorgenommenen Einführung einer gemeinsamen Währung, des Euro, auf der europäischen Ebene betrachten, die ja auch nicht allein aus wirtschaftlichen Gründen erfolgt ist, sondern zugleich ein wichtiger Schritt auf dem Wege des allgemein-politischen Zusammenwachsen der daran beteiligten Länder sein soll.

Durch ihren Beitritt zur Bundesrepublik Deutschland ging die DDR in dieser auf und erlangte so quasi indirekt zugleich auch die Mitgliedschaft in NATO[207] und EWG[208].

---

[206] Die rechtliche Grundlage für die Wiedervereinigung bildete der deutsch-deutsch Einigungsvertrag vom 31. August 1990, der am 3. Oktober desselben Jahres in Kraft trat. Dieser wurde durch den sogenannte 2 + 4 – Vertrag ergänzt, der bereits am 12. September 1990, also vor der Wiedervereinigung vom 3.10., abgeschlossen worden war, jedoch erst am 15. März 1991 in Kraft trat. Mit ihm gaben die vier Siegermächte dem wiedervereinigten Deutschland seine volle Souveränität zurück. Im Gegenzug verzichtete Deutschland auf sämtliche – eventuellen - Ansprüche auf Rückgabe der im Osten, vor allem an Polen, verlorenen Gebiete.

[207] Dabei besteht allerdings infolge eines entsprechenden deutsch-sowjetischen Abkommens eine wichtige Einschränkung: auf dem Territorium der ehemaligen

By this incorporation into West Germany, the former East Germany auto-matically - and effortlessly - became part of the two most important West-ern organisations, NATO[207] and the EEC[208].

III) Dissolution of the Comecon and the Warsaw Pact

The rapid breakdown of the Soviet Union's former strategic approaches in Eastern Europe reached its high point when both the *"Council for Mutual Economic Assistance"* (Comecon), and the *"Warsaw Pact"*, the Eastern bloc's less successful equivalents to the West European Economic Com-munity and to NATO, respectively, dissolved in the summer of 1991[209].

IV) 1.1.1993: Demise of the Former Soviet Union

After this dramatic collapse of the East European part of the former Soviet bloc, it took only another 18 months before the centuries-old empire of the Tsars itself disintegrated into many independent states[210]. The formal dis-solution of the Soviet Union occurred on December 31st, 1992, by an ironic coincidence the very day the West European States had set for the com-pletion of their economic integration (*"Internal Market Project"*).

---

unification and finally returned full sovereignty to the united Germany. In return, Germany officially renounced all claims it might still have had on any territories lost in the East, especially to Poland.

[207] With one important qualification: no non-German troops, in particular no American troops, may be stationed on the territory of former GDR.

[208] By the way: the relation of the former GDR to the EEC had always been a spe-cial one: as West Germany had never ceased to consider the territory of the GDR as an inalienable part of "Germany" as a whole, which it felt itself called to repre-sent, it had consequently treated goods originating there not as "foreign" but as "domestically" made. Accordingly, these goods had thus enjoyed free access to the West German market and thereby, indirectly, to all other states of the EEC as well. Thus it happened that one of the sturdiest representatives of the West's common communist adversaries enjoyed free access to all markets of Western Europe while the wares of NATO's leading power, the United States, did not. Ac-cordingly, the GDR had long been jokingly called by insiders the "secret member" of the EEC, long before the events described here.

[209] It was on June 28th that the relevant decisions were taken in Budapest (for the *Comecon*) and in Prague (for the *Warsaw Pact*) which became effective shortly thereafter, cf. *Europa-Archiv, 1991, Documentary Part*, p. D 575 f.

[210] Most of which were soon to build a lose confederation under the name of *"Community of Independent States"* (CIS).

III) Selbstauflösung des RGW und des Warschauer Pakts

Den Schlußpunkt unter diesen rasanten Verfall des osteuropäischen ehemals strategischen Vorfelds der Sowjetunion bildete die Selbstauflösung des *"Rats für gegenseitige Wirtschaftshilfe"* (RGW = *Council for Mutual Economic Assistance* = Comecon) und des *"Warschauer Pakts"*, die beiden Gegenstücke des ehemaligen Ostblocks zur Europäischen Wirtschaftsgemeinschaft und zur NATO im Verlauf des Jahres 1991[209].

IV) 1.1.1993: Selbstauflösung der ehemaligen Sowjetunion; zugleich Zieldatum für die Vollendung des Europäischen Binnenmarktes

Damit war zunächst der osteuropäische Teil des sowjetischen *Empire* zerbrochen, doch dauerte es wiederum nur achtzehn weitere Monate, bis das jahrhundertealte Zarenreich selbst in seine Teilstaaten zerfiel. Mit Wirkung zum 1.1.1993, also ausgerechnet genau an dem Tag, den die Westeuropäer für die Vollendung ihres Binnenmarktes vorgesehen hatten, erfolgte die formale Selbstauflösung der ehemaligen Sowjetunion[210].

DDR dürfen keine nicht-deutschen, insbesondere keine amerikanischen Truppen stationiert werden.

[208] Übrigens war die Beziehung der ehemaligen DDR zur EWG auch schon zuvor eine besondere gewesen: da die Bundesrepublik auch das Gebiet der DDR staatsrechtlich schon immer als Inland betrachtet hatte, war Waren aus der DDR immer schon ein unbeschränkter und vor allem zollfreier Zugang nach Westdeutschland gewährt worden. Da aber zugleich auch zwischen den Mitgliedsländern der EWG jedenfalls seit dem 1.1.1970 für Waren vollständige Freizügigkeit bestand, konnten seit damals Waren aus dem kommunistischenn "Feindstaat" DDR völlig zollfrei und ungehindert auch in sämtliche andere Mitgliedsländer der EWG exportiert werden - ganz im Gegensatz zu Waren etwa aus dem NATO-Partnerland USA. Diese Paradoxie war von den anderen Mitgliedsländern mit Rücksicht auf deutsche Sensibilitäten offiziell geduldet worden, weshalb die DDR auch bereits vor der deutschen Wiedervereinigung gelegentlich scherzhaft als "heimliches Mitglied der EWG" bezeichnet wurde. (vgl. das *"Protokoll der EG-Mitgliedsstaaten zum deutsch-deutschen Handelsverkehr"* vom 25. März 1957).

[209] Die entsprechenden Beschlüsse fielen bezüglich des RGW am 28. Juni in Budapest und kurz darauf hinsichtlich des Warschauer Paktes in Prag, vgl. *Europa-Archiv, 1991, Dokumentarteil*, SS. D 575 f.

[210] Damit wurden die ehemaligen Sowjetrepubliken völkerrechtlich unabhängige Staaten, die sich jedoch mit Ausnahme der baltischen Staaten zu einer losen Konföderation, der *"Gemeinschaft unabhängiger Staaten"* (GUS) zusammenschlossen.

Chapter 52: 7.2.92 and 1.11.93: The Second Intensification of the Community through the *"Treaty of Maastricht"*

The upheavals in its immediate neighbourhood suddenly seemed to require an acceleration of West European integration. How would the attitude of Germany change if and when the tremendous pressure of the East-West conflict were suddenly removed and if, furthermore, the chance for a national federation or even a full unification of the two German states became a realistic possibility? Would West Germany under such new circumstances continue to feel as unequivocally tied to the West as it always had before? These were the questions asked anxiously by most politicians in the West – including the Federal Republic of Germany itself! – during this period.

This political background seemed to provide both the urgency and the opportunity – indeed, maybe the last opportunity! – to achieve an all-encompassing political unity among the Western European states going beyond the fields of trade and economics. Therefore, at the initiative of Chancellor *Kohl* and President *Mitterand,* the West European states began negotiations whose main objective was to intensify the existing community of Western Europe in order to bind Germany even more tightly to the West before it was exposed to the full force of a potential "Eastern temptation".Thus on February 7th, 1992, in the Dutch city of Maastricht, the so-called *"Union Treaty"* was signed, by which the *"European Union"* was founded. In this way a treaty was established that would carry Western Europe considerably closer to the explicit goal of the EEC-treaty, viz., to a general political integration - all this almost a whole year before the events described above.

To be sure, the peoples of most of the states concerned were by no means psychologically prepared for this development. So, a considerable effort of persuasion was needed, including referenda in both Denmark and France, before the treaty was finally ratified by all member-states and entered into force on November 1st, 1993. Before that, both the United Kingdom and Denmark had been exempted from participating in the planned currency union. The contents of this treaty will be described in more detail in Chapter 56, below.

Kapitel 52: 7. 2. 92 bzw. 1. 11. 93: Zweite inhaltliche Vertiefung der Gemeinschaft durch den "Unionsvertrag" von Maastricht

Angesichts dieser dramatischen Umwälzungen im Osten Europas schien auch im Westen plötzlich (noch) mehr Eile geboten. Wie würde sich die Haltung Deutschlands langfristig verändern, wenn der gewaltige Druck des Ost-West-Konflikts plötzlich entfallen und sich darüber hinaus für die Deutschen die Chance einer nationalen Föderation zwischen den beiden deutschen Staaten oder gar ihre volle Wiedervereinigung ergeben sollte? Würde die Verankerung (West-) Deutschlands in der westlichen Staatengemeinschaft auch dann noch mit derselben Eindeutigkeit aufrechterhalten bleiben wie bisher? Das waren die Fragen, die sich alle Politiker im Westen - einschließlich der Bundesrepublik Deutschland! - während der Zeit der oben geschilderten Umwälzungen im Osten des Kontinents mehr oder weniger besorgt stellten.

Vor diesem politischen Hintergrund schien sowohl die Notwendigkeit als auch die Chance, über die bloß wirtschaftliche Zusammenarbeit Westeuropas doch noch zu einer übergreifenden auch politischen Einheit zu kommen, plötzlich dringend und vielleicht ein letztes Mal als gegeben. Deshalb nahmen die westeuropäischen Staaten auf Initiative von Bundeskanzler *Kohl* und dem französischen Präsidenten *Mitterand* Verhandlungen auf, deren Hauptziel darin bestand, durch eine inhaltliche Vertiefung der westeuropäischen Staatengemeinschaft Deutschland sozusagen "rechtzeitig" noch fester im Westen einzubinden, bevor Deutschlands "östliche Versuchung" seine Bereitschaft zu einer solchen Einbindung in der Zukunft möglicherweise geringer werden oder gar ganz entfallen lassen würde.

So kam es bereits am 7. Februar 1992 in der niederländischen Stadt Maastricht zur Unterzeichnung des nach dieser Stadt benannten sogenannten "*Unionsvertrages*", durch den u.a. die sogenannte "*Europäische Union*" gegründet wurde. Fast ein ganzes Jahr *vor* der (geplanten) Vollendung des großen Projekts des Europäischen Binnenmarktes und vor der (zufällig) zeitgleichen Selbstauflösung der ehemaligen Sowjetunion war damit ein Vertragswerk geschaffen, das die westeuropäischen Staaten dem erklärten *Ziel* des EWG-Vertrages, nämlich ihrer allgemein politischen Integration, einen entscheidenden Schritt näher bringen sollte. Freilich waren die Völker der meisten der betroffenen Länder auf diese Entwicklung psychologisch keineswegs vorbereitet. Es bedurfte deshalb erheblicher Überredungskunst von seiten der Politiker und - speziell im Falle Dänemarks und des Vereinigten Königreiches sogar nochmals eines speziellen Zugeständnisses bezüglich ihrer Teilnahme an der vorgesehenen Währungsunion -, bevor der Vertrag dann schließlich von allen Mitgliedsländern der Gemeinschaft ratifiziert werden und dementsprechend am 1. 11. 1993 in Kraft treten konnte. Sein Inhalt wird in Kapitel 56 näher dargestellt.

Chapter 53: 1.1.1994: Creation of the *"European Economic Area"* (EEA)

I) From the European Free Trade Association (EFTA) to the European Economic Area (EEA)

Due not least to the historical events just described, most of the former EFTA-states (Iceland, Norway, Sweden, Finland, Switzerland, Liechtenstein and Austria) were now seeking closer ties with the much more powerful and successful European Economic Community.

The result of these efforts was that after several years of negotiations between the states of the EEC[211] and those of EFTA, a treaty was signed in 1992 creating one single *"European Economic Area"* (EEA) linking together these two groups of countries. This treaty entered into force on January 1st, 1994. It provided for the extension of the freedoms contained in the EEC-treaty (freedom of movement of goods[212] and services, of labour and capital, for more details see below, Chapter 82) to all trade within the entire EEA. The main difference between this arrangement and a true accession to the EEC was that the EFTA-countries thereby accepted as binding most of the rules contained in the EEC-treaty as well as most of the EEC's "secondary laws" - past and future - without participating in the decision-making process.

In this way cooperation was created among the European states consisting of two levels or "rings" of intensity. Its inner ring was constituted by the EEC, its outer ring consisted of the EFTA-states. One of the functions originally envisaged for this outer ring had been to integrate the countries of Eastern Europe into this "multi-layer system of European cooperation", without necessarily and immediately granting them full membership in the

---

[211] As for the Community's authority to conclude treaties in this field, cf. ch. 66, below.

[212] However, with regard to the freedom of movement of goods, the EEA-treaty is considerably more restrictive than the actual EEC-treaty, as the former covers only goods that *originate* in a member-state while the latter encompasses all goods that are *either* manufactured in a member-state *or* have been legally imported there from a third country. In other words, the EEC is a proper customs union in the sense of Art. XXIV GATT while the EEA is merely a free-trade area.

Kapitel 53: 1.1.1994: Die Entstehung eines einheitlichen "*Europäischen Wirtschaftsraums*" (EWR)

I) Von der EFTA zum EWR

Nicht zuletzt die soeben geschilderten Ereignisse waren gleichzeitig auch mit dafür verantwortlich, daß nun auch die meisten der ehemaligen EFTA-Staaten (Island Norwegen, Schweden, Finnland, die Schweiz, Liechtenstein und Österreich) Anschluß an die soviel mächtigere und erfolgreichere EWG suchten. So kam es zwischen den Staaten der EWG[211] einerseits und den EFTA-Mitgliedsländern andererseits nach mehrjährigen Verhandlungen im Jahre 1992 zum Abschluß eines Abkommens über die Schaffung eines einheitlichen "*Europäischen Wirtschaftsraums*" (EWR), das zum 1.1.1994 in Kraft trat. Dieses Abkommen sah eine Ausdehnung der verschiedenen Freizügigkeitsregeln des EWG-Vertrages (Freiheit des Waren[212]- und Dienstleistungsverkehrs, Freiheit der Bewegung für Arbeitskräfte und Kapital, siehe dazu näher unten, Kapitel 82) auch auf den Wirtschaftsverkehr zwischen den Mitgliedsländern der EWG einerseits und denen der EFTA andererseits vor. Im Gegensatz zu einem echten Beitritt akzeptierten damit die EFTA-Staaten die wichtigsten Regelungen des EWG-Vertrages einschließlich der von den Organen der EG erlassenen sogenannten "*Sekundärgesetzgebung*" der Gemeinschaft als auch für sich verbindlich, ohne jedoch an der Entscheidungsfindung dieser Organe beteiligt zu sein.

Damit war eine in ihrer Intensität abgestufte europäischen Zusammenarbeit entstanden, deren Kern die Mitgliedsstaaten der Europäischen Gemeinschaft bildeten, um die herum sich als eine Art "Äußerer Ring" die Staaten der EFTA gruppierten. Diesem "Äußeren Ring" war nach dem ursprünglichen Konzept zudem mittelfristig die Funktion zugedacht, die neuerdings ebenfalls mit Macht in die EG drängenden Länder Osteuropas aufzunehmen, ohne diesen gleich die Vollmitgliedschaft in der Gemeinschaft selbst zuzugestehen[213].

---

[211] zur Frage der Kompetenz der Gemeinschaft im Verhältnis ihrer einzelnen Mitgliedsstaaten zum Abschluß derartiger Vertrage vgl. unten, Kapitel 66.

[212] Hinsichtlich der Freiheit des Warenverkehrs sieht der EWR-Vertrag gegenüber dem eigentlichen EWG-Vertrag jedoch eine entscheidende Einschränkung vor: die Warenverkehrsfreiheit im Handelsverkehr zwischen EFTA und EWG beschränkt sich nur auf Waren mit Ursprung in einem der Mitgliedsstaaten des EWR. Damit bleibt insbesondere die Notwendigkeit von Grenzkontrollen an allen Außengrenzen eines oder zu einem EFTA-Land(-es) bestehen, da zunächst festgestellt werden muß, wo die importierten Waren produziert worden sind, bevor über ihre zollrechtliche Behandlung durch den Einfuhrstaat entschieden werden kann. Damit entfällt bei diesem EFTA-EWG Handelsverkehr einer der wesentlichen Vorteile eines echten Binnenmarktes, siehe Pedersen, *Die EFTA-Staaten und der Europäische Wirtschaftsraum*, in: *Jahrbuch der Europäischen Integration* 1991/92, S. 397).

[213] *Pedersen,* aaO.

EEC[213]. However, the history of the EEA was to be a short one. While it was hailed by many as the largest free trade area in the world, consisting of 360 million consumers[214], it never achieved the importance expected. For this two contradictory tendencies were responsible:

II) Switzerland: Accession to the EEA declined by Referendum

On the one hand the people of Switzerland felt that the loss of sovereignty entailed in the EEA-treaty went too far. Therefore in a referendum they ultimately turned down their government's proposal that Switzerland accede to this new entity.

III) Austria, Finland and Sweden: Accession to the European Community

In contrast to Switzerland, the development in most of the other former EFTA-states took exactly the opposite direction. These countries felt the status reserved for them under the EEA-agreement to be unsatisfactory[215]. Therefore they aspired to full membership in the EEC itself which they indeed obtained only 12 months later, on January 1st, 1995 (cf. ch. 54, infra).

In earlier times, both Austria and Finland had always felt inhibited from snuggling up in this way to the Western countries, due to the special relationships both of them fostered with the Soviet Union. These resulted from treaties imposed upon them by the USSR in the wake of the war and obligated them to always maintain a *"sympathetic neutrality"* towards it[216]. This special status had widely been interpreted as prohibiting them from joining any organisation that was as decidedly "Western" as the EEC. With the demise of the Soviet Union, however, these anxieties dissipated.

---

[213] *Pedersen*, ibid..

[214] EuZW 94, p. 67 and EuZW 95, p. 338.

[215] *Pedersen*, ibid., p. 396.

[216] In the case of Finland this obligation was nailed down in a military assistance pact between it and the Soviet Union of 1948, and in a trade agreement of 1950. In Austria, the onerous clause had been inserted in the 1955 *"State Treaty"* in which the four victorious powers returned to Austria its sovereignty in exchange for its pledge to continuous neutrality.

Indes, der vielerorts zunächst als einer der gewaltigsten Freihandelsräume mit über 360 Millionen Verbrauchern geradezu enthusiastisch begrüßte[214] Europäische Wirtschaftsraum war nicht dazu bestimmt, die ihm ursprünglich zugedachte Bedeutung wirklich zu erlangen. Das lag an zwei einander entgegengesetzten Tendenzen, die für das Konzept des EWR jedoch beide ganz ähnlich Konsequenzen nach sich zogen:

II) Schweiz: Ablehnung des EWR-Abkommens durch Volksabstimmung

Auf der einen Seite ging der Schweizer Bevölkerung die in dem EWR-Abkommen vorgesehene Kooperation und der damit verbundene Verlust an eigener Souveränität offensichtlich zu weit. Entgegen der Empfehlung ihrer Regierung lehnte sie deshalb den Beitritt der Schweiz zu diesem Abkommen mittels eines entsprechenden Volksentscheides ab.

III) Österreich, Finnland und Schweden: Beitritt zur Europäischen Gemeinschaft

Genau die umgekehrte Entwicklung zeigte sich dagegen bei den meisten der übrigen ehemaligen EFTA-Staaten. Im Gegensatz zur Schweiz ratifizierten sie zwar das EWR-Abkommen, doch empfanden sie den Status, der ihnen als Nicht-Mitgliedsstaaten der EG unter diesem Abkommen zugedacht war, als unbefriedigend[215]. Parallel zu ihrem Beitritt zum EWR strebten deshalb Österreich, Finnland, Schweden und Norwegen ihre Vollmitgliedschaft in der EG selbst an, die alle drei zunächst genannten Staaten auch bereits 12 Monate später, mit Wirkung zum 1.1. 1995.

Aufgrund ihres jeweils speziellen Verhältnisses zur Sowjetunion, das beide zu einer freundlichen Neutralität dieser gegenüber verpflichtete[216], hatten sich bis dahin beide an einem Beitritt zu so eindeutig west-orientierten Organisationen wie NATO und EWG gehindert gesehen. Diese Bedenken waren mir der Auflösung der Sowjetunion obsolet geworden.

---

[214] EuZW 94, 67 und EuZW 95, S. 338.

[215] *Pedersen*, aaO, S. 396.

[216] Finnland aufgrund des ihm von der siegreichen Sowjetunion 1948 abgetrotzten militärischen Beistandspakts und eines 1950 abgeschlossenen Handelsabkommens und Österreich aufgrund des Staatsvertrages von 1955, der es zu einer besonders "freundlichen" Neutralität gegenüber der Sowjetunion verpflichtet.

IV) The Only Remaining EFTA-members: Norway, Iceland and Liechtenstein

Not so Norway which once again went its own way. In contrast to Switzerland, this country did ratify the EEA-treaty but subsequently rejected accession to the EEC itself, just as it had done in 1972 (cf. ch. 46, supra). Thus Norway – together with tiny Iceland and Liechtenstein[217] – today is the only country whose relationship with the EEC is determined by the EEA-treaty, which otherwise became obsolete after only a year.

Chapter 54: 1.1.1995: The Fifth, and Last (so far) Territorial Enlargement of the Community

The accession to the EEC of Austria, Finland and Sweden just described constitutes the fifth and final (so far) expansion of the EC.

Chapter 55: Outlook: Candidates for Future Accession

I) Turkey

Of all candidates for a further enlargement of the Community, Turkey is by far the "oldest": the possibility of eventual* membership had been held out to this country since 1963, in an association treaty then concluded between it and the EEC[218]. However, afterwards, for various reasons, not least because of Greek obstinacy, making good on this promise had until very recently never been seriously discussed. Instead, as partial compensation for disappointed Turkish expectations, in 1994 the relationship between Turkey and the EC was greatly intensified by an additional treaty[219] that turned the existing association into a proper customs union. In this agree-

---

[217] Cf. *Pedersen, "Die EFTA-Staaten...",* in: JB 92/93, p. 379.

* However, no concrete date was given as to when that accession would occur.

[218] Treaty of Association between the EEC and Turkey, (64/733/EEC), O.J. EC. 1964, p. 2687.

[219] In force since 1.1.1996, cf. *Ixt,* JB 95/96, p. 393 for details.

IV) Einzig verbleibende EFTA-Mitgliedsstaaten: Norwegen, Island und Liechtenstein

Anders Norwegen, das auch hier wieder eine besondere Rolle spielt: im Gegensatz zur Schweiz ratifizierte dieses Land zwar das Abkommen über den Europäischen Wirtschaftsraum, lehnte dann aber - wie schon einmal im Jahre 1972! (vgl. oben, Kapitel 46) - per Volksentscheid den von seiner Regierung beantragten Beitritt des Landes zur eigentlichen EWG ab.

Damit ist Norwegen - zusammen mit dem kleinen Island und mit Liechtenstein[217] - heute das einzige Land, dessen Verhältnis zur EG sich nach dem EWR-Abkommen bestimmt, das für die übrigen Mitgliedsstaaten bereits ein Jahr nach seinem Inkrafttreten schon wieder obsolet geworden ist.

Kapitel 54: 1.1.1995: Fünfte und bisher letzte geographische Erweiterung der Gemeinschaft: Beitritt Österreichs, Finnlands und Schwedens zur EG

Wie bereits dargestellt, bildete der Beitritt Österreichs, Finnlands und Schwedens deren fünfte und bisher letzte geographische Erweiterung

Kapitel 55: Ausblick: Weitere Beitrittskandidaten

I) Türkei

Von allen überhaupt diskutierten weiteren Beitrittskandidaten zur Europäischen Union ist die Türkei der bei weitem älteste: schon in dem bereits 1963 mit ihr abgeschlossenen Assoziationsabkommen[218] hatte man ihr - allerdings ohne festen Zeithorizont - einen späteren Beitritt zur (damaligen) EWG ausdrücklich in Aussicht gestellt. Dieses Versprechen ist allerdings derzeit stark in den Hintergrund getreten und es erscheint mehr als unwahrscheinlich, daß die Türkei entsprechend ihrem "zeitlichen Vorsprung" bei der Kandidatur für einen Beitritt bei den nächsten Erweiterungen der Gemeinschaft berücksichtigt werden wird.

Als eine gewisse Kompensation für die insoweit enttäuschten Erwartungen der Türkei wurde aber die bereits bestehende Assoziierung durch ein wei-

---

[217] Siehe dazu *Pedersen, Die EFTA-Staaten...*, in: JB 92/93, S. 379.

[218] Abkommen zur Gründung einer Assoziation zwischen der Europäischen Wirtschaftsgemeinschaft und der Türkei, (64/733/EWG), ABl. EG 1964, S. 2687).

ment Turkey has adopted the EC's foreign trade policy including its external tariffs. In return, Turkish industrial products are granted tariff-free access to the EC-market[220].

However, on the occasion of the EC's Helsinki summit of December 1999, Turkey was at long last offered and accepted - along with various Eastern European countries - the status of an *official* candidate for accession. Still, not even then was a definite date set for that event and it is expected that full Turkish membership will not materialise for at least another decade[221].

II) Eastern Europe and the Member-States of the CIS

While originally only a few Eastern European countries had been accepted by the EC-Commission as official candidates for membership[222], at the Helsinki summit mentioned above this list was considerably extended and now includes virtually all European countries of the former Soviet bloc[223].

In contrast, membership for the countries forming the *"Community of Independent States"*[224] is not being seriously considered for the near future.[225].

III) The EEC's Mediterranean Neighbours

In the face of the dramatic changes still under way in Eastern Europe, the West Europeans, particularly those *north* of the Alps, have tended to neglect the developments on their Southern flank[226], even though these are hardly less dramatic. Thus, from this region only Cyprus and tiny Malta are presently on the list of official candidates for membership.

Still, it is virtually certain that this region, with its tremendous population

---

[220] Cf. *Axt*, JB 94/95, p. 391.

[221] *"The Economist"* of Dec.,18th, 1999, p. 25.

[222] These were Estonia, Poland, the Czech Republic, Hungary and Slovenia.

[223] Slovakia, Latvia, Lithuania, Romania were added to the existing list (see preceding footnote).

[224] (CIS, i.e., most of the former republics of the dissolved Soviet Union)

[225] *Weidenfeld, Werner*, JB 95/96, p. 15, and *Lippert, Barbara*, JB 93/94, p. 254; *"The Economist"*, of Dec. 18th., 1999, p. 25.

[226] *Weidenfeld, Werner*, JB 94/95, p. 1.

teres Abkommen erst kürzlich[219] zu einer echten Zollunion zwischen der Türkei und der EG ausgebaut. Danach übernimmt die Türkei die Außenhandelspolitik einschließlich der Außenzolltarife der EG und erhält für ihre Industrieprodukte im Gegenzug dafür einen völlig zollfreien Zugang zu deren gesamten Markt[220].

Anläßlich des Gipfeltreffens der EG-Staaten in Helsinki im Dezember 1999 wurde nach jahrelangem Zögern der Türkei dann allerdings endlich doch noch der Status eines offiziellen Beitrittskandidaten angeboten, den diese annahm. Ein konkretes Beitrittsdatum wurde dabei allerdings nicht vereinbart und ein Beitritt der Türkei wird jedenfalls für das kommende Jahrzehnt allgemein nicht erwartet[221].

II) Die Staaten Osteuropas und die Mitgliedsländer der GUS

Ursprünglich hatte die EG-Kommission zunächst nur bestimmte Länder Osteuropas[222] als offizielle Kandidaten für eine geplante Osterweiterung der EG vorgesehen, doch wurde diese Beschränkung ebenfalls auf dem Gipfel von Helsinki weitgehend aufgegeben. Seither wurde dieser Status nahezu allen ehemaligen Ostblockstaaten[223] zuerkannt.

Im Gegensatz dazu kommt eine Aufnahme der sogenannten GUS[224]-Staaten nach nahezu einhelliger Auffassung in absehbarer Zukunft nicht in Betracht[225].

III) Die Mittelmeer-Anrainerstaaten

Angesichts all der dramatischen Umwälzungen, die sich zur Zeit in Osteuropa noch immer vollziehen, ist den Westeuropäern, zumal denen nördlich der Alpen, die Entwicklung an ihrer südlichen Flanke etwas aus dem Bewußtsein geraten[226]. Dabei sind die Entwicklungen dort kaum weniger dramatisch als im Osten Europas. Man denke nur an die ungeheure Bevölkerungsexplosion in den *maghreb*-inischen Staaten und die damit einhergehende Verarmung und zugleich Radikalisierung ihrer Bevölkerung sowie an den enormen Einwanderungsdruck, der dadurch für die EG be-

---

[219] Zum 1.1.1996, dazu *Axt*, JB 94/95, S. 391 und JB 95/96, S. 393.).

[220] Cf. *Axt*, JB 94/95, p. 391.

[221] *"The Economist"* of Dec.,18th, 1999, p. 25.

[222] Nämlich Estland, Polen, die Tschechische Republik, Ungarn und Slowenien.

[223] Dazu kamen zusätzlich hinzu die Slowakei, Lettland, Litauen und Rumänien.

[224] Gemeinschaft unabhängiger Staaten.

[225] (*Weidenfeld, Werner*, JB 95/96, S. 15, und *Lippert, Barbara*, JB 93/94, S. 254; *"The Economist"* vom 18. 12. 1999, S. 25.

[226] (*Weidenfeld, Werner*, JB 94/95, S. 1.)

explosion, is bound to create major problems[227] - not least of immigration - for its Northern neighbours shortly. Thus, at a conference held in Barcelona in November 1995[228], the EC at long last turned its attention to this region and its problems by launching various initiatives for reinforced cooperation with these countries. However, at least at present, membership for any of them is not on the agenda.

Chapter 56: Current Status: The *"European Union"* (EU) and its Relationship to the *"European (Economic) Community"*

I) Overview

The *"European Union"* was founded by the *Treaty of Maastricht* of February 7th, 1992. It is comprised of exactly the same member-states as the former European Economic Community.

Nevertheless – in spite of widespread opinion to the contrary - this treaty has by no means abolished the (former) E(E)C and/or fully replaced it by the "European Union". Nor is it correct always and without any differentiation to speak of the "European Union" as the only entity that may be acting in the collective interest of the (former) member-states of the E(E)C. Such undifferentiated references become particularly critical whenever economic activities are concerned (about this more in a moment!).

On the other hand, it does hold true that the "European Union" was indeed established by the Treaty of Maastricht, and that its competence reaches considerably further than that of the (former) E(E)C. In addition to the fields of economics and trade covered equally by both organisations, the European Union is also in charge of its members' cooperation in many non-economic areas. Among these are, in particular, foreign and defence policy, the systems of justice and internal security. With regard to economics the Union Treaty has not only brought the introduction of a unified, supranational currency (viz., the *"Euro"*), but also a supranational central bank, the *"European Central Bank"* (ECB) situated in Frankfurt/M. (cf. ch. 72, below).

Nevertheless the European Union and the European Community are neither identical nor was the latter abolished or replaced by the EU. On the contrary: the Treaty of the Union not only *created the EU* but at the same time also considerably *widened* the *competence of the (former) European*

---

[227] *Behrendt, Sven*, JB 95/96, p. 247.
[228] *Behrendt, Sven*, ibid., p. 248.

reits besteht und noch viel mehr zu erwarten ist[227]. Um den aus diesen Entwicklungen drohenden Gefahren möglichst frühzeitig und effektiv zu begegnen, hat die EG - insbesondere auf einer Konferenz in Barcelona im November 1995[228] - auch in dieser Richtung verschiedene Initiativen zu einer verstärkten Zusammenarbeit mit den betroffenen Ländern ergriffen.

Eine tatsächliche Mitgliedschaft weiterer Mittelmeerländer wird indes gegenwärtig nur für zwei kleine Inselstaaten ernsthaft diskutiert: *Malta* und *Zypern*.

Kapitel 56: Gegenwärtiger Stand: Die "Europäische Union" (EU) und ihr Verhältnis zur Europäischen (Wirtschafts-) Gemeinschaft

I) Überblick

Die durch den sogenannten Unionsvertrag von Maastricht vom 7. Februar 1992 neu gegründete *"Europäische Union"* umfaßt genau den gleichen Bestand an Mitgliedsstaaten wie die (ehemalige) Europäische (Wirtschafts-) Gemeinschaft. Dennoch hat diese Vertrag - entgegen einer weitverbreiteten Überzeugung - die (ehemalige) E(W)G keineswegs abgeschafft und durch die *"Europäische Union"* ersetzt. Auch ist es zumindest ungenau, wenn heute - wie meist - (auch) bei rein wirtschaftlichen Fragestellungen undifferenziert nur noch von der *"Europäischen Union"* als dem für die Mitgliedsstaaten der früheren Europäischen Wirtschaftsgemeinschaft allein handelnden Akteur die Rede ist.

Richtig ist dagegen, daß durch den Vertrag von Maastricht die *"Europäische Union"* neu gegründet wurde und daß deren Zuständigkeit viel weiter geht als die der (ehemaligen) EWG. Neben dem Bereich Wirtschaft und Handel, den sie ebenso abdeckt wie diese, ist die Europäische Union nämlich auch noch für die Zusammenarbeit der Mitgliedsstaaten auf vielen anderen, nicht-wirtschaftlichen, Bereichen zuständig. Das sind insbesondere die Außen- und Sicherheitspolitik, Justiz und Inneres. Im eigentlichen wirtschaftlichen Bereich hat der Unionsvertrag den beteiligten Ländern außerdem eine einheitliche, übernationale Währung (nämlich den kürzlich eingeführten *"Euro"*) sowie eine übernationale gemeinsame Zentralbank (die Europäische Zentralbank, EZB, mit Sitz in Frankfurt) gebracht.

Dennoch sind Europäische Union und Europäische Gemeinschaft weder identisch, noch wurde letztere durch die EU aufgehoben oder ersetzt. Im Gegenteil: durch den Unionsvertrag wurde (auch) die Kompetenz der

---

[227] *Behrendt, Sven*, JB 95/96, S. 247
[228] *Behrendt, Sven*, JB 95/96, S. 248.

(Economic) Community. For one thing, the development of the Community towards an ever closer *economic* integration that had been initiated by the European Single Act (EEA) in 1987 (cf. ch. 50, above) was carried even further by the Union Treaty. That is to say that

1) the Community's competence relative to its members was again increased;

2) its efficiency was improved by increasing the number of areas where decisions could be taken by (qualified) majority vote rather than unanimously; and

3) the authority of the European Parliament as compared to the other organs of the Community was once more reinforced.

4) However, the most important novelty by far was certainly the above mentioned introduction of the Euro and the establishment of the European Central Bank, all of which were assigned to the realm of the E(E)C (for details cf. ch. 72, below).

5) Finally, through this treaty the former European *Economic* Community was rechristened into the much simpler *"European Community"*. So this body finally officially received the name by which it had been known to most Europeans for many years already anyway.

II) Relationship of European Union and European Community

Of the two organisations it is the European Union which possesses the more encompassing authority comprising, besides all fields covered by the EC, all the other non-economic fields listed above as well. The resulting conflict of competence is solved simply through the European Union's not directly getting engaged in the area of trade & economics but acting there through the EC (cf. art. 1 par. 3 Union Treaty in the Amsterdam version).

On the other hand, in the area where it *does* have power, the EC's authority over the member-states extends much farther than does that of the EU in the fields where it alone has competence. So the EC alone possesses organs - e.g., the EC-Commission and the European Council - through which it can enact binding regulations. Accordingly, only the EC (but not the European Union) has certain state-like characteristics, while the EU is relegated to the status of an international treaty. This treaty, it is true, does create certain institutions providing a framework for the signatories to co-operate. Alàs, this framework is only that: a framework, and it is only the

ehemaligen Europäischen (Wirtschafts-) Gemeinschaft sogar in vieler Hinsicht nochmals ebenfalls erweitert: zum einen wird die Entwicklung, die die Gemeinschaft bereits durch die *Einheitliche Europäische Akte* (EEA) von 1987 genommen hat, durch den Unionsvertrag konsequent weitergeführt. Das heißt,

1) die Kompetenz der Gemeinschaft im Verhältnis zu den Mitgliedsstaaten wurde nochmals erheblich erweitert,

2) ihre Schlagkraft durch die vermehrte Einführung des (qualifizierten) Mehrheits- statt des Einstimmigkeitsprinzips im Rat (zum Rat, siehe unten, Kapitel 59) nochmals wesentlich gestärkt, und auch

3) die Befugnisse des Europäischen Parlaments im Verhältnis zu den anderen Organen der Gemeinschaft wurden ebenfalls noch einmal vergrößert.

4) Die bei weitem wichtigste Neuerung dürfte aber die bereits erwähnte Einführung des Euro und der Europäischen Zentralbank darstellen, die beide ebenfalls der Europäischen (Wirtschafts-) Gemeinschaft anvertraut wurden (Näheres dazu unten, Kapitel 72).

5) Schließlich bleibt noch eine letzte, mehr semantische Änderung zu erwähnen, die der Unionsvertrag für die bisherige Europäische (Wirtschafts-) Gemeinschaft gebracht hat: durch ihn wurde nämlich die bisherige EWG in das kürzere ”*Europäische Gemeinschaft*” umgetauft. Damit erhielt sie endlich auch offiziell den Namen, den sie in der alltäglichen Umgangssprache ohnehin längst angenommen hatte.

II) Gegenseitiges Verhältnis von Europäischer Union und Europäischer Gemeinschaft

Die Europäische Union besitzt die bei weitem umfassendere Zuständigkeit der beiden Organisationen. Sie ist nämlich nicht nur für genau die gleichen Bereiche zuständig wie die EG sondern darüber hinaus auch noch für die zahlreichen oben aufgezählten Bereiche außerhalb der eigentlichen Wirtschaft. Dabei wird der Kompetenzkonflikt, der sich aus der gemeinsamen Zuständigkeit beider Organisationen im Bereich der Wirtschaft ergibt, einfach dadurch gelöst, daß die EU in diesem Bereich nicht selbst tätig wird, sondern sich insoweit der EG bedient* (vgl. Art. 1 Abs. 3 Unionsvertrag in der Fassung von Amsterdam). Da - wie wir noch sehen werden - die Gemeinschaft gegenüber den Mitgliedsstaaten erhebliche Kompetenzen besitzt, so etwa die Befugnis, Gesetze zu erlassen, die nicht nur ihre Mitgliedsstaaten binden sondern ggf. auch unmittelbar die Bürger dieser Mitgliedsstaaten selbst verpflichten, ist es auch keineswegs bedeutungslos, ob im Einzelfall die Europäische Gemeinschaft oder die Europäische Union tätig werden. Die Europäische Union nämlich verfügt keineswegs über

---

* (insoweit ist also die Behauptung, die EU sei auch im rein wirtschaftlichen Bereich zuständig, grundsätzlich richtig, wenngleich sie hier nur mittelbar, nämlich mittels der Europäischen Gemeinschaft, tätig wird. Diese Feinheit ist aber gerade denjenigen, die auch im rein wirtschaftlichen Bereich undifferenziert von der EU und ihren (angeblichen) Aktivitäten sprechen, meist nicht bewußt).

member-states that are the ultimate actors there, not "The Union" nor its - non-existing - organs. This has considerable repercussions on the way decisions are taken and enforced: as stated before, it is only the EC that can take (certain) decisions by majority rather than unanimity. Also, decisions and laws of the EC can be independently carried out and enforced by its organs. In contrast, for the same purpose, the EU for all this depends on the cooperation of the members.

III) Treaties of Schengen, Dublin and Amsterdam

1) June 19th, 1990, and June 26th, 1996: Schengen and Dublin

Through the Treaties of Schengen and Dublin the responsibilities of the European Union were once more expanded. This concerned two entirely different areas:

First, the *Treaty of Schengen* provided for the abolition of all passport controls at the internal borders of the Community. It thereby made it possible for the first time to do without any border controls altogether, after the need for the inspection of goods crossing those borders had already been removed (see ch. 50 above).
Second, the Treaty of Dublin led to a certain harmonisation of asylum procedures (albeit not of their substantive asylum laws) of the participating states.

Both these developments, it is true, occurred originally outside the framework of the EC-treaty or the Union Treaty through ordinary international agreements concluded among most (although not all) EU states. Meanwhile, however, their provisions were fully incorporated into the Union Treaty when it was revised, updated and reorganised through the

2) Treaty of Amsterdam

of **October 2nd, 1997**, and effective since **May 1st, 1999**.

Apart from these incorporations the contribution of the Amsterdam agreement consisted of thoroughly reorganising the Union Treaty, renumbering its provisions and amending the EC-Treaty at the same time. The latter had become rather chaotic and almost incomprehensible, due to innumerable amendments.

In accordance with the object of this book we shall from now on concentrate on the **EC-Treaty** alone.

vergleichbare Kompetenzen. Auch   verfügt sie nicht - wie die Gemeinschaft - über eigene Organe, mit denen sie solches Recht setzen oder
seine Durchführung bzw. Beachtung kontrollieren könnte. Damit verfügt sie
nicht - wie die EG - über eine eigene, quasi-(bundes-)staatliche Qualität
sondern ist nichts weiter als ein reiner völkerrechtlicher Vertrag. Zwar
schafft auch dieser Vertrag gemeinsame Institutionen, in deren Rahmen
sich die Zusammenarbeit der Mitgliedsstaaten in den außerwirtschaftlichen
Bereichen vollzieht. Diese Institutionen sind aber im Rahmen der EU eben
nur das: ein institutioneller Rahmen: Handelnde sind hier letztlich allein die
Mitgliedsstaaten bzw. deren Vertreter, nicht die Union als solche bzw. ihre
(nicht) vorhandenen Organe. Das hat erhebliche Auswirkungen nicht nur
auf die Art und Weise der Durchführung von entsprechenden Beschlüssen,
sondern insbesondere auch auf die Entscheidungsfindung: nur im Rahmen
der Europäischen Gemeinschaft können etwa Beschlüsse per Mehrheit
gefunden werden, während Beschlüsse der EU immer nur diejenigen Mitgliedsstaaten binden können, die ihnen jeweils zustimmen.

III) Ergänzung der Ergebnisse von Maastricht durch die Ab-
kommen von Schengen, Dublin und Amsterdam

1) 19.6.90 und 27.9.96 Die Abkommen von Schengen und
Dublin

Durch die Abkommen von Schengen und Dublin wurde der Zuständig-
keitsbereich der Europäischen Union nochmals in zweierlei Hinsicht erweitert: durch das Schengener Abkommen wurden die Personenkontrollen
an den Grenzen zwischen den Mitgliedsstaaten abgeschafft. Zusammen
mit der oben (Kapitel 50) bereits dargestellten Harmonisierung des europäischen Mehrwertsteuersystems durch die Binnenmarktrichtlinie vom
1.1.1993 wurde es somit erstmals möglich, an diesen Grenzen auf jegliche
Kontrollen überhaupt zu verzichten und die Kontrollstationen somit volll-
ständig abzuschaffen. Dies ist zwischen verschiedenen Mitgliedsstaaten,
namentlich zwischen Deutschland und Frankreich, zwischenzeitlich auch
weitgehend umgesetzt.
Das Abkommen von Dublin führte zu einer gewissen Harmonisierung des
Asylverfahrens der beteiligten Staaten.

Zwar erfolgten diese beiden Harmonisierungen zunächst nicht unmittelbar
im Rahmen des EG (bzw. Unions-) Vertrages, sondern auf dem Wege
eigener völkerrechtlicher Abkommen, die die jeweils beteiligten Staaten
über die betreffenden Sachgebiete parallel und neben EG- und EU-Vertrag
miteinander abschlossen, doch sind sie mittlerweile durch den Vertrag von
Amsterdam (im jeweiligen Regelungsumfang von Schengen bzw. Dublin)
ebenfalls voll in den Zuständigkeitskatalog der Union mitaufgenommen.

Zu erwähnen bleibt an dieser Stelle somit nur noch der

2) 2.10.1997: Vertrag von Amsterdam

PART 7: THE EUROPEAN ECONOMIC COMMUNITY TODAY - ITS EXECUTIVE AND LEGISLATIVE ORGANS

Chapter 57: Overview

The three most prominent institutions of the European Community are the *"European Commission"*[229], the *"European Council"*, and the *"European Parliament"*. All three bodies have different tasks. They also represent different interests.

Quite different from ordinary state constitutions the EC Treaty does not clearly assign the three powers - legislative, executive and judicial - that are distinguished by the classic doctrine of the separation of powers to any one of the various organs disposed of by the EC. Rather, with the exception of the judicial power which is vested exclusively with the European Court of Justice (cf. ch. 68, infra), all three organs we shall be dealing with in the following three chapters are somehow involved in the law-making (legislative) process while in addition both the Commission and the Council share in the tasks usually designated as "executive".

Furthermore, a so-called *"Economic and Social Committee"*, is assigned a certain advisory role vis-à-vis the other three legislative or executive organs, Arts. 257, 262 ECT[230].

---

[229] (more precisely still: the *"Commission of the European Community"*.)

[230] we'll use the current numbering as contained in the Treaty's Amsterdam version in force since May 1999 throughout this book unless otherwise indicated.

Von einigen Kleinigkeiten abgesehen hatte dieses Abkommen im wesentlichen eine gründliche redaktionelle Überarbeitung des Unionsvertrages zum Gegenstand. Dieser, und insbesondere der in den Unionsvertrag eingebettete EG-Vertrag, war nämlich durch die zahlreichen Einfügungen und Ergänzungen, insbesondere seit der Einheitlichen Europäischen Akte von 1987, ausgesprochen unübersichtlich geworden.

Entsprechend der Zielsetzung dieses Buches soll uns aus dem breiten Rahmen der soeben skizzierten "europäischen" Zuständigkeiten auch hier im wesentlichen nur der "wirtschaftliche Teil" des durch Maastricht und Amsterdam begründeten Unionsvertrages näher interessieren. Dies aber ist nach dem oben Gesagten nichts anderes als der

Vertrag über die Europäische Gemeinschaft (EG-Vertrag).

Allein diesen gilt es deshalb im folgenden näher zu beleuchten:

TEIL 7: DIE EUROPÄISCHE WIRTSCHAFTSGEMEINSCHAFT HEUTE: IHRE EXEKUTIVEN UND LEGISLATIVEN ORGANE

Kapitel 57 Überblick

Die drei mit Abstand bekanntesten Institutionen der Europäischen Gemeinschaft sind die *"Europäische Kommission"*[229], der *"Rat"* und das *"Europäische Parlament"*. Sie alle haben unterschiedliche Aufgaben und vertreten unterschiedliche Interessen.

Anders als Staatsverfassungen herkömmlicher Art teilt der EG-Vertrag die drei von der Gewaltenteilungslehre her bekannten Befugnisse der Gesetzgebung sowie der Exekutive nicht eindeutig jeweils nur einem dieser Organe zu. Vielmehr sind beide in unterschiedlichem Umfang auf Kommission und Rat aufgeteilt, während an der Gesetzgebung zusätzlich noch das Europäische Parlament beteiligt ist. Lediglich die rechtsprechende Gewalt ist klar nur einem Organ zugeordnet: dem Europäischen Gerichtshof.

Bei Gesetzgebung sowie Exekutive spielt schließlich noch eine weitere Institution eine gewisse beratende Rolle: der *"Wirtschafts- und Sozialausschuß"* gem. Artt. 257, 262 EGV[230].

---

[229] Formal ganz genau: die *"Kommission der Europäischen Gemeinschaft"*.

[230] Außer wo dies eigens vermerkt ist, wird durchgehend die neue Numerierung der Artikel verwandt, so, wie sie seit dem Amsterdamer Vertrag in Kraft ist.

Chapter 58: The Commission of the European Community

Probably the best known of these institutions is the Commission of the European Community (cf. Arts. 211 ff. ECT). It is the EC's most characteristic organ and has often been its most active engine for further integration. Since the Community's enlargement in 1995 it consists of its president plus nineteen additional commissioners. Of these 20 members, the larger member-states name two and the smaller ones one each. The term of office of all commissioners - like that of the European Parliament - is presently five years.

The president is appointed first – by consensus among the members' governments, to be confirmed by the European Parliament (Art. 214 ECT). Subsequently the remaining 19 commissioners are appointed by these governments, but subject to the consent of its president. Once appointed, all commissioners, including the president, are wholly independent of any directions from their governments and are obligated to act in the interest of the Community.

The tasks of the Commission are laid down in Article 211 ECT. For one thing, it is charged with making sure that the decisions and laws passed by the Community are properly executed (executive power), but is also involved in the Community's lawmaking process. Here, both the scope of its involvement as well as the extent of its power vary greatly, depending on the kind of decision or law at issue.

The seat of the Commission is Brussels.

Chapter 59: The Council of the European Community

The second important organ of the Community is the *"Council of the European Community"* (Arts. 202 ff. ECT). It, too, is situated in Brussels. As the Council is the body where the EC governments are represented, it can to a certain extent be compared to the German *Bundesrat* (*"Federal Council"*) and to the U.S. Senate. Unlike the German Länder (the constituting states) in the Bundesrat, but like the American states in the U.S. Senate, within the Council the member-states all have equal votes without regard to the differences in population. As the powers of the Council within the Community are quite considerable, this leads to a marked over-representation of

Kapitel 58: Die Kommission der Europäischen Gemeinschaft

Das wohl bekannteste von ihnen ist die *Kommission* der Europäischen Gemeinschaften (vgl. dazu Artt. 211 EG-V). Sie ist das ureigene Organ und der eigentliche "Motor" der Gemeinschaft. Seit der jüngsten Erweiterung der EG besteht sie neben ihrem Präsidenten aus zur Zeit 19 (weiteren) Kommissaren. Von diesen insgesamt 20 Mitgliedern der Kommission stammen zur Zeit je zwei aus den größeren und je einer aus den kleineren Mitgliedsstaaten. Die Amtszeit sämtlicher Kommissare einschließlich des Präsidenten beträgt wie die des Europäischen Parlaments fünf Jahre. Dabei wird zunächst der Präsident ernannt - das geschieht einvernehmlich durch die Regierungen der verschiedenen Mitgliedsstaaten und muß vom Europäischen Parlament bestätigt werden (Art. 214 EG-V). Anschließend ernennen die Regierungen der Mitgliedsstaaten – aber im Einvernehmen mit dem bereits ernannten und vom Europäischen Parlament bestätigten - Präsidenten der Kommission die übrigen 19 Kommissare. Einmal gewählt, sind sämtliche Kommissare einschließlich des Präsidenten von irgendwelchen Weisungen der Regierungen der Mitgliedsländer vollständig unabhängig und allein der Gemeinschaft gegenüber für ihr Handeln verantwortlich. Das gilt insbesondere auch im Verhältnis zu der Regierung des Mitgliedslandes, dem sie selbst angehören bzw. das sie entsandt hat.

Ihre Aufgaben ergeben sich im einzelnen aus Artikel 211 EGV: Je nach Sachbereich ist sie in größerem oder geringeren Umfang sowohl an der Gesetzgebung wie auch an der Umsetzung dieser Gesetze beteiligt.

Der - vorläufige - Sitz der Kommission ist Brüssel.

Kapitel 59: Der Rat der Europäischen Gemeinschaft

Das zweite wichtige Organ der Gemeinschaft ist der *Rat* der Europäischen Gemeinschaften (Artt. 202 ff EG-V), dessen Sitz ebenfalls Brüssel ist. Ähnlich wie der deutsche Bundesrat als Organ der einzelnen Bundesländer deren Interessen auf der Bundesebene vertritt, so stellt auch der Rat die Vertretung der einzelnen Mitgliedsstaaten in der Gemeinschaft dar. Allerdings verfügt der Rat gegenüber den anderen Organen der Gemeinschaft, insbesondere gegenüber dem Europäischen Parlament, aber auch im Verhältnis zur Europäischen Kommission, bei der Gesetzgebung der Gemeinschaft über eine erheblich stärkere Stellung, als sie der Bundesrat bei der Bundesgesetzgebung in Bonn innehat. Das aber ist lediglich die logische Konsequenz aus der erheblich größeren Selbständigkeit und Unabhängigkeit, die die Mitgliedsstaaten der EG gegenüber "ihrer" Zentral"regierung" in Brüssel im Vergleich zu der Stellung genießen, die die deutschen Bundesländer gegenüber der deutschen Bundesregierung in Bonn besitzen. Ein weiterer Unterschied zwischen dem deutschen Bundesrat und dem Rat der Europäischen Gemeinschaft - zugleich aber eine Gemeinsamkeit mit

the smaller countries within the Community as compared to the larger ones.

Chapter 60: The European Parliament

Of all the organs of the Community, it is the European Parliament that directly represents the peoples[231] of the European Community (Arts. 189 ff. ECT). In spite of this high level of democratic legitimacy, of the three organs considered here it clearly is the least powerful even on its home ground, the field of legislation. On the other hand, its power has steadily grown with each of the reforms of the EC Treaty described above (see ch's 50 and 56, supra).

In contrast to the Council and – to a slightly lesser extent - the Commission, the composition of the European Parliament does take some account of the different populations of the various members, although even here the smaller countries are over-represented. Unlike the Commission and the Council, the Parliament has its seat not in Brussels but in Strasbourg.

Chapter 61: The *"Economic and Social Committee"*

Not as an organ in its own right but as a purely advisory body, the EC Treaty has further established an *"Economic and Social Committee"* which is composed of representatives from all kinds of social groups (churches, trade unions, etc.) from the different countries (cf. Art. 257 ff. ECT).

PART 8: THE DIFFERENT SOURCES OF COMMUNITY LAW

Both the competences and the involvement in the decision-making process of the three organs so far discussed vary greatly depending on **1)** to which field the problem in question belongs, and **2)** what kind of legislative tool is being used to regulate it. It therefore seems sensible at this point to interrupt our systematic exposition of the EC institutions (this will be resumed again in ch. 68) by briefly sketching these various tools and their characteristics.

---

[231] As the envisaged EU-citizenship has not been introduced, there is not yet an "EU-people", but (so far) only a conglomerate of various peoples, viz., those of the member-states.

dem amerikanischen Senat - besteht ferner darin, daß im Rat jeder Mitgliedsstaat unabhängig von seiner relativen Größe und Bedeutung mit nur einer - gleichgewichtigen - Stimme vertreten ist. Das führt natürlich, mehr noch als im Bundesrat, aber ebenso wie im amerikanischen Senat, zu einer erheblichen Unterrepräsentation der Einwohner größeren Mitgliedsstaaten im Vergleich zu den Bewohnern der größeren Staaten.

Kapitel 60: Das Europäische Parlament

Die unmittelbare Vertretung der Völker[231] der Europäischen Gemeinschaft stellt dagegen das *Europäische Parlament* (Artt. 189 ff EG-V) dar. Seine relative Bedeutung im Verhältnis zu den anderen Gemeinschaftsorganen ist durch die Einführung der Direktwahl der Abgeordneten sowie durch die zunehmende Erweiterung seiner Kompetenzen (siehe oben Kapitel 50) ständig gewachsen. Anders als bei der Zusammensetzung des Rates und der Kommission ist hier die Größe und relative Bedeutung der verschiedenen Mitgliedsländer durch eine unterschiedlich große Anzahl von Abgeordneten wenigstens annähernd berücksichtigt. Allerdings ist man auch hier noch weit von dem Prinzip "*one man, one vote*" entfernt, da auch hier die größeren Mitgliedsstaaten im Verhältnis zu ihrer Bevölkerungszahl erheblich unterrepräsentiert sind.

Anders als Kommission und Rat hat das Europäische Parlament seinen Sitz in Straßburg.

Kapitel 61: Der *"Wirtschafts- und Sozialausschuß"*

Kein Organ im eigentlichen Sinne sondern eine Institution mit bloß beratender Funktion stellt der "Wirtschafts- und Sozialausschuß" gemäß Art. 257 ff EGV dar. In etwa vergleichbar mit dem kürzlich abgeschafften Bayerischen Senat sind dort die verschiedensten sozialen Gruppen (Kirchen, Gewerkschaften usw.) vertreten.

TEIL 8: DIE VERSCHIEDENEN QUELLEN DES GEMEINSCHAFTSRECHTS

Da die drei bisher behandelten Organe der EG je nach Sachgebiet und Art der betreffenden Regelung(en) auf unterschiedliche Weise an der Rechtssetzung der Gemeinschaft beteiligt sind, erscheint es sinnvoll, an dieser Stelle zunächst einmal die verschiedenen Arten dieser Rechtssetzung bzw. die verschiedenen Rechtsquellen des EG-Rechts und ihre jeweilige Wirkung vorzustellen, bevor wir in Kapitel 68 mit der Darstellung der übrigen Organe der EG fortfahren.

Because of its eminent and singular importance within the system of Community law, we must begin with its most important document: the EC Treaty itself. It constitutes the basis not only for the very existence of these organs, but also for their legislative powers.

Chapter 62: The EC Treaty

As has already been indicated, the Treaty has the highest rank of all Community law. As such it serves as a quasi-constitution for the EC.

I) Direct Applicability of the EC Treaty

As is already reflected by its name, the EC Treaty is first of all just that: an international - indeed multilateral - treaty concluded among the member-states. It is therefore clear that *they* derive rights from that treaty and are bound by the obligations imposed by it. Take Art. 12 of the Treaty, for example which provides for equal pay for men and women carrying out the same work. Accordingly all member-states are bound by that provision, for instance, with regard to their own employees, the civil service. But can an affected woman in the EC rely on Art. 12 of the Treaty and claim the difference from her employer? This indeed involves two distinct, if closely related questions: First, does the provision of Art. 12 ECT actually confer such an individual right on the woman concerned (even though, obviously, she is not herself a signatory to the Treaty) and, second, can it be assumed that a private employer is bound by this provision? Or, can a merchant who wishes to export his goods to another state of the Community rely on the prohibition of customs duties contained in Art. 25 ECT?

Restricting our attention for the moment only to the *contractual* nature of the EC Treaty we would have to answer all the above questions clearly in the negative. If this were indeed the end of it, effective enforcement of the many economic freedoms contained in the Treaty (see ch. 78, infra) would obviously be greatly impaired. So our merchant would not be able himself to enforce against the importing state the prohibition against setting quotas on such imports (Art. 28 ECT). Instead, he could only turn to his govern-

Dabei ist allerdings aus Gründen der Systematik mit einer - nämlich der allerwichtigsten - Rechtsquelle des EG-Rechts zu beginnen, obwohl diese gerade nicht durch die bislang vorgestellten drei Organe ins Leben gerufen wurde, sondern umgekehrt sogar ihrerseits die Grundlage für die im folgenden dargestellten Befugnisse dieser drei Organe darstellt: das ist der EG-Vertrag selbst.

Kapitel 62: Der EG-Vertrag selbst

Die rangmäßig höchste "Quelle" für das Recht der Europäischen Gemeinschaft ist selbstverständlich der EG-Vertrag selbst. Als quasi die "Verfassung" der Gemeinschaft steht er im Rang über allen anderen Rechtsquellen.

I) Unmittelbare Anwendbarkeit des EG-Vertrages

Dabei handelt es sich bei ihm - wie der Name schon sagt - zunächst einmal um einen - völkerrechtlichen - Vertrag, den die Mitgliedsstaaten untereinander abgeschlossen haben. Damit ist klar, wer auf jeden Fall Berechtigter und/oder Verpflichteter aus diesem Vertrag ist: das sind die Mitgliedsstaaten der Gemeinschaft als die beteiligten Vertragspartner. Daraus ergibt sich, daß die verschiedenen Kompetenzen, die der EG-Vertrag für diese Mitgliedsstaaten vorsieht (zB die soeben erwähnte Nominierung des Kommissionspräsidenten), ihnen zustehen und daß sie sich andererseits auch an die Verbote halten müssen, die der EG-Vertrag beinhaltet. Das gilt zum Beispiel für das Verbot, die Einfuhren aus anderen Mitgliedsstaaten einer mengenmäßigen Beschränkung zu unterwerfen, wie es in Art. 28 des EG-Vertrages enthalten ist.
Eine ganz andere Frage ist es, ob bzw. inwieweit sich andere "Personen" als die, die unmittelbare Vertragspartner dieses völkerrechtlichen Abkommens sind, ebenfalls an diese Verbote halten müssen bzw. sich auf die in diesem Abkommen enthaltenen Regeln berufen können. Ist etwa ein Bürger der Gemeinschaft in "seinen" Rechten verletzt, wenn entweder die Gemeinschaft oder einer der Mitgliedsstaaten ihn entgegen dem Diskriminierungsverbot in Art. 12 EG-Vertrag wegen seiner Staatsangehörigkeit diskriminiert? Kann sich umgekehrt ein Kaufmann, der Waren von einem Mitgliedsland der Gemeinschaft in ein anderes exportieren will, den Zollbehörden des Einfuhrlandes gegenüber auf das Zollerhebungsverbot des Art. 25 EG-V berufen?
Betrachtet man also den EG-Vertrag allein unter vertragsrechtlichen Gesichtspunkten, wären die oben gestellten Fragen mit "nein" zu beantworten.

---

[231] die Mehrzahl "Völker" ist deshalb angebracht, weil die vorgesehene "europäische" Staatsangehörigkeit noch nicht umgesetzt ist.

ment and try to persuade it to do something about this violation. As we have already seen (ch. 35, supra) this is indeed the way the same problem is handled in the international arena under the WTO. However, as has also become clear in that connection, even though great progress has been made in the enforcement – in particular by private parties - of the WTO rules, such enforcement is still relatively cumbersome compared to that of ordinary national laws conferring rights directly on an individual. The effectiveness of the EC rules, too, would therefore greatly increase if, in cases like our examples above, the importer could himself challenge the customs authorities directly in court.

Whether that is indeed possible, is not expressly spelled out in the EC Treaty. Under the heading of *"the problem of direct applicability"* this question was first addressed and conclusively resolved by the *European Court of Justice* (ECJ) in its holding in *Van Gend en Loos v. Inspecteur van de Invoerrechten*, (ECJ 26/62) decided in 1963. In this decision the Court held that provisions of the Treaty may indeed have such direct effect. It has thus construed the Treaty to be of a *law-like character* rather than restrict it to the effects it would have in its *contractual capacity* only; unlike contracts, laws can and regularly do create rights and obligations for persons who have not themselves consented to them individually.

The Court has expressed this principle in the above-mentioned holding as follows:

*"....the Community constitutes a **new legal order of international law** for the benefit of which the states have limited their sovereign rights, albeit within limited fields, and the subjects of which comprise not only Member States but also their nationals. Independently of the legislation of Member States, **Community law** therefore not only **imposes obligations on individuals** but is also intended to **confer** upon them **rights** ...."*

(emphasis added)

Bliebe es bei diesem Ergebnis, wäre die Durchsetzung der zahlreichen wirtschaftlichen Marktfreiheiten (siehe dazu unten Kapitel 78) offensichtlich außerordentlich erschwert, da etwa der in unserem obigen Beispielsfall betroffene Importeur den Zollbehörden des Einfuhrlandes das Verbot mengenmäßiger Einfuhrkontingentierungen in Art. 28 EG-Vertrag nicht selbst entgegenhalten sondern sich nur an einen Mitgliedsstaat wenden und diesen bitten könnte, als Vertragspartner des Importstaats diesem gegenüber dessen vertragliche Verpflichtungen durchzusetzen. Daß ein solches *Procedere* vergleichsweise mühsam und ineffizient ist, hatten wir bereits oben (Kapitel 35) im Zusammenhang mit der entsprechenden Abwicklung im Rahmen der WTO gesehen. Unter dem Gesichtspunkt einer effektiven Durch- und Umsetzung des EG-Vertrages und der in ihm enthaltenen Freiheiten offensichtlich viel besser wäre es, wenn sich etwa in unserem Falle der betroffene Importeur vor dem zuständigen Gericht (in Deutschland etwa: dem Finanzgericht als dem für Streitigkeiten über Zollerhebungen zuständigen Gericht, vgl. § 3 Abgabenordnung, §§ 33, 35 Finanzgerichtsordnung) selbst direkt auf die Regelung des Art. 28 EGV berufen könnte mit dem Ergebnis, daß die betreffende Zollfestsetzung aufgehoben würde.

Ob bzw. in welchem Umfang die entsprechenden Rechte und Pflichten, die der EG-Vertrag enthält, außer den Vertragsstaaten selbst auch deren Bürgern in dem soeben skizzierten Sinne unmittelbar zugute kommen oder sich diese umgekehrt selbst unmittelbar an seine Vorschriften zu halten haben (also das Problem der sogenannten ”*direkten Anwendbarkeit*” des EG-Vertrages auf die Bürger der Mitgliedsstaaten), ist im EG-Vertrag selbst nicht ausdrücklich geklärt. Klarheit schaffte insoweit erst eine berühmte Entscheidung des Europäischen Gerichtshofs aus dem Jahre 1963 (EuGH 26/62, nach dem damaligen Kläger allgemein unter der Bezeichnung "*Van Gend en Loos*" bekannt). In dieser Entscheidung hat der Gerichtshof eine solche ”*unmittelbare Anwendbarkeit*” der Vorschriften des EG-Vertrages grundsätzlich anerkannt und dem EG-Vertrag damit neben seiner Eigenschaft als (*rein vertragliches*) Abkommen zwischen den beteiligten Mitgliedsstaaten zugleich eine Art *Gesetzes*charakter zuerkannt (der Hauptunterschied zwischen Verträgen und Gesetzen besteht darin, daß Verträge regelmäßig Rechte und Pflichten ausschließlich für die jeweiligen Vertragspartner begründen, während Gesetze unabhängig von deren jeweiliger Einverständniserklärung für alle diejenigen Gültigkeit haben, auf die sie sich jeweils erstrecken).

In der oben erwähnten Entscheidung hat der EuGH hierzu folgendes ausgeführt:

"*....innerhalb des völkerrechtlichen Ordnungsgefüges bildet die (Europäische Wirtschafts-)Gemeinschaft eine neue Kategorie des Zusammenschlusses souveräner Staaten zu einem gemeinsamen Ganzen, eine*

Of course, this broad interpretation does not come without strings attached. This direct applicability, according to the Court, may only be ascribed to rules that – according to their wording and purpose – *clearly and unequivocally* assume such applicability. This is often clearly not the case. Let's look at Art. 41 of the Treaty as an example of such a provision. Art. 41 ECT states that *"the member-states shall further a programme which supports the exchange among them of young workers"*. It is obvious that this clause is not meant to confer upon every young worker throughout the EC the right to sue the member-states (or any one of them) to establish such a programme. For this, the provision is much too broad and obviously leaves too much discretion to the member-states as regards the timing, extent and conditions of the prescribed programme. To be sure, it is not always easy to tell whether and to what extent a certain provision does indeed satisfy the criteria declared necessary by the Court for it to be "directly applicable" to individuals. This will be (and to a certain extent it already has been) clarified only gradually, through a case-by-case sequence of holdings by the *European Court of Justice*.

To summarise: as the EC Treaty can and often does have immediate effects (both positive and negative) on the citizens and not only on these member-states themselves, it does have a law-like quality, in spite of its character as a contract among *states*. As the Treaty is not only the highest source of Community law but simultaneously constitutes the foundation of all other (*"derivative"* or *"secondary"*) EC law, it also has a certain constitutional quality, albeit one limited to the area of trade and economics.

II) Priority of all EC Law

Whatever has been said so far has not addressed another question also in need of clarification: that is the question about the *rank* the provisions of the Treaty and other EC law have *vis à vis* the domestic laws of the vari

*Gemeinschaft, an die die beteiligten Mitgliedsstaaten **bestimmte Bereiche** ihrer Souveränität abgetreten haben und die nicht allein die teilnehmenden Staaten als solche erfaßt, sondern die sich auch unmittelbar auf deren Staatsangehörige in der Weise auswirkt, daß das Gemeinschaftsrecht den betroffenen Bürgern unabhängig von der Gesetzgebung der einzelnen Mitgliedsstaaten selbst **unmittelbar Pflichten** auferlegen **oder** umgekehrt **Rechte** verleihen kann."*

(sprachliche Übertragung und optische Hervorhebung durch den Verfasser!)

Nach der Rechtsprechung des Europäischen Gerichtshofs ist freilich für eine derartige unmittelbare Anwendbarkeit der im EG-Vertrag enthaltenen Regelungen Voraussetzung, daß die betreffenden Normen ihrem Sinn und Zweck wie auch ihrem Wortlaut nach einen derartigen unmittelbaren Effekt auch tatsächlich haben wollen. Das ist keineswegs bei allen Vorschriften des EG-Vertrages der Fall. Wenn etwa Art. 41 des EG-Vertrages festlegt, daß "*die Mitgliedsstaaten ein gemeinsames Programm fördern* (sollen), *unter dem junge Arbeitskräfte ausgetauscht*" werden sollen, liegt es auf der Hand, daß nicht jeder junge Bürger die verschiedenen Mitgliedsländer darauf verklagen können soll, daß sie sich an einem solchen Programm tatsächlich beteiligen bzw. ein solches tatsächlich ins Leben rufen. Freilich ist die Frage, ob und in welchem Umfang welche Vorschriften des EG-Vertrages im Einzelfall die oben skizzierten Anforderungen tatsächlich erfüllen, keineswegs immer so leicht und eindeutig zu bestimmen wie in den hier als Beispiele gebrachten Fällen. Hierzu wird in vielen Fällen erst eine lange kasuistische Rechtsprechung des Gerichtshofs allmählich die nötige Klarheit schaffen (bzw. hat sie bereits geschaffen).
Wir fassen zusammen: da der EG-Vertrag grundsätzlich auch gegenüber den Bürgern der beteiligten Mitgliedsstaaten wirkt bzw. zumindest wirken kann, hat er zumindest teilweise eine quasi gesetzliche Qualität. Da er wie gezeigt außerdem die höchstrangige Rechtsquelle des EG-Rechts darstellt und zugleich die Grundlage für alle weiteren sogleich darzustellenden Rechtsquellen bildet, kommt ihm innerhalb des EG-Rechtsgeflechts eine Art Verfassungsrang zu, wenngleich dieser auch beschränkt ist auf den Kompetenzbereich der Gemeinschaft, also Wirtschaft und Handel.

II) Vorrang sämtlichen EG-Rechts vor dem nationalen Recht der Mitgliedsstaaten

Damit, daß das EG-Recht innerhalb der gesamten Gemeinschaft im oben genannten Sinne "unmittelbar anwendbar" ist und dem EG-Vertrag selbst *innerhalb* dieses EG-Rechts-Geflechts ein quasi Verfassungsrang zu-

ous member-states. This question is particularly critical with regard to the relative rank of certain secondary law of the EC which often is of secondary importance, such as a directive on the way customs duties are to be calculated. Does such secondary EC regulations really have precedence even over a country's constitution, for example the Basic Rights spelled out in the first chapter of the German *"Grundgesetz"*[*] ?

Again, this question is addressed neither in the EC Treaty itself nor in the constitutional texts of most of the member-states[**] . Here, again, it was a famous decision handed down by the ECJ that settled the question. It came out in July of 1964 and reads as follows ("*Costa v. ENEL*"; ECJ 6/64):

"The integration into the laws of each Member State of provisions which derive from the Community, and more generally the terms and the spirit of the Treaty, make it impossible for the States, as a corollary, to accord precedence to a unilateral and subsequent[232] measure over a legal system accepted by them on a basis of reciprocity. Such a method cannot therefore be inconsistent with that legal system. The executive force of Community law cannot vary from one state to another in deference to subsequent do-

---

[*] (= Basic Law = constitution.)

[**] In Germany, however, where this question was most hotly debated, it has now been settled by a sweeping amendment to Art. 23 Basic Law made on the occasion of unification. Art. 23 now explicitly provides to such a conferral of authority to the EC respectively to the EU.

[232] This wording is a little confusing for the uninitiated. In spite of what it seems to be saying at first sight, namely that this precedence of Community law over the domestic laws of the member-states was limited to domestic legislation enacted *subsequent* to the pertinent EC law, that is by no means the case. On the contrary, for national legislation already existing when a conflicting EC law becomes enacted, the latter's precedence follows from the general principle that *"lex posterior derogat legi anteriore"* - "subsequent law supersedes previous law" - , so that here the general precedence accorded the EC Treaty is not needed to justify its superior authority in case of a conflict. It is this reason alone that made the Court limit its holding to *subsequent* domestic law.

kommt, ist aber zu einer anderen, mindestens ebenso wichtigen Frage, die sich in diesem Zusammenhang stellt, noch nichts Entscheidendes gesagt. Das ist die Frage nach dem *Rang und der Wirkung*, die der EG-Vertrag selbst sowie das aus ihm abgeleitete sogenannte "sekundäre" EG-Recht, im Verhältnis zu dem nationalen Recht der verschiedenen Mitgliedsstaaten (also sozusagen *"nach außen"*) hat. Insbesondere problematisch ist hier die Frage, in welchem Verhältnis etwa eine EG-Verordnung oder eine EG-Richtlinie (dazu sogleich unten II) zu den *Verfassungen* der Mitgliedsstaaten steht. Wenn etwa eine EG-Verordnung - oder gar eine Regelung des EG-Vertrages selbst - einem der Grundrechte der Artt. 2 ff unseres Grundgesetzes widerspricht, was hat dann Vorrang: die EG-Verordnung oder das Grundrecht?

Auch diese Frage ist im EG-Vertrag selbst ebenso wenig geregelt wie in den Verfassungen der meisten Mitgliedsstaaten. Auch hier schafften erst einige einschlägige Urteile des Gerichtshofs Klarheit. Dabei äußerte sich der Gerichtshof in einer der ersten und der zugleich wohl berühmtesten Entscheidung (EuGH 6/64, *"Costa ./. ENEL"*) im Juli 1964 hierzu wie folgt:

"Die Einbeziehung des Gemeinschaftsrechts in das nationale Recht der Mitgliedsstaaten sowie ganz allgemein der Sinn und Zweck des EG-Vertrages verbietet es den einzelnen Mitgliedsstaaten, Rechtsvorschriften, die sie erst nachträglich[232] und einseitig erlassen haben, Vorrang über ein rechtliches System zuzusprechen, das sie auf der Basis der Gegenseitigkeit angenommen haben ... Die Intensität der Durchsetzung des Gemeinschaftsrechts kann nicht von Mitgliedsstaat zu Mitgliedsstaat unterschiedlich sein, je nach den dort nachträglich erlassenen nationalen Gesetzen, ohne die Erreichung der in Art. (heute: 2) des EG-Vertrages formulierten Ziele ... zu gefährden."

(sprachliche Übertragung durch den Verfasser)

Diese Ausführungen gelten nach Auffassung des EuGH sogar mit Hinsicht auf Verfassungsbestimmungen, also insbesondere auch mit Hinsicht auf die Grundrechte der einzelnen Mitgliedsstaaten. Das bedeutet: wenn beispielsweise irgendeine zweitrangige EG-Verordnung, etwa im Bereich der Landwirtschaftspolitik ("Milchabgaben"), gegen ein Grundrecht unserer

---

[232] auch wenn vorliegend unmittelbar nur von *"nachträglich"* erlassenen nationalen Vorschriften die Rede ist, gilt das gleiche - und sogar erst recht - auch für nationale Regelungen, die *vor* einem entgegenstehenden EG-Recht in Kraft getreten sind. Dieser Vorrang ergibt sich indes bereits aus dem allgemeinen Prinzip, daß jüngeres Recht älteres Recht zum gleichen Sachverhalt verdrängt, so daß insoweit ein Rückgriff auf das hier behandelte Vorrang-Argument nicht erforderlich ist.

mestic laws, without jeopardizing the attainment of the objectives of the

Treaty set out in Art. 2."

According to the ECJ all and any EC law enjoys this priority over all and any national law of the member-states. Thus if, e.g., a certain EC regulation concerning the distribution of milk should ever be in conflict with a constitutional principle of one of the states (with the freedom of selecting one's profession, say), the former would unequivocally take precedence. As uniformity in the application of EC law would otherwise be unattainable, for the Court this outcome is only logical. For obvious reasons, though, this was at first seen a little differently by the courts in several member-states. Considering the historical context*** of the enactment of the German Constitution, the German Constitutional Court *("Bundesverfassungsgericht")* may perhaps be excused for the reservations it had at first about the ECJ's reasoning. However, not least through Art. 23 which was incorporated into the German Constitution on the occasion of Germany's reunification, these scruples were substantially overcome so that today the precedence accorded EC law is generally accepted throughout the Community.

Chapter 63: Secondary Community Law: An Overview

Another important feature by which the Community differs from other international treaties is that it - like the WTO - disposes of organs of its own (viz., the EC Commission, the European Parliament et al.) through which it can carry out its policies by the enactment of laws. As this authority is derived from the EC Treaty, such law - as opposed to the provisions contained in this Treaty itself - may be called "derivative"[233] or "secondary".
The EC Treaty provides for the following three different forms of such legislation: *regulations, directives* (both are directed at addressees *within* the Community) and *international treaties* concluded by the Community with non-EC countries (such as the WTO treaties).

*** The Basic Rights of the German Constitution are generally considered its most precious content after the Nazi-experience and were therefore granted the most prominent position within it: they are put right at the beginning of that document. All this made it particularly hard for the German Constitutional Court to accept an unqualified precedence over all domestic German law, including the Constitutions with its Basic Rights, of all and any law that might be enacted by a body that was not bound by these - or by any other, comparable political - Rights.

[233] Because not directly contained in the EC Treaty itself but enacted by organs that *"derive"* their lawmaking authority from that document.

Verfassung verstoßen sollte, gilt auch in Deutschland allein die einschlägige Milchverordnung, während das betroffene Grundrecht zurückzutreten hat. Unter dem Blickwinkel der anders nicht erzielbaren *Einheitlichkeit* bei der Anwendung von EG Recht in den verschiedenen Mitgliedsstaaten, dem Hauptargument des Gerichtshofs für seine oben wiedergegebene Auffassung, ist dies nur folgerichtig. Dennoch löste sie in verschiedenen Mitgliedsstaaten zunächst heftigen Widerstand aus, zuvorderst bei uns in Deutschland, wo das deutsche Bundesverfassungsgericht auch unter dem Gesichtspunkt der europäischen Einigung zunächst nicht bereit war, die Kontrolle über die deutschen Grundrechte, der vielleicht wichtigsten Errungenschaft der (west-)deutschen Nachkriegsverfassung, ganz an den europäischen Gesetzgeber auszuliefern. Die in diesem Zusammenhang aufgeworfenen Probleme sind aber mittlerweile durch eine entsprechende Änderung des Grundgesetzes, die im Rahmen seiner Überarbeitung anläßlich der deutschen Wiedervereinigung erfolgte, in seinem neu formulierten Art. 23 weitgehend befriedigend gelöst.

Kapitel 63: Das "sekundäre" Gemeinschaftsrecht im Überblick

Abgesehen von seiner soeben behandelten unmittelbaren Anwendbarkeit unterscheidet sich der EG-Vertrag noch in verschiedener weiterer Hinsicht entscheidend von einem bloßen "normalen" völkerrechtlichen Abkommen (wie etwa dem GATT). Die neben der erwähnten unmittelbaren Anwendbarkeit wohl wichtigste dieser Besonderheiten dürfte darin bestehen, daß er nicht nur selbst Rechte und Pflichten (also u.a. *"Regelungen"*) enthält, sondern zugleich verschiedene *Organe* schafft (nämlich die Kommission, den Rat und das Europäische Parlament), die ihrerseits zusätzliches neues Recht zu setzen befugt sind. Da dieses so gesetzte Recht seine Autorität aus dem EG-Vertrag als der *"primären"* Rechtsquelle des Europarechts bezieht, wird es gemeinhin als sogenanntes *"sekundäres"* Gemeinschaftsrecht bezeichnet.

Dabei kennt das Gemeinschaftsrecht im wesentlichen[*] drei Formen eines derartigen Sekundär[233]rechts: das sind einerseits Verordnung und Richtli-

---

[*] (daneben sind - bzw. waren zumindest bis zur Neufassung des EG-Vertrages durch den Amsterdamer Vertrag - für bestimmte Sachgebiete allerdings noch verschiedene andere Instrumente der Rechtssetzung vorgesehen. Die wichtigsten davon sind etwa das in Art. 269 des gegenwärtigen EG-Vertrages vorgesehene "Beschluß"-Verfahren zur Festlegung von "Eigenmitteln" durch die Gemeinschaft sowie der in Art. 220 des Vertrages in der Vor-Amsterdamer Fassung für bestimmte Sachgebiete seinerzeit vorgesehene Abschluß weiterer paralleler völkerrechtlicher Übereinkommen zu den dort aufgeführten Sachgebieten. Entsprechend der - auch in der Sache neuen - Vorschrift des Art. 61 c EG-Vertrag werden diese Sachgebiet seit Amsterdam allerdings ebenfalls durch Verordnungen und/oder Richtlinien geregelt, vgl. *Kropholler, Jan*, RIW 99, Heft 7, S. 1).

[233] *"Sekundär"* deshalb, da aus dem EG-Vertrag, der *"primären"* Rechtsquelle, abgeleitet.

Chapter 64: Regulations (Art. 249 para. 2 ECT)

I) Effect

The essential feature of regulations (as opposed to directives) is that they are immediately binding on whomever they address, be this the member-states or their citizens. In contrast to directives, no additional action by the member-states is required - or, for that matter, permitted - for these regulations to take effect. Therefore, compared to directives, regulations are the more centralised instrument of lawmaking. According to the principle of "subsidiarity"[234] (cf. Art. 5 EC Treaty), briefly mentioned before, the Community and its agencies may therefore take refuge in them only if their objective cannot be achieved otherwise, in particular through directives.

II)

(This paragraph has not been translated as it deals with a linguistic problem that in the form described arises only in the German language and only in a German legal context).

---

[234] From Latin *"subsidium"* = help (the superior unit shall support the lower level unit only to the extent necesssary). As a political term of art it has taken on the meaning of decentralisation.

nie (beide richten sich an Adressaten *innerhalb* der Gemeinschaft) und andererseits der Abschluß völkerrechtlicher Abkommen (wie etwa des GATT bzw. der WTO) *mit Drittstaaten.*

Kapitel 64: Verordnungen (Art. 249 EGV)

I) Wirkung

Die Verordnung zeichnet sich dadurch aus, daß sie ihre Adressaten (seien es die Mitgliedsstaaten, seien es deren Bürger) mit ihrem Erlaß sofort und unmittelbar bindet, ohne daß es noch irgendeiner weiteren gesetzgebenden Tätigkeit z.B. der Mitgliedsstaaten bedarf oder eine solche auch nur erlaubt wäre. Von diesem im Vergleich zu "Richtlinien" (unten b) schärferen bzw. zentralistischeren Instrument der Gesetzgebung darf die Gemeinschaft allerdings nur dort und nur insoweit Gebrauch machen, als die legitimen Interessen der Gemeinschaft einen Rückgriff auf das "mildere" Mittel der Richtlinie nicht erlauben. Das folgt aus dem Grundsatz der *Subsidiarität*[234] der durch den Maastrichter Vertrag neu in den EG-Vertrag aufgenommen wurde (Art. 5 EG-Vertrag).

II) Terminologischer Hinweis:

Verordnungen der EG kann man terminologisch leicht mit dem Begriff der Verordnung verwechseln, wie er im Rahmen der innerdeutschen Gesetzgebung Verwendung findet. Hier versteht man unter "Verordnung" solche Normen, die nicht vom Parlament (Bundestag) als dem eigentlichen Gesetzgeber selbst erlassen sind, sondern deren Erlaß das Parlament zu seiner Entlastung durch ein entsprechendes Ermächtigungsgesetz auf die Regierung oder eines ihrer Ministerien (Exekutive) übertragen hat. Dementsprechend werden sie begrifflich den vom Bundestag selbst erlassenen (förmlichen) Gesetzen gegenübergestellt.

Bei der EG-Verordnung dagegen ergäbe eine derartige Abgrenzung keinen Sinn, da es hier (bislang) keine "Gesetze" gibt, die allein vom (Europäischen) Parlament beschlossen werden können. Vielmehr sind an allen "Gesetzen" der EG (Verordnung wie Richtlinie) immer auch sowohl der Rat als auch die Kommission als das Exekutivorgan der Gemeinschaft mitbeteiligt.

---

[234] Von lateinisch *"subsidium"* = Unterstützung (die übergeordnete Stelle unterstützt die nachgeordneten Organe (nur) soweit wie nötig). Im politischen Sprachgebrauch so viel wie dezentrale Organisationsform.

Chapter 65: Directives (Art. 249 para. 3 ECT)

I) Basic Concept

In contrast to regulations which usually do - but need not - immediately apply to the citizens of the Community, directives are necessarily aimed only at the member-states, which are obligated to incorporate their contents into their own national law. Usually the states are given a certain period of time for this incorporation and some leeway as to its substance. Not only does this kind of legislative technique intrude less into the law-making realm of the national legislatures, it also renders it much easier for them to maintain their respective systems of legal categorisation, e.g., by putting the provisions for product liability based on an EC directive into their civil code next to their domestic law dealing with this kind of problem. Further, the body of law that applies to a certain problem is meant to become a little more transparent this way. On the other hand, the European (= EC) identity of such law, and accordingly its precedence over all other law, is easily lost sight of this way. In the case of directives, the transparency and uniformity of "European Law" is not preserved as in the case of regulations.

II) Immediate Effect after the Lapse of the Incorporation Period

It must be noted, however, that the difference between regulations and directives, according to the European Court, is not as clear-cut in practice as the theory just described suggests. That is because under certain circumstances, directives also can become immediately effective in the

Kurz: der - *innerdeutsche* - Gegensatz (förmliches) Gesetz / Verordnung stellt auf das *Organ* ab, das die jeweilige Norm erlassen hat, der - *europarechtliche* - Gegensatz Richtlinie / Verordnung stellt ab auf den Kreis der möglichen Adressaten der entsprechenden Norm (nur die Mitgliedsstaaten / u.U. auch die einzelnen Bürger) bzw. auf die *Unmittelbarkeit ihrer Geltung* (nur bei der Richtlinie noch eine Umsetzung ins nationale Recht erforderlich).

Kapitel 65: Richtlinien

I) Grundsatz

Anders als die Verordnung, die (auch) direkt an die Bürger der Gemeinschaft gerichtet sein kann, wendet sich die Richtlinie - jedenfalls zunächst - nur an die Mitgliedstaaten und verpflichtet diese dazu, ein Gesetz zu erlassen, das den materiellen Inhalt der betreffenden Richtlinie in das nationale Recht des jeweiligen Mitgliedsstaates umsetzt. Dabei wird den Mitgliedsstaaten meist ein gewisser Spielraum hinsichtlich verschiedener Detailfragen sowie eine bestimmte Frist für diese Umsetzung eingeräumt. Der Sinn dieser Gesetzgebungstechnik besteht zum einen darin, den Mitgliedsstaaten je nach Ausgestaltung der Richtlinie noch eine gewisse eigene Gestaltungsmöglichkeit zu belassen. Zum anderen kann auf diese Weise der Inhalt der Richtlinie besser in die Gesamtsystematik der jeweiligen nationalen Gesetzgebung eingepaßt werden und wird so für den betroffenen Bürger (oder zumindest seinen Anwalt!) etwas verständlicher. Andererseits führt dies natürlich dazu, daß die sonst mögliche europaweite Einheitlichkeit europäischer Gesetzgebung bis zu einem gewissen Grade sowohl inhaltlich verlorengeht als auch dadurch vermindert wird, daß Richtlinien je nach der Geschwindigkeit, mit der die verschiedenen nationalen Gesetzgeber sie in ihr jeweiliges nationales Recht umsetzen, in manchen Mitgliedsstaaten früher wirksam werden als in anderen.

II) Unmittelbare Wirksamkeit *nach* Ablauf der Umsetzungsfrist

Zu beachten ist allerdings, daß sich der soeben dargestellte entscheidende Unterschied zwischen Verordnung einerseits und Richtlinie andererseits gemäß der Rechtsprechung des Europäischen Gerichtshofs zur "unmittelbaren Anwendbarkeit" auch von Richtlinien nach dem Ablauf der Umsetzungsfrist unter Umständen vollständig verwischt. Nach dieser Rechtsprechung nämlich können auch Richtlinien gegenüber den einzelnen Bürgern unmittelbare Wirkung entfalten mit dem Effekt, daß diese sich gegenüber Behörden und Gerichten auf den Inhalt einer solchen Richtlinie berufen und ggf. ihren Staat sogar auf Schadensersatz verklagen können, wenn dieser es gemeinschaftswidrig unterlassen hat, für die rechtzeitige Umset-

sense that private persons can rely on them as on regulations.

In order for this to happen, according to the ECJ, the following three conditions must be met[235].

First, the directive in question must be worded so precisely that no room remains for different interpretations with regard to its substance and its legal implications.

Second, the period set the member-states for transforming the pertinent directive must have run out, and

Third, the provision in question must be *beneficial* for the private citizen addressed by the contents of this directive. Provisions that are *onerous* for the citizen concerned, in contrast, do *not* automatically become effective in this way. This latter principle is meant to ensure that the state which fails to incorporate a directive within the permitted period of time does not benefit from its own failure.

Example:	**The Return Flight Insurance Case**[236]. Probably the most prominent case in point concerned a directive[237] that made mandatory bankruptcy insurance for travel agents who offered all-inclusive vacation trips. This was intended to make sure that someone who has booked and fully paid for a trip on an all-included basis would indeed get all services he had paid for even if his agent fell into bankruptcy during that vacation. The German legislature had failed to incorporate the pertinent directive into domestic German law during the period provided. Of course, what could happen did indeed happen. A group of German tourists on such a vacation was stranded after their agent had gone bankrupt, but before the airline that was supposed to bring them back home, had been paid. Therefore the tourists had to book and pay for another return flight at their own expense. To most people's surprise, they could and did successfully recover indemnification for these extra expenses from the German government on the basis that, had said directive been incorporated in time, an appropriate insurance would have been in place to pay for their trip home. Therefore it was only the German legislature's inaction that was to blame for these extra expenses.

---

[235] ECJ 41/74 "*Van Duyn*".

[236] For details cf. *Stöhr, Karlheinz*, NJW 99, S 1063.

[237] Commission Directive 90/413/EEC, O.J. EC No. 158 of June 23rd, 1990.

zung der entsprechenden Richtlinie zu sorgen. Dafür müssen jedoch die folgenden drei Voraussetzung ausnahmslos erfüllt sein[235]:

Erstens muß die betreffende Richtlinie die Voraussetzungen wie Folgen des von ihr geregelten Sachverhalts so *präzise bestimmen*, daß insoweit kein Interpretationsspielraum mehr bleibt.

Zweitens muß die *Frist* für die Umsetzung der Richtlinie bereits *abgelaufen* sein.

Dritte Voraussetzung ist, daß es sich um eine Regelung handelt, die sich für den Bürger *günstig* auswirkt bzw. auswirken würde, während Regelungen, die den Bürger belasten würden, nicht auf diese Weise sozusagen automatisch in Kraft treten.
Durch diese letzte Einschränkung soll vermieden werden, daß der gesetzgebende (bzw. nicht-gebende) Staat aus seiner eigenen Untätigkeit einen Vorteil erlangt.

Ein prominentes

Beispiel: für einen solchen Fall bot seinerzeit die nicht rechtzeitige Umsetzung der sogenannten **EG-Pauschalreise-Richtlinie**[236] durch die deutsche Bundesregierung. Diese Richtlinie sah vor, daß Reiseveranstalter, die Pauschalreisen anboten, gesetzlich dazu verpflichtet werden sollten, den Rückflug ihrer Gäste bzw. Teilnehmer zu versichern, damit die Rückreise der Betroffenen auch dann finanziell abgesichert wäre, wenn der betreffende Veranstalter zwischen Buchung und Rückflug bankrott gehen würde. Der deutsche Gesetzgeber hatte es versäumt, diese Richtlinie rechtzeitig umzusetzen, so daß bei einem bestimmten Veranstalter der oben geschilderte Fall eintrat, ohne daß er eine solche Rückflugversicherung abgeschlossen hatte. Dadurch mußten die Reiseteilnehmer zunächst auf eigene Kosten einen (anderen) Rückflug buchen. Der Europäische Gerichtshof verurteilte nun die Bundesregierung dazu, den betroffenen Reiseteilnehmern die Kosten dieses Rückfluges zu ersetzen, weil ihnen infolge der nichtrechtzeitigen Umsetzung der betreffenden Richtlinie diese Kosten als Schaden entstanden seien[237].

Der Zweck dieser Rechtsprechung, die immerhin dem Wortlaut des EG-Vertrages zur Wirksamkeit von Richtlinien widerspricht, besteht darin, zum einen die Mitgliedstaaten zur pünktlichen Umsetzung von Richtlinien zu motivieren und zum zweiten sicherzustellen, daß spätestens mit Ablauf der Umsetzungsfrist Richtlinien zumindest insoweit auf dem gesamten Territorium der EG einheitlich angewendet werden, als sie sich ihrem Inhalt nach bereits ohne Umsetzung zu einer solchen Anwendung eignen.

---

[235] EuGH 41/74 "*Van Duyn*".
[236] Richtlinie 90/413/EWG, ABl. EG Nr. 158 v. 23.06.1990.
[237] vgl. dazu ausführlich *Stöhr, Karlheinz*, NJW 99, S. 1063.

Note that the Return Flight Insurance Case is not exactly a case in point of a directive immediately applied after the lapse of the time granted for ist transformation into domestic law, as the directive here is not applied, but the member-state's (=Germany's) failure to bring about this transformation is made a reason for that state to pay damages to those private persons who were meant to be protected by that directive, respectively by its counterpart in each member's domestic law.

This interpretation of directives - which after all contradicts the text of the EC Treaty - has two positive effects: *first*, it provides a powerful incentive for the member-states to actually get EC directives incorporated in time and, *second*, it ensures that these directives, at least after the transition period, are applied uniformly throughout the whole Community.

Chapter 66: International Treaties with Non-Community Countries

The third source of secondary Community law is the international treaties concluded by the Community with other (i.e., non-Community-) states (e.g., a treaty on fishing rights with Canada) or with certain international organisations (such as the IMF). With regard to these, too, various questions arise.

I) Competence of the Community to Conclude such Treaties

The most important, albeit not the only, article of the EC Treaty dealing with the Community's competence to cultivate relationships with foreign countries (i.e., "external" relationships) is article 133 ECT (*"Common Trade Policy"*). However, the Community's authority in the field of foreign relations goes considerably further than that, although the details are very much in dispute[238].
As concerns the WTO treaties, this want of clarity made it necessary for the member-states as well as the Community itself to sign them in parallel in order to assure sure that they became fully effective[239].

II) The Organs in Charge of Concluding of such Treaties

The procedures for concluding such treaties are rather complex (cf., in particular, Arts. 133 and 300 ECT). The main agent at such negotiations is

---

[238] Cf. only (in general) *Dörr*, EuZW 96, p. 39 ff. With regard to a special reference to the conclusion of the WTO-Agreement and the various side-agreements to it (in particular the GATT, GATS and TRIPS), see the pertinent memorandum issued by the ECJ on 15.11.1994, EuZW 95, p. 210 ff.
[239] *Schmid*, ibid., p. 194; *Dörr*, ibid.; *Hilf*, EuZW 95, p. 7 ff.

Beachten Sie allerdings, daß es sich hier streng genommen nicht um die unmittelbare Anwendung einer nicht umgesetzten Richtlinie nach Ablauf der Umsetzungsfrist handelt. Statt die Richtlinie anzuwenden, ist ihre Nichtumsetzung hier lediglich ein Umstand, der die Bundesrepublik ***Deutschland gegenüber den "Geschädigten" ersatzpflichtig macht. Immerhin besteht aber eine "enge Verwandtschaft" zwischen beiden Fallgruppen!

Kapitel 66: Völkerrechtliche Abkommen mit Drittstaaten

Die dritte Rechtsquelle des sekundären Gemeinschaftsrechts sind die völkerrechtlichen Verträge, die die Gemeinschaft mit Drittstaaten (z.b: Fischereiabkommen mit Kanada) oder mit internationalen Organisationen (z.B. dem IWF) abschließt. Auch hierbei stellen sich eine Reihe von Fragen:

I) Befugnis der Gemeinschaft zum Abschluß solcher Verträge

Der wichtigste, keineswegs jedoch der einzige Artikel, aus dem sich die Befugnis der Gemeinschaft zum Tätigwerden nach außen ergibt, d.h., die Befugnis zum Abschluß von völkerrechtlichen Verträgen mit Drittstaaten, ist Art. 133 EG-V (*"Gemeinsame Handelspolitik"*). Daneben erstreckt sich die Kompetenz der Gemeinschaft zum Abschluß derartiger Verträge aber noch erheblich weiter, wobei die Details im einzelnen streitig und sehr kompliziert sind[238].

Mit Bezug auf die WTO-Verträge hat das dazu geführt, daß neben der Gemeinschaft auch noch ihre sämtlichen Mitgliedsstaaten diese Übereinkommen parallel gezeichnet haben, damit diese auf alle Fälle vollumfänglich wirksam wurden[239].

II) Die für den Abschluß solcher Verträge zuständigen Organe

Das Verfahren beim Abschluß derartiger Abkommen ist recht kompliziert (vgl. insbesondere die Artikel 133 und 300 EG-V). Hauptakteur bei den entsprechenden Verhandlungen ist die Kommission, in enger Abstimmung

---

[238] Vgl. dazu statt vieler (allgemein) *Dörr*, EuZW 96, S. 39 ff., speziell mit Bezug auf den Abschluß des WTO-Abkommens und der ihm untergeordneten Abkommen GATT, GATS und TRIPS: diesbezügliches Gutachten des EuGH vom 15.11.1994, EuZW 95, SS. 210 ff.)

[239] Schmid, aaO, S. 194; *Dörr*, aaO; *Hilf*, EuZW 95, S. 7 ff.

the Commission, in close cooperation with the Council. The European Parliament, in contrast, plays a comparatively minor role in this connection.

III) Effects of such International Treaties

As has been determined once again by the ECJ, such treaties become an integral part of EC law with a rank exceeding that of other, purely internal laws (i.e., of regulations or directives), but of course a lower rank than the provisions contained in the EC Treaty itself[240].

Does that mean that the EC citizen can successfully rely on the provisions of such treaties against the organs either of the Community (for instance: the EC Commission) or of the members-states? Can he invoke the provisions of a certain free-trade agreement concluded by the Community against the imposition by a member-country of import duties exceeding those established by that agreement?

The answer to this question given by the Court is: in principle, yes! As is the case with regulations and directives, however, this applies only when and if the provisions in question are sufficiently unambiguous to be "justiciable". This requires the pertinent provisions to contain clearly defined conditions for their application as well as unequivocal legal remedies. This latter condition is often not satisfied by such treaties, as in many cases they refer to the means of diplomacy rather than order clear-cut legal consequences[241].

Chapter 67: Effect of the GATT and the new WTO-Treaty, in particular, within the Legal Order of the European Community

For the subject of this book, this question is of particular relevance with regard to the new GATT and WTO Agreements of 1994/95: do these treaties meet the conditions required for direct applicability within the legal order of the EC? In a well-known decision with regard to the "old" (i.e. pre-WTO) GATT, the Court had held that the GATT was too flexible in its remedies and relied too heavily on the tools of diplomacy to satisfy the criteria for such direct applicability. However, when the WTO agreements were adopted in 1994, it at first remained unclear whether the same reasoning applied to them, too, in particular in view of their greatly strengthened dispute settlement mechanism. However, in spite of various note-

---

[240] ECJ 104/81, *"Hauptzollamt Mainz/Kupferberg & Cie. KG a. A."*.

[241] *"Kupferberg"* case, ibid..

mit dem Rat. Das Europäische Parlament spielt hierbei dagegen eine vergleichsweise geringe Rolle.

III) Wirkung solcher völkerrechtlicher Verträge

Wiederum nach der Rechtsprechung des EuGH werden derartige völkerrechtliche Verträge integraler Bestandteil des Gemeinschaftsrechts, mit einem Rang, der zwar geringer ist als der des EG-Vertrages selbst (aus dem die Befugnis zum Abschluß derartiger Verträge ja entspringt), der aber über dem des übrigen, internen, Sekundärrechts der EG steht (also über Verordnungen und Richtlinien)[240].

Bedeutet das, daß sich der EG-Bürger gegenüber den Organen der EG (etwa gegenüber der Kommission) und/oder gegenüber den Organen der verschiedenen Mitgliedsstaaten auf derartige Abkommen erfolgreich berufen kann? Kann er also beispielsweise die Festsetzung von Zoll auf von ihm aus einem Drittstaat in die EG importierte Waren unter Berufung auf ein Freihandelsabkommen, das die Gemeinschaft mit diesem Land abgeschlossen hat, erfolgreich anfechten?

Die Antwort des Gerichtshofs auf diese Frage lautet: Prinzipiell ja! Ähnlich wie bei Verordnung und Richtlinie ist dafür aber Voraussetzung, daß das betreffende Abkommen klar und eindeutig genug ist, um "justitiabel" zu sein. Diese Bedingung ist immer dann erfüllt, wenn ein solches Abkommen für bestimmte Verhaltensweisen bzw. Sachverhalte eindeutige Rechtsfolgen vorsieht und nicht - was in völkerrechtlichen Abkommen indessen durchaus häufig vorkommt - zur Lösung des betreffenden Konflikts auf die Diplomatie verweist[241].

Kapitel 67: Wirkung des GATT bzw. des neuen WTO-Abkommens in der Rechtsordnung der EG

Für unsere Überlegungen besonders interessant ist deshalb die Frage, ob das GATT bzw. das neue WTO-Abkommen von 1994/95 die soeben aufgeführten Voraussetzungen erfüllt: In seiner ersten Entscheidung hierzu hatte der EuGH diese Frage unter Hinweis auf die große Flexiblität des GATT und seinem weitgehenden Verweis auf den Weg der Diplomatie eindeutig verneint. Diese Rechtsprechung hatte sich jedoch auf das *alte* GATT bezogen und es war zunächst unklar, ob der Gerichtshof sie nach dem Inkrafttreten des neuen WTO-Abkommens mit seinem gegenüber

---

[240] EuGH 104/81, *"Hauptzollamt Mainz/Kupferberg & Cie. KG a. A.".*

[241] Fall *"Kupferberg"*, aaO..

worthy arguments to the contrary,[242] the Court upheld its original opinion with regard to these new agreements[243].

This rather surprising holding was prompted by the famous

Dispute around the EC Market Order for Bananas[244].

This order kept a whole battery of both national (i.a., the German tax courts at all levels as well as the German Constitutional Court) and supra-national (the *European Court of Justice* and the WTO *Dispute Settlement Body*) courts in suspense for several years. As an excellent example of the relationship among the legal orders of the various member-states, EC law and international law, its main features of the case will be briefly outlined:

The starting point for this dispute was the fact that, even though in general the determination of trade policy vis à vis non-EC countries (foreign trade) constitutes an exclusive domain of the Community (Art. 133 ECT), the EC for a long time tolerated exceptions to that monopoly. One of the most prominent of these exceptions, besides cars, concerned the importation of bananas for which the EC had obtained a partial waiver from the *"Most-Favoured-Nation"* (MFN)-obligation under the GATT. The reason for asking for such a waiver had been the desire of some EC countries to give preferential treatment to certain of their former colonies (called *"ACP-countries"*, = Africa, Caribbean and Pacific) with regard to their banana exports. Within an ever-changing and very complicated scheme of duties, surcharges and quotas - that even differed among the various EC states - banana imports from these countries were thus given preferential treatment by most of them.

---

[242] For a corresponding revision of the *"Kupferberg"*-holding, e.g., *Schmid*, NJW 98. P. 190 ff; *Griller, Stefan*, p. 269 ff, p. 279.

[243] ECJ 280/93, Judgment of 5.10.94, in NJW 95, 945.

[244] Regulation EEC 404/93 of 13.02.1993 on the *Common Market Order for Bananas*, O.J.EC Nr. L 47 of 25.2.1993, p. 1.
For a comprehensive and detailed description cf. *Michael J. Hahn* and *Gunnar Schuster*, *"Zum Verstoß von gemeinschaftlichem Sekundärrecht gegen das GATT"*, in: Europarecht 1989, pp. 261 ff.

dem alten GATT erheblich stringenteren Streitentscheidungsmechanismus unverändert aufrechterhalten würde[242].

Trotz durchaus hörenswerter Gegenargumente beurteilte der EuGH auch die neue Fassung des GATT bzw. des WTO-Abkommens als nach wie vor nicht unmittelbar anwendbar[243]. In der Praxis bedeutet dies, daß die WTO-Verträge an sich zwar einen integralen Bestandteil des Rechts der Europäischen Gemeinschaft bilden, und zwar sogar einen Bestandteil, der im Rang Verordnungen und Richtlinien der EG vorgeht, daß sie aber im Falle einer Verletzung von den Betroffenen wegen ihrer fehlenden "unmittelbaren Anwendbarkeit" (insbesondere) vor Gericht nicht durchgesetzt werden können.

Hintergrund dieser zunächst doch eher verblüffenden Rechtsprechung des Gerichtshofs ist der recht bekannt gewordene Streit um die sogenannte

Der Streit um die *"EG-Bananenmarktordnung"*[244]

der EG, die die verschiedensten nationalen (u.a. den deutschen Finanzgerichtshofhof sowie das Bundesverfassungsgericht) wie übernationalen Gerichte (insbesondere den EuGH und die entsprechenden Streitentscheidungsorgane der WTO, siehe dazu oben Kapitel 35) mehrere Jahre lang in Atem hielt. Dieser Streit stellt ein hervorragendes Beispiel dar für das Verhältnis zwischen dem nationalen Recht der Mitgliedsstaaten, dem Recht der Europäischen Gemeinschaft und dem allgemeinen Völkerrecht, konkret des GATT, als Teil dieses Gemeinschaftsrechts. Gleichzeitig zeigt er anschaulich die enge Verzahnung von Recht und Politik bzw. Diplomatie, wie sie für dieses Gebiet typisch ist. Er soll deshalb anschließend kurz dargestellt werden:

Ausgangspunkt dieses Streites war die Tatsache, daß die EG gegenüber Drittstaaten zwar grundsätzlich eine einheitliche Handelspolitik verfolgt (Art. 133 EG-V), von diesem Grundsatz jedoch lange Zeit hindurch wichtige Ausnahmen duldete. Eine der bedeutendsten dieser Ausnahmen war neben dem Automobilimport die Einfuhr von Bananen. Für Bananen hatten sich verschiedene Mitgliedsländer der EG von ihrer Verpflichtung zur Gleichbehandlung aller GATT-Mitgliedsstaaten (gemäß dem *"Most-Favoured-Nation*-Prinzip von Art. I GATT) in bestimmtem Umfang befreien

---

[242] Für eine entsprechende Revision der *Kupferberg*-Entscheidung z.B. *Schmid,* NJW 98. S. 190 ff; *Griller, Stefan,* SS. 269 ff, S. 279).

[243] (EuGH 280/93, Urteil vom 5.10.94, abgedruckt in NJW 95, 945).

[244] VO EWG 404/93 vom 13.02.1993 über die Gemeinsame Marktorganisation für Bananen, ABl.EG Nr. L 47 vom 25.2.1993, S. 1.
Eine umfassende und detaillierte Darstellung findet sich bei *Michael J. Hahn* und *Gunnar Schuster, "Zum Verstoß von gemeinschaftlichem Sekundärrecht gegen das GATT",* in: Europarecht 1989, pp. 261 ff.

However, it was Germany in particular[245], that for a long time did *not* so discriminate between bananas from ACP-states and those from other countries. The effect of this was that bananas on sale in Germany were generally both cheaper and better than in most other member-states.

However, in 1993 the EC finally decided to assume responsibility for the banana trade[246]. This resulted in a system for the importation of bananas which applied uniformly throughout the Community. It constituted a compromise between the very liberal German practice and the rather more restrictive one employed by most of the other member-states. For Germany, this new system led to an increase in the price of bananas imported from outside the EC, coupled with a deterioration of their quality. For this reason, the German government sued the Community for the abolition of this new system relying, primarily, on the MFN-clause of the (post-Uruguay-) GATT which was obviously violated by this new scheme. Simultaneously, the non-ACP countries[247] that were worst affected by this new scheme as well as the United States, had successfully defeated this policy before the WTO. That is to say, the WTO had held that this new EC importation scheme indeed violated Art. I of the GATT. The consequence of this holding was that these countries received permission from the WTO to suspend certain of their own obligations under the GATT vis à vis the EC. This was damaging in particular in relation to the U.S., which could now legitimately erect certain trade barriers against imports from the EC (those barriers not being restricted to certain goods only, and in particular not necessarily to bananas). Most paradoxically it was Germany, of all member-states, that would bear the brunt of such retaliatory measures. As by far the most important market within the EC for imported bananas, it had done its utmost to defeat the relevant regulation.

---

[245] German consumption alone amounted to 1/3 of the total EC consumption of bananas, ITLR II, 2, p. 130.

[246] This regulation was enacted in reaction to a decision by the original GATT panel, holding a previous regulation unlawful under the GATT, cf. ITLR II, 2, pp. 130 ff.

[247] Guatemala, Honduras, Ecuador and Mexico.

lassen. Grund für diese Befreiung war der Wunsch dieser Staaten, bestimmte Länder, mit denen sie aus der früheren Kolonialzeit jeweils eine besondere gegenseitige "Anhänglichkeit" verband (die sogenannten "AKP"-Länder, = Afrika, Karibik und Pazifik), bei der Einfuhr von Bananen in bestimmtem Umfang zu bevorzugen. Einfuhren von Bananen aus nichtbevorzugten Ländern wurden von diesen Staaten dementsprechend mit zusätzlichen Zöllen sowie mengenmäßigen Einfuhrbeschränkungen belegt, wodurch deren Produkte in diesen Ländern verhältnismäßig teurer wurden. Wichtigster Mitgliedsstaat der EG[245], der eine solche Diskriminierung nicht durchführte, war die Bundesrepublik Deutschland, in der Bananen deshalb früher im Vergleich zu den meisten anderen Mitgliedsstaaten besser und billiger waren.

Im Jahre 1993 beschloß dann die EG[246], auch den Bananenhandel in ihre Zuständigkeit zu übernehmen und dementsprechend EG-weit zu vereinheitlichen. Das Ergebnis war eine EG-weit einheitliche Einfuhrregelung, die inhaltlich einen Kompromiß darstellte zwischen der bis dahin sehr liberalen deutschen Regelung und den restriktiven Vorschriften der meisten anderen EG-Mitgliedsstaaten. Aus deutscher Perspektive wurden Bananen infolge dieser Vereinheitlichung teurer und schlechter. Deshalb klagte u.a. die deutsche Bundesregierung vor dem EuGH auf Aufhebung (genauer: auf Nichtigerklärung) der von der EG erlassenen sogenannten Bananenmarktordnung, die diese restriktiven Regelungen enthielt. Zur Begründung für die Rechtswidrigkeit und damit Nichtigkeit der betreffenden Verordnung berief sich die Bundesregierung insbesondere auf das neue (Nach-Uruguay) GATT. Gleichzeitig hatten die von der EG-Bananenmarktordnung am meisten negativ betroffenen (Nicht-"AKP"-) Exportstaaten[247] vor den zuständigen Streitentscheidungsorganen der WTO erfolgreich Klage gegen die Gemeinschaft geführt. Das heißt, die WTO hatte rechtsverbindlich festgestellt, daß die EG mit ihrer neuen Bananen-Marktordnung tatsächlich u.a. gegen Art. I des GATT verstieß. Diese Feststellung hatte u.a. zur Folge, daß die betroffenen Exportstaaten in bestimmtem Umfang von ihren eigenen Verpflichtungen gegenüber der EG befreit wurden, also legitimerweise Handelssanktionen gegen die EG erlassen durften, ohne sich dadurch ihrerseits einer Verletzung ihrer GATT-Verpflichtungen schuldig zu machen. Diese Lage war für die EG-Staaten insbesondere deshalb ärgerlich, weil sie dadurch eventuellen Strafzöllen seitens der USA ausgesetzt werden konnten, die neben einigen kleineren lateinamerikanischen Staaten vor der WTO als Kläger aufgetreten waren. Dabei war paradoxerweise ausgerechnet die Bundesrepublik Deutschland als das bei weitem bedeutendste Importland von Bananen innerhalb der EG von derartigen Vergeltungs-Maßnahmen der USA in

---

[245] Deutschland nahm etwa ein Drittel aller aus Drittstaaten in die EG eingeführten Bananen ab, ITLR II, 2, S. 130.

[246] übrigens war der Erlaß dieser Verordnung seinerseits eine Reaktion der EG auf ein Urteil des ehemaligen GATT-Entscheidungsorgans gewesen, durch das der vorangegangene Rechtszustand als GATT-widrig beurteilt worden war, vgl. ITLR II, 2, S. 130 ff.

[247] Guatemala, Honduras, Ecuador und Mexiko, außerdem aber auch die USA!

The whole affair became even more dramatic as at that time both the introduction of the Euro and the armed conflict in the former Yugoslavia were already taxing intra-Community solidarity.

It is within this context that the decision of the Court must be seen, and it remains a matter of conjecture whether and to what extent it may have been guided by political rather than legal considerations.

PART 9: FURTHER ORGANS OF THE EUROPEAN COMMUNITY AND RELATED INSTITUTIONS

Chapter 68: The *"European Court of Justice"* (ECJ)

The preceding thoughts naturally lead us to the next important institution of the Community, the *"European Court of Justice"* (ECJ). It has its seat in Luxembourg and functions as the ultimate authority for the interpretation of Community law (both the Treaty and the various kinds of secondary law discussed above). In addition, the ECJ is responsible for the interpretation of certain other international treaties for which it has been specifically empowered by the member-states.

And only recently an additional body was established within it for resolving cases of minor importance (the so-called *"Court of First Instance"*).

It is only in a few exceptional cases that the individual citizen can directly turn to the Court. However, its jurisdiction does become effective through the so-called "procedure of submission". The EC Treaty provides that all other courts (i.e., those of the various members) may, and in certain cases must, submit the pertinent question to the ECJ for resolution (cf. Art. 177 ECJ for details), if they contend that a pending case depends on the interpretation of a particular EC law.

besonderem Maße bedroht und das, obwohl diese Verordnung gegen ihren Willen erlassen worden war und sie obendrein mit allen Mitteln - wenn auch vergeblich - versucht hatte, ihrerseits gegen diese Verordnung vorzugehen. Dieses Vorgehen war aber daran gescheitert, daß der EuGH - entgegen allen Stimmen, die hierzu eine andere Auffassung vertraten - auch die neuen WTO- bzw. GATT- Regelungen als (noch immer) nicht ausreichend präzise beurteilte, um im Sinne seiner oben dargestellten "*Kupferberg*"-Rechtsprechung justitiabel zu sein. Die ganze Angelegenheit erhielt nochmals zusätzliche Brisanz durch die gerade damals in allen beteiligten Ländern besonders heiße Diskussion über die Einführung der gemeinsamen Euro-Währung wie auch durch den sich ständig verschlimmernden Jugoslawien-Konflikt.

In diesem Kontext muß das Urteil des Gerichtshofs gesehen werden, in dem er entschied, daß auch das überarbeitete neue GATT nicht die Anforderungen erfüllt, die notwendig waren, um es als justitiabel bzw. als unmittelbar geltendes EG-Recht anzuerkennen, wobei letztlich offenbleiben muß, ob oder inwieweit sich der EuGH dabei außer von strikt juristischen auch von politischen Erwägungen hat leiten lassen.

TEIL 9: WEITERE NICHT-MONETÄRE ORGANE DER EURO-PÄISCHEN GEMEINSCHAFT UND VERWANDTE INSTITUTIONEN

Kapitel 68: Der Europäische Gerichtshof (EuGH)

Dies leitet uns zwanglos zu dem nächsten wichtigen Organ der Gemeinschaft hin, dem *Europäischen Gerichtshof* (EuGH). Dieser hat seinen Sitz in Luxemburg und ist dazu berufen, im Streitfall über die Auslegung des Gemeinschaftsrechts (also insbesondere die Bestimmungen der drei Gemeinschaftsverträge wie auch der von der EG erlassenen Verordnungen und Richtlinien) zu entscheiden. Ferner ist er zuständig für die Auslegung verschiedener weiterer völkerrechtlicher Verträge, soweit die Mitgliedsstaaten ihm die Zuständigkeit dafür zugewiesen haben. Seit kurzem ist ihm für bestimmte weniger bedeutende Fälle eine Vorinstanz (das "*Gericht erster Instanz*") vorgeschaltet. Unmittelbar an den Europäischen Gerichtshof (oder an das Gericht erster Instanz) kann sich der einzelne Bürger selbst zwar nur in seltenen Fällen und auch dann nur unter ganz bestimmten Umständen wenden, doch erhält die Jurisdiktionsgewalt des Gerichtshofs auch gegenüber dem Einzelnen in der Praxis durch das sogenannte "Vorlageverfahren" "Biß": der EG-Vertrag sieht nämlich vor, daß sämtliche Gerichte der Mitgliedsstaaten einen Fall dem Gerichtshof vorlegen dürfen und dies unter bestimmten Umständen sogar tun müssen, wenn und soweit die Entscheidung des Falles von einem noch nicht geklärten Problem des Europarechts abhängt (vgl. Art. 177 EG-Vertrag).

It is in the way the internal mechanisms of the Court are organised that France's predominant influence on the Community in its early days can best be recognised. So, for instance, besides the judges, plaintiff and defendant, in every proceeding, even those purely civil in nature, there are always so-called *"advocates general"* who are supposed to represent the public interest and who dispose of far-reaching rights, in particular, of the right to plead, a procedural peculiarity that outside the ECJ is confined to French courts alone. Similarly, the arrangement of the arguments presented in its judgements are modelled on French custom.

Nevertheless the Court, through its case law, has assumed a way of actively developing Community law that has often greatly surpassed the continental concept of a court as an instrument of construction (interpretation) only, taking on almost Anglo-Saxon qualities in the process. Next to the EC Commission, it thus was the Court that has often given positive impulses to the further integration of the Community.

Chapter 69: The *"European Court of Auditors"*

Apart from the institutions discussed so far, the Community also disposes of a *"Court of Auditors"*. Like similar institutions in most countries, the European Court of Auditors is fully independent of all other organs of the Community both financially and as to personnel. It is charged with controlling both the income and the expenses of the Community and is located in Luxembourg.

Chapter 70: The European Trade-Mark Office

The European *"Trade-Mark Office"* was established in Alicante, Spain, in March 1994 (ist official designation is *"Office for Harmonization in the Internal Market"*, *"OHIM"*). With it, so-called "European" trade-marks can be registered. Such trade-marks are obtained through only one uniform application procedure and, once granted, they provide one uniform trade-mark with an identical scope of protection throughout the whole European Community. Indeed, such a European trademark is the only genuinely supranational intellectual property right that is currently available.
Unlike the institutions discussed so far, the European Trade-Mark Office has ist roots not in the EC Treaty itself but in a regulation based on that Treaty[249].

---

[249] (Council Regulation Nr. 40/94 (EEC) on the Common Trade-Mark of 20.12.1993, O.J. (EC) Nr. L 11 of 14.1.1994, changed by Council Reg. Nr. 3288/94 (EEC) of 22.12.1994, O.J. (EC) Nr. L 349 of 31.12.1994, p. 83.)

An der Organisation des Gerichtshofs wird übrigens der ursprünglich starke Einfluß Frankreichs in der Gemeinschaft besonders deutlich. So gibt es bei ihm z.B. neben den Richtern, dem Kläger und dem Beklagtem selbst in Zivilverfahren zusätzlich immer auch sogenannte Generalanwälte, die das Interesse der Gemeinschaft in dem Verfahren vertreten sollen, eine Institution, die in dieser Form dem Prozeßrecht der anderen Gründerstaaten unbekannt ist. Auch Aufbau und Diktion der Urteile des EuGH lehnen sich stark an die französischen Gepflogenheiten an. Trotzdem hat sich der Gerichtshof durch seine integrationsfreundliche Rechtsprechung andererseits in fast angelsächsischer Manier von einem bloßen Auslegungsorgan geradezu zu einem Motor für das weitere Zusammenwachsen der Gemeinschaft entwickelt.

Kapitel 69: Der Rechnungshof

Das neben Kommission, Rat, Parlament und Gerichtshof vorläufig letzte offizielle Organ der Gemeinschaft bildet der *Rechnungshof*. Ähnlich dem Bundesrechnungshof in Deutschland ist er personell und finanziell völlig unabhängig von den übrigen Organen der Gemeinschaft und hat die Aufgabe, ihre Einnahmen und Ausgaben zu überprüfen.

Kapitel 70: Das Europäische Markenamt

Seit März 1994 ist in Alicante, Spanien, das Europäische Markenamt eingerichtet (offizielle Bezeichnung: *"Harmonisierungsamt für den Binnenmarkt", "HABM"*). Dort können Marken (nach früherer deutscher Nomenklatur *"Warenzeichen"*, z.B. *"4711"* oder *"Ächt Schlenkerla"*) als sogenannte europäische Marken angemeldet werden, d.h., mit einem einheitlichen Anmeldeverfahren wird die Eintragung und damit ein für das gesamte Territorium der Europäischen Gemeinschaft einheitlicher markenrechtlicher Schutz erreicht.
Anders als beispielsweise die EIB oder die EZB hat das Europäische Markenamt seine Grundlage nicht unmittelbar in dem EG-Vertrag selbst, sondern in einer auf der Grundlage dieses Vertrages erlassenen EG-Verordnung[248].
Eine solche europäische Marke ist das derzeit weltweit einzige gewerbliche Schutzrecht von echt supranationaler Dimension.

---

[248] (Verordnung (EG) Nr. 40/94 des Rates über die Gemeinschaftsmarke vom 20.12.1993, ABl. EG Nr. L 11 vom 14.1.1994, geändert durch VO Nr. 3288/94 (EG) des Rates vom 22.12.1994, ABl. EG Nr. L 349 vom 31.12.1994, S. 83).

Chapter 71: The European Patent Office (EPO)

The *"European Patent Office"* (EPO) has ist seat in Munich where the German Patent Office is also situated. The EPO is charged with granting European patents. In contrast to the OHIM (ch. 70), ist legal foundation is a multilateral treaty to which – besides all member-states of the EC – Switzerland, Cyprus and Monaco are also a party. In addition, some East European states recognise patents issued by the EPO if the registrant so wishes[249].

As with European trademarks issued by the OHIM the procedure of registration has been unified with regard to such patents as well. However, with regard to the degree of harmonisation achieved in each of these two cases, there exist two essential differences. *First*, while the application, respectively - in the case of trademarks - registration procedure is indeed unified for both of them, it is only with regard to trademarks that the pertinent rights are actually granted by this one supranational body where the registration takes place. In contrast, the administration of "European" patents, after the application procedure at the EPO has been completed, is transferred to the various national patent offices of the countries to which the application pertains and it is these, rather than the EPO itself, that decide, each for ist territory, whether the relevant patent is actually granted. Accordingly, the *second* essential difference of "European" patents as compared to European trademarks consists in that in the case of the former, not one supranational right is granted that automatically extends over the whole area of all countries that are members of the relevant treaty but that instead what the applicant receives is only a sheaf of several (substantively equal) but still purely national patents each of which is effective in the pertinent country (cf. for all of the above ch. 34, supra).

It is true, a genuine harmonisation of European patent law, along the lines in force with regard to trademarks, has been in the offing since as long ago as 1975 when a truly unified European (in the sense of: EC) patent was envisaged by a draft *"Community Patent Agreement"*. However, that agreement never went into effect.

---

[249] These are the so-called *"extension states"*, viz., Albania, Lithuania, Latvia, Rumania, Slovenia and Macedonia.

Kapitel 71: Das Europäische Patentamt (EPA)

Das Europäische Patentamt sitzt in München, nicht weit von Deutschen Patentamt entfernt. Es registriert und verwaltet europäische Patente. Seine Rechtsgrundlage findet es in dem *"Europäischen Patentübereinkommen"* (EPÜ)[*] , an dem neben sämtlichen Mitgliedsstaaten der EG noch die Schweiz, Zypern und Monaco als Vertragspartner beteiligt sind. Einige weitere Länder[249] haben beim EPA erteilte Patente auch für ihr Territorium als gültig erklärt, sofern der Anmelder seine Anmeldung jeweils auf sie erstreckt. Wie bei den oben erwähnten europäischen Marken ist das Anmelde*verfahren* auch hier europaweit vereinheitlicht. Dennoch bestehen bezüglich des im europäischen Patentrecht erzielten Grades der Vereinheitlichung *zwei* entscheidende *Unterschiede* zu dem im Markenrecht erreichten Stand: *zum einen* ist das Europäische Patentamt - anders als das Europäische Harmonisierungsamt für Marken - nur für die *Entgegennahme* der Anmeldungen zuständig, während die eigentlichen Rechte nicht von ihm selbst sondern von den verschiedenen nationalen Patentämtern all der Länder *erteilt* werden, die der Erfinder in seiner Anmeldung aufgeführt hat, und auf die das Verfahren mit dem Abschluß der Anmeldung übergeht. Dementsprechend besteht der *zweite* entscheidende Unterschied zum Markenrecht darin, daß der Anmelder eines "europäischen" Patents nicht ein supranationales Recht erhält, das sich automatisch auf alle die von der jeweilige Anmeldung erfaßten Länder erstreckt sondern lediglich ein Bündel von ihrem Inhalt nach im wesentlichen identischer, dennoch aber rein nationaler Patente, von denen jedes territorial auf die Grenzen des entsprechenden Landes beschränkt ist. Kurz: anders als im Markenrecht ist bei den Patenten allein das Anmeldeverfahren vereinheitlicht, nicht aber die Erteilung der begehrten Schutzrechte und auch nicht diese Rechte selbst.

Eine weitergehende Vereinheitlichung des europäischen (im Sinne von: EG) Patentrechts entsprechend dem im Markenrecht erreichten Stand (siehe oben, Kapitel 70) war in einem entsprechenden Abkommen zwar bereits 1975 vorgesehen, doch ist dieses bis heute nicht in Kraft getreten.

---

[*] Nicht zu verwechseln mit dem sogleich erwähnten "GPÜ"!
[249] die sogenannten *"Erstreckungsstaaten"*, das sind Albanien, Litauen, Lettland, Rumänien, Slowenien und die ehemals jugoslawische Republik Mazedonien.

PART 10: THE BANKING INSTITUTIONS OF THE EUROPEAN COMMUNITY

Chapter 72: European Monetary Union and The European Central Bank (ECB)

I) Introduction

On January 1st, 1999, responsibility for monetary policy within the EC passed from the national central banks of most - though not all[250]- member-states to the European Central Bank. This bank had been established in Frankfurt/M. and thus became the first organ[251] of the Community to be situated in Germany.

At the same time, the single European currency, the *Euro*, replaced the national currencies of the participants. For practical and political reasons, however, the new currency has been relegated to "secondary" or "book-money", for a grace period of 3 years. Meanwhile, the old national coins and bank-notes will remain in circulation until their final replacement by the new *Euro* notes and coins from 1.1. 2002. Since 1.1.1999, however, the exchange rates of these national currencies have been irrevocably fixed. Since then, the latter are in reality just units of the *Euro* in a different denomination.

II) Advantages of a Single European Currency

1) Economic Advantages

a) Saving Conversion and Hedging Costs

There are obviously several noteworthy economic advantages in having to deal with only one instead of a multitude of different currencies within an economic area. First of all, conversion and hedging cost are avoided (see ch. 10, above)[252]. The corresponding gains were impressively brought home to the European public in a paper of the EC Commission written in the late eighties in preparation for economic and monetary union. In this

---

[250] Greece did not join as it had failed to achieve the stability criteria required for membership by the *Union Treaty of Maastricht*, while the United Kingdom, Denmark and Sweden made use of their right to abstain granted them upon their accession, *"The Economist"* of Oct. 23rd, '99, Survey, p. 11.

[251] Note that the Munich-based European Patent Office just described is not an organ of the European Community as it is based not on the EC Treaty but on a different treaty whose membership is more encompassing than that of the EC!

[252] *"The Economist"* of Nov. 23rd, p. 99, *Survey*, p. 11, and of Nov., 28th., 98, p. 87.

TEIL 10: DIE GELDINSTITUTE DER GEMEINSCHAFT

Kapitel 72: Europäische Währungsunion und Europäische Zentralbank (EZB)

I) Einführung

Am 1. Januar 1999 ging die Verantwortung für die jeweilige Geldpolitik von den nationalen Zentralbanken der meisten – nicht allen[250] – Mitgliedsstaaten der Gemeinschaft auf die Europäische Zentralbank (EZB) über, deren Sitz Frankfurt/M. ist. Die EZB wurde somit zu dem ersten[251] Organ der EG, dessen Sitz in Deutschland liegt.

Gleichzeitig wurden die nationalen Währungen der teilnehmenden EG-Mitgliedsstaaten durch eine neu eingeführte einheitliche europäische Währung ersetzt, den Euro. Sowohl aus praktischen wie auch aus politischen Gründen wurde diese Ablösung jedoch für eine dreijährige Übergangszeit allein auf Buch- bzw. Giralgeld beschränkt, während die nationalen Banknoten und –münzen bis zu ihrer endgültigen Ersetzung durch in Euro denominierte Scheine und Münzen am 1.1. 2002 nach wie vor in Umlauf blieben.

Allerdings sind die Wechselkurse der verschiedenen teilnehmenden Währungen seit dem 1.1. 1999 sowohl im Verhältnis zum Euro wie auch gegenseitig unwiderruflich festgeschrieben. Genau genommen repräsentieren sie auch gar keine unterschiedlichen Währungen mehr sondern stellen seit dem Stichtag des 1.1.1999 nurmehr Einheiten des Euro dar, wenngleich auch in anderer Stückelung und unter anderer Bezeichnung.

II) Vorteile der Europäischen Währungsunion

1) Wirtschaftliche Vorteile

a) Einsparung von Geldumtausch- und Kursabsicherungskosten

Einige bemerkenswerte Vorteile einer einheitlichen gemeinsamen Währung in einem bestimmten Wirtschaftsgebiet liegen unmittelbar auf der Hand: zunächst einmal entfallen die Umtausch wie auch die Wechselkursabsicherungskosten (*"hedging"*, vgl. oben, Kapitel 10)[252]. Die dadurch eingesparten Kosten waren der europäischen Öffentlichkeit in einer Denkschrift der EG-Kommission aus den achtziger Jahren eindrucksvoll vor

---

[250] Griechenland trat nicht bei, da es als einziges Land die entsprechenden Stabilitätskriterien des Maastrichter Unionsvertrages nicht erfüllte. Großbritannien, Dänemark und Schweden machten von ihrem Recht Gebrauch, der Währungsunion zunächst fernzubleiben, *"The Economist"* vom 23. Okt. 99, *Survey*, S. 11.

[251] Das soeben erwähnte Europäische Patentamt ist kein Organ der EG sondern beruht auf einem unabhängig vom EG-Vertrag abgeschlossenen Abkommen, dessen Mitgliedschaft auch über diejenige des EG-Vertrages hinausgeht!

[252] *"The Economist"* vom 23. Nov. 99, *Survey*, S. 11 sowie vom 28. Nov. 98, S. 87.

paper, the costs were added up which a - fictitious - traveller throughout the EC would incur converting his original amount of money at each border crossing without, however, actually spending any of it. It turned out that by the time he returned home he would have lost about half of his money - just by paying exchange fees![253]

b) Greater Resilience Against Economic Shocks

Everybody who has ever had responsibility for a baby knows how much more susceptible they are than an adult to even minimal changes in the outside temperature: scarcely does it become a little warmer, they start sweating, while the slightest cooling requires putting some extra clothing on them. The reason is, among others, that when a body grows larger, its surface - which exposes it to the outside world - increases only quadratically while its volume expands cubically. The latter, however, is responsible for the stability or continuity of that body's temperature. As a result, with every enlargement of the body the ratio between the factor responsible for change and that in charge of continuity becomes ever smaller, thus making for an ever greater overall stability with every increase in size.

Virtually the same effect applies to currencies. The larger the area covered by one particular currency, the less will it be affected by economic crises - whether internal or external. To drive home this point for *external* shocks, imagine a scenario where we have only two currencies the first one of which is ten times as large in terms of the amount in circulation than the second. Imagine, next, that one day investors lose confidence in the long-term stability of the first currency so that all of a sudden 10% of investments held in that currency are converted into the second currency.

---

[253] Today, with 15 members, that loss would amount to ca. 56% of the amount one started with, i.e., of one *Pound Sterling*, say, there would remain after the operation an amount of only 44 *pence*, assuming an average fee of 5% of the amount at issue for each exchange.

Augen geführt worden. In dieser Denkschrift wurden die Kosten vorgerechnet, die einem Reisenden entstünden, der mit beispielsweise einer Mark an Reiseguthaben eine Fahrt durch sämtliche EG-Mitgliedsstaaten beginnt und diesen Geldbetrag, ohne im übrigen etwas auszugeben, in jedem der bereisten Länder in die jeweilige Landeswährung umtauschte. Dabei, so wurde anhand dieses Beispiels vorgerechnet, verlor der Reisende in etwa die Hälfte seines Geldbestandes allein durch die Umtauschkosten[253].

b) Erhöhte Widerstandsfähigkeit gegenüber wirtschaftlichen Einbrüchen

Jeder, der schon einmal Verantwortung für ein Baby getragen hat, weiß, um wieviel empfindlicher diese auf Veränderungen der Außentemperatur reagieren als ein Erwachsener. Kaum wird es auch nur geringfügig wärmer, fangen sie an zu schwitzen, während man ihnen umgekehrt bei der kleinsten Abkühlung bereits wärmere Kleidung anziehen muß. Der Grund für dieses Phänomen besteht u.a. darin, daß die Oberfläche eines jeden Körpers mit der Zunahme seines Volumens quadratisch ansteigt, während das Volumen in der dritten Potenz wächst. Dadurch wird das Verhältnis der Körperoberfläche, mit der und durch die der Körper den Schwankungen in der Außentemperatur ausgesetzt ist, im Verhältnis zu seinem Volumen, der für die Stabilität der körpereigenen Temperatur verantwortlich ist, immer geringer mit der Folge, daß ein Körper Temperaturschwankungen gegenüber mit zunehmender Größe immer unempfindlicher wird.

Durchaus vergleichbare Effekte lassen sich auch bei Währungen beobachten. Je größer eine Währung, genauer: der in einer bestimmten Währung denominierte Geldbestand ist, desto weniger empfindlich reagiert der Wert dieser Währung einerseits auf wirtschaftliche Krisen im Inneren des betreffenden Wirtschaftsgebietes, etwa solchen, die lediglich eine bestimmte Region oder einen bestimmten Wirtschaftszweig betreffen. Gleichzeitig erhöht sich ihre Stabilität nach außen, da wirtschaftliche Veränderungen außerhalb des betreffenden Währungsgebietes der jeweiligen Währung gegenüber umsoweniger Einfluß haben, je größer der betreffende Geldbestand dieser Währung ist. Machen wir uns dies kurz anhand des folgenden Beispiels klar: stellen wir uns vor, es existierten zwei Währungen, von denen die eine den zehnfachen Geldbestand hat wie die andere. Nehmen wir ferner an, daß, etwa infolge bestimmter Unsicherheiten über die künftige wirtschaftliche Entwicklung, 10% der Anleger der großen Währung ihre in dieser Währung denominierten Investitionen abziehen und in die "kleine" Währung transferieren. Damit hat sich die Nachfrage nach den in dieser Währung denominierten Vermögensanlagen schlagartig verdoppelt, mit all den Folgen, die das auf diese Währung und den betreffenden Anlagebestand hat. Wechseln dagegen 10% der Anleger der "kleinen"

---

[253] Heute, mit 15 Mitgliedsstaaten, würde sich der entsprechende Verlust auf c.a. 56% des Startkapitals belaufen, d.h., nach den diversen Umtauschvorgängen verblieben dem Reisenden von seiner 1 DM nur noch 44 Pfennig, bei Zugrundelegung einer durchschnittlichen Umtauschgebühr von 5% pro Wechsel.

Thereupon, demand for the latter currency surges 100%, with correspond-ing repercussions on that currency's exchange rate. In the opposite sce-nario (a 10% conversion from investments held in the second currency into the first one) demand for the first currency will rise by just 1%! All that is to say that the new, unified European currency will likely be much more re-sistant to any change in demand than any of its constituent currencies could ever be on its own[254].

c) Greater Currency Reserves

Another advantage derives from concentrating the reserves of all partici-pating countries in one single institution. Due to its increased foreign cur-rency reserves this institution, the European Central Bank, wields much more power over this common currency's exchange rate than any of its predecessors ever had[255]. This, in turn, discourages speculative behaviour of private investors (whose financial means have not increased to a com-parable extent).

d) A Second International Reserve Currency?

Further, this unified European currency might have the necessary weight to become a second international reserve currency beside the US dollar, with all the advantages[256] and disadvantages[257] this status entails. One such

---

[254] According to experts, the South East Asian currency crisis of 1999, e.g., would have had far more devastating effects on Europe without the single European currency.

[255] Frankly speaking, this is only partly true in the European case: as for all practi-cal purposes, the German *Bundesbank* was so pre-eminent among the members' central banks that it may well be argued it had almost the same amount of power as that wielded under the new regime by the ECB. In fact, the French, or rather: their ruling elite, saw the Europeanisation of monetary policy in the EC as the only practical way for France to escape that country's far-reaching monetary depend-ence on its Eastern neighbour. In contrast to the previous system, the French (and others!), by sharing with Germany the power assigned to the ECB - besides get-ting their hands on the huge stock of foreign currency reserves provided to the ECB by Germany's *Bundesbank* -, for the first time in years can directly co-determine the course of European monetary policy. These interdependencies, for good political reasons, have never been publicised and even less been submitted to public debate or decision!, cf. *"The Economist"*, of Oct. 17, '98, p. 90, inserted article.

[256] One such advantage consists in the fact that, as a lot of people hold their as-sets in that currency, it is readily available for investment purposes (= the financial

Währung in die große Währung, erhöht dies die Nachfrage nach der großen Währung gerade mal um ein Prozent. Mit anderen Worten: die Erhöhung ist vernachlässigenswert!

Die demnach erwartbare höhere Stabilität des Euro gegenüber den früheren Einzelwährungen der teilnehmenden Staaten erleichtert also die Planung für die wirtschaftlichen Akteure in "Euroland" nicht nur bei Binnengeschäften, sondern auch im Verhältnis zu Drittstaaten[254].

c) Größere Währungsreserven

Die Schaffung einer derartigen Währungsunion hätte aber auch noch unter weiteren Aspekten eine stabilisierende Wirkung. Dadurch nämlich, daß die gesamten Devisenreserven aller teilnehmenden Staaten nunmehr einer einheitlichen zentralen Organisation zur Verfügung stehen, nimmt deren Fähigkeit, spekulativem Verhalten Privater wirksam entgegenzutreten, ungeheuer zu[255]. Das wiederum hat den Effekt, solch spekulatives Verhalten im Normalfall gar nicht erst aufkommen zu lassen.

d) Die Einheitswährung als mögliche zweite internationale Reservewährung

Außerdem könnte die vereinheitlichte europäische Währung endlich die nötige Schwerkraft entwickeln, um neben dem US Dollar zu einer zweiten internationalen Reservewährung zu avancieren, mit all den damit verbundenen Vor-[256] wie Nachteilen[257]. Einer der größten Vorteile für das Land,

---

[254] Nach Auffassung vieler Experten hätte sich die südostasiatische Währungskrise in der zweiten Jahreshälfte 1999 ohne den Euro auf die europäischen Währungen ohne den Euro sehr viel verheerender ausgewirkt, als dies so der Fall war.

[255] Offen gesagt, gilt dieses Argument für Europa jedoch nur begrenzt: praktisch gesehen war die Stellung der Deutschen Bundesbank innerhalb des europäischen Zentralbankensystems so übermächtig, daß sich ihre seinerzeitige Macht durchaus (Fast) mit derjenigen der Europäischen Zentralbank vergleichen läßt. Gerade für die Franzosen, genauer: für die französische Elite, stellte damit die Europäisierung der Geldpolitik die einzige praktische Möglichkeit dar, Frankreichs geldpolitische Abhängigkeit von seinem östlichen Nachbarn zu verringern. Durch die Gründung der EZB erhielten die Franzosen nicht nur Zugriff auf die umfangreichen deutschen Währungsreserven, sondern konnten erstmals seit Jahren den europäischen geldpolitischen Kurs wieder mitbestimmen. Diese Zusammenhänge wurden allerdings – wohl aus politischer Rücksichtnahme - so gut wie nie veröffentlicht – und schon gar nicht in der Öffentlichkeit zur Diskussion gestellt, vgl. dazu *"The Economist"* vom 17. Okt. 98, S. 90, eingeschobener Artikel.

[256] Ein solcher Vorteil besteht darin, daß eine große Anzahl von (internationalen) Anlegern ihr Vermögen in der betreffenden Währung hält (d.h. die betreffenden Finanzmärkte sind äußerst liquide) und daß deshalb ausreichend Kapital für alle möglichen Anlageformen (Eigen- wie Fremdkapital) in dieser Währung zur Verfügung steht, vgl. *"The Economist"* vom 21. Nov., 98, S. 75.

advantage - albeit a controversial one - is the capacity to finance one's international debts by simply printing money![258]

e) Greater Intra-European Price Transparency Intensifies Intra-European Competition

Finally, the common currency will make differences in prices much more obvious across member-states and will therefore greatly enhance cross-border competition among all firms situated within this common currency area. The resulting increase in competition is bound not only to benefit consumers but also further to spur economic growth throughout the Community[259].

2) Political Advantages

Even more significant is the political signal emanating from this merging of currencies, as with their various national currencies the peoples of the Community will for the first time in modern history have given up one of the major symbols of national identity - flag, passport, number plate, stamps, national anthem and currency - and replaced it, if grudgingly in part, by a joint European equivalent. This replacement might therefore indeed mark the first step in the process of forging a joint European political identity throughout the peoples united in the European Union (Union in this case, not Community, as this is a *political* issue, not an economic one).

II) Disadvantages of European Monetary Union

Let's then consider the objections to this Single Currency Project. Of these, two different categories must be identified: those directed against the *single currency* as such and those directed against the *European Central Bank* as an institution. We'll look at the latter category first:

---

market for that currency is highly liquid), whether in the form of a loan or as equity, cf. *The Economist"* of Nov. 21st, '98, p. 75.

[257] The main disadvantage is that, once there has been a great deal of international investment in such a "reserve" currency, it again becomes more susceptible to speculative attack.

[258] *"The Economist"* of Nov. 28th, '98, p. 87.

[259] *"The Economist"* of Oct., 24th, '98, p. 107.

das eine solche Reservewährung stellt, besteht darin, daß es seine internationalen Schulden einfach dadurch begleichen kann, daß es zusätzliches Geld druckt bzw. erzeugt (Giralgeld)[258]!

e) Stärkung des Wettbewerbs durch erhöhte trans-europäische Transparenz

Schließlich erleichtert eine einheitliche europäische Währung wesentlich den transeuropäischen Preisvergleich. Diese erhöhte Transparenz dürfte dazu beitragen, den intra-europäischen Wettbewerb entscheidend zu stärken – den entscheidenden Motor wirtschaftlichen Wachstums[259]. Das aber nutzt letztlich wiederum dem europäischen Verbraucher.

2) Politische Vorteile

Von noch größerer Bedeutung als all diese rein wirtschaftlichen Konsequenzen dürfte aber das politische Signal sein, das von einem derartigen Währungszusammenschluß ausgeht. Von allen Symbolen nationaler Identität wie Flagge, Paß, Autokennzeichen, Nationalhymne und, ja, Währung, hat sich somit dieses zuletzt genannte Symbol zu demjenigen entwickelt, das die Völker Europas, wenn auch murrend, zugunsten eines gesamteuropäischen Gegenstücks aufzugeben bereit waren. Diese Ersetzung stellt möglicherweise den ersten Schritt innerhalb der Europäischen Union (ja, Union, und nicht Gemeinschaft) zu einer gemeinsamen europäischen Identität dar, an der alle Völker der Union teilhaben.

II) Nachteile der Europäischen Währungsunion

Wie bereits erwähnt, gibt es freilich auch eine ganze Menge Argumente gegen diese Währungsunion. Diese lassen sich einteilen in solche, die sich gegen die Europäische Zentralbank in deren konkreter Ausgestaltung richten und in solche gegen eine Währungsunion an sich. Zunächst zu den Bedenken gegenüber der EZB als solcher:

---

[257] Der Hauptnachteil besteht darin, daß der hohe Bestand an internationalem Anlagevermögen den zuvor genannten Vorteil, daß die gemeinsame Zentralbank mit ihren erhöhten Devisenreserven spekulativen Währungsgeschäften wirksamer entgegentreten kann, teilweise wieder aufhebt, da die Vermögensmasse, mit der sich diese Bewegungen vollziehen, dann im Zweifel sogar noch stärker zunimmt als der Devisenbestand der gemeinsamen Zentralbank.
[258] *"The Economist"* vom 28. Nov. 98, S. 87.
[259] *"The Economist"* vom 24. Okt., 98, S. 107.

1) Concerns Regarding the European Central Bank (ECB)

a) Inadequate Zeal of the ECB Regarding Currency Stability

aa) Absence of a "Track Record"

Of this second category, probably the most serious objection used to be the fear that the ECB might be less reliable in its anti-inflationary zeal than its famous predecessor had acquired for itself: the German *Bundesbank* whose record in this respect had become almost proverbial. The spokesmen for this concern relied on two arguments:

First, they pointed out that the ECB, at least originally, of course did not have an anti-inflationary track record[260]. Accordingly, they said, it had less authority to convince the money markets of its resoluteness about keeping the Euro's value stable. Such authority is vital, as the reaction of the financial markets is to a large extent determined by psychology. If it is widely believed that the central bank will really stick to keeping domestic prices and/or the currency's exchange rate stable at all costs, there will be no panic sales of that currency and a crisis might simply subside. If, on the other hand, a sufficient number of people is not so convinced, they will start selling that currency, thereby triggering the very result which they are trying to escape. The central bank must then either sacrifice domestic price stability or realign the external value (exchange rate) of its currency.

bb) Influence of Non-German ECB-Staff who do not Share Germany's Historical Experience of Hyperinflation

Second, these critics argue, this - perceived - inflationary danger emanates from the fact that the experience that made the *Bundesbank* so extremely cautious about maintaining the value of the DM, was the hyper-inflation that haunted Germany twice during this century. As this experience, so goes the argument, was unique to Germany, and as there now are nation-

---

[260] Cf. *"The Economist"* of Nov. 7th, '98, p. 14, and Nov. 14th, '98, p. 107. Indeed, this criticism ought by now to be obsolete. After its first year in office it has become clear that the ECB concentrates on internal price stability even more than did the *Bundesbank* before it, cf. DIW Wochenbericht 1-2, 2000, p. 13.

1) Bedenken gegen die Bank selbst

a) Fehlendes Engagement der EZB bezüglich der Geldwertstabilität

aa) Mangelnder historischer Nachweis eines solchen Engagements

Das wohl schwerwiegendste dieser Bedenken dürfte die Angst davor sein, die EZB könnte sich der Erhaltung der (inneren) Geldwertstabilität weniger stark verpflichtet fühlen als das Vorbild, dem sie so weitgehend nachempfunden worden war: die Deutsche Bundesbank, deren in dieser Hinsicht untadelige Haltung geradezu sprichwörtlich geworden war. Diese Angst basiert im wesentlichen auf den folgenden zwei Überlegungen:

Zum einen darauf, daß die EZB angeblich noch über keine historische Referenz verfügt, wie ihn sich die Bundesbank in den langen Jahren ihres Bestehens erarbeitet hat[260]. Dementsprechend, so behaupten die Kritiker der Bank, verfügt sie den Geldmärkten gegenüber voraussichtlich auch über geringere Autorität, mit der sie gerade in Krisenzeiten die Ernsthaftigkeit ihrer Entschlossenheit abstützen könnte, den Geldwert des Euro in jedem Falle stabil zu halten. Diese Autorität ist aber von erheblicher Bedeutung, da die Reaktion aller Märkte – und das gilt gerade für Geldmärkte infolge ihrer enorm hohen Liquidität in ganz besonderem Maße – in großem Umfang von Psychologie bestimmt wird. Solange die überwiegende Mehrheit der Anleger davon überzeugt ist, daß die zuständige Zentralbank den Kurs der von ihr verwalteten Währung unter allen Umständen stabil halten wird, kommt es gar nicht erst zu Panikverkäufen und die Krise geht unter Umständen ohne weiteres von selbst vorbei. Setzt sich dagegen die gegenteilige Überzeugung durch, wird durch die daraufhin stattfindende Flucht aus der für gefährdet gehaltenen Währung genau die Krise herbeigeführt, der alle die entkommen wollen, die versuchen, schleunigst ihr Vermögen aus dieser Währung abzuziehen.

bb) Einfluß nicht-deutschen Personals der EZB, denen Deutschlands historische Erfahrung der Hyperinflation fehlt

Zweitens, so argumentieren die Kritiker, gründete sich die extrem entschlossene Haltung der deutschen Bundesbank auf die historische Erfahrung der Hyperinflation, die Deutschland zweimal in diesem Jahrhundert heimgesucht hat, der aber alle anderen Länder Europas nicht in diesem

---

[260] vgl. *"The Economist"* vom 7. Nov., 98, S. 14 und vom 14. Nov., 98, S. 107. Dieser Einwand ist heute jedoch weitgehend obsolet. Nach ihrem ersten Amtsjahr hat die EZB nämlich bereits unter Beweis gestellt, daß sie den Schwerpunkt der Geldpolitik mindestens im selben Maße auf die Erhaltung der Preisstabilität sieht wie die Deutsche Bundesbank vor ihr, vgl. DIW Wochenbericht 1-2, 2000, S. 13.

als of countries other than Germany on the Board of Europe's mightiest central bank who do not share the same experience, there might evolve within that Board priorities (like fighting unemployment) other than just maintaining price stability. And indeed, certain manoeuvres of French politics right after the establishing of the Bank seemed indeed to vindicate this concern[261].

cc) Counter-Arguments against aa) and bb)

Against these objections it can be submitted that the ECB is indeed even more strongly sworn legally to maintaining price stability than was the *Bundesbank*. Again, there are two reasons for this:

First, it is only the ECB for whom the pertinent statute unequivocally determines the maintenance of price stability to be the one overriding objective (cf. Art. 105 EC Treaty) - at least in theory. Even though the same goal was set for the German *Bundesbank* by § 3 of the German *"Bundesbankgesetz"* (Statute on the *Bundesbank*), through § 12 of the same statute it was at the same time obliged to *"support the general economic policy of the respective government"* which, in turn, by § 1 *"Stabilitätsgesetz"* (German *"Stability Act"*), like all other German monetary

---

[261] Some French politicians originally tried to establish an extra political body – called the *"European Economic and Financial Council"*, or *"Ecofin"*, to which they wanted the ECB to be to a certain extent politically answerable. The intended result would have been that economic goals other than price stability, in particular a high level of employment, might indirectly have become influential on the ECB's policy. However, against the opposition, primarily of Germany, this body, although established, was denied such authority. However, the French initiative did lead to the insertion into the Treaty of Amsterdam of an extra chapter on employment (PART III, Title VIII, Employment, Arts. 125 - 130 EC Treaty, Amsterdam version; cf. *"Gesamtbericht der Europäischen Kommission von 1997"*, EuZW 98, pp. 63 ff.). Besides, in the spring of 2000, France's Prime Minister *Lionel Jospin* started a new initiative along the same lines, this time promoting the role of a body called *"euro-11"* which has so far served as an informal forum where the Euro-member-states of the European Community meet just among themselves before the official meetings of *Ecofin* where the non-Euro-member-states are also represented, cf. *"The Economist"* of May 13th, 2000, p. 78. In a way, the present role of "euro-11" may perhaps be compared to that played by the economic summits held by the so-called G 5 - or G 7 – states in preparation for the plenary sessions of the OECD.

Finally it must be admitted that the anti-inflationary record of the *Banque de France* since the financial reforms carried out by the later President of the European Commission, *Jacques Delors*, has been even more impeccable than that of the German *Bundesbank*!

Ausmaß ausgesetzt gewesen sind. Deshalb ist es nach Auffassung dieser Kritiker durchaus denkbar, daß das nicht-deutsche Personal der Europäischen Zentralbank andere, bei der Ausrichtung ihrer Geldpolitik weniger einseitig auf die Erhaltung des Geldwerts fixierte Prioritäten setzt, sondern auch andere Interessen verfolgt, wie etwa die Erzielung eines höheren Beschäftigungsniveaus, mit entsprechend negativen Auswirkungen auf eben diese Stabilität. Und tatsächlich schienen einige Manöver gerade der französischen Politik, in der Anfangszeit der EZB einen derartigen Verdacht möglicherweise zu rechtfertigen[261].

cc) Gegenargumente gegen aa) und bb)

Diesen Einwänden oder Bedenken läßt sich entgegenhalten, daß die EZB zumindest rein rechtlich sogar noch erheblich stärker auf das Ziel der Erhaltung der Geldwertstabilität verpflichtet ist, als seinerzeit selbst die Bundesbank. Auch das ergibt sich wiederum aus zwei Gründen:
Zum einen ist es von den beiden Banken nur die EZB, die ausschließlich und allein auf dieses Ziel eingeschworen ist (vgl. Art. 105 EG-Vertrag) – zumindest in der Theorie. Zwar war dieses Ziel in § 3 des Bundesbankgesetzes auch für die Deutsche Bundesbank festgeschrieben. Gleichzeitig bestimmte aber § 12 des gleichen Gesetzes, daß die Bundesbank – wenngleich ohne eine entsprechende Weisungsbefugnis der Bundesregierung – dennoch verpflichtet war, im Rahmen ihrer Möglichkeiten deren Wirt-

---

[261] Zeitenweise versuchte Frankreich, ein politisches Gremium zu schaffen, das gemeinsame übernationale Leitlinien der Wirtschaftspolitik vorgeben, und dem gegenüber die EZB in gewissem Umfang rechenschaftspflichtig sein sollte, den sogenannten Europäischen *"Wirtschafts- und Finanzrat"*, kurz *"Ecofin"*. Dieses Organ wurde zwar geschaffen, erhielt jedoch nicht die von Frankreich gewünschten Vollmachten. Ein Ergebnis der in diesem Zusammenhang geführten Diskussion war aber die Einfügung eines zusätzlichen Abschnitts über Beschäftigungspolitik in den EG-Vertrag (Vgl. TEIL III, Titel VIII, Beschäftigungspolitik, Art. 125 – 130 EG-Vertrag, Amsterdamer Fassung, vgl. hierzu "Gesamtbericht der Europäischen Kommission von 1997", SS. 63 ff.). Zu Beginn des Jahres 2000 hat Frankreich unter seinem Premierminister *Lionel Jospin* dann nochmals eine ähnliche Initiative gestartet. Diesmal soll aber die sogenannte *"Euro-11"* diese Funktionen wahrnehmen. Als *"Euro-11"* bezeichnet man derzeit den informellen Rahmen, innerhalb dessen sich die Euro-Mitglieder der Europäischen Gemeinschaft besprechen, bevor die Gemeinschaft insgesamt, also unter Einschluß der Nicht-Mitglieder der Währungsunion, im Rahmen von *Ecofin* Währungsprobleme bespricht. Das Verhältnis von *Euro-11* und *Ecofin* ist also in etwa vergleichbar demjenigen zwischen den Gipfeltreffen der sogenannten G 5- oder G 7 – Staaten zu den Plenarsitzungen der OECD.
Von alledem abgesehen weist die *Banque de France* seit der intensiven Wirtschaftspolitischen Kurskorrektur unter *Jacques Delors* in den frühen achtziger Jahren einen währungspolitischen Stabilitätskurs auf, der denjenigen der *Deutschen Bundesbank* sogar noch übertrifft!

and economic authorities, was sworn to pursuing simultaneously all four - partly conflicting - goals of the so-called *"Magic Quadrangle": "price stability", "full employment"*, an *"even balance of payments"* and, finally, *"economic growth"*.

Second, this unequivocal goal for the ECB is cemented into the EC Treaty itself and thus, on the level of the EC, has constitutional rank which, again, cannot be said of the *Bundesbank*. For the ECB, this means that this goal can only be altered or abolished by unanimous consent of all EC member states - which in practice means it just cannot be changed at all. Contrast this with the *Bundesbankgesetz* which is but an ordinary statute and therefore - again theoretically - is amenable to change or even total abolition by simple parliamentary majority within the German legislature[262].

Thus, at least on the theoretical (i.e., legal or constitutional) level, all that may be done to assure continued price stability under the "reign" of the ECB has been done. It is true, even so the ECB does not (yet) command the same degree of authority with regard to its resoluteness to stick to the goal of "zero inflation" as the *Bundesbank* had earned for itself over the years. Still, with all these legal safety measures properly in place, it seems a little out of place to reject the establishment of a new institution merely on the ground of its very novelty, viz., because of its lacking "track record".

b) Over-Zealousness of the ECB with Regard to Currency Stability

And indeed, paradoxically, it is this very lack on the part of the ECB of a proven policy record that - according to another group of critics - simultaneously gives rise to exactly the opposite concern. These critics fear, not

---

[262] In fact, the single-mindedness of the ECB with regard to maintaining price stability at all costs was recently elevated to constitutional rank even in German domestic law - something that never happened with regard to the German *Bundesbank*. Art. 88 of the German Constitution (*"Grundgesetz"*) in its newly revised form, makes the removal of monetary power from the national central bank onto the European Union's equivalent, the ECB, explicitly dependant on the latter's being thus unequivocally sworn to price stability as its only and overriding goal.

schafts- und Finanzpolitik zu unterstützen. Für die Regierung als politischem Organ legte jedoch § 1 des sogenannten Stabilitätsgesetzes vier grundsätzlich gleichwertige wirtschaftspolitische Ziele fest. Das sogenannte "Magische Viereck" besteht demnach aus den vier wirtschaftspolitischen Zielen "Preisstabilität", "Vollbeschäftigung", außenwirtschaftliches Gleichgewicht" und, schließlich, "wirtschaftliches Wachstum".

Zum zweiten ergibt sich dieses eindeutige definierte Ziel für die EZB direkt aus dem EG-Vertrag selbst, also sozusagen aus der "Verfassung" der Gemeinschaft. Dementsprechend kann diese Aufgabe und die ihr zugewiesene Priorität nur durch einstimmigen Beschluß aller Mitgliedsländer der EG geändert werden, und das bedeutet in der Praxis: sie kann überhaupt nicht geändert werden! All das gilt nicht, oder jedenfalls nicht in demselben Maße, für die Deutsche Bundesbank, deren Aufgaben sich nur aus einem einfachen Bundesgesetz ergeben, das – wiederum theoretisch –durch den deutschen Gesetzgeber mit einfacher parlamentarischer Mehrheit geändert werden kann[262].

Zumindest, was die Schaffung der notwendigen gesetzlichen Grundlagen betrifft, läßt sich daher sagen: alles, was zur Sicherung einer stabilitätsverpflichteten Geldpolitik der EZB getan werden konnte, ist tatsächlich auch gemacht worden. Natürlich ersetzt das nicht ohne weiteres das diesbezügliche, über lange Jahre hinweg erworbene hohe Ansehen der Deutschen Bundesbank. Trotzdem erscheint es vor diesem Hintergrund nicht gerechtfertigt, einer neugeschaffenen Einrichtung allein aufgrund eben dieser Neuheit bzw. wegen ihres fehlenden "track records" von vornherein feindlich gegenüberzustehen.

b) Übereifer der EZB bezüglich der Geldwertstabilität

Und tatsächlich gründen sich paradoxerweise auf diese Überlegung Bedenken anderer Kritiker mit gerade der umgekehrten Stoßrichtung. Anstelle der befürchteten Inflation haben diese Kritiker die entgegengesetzte

---

[262] Dafür hat aber der deutsche Verfassungsgesetzgeber anläßlich der wegen des Maastrichter Vertrages notwendigen Überarbeitung des Grundgesetzes durchgeführten Verfassungsänderungen den einschlägigen Art. 88 des Grundgesetzes dahingehend geändert, daß die Bundesrepublik Deutschland zwar einerseits ermächtigt wird, die bisher bei der Bundesbank ruhenden Befugnisse auf eine gemeineuropäische Zentralbank abzutreten. Diese Abtretungsermächtigung wurde aber gleichzeitig unter die – verfassungsrechtliche! – Bedingung gestellt, daß die betreffende europäische Zentralbank *ausschließlich* auf das geldpolitische Ziel der Preisstabilität festgelegt sein müsse. Im Ergebnis gehen die Anforderungen des deutschen Grundgesetzes an eine diesbezügliche Ausrichtung der EZB also erheblich weiter als sie je bezüglich der Bundesbank selbst gingen, für die derartiges auf verfassungsrechtlicher Ebene nie festgelegt worden war – auch nicht vom deutschen Grundgesetz!

that the ECB will pursue a relentlessly lose inflationary policy but that, on the contrary, it might be tempted to be overzealous in pursuing this goal in order to establish this very track record as fast as possible[263].

c) Lack of Transparency

Further objections that are being raised against the ECB include the concern that it - allegedly - lacks a certain transparency, as it does not publish in writing the minutes of its policy meetings nor the votes cast by its individual members with regard to certain questions[264].

d) Lack of Accountability

Another criticism is that the ECB is not made answerable to any European governmental institution nor to the European Parliament and therefore lacks proper accountability and thus, ultimately, the necessary moral and democratic legitimacy[265]. In fact, though, the ECB does at least have the duty to submit to the Council, the Commission and the European Parliament an annual report on its monetary policy regarding the passed and current year which is then subject to open discussion within these organs (Art. 113 ECT).
We will however not go into these two criticisms in any detail.

2) Concerns Regarding the Idea of European Monetary Union as Such

a) General Problems inherent in any Currency Union

For the problems inherent in having one unified currency for any territory of a considerable size, see Chapter 10 II1, above. Thus, in the following, we will restrict ourselves to pointing out the problems that - allegedly - are specifically "European" in nature (in the sense of EC).

---

[263] Cf. Wochenbericht DIW 1-2, 2000, p. 13.

[264] *"The Economist"* of Oct. 23rd, '99, p.36, Besides, whether the public statements made by some other central banks really always provide the necessary clarity is at least open to doubt. Thus the chairman of America's *Federal Reserve Bank* has been quoted as commenting on some question as follows: *" I know that you believe you understand what you think I said, but I am not sure you realise that what you heard is not what I meant"*, *"The Economist"* of May 13th, 2000, p. 83.

[265] *"The Economist"* vom 31. Okt. 98, S. 89.

Sorge, nämlich die, daß die EZB versucht sein könnte, unter übermäßiger Vernachlässigung aller anderen verfolgenswerten Ziele der Geldpolitik sich ausschließlich der Geldwertstabilität zu verschreiben, um diesen fehlenden "track record" sozusagen "wettzumachen".

Dazu läßt sich nach dem ersten "Dienstjahr" der EZB feststellen, daß jedenfalls bisher, wenn überhaupt, diese letztere Sorge mehr begründet zu sein scheint als die umgekehrte Sorge vor einer übermäßigen Inflation[263].

c) Fehlende Transparenz

Schließlich wird gegen die EZB noch eingewandt, daß ihr – angeblich – die erforderliche Transparenz fehle, da sie nicht verpflichtet ist, die Protokolle ihrer Sitzungen zu veröffentlichen und auch nicht das Abstimmungsverhalten ihrer jeweiligen Vorstands?-Mitglieder zu einzelnen Sachfragen bekanntgeben[264].

d) Fehlende Verantwortlichkeit

Ein weiterer Kritikpunkt besteht darin, daß der EZB kein vollwertiges Regierungsorgan auf europäischer Ebene gegenübersteht, dem gegenüber sie sich zu verantworten hat. Dadurch fehle ihr die notwendige sowohl moralische wie auch demokratische Legitimation[265].

Immerhin hat die EZB sowohl dem Europäischen Rat wie auch der Kommission und dem Europäischen Parlament jährlich einen Bericht über ihre im jeweils vergangenen Jahr verfolgte als auch über die für das kommende Jahr geplante Geldpolitik vorzulegen, die beide Gegenstand einer offenen Diskussion innerhalb dieser Organe sind (Art. 133 EG-V).

Nachdem diese beiden Angriffspunkte jedoch eher beiläufiger Natur sind, wollen wir sie an dieser Stelle nicht vertiefen.

2) Bedenken gegen das Konzept einer Währungsunion als solches

a) Allgemeine Probleme und Nachteile einer gemeinsamen Währung

Für die allgemeinen, also nicht EG-spezifischen Probleme, die eine einheitliche Währung für ein nicht ausreichend homogenes Wirtschaftsgebiet mit sich bringt, vgl. oben, Kapitel 10 II 1.

---

[263] vgl. den Wochenbericht des DIW 1-2, 2000, S. 13.

[264] *"The Economist"* vom 23. Okt., 99, S. 36. Dazu kommt, daß die öffentlichen Äußerungen anderer wichtiger Zentralbanken auch nicht immer zur erforderlichen Klarheit beitragen. So wird etwa der Vorsitzende der amerikanischen *Federal Reserve Bank* wie folgt zitiert: *"Ich weiß, daß Sie glauben, verstanden zu haben, was Sie glauben, das ich gesagt habe. Ich bin mir allerdings nicht im klaren darüber, ob Ihnen eigentlich bewußt ist, daß das, was Sie gehört haben, keinesfalls das ist, was ich gemeint habe!"* vgl. *"The Economist"* vom 13. Mai 2000, S. 83

[265] *"The Economist"* vom 31. Okt. 98, S. 89.

b) The EC does not constitute an ideal "Currency Area"

Perhaps the main criticism directed against the idea of a common currency area as such is that, even though a common currency does in principle bring a lot of advantages, this is so only if certain conditions are satisfied. This, so goes the argument, is not the case in the European Community. According to this opinion, the central one of these conditions is a certain economic homogeneity throughout the territory covered by this single currency[266]. Otherwise the resulting centralisation of monetary policy will do more harm than good by taking away the participants' ability to react individually to economic shocks that affect only (or primarily) their respective territories. Thus, imagine that in, say, Germany, the main economic concern at a certain time is high unemployment warranting a more expansionary monetary policy, while exactly the opposite might be true in France whose main problem at that time is a stubbornly high inflation (as was the case in the late seventies and early eighties) which requires the tightening of the money supply. Under these circumstances, obviously, neither country can pursue a monetary policy tailored to its own specific needs and/or preferences if they share a common currency. In other words: the centralisation of monetary policy brought about by the Single Currency makes sure that whatever monetary policy the Bank may pursue, it is certain to be the wrong policy - for at least a considerable part of this currency union![267] Well, one is tempted to reply, isn't that an argument against *any* currency union covering an economic area of a certain size? How about the United States, for example? Does'nt the U.S. fare pretty well economically, in spite of, or rather: *because* of, its common currency? Is it not the greenback, of all the popular elements of American life, that has become the symbol of American wealth and power? Granted, say the critics of European currency union, but that is so only because certain conditions that are crucially important for a unified currency to work are fundamentally different there from those existing in Europe. Due to differing history, culture and attitudes, the economies of the European countries are much more different from each other than those of the various states forming the American union, thereby rendering the disadvantages of such a union (see above for what these are) much more easily tolerable in the U.S. than in Europe[268]. Furthermore, certain factors that usually alleviate shocks af-

---

[266] *"The Economist"* of Oct. 16th '99, p. 108.
[267] *"The Economist"* of Oct. 24th, '98, p. 108 and of Oct. 11th, 97, p. 26.
[268] *"The Economist"* of Oct. 24th, '98, p. 107.

b) Speziell EG kein geeignetes Gebiet für eine Währungsunion

Zwar geben auch die Kritiker einer europäischen Währungsunion zu, daß eine gemeinsame Währung grundsätzlich bestimmte Vorteile mit sich bringt. Nach ihrer Auffassung setzt dies jedoch bestimmte Bedingungen voraus, die im Falle der Europäischen Gemeinschaft nicht erfüllt sind. So lassen sich beispielsweise diese Vorteile nach dieser Auffassung nur dann realisieren, wenn die wirtschaftlichen Bedingungen in dem gesamten Währungsgebiet eine bestimmte Homogenität aufwiesen[266]. Andernfalls schade eine gemeinsame Währung mehr, als daß sie nutze, da durch die mit ihr verbundene Zentralisation den früher selbständigen Währungsgebieten die Möglichkeit genommen werde, eine auf ihre speziellen Vorlieben und Bedürfnisse zugeschnittene Geldpolitik zu betreiben. Wenn zu einem gewissen Zeitpunkt beispielsweise etwa in Deutschland aufgrund der dortigen hohen Arbeitslosigkeit eine vergleichsweise expansive Geldpolitik angezeigt sei, könne es gut vorkommen, daß die Verhältnisse beispielsweise in Frankreich genau die umgekehrte Geldpolitik nahelegten – dann etwa, wenn dort weniger die Arbeitslosigkeit als vielmehr eine hohe Inflation das dringendste Problem darstelle. In einer solchen Lage werde durch die von der Währungsunion herbeigeführte Zentralisation der Geldpolitik sichergestellt, daß diese Geldpolitik in jedem Falle verkehrt sei – jedenfalls für einen erheblichen Teilbereich des gemeinsamen Währungsgebietes[267].

Gegen dieses Bedenken mag man freilich einwenden, daß dies dann ja für jedes andere auch nur etwas größere Währungsgebiet in gleichem Umfange gelten müßte, zum Beispiel für die USA. Stellt aber nicht gerade der Dollar das weltweite Symbol amerikanischer Macht und amerikanischen Wohlstands dar? Richtig, erwidern die Gegner der Währungsunion, doch sind die Verhältnisse in den USA mit denen innerhalb des Euro-Währungsgebietes nicht vergleichbar. Den europäischen Ländern fehlt nämlich aufgrund der unterschiedlichen Sprachen, ihrer unterschiedlichen Geschichte und aufgrund der Unterschiede ihrer Kultur wie ihrer Wirtschaft eben die eingangs erwähnte und für das Funktionieren einer derartigen Währungseinheit unverzichtbare Homogenität. Die schon dadurch bedingten Nachteile Europas im Vergleich mit den USA werden darüber hinaus noch dadurch erheblich verstärkt, daß in Europa bestimmte Faktoren fehlen, die in den USA gegeben sind und die die Absorption regional begrenzter Schocks wesentlich erleichtern. Dazu gehört etwa die schon aufgrund der einen gemeinsamen Sprache wie auch der relativ einheitlichen Lebensverhältnisse innerhalb der USA im allgemeinen wesentlich höhere geographische Mobilität der Arbeitskräfte. Dadurch wird nicht nur die Arbeitslosigkeit in den jeweils gerade weniger florierenden Teilen der USA gemildert sondern umgekehrt ein Überschießen der Lohnkosten in den boomenden Gegenden verhindert oder zumindest verringert und damit gleichzeitig die hohen finanziellen wie sozialen Kosten entscheidend

---

[266] *"The Economist"* vom 16. Okt. 99, S. 108.

[267] *"The Economist"* vom 24. Okt., 1998, S. 108 und vom 11.Okt. 1997, S. 26.

fecting only parts of a currency union are almost entirely lacking in Europe. So, within a full political and economic union like the United States, the uniformity of living conditions in general as well as a common language shared by all its inhabitants make for an easy migration of workers from those parts of the country that are suffering an economic depression to those where the economy is booming[269]. Through this mechanism, the problem of high unemployment and the financial and social costs associated with it are greatly alleviated in the depressed region, while the excessive wages that would otherwise ensue in the thriving part of the country are simultaneously driven down to a more viable level. In Europe, practical difficulties like the treatment of social security benefits, and the recognition of professional qualifications earned in another member-state, cultural differences and prejudices of all kinds, and not least the language barrier render this almost impossible.

But, as the critics of this union point out, even this is not all. While they criticise the new currency union for the very centralisation it entails, on the other hand the economic centralisation in Europe for them does not go far enough, as it does not also encompass taxation and the budget[270]. As for this line of thought, the argument runs as follows: in a currency union which covers only one country, apart from the relative ease of the internal migration of labour, it is the centralisation of these instruments of economic policy, that relieves a lot of the tension among the various regions. Under such a system, through the higher taxes (both corporate and individual) paid in the booming regions and the simultaneous high expenditures by the central government in the poorer regions (unemployment benefits, subsidies and increased spending on infrastructure), a considerable transfer of wealth is almost automatically brought about from the rich regions of such a union to its poorer ones[271]. As in the EC both taxation and governmental expenditure are still overwhelmingly conducted not on

---

[269] *"The Economist"* of Oct. 16th, '99, p. 108.

[270] To be sure, there *are* certain wealth transfers even within the European Community, the most important of which is the *"Common Agricultural Policy"* (CAP) by which certain countries (especially France) receive huge net payments from other members (Germany and, to a lesser extent, the U.K). A further such instrument is the development aid granted to the Community's poorer regions by the European Investment Bank (see ch. 73, infra) and in particular, the so-called *"Cohesion Fund"*, basically a net payment from the North of the Community to its South. However, unlike the effects of centralised taxation in a really federal state, not only are all these payments relatively unresponsive to any short-term changes in prosperity in the various regions, in their absolute amounts they come nowhere near the transfers effected by such centralised taxation.

[271] Although it is doubted by some that such transfers are actually carried out to a sufficient extent in, e.g., the U.S..

vermindert, die jede Art der Arbeitslosigkeit unweigerlich mit sich bringt[268]. Von einer derart hohen Mobilität der Arbeitskräfte zwischen den Mitgliedsstaaten der EG ist Europa dagegen nicht allein aufgrund der so anderen tatsächlichen Gegebenheiten (Sprache, Kultur) noch weit entfernt sondern auch infolge der noch immer bestehenden erheblichen Schwierigkeiten bei der gegenseitigen Anerkennung von jeweils in den anderen Mitgliedsstaaten erworbenen beruflichen Qualifikationen wie auch bei der Übertragung von in einem Land erarbeiteten Sozialversicherungsansprüchen in ein anderes[269].

Schließlich bemängeln die Kritiker des mit der Währungsunion verbundenen Zentralismus zugleich auch noch einen weiteren Umstand, der paradoxerweise jedoch gerade damit zu tun hat, daß die geplante Zentralisation andererseits – angeblich - nicht weit genug gehe. Dies begründen sie damit, daß in Europa, anders als in den USA, nicht auch Besteuerung und Staatshaushalt zentral über die EG[270] sondern nach wie vor fast vollständig allein von deren Mitgliedsstaaten durchgeführt bzw. festgelegt werde. Dadurch trete hier – wiederum im Gegensatz zu den USA – ein anderer Effekt nicht ein, der die Unterschiede in der wirtschaftlichen Entwicklung in den einzelnen der Währungsunion angeschlossenen Regionen dort entscheidend mildert: über die zentrale Steuererhebung würden nämlich die relativ hohen Einnahmen (sowohl privat als auch gewerblich) in den florierenden Gebieten automatisch jedenfalls teilweise abgeschöpft und zugleich, durch eine entsprechende regional ausgerichtete Ausgabenpolitik (Arbeitslosenunterstützung; Subventionen sowie entsprechend verstärkte staatliche Wirtschaftstätigkeit) auf zentraler Ebene, die Krise in den benachteiligten Gebieten wesentlich aufgefangen[271].

---

[268] *"The Economist"* vom 24. Okt., 1998, S. 107.

[269] *"The Economist"* vom 16. Okt., 1999, S. 108.

[270] Immerhin gibt des auch in der Europäischen Gemeinschaft in gewissem Umfang derartige Wohlstandstransfers. Der weitaus bedeutendste von diesen findet im Rahmen der Gemeinsamen Landwirtschaftspolitik statt, über die gewisse Länder (allen voran Frankreich) erhebliche Nettozahlungen von bestimmten anderen Ländern (vor allem Deutschland, in geringem Umfang auch Großbritannien) erhalten. Ein weiteres derartiges Instrument ist die Regionalhilfe, die Europas ärmeren Regionen über die Europäische Investitionsbank (vgl. hierzu Kapitel 73) zuteil wird. Schließlich bleibt noch der sogenannte Kohäsions-Fonds zu erwähnen, der im wesentlichen auf Zahlungen der nördlichen Mitgliedsstaaten an diejenigen im Süden hinausläuft. Im Gegensatz insbesondere zu einer zentral durchgeführten einheitlichen Besteuerung sind all diese Zahlungen relativ wenig flexibel bzgl. irgendwelcher kurzfristigen Änderungen in dem Wohlstand der einzelnen Regionen. Davon abgesehen sind sie auch ihrem absoluten Umfang nach wesentlich geringer als es die Effekte einer zentralen Besteuerung in einem echten Bundesstaat sind.

[271] (ob allerdings ein derartiger Transfer beispielsweise in den USA in ausreichendem Umfang erfolgt, mag durchaus bezweifelt werden).

the central level of the Community itself but by its members hardly any such safety valve exists.

c) Exacerbation of the Problem through the *"Stability and Growth Pact"*[272]

The difficulties stemming from all of the above, according to the currency union's critics, are exacerbated further by the so-called *"Stability and Growth Pact"* established, upon German insistence, in mid-1997[273]. This pact in fact is not what its name suggests, viz., an international agreement, but has found its legal expression in two regulations and one resolution, all of them issued by the European Council[274]. Ist, respectively their, content is as follows: for *one* thing, it defines much more clearly the levels of deficit a member-state may accumulate either in its annual budget or as an aggregate of overall governmental debt. *Second*, it also provides for strict penalties to be imposed on any non-complying member. Finally, it bans the ECB as well as the governments and central banks of the member countries from bailing out a fellow member-state that has got itself into trouble by violating these rules.

The aim of these prohibitions is obvious: they are designed to prevent the kind of moral hazard last to be observed in the South East Asian debt crisis of 1999 with regard to the IMF[275]. However reasonable this prohibition may at first appear, it is not without problems of its own. What happens, for example, if its deterrent effect fails and a country – for whatever reason – indeed encounters a debt crisis? Then the provisions just outlined not only prevent it from taking the only measures with which it might overcome that crisis, namely, from stimulating its economy by increased public spending,

---

[272] For a well-written and comprehensive overview of the history and content of the *"Stability and Growth Pact"* see *Hugo J. Hahn, CMLR* 35, 1998, pp. 77 ff.

[273] The idea of such a pact was first developed in a memorandum issued by the German Finance Ministry in November 1995, cf. *H. J. Hahn, "The Stability Pact for European Monetary Union: Compliance with deficit limit as a constant legal duty"*, ibid..

[274] For details see *Hahn*, ibid.

[275] *"The Economist"* of Oct.. 24th., '98, p. 198 (inserted article).

c) Verschärfung des Problems durch den "Stabilitäts- und Wachstumspakt"[272]

Die aus alledem resultierenden Schwierigkeiten werden nach Meinung der Kritiker der Währungsunion schließlich noch durch den sogenannten "Stabilitäts- und Wachstumspakt" weiter verschärft, den insbesondere auf Drängen Deutschlands hin Mitte 1997 zustandekam[273]. Entgegen seiner Bezeichnung als "Pakt" handelt es sich bei diesem Instrument dabei in Wirklichkeit gar nicht um einen solchen, also um ein internationales Abkommen, sondern vielmehr um zwei Verordnungen sowie eine Resolution des Rats der EG[274]. "Er" hat vor allen Dingen die folgenden beiden Punkte zum Inhalt: *zum einen* wird in ihm die Höhe des den Mitgliedsstaaten der Währungsunion jeweils erlaubten jährlichen Haushaltsdefizits sowie die erlaubte Maximalhöhe der staatlichen Gesamtverschuldung erheblich genauer definiert als im EG-Vertrag selbst. *Gleichzeitig* sind dort auch konkrete Strafen für eine Übertretung dieser Regelungen sowie Maßnahmen für deren Durchführung vorgesehen.

All dies soll dazu dienen zu verhindern, daß die Regierungen der einzelnen Mitgliedsstaaten eine übermäßige Staatsverschuldung zulassen bzw. verursachen im Vertrauen darauf, die EG bzw. die Regierungen der übrigen Mitgliedsstaaten würden schon einspringen, bevor sie den Konkurs des Staatshaushaltes eines ihrer Mitgliedsstaaten zuließen[275]. Um einer solchen Kalkulation von vornherein die Grundlage zu entziehen, verbietet der Stabilitätspakt den anderen Regierungen wie auch der EG ausdrücklich eine derartige Rettungsaktion: Darüber hinaus legt er auch noch strenge Strafen fest, die die Regierung eines solchen "verschwenderischen" Staates in einem solchen Falle zu entrichten hat.

Dabei ist die Sinnhaftigkeit dieses "Abschreckungsinstruments", so einleuchtend es auf den ersten Blick erscheinen mag, durchaus zweifelhaft. Was nämlich sind seine Folgen, wenn sein abschreckender Effekt doch einmal versagen sollte? Dann entzieht es der betroffenen Regierung ausgerechnet die allerletzten Mittel, mit denen sie der Krise eventuell noch Herr werden könnte, nämlich das Geld, mit dem es ggf. seine Wirtschaft durch vermehrte öffentliche Ausgaben wieder in Schwung bringen könn-

---

[272] ein gut geschriebener und recht vollständiger Überblick zu diesem Pakt und seiner Geschichte findet sich in: *Hugo J. Hahn, "The Stability Pact for European Monetary Union: Compliance with Deficit Limits as a Constant Legal Duty"* in: *Common Market Law Review* 35, 1998, SS. 77 ff.

[273] Die Idee eines solchen Paktes wurde erstmals im November 1995 in einem Gutachten des deutschen Finanzministerium entwickelt, siehe *H. J. Hahn,"The Stability Pact for European Monetary Union: Compliance with deficit limit as a constant legal duty"*, ibid..

[274] eingehend dazu *Hahn*, aaO.

[275] *"The Economist"* vom 24. Okt. 98, S. 108 (eingeschobener Beitrag).

but on the contrary make the country in question even more "bankrupt" by requiring it to pay a financial penalty at a time when it can least afford it[276], providing, at the same time, a convenient scapegoat to its politicians to blame for their county's dire situations . Accordingly, reckon the currency union's – or at least the *Stability Pact's* – critics, the principal idea on which it is based may be the right economics for the ordinary housewife to pursue but it certainly is not the right recipe for steering a complex modern economy out of troubled waters!

Under such conditions, the proponents of this opinion conclude, it is not a very good idea, to say the least, to have a currency union in place.

IV) Conclusion

Incomplete as our discussion of the advantages and disadvantages of European currency union has been, it clearly shows that the overall economic balance of this great experiment is far from obvious. Under these circumstances its purely political implications of course obtain even more weight. If one views positively the idea of European integration - both economic and political - as does the author - then European monetary union simply *must* be made a success: not only is it a grand economic concept, it is first of all its enormous symbolic value that can help to advance European integration. Such an extra motor for integration seems all the more necessary as the Union stands before possibly the most difficult tasks in its history: the integration of the Eastern European countries, while at the same time the most important glue that used to keep Western Europe tightly together, has disappeared without leaving behind any substitute of a similarly cohesive power: the Red Army!

---

[276] *"The Economist"*, ibid.

te[276]. Kurz: nach Auffassung der Kritiker der Währungsunion, und dabei insbesondere der des "Stabilitätspakts", mag die ökonomische Theorie, auf der der Pakt basiert, für das Verhalten einer privaten Hausfrau durchaus geeignet sein – um eine ins Schlingern geratene Volkswirtschaft in all ihrer Komplexität aus der Krise zu führen, taugt sie dagegen keinesfalls. Ganz im Gegenteil, so sagen sie, erhöht der Pakt sogar noch den Anreiz zu einer übermäßigen Geldausgabe auf Seiten einer unverantwortlichen Regierung, anstatt ihn zu vermindern. Indem er ihnen in Form der erwähnten finanziellen "Strafen" nämlich in Zeiten der Krise noch die letzte denkbare Rettungsmöglichkeit entzieht, enthebt er sie zumindest teilweise zugleich von der Verantwortung für die auftretenden Probleme und verschafft ihnen noch dazu einen plausiblen Sündenbock.

Die politischen Spannungen, die sich aufgrund all dieser Umstände gerade in Zeiten der Not in der Gemeinschaft aufbauen werden, werden sicherlich gewaltig sein; im Extremfall könnten sie gar zu einer Auflösung der Gemeinschaft führen.

Unter solchen Umständen, so folgern die Vertreter der soeben referierten Kritikpunkte, ist von einer Einführung der Währungsunion abzuraten.

IV) Zusammenfassung

Natürlich konnte unsere Darstellung bestenfalls einen groben Überblick über die verschiedenen Argumente für und gegen die Einführung des Euro wie auch die Ausgestaltung der Europäischen Währungsunion vermitteln. Eines sollte indes dabei klar geworden sein: die wirtschaftlichen Fragen, die sich in diesem Zusammenhang stellen, sind äußerst komplex und sicherlich nicht vom akademischen grünen Tisch aus zuverlässig zu beurteilen.

Gerade wenn die rein fachlich-sachlichen Überlegungen kein eindeutiges Ergebnis nahelegen, kommt es für die Beurteilung der Währungsunion entscheidend auf die gesamtpolitischen Auswirkungen dieses Projekts an. Steht man der Integration der europäischen Völker im Rahmen der EG grundsätzlich positiv gegenüber, muß die Währungsunion einfach zum Erfolg gebracht werden: zum einen ist sie ein ganz großer wirtschaftspolitischer Wurf, zum anderen ist sie und ihr Gelingen von einer gar nicht zu überschätzenden symbolischen Bedeutung für das weitere Zusammenwachsen Europas. Ein solcher Zusatzmotor der Integration ist umso notwendiger, als die Gemeinschaft vor ihrer möglicherweise schwierigsten Aufgabe während der gesamten Zeit ihrer Existenz steht: die Aufnahme der osteuropäischen Staaten zu einer Zeit, in der das entscheidende zusammenschweißende Element, welches bis vor kurzem die tragende Motivation für das immer weiter fortschreitende Zusammenwachsen Westeu-

---

[276] *"The Economist"*, aaO.

Chapter 73: The *"European Investment Bank"* (EIB)

The *European Investment Bank* is a common institution of the member-states of the European Community founded with the European Community itself in 1958 and is based in Luxembourg. Ist legal foundation is to be found in Arts. 266 f. EC Treaty.

For readers familiar with Anglo-Saxon banking terminology, the EIB's name is rather confusing: in contrast to what one might expect from its designation as an "investment bank", its tasks have nothing to do with what investment banks ordinarily do, viz., raising, purchasing and selling equity capital for other firms and private investors.

Rather, it finances for the Community projects with a "European dimension" like the Channel Tunnel, the bridge connecting Denmark to Sweden, a new railway tunnel through the Gotthard mountain in Switzerland and coordinating European air traffic control. its tasks further encompass assisting its disadvantaged regions, improving infrastructure and communication and promoting European competitiveness. Since about the mid-nineties it has also taken to supporting projects in Eastern Europe.

The money for all this is obtained by taking out loans from the international financial markets where it is granted excellent conditions due to its first–class repayment record.

In this, as well as in many other respects, there are many parallels to the World Bank, except that the EIB grants its loans not to governments or state agencies but to private enterprises. It can thus best be compared to the IFC on the global level (cf. ch. 15, supra). In order not to distort private incentives for the efficient use of resources, the maximum percentage of the total costs it finances is 50%, while the remainder may be financed partly by non-repayable grants provided by other funds or by the EC itself with its famous "cohesion fund".

ropas bildete, ersatzlos von der Bildfläche verschwunden ist: Die Rote Armee!

Kapitel 73: Die *"Europäische Investitionsbank"* (EIB)

Die *Europäische Investitionsbank* in Luxemburg ist eine gemeinsame Institution der Mitgliedsstaaten der Europäischen Gemeinschaft. Sie wurde gleichzeitig mit der Gemeinschaft im Jahre 1958 gegründet und findet ihre Rechtsgrundlage in Artt. 266 ff. EGV:

Dabei handelt es sich bei ihr nicht um eine *"investment bank"* im angelsächsischen Sinne, also eine Bank, die sich auf die Erstausgabe sowie auf den Handel mit Eigenkapitalanteilen (Aktien) spezialisiert hat. Ihre Aufgabe besteht vielmehr in der Finanzierung von Projekten mit europäischer Dimension, wie etwa die Brücke über den Belt zwischen Dänemark und Schweden, eine neue Eisenbahnbrücke durch den Gotthard in der Schweiz oder die Koordination der europäischen Luftraumüberwachung. Darüber hinaus obliegt ihr die Unterstützung der benachteiligten Regionen in Europa, die Verbesserung der Infrastruktur und der Kommunikation sowie die Förderung der europäischen Wettbewerbsfähigkeit Seit etwa Mitte der neunziger Jahre unterstützt sie darüber hinaus auch verschiedene Projekte in Osteuropa. Das dafür erforderliche Geld erhält sie auf den internationalen Kapitalmärkten, die sie dort infolge ihres hervorragenden Rückzahlungsrufs zu erstklassigen Konditionen erhält.

Insoweit, wie auch in vielerlei anderer Hinsicht bestehen viele Parallelen zwischen ihr und der Weltbank, außer das die EIB ihre Kredite nicht an Regierungen vergibt sondern an private Unternehmen. Das ihr ähnlichste Äquivalent auf globaler Ebene ist somit die IFC (vgl. Kapitel 15). Allerdings finanziert die EIB maximal 50% der von ihr geförderten Projekte, um ein gewisses unternehmerisches Eigeninteresse der übrigen an solchen Projekten Beteiligten aufrechtzuerhalten. Umgekehrt kann der Restanteil aber auch in Form von nicht-rückzahlbaren Subventionen finanziert werden, etwa durch den bereits angesprochenen Kohäsionsfonds.

Chapter 74: The *"European Bank for Reconstruction and Development"* (EBRD)

Upon the initiative of French President *François Mitterand* the *"European Bank for Reconstruction and Development"* (EBRD) was founded in 1990. The similarity of its name with that of the World Bank whose official designation is *"International Bank for Reconstruction and Development"* (IBRD) (cf. ch. 15, above) is not accidental but was deliberately chosen to emphasise the similarity of their tasks: the reconstruction of Europe! The original IBRD, due to the political situation in the immediate post-war period, had to restrict its support to the Western half of Europe and even there was soon to be displaced by the American *Marshall Plan* which was administered by the OEEC. The EBRD, in contrast, has focused entirely on Eastern Europe including the successor-states of the former Soviet Union.

Ist task is to support these countries in every way possible in their difficult transition towards democracy and a market economy. Unlike the IBRD which was financed almost exclusively by the United States, the EBRD is a European institution which is to a large extent financed by the Western European states. The US, Japan and, on a small scale, South Korea are also "underwriters", as are the European Community itself plus the EIB (see ch. 73, above) – its only member which is not a state.

According to its market orientation, the EBRD prefers to support privately initiated projects. However, due to the existing structure of the East European economies, that is often not possible. Therefore, during a certain transition period, state-owned or state-organised projects are not in principle ineligible for the Bank's support. Such assistance can take many forms: it may involve advising about the privatisation and decentralisation of industry, the extension of credits for certain infrastructure projects or the promotion of medium-sized businesses. Further goals include the establishment of functioning capital markets (e.g., stock exchanges), the improvement of the environment and, finally, the drafting of model laws in areas of particular importance for these countries.

As meanwhile the EIB has extended its original area of responsibility to Eastern Europe, there is now a certain overlap in their tasks between the EIB and the EBRD

The EBRD is situated in London and has branch offices in virtually all East European countries.

Kapitel 74: Die *"Europäische Bank für Wiederaufbau und Entwicklung"* (European Bank for Reconstruction and Development, EBRD)

Auf Initiative des französischen Präsidenten *Mitterand* wurde die EBRD von den Mitgliedsstaaten kurz nach dem Fall der Mauer in London gegründet. Sie verfügt in nahezu allen osteuropäischen Ländern über Niederlassungen. Anders als die EIB ist sie allerdings keine unmittelbare Einrichtung der EG, sondern hat ihre Rechtsgrundlage in einem Abkommen außerhalb des eigentlichen EG-Vertrages. Mit ihrem Namen knüpft sie ganz bewußt an die offizielle Bezeichnung der "Weltbank" (*"International Bank für Reconstruction and Development"*) an und bringt damit ihre satzungsmäßige Aufgabe zum Ausdruck, die in der – vor allem finanziellen, aber auch organisatorischen und sonstigen – Hilfe beim Wiederaufbau Europas besteht, wenngleich diesmal, anders als nach dem Zweiten Weltkrieg, seiner östlichen Hälfte.

Im Gegensatz zur Weltbank, die fast zu hundert Prozent durch die Vereinigten Staaten finanziert worden war, wird die EBRD zum großen Teil von den westeuropäischen Ländern getragen, doch sind neben diesen auch die USA, Japan und in kleinem Umfang Südkorea an ihr beteiligt. Dazu kommen als weitere Mitglieder sowohl die EG selbst als auch die EIB, das einzige Mitglied der EBRD, das kein Staat ist.

Entsprechend ihrer marktwirtschaftlichen Ausrichtung unterstützt sie primär private Initiativen unterschiedlichster Ausprägungen. Weil aber in vielen Bereichen private Unternehmen in Osteuropa schlechterdings nicht existieren, sind Kredite auch an Staatsunternehmen nicht von vornherein ausgeschlossen. Gerade hier umfaßt die Beratung auch eine mögliche Privatisierung und Dezentralisierung der Industrie sowie die Gewährung von Krediten für bestimmte Infrastrukturprojekte oder die Förderung des Mittelstandes. Zu ihren weiteren Zielen gehört ferner die Einrichtung funktionierender Kapitalmärkte (wie etwa von Börsen), die Verbesserung der Umweltbedingungen und schließlich der Entwurf von Modellgesetzen für die Regelung besonders brisanter Bereiche.

Da zwischenzeitlich auch die zuvor erwähnte EIB ihren Aufgabenbereich ebenfalls auf Osteuropa ausgedehnt hat, besteht insoweit eine gewisse Überlappung der Aufgaben dieser beiden Institutionen.

PART 11 = Chapter 75: How to Distinguish these Community Institutions from certain other, similar Organisations

The organs considered in the preceding chapters must be carefully distinguished from certain others with similar names and/or functions. These institutions are

1) The *"European Council"* is an institution of the *European Union* and must not be confused with the *"Council of the European Community" (="EC Council")*. Unlike the latter, the European Council is no permanent institution but meets only when the situation so requires. It has no power to legislate, but merely serves as a body where the governments of the member-states try to harmonise their positions in the fields for which the EU is responsible, such as defence and foreign policy. its only tool to effect such agreements is an international treaty, like the one recently concluded on the right for the police of one country to follow a suspect in "hot pursuit" into the territory of a neighbouring state.

2) The *"Council of Europe"*, despite its name, has nothing to do either with the EC and must not be confused with the "EC Council" or "Council of the European Community", one of the EC's most prominent organs.

The "Council of Europe" has its roots in an international agreement which was concluded by most European states including those of the East. It is located – confusingly – in Strasbourg, that is to say, in the same city as a famous institution of the European Community viz., the European Parliament with which, however, it has no connection. its most important achievements have so far been the passing of the *"European Convention on Human Rights"* and the foundation of a *"European Court for Human Rights"* (cf. 3 a), infra) in Strasbourg (not, like the ECJ, in Luxembourg). The latter is charged with monitoring its members' adherence to this Convention.

As the German system of Basic Rights is both rather elaborate in substance and effective in procedure, the Convention has not been of much importance for this country. Not so for the U.K., in particular, whose un-

TEIL 11 = KAPITEL 75: ABGRENZUNG DER ORGANE DER EG VON BESTIMMTEN ANDEREN, ÄHNLICHEN INSTITUTIONEN

Die in den vorangegangenen Kapiteln vorgestellten Organe sind sorgfältig von bestimmten anderen Organen mit ähnlichen Namen und/oder Funktionen abzugrenzen. Dabei handelt es sich im wesentlichen um folgende:

1) Der *„Europäische Rat"* ist eine Institution der Europäischen Union und darf nicht mit dem *"Rat der Europäischen Gemeinschaft"* (kurz: EG-Rat) verwechselt werden. Im Gegensatz zu diesem ist der Europäische Rat keine ständige Institution sondern tagt nur bei Bedarf. Auch hat er keine eigene Gesetzgebungsbefugnis, sondern dient den Mitgliedsstaaten lediglich als Forum, innerhalb dessen sie ihre politischen Positionen in Verteidigungs-, außenpolitischen u.a. Angelegenheiten miteinander abstimmen.
Sein einziges Handlungsinstrument sind internationale Übereinkommen, wie beispielsweise eines, das vor kurzem über die Voraussetzungen für die sogenannte „Nacheile" der Polizei eines Mitgliedsstaates auf das Territorium eines anderen Mitgliedsstaates im Rahmen einer akuten Verbrecherverfolgung abgeschlossen wurde.

2) Der *„Europarat"* hat trotz seines Namens weder mit der EG noch mit der Europäischen Union unmittelbar etwas zu tun. Vielmehr verdankt er seine Existenz einem multilateralen Abkommen, an dem von Anfang an die meisten europäischen Länder, einschließlich derjenigen des damaligen Ostblocks, beteiligt waren. Verwirrenderweise hat auch er – wie das Europäische Parlament, eines der Legislativorgane der EG – seinen Sitz in Straßburg, mit diesem aber ansonsten nichts Näheres zu tun. Seine bislang bedeutendste Leistung besteht in der Ausarbeitung und Verabschiedung der *„Europäischen Menschenrechtskonvention"* und der Gründung des *„Europäischen Gerichtshof zum Schutze der Menschenrechte"*, der ebenfalls in Straßburg angesiedelt ist (und nicht in Luxemburg, wie der Gerichtshof der Europäischen Gemeinschaft). Seine Aufgabe besteht in der Überwachung der Einhaltung der Konvention durch deren Mitgliedsstaaten. Aufgrund des ausgefeilten Grundrechtsschutz, wie er durch das deutsche Grundgesetz und die Möglichkeit von Individualklagen beim Bundesverfassungsgericht gegeben ist, hat die Konvention für Deutschland nicht in demselben Maße unmittelbare Bedeutung erlangt wie für

written constitution knows of no systematic list of basic individual rights and where – unlike Germany or, for that matter, the United States – the individual citizen has no opportunity to sue the national government for the violation of such rights. It is thus no coincidence that it has been British citizens who have so far most often - and most often successfully - turned to Strasbourg alleging violations of individual rights contained in that Convention.

3) The *"European Commission for Human Rights"* - *to be distinguished from* the *"Commission of the European Community"* - used to be an instance to be called upon before one might approach the European Court of Human Rights. However, this institution was abolished on November 1st, 1998.

4) The *"European Court for Human Rights"* mentioned above under 2) is situated in Strasbourg and must not be confused with the *"European Court of Justice"* in Luxembourg.

5) *"The International Court of Justice"* (ICJ) is located in The Hague. It is the judicial body of the U. N.. its competence covers disputes among nations as well as trying individuals for criminal violations of international law, in particular for crimes against humanity. It has recently gained considerable international recognition in connection with the extradition and trial of people indicted for such crimes in the former Yugoslavia.

manch andere Mitgliedsstaaten, allen voran Großbritannien, dessen unge-
schriebene Verfassung individuelle Grundrechte nicht in dem Sinne kennt,
wie sie in Deutschland, aber auch etwa in den Vereinigten Staaten, längst
selbstverständlich sind. Dementsprechend rührt die größte Zahl von erfolgreich vor dem Gerichtshof angestrengten Klagen auch von dort her.

3) Die **„Europäische Menschenrechtskommission"** – auch sie zu unterscheiden von der *„Kommission der Europäischen Gemeinschaft"* – stellte
bis zu ihrer Abschaffung am 1. November 1998 eine Art Vorinstanz des
Europäischen Menschenrechtsgerichtshofs (oben 2) dar, existiert aber
seitdem nicht mehr.

4) Der bereits oben (2) erwähnte **„Gerichtshof zum Schutze der Europäischen Menschenrechte"** ist zu unterscheiden von dem *"Europäischen
Gerichtshof"*, dem Hauptjudikativorgan der EG in Luxemburg.

5) Der **„Internationale Gerichtshof"** (IGH) hat seinen Sitz in Den Haag.
Er ist das Judikativorgan der UNO. Seine Aufgaben umfassen die Entscheidung völkerrechtlicher Streitigkeiten zwischen Staaten als auch die
strafrechtliche Verfolgung bestimmter völkerrechtlich sanktionierter Indivi-
dualverbrechen, insbesondere Verbrechen gegen die Menschlichkeit. Gerade in den letzten Jahren hat er durch einige derartige Verfahren im Zusammenhang mit dem Jugoslawien-Konflikt erheblich an Statur wie auch
an internationaler Bekanntheit hinzugewonnen.

PART 12: SUBSTANTIVE CONTENTS OF THE EC-TREATY: THE *"INTERNAL MARKET"*

Chapter 76: The Position of the "Internal Market" within the Concept of the Union Treaty

As we saw before (ch. 56, supra), the Maastricht *"Treaty of the Union"* formulates a number of political aims, many of which go far beyond the area of mere economics. If fully realised these aims would transform the *European Union*, the body politic newly created by that treaty, into a full-scale federal state. At the same time, the Maastricht Treaty also expanded the field of responsibility of the *European Community* which (within the *European Union*) is in charge of economic questions as well as other policies assigned to it by the EC Treaty - like common environmental, industrial, research and health policies, all tasks requiring active economic involvement on the part of "the state", in this case the EC.

In contrast, the classic concept of the *"Internal* (or: *Common*) *Market"* which before Maastricht made up virtually the entire contents of the EEC-Treaty, treats the private economic agent (rather than the government) as the principal actor on the "economic stage". Meanwhile, the "state" is relegated to removing any obstacles that might impede competition or the integration of national markets.

Indeed, it is just the private corporations for which the Internal Market Principle still constitutes by far the most important part of the Treaty. We will therefore concentrate our examination on this area only.

Chapter 77: Definition and Elements of the Internal Market

The term of *"Internal Market"* as opposed to the traditional term of *"Common Market"* was coined by the *European Court of Justice* (ECJ) in its *"Gaston Schul"*[277] decision, where it was defined as requiring

---

[277] ECJ 15/81, see ch's 26 and 81 for details.

TEIL 12: MATERIELLER INHALT DES EG-VERTRAGES: DER *"BINNENMARKT"*

Kapitel 76: Einordnung des Ziels Binnenmarkt in das Gesamtkonzept des Unionsvertrags

Wie wir gesehen haben (oben, Kapitel 56), hat der Unionsvertrag von Maastricht für die Europäische Union eine Vielzahl von Zielen vor Augen, die über den rein wirtschaftlichen Bereich weit hinausgehen und die Union - im Falle ihrer vollen Verwirklichung - einem echten Bundesstaat zumindest annähern würden. Unsere Untersuchung soll sich jedoch allein auf den eigentlichen *"Vertrag über die Europäische Gemeinschaft"* (EG-Vertrag) beschränken. Dieser befaßt sich auch nach den Änderungen von Maastricht allein mit wirtschaftlichen Fragen. Allerdings wurde auch er durch diese Änderungen wesentlich erweitert. Der Vertrag von Maastricht wies nämlich auch der Europäischen Gemeinschaft (als Teil der Europäischen Union) verschiedene zusätzliche Aufgaben zu. Zu diesen neuen Aufgaben gehören etwa die gemeinsame Umwelt-, Sozial, Industrie-, Forschungs- und Gesundheitspolitik, im wesentlichen also Aufgaben, die ein aktives, eigenes wirtschaftliches Engagement des "Staates" (der EG) erfordern. Das klassische Konzept des "Binnenmarktes" dagegen, das *vor* diesen Änderungen nahezu allein den Inhalt des EG-Vertrages bildete, hat vor allem die privaten Wirtschaftsteilnehmer als die eigentlichen Akteure vor Augen und weist dem Staat (hier: der Gemeinschaft) lediglich die Aufgabe zu, die Hindernisse zu beseitigen, die einer umfassenden Integration der verschiedenen nationalen Märkte entgegenstehen. Diese Aufgabe läßt sich aber im wesentlichen durch den (bloßen) Erlaß entsprechender Vorschriften bewältigen. Ein eigenes wirtschaftliches Engagement der Gemeinschaft erfordert sie nicht.

Gerade für private Unternehmen das Binnenmarktprinzip den noch immer weitaus wichtigsten Teil des EG-Vertrages dar. Außerdem bestehen auch nur zu ihm Parallelen in den Regelungen der WTO-Ordnung. Aus diesen Gründen wollen wir unsere Untersuchung im folgenden allein auf das Binnenmarktprinzip beschränken.

Kapitel 77: Definition und Elemente des Binnenmarktes

Der Begriff des *"Binnenmarktes"* im Gegensatz zu dem bis dahin üblichen und im EG-Vertrag niedergelegten Begriff des *"Gemeinsamen Marktes"* wurde vom Europäischen Gerichtshof in seiner bereits erwähnte Entscheidung *"Gaston Schul"*[277] geprägt und dort wie folgt definiert als das Ziel, das es zu erreichen geben durch

---

[277] EuGH 15/81, siehe dazu Kapitel 26 und 81.

> *"the elimination of all obstacles to intra-Community trade in order to* **merge the national markets into a single market** *bringing about conditions as close as possible to those of a genuine* **internal market** *"* (decision, paragraph 33).

(emphasis added)

Through the *"European Single Act"* of 1987 this term was officially inserted into the text of the Treaty, where it now stands in parallel to the older term of *"Common Market"*. It remains unclear, however, what exactly the difference between these two terms is supposed to be.

Be that as it may, the *Internal-Market Principle* requires (i.a.) the following two conditions to be fulfilled:

I) A Joint Trade Policy Towards Non-Member Countries

Such a policy can once more be divided into two principal elements:

1) Common Customs Policy (Customs Union)

According to Articles 25 ff of the EC Treaty the member-states constitute a *"customs union"* according to Art. XXIV GATT. This means, *first*, a unified system of tariffs[278] for the importation of goods from outside the Community (external tariffs) and, *second*, the absence of duties and other restrictions on virtually all intra-Community trade, including goods originating outside the Community.

Question 1: The above definition of a customs union – permitted under Art. XXIV of the GATT – means that its members accord each other better treatment than they afford outsiders. Doesn't this constitute a violation of the *Most-Favoured-Nation (MFN) Principle* of Article I of the GATT- one of the four cardinal principles of the GATT?[279]

---

[278] The present level of unification suffers from a certain deficiency, however: even though through the introduction of the common nomenclature and the common tariff code, a far-reaching uniformity has been achieved with respect to *how* the various items are to be classified (e.g., vehicles, motor vehicles, trucks, pick-up trucks, etc.) as well as the different tariffs applicable to the various classes of goods. Still not harmonised, however, is the question which actual products belong to which category of goods (is a computer-game a subclass within the category *"PC-software"* or does it belong to *"games for children"*?). Decisions of this kind are still taken independently by the customs authorities of each member-state. It thus can happen that the same item is classified and therefore taxed differently by two different member-states even today!

[279] **Answer:** yes, that is the very reason why the exception clause of Art. XXIV is needed.

"die Beseitigung aller Hemmnisse im innergemeinschaftlichen Handel mit dem Ziel der **Verschmelzung der nationalen Märkte** *zu einem einheitlichen Markt"*

(Hervorhebung durch Fettdruck durch den Verfasser)

Mit der *"Einheitlichen Europäischen Akte"* wurde dieser Begriff dann auch parallel zu dem Begriff des *"Gemeinsamen Marktes"* in den Text des EG-Vertrages aufgenommen. Ob sich die beiden Begriffe inhaltlich unterscheiden, ist umstritten.
Die von dem Binnenmarktprinzip geforderte Verschmelzung der nationalen Märkte zu einem einheitlichen Markt setzt voraus, daß u.a. die folgenden Bedingungen erfüllt werden:

I) Eine gemeinsame Handelspolitik im Verhältnis zu Drittstaaten)

Die gemeinsame Handelspolitik besteht im wesentlichen aus den folgenden zwei Elementen:

1) Gemeinsame Zollpolitik (Zollunion)

Die Mitgliedsstaaten der EG bilden gem. Artt. 25 ff EG-Vertrag eine Zollunion iSv Art. XXIV GATT. Das bedeutet *erstens*, daß alle Mitgliedsländer auf Waren gleicher Art und gleicher Herkunft bei deren Einfuhr in die Gemeinschaft den gleichen Zolltarif[278] anwenden und daß *zweitens* im Handel zwischen den Mitgliedsländern untereinander keine Zölle erhoben werden, und zwar weder auf Waren mit Herkunft aus einem Mitgliedsland noch auf Waren aus Drittstaaten, sofern diese einmal ordnungsgemäß in die Gemeinschaft eingeführt worden sind.

Frage 1: Durch diese Zollunion räumen sich die Mitgliedsländer der EG gegenseitig günstigere Konditionen ein als den anderen Mitgliedsländern des GATT. Verstoßen Sie damit nicht gegen das Gleichbehandlungsgebot (*Most-Favoured-Nation*-Prinzip) von Art. I GATT ?[279]

---

[278] Der gegenwärtige Stand der Vereinheitlichung leidet jedoch an einer gewissen Schwäche: durch die Einführung der EG-weit einheitlichen Nomenklatur und des einheitlichen Zollkodex wurde zwar eine gewisse Einheitlichkeit bei der Beurteilung der Klassifizierung der verschiedenen Waren erreicht (z.B. Kraftfahrzeuge, Lastkraftwagen, Lieferwagen) und auch klargestellt, welche Zölle für welche Warenklasse gelten sollen. Nicht vereinheitlicht ist aber immer noch die Frage, welche konkreten Waren im Einzelfall der einen oder der anderen Klassifizierung zuzuordnen sind. So wird z.B. die Frage, welcher Klassifizierung ein ganz bestimmtes Produkt zuzurechnen ist (gehört etwa ein Computerspiel der Warenkategorie *"PC-Software"* an oder ist es ein *"Spiel für Kinder?"*), nach wie vor allein auf der jeweiligen nationalen Ebene des gerade betroffenen Zollamtes entschieden.
[279] **Antwort:** Ja, eben deswegen bedarf es gerade der (Ausnahme-!) Vorschrift des Art. XXIV GATT:

Question 2: Does the EC (also) constitute a Free-Trade Area according to Article XXIV GATT?[280]

2) Common Trade Policy

The competences of the European Community with regard to a common trade policy are outlined in detail in Arts. 131 ff. ECT. The authority of the Community to conclude treaties with non-member states in this field is far narrower than its authority to regulate trade *among* the member-states. While the latter comprises trade in goods and services as well as the movement of labour and capital, the *external* jurisdiction of the Community is restricted to trade in *commodities* and to the *movement of capital* only.

Accordingly, the EC was competent to conclude only parts of the WTO agreements, while other parts of them, e.g., the GATS, had to be signed by the member-states themselves[281]. As, however, the member-states already were signatories to the GATT by the time the EC came into being, they retained their original membership in the GATT, even when responsibility for the external trade in goods passed to the Community and the Community also became a member of the GATT[282].

In Arts. 131 ff. ECT the Community is obliged to pursue not only a common but also a liberal trade policy vis à vis third countries. These articles further establish the authority of the Community to sign the WTO Treaty on behalf of the member-states, and to conclude further treaties in the field of external trade, as well as to pass the necessary internal legislation (regulations and directives). At this point the regulations enabling the EC Commission to impose extra duties upon dumped or subsidised foreign goods must also be mentioned. Also of interest is the so-called *"Trade Barrier Regulation" (TBR)*[283]. This is a regulation which, in the case of an

---

[280] **Answer:** yes, as a customs union contains all elements of a free trade area, viz., the abolition of all duties originating in one of its member-states, plus the additional feature that duties on all items traded among them are abolished even if these were originally imported from outside.

[281] Memorandum by the ECJ of 15.11. 94, in: EuZW 95, pp. 210 ff, see also *Dörr,* EuZW 96, p. 39.

[282] *Dörr,* ibid; *Schmid,* p. 193.

[283] Council Regulation (EC) Nr. 3286/94 O.J. L Nr. 349 of 31. 12. 94.

Frage 2: Stellt die EG (auch) eine Freihandelszone dar?[280]

2) Gemeinsame Handelspolitik

Die gemeinsame Handelspolitik ist in Artt. 131 ff EG-Vertrag im einzelnen festgelegt. Dabei besteht bezüglich der Kompetenz der EG im Verhältnis zu den einzelnen Mitgliedsstaaten die Besonderheit, daß die (Außen-) Kompetenz der Gemeinschaft zum Abschluß von Verträgen mit Drittstaaten viel enger ist als ihre Innenkompetenz zur Regelung des Handels zwischen diesen Mitgliedsstaaten: während letztere umfassend die Bereiche Warenverkehr, Arbeitskräfte und Dienstleistungen sowie den Kapitalverkehr umfaßt, *beschränkt* sich die *Außenkompetenz* der Gemeinschaft auf den *bloßen Warenverkehr*. Deshalb war die EG auch beim Abschluß der WTO-Verträge lediglich insoweit zuständig, als der Warenverkehr betroffen ist, so daß insbesondere das GATS ausschließlich von den Mitgliedsstaaten ratifiziert wurde[281]. Bezüglich des eigentlichen GATT besteht wiederum die Besonderheit, daß dieses ursprünglich zu einem Zeitpunkt abgeschlossen wurde, als die Gemeinschaft noch nicht existierte. Deshalb waren von Anfang an auch hier (nur) die einzelnen Mitgliedsstaaten der EG Partner des GATT und nicht die Gemeinschaft. Der neue WTO-Vertrag samt dem dazugehörigen GATT ist heute kraft ihrer ausschließlichen Außenhandelszuständigkeit bezüglich des Warenverkehrs sowohl von der EG ratifiziert als auch - aus Tradition - parallel dazu nochmals von den einzelnen Mitgliedsstaaten[282].

In Artt. 131 EG-Vertrag legt sich die EG nicht nur auf eine gemeinsame, sondern auch auf eine liberale Außenhandelspolitik fest - und zwar gerade auch im Verhältnis zu Drittstaaten. Aus diesen Bestimmungen ergibt sich übrigens zugleich die Zuständigkeit der EG für den Abschluß des WTO-Vertrags im Namen der Mitgliedsstaaten sowie ihre Befugnis zur Eingehung weiterer völkerrechtlicher Verträge auf dem Gebiet des Außenhandels sowie zum Erlaß des notwendigen innergemeinschaftlichen Sekundärrechts (Verordnungen und Richtlinien) in diesem Bereich. Besonders zu erwähnen sind hier u.a. die Antidumping- und die Antisubventionsverordnung, die die EG-Kommission dazu ermächtigt, im den entsprechenden Fällen Strafzölle auf in die Gemeinschaft eingeführte gedumpte oder subventionierte ausländische Ware zu erheben. Ferner von Bedeutung ist die bereits erwähnte[283] und als *"Trade Barrier Regulation" (TBR)*[284] bezeich-

---

[280] **Antwort:** Ja, eine Zollunion beinhaltet automatisch sämtliche Elemente einer Freihandelszone, also die Abschaffung von Zöllen auf Waren mit Herkunft in einem der Mitgliedsstaaten, wobei sich diese Zollfreiheit bei der Zollunion darüber hinaus auch auf solche Importwaren aus den anderen Mitgliedsstaaten erstreckt, die ursprünglich außerhalb der Zollunion hergestellt wurden.

[281] Gutachten des EuGH vom 15.11. 94, in: EuZW 95, SS. 210 ff, vgl. auch *Dörr*, EuZW 96, S. 39.

[282] *Dörr*, ibid; *Schmid*, S. 193.

[283] (siehe oben, Kapitel 35 III 1 c)

[284] VO des Rates (EG) Nr. 3286/94 ABl. EG Nr. L Nr. 349 vom 31. 12. 94.

alleged violation of the GATT or any of its side-agreements, gives nega-
tively affected private companies the right formally to request appropriate
action from the EC Commission. One possible response is for the Commission to lodge a formal complaint with the WTO dispute-settlement
body[284].

It is here, also, where the so-called *"dual-use*[285]*"* regulation belongs which
defines the conditions under which goods "officially" for civilian use but
easily convertible to military use[286] may be exported from the Community.

Through all these measures the Community has finally assumed more and
more responsibility in the area of foreign-trade policy. Paradoxically,
though, with regard to the exportation of weapons, of all areas, no such
Community-wide harmonisation is even in sight, as trade in military
equipment, along with defence policy in general, is outside the scope of
the EC even after Maastricht (even though there are moves to bring defence policy under the jurisdiction of the European Union - but not, so far,
of the Community).

II) A Community-Wide Anti-Trust Policy

Based on its jurisdiction in this field contained in Arts. 81 ff ECT, the EC
has by now developed a refined and detailed collection of anti-trust rules.
This system governs, in particular, mergers of enterprises and deals with
cartels and monopolies. its application – superseding its members' domestic competition laws - depends, i.a., on the size of the companies
and/or of the transaction involved. Arts. 87 ff. further prohibit states granting subsidies to their domestic industries.

III) The Market Freedoms Within the Community

The most important element by far for the functioning of the *Internal Mar-*
ket is the transnational market freedoms contained in the EC Treaty which
only apply to *intra*-Community trade. These can be categorised into the
freedom of movement of goods, of services, of labour and of capital. All
four of these must be granted uninhibited access to the markets of all
member-states. As the "classic" obstacles to such free movement - like
customs duties, subsidies, etc. - have already been outlawed by other provisions of the EC-Treaty, one major obstacle remaining arises from the
differences among the various national legal systems.

---

[284] (see ch. 35 III 1 c, above.)

[285] Council Regulation (EC) Nr. 3381/94 O.J. 94 Nr. L 367/1, as amended and
consolidated by Council Regulation (EC) Nr. 873/95 O.J. 95 Nr. L 90/1.

[286] Somewhat paradoxically, defence equipment proper is explicitly exempted from
the realm of the EC Treaty and thus remains fully within the jurisdiction of the
various member states, Art. 296 para. 1 b ECT.

nete Verordnung, die es jetzt sogar einzelnen Industrieunternehmen aus der Gemeinschaft ermöglicht, im Falle von Verletzungen des GATT durch Drittstaaten die Kommission förmlich anzurufen mit dem Ziel, diese zur Einleitung entsprechender (Gegen-)Maßnahmen auf der politischen Ebene zu bewegen. Dabei gehört zu diesen Maßnahmen als letztes Mittel selbstverständlich auch die Anrufung des WTO-Streitschlichtungsmechanismus[*]. Schließlich gehört auch eine kürzlich erlassene Verordnung über die Ausfuhr aus der Gemeinschaft wie auch über den innergemeinschaftlichen Handel von bzw. mit sogenannten *"dual use"*[285] - Gütern hierher, d.h. von Gütern, die sowohl zivile als auch militärische[286] Verwendung finden können. Mit dieser Verordnung hat die EG erstmals wenigstens einen Teil der Ausfuhrpolitik der Gemeinschaft an sich gezogen. Insbesondere auf dem besonders brisanten Gebiet der (echten) Kriegswaffen dagegen ist eine derartige Vereinheitlichung der Exportpolitik der Mitgliedsländer derzeit nicht in Sicht. Das liegt daran, daß die EG auch nach Maastricht für das Gebiet der Rüstung, und zwar sowohl für die Herstellung als auch für den Export von Waffen, keine Zuständigkeit besitzt. Diese ist nämlich laut Art. 223 EG-Vertrag "aus Gründen der nationalen Sicherheit" nach wie vor für die einzelnen Mitgliedsstaaten reserviert (Art. 296 Abs. 1 b EGV).

II) Eine gemeinschaftsweit einheitliche Wettbewerbspolitikk

Hier hat die EG auf der Grundlage der Art. 81 ff EG-Vertrag ein inzwischen durchaus ausgefeiltes (privates) Wettbewerbsrecht entwickelt. Dieses regelt insbesondere die Zulässigkeit von Kartellen und Monopolen sowie die Voraussetzungen für die Zulässigkeit von Unternehmenszusammenschlüssen. Unter Ausschluß der betroffenen nationalen Rechtsvorschriften ist es immer dann maßgeblich - und zwar ausschließlich maßgeblich - wenn das oder die betroffenen Unternehmen bzw. deren Umsatz eine bestimmte Mindestgröße erreicht haben. In Art. 87 ff EG-Vertrag ist ferner bestimmt, daß staatliche Beihilfen (Subventionen), die den Wettbewerb zwischen Unternehmen der Gemeinschaft verfälschen, grundsätzlich verboten sind (bestimmte eigens geregelte Ausnahmen sind allerdings zulässig).

III) Die einzelnen Marktfreiheiten

Den weitaus wichtigsten Faktor für das Funktionieren des Binnenmarktes stellt jedoch die grenzüberschreitende Marktfreiheit innerhalb der Gemeinschaft dar, d.h. insbesondere die grenzüberschreitende Freizügigkeit von Waren, Personen und des Kapitals. Die Verwirklichung dieser Marktfreiheit setzt voraus, daß all diese "Produktionsfaktoren" (sowie u.U. auch die Verbraucher!) unabhängig von ihrer Herkunft (solange sie aus einem Mit-

---

[*] Vgl. dazu oben, Kapitel 35.

[285] VO des Rates (EG) Nr. 3381/94 ABl. EG Nr. L 367/1, überarbeitet und konsolidiert durch VO des Rates (EG) Nr. 873/95 O.J. 95 Nr. L 90/1.

[286] Paradoxerweise sind echte Kriegswaffen ausdrücklich aus dem Geltungsbereich des EG-Vertrages ausgenommen und verbleiben deshalb vollständig in der alleinigen Befugnis der Mitgliedsstaaten, Art. 296 Abs. 1 b EGV.

Ultimately all these problems once again boil down to the following question. To what extent and under what circumstances is a state (*here:* of the EC) entitled (or even forced) to treat persons, goods, services and capital of other states (*here:* its fellow members) differently from those of its own country (cf. the prohibition of unlawful discrimination under Art. III GATT)?

As we have already discussed at some length in chapter 7, above, there are two approaches to solving this problem: either one abolishes these differences (1) or one tolerates them (2).

1) Making the Rules Uniform

While in the international arena the standardisation of laws has made little progress – the most striking success so far being the *"Convention on the International Sale of Goods"*[287] (CISG) – the EC increasingly resorts to this technique.
To do this, it has three options:

a) its members can sign *additional multilateral agreements* bringing about the desired harmonisation, just as the CISG did on the international level.

Due to the need for unanimity this is a relatively difficult method. Still, it has occasionally been resorted to. The two most prominent examples for this are, *first*, a treaty which determines on a supranational level which countries' laws must be applied to transnational but intra-EC business relationships, and a *second* one regulating which countries' courts shall be competent to rule on disputes arising out of such relationships.

b) The Community can issue a *regulation*

---

[287] (CISG; often also called the *Vienna Law on Sales* after the city where this model law was worked out by the UNCITRAL, cf. ch. 37, supra.)

gliedsstaat stammen) einen möglichst ungehinderten Zugang zu den Märkten aller (anderen) Mitgliedsstaaten haben. Da Zölle im innergemeinschaftlichen Handelsverkehr nicht erhoben werden (s.o.) und Schwierigkeiten, die sich als Folge von Wettbewerbsverfälschungen (sei des durch staatliche Subventionen, sei es durch das wettbewerbswidrige Verhalten von Privaten) ergeben, bereits durch die oben erwähnten Bestimmungen geregelt sind, bleiben als wesentliche Hindernisse vor allem noch die Schwierigkeiten zu untersuchen, die sich aus den Unterschieden der Rechtsordnungen der beteiligten Mitgliedsländer ergeben. Letztlich geht es hierbei ganz allgemein wieder um die Frage, ob und inwieweit ein Staat (hier: ein Mitgliedsstaat der EG unter dem EG-Vertrag) berechtigt ist oder unter Umständen umgekehrt sogar verpflichtet sein kann, Waren, Personen und/oder Kapital aus anderen Ländern in seinem Land gleich oder anders zu behandeln als Waren/Personen und Kapital seines eigenen Landes, also um das Gebot der Inländerbehandlung im Sinne von Art. III des GATT.

Dabei gibt es zur Lösung des skizzierten Problems theoretisch zwei Möglichkeiten: entweder man beseitigt ganz einfach die bestehenden Unterschiede (1) oder man toleriert sie (2).

1) Rechtsvereinheitlichung

Während die Rechtsvereinheitlichung auf der internationalen Ebene nur äußerst langsam voranschreitet - das erfolgreichste Beispiel der jüngeren Vergangenheit stellt zweifellos das UN-Kaufrecht[287] dar (vgl. oben Kapitel 37) - macht die EG zunehmend von diesem Mittel Gebrauch. Rechtstechnisch kann eine solche Vereinheitlichung auf drei verschiedene Arten erfolgen:

a) Durch den Abschluß zusätzlicher (zum EG-Vertrag) *völkerrechtlicher Verträge* zwischen den Mitgliedsstaaten

Dies ist ein zwar möglicher, wegen der notwendigen Einstimmigkeit aber relativ schwieriger Weg, die nationalen Rechte der einzelnen Mitgliedsstaaten zu vereinheitlichen. Trotzdem ist er gelegentlich schon genutzt worden, Die beiden prominentesten Beispiele hierfür dürften zwei Abkommen sein, mit denen für alle Mitgliedsländer der EG (wie auch für die Schweiz) einheitlich die Frage geregelt wurde, nach welchem nationalen Recht grenzüberschreitende Sachverhalte zu beurteilen sind (also das sogenannte "internationale Privatrecht") und vor welchen Gerichten (den Gerichten welchen Mitgliedsstaates) in solchen Fällen geklagt werden kann.

b) Durch *Verordnungen*

und

---

[287] Nach dem Sitz der UNCITRAL, die dieses Mustergesetz erarbeitet hat, häufig auch als das *"Wiener Kaufrecht"* bezeichnet.

or a

c) *directive*.

The necessary jurisdiction is conferred upon the Community primarily by Art. 95 ECT which enables it to enact all laws required for the realisation of the Internal Market[288]. Indeed, this article embodies one of the most impressive examples of the difference between the European Community and the world outside it, where a comparable possibility to pass uniform supranational laws of any kind is entirely lacking.

2) Mutual Tolerance of Differing Norms Under the EC-Treaty

Of course, even by far-reaching supranational legislation of the kind described above, the principal differences among the members' legal systems will never be completely obviated. In the way of such a development stand not only deep-rooted cultural and social differences, but also the principle of *subsidiarity* which was recently inserted into the EC-Treaty (Art. 5 ECT). This principle means that authority ought to be centralised only insofar as this is absolutely indispensable for a purpose to be achieved, while in all other areas the principle of individual self-determination (of the member-states, not of their citizens) shall prevail as far as possible.

This principle has assured that the regulation of core areas of economic law (trade and company law, law of things, law of obligations) have so far remained nearly the exclusive province of the member-states. Correspondingly, the obstacles to an ideal "Internal" Market will never be fully overcome by harmonisation alone.

For this reason, if for no others, mutual tolerance of existing differences will remain an important element on the road towards further integration.

c) *Richtlinien* der Gemeinschaft nach Art. 95 EG-Vertrag

Speziell zu dem Zweck, den Binnenmarkt zu verwirklichen, verleiht Art. 100a den Gesetzgebungsorganen der EG die Möglichkeit, in einem besonders einfachen Verfahren Rechtsvorschriften (Richtlinien, aber auch Verordnungen) zu erlassen, durch die das unterschiedliche Recht der Mitgliedsstaaten soweit aneinander angeglichen wird, wie dies zur Verwirklichung eines echten Binnenmarktes erforderlich ist[288]. Diese Ermächtigung bildet den wohl eindrucksvollsten Unterschied zwischen der Europäischen Gemeinschaft und der internationalen Lage unter der WTO, der eine eigene Gesetzgebungshoheit zur Angleichung der Rechtsvorschriften der verschiedenen Staaten völlig fehlt.

2) Gegenseitige Toleranz gegenüber abweichender Vorschriften unter dem EG-Vertrag

Selbstverständlich aber wird es auch bei einer noch so intensiven Gesetzgebung durch die EG nie zu einer vollständigen Vereinheitlichung der unterschiedlichen Rechtssysteme und Vorschriften und damit zugleich zu einer vollständigen Beseitigung aller Hindernisse des grenzüberschreitenden Wirtschaftsverkehrs kommen. Dem stehen nicht nur tiefverwurzelte kulturelle und soziale Unterschiede der beteiligten Völker entgegen sondern auch die Tatsache, daß auch unter dem EG-Vertrag die Regelung wichtiger Kernbereiche des Wirtschaftsrechts (Handels- und Gesellschaftsrecht; Sachenrecht; Schuldrecht) grundsätzlich in der Zuständigkeit der einzelnen Mitgliedsländer verbleibt. Einem totalen Zentralismus steht ferner auch das ebenfalls neu in den EG-Vertrag eingeführte Prinzip der Subsidiarität entgegen. Dieses begrenzt die Kompetenzen des "Zentralstaats" EG auf das für die Erreichung der Ziele des Vertrages "Notwendige" und stärkt somit nochmals den Anspruch der beteiligten Einzelstaaten auf ihre individuelle souveräne Selbstbestimmung.

Deshalb wird auch in Zukunft die gegenseitige Toleranz und Akzeptanz der vorgefundenen Unterschiede durch die einzelnen Mitgliedsländer für die Verwirklichung des angestrebten Binnenmarktes ebenso von Bedeutung bleiben wie die aktive Förderung der Integration auf der Ebene der Mitgliedsstaaten.

---

[288] Bekannte Beispiele für eine derartige Rechtsvereinheitlichung im Wege der EG-Richtlinie sind etwa die Richtlinien, die dem (deutschen) Produkthaftungsgesetz wie auch dem ganz aktuellen Produktsicherheitsgesetz zugrundeliegen.

Chapter 78: The Community Market Freedoms: Overview

Like the various WTO agreements (the GATT including its *side-agreements*, as well as the TRIPS and the GATS) the EC Treaty, too, establishes certain rules intended to safeguard the freedom of movement both for the various factors of production (labour and capital) and for the resulting products (commodities and services) within the Internal Market (see preceding chapter, sec. III).

These freedoms can be broken down into either four (see above) or six categories, depending on the degree of detail one prefers. They are laid down in Arts. 23, 39, 43, 49 and 56 of the EC Treaty. These are:

The Free Movement of Goods,

The Free Movement of Workers,

The Right of Establishment,

The Freedom of Services,

The Freedom of Payments for Current Deliveries,

The Freedom of Payments for Capital Investment.

This list of freedoms obviously is much more comprehensive than that of the WTO system. In particular, there is no equivalent to the Right of Establishment (see ch. 82, below) and the Freedom of Payments for Capital Investment (ch. 83, below) in the WTO, even though the latter does have an equivalent on the level of the OECD (see ch. 39, above).

What is more, in comparison to the WTO system, these freedoms are not only more far-reaching in their substance, but they can also be enforced

---

[288] Well known examples of such harmonisation via EC directives are the products liability directive or the product safety directive which were the common basis for corresponding national legislation by the various member states.

Kapitel 78: Überblick über die verschiedenen Marktfreiheiten

Durchaus vergleichbar mit den verschiedenen WTO-Verträgen (das GATT mit seinen *side agreements* sowie TRIPs und GATS) stellt auch der EG-Vertrag verschiedene Regeln auf, die einen möglichst freien Verkehr der verschiedenen Wirtschaftsfaktoren innerhalb des Binnenmarktes sicherstellen sollen. Dabei handelt es sich im wesentlichen um die – je nach der Feinheit der Gliederung - vier oder sechs sogenannten Marktfreiheiten, die der EG-Vertrag in seinen Artikeln 23, 39, 43, 49 und 56 gewährt. Diese Freiheiten sind die folgenden:

Warenverkehrsfreiheit,
Arbeitnehmerfreizügigkeit,
Niederlassungsfreiheit,
Dienstleistungsfreiheit,
Zahlungsverkehrsfreiheit und
Kapitalverkehrsfreiheit.

Wir sehen bereits an dieser Liste, daß der EG-Vertrag umfassender ist als das WTO-System auf der internationalen Ebene: Neben dem eigentlichen Warenverkehr - dem bis zur Ergänzung des GATT durch das GATS im Jahre 1995 einzigen Regelungsbereich des damaligen GATT-Systems - regelt er außerdem die Bewegungsfreiheit der Arbeitskräfte - Arbeitnehmerfreizügigkeit, Dienstleistungs- und Niederlassungsfreiheit (unten Kapitel 82) -, beseitigt die größten Hemmnisse bei Auslandsinvestitionen - Niederlassungsfreiheit und Kapitalverkehrsfreiheit - und stößt schließlich durch die Gewährleistung des freien Zahlungsverkehrs für laufende Zahlungen - Zahlungsverkehrsfreiheit - in einen Bereich vor, für den im internationalen Bereich der IWF und - für seine Mitglieder - die OECD (vgl. oben, Kapitel 39) zuständig sind.

Im Vergleich zu dem WTO-System sind aber diese Marktfreiheiten im Rahmen der EG nicht nur quantitativ umfassender ausgestaltet, sondern sie können von den Betroffenen auch erheblich wirksamer durchgesetzt werden als die entsprechenden Vorschriften der WTO auf der internationalen Ebene. Das liegt an dem besonderen, quasi verfassungsmäßigen Rang, den diese Vorschriften als Teil des EG-Vertrages in der Gemeinschaft genießen ("*Van Gend*"). Dieser führt nämlich dazu, daß sich - wiederum im Gegensatz zu dem WTO-System - nicht nur die einzelnen Mitgliedstaaten auf diese Vorschriften berufen können, sondern daß jede Privatperson, insbesondere auch jedes Wirtschaftsunternehmen, das von irgendwelchen Handelshindernissen irgendeines der Mitgliedstaaten betroffen ist, gegen die entsprechenden Maßnahmen ohne weiteres unmittelbar selbst vor den dafür zuständigen staatlichen (Verwaltungs-) Gerichten und letztlich vor dem Europäischen Gerichtshof vorgehen kann.
Es liegt auf der Hand, daß die Durchsetzung dieser Freiheiten in einem solchen System erheblich effektiver ist als im Rahmen der WTO, wo die

much more efficiently. This is due, not last, to the almost constitutional rank enjoyed by the provisions of the EC-Treaty throughout the Community (cf. the *"Van Gend"* case). Thus, even private persons, and in particular business enterprises, can invoke these rights against any obstacles that might abridge them, and can rely on them before any administrative body as well as in any court throughout the Community.

Question: What procedure enabling private persons to invoke the benefits deriving from the WTO system is therefore unnecessary in the EC?[289]

After all these preliminaries, then, let's finally turn to these freedoms in more detail.

Chapter 79: The Freedom of Movement of Goods (Arts. 23 ff ECT)

I) As explained above, throughout the EC customs duties have been abolished with regard to trade *among* the member-states (Art. 23 ECT). In this respect, therefore, the EC Treaty is decidedly more radical than the GATT (cf. Art. II GATT).

II) As under Art. XI of the GATT, quantitative restrictions on intra-Community imports or exports have been abolished, Art. 28 ECT.

III) Also, like the GATT in its Art. XI, Arts. 28 and 29 ECT prohibit all other *"measures having an effect equivalent to quantitative restrictions"*. As in the case of Art. XI GATT, it is here that prescriptions come in regarding the characteristics of goods, the manner of manufacturing them and the way of their distribution. In other words: the distinction made in the GATT between Arts. III and XI need not be made under the EC treaty, as its Art. 28 applies equally to both kinds of restrictions.

Not surprisingly, then, the legality under the EC Treaty of such prohibitions or prescriptions turns on the same criteria as have been explained with respect to the GATT.

Similar to the interpretation given the term of *"measures having equivalent effect"* by the GATT authorities with regard to Art. XI, the *European Court of Justice* has given this term an extremely wide construction and application in the context of *intra*-EC trade. Thus this term covers any import and

---

[289] **Answer:** The passing of a provision comparable to Sec. 302 of the American *Trade Act* or like the *New Trade Barrier Regulation* of the EC conferring the right on individual companies to turn to some state agency to act on their behalf (see ch. 35, above).

eigentlich persönlich Betroffenen keine Möglichkeit haben, "ihre" Rechte unmittelbar selbst gerichtlich geltend zu machen.

Frage: welche "komplizierte Konstruktion", die bei den WTO-Verträgen die Berücksichtigung auch der Interessen der betroffenen privaten Parteien verbessern soll, erübrigt sich deshalb im Rahmen der EG?[289]

Nun aber zu diesen Grundfreiheiten im einzelnen:

Kapitel 79: Die Freiheit des Warenverkehrs (Art. 23 ff. EG-Vertrag)

I) Wie bereits dargestellt, sind innnergemeinschaftliche Zölle bereits vollkommen abgeschafft (Art. 23 EGV). Insoweit geht also die EG bereits weit über die entsprechenden Vorschriften des GATT hinaus (vgl. Art. II GATT).

II) Wie auch unter dem GATT, Art. XI, sind mengenmäßige Beschränkungen selbstverständlich auch unter dem EG-Vertrag nicht zulässig, Artt. 28, 29 EGV.

III) Von erheblich größerem Interesse sind aber freilich auch hier die sonstigen *"Maßnahmen gleicher Wirkung"* im Handelsverkehr zwischen den Mitgliedsstaten, die durch die oben zitierten Vorschriften ebenfalls verboten sind. Dabei entfällt hier die in GATT so bedeutende Unterscheidung zwischen Regelungen bzw. Maßnahmen, die sich auf *Herstellung* und/oder Eigenschaften des Produktes beziehen (Art. XI GATT) und solchen, die sich auf den *Vertrieb* beziehen (Art. III GATT): beides ist durch die eingangs zitierten Vorschriften einheitlich erfaßt. Dementsprechend hängt die Zulässigkeit derartiger Regelungen/Maßnahmen erwartungsgemäß von praktisch den gleichen Kriterien ab wie unter dem GATT.
Dabei hat auch und gerade der Europäische Gerichtshof den Begriff der *"Maßnahmen gleicher Wirkung"* so weit interpretiert, daß darunter grundsätzlich *alle* Ein- und Ausfuhrbehinderungen zählen, auch soweit sie darauf gestützt werden, daß eine einzuführende Ware bestimmten Anforderungen nicht entspricht, die in dem jeweiligen Importland für derartige Waren gelten und zwar auch dann, wenn es sich dabei um Vorschriften handelt, die keineswegs darauf gerichtet sind, den zwischenstaatlichen Handel zu erschweren oder zu behindern, sondern die durchaus legitime Anliegen des betreffenden Staates berühren. Wie wir bereits bei der Untersuchung des entsprechenden Problems im Rahmen des WTO-Systems gesehen haben (Kapitel 19), kann bei einer solch weiten Auslegung des Begriffs der *"Maßnahmen gleicher Wirkung"* andererseits nicht automatisch jedes Einfuhrverbot oder jede Auflage, die ein Produkt erfüllen muß, um in das be-

---

[289] **Antwort:** Vorschriften wie Sec. 302 des *U.S. Trade Act* oder wie die *Trade Barrier Regulation* der EG, die den einzelnen Marktteilnehmern die Möglichkeit einräumen, sich an eine Behörde zu wenden, damit *diese* ihr Anliegen vor der zuständigen Stelle durchsetzt, vgl. Kap. 35, oben.

export restrictions based on the commodities' in question not meeting certain standards of the country of destination (= the importing country), even when the resulting impediments to free trade are not the principal object of the regulation but only a (welcome or unwelcome) side-effect of a legitimately pursued policy.

As we already saw with the WTO (cf. ch. 19, supra), if one gives the term of *"measures having equivalent effect"* such a broad application, it must be clear that not all such measures are always unlawful and therefore automatically void and unenforceable. On the contrary: the principle of subsidiarity assures that even within the European Community the member-states retain their *"police power"*, i.e., the broad authority to regulate as they see fit all matters outside trade and economics (the competence for which is transferred to the EC), like the promotion of public health, the protection of consumers, the environment, etc. (cf. the list contained in Art. 30 ECT). Therefore, impediments to trade that are merely an unavoidable side effect of policies that in themselves are legitimate, must to some extent be tolerated. Accordingly, like the GATT in its Art. XX, the EC Treaty, in its Art. 30, contains an extensive list of such legitimate state interests, as well as the additional criteria such an obstacle to trade must meet in order to be acknowledged under EC law. A careful reading of this Article 30 shows a remarkable resemblance to what we have already become acquainted with in connection with Art. XX GATT. Here, too, such an "indirect" or "unintended" obstacle to the free flow of goods , in order to be lawful, must not, i.a., *"constitute a means of arbitrary discrimination or a disguised restriction on trade between member-states"* (cf. Art. 30 ECT).

Notwithstanding so many similarities to the GATT, upon closer scrutiny it turns out that the standards to be fulfilled for such indirect obstacles to be lawful under the EC-Treaty, are much stricter than those of the GATT on the global level. That, of course, is not surprising considering the much closer cohesion among the EC members than among the signatories of the GATT.

The crucial formula for determining the legality of such indirect trade impediments has been developed by the *European Court of Justice* in its decision in the case of

Chapter 80: "REWE-Zentral AG / Bundesmonopolverwaltung für Branntwein" (Federal Brandy Administration)
(ECT 120/78, of 20.02.1979, "Cassis de Dijon")

I) Facts:

REWE Zentral AG (REWE) is one of several centralised purchasing organisations of German food retailers. As REWE one day wished to import from France considerable quantities of the French liqueur *"Cassis de Dijon"*, it applied for the necessary import licence. The competent German

treffende Land eingeführt werden zu dürfen, schon allein deswegen nichtig sein, weil es auf Vorschriften basiert, die sich von denen des Exportstaates unterscheiden. Andernfalls, würde die föderalistische Struktur der Gemeinschaft bald leerlaufen bzw. müßten sämtliche Lebensbereiche zentral einheitlich von der EG geregelt werden. Das aber ist, wie wir sahen, gerade nicht gewollt. Deshalb hat auch im Rahmen der EG eine Abwägung stattzufinden, bei der das berechtigte Anliegen des einführenden Staates daran, daß seine legitimen Regelungsinteressen nicht dadurch völlig unterlaufen werden, daß ihm jede Kontrolle von eingeführten Waren untersagt wird, auf der einen Seite steht und die Interessen der Gemeinschaft an einem möglichst ungehinderten freien Warenverkehrs auf der anderen. Regelungstechnisch findet sich dieses Gegenüber auch in der EG darin wieder, daß der zunächst jeweils absolut formulierten Freiheit des Wirtschaftsverkehrs in je einer Ausnahmevorschrift bestimmte Gründe gegenübergestellt werden, aus denen bestimmte Maßnahmen unter Umständen auch dann gültig bleiben, wenn sie sich (u.a.) hemmend auf den zwischenstaatlichen Handelsverkehr auswirken. Voraussetzung dafür ist aber auch hier in jedem Falle, daß solche Maßnahmen "*kein Mittel zur willkürlichen Diskriminierung noch eine verschleierte Beschränkung des Handels zwischen den Mitgliedsstaaten darstellen*". Für die hier behandelte Warenverkehrsfreiheit findet sich diese Formulierung in Art. 30 EG-Vertrag.

Artt. 28, 29 und 30 EG-Vertrag entsprechen in ihrer Formulierung also fast wörtlich den Art. XI und XX des GATT. Dementsprechend erfolgt auch die Überprüfung der Rechtmäßigkeit einer handelsbeschränkenden Norm oder (Einzelfall-) Maßnahme unter dem EG-Vertrag nach den gleichen Kriterien wie dort. Dennoch geht, entsprechend dem sehr viel engeren Verhältnis, das die Mitgliedsstaaten der EG zueinander im Vergleich mit anderen Ländern zueinander haben, die Warenverkehrsfreiheit innerhalb der EG noch sehr viel weiter als unter dem GATT.

Die hierfür maßgebliche "Formel" hat die EG-Kommission in Reaktion auf das neben *van Gend* wohl wichtigste Urteil des EuGH überhaupt entwickelt. Dieses Urteil erging in der Sache

---

Kapitel 80: REWE-Zentral AG / Bundesmonopolverwaltung für Branntwein *(EuGH 120/78, vom 20.02.1979, "Cassis de Dijon")*

I) Sachverhalt:

Die REWE Zentral AG (REWE) ist die zentrale Einkaufsorganisation des deutschen Lebensmitteleinzelhandels. Im Jahre 1978 beantragte sie die für den Import alkoholhaltiger Getränke nach dem Branntweinmonopolgesetz erforderliche Einfuhrerlaubnis für den bekannten französischen Likör "*Cassis de Dijon*". Dieser hat einen Alkoholgehalt von 15 - 20%. Die Branntweinmonopolverwaltung verweigerte diese Genehmigung unter Hinweis auf Art. 100 III Branntweinmonopolgesetz, nach dem in Deutsch-

office (the *"Federal Brandy Administration"*, the defendant in the ensuing litigation), declined to issue this licence, relying on a statute requiring any kind of brandy to have an alcohol content of at least 32 pro mille. REWE challenged this statute as an unlawful restriction of intra-Community trade as guaranteed in Art. 28 (Art. 30 at that time) of the EC-Treaty.
The Federal Brandy Administration, in defence of that law, argued as follows:

According to this statute, all alcoholic beverages must have either less than 18 pro mille of alcohol content (wine and beer and light liqueurs) or, alternatively, more than 32 pro mille (brandy). This, according to the Brandy Administration, was beneficial to consumers in two ways:

1) For one thing, it made sure they wouldn't consume light beverages with too high an alcohol content, thereby preventing consumers from gradually getting accustomed to beverages containing a higher alcoholic content. This benefitted public health, certainly a legitimate policy goal.

2) Simultaneously, it increased the transparency of the German market if the consumer could rely on any brandy offered in a German store to contain at least the prescribed level of alcohol. This increased the transparency of the market and thus, again, was in the interest of the consumer!

Question: Do you find these arguments persuasive

II) Holding:

**Before coming to its actual reasoning the Court made it clear that
"...**

8.   *In the absence of common rules relating to the production and marketing of alcohol ... it is for the Member States to regulate all (these) matters on their own territory. Obstacles to movement within the Community resulting from disparities between the national laws relating to the marketing of the products in question must be accepted in so far as those provisions may be recognized as being necessary in order to satisfy mandatory requirements relating in particular to the effectiveness of fiscal supervision, the protection of public health, the fairness of commercial transactions and the defence of the consumer.*

It finally reached the following conclusion:

13.   *"The fixing of limits in relation to the alcohol content of beverages may lead to the standardization of products placed on the market and their designations, in the interests of a greater transparency of com-*

land nur Schnaps mit mindestens 32% Alkoholgehalt vertrieben werden darf. REWE sah in diesem Verbot eine den innergemeinschaftlichen Handel behindernde Maßnahme, die einer mengenmäßigen Beschränkung dieses Handels gleichkommt und somit einen Verstoß gegen Art. 28 (damals Art. 30) des EG-Vertrages darstellt.

Die Bundesregierung verteidigte das Branntweinmonopolgesetz im wesentlichen mit zwei Argumenten:

1) Zum einen führe diese Vorschrift dazu, daß auf dem deutschen Markt kein Schnaps mit besonders niedrigem Alkoholgehalt verfügbar sei; dies wiederum erschwere die Gewöhnung der Verbraucher an Schnaps und diene somit letztlich der Gesundheit der Allgemeinheit.

2) Zum zweiten diene sie auch der Information der Verbraucher und damit zugleich der Lauterkeit des Wettbewerbs. Da nämlich der deutsche Verbraucher infolge dieses Gesetzes daran gewohnt sei und erwarte, daß Schnaps mindestens den o.g. Alkoholgehalt aufweise, würde er auch beim Kauf von *Cassis* irrtümlich von dieser Erwartung ausgehen und es wegen seines - angesichts dieser Erwartung nur vermeintlich günstigen - Preises bevorzugt kaufen.

Frage: Was halten Sie von diesen Argumenten?

II) Entscheidung:

Vorab stellt der EuGH folgendes klar:
"...

8.   *Solange gemeinschaftsweit einheitliche Vorschriften über die Herstellung und den Vertrieb von Alkohol fehlen, obliegt es grundsätzlich den einzelnen Mitgliedsstaaten, diese Fragen jeweils für ihr eigenes Territorium in eigener Verantwortung zu regeln. Soweit der freie Warenverkehr innerhalb der Gemeinschaft durch die Unterschiede dieser verschiedenen Vorschriften behindert wird, sind derartige Behinderungen hinzunehmen, soweit die Bedürfnisse insbesondere der Steuerüberwachung, des Schutzes der öffentlichen Gesundheit, eines fairen Wettbewerbs oder des Verbraucherschutzes solche Behinderungen zwingend erfordern.*"

Schließlich gelangt er zu folgendem Ergebnis:

13.   *"Zwar trifft es zu, daß die Festlegung eines bestimmten Mindestalkoholgehalts zu einer Standardisierung der Produkte und ihrer Etikettierung führen und dadurch die Transparenz auf dem Markt erhöhen kann. Allerdings stellt sie **keinesfalls eine absolut unverzichtbare Bedingung** für die ordnungsgemäße Aufklärung des Verbrauchers dar. Diese kann vielmehr ausreichend auch durch eine entsprechende Kennzeichnung geleistet werden, in der Herkunft und Alkoholgehalt des Produkts deutlich angegeben sind.*

*mercial transactions and offers for sale to the public. However, the mandatory fix ca**nnot** be regarded as **essential** for the fairness of commercial transactions, since it is a simple matter to ensure that suitable information is conveyed to the purchaser by requiring the display of an indication of origin and of the alcohol content on the packaging of products.*

14. *It is clear from the foregoing that the (above mentioned) requirements do not serve a purpose that is in the general interest and such as to take precedence over the requirements of the free movement of goods, which constitutes one of the fundamental rules of the Community.*

...

Therefore *the above mentioned statute is **incompatible with Art. 30** (=* **Art. 28 of the present version!)** *of the EC-Treaty.*

There is therefore no valid reason why, provided that they have been lawfully produced and marketed in one of the Member-states, alcoholic beverages should not be introduced into any other Member-state."

Question 1: Do you agree with the conclusions drawn by the Court in the first subparagraph of paragraph 14?

Question 2: Do you think the principle developed by the Court (what principle is this ?) is restricted to alcoholic beverages or could it just as well be applied in other areas as well?

In reaction to the above mentioned holding the **EC Commission** on October 3rd, 1980, published the following

Communication from the Commission concerning the consequences of the judgement by the European Court of Justice *"Cassis de Dijon"*:

"Any product lawfully produced and marketed in one Member State must, in principle, be admitted to the market of any other Member State. Technical and commercial rules, even those equally applicable to national and imported products, may create barriers to trade only where those rules are necessary to satisfy mandatory requirements and to serve a purpose for which they are an essential guarantee. This purpose must be such as to take precedence over the requirements of the free movement of goods, which constitutes one of the fundamental rules of the Community.

14. *Aus dem Vorgesagten folgt eindeutig, daß die angegriffene Vorschrift nicht dem allgemeinen Interesse dient und als solche Vorrang hätte vor den Grundsatz des freien Warenverkehrs als einen der fundamentalen Grundprinzipien der Gemeinschaft.*

...

<u>Deshalb</u> *ist das obige Gesetz <u>**mit Art. 30** (heute: **Art. 28**) **des EG-Vertrages nicht vereinbar.**</u>*

Dementsprechend ist kein Grund ersichtlich, weshalb alkoholische Getränke, die in einen Mitgliedsstaat legal hergestellt und vermarktet worden sind, nicht auch in einen anderen Mitgliedsstaat sollten eingeführt werden dürfen."

Frage 1: Stimmen Sie mit der Schlußfolgerung des EuGH im ersten Absatz von Ziffer 14 überein?

Frage 2: Warum wohl ist das vom EuGH herausgearbeitete Prinzip (welches?) auf alkoholische Getränke beschränkt? Könnte es auch auf andere Produkte erweitert werden?

Als Reaktion auf das o.g. Urteil veröffentlichte die EG-Kommission am 3. 10.1980 folgende

Offizielle Mitteilung der EG-Kommission zu dem o.g. Urteil:

"Jedes rechtmäßig in einem Mitgliedsstaat hergestellte und vertriebene Produkt darf grundsätzlich auch auf den Märkten aller anderen Mitgliedsstaaten vertrieben werden. Technische und sonstige Vorschriften eines Mitgliedsstaates rechtfertigen die Behinderung des freien Warenverkehrs nur dann, wenn sie aus zwingenden Gründen des Allgemeinwohls unverzichtbar geboten sind. Das gilt selbst dann, wenn diese Vorschriften in gleicher Weise auch für einheimische Produkte gelten. Diese zwingenden Gründe müssen so gewichtig sein, daß ihnen der Vorrang vor dem freien Warenverkehr einzuräumen ist, eine der fundamentalen Grundprinzipien der Gemeinschaft.

.....

Any product imported from another Member-state must in principle be admitted to the territory of the importing Member-state if it has been lawfully produced, that is, conforms to rules and processes of manufacture that are customarily and traditionally accepted in the exporting country and is marketed in the territory of the latter. "

Following these comments the Commission developed exactly the scheme of examination we have already worked out in connection with Arts. XI and XX GATT (see ch. 19, supra) by stating as follows:

A prohibition against the import from another EC member-state of goods that have been lawfully manufactured in that state or that have been lawfully imported there from a non-EC country is lawful under the EC-Treaty only if all of the following conditions are fulfilled:

*" if the rules are **necessary**, that is **appropriate** and **not excessive**, in order to satisfy **mandatory requirements** (public health, protection of the consumer or the environment, the fairness of commercial transactions etc.);*

*if the rules serve a purpose **in the general interest** which is compelling enough to justify an exception to a fundamental rule of the Treaty such as the free movement of goods;*

*if the rules are **essential** for such a purpose to be attained, i.e., are the means which are the most appropriate and at the same time least hinder trade.*

Question: In what respect do the principles laid out here go beyond the contents of Arts. III and XI GATT?

.....

Produkte aus den anderen Mitgliedsstaaten dürfen ..... grundsätzlich immer schon dann in jeden anderen Mitgliedsstaat eingeführt werden, wenn sie dort rechtmäßig, also nach den dort traditionell geltenden Vorschriften und den dort üblichen Produktionsmethoden, hergestellt sind und auch auf dessen Territorium vertrieben werden."

Im Anschluß daran entwickelt die Kommission dann genau das von uns bereits im Rahmen von Art. XX GATT entwickelte Prüfungsschema, indem sie ausführt:

(*sinngemäß*) Ein Einfuhrverbot ist demnach gegenüber Waren, die rechtmäßig in einem anderen Mitgliedstaat der Gemeinschaft hergestellt oder aus einem Drittstaat rechtmäßig dorthin importiert wurden, nur dann zulässig,
"- wenn die entsprechenden Vorschriften erforderlich, d.h. geeignet und nicht übermäßig sind, um zwingende Erfordernisse des Allgemeinwohls zu erfüllen (öffentliche Gesundheit, Verbraucherschutz, Umweltschutz, Lauterkeit des Wettbewerbs usw.); - wenn die Vorschriften einen im öffentlichen Interesse liegenden Zweck verfolgen, der so zwingend ist, daß er eine Ausnahme zu einer der tragenden Grundsätze des EG-Vertrages wie den freien Warenverkehr rechtfertigt.

- und wenn ferner die Vorschriften zur Erreichung eines solchen Zwecks unverzichtbar sind, d.h. wenn sie zugleich das geeignetste und das den freien Warenverkehr am wenigsten störende Mittel darstellen.

Demnach kann also ein Mitgliedsstaat den Verkauf von Waren aus einen anderen Mitgliedsstaat auf seinem Territorium grundsätzlich nicht verbieten, wenn diese Waren gemäß den dort geltenden Vorschriften rechtmäßig hergestellt und vermarktet worden sind oder werden. Das gilt selbst dann, wenn die technischen oder qualitätsbezogenen Anforderungen im Herstellerland sich von denen unterscheiden, die für einheimische Waren Anwendung finden. In solchen Fällen ist ein totales Einfuhrverbot weder erforderlich noch erfüllt es ein zwingendes Bedürfnis im oben definierten Sinne.

Die Kommission muß also ein ganzes Paket von Vorschriften ausarbeiten, die im einzelnen festlegen, welche Anforderungen technischer oder sonstiger Art, z.B. hinsichtlich ihrer Zusammensetzung, Bezeichnung, Präsentation und Verpackung, solche Produkte erfüllen müssen, um allseits als zulässig anerkannt zu werden".

Frage: Inwieweit gehen die hier herausgearbeiteten Grundsätze über den Regelungsgehalt der Art. III und XI GATT hinaus?

Answer: Under the GATT

> "(Technical) *regulations of other Members" are to be afforded "positive consideration to accepting as equivalent, even if these regulations differ from their own, provided they are satisfied that these regulations adequately fulfill the objectives of their own regulations*[290] ."

As construed by the ECJ, Art. 28 ECT (then. Art. 30) states that any good that has either been manufactured in or legally imported into a member-state of the EC can freely be exported from there into any other. If such an importing state for whatever reason does not wish to admit the pertinent good, it is up to that country to prove that

1) the pertinent import prohibition pursues a **legitimate policy goal** according to Art. 28 of the EC-Treaty,

and that

2) this prohibition or obstacle is proportionate (proportionality in the wider sense), i.e., it is both

a) conducive to and
b) necessary for

achieving this legitimate policy goal, and it is, further

c) not excessive (proportionality in the narrower sense or prohibition against excessive impediments) as compared to the high value of unimpeded free trade.

Finally

3) the obstacle in question must *neither* be a **means of discrimination** *nor* a **hidden impediment to trade**. Here, just as in the context of the GATT, no general formula exists as to when that is the case. For this the possible variety of cases is too complex. Unless a definite intention to such effect can be clearly recognised from a certain statute (as in certain exceptional cases like the British *"Trading with the Enemy Act"*), the fact that it treats foreign goods differently (if it does), usually provides a hint that it indeed constitutes hidden discrimination.

---

[290] Cf. Sec. 2.7. of the so-called *"Standard Code"*, a side-agreement to the GATT.

Antwort: Unter dem GATT ist ausländischen Normen *"angemessen Rechnung zu tragen"*, d.h. die Mitgliedsstaaten des GATT *"sollen sich zunächst Klarheit darüber verschaffen, ob die entsprechenden ausländischen Normen als gleichwertig angesehen werden können wie die eigenen und, wenn diese Prüfung positiv ausfällt, die Zulassung der betreffenden Ware "wohlwollend in Erwägung ziehen"*[290].

Nach der Auslegung, die Art. 30 EG-Vertrag durch das o.g. Urteil des EuGH erfahren hat, gilt innerhalb der Europäischen Gemeinschaft für eine Ware, die von einem EG-Mitgliedsland in ein anderes eingeführt werden soll, wenn sie dort rechtmäßig hergestellt oder importiert worden ist, im Grundsatz die völlige Verkehrsfreiheit für das Gebiet der gesamten EG. Will ein Mitgliedsstaat diese Ware nicht zulassen, obliegt ihm der - juristisch strenge und von jedem Gericht der Mitgliedsstaaten zu überprüfende - Nachweis, daß

1) das Einfuhrhindernis bzw. -verbot ein **legitimes Ziel i.S.d. Art. 36 EG-Vertrag** verfolgt

und daß

2) dieses Hindernis bzw. Verbot verhältnismäßig ist (Verhältnismäßigkeit im weiteren Sinne), d.h., daß es

a) **geeignet** und
b) **erforderlich**

ist, um dieses legitime Ziel zu erreichen und daß es

c) zu dem - hohen - Wert einer ungehinderten Warenverkehrsfreiheit **nicht außer Verhältnis** steht (Verhältnismäßigkeit im engeren Sinne bzw. Übermaßverbot)

Schließlich

3) darf die fragliche Maßnahme **kein verkapptes Handelshindernis** darstellen. Wann das jeweils der Fall ist, läßt sich auch hier, ebensowenig wie etwa beim GATT, nicht mit einer allgemeinen Formel zuverlässig umschreiben. Dafür sind die vorkommenden Fälle zu vielschichtig. Läßt sich eine entsprechende Absicht einem handelshindernden Gesetz nicht ausnahmsweise einmal ausdrücklich entnehmen (wie etwa dem britischen: *"Trading with the Enemy Act"*), so stellt auch hier eine - formale wie materielle - Diskriminierung EG-ausländischer zu einheimischer Ware häufig ein starkes Indiz für zumindest einen handelshindernden *Effekt* bzw. für eine verdeckte Diskriminierung dar.

---

[290] Vgl. etwa Sec. 2.7. des sogenannten *"Standard Code"* zum GATT.

In the *Cassis* case, for instance, no *intention* to impede trade can be discerned, nor do we have a case of *overt discrimination,* as alcoholic beverages of domestic origin must satisfy the same requirements. Still, in cases like the one at hand, the foreign importer or manufacturer is often *in fact* burdened more heavily than his domestic counterpart. That may be so either because the foreign importer has a smaller market share and therefore fewer items over which to spread fixed costs resulting from such a regulation (cf. the *Danish beer-can case*, ch. 86, infra); or, because there *are* no domestic products of the kind affected by the rule (cf. the case of heavy taxes on "German" and foreign lemons alike – there are virtually no lemons grown in Germany). Finally, such discrimination may appear as here, where the restriction or prohibition extends to the very characteristic which gives the foreign, but not the domestic product, its particular appeal. After all, what would a *Cassis-de-Dijon* be that differed greatly in its alcoholic content from the one sold and made famous under that name throughout the world?

Thus, just as under the GATT, a merely formally equal treatment does not in itself bring about conditions that create a true internal market. In fact, even more than Art. III of the GATT, Art. 28 of the EC-Treaty occasionally requires an even more generous treatment of foreign goods than is accorded comparable domestic products so as to achieved a genuinely equal opportunity with regard to their marketability. This means that in many instances foreign products may be exempted by the importing country from fully conforming to certain minor regulations provided they satisfy the pertinent requirements of the country where they were manufactured or into which they were first imported. Ultimately, this preferential treatment is justified by the recognition that the legal system of the various member-states are equally valid.

Im *Cassis*-Fall beispielsweise ist weder eine handelshemmende Absicht des von REWE angegriffenen Branntweinmonopolgesetzes ersichtlich noch liegt eine offene Diskriminierung vor: französische wie deutsche Alkoholika müssen das (deutsche) Branntweinmonopolgesetz in genau der gleichen Weise erfüllen, um in Deutschland vermarktet werden zu dürfen. Trotzdem ist, wie hier, der Importeur bzw. der EG-ausländische Hersteller auch in Fällen einer formalen Gleichbehandlung im Vergleich zu einheimischen Anbietern oft übermäßig stark belastet. Dies kann wie im vorliegenden Fall darauf beruhen, daß er infolge unterschiedlicher Traditionen Produkte herstellt, deren Eigenart gerade darin besteht, sich von den Standardprodukten des Importstaates zu unterscheiden (wie etwa im vorliegenden Fall die Herstellung alkoholischer Getränke mit einem in Deutschland nicht üblichen Alkoholgehalt).

Oft belastet die Einhaltung bestimmter Vorschriften des Einfuhrlandes den Importeur auch wegen seines dort vergleichsweise geringen Marktanteils in übermäßiger Weise (vgl. etwa den unten, Kapitel 86, skizzierten Fall der Bierdosen in Dänemark) oder eine formal gleiche Regelung wirkt sich deshalb diskriminierend aus, weil es sich bei der belasteten Produktkategorie um Erzeugnisse handelt, die ausschließlich oder doch überwiegend eingeführt werden (wie etwa Zitronen in Deutschland!).

Genügt deshalb eine lediglich formal gleiche Behandlung schon nicht den Erfordernissen eines funktionsfähigen Welthandels unter dem GATT, so gilt dies für die effektive Verwirklichung des angestrebten Binnenmarktes innerhalb der EG erst recht. In der Auslegung, die Art. 28 durch das *Cassis*-Urteil bzw. durch die daran anschließende Veröffentlichung der Kommission erfahren hat, geht dieser deshalb über das Gebot einer derartigen rein formalen Gleichbehandlung von aus- und inländischer Ware weit hinaus und verlangt von den Mitgliedstaaten, ihre Gesetzgebung und Verwaltung so auszurichten, daß ausländische Waren im Vergleich zu einheimischer Ware nicht nur formal gleich*behandelt*, sondern vielmehr aktiv und positiv dem einheimischen Angebot gleich*gestellt* wird. Dieses Gebot kann in vielen Fällen die konkrete Folge haben, daß (nur) eine (EG-) ausländische Ware auch dann auf dem eigenen Markt zugelassen werden muß bzw. vermarktet werden darf, wenn sie die einschlägigen nationalen Vorschriften des Bestimmungslandes nicht alle im einzelnen erfüllt, obwohl einheimische Waren diesen nationalen Anforderungen vollumfänglich genügen müssen. Demnach müssen ausländische Waren - zumindest aus der nationalen Perspektive des betroffenen Bestimmungslandes - dort u.U. sogar *besser* behandelt werden als die entsprechenden einheimischen Produkte.

Wie ausgeführt, greift dieses Privileg aber nur unter der Voraussetzung ein, daß die entsprechende Ware in demjenigen Mitgliedsstaat, in dem sie entweder hergestellt oder in das sie aus einem Drittland zuerst importiert wurde (Herkunftsland), alle dort für die Herstellung/den Import sowie die Vermarktung eines derartigen Produktes geltenden Bestimmungen voll erfüllt. So darf beispielsweise die Einhaltung von nationalen Vorschriften,

This leads us to one of the foremost principles of the Internal Market as developed by the ECJ: the *"principle of the authority of the country of origin"*. To be sure, this principle does not carry with it advantages only. Rather, even more than in the fully international context under the GATT, it inevitably creates the danger that industries may relocate production from countries with strict regulations on manufacturing and quality to those where the contingent costs do not arise, always knowing that goods thus produced will be easily exportable to member-states with tighter regulations or requirements. This effect not only frustrates the enforcement of existing laws in the "strict" member-states, it also renders unattractive *for all countries* the introduction and enforcement of additional costly measures which under this principle will endanger existing economic potency and jobs. This can prevent legislative progress in areas such as environmental protection or labour standards[291].

This danger, though, was recognised by the EC Commission early on and commented upon in its above-mentioned *"Communication"* as follows:

> **1)** *"The Commission will therefore have to tackle a whole body of commercial rules which lay down the requirements to be fulfilled by products manufactured in one Member-state in order to be admitted to all other Member-states.*

> **2)** *The Member-states, when drawing up technical or commercial rules liable to affect the free movement of goods, may not take an exclusively national viewpoint and take account only of requirements confined to domestic products. The proper functioning of the Common Market demands that each Member-state also gives consideration to the legitimate requirements of the other Member-states."*

---

[291] In the USA this effect is called the *"race to the bottom"*.

die die genaue Zusammensetzung von Produkten, ihren technischen Aufbau, die Verpackung, Kennzeichnung, Preisauszeichnung etc. regeln, nicht ohne weiteres und undifferenziert auch von ausländischen Waren verlangt werden, da dies deren Vermarktung im Bestimmungsland unangemessen erschweren und damit die erwünschte Verschmelzung der verschiedenen nationalen Märkte der Mitgliedsstaaten zu einem EG-weiten Binnenmarkt verhindern würde. Dabei rechtfertigt sich die mit dieser Auffassung verbundene (umgekehrte) "Diskriminierung" von ausländischer und einheimischer Ware auf dem Markt des Bestimmungslandes letztlich aus der Gleichwertigkeit der Rechtsordnungen der Mitgliedsländer unter dem EG-Vertrag.

Damit gilt für derartige Anforderungen an Waren innerhalb der EG nicht mehr, wie sonst auf der internationalen Ebene und insbesondere auch im Rahmen des GATT, das sogenannte *Bestimmungslandprinzip*, sondern zumindest im Grundsatz das sogenannte "*Herkunftslandprinzip*".

Freilich birgt dieses Prinzip nicht nur Vorteile. Vielmehr ist mit ihm die konkrete Gefahr verbunden, daß Industrien noch stärker, als dies auch unter dem GATT im internationalen Umfeld der Fall ist, ihre Produktion von Ländern mit strengen Herstellungs- und Qualitätsvorschriften in solche Länder "umverlagern", wo ihnen die entsprechenden Kosten nicht entstehen, in dem sicheren Bewußtsein, die so produzierte Ware gemäß den Grundsätzen von *Cassis de Dijon* problemlos auch in die (EG-Mitglieds-) Staaten mit den strengen Vorschriften bzw. Anforderungen ("re-") exportieren zu können. Das vereitelt nicht nur die Durchsetzung entsprechender *bestehender* Normen in den "strengen" Mitgliedsländern, sondern macht darüber hinaus auch die Einführung bzw. Durchsetzung weiterer kostenträchtiger Maßnahmen bzw. Vorschriften durch die damit verbundene Gefahr des Verlusts von Wirtschaftskraft und Arbeitsplätzen für jeden einzelnen Mitgliedsstaat so unattraktiv, daß damit möglicherweise jeder gesetzgeberische Fortschritt - etwa auf dem Gebiet des Umweltschutzes - verhindert wird[291].

Diese Gefahr hat die Kommission in ihrer Veröffentlichung zum *Cassis*-Urteil seinerzeit aber durchaus erkannt und hat sich dazu wie folgt geäußert:

1) *"Die Kommission muß also ein ganzes Paket von Vorschriften ausarbeiten, die im einzelnen festlegen, welche Anforderungen technischer oder sonstiger Art, z.B. hinsichtlich ihrer Zusammensetzung, Bezeichnung, Präsentation und Verpackung, solche Produkte erfüllen müssen, um allseits als zulässig anerkannt zu werden.*

2) *Die Mitgliedsstaaten dürfen sich bei der Aufstellung technischer u.a. Vorschriften, die den freien Warenverkehr gefährden könnten, nicht auf die Berücksichtigung der Bedürfnisse allein der einheimischen Produkte beschränken. Vielmehr verlangt das ordnungsgemäße Funktionieren des Gemeinsamen Marktes, daß jeder Mit-*

---

[291] In den USA wird dieser Effekt als "*race to the bottom*" bezeichnet.

This means that the required tolerance can be maintained only on condition that certain minimum standards for the manner of manufacturing as well as the quality and safety of products are standardised throughout the Community and if these standards are also effectively enforced everywhere.

Of course, substituting the laws of the country of origin for the general principle that goods must meet the requirements of the country of *destination* entails a distortion of competition in that country. In addition, it also impinges on that country's right to a decentralised democratic self-determination and thus contradicts the idea of subsidiarity as prominently laid down in the new EC-Treaty. Therefore this substitution must only be allowed where necessary for the proper functioning of the Internal Market.

A good example of a situation where this condition was not met is – once againg – the case of *Gaston Schul* with which we are already familiar (cf. ch. 26, above).

Chapter 81: The case of *"Gaston Schul"* II: How must this case be solved under the EC Treaty?

Let's begin our discussion by briefly rehearsing the facts: our Dutch purchaser, *Schul*, acquires from a private vendor (who in the above version of the case was situated in New Zealand) a second-hand sailing yacht which he, too, intends to use privately. As we already saw, under the present system of Value Added Tax in force throughout the EC, this results in a multiple tax burden on this imported second-hand yacht that is lacking if the two partners both live within one and the same members-state, without there being any reasonable justification for this different treatment. Nevertheless we had concluded that this discrimination did non violate the GATT (and in particular not its Article III), because the only standard from which the question of discrimination is to be judged under that treaty is the *treatment* accorded the commodity *by the importing country alone*. In other words: there is no positive obligation on the part of the importing state actively to seek an equality of outcome (in terms of the overall tax burden imposed on the product) by *"affirmative action"*.

Not so, according to the Court, within the context of the EC Treaty:

To understand its arguments we first have to slightly modify the facts. Let's assume that the vendor of the yacht is situated, like *Schul* himself, *within* the Community, albeit in a different country, say, France. Assuming, further, that the same system of VAT is in force for cross-border sales within the Community as explained above for *external* trade, the outcome

gliedsstaat dabei auch die legitimen Bedürfnisse der anderen Mitgliedsstaaten mitberücksichtigt."

Das bedeutet: dieses Prinzip äußerster Toleranz läßt sich nur aufrechterhalten, wenn zumindest gewisse Mindeststandards etc. bezüglich Herstellverfahren und Qualität durch entsprechende Maßnahmen bzw. Gesetze der Kommission EG-weit vereinheitlicht werden und wenn auch die einheitliche Einhaltung dieser Standards durch eine Überwachung seitens der EG sichergestellt ist, und wenn zweitens die Mitgliedsstaaten diese Toleranz nicht umgekehrt dazu ausnutzen, sich durch entsprechende Zugeständnisse an die Industrie und unter Inkaufnahme der damit verbundenen Gefahren bewußt Standortvorteile zu verschaffen.

Freilich ist die durch *Cassis* verlangte Ersetzung des Bestimmungslandprinzips durch das Herkunftslandprinzip und die damit verbundene Abweichung von dem Grundsatz einer dezentralen, nationalen Selbstbestimmung bzw. der "Subsidiarität" wegen der damit immer auch verbundenen Wettbewerbsverzerrung auf dem Markt des Bestimmungslandes nur dann und dort gerechtfertigt, wo das Prinzip des freien Warenverkehrs eine solche Abweichung unverzichtbar macht. Ein gutes Beispiel für eine Situation, bei der gerade diese Voraussetzungen nicht gegeben waren, bietet der uns bereits vertraute (oben, Kapitel 26)

Kapitel 81: Fall *"Gaston Schul"* II: Wie ist dieser Fall nach dem EG-Vertrag zu lösen?

Zunächst kurz noch einmal der Sachverhalt: unser niederländischer Käufer, *Schul*, erwirbt von einem privaten Verkäufer eine gebrauchte Segeljacht, um sie seinerseits in Holland privat zu benutzen. Wie wir gesehen haben, führt die Einfuhr der Jacht nach Holland insgesamt zu einer steuerlichen Doppelbelastung, der eine gebrauchte niederländische Jacht so nicht ausgesetzt ist. Trotzdem lag kein Verstoß gegen das in Art. III GATT statuierte Gleichbehandlungsgebot vor, da einziger Beurteilungsmaßstab insoweit die von dem einführenden Land selbst auferlegten finanziellen Belastungen sind. Mit anderen Worten, es besteht keine Pflicht des Einfuhrlandes, bei der Festlegung der von ihm selbst erhobenen Abgaben eine Gesamtschau aller auf das Produkt erhobenen Steuern auch der anderen Länder anzustellen.

Strengere Anforderungen gelten jedoch, sobald statt des bzw. zusätzlich zu dem GATT (auch noch) der EG-Vertrag Anwendung findet, nämlich im Verhältnis der verschiedenen EG-Mitgliedsstaaten untereinander. Unter dem EG-Vertrag besteht nämlich genau eine solche Berücksichtigungspflicht des Bestimmungslandes im Sinne einer Anrechnung von bereits im Ausland bezahlten Steuern. Das bedeutet: erfolgt die Einfuhr nach Holland nicht aus Neu-Seeland sondern aus einem *anderen Mitgliedsstaat* der Gemeinschaft, so verlangt es die durch die Gemeinschaft begründete Solidarität unter den Mitgliedsstaaten ebenso wie das Binnenmarktprinzip,

should be same. However, according to the ECJ in its holding in the actual *Schul* case (which indeed concerned facts like these), in this context this outcome is modified by the *Internal Market Principle*. We remember that the latter requires

".... the elimination of all obstacles to intra-Community trade in order to merge the national markets into a single market bringing about conditions as close as possible to those of a genuine internal market."*

With regard to the double taxation at issue here the Court in its decision interpreted this requirement as stipulating the duty of the importing state, when setting its rate of importation tax, to take full account of the tax already levied on the item in question by its fellow state whence it is being imported. Accordingly the importing state may only charge the difference, if any, between its own rate and the rate of the exporting state, and that only if its own rate happens to be higher than that of the exporting country. In case both rates are equal or the latter state's rate is higher, no additional rate may be levied by the importing country. Even though this outcome was suboptimal in several respects, in the eyes of the Court it not only was the best outcome that could possibly be achieved by means of mere *construction* of the EC-Treaty, i.e., without a textual change of the taxation rules then in force throughout the EC. It was in any event far less burdensome than the double taxation actually resulting from an unabated application of the letter of the law*** .

Now, what does all this teach us?

1) First, this case constitutes an excellent example of how complex the principle of the *"Internal Market"* really is, once one begins putting such an abstract principle into practice. At the same time it also nicely illustrates the enormous difficulty resulting from the fact that even today many important issues concerning the free flow of goods within the Community are being dealt with not by the Community itself, but on the level of the member-states. This even applies in many areas where – as with regard to VAT – the pertinent rules of the different member-states are to a large degree harmonised in substance through EC-directives.

---

* (Paragraph 33 of the quoted decision.)

*** It must be noted, though, that the *"Internal-Market-Duty"* construed by the Court into the "old" VAT-system here being discussed fell short of stipulating an obligation of the importing state actually to refund the difference between the two rates in cases where the importing state's rate of VAT was *lower* than that of the exporting state, thus making sure that in all these cases the overall tax burden was equal to whichever rate happened to be higher in any particular case.

daß das Einfuhrland die im Herstellungsland entrichteten Steuern auf seine eigenen Abgaben in vollem Umfang anrechnet. Wird die Jacht also etwa, wie in dem tatsächlich entschiedenen Fall, nicht aus Neu-Seeland nach Holland eingeführt sondern aus Frankreich, so darf der niederländische Zoll von *Schul* nur den Betrag an Einfuhrumsatzsteuer verlangen, um den der holländische Umsatzsteuersatz den französischen übersteigt. Sind beide gleich hoch, oder ist der niederländische Satz niedriger, so darf der niederländische Zoll gar keine Abgabe mehr verlangen (eine Rückzahlungs- bzw. Erstattungspflicht für die Differenz, mit der der französische Steuersatz den holländischen ggf. übersteigt, besteht dagegen nicht). Im Ergebnis führt dies dazu, daß der Käufer in solchen Fällen insgesamt immer einen Betrag zahlt, der dem höheren der beiden in Frage stehenden Steuersätze entspricht. Das ist zwar nicht besonders systematisch, aber doch sehr viel erträglicher als die sonst geltende volle Doppelbelastung und nach der Auffassung des Gerichtshofs die beste Lösung, die im Wege der reinen Auslegung. also ohne Änderung des Gesetzeswortlauts, gewonnen werden konnte^{**}. Nicht zuletzt infolge dieses Urteils ist das gemeinschaftliche Umsatzsteuerrecht inzwischen übrigens mit Wirkung zum 1.1.1993 so geändert worden, daß die bis dahin geltende Doppelbelastung für den intra-gemeinschaftlichen Handelsverkehr weggefallen ist (vgl. dazu oben, Kapitel 50 III). Damit ist die hier wiedergegebene Rechtsprechung in ihrer unmittelbaren Anwendung obsolet geworden, denn im Handelsverkehr mit Drittstaaten gelten die vom EuGH entwickelten Grundsätze ohnehin nicht. Warum?^{***} Dennoch bleibt diese Entscheidung eines der eindrucksvollsten Beispiele dafür, daß und in welcher Form die gemeinschaftliche Freiheit des Güterverkehrs über die globalen Regeln des GATT hinausgeht sowie dafür, welche integrative Kraft insoweit davon ausgeht, daß die Gemeinschaft über eigene Organe verfügt, die mit weitreichenden Machtbefugnissen ausgestattet sind.

Die soeben gewonnenen Erkenntnisse lassen sich wie folgt zusammenfassen:

1) Dieser Fall stellt ein hervorragendes Beispiel für die Komplexität dessen dar, was mit dem Schlagwort *"Binnenmarktprinzip"* oft quasi als Selbstverständlichkeit dargestellt wird, jedenfalls, sobald es darum geht, dieses Schlagwort auf einem konkreten Gebiet in die Praxis umzusetzen. Hauptgrund dieser Komplexität ist dabei die Tatsache, daß die meisten Regelungsbereiche nach wie vor nicht zentral auf der Ebene der EG selbst geregelt werden, sondern von den einzelnen Mitgliedsstaaten auf nationaler

---

^{**} Das von dem Gerichtshof gefundene Ergebnis war so weder im EG-Vertrag selbst noch in dem einfachgesetzlichen gemeinschaftlichen Umsatzsteuerrecht niedergelegt sondern wurde vom Gerichtshof allein im Wege der Auslegung aus den tragenden Prinzipien innergemeinschaftlicher Solidarität der Mitgliedsstaaten sowie des Binnenmarktprinzips gewonnen.

^{***} **Antwort:** weil im Verhältnis zu Drittstaaten weder eine gemeinschaftsrechtliche Solidarität besteht noch das Binnenmarktprinzip Anwendung findet.

2) It further nicely demonstrates how EC-law has often been fruitfully developed through a kind of "critical dialogue" between the European Court of Justice, on the one hand, and the legislative organs of the EC, on the other hand. This applies, i.a., to the new principles of taxation with regard to intra-Community deliveries passed by the Community in reaction to the holding of the Court in *Schul*. It also holds true for the incorporation of the term *"Internal Market"* into the *European Single Act* and thus ultimately into the EC-Treaty itself (cf. Art. 14 ECT), both of which occurred also as a result of this very judgement.

3) Besides, it is a good example of how cautious one needs to be with generalising a certain principle one believes to have found within a certain context. Thus, as we have seen, the principle of the authority of the country of origin developed by the Court for technical standards and regulations is *not* to be applied to taxation where, indeed, the opposite principle governs, viz., the authority of the country of destination or consumption).

4) Finally, the above considerations demonstrate the impact which the context of a legal norm has on its interpretation. Indeed, it is mainly the different statutory surroundings of Art. III par. 2 GATT and of Art. 90 EC-Treaty that justify their different interpretations, despite their almost identical wording.

Questions: **1)** Which principle do you find more appropriate for taxing cross-border trade – the principle of the authority of the country of origin or that of the country of destination? If one looks at the problem from a global perspective, does the difference really matter?

2) Which one of these two principles, if any, do you think is applied in *Gaston Schul II* ?

3) How do you explain the different outcomes in this regard in *Schul I* and in *Cassis*? Are they justified?

Summary: Goods originating in the territory of one EC-member-state must generally be admitted for import by all the other EC countries. It is only non-economic interests of the highest order (especially those listed in Art. 30 ECT) that may under exceptional circumstances justify any restrictions on such imports at all. Even under such exceptional circumstances, though, restrictions are legitimate only if they are, *first*, *necessary* for achieving the pertinent regulatory interest (labelling rather than banning the item in question!), and if, *second*, these restrictions do not imply an *unjustified discrimination* against the imported item as compared to the treatment of comparable ("like") domestic products (overt discrimination), and if, *third*, their practical application does not have a more disadvanta-

Ebene. Das trifft selbst in Bereichen wie der Umsatzsteuer zu, die inhaltlich durch entsprechende EG-Richtlinien harmonisiert sind.

2) Zum zweiten zeigt der Fall *Schul* eindrücklich, wie sich die Rechtsordnung der Gemeinschaft häufig an und durch einen kritischen Dialog zwischen dem Gerichtshof und dem EG-Gesetzgeber (Kommission, Rat und Parlament) weiterentwickelt hat. So ist der Anstoß zur Entwicklung des heutigen EG-weit einheitlichen Umsatzsteuerrechts ganz entscheidend eine Folge der im Falle *Schul* zu Tage getretenen Unzulänglichkeiten des vorhergehenden Rechtszustandes. In ähnlicher Weise beruhen auch der Begriff ebenso wie die Idee des Binnenmarktes auf den Ausführungen des EuGH in diesem Urteil, und wurden später durch die Einheitliche Europäische Akte als feste Rechtsbegriffe in den EG-Vertrag aufgenommen.

3) Drittens wird deutlich, wie vorsichtig man zu sein hat, wenn man ein für richtig erkannt geglaubtes Ergebnis (hier: das in Cassis für die Eigenschaften eines Produktes entwickelte Prinzip der Maßgeblichkeit des Herkunftslandes) auf ein anderes Gebiet (Steuerrecht) übertragen will. Wie hier (wo wir das Bestimmungslandprinzip als das sowohl sachlich richtige wie in der EG geltende Prinzip herausgearbeitet haben) ist eine solch einfache Übertragung oft nicht möglich. Statt also sich einfach auf gängige Schlagworte zu verlassen, gilt auch hier: jeden Fall sorgfältig und für sich alleine prüfen und erlernte Schemata nur als das benutzen, wozu sie taugen: als Denkhilfe, nicht aber als Denkersatz!

4) Schließlich zeigt dieser Fall auch die große Bedeutung, die neben dem Wortlaut auch der rechtliche Gesamtzusammenhang für die Auslegung einer Norm haben kann. So kam der EuGH in *Schul* trotz der großen Ähnlichkeit der dort anwendbaren Norm (Art. 28 EG-Vertrag) mit Art. III Abs. 2 GATT zu einer erheblich "gemeinschaftsfreundlicheren" Auslegung dieser Vorschrift, als sie im Rahmen des GATT für dessen fast wortgleiche Regelung gerechtfertigt ist, einfach aufgrund ihrer Einbettung in die durch den Binnenmarkt geprägte viel engere Gemeinschaft, wie sie zwischen den EG-Mitgliedern im Vergleich zur globalen Gemeinschaft der GATT-Teilnehmer existiert.

Fragen: 1) Sollte für die Besteuerung grenzüberschreitender Umsätze idealerweise die Steuer bzw. der Steuersatz des Export- (=Herkunfts-) landes maßgeblich sein oder die des Import (=Bestimmungs-)staates? Oder spielt das – global gesehen – letztlich keine Rolle?

2) Welches dieser beiden Prinzipien verwirklicht *Gaston Schul* – oder ist hier keine dieser beiden Möglichkeiten verwirklicht?

3) Wie erklären Sie die untershcieldichen Ergebnisse bezüglich der Maßgeblichkeit von Herkunfts- und Bestimmungsland in *Cassis* und *Schul*? Halten Sie diese für gerechtfertigt?

Zusammenfassung: eine Ware aus einem EG-Mitgliedsland ist grundsätzlich auch von allen anderen Mitgliedsländern zum Import zuzulassen.

geous effect on foreign as compared to domestic goods (hidden discrimination). In order to avoid the latter, it may sometimes even be necessary to afford foreign goods imported from fellow-states a more tolerant treatment than a member-country accords its own products.

Chapter 82: Freedom of Movement for Workers, Art 39 EC-Treaty; Right of Establishment, and Freedom of Ser vices, Arts. 43 and 49 EC-Treaty; General Freedom of Movement for Consumers according to Art. 18 EC-Treaty

The first three of the above mentioned freedoms grant the citizens of all Member-States – as well as corporations seated there – the possibility of pursuing "cross-border" economic activities, as employees or self-employed, throughout the entire Community without needing either a residence or a work permit.

While these freedoms were originally limited to people pursuing employment and to their relatives, through Art. 18 EC-Treaty (only recently added by the *Maastricht-Treaty*), the liberty to move freely throughout the Community was extended to all citizens of member-states, including those whose activity is limited to the consumption of goods. Thus, for the first time this liberty now also extends, e.g., to the pensioners of the northern EC countries who wish to spend their remaining years on Majorca or who simply want to travel.

If one compares this "bundle" of rights with the WTO system one finds no equivalent under the new WTO system[292] to the freedom of movement granted by the EC treaty to those seeking *employment* (i.e. workers). Thus a French worker employed at the Mercedes plant in Rastatt, Germany, (near the French border), can either continue living in France and commute to the German side of the border or he can take up residence in Germany – without the German authorities being able to prohibit either (e.g., by refusing him either a visa or work permit). Compare this to the

---

[292] (in particular the GATS covers only self-employed persons rendering services outside an employment-relationship)

Nur wenn eminente Regelungsinteressen des einführenden Staates betroffen sind (insbesondere, aber nicht ausschließlich, die in Art. 36 EG-Vertrag aufgeführten), ist eine Beschränkung dieser Importfreiheit überhaupt denkbar. Eine solche Beschränkung ist aber selbst dann nur zulässig, wenn sie erstens erforderlich ist, um das Regelungsinteresse des betroffenen Staates zu erreichen (Kennzeichnung statt Totalverbot!) und wenn sie zweitens die ausländische Ware nicht ohne sachlichen Grund schlechter behandelt als die inländische und wenn sie sich drittens in ihrer praktischen Anwendung auf ausländische Güter nicht nachteiliger auswirkt als auf inländische. Um letzteres zu verhindern, kann es u.U. sogar geboten sein, importierte Ware im Inland "besser" zu behandeln, d.h. weniger strengen Anforderungen zu unterwerfen, als einheimische Ware.

Kapitel 82: Freizügigkeit der Arbeitnehmer, Art. 39 sowie Niederlassungs- und Dienstleistungsfreiheit, Art. 43 und 49 EG-Vertrag, allgemeine Freizügigkeit für die Verbraucher nach Art. 18 EG-Vertrag

Mit den drei zuerst genannten Freiheiten wird den Bürgern der EG - wie auch den dort ansässigen Gesellschaften - umfassend die Möglichkeit eingeräumt, "grenzüberschreitend" oder in einem anderen Mitgliedsland einer Erwerbstätigkeit nachzugehen, gleich, ob als abhängige Arbeitnehmer oder als Selbständige. Eine Aufenthalts- oder Arbeitserlaubnis brauchen EG-Bürger dafür auf dem gesamten Gemeinschaftsgebiet nicht mehr. Diese Freizügigkeitsrechte, die sich allesamt ausschließlich auf "Erwerbspersonen" (und deren Angehörige) beziehen, ist durch den durch den Maastrichter Vertrag eingefügten Art. 18 EG-Vertrag nun allgemein auf *alle* Personen ausgedehnt worden. Damit sind neben den Erwerbstätigen nun erstmals auch die "reinen" Verbraucher erfaßt, die etwa ihre Rentenzeit dauerhaft auf Majorca verbringen oder als Tourist im Gemeinschaftsgebiet verreisen wollen.

Vergleicht man dieses "Paket" an Rechten mit dem WTO-System, so fällt zunächst auf, daß insbesondere die in der EG gewährleistete *Arbeitnehmerfreizügigkeit* in jenem System keinerlei Pendant hat[292]. Während also etwa der französische Arbeitnehmer aus Straßburg wahlweise entweder ohne weiteres wohnen bleiben und täglich zu seiner Arbeitsstätte bei Mercedes in Rastatt pendeln oder alternativ auch nach Deutschland umziehen kann, kann sich etwa der malaysische Arbeitnehmer, der gerne eine Arbeit in Singapur aufnehmen möchte, dafür auf keines der WTO-Abkommen berufen. Erst recht fehlt es im weltweiten Rahmen an einem Äquivalent zu Art. 18 EG-Vertrag.

---

[292] Insbesondere gibt es auf der globalen Ebene kein Pendant zu der EG-internen Arbeitnehmerfreizügigkeit; speziell das GATS erfaßt abhängig beschäftigte Arbeitnehmer nicht, vgl. oben, Kapitel 32!

situation of a Malaysian worker wishing to work in Singapore, under the WTO: he has no right vis-à-vis the Singaporean authorities whatsoever, as the only agreement within the WTO-system dealing with the free movement of labour is the GATS. The GATS, however, is of little help, as it does not apply to employment relationships and second, does not grant any definite entitlements to the persons covered by it even in those cases where it does apply.

Even less is there a right of general movement on the global level that would be comparable to that which EC-citizens enjoy.

The remaining two freedoms (the Right of Establishment and the Freedom of Services) cover roughly the area which is dealt with by the GATS (services) and the TRIMs (cross-border investments) for the WTO. Upon closer scrutiny of the details it turns out that there, too, the EC rules generally go much farther than those of the WTO.

Just as with commodities under the *Cassis-de-Dijon* formula, the EC Treaty requires the member-states also actively to promote the free movement of persons, again without a WTO equivalent. Indeed, since the removal of all obstacles to the free movement of persons and to their employment has been achieved, this duty has taken on a special importance with regard to those impediments that cannot be removed simply by abolishing certain inhibitory statutes, but which instead need legislative and/or administrative action. These are, *first*, the mutual recognition by the various member-states of professional qualifications earned in the other member-states, and *second*, the development of compatibility among the different systems of social security (unemployment and health insurance as well as pensions etc.).

Both areas are immensely more complicated than the judging of commodities or of the dangers emanating from them. Therefore, the *Cassis-de-Dijon* principle cannot immediately be transferred to the issues confronting us here. Rather, in both areas legislative action - by the member-states and by the Community – is needed to solve the various problems that arise.

However, the just "discredited" *Cassis-de-Dijon* principle does regain relevance in this area also, as soon as it comes to the question of *how* such

Die übrigen beiden Freiheiten (Niederlassung und Dienstleistung) decken in etwa den Bereich ab, der innerhalb des WTO-Systems zum einen vom GATS (Dienstleistungen), zum anderen vom TRIMS (Investitionen) geregelt wird. Bei einer genauen vergleichenden Lektüre der zitierten Vorschriften des EG-Vertrages und der WTO-Abkommen fällt auch hier auf, daß die EG-Vorschriften erheblich weiter gehen als die entsprechenden Regelungen der WTO-Abkommen. Entsprechend der *Cassis-de-Dijon*-Formel für den freien Warenverkehr entnimmt man nämlich dem EG-Vertrag auch bezüglich des grenzüberschreitenden *Personen*verkehrs eine aktive Förderungspflicht seitens der Mitgliedsstaaten, die in dieser Form den WTO-Abkommen nicht zu entnehmen ist. Diese Förderungspflicht hat besondere Bedeutung bei dem nach der Abschaffung von Aufenthalts- und Arbeitsbeschränkungen wichtigsten verbleibenden Hindernis für den freien Personenverkehr: das sind einmal die beruflichen Qualifikationen und deren gegenseitige Anerkennung durch die verschiedenen Mitgliedsländer und zum zweiten die soziale Absicherung bei einem beruflichen Wechsel von einem Mitgliedsstaat in einen anderen.

Nach der Rechtsprechung des EuGH sind beide Gebiete soviel komplizierter als die Beurteilung von Waren bzw. der Gefahren, die von Waren ausgehen können, daß das *Cassis-de-Dijon-Prinzip* hier nicht unmittelbar, sondern nur modifiziert anwendbar ist: weder gelten EG-ausländische berufliche Qualifikationen automatisch als gleichwertig mit entsprechenden inländischen (welchen?) noch setzt sich etwa ein in einem Mitgliedsstaat begründetes Sozialversicherungsverhältnis bei einem Wechsel in ein anderes Mitgliedsland automatisch dort fort. Auf beiden Gebieten ist vielmehr der Gesetzgeber - und zwar sowohl der Gemeinschaftsgesetzgeber, also die EG, als auch die einzelnen Mitgliedsstaaten - aufgerufen, die auftretenden Probleme durch den Erlaß geeigneter Regelungen angemessen zu lösen. Bei der *Ausgestaltung* dieser Regelungen greift dann aber wieder der (modifizierte) Grundsatz von *Cassis-de-Dijon* ein, also das Gebot der angemessenen Berücksichtigung der im Herkunftsland erworbenen Qualifikation bzw. des dort bestehenden Systems der sozialen Absicherung. Auf dem Gebiet der beruflichen Qualifikation etwa bedeutet dies folgendes: einerseits berechtigen berufliche Qualifikationen, die im EG-Ausland erworben wurden, nicht automatisch dazu, den entsprechenden Beruf auch im "Inland" auszuüben. Vielmehr dürfen die Mitgliedsstaaten als Voraussetzung hierfür das Bestehen bestimmter Anerkennungsprüfungen verlangen. Andererseits ist bei der Ausgestaltung dieser Prüfungen der Tatsache angemessen Rechnung zu tragen, daß sich der ausländische Bewerber bereits in seinem Heimatland erfolgreich qualifiziert hat. Das hat zur Folge, daß eine solche Anerkennungsprüfung weder dem Umfang noch dem Schwierigkeitsgrad nach so anspruchsvoll sein darf wie die Prüfung, die von einheimischen "Erstqualifikanten" verlangt wird. So darf etwa einem in Frankreich zugelassenen Architekten in Deutschland zwar eine Zusatzprüfung abverlangt werden, mit der er nachweist, daß er die einschlägigen deutschen Rechtsvorschriften und eventuell anderen klimatischen oder geologischen Verhältnisse kennt, bevor er in Deutschland als Architekt arbeiten darf. Eine umfassende deutsche Architektenprüfung darf dagegen

foreign qualifications and/or social security claims are to be taken into account. For additional qualifications that may be required from an EC citizen this principle implies that the corresponding tests must be considerably less detailed and extensive than those demanded from a native novice.

Thus a French architect before she can set up shop in Germany may be required to take additional tests (pertaining to, say, the German laws and/or standards for building materials, environmental protection, etc.), but may not be asked to take the full range of tests required from German students who want to qualify as architects.

Similarly, rules facilitating the portability within the Community of social security claims must be worked out.

Quite similar principles apply for the requirements that may be imposed on a company already established in one member-state and wishing to expand by setting up a branch office in another member-state. Here, too, the "host" may set up certain rules of registration and other requirements for this office, but these must not unduly impede such activity, in order to promote the realisation of the Internal Market.

Chapter 83: The Freedom of Payment, Art. 56 EC-Treaty

Freedom of Payment means the absence of state-imposed limitations on or prohibitions of the transfer of money across national frontiers. These payments are generally divided into two categories: *"Payment for Current Deliveries"*, i.e., those made for goods or services rendered, and *"Capital Payments"*, that is, investments (buying shares in or the assets of a foreign company, buying foreign bonds, or building a factory abroad).

nicht verlangt werden. Vielmehr ist hier die in Frankreich erfolgreich ab-
gelegte Prüfung angemessen zu berücksichtigen.

Entsprechend sind auch Regeln hinsichtlich der Sozialversicherung einzuführen, die einen Wechsel zwischen den Mitgliedsstaaten nicht unnötig
erschweren.

Ähnliches gilt für die Voraussetzung für eine (Zweit-)Zulassung von
Dienstleistungsunternehmen, wie Banken und Versicherungen, die in einem Mitgliedsstaat bereits zugelassen sind, in einem anderen Mitgliedsland: auch hier gilt ein solches Unternehmen in Abweichung von einem
"reinen" *Cassis de Dijon* nicht automatisch als überall zugelassen. Vielmehr darf jeder Mitgliedsstaat zum Zwecke der Überwachung des EG-
ausländischen Dienstleistungsunternehmens eine (Zweit-)Zulassung sowie
die Einhaltung bestimmter spezieller Vorschriften zum Zwecke der Überwachung solcher Unternehmen verlangen, doch dürfen auch hier diese
Anforderungen nicht überspannt werden, um die Integration des Binnenmarktes nicht unnötig zu erschweren.

Kapitel 83: Freiheit des Zahlungs- und Kapitalverkehrs, Art. 56 EG-Vertrag

Die Freiheit des Zahlungsverkehrs bedeutet das Nichtvorhandensein von
(staatlichen) Beschränkungen, die den Transfer von Geld über nationale
Grenzen hinweg erschweren oder verbieten. Dabei ist der Zahlungsverkehr
derjenige Geldfluß, der als unmittelbare Gegenleistung für erbrachte Leistungen, etwa Warenlieferung oder Dienstleistung, erfolgt. Kapitalverkehr
dagegen ist jeglicher Geldfluß zum Zwecke grenzüberschreitender Investitionen. Beide Freiheiten sind gegenüber der bisherigen Rechtslage durch
den Maastrichter Vertrag wesentlich erweitert worden: wie die anderen
Grundfreiheiten sind nun auch sie im EG-Vertrag selbst als unmittelbar
geltendes Recht (Primärrecht) festgelegt und zwar nahezu ohne Ausnahmen. Dabei gehen diese gegenüber den übrigen Grundfreiheiten sogar
noch einen entscheidenden Schritt weiter: anders als jene gelten sie nämlich interessanterweise nicht nur im Verhältnis der EG-Mitgliedsländer untereinander sondern auch im Verhältnis zu Drittstaaten. Damit gehören
sämtliche Beschränkungen des Zahlungsverkehrs, insbesondere devisenrechtliche Aus- oder Einfuhrverbote, für die EG-Mitgliedsländer fast ausnahmslos der Vergangenheit an.

Im Vergleich mit dem WTO-System geht die Freiheit des Zahlungsverkehrs in der EG in zweierlei Hinsicht weiter: zum einen gewährt nur der
EG-Vertrag auch die Freiheit des Kapitalverkehrs. Dieser ist im WTO-
System weder im GATT oder im GATS festgelegt, die sich allein mit dem
reinen Zahlungsverkehr für die in ihnen geregelten Gütertransfers bzw.
Dienstleistungen befassen noch findet es sich in dem Investitionsabkom-
men TRIMs: dieses verbietet nämlich nur bestimmte Beschränkungen und

Through the *Maastricht* Treaty, the freedom of payment has been achieved for the EC countries. Like the other basic freedoms this one is now[*] guaranteed in the EC-Treaty itself as immediately valid law (primary law) for both categories, without exceptions. Indeed, this freedom goes even further than all the other rights dealt with above in that it is not restricted to payments made *among* residents or firms of the different member-states, but governs even payments to or from states outside the Community (external payments). This effectively means the end of any limitations on payments for all EC-countries.

At the same time, due to the introduction of the Euro as a common currency on January 1st, 1999, all effective control over both categories of payments (current deliveries and capital payments) made *among* residents/firms within that union has been foregone. This has greatly diminished the relevance of these freedoms.

On the international level, this freedom must be contrasted not with any of the WTO agreements (which are restricted to *commodities* and *services* and do not apply to the *payments* made for them) but with the articles of the IMF. Here, again, the EC rules go further than their global equivalent in that they also cover capital payments not covered by the IMF. However, the freedom of capital payments is also guaranteed on an international level by an agreement concluded among the member-states of the OECD to which all EC members, along with several other important industrial countries (see ch. 39 for details), belong.

Seen in conjunction with the Free Movement of Services and the Right of Establishment, these additional financial guarantees now provide for complete freedom to invest throughout the entire EC.

---

[*] Before Maastricht, they had been worded as political goals only to be aspired to, but not as legal norms as they are now.

Auflagen gegenüber grenzüberschreitenden Investitionen, zu denen devisenrechtliche Vorschriften jedoch nicht gehören.

Zum zweiten enthält der EG-Vertrag erheblich weniger Ausnahmevorschriften auch für den reinen Zahlungsverkehr als sie unter dem WTO-System gewährt werden.

Nicht unmittelbar zur Freiheit des Zahlungsverkehrs aber doch eng mit den hierher gehörigen devisenrechtlichen Beschränkungen verbunden ist das grundsätzliche Risiko von Währungsschwankungen, das den internationalen Handel belastet und das auch durch die Errichtung des IWF bestenfalls abgemildert wurde. Auch dieses Risiko ist für den Handel zumindest im Verhältnis der meisten EG-Staaten untereinander durch das Europäische Währungssystem (EWS) erheblich reduziert. Das EWS besteht aufgrund eines völkerrechtlichen Vertrages (es ergibt sich also nicht aus dem EG-Vertrag selbst) an dem die meisten, aber nicht alle - EG-Staaten beteiligt sind. Es legt fest, daß bei bestimmten relativ geringen Kursverschiebungen zwischen den Währungen der beteiligten Länder deren Zentralbanken eingreifen müssen, um die Wechselkurse zu stabilisieren. Wie der Zusammenbruch des "alten" *Bretton-Woods-Systems* fester Wechselkurse ganz grundsätzlich und gerade die jüngste Vergangenheit auch für die EWS-Länder gezeigt hat, kann mit einer solchen Methode das Risiko von Kursveränderungen zwar nicht gänzlich ausgeschlossen werden: sofern die sich immer verändernden wirtschaftlichen Grundkoordinaten der beteiligten Länder dies erfordern, läßt sich vielmehr auch unter einem solchen System eine gelegentliche Wechselkursanpassung nicht verhindern und ist darüber hinaus zur Vermeidung langfristiger Imbalancen zwischen den beteiligten Ländern auch wünschenswert. Immerhin aber schiebt ein derartiges System den besonders kursgefährdenden Wechselkursspekulationen doch einen im allgemeinen recht wirksamen Riegel vor.

Sobald im übrigen die vorgesehene Europäische Währungsunion in Kraft tritt, werden Wechselkursschwankungen zwischen den Währungen der EG-Mitgliedsstaaten ohnehin der Vergangenheit angehören.

Zusammen mit der oben skizzierten Dienstleistungs- und Niederlassungsfreiheit ist durch die Freiheit des Kapitalverkehrs sowie die gesicherte Stabilität der Wechselkurse die Investitionsfreiheit innerhalb der EG umfassend sichergestellt.

PART 13 = CHAPTER 84: SUMMARY: THE ECONOMIC FREEDOMS UNDER THE EC TREATY AND THOSE UNDER THE WTO SYSTEM COMPARED

All this leads us to conclude that the EC Treaty and its liberties in many ways exceed those of the WTO. The most important differences are:

1) In many areas real freedom of movement both for goods and persons requires some harmonisation of the applicable rules. This is true for the professional qualifications of persons, if anything, even more than for the characteristics of commodities. Naturally, with a full-blown governmental structure in place as in the EC, this is much more easily achieved than on the international level where any such harmonisation requires a treaty to be concluded by unanimous consent of all participants.

2) Wherever such harmonisation is either impossible, unnecessary or inappropriate, it must be supplemented by far-reaching toleration or acceptance of the various national requirements. It is here, in particular, that the *Cassis-de-Dijon* principle developed by the ECJ for intra-Community trade goes far beyond the equal-treatment prescription of the GATT (Art. III). This is true both for commodity characteristics and for the financial charges which may be levied by the importing country.

3) In many other areas which are dealt with by both the EC Treaty and the WTO System, the former goes much further and permits far fewer exceptions to the principle of free trade.

4) What is more, there are quite a few areas addressed by the EC-Treaty alone without any counterpart under the WTO. Some of the most important of these are competition (= antitrust) law, and the freedom of movement for workers and for consumers.

5) Finally, a further major difference is that it is only the EC that affords the individual citizen or corporation the right to invoke immediately the freedoms conferred and to enforce them in court against any state interference.

TEIL 13 = KAPITEL 84: ZUSAMMENFASSUNG: DIE WIRTSCHAFTLICHEN FREIHEITEN UNTER DEM EG-VERTRAG UND NACH DEM WTO-SYSTEM IM VERGLEICH

Die soeben angestellten Überlegungen zeigen, daß der EG-Vertrag in vielerlei Hinsicht über die Regelungen des WTO-Systems hinausgeht. Die wichtigsten Unterschiede lassen sich wie folgt zusammenfassen:

1) In vielen Bereichen setzt eine wirkliche Freizügigkeit des Waren- und insbesondere des Personenverkehrs eine gewisse Angleichung der unterschiedlichen Vorschriften über Eigenschaften, Standards und Qualifikationen voraus. Eine solche Angleichung kann zwar auch durch entsprechende völkerrechtliche Abkommen zwischen den beteiligten Ländern erzielt werden, doch ist ein solches Verfahren offensichtlich mit erheblichen Schwierigkeiten verbunden. Viel geeigneter ist hierfür ein gemeinsamer zentraler, überstaatlicher Gesetzgebungsapparat. Über einen solchen verfügt jedoch im internationalen Rahmen allein die EG durch ihre Gesetzgebungsorgane. Gleichzeitig ist aber hier auch die Rolle des EuGH nicht zu unterschätzen, der durch seine immer wieder kühne Rechtsprechung *(Cassis)* seinerseits zur Weiterentwicklung und Integration des Binnenmarktes wesentlich beigetragen hat.

2) Soweit eine Angleichung entweder nicht möglich, nicht erforderlich oder nicht erwünscht ist, bedarf es einer weitgehenden gegenseitigen Toleranz bzw. Anerkennung der verschiedenen Anforderungen und Qualifikationen. Hier geht die EG mit dem *Cassis-de-Dijon*-Prinzip ("positive Diskriminierung" EG-ausländischer Waren bzw. Personen) weit über das rein formale Gleichbehandlungsgebot des WTO-Systems (vgl. beispielsweise Art. III GATT) hinaus.

3) Auch in anderen Bereichen, die grundsätzlich sowohl vom WTO-System geregelt werden als auch vom EG-Vertrag, ist letzterer inhaltlich erheblich "schärfer" und läßt bedeutend weniger Ausnahmen zu als jenes.

4) Ferner gibt es verschiedene wesentliche Bereiche, die nur der EG-Vertrag überhaupt regelt und für die sich im WTO-System keinerlei Pendant findet. Als bedeutendste sei hier nur das (private) Wettbewerbsrecht genannt sowie die Freizügigkeit der Arbeitnehmer sowie der Verbraucher.

5) Ein weiterer entscheidender Unterschied zwischen beiden Systemen besteht schließlich darin, daß (nur) in der EG der einzelne Bürger die Möglichkeit hat, sich selbst unmittelbar auf die genannten Freizügigkeitsrechte zu berufen und diese gegenüber allen staatlichen Organen gerichtlich durchzusetzen.

PART 14 – OUTLOOK: THE TENSION BETWEEN REGIONAL SELF-DETERMINATION AND FREE TRADE IN THREE FEDERAL SYSTEMS: USA, EUROPEAN COMMUNITY AND GERMANY

Chapter 85: USA

Quite similar to the European Community, the original legislative power in the U.S. is vested not in the federal legislature (Congress) in Washington, D.C., but in the 50 individual states. Accordingly, Congress is competent to regulate a certain field only when and insofar as jurisdiction is expressly conferred on it by the American Constitution (cf. *X. Amendment* of the U.S. Constitution). It is true, this Constitution does provide for far-reaching federal power in many areas; still, where such a conferral is lacking, the general authority remains with the various states. This applies, in particular, to the so-called "police power" of these states. This term means jurisdiction over all problems of public welfare (save the promotion of trade and industry), such as national security, public health, the environment and all rules concerning human behaviour (crime etc.). This encompasses, of course, the power to pass laws about how certain goods must be produced, about their characteristics and their distribution. Accordingly, these rules differ from one state to another more often than not, sometimes rather considerably. Quite naturally this leads to a strong desire, on the part of these states, to effectively enforce their own regulations by not admitting into their own territory products made in another state that in one way or another fail to meet their requirements (see ch's. 7 ff., above).

In order to prevent the splitting of the American market that would otherwise almost inevitably result from these tendencies, the U.S. Constitution contains various clauses conferring broad general jurisdiction on the Congress. The most prominent of these is the so-called "**Commerce Clause**" contained in **Art. I, Sec. 8,** of the **U.S. Constitution.** It reads as follows:

"Congress shall have the power
to regulate Commerce ..... among the different states. "

TEIL 14 : AUSBLICK: DAS SPANNUNGSVERHÄLTNIS ZWISCHEN REGIONALER SELBSTBESTIMMUNG EINERSEITS UND FREIHEIT DES HANDELSVERKEHRS ANDERERSEITS IN DEN FÖDERATIVEN SYSTEMEN DER USA, DER EG UND DER BUNDESREPUBLIK DEUTSCHLAND

Kapitel 85: USA: Die Handelsklausel ("Commerce Clause")

Ähnlich wie innerhalb der Europäischen Gemeinschaft liegt auch in den Vereinigten Staaten von Amerika die originäre Gesetzgebungsgewalt grundsätzlich bei den - im Falle der USA fünfzig - Einzelstaaten und nicht bei dem übergeordneten Bundesgesetzgeber in Washington. Dieser ist vielmehr auch in Amerika zur Regelung eines bestimmten Sachgebiets nur dann und insoweit zuständig, als ihm die amerikanische Verfassung die entsprechende Kompetenz ausdrücklich verleiht (vgl. *X. Amendment*, der amerikanischen Verfassung). Zwar sieht dies Verfassung für den Bund in vielen Sachbereichen umfangreiche Kompetenzen vor; wo es indes an einer solchen Zuweisung fehlt, verbleibt es bei der Zuständigkeit der verschiedenen Einzelstaaten. Das gilt insbesondere für die sogenannte *"police power"*, unter der das amerikanische Verfassungsrecht die prinzipielle Zuständigkeit wie auch Regelungsmacht hinsichtlich aller Problembereiche versteht, die die öffentliche Wohlfahrt betreffen, also insbesondere die innere Sicherheit, die Erhaltung der Volksgesundheit, der Umwelt und die Regelungen des mitmenschlichen Zusammenlebens, kurz, den gesamten Bereich der in Deutschland so bezeichneten Eingriffs- sowie Leistungsverwaltung. Dazu gehört selbstverständlich u.a. auch der Erlaß verbindlicher Vorschriften über die Herstellmethoden, Eigenschaften und den Vertrieb von Waren in dem jeweiligen Bundesstaat. Naturgemäß kommt es daher auch in den USA von Bundesstaat zu Bundesstaat zu teilweise sogar äußerst unterschiedlichen Regelungen, die - zumindest gelegentlich - das natürliche Bedürfnis der einzelnen Staaten nach sich ziehen, Produkte anderer Einzelstaaten, die den jeweils eigenen Vorschriften nicht vollumfänglich entsprechen, im eigenen Bundesstaat nicht zum Vertrieb freizugeben.

Um der dadurch drohenden Marktzersplitterung einen Riegel vorzuschieben, enthält die US-Bundesverfassung vor allen Dingen eine entscheidende Klausel. Das ist die sogenannte "Handelsklausel" ("**Commerce Clause**") in **Art. I, Sec. 8 der Verfassung**. Diese lautet:

"Congress shall have the power
to regulate Commerce ..... among the different states"

In its actual wording this clause confers upon the Congress no more than the ("positive") authority *actively* to regulate interstate commerce – if necessary by passing uniform standards for products, thus overriding potential restrictions imposed by individual states. This aspect of the Commerce Clause may be compared to Arts. 94 and 95 of the EC Treaty which confer similar power upon the European Community. As we have seen, however, at least for the EC, such an "active" jurisdiction alone does not suffice to prevent a splitting of the market.

For this, the potential impediments to trade, ensuing from the multitude of different norms inherent in such a system, are far too numerous to be obviated by federal legislation (whether by the European Community or by the U.S. Congress). Besides, this would required frenzied activism on the part of the federal legislatures which would contradict the principle of decentralisation enshrined in the *X. Amendment* of the U.S. Constitution and in the EC Treaty (Art. 5) as *"subsidiarity"*. Therefore, in the EC the positive jurisdictional power conferred upon the Community is supplemented by the various economic freedoms just outlined, an important purpose of which consists in minimising the adverse effects on the freedom of trade that would otherwise result from the variety of different national rules. However, no such list of individual economic freedoms is contained in the U.S. Constitution. It uses a different regulatory technique based on a construction read into the *Commerce Clause* by the *U.S. Supreme Court*. The Court has consistently held that this clause contains an implicit prohibition of any state legislation constituting an "undue" burden on interstate trade. This *"negative"* aspect of the clause is called the *"dormant"* Commerce Clause and is effective even in the absence of ordinary federal legislation[293]. Of course the decision as to where to draw the line in a particular case between a legitimate exercise of their police power by the states and the imposition of an undue burden on interstate trade is often unclear. Indeed,

---

[293] At the beginning of this century the *Supreme Court* once did attempt to construe into the American Constitution individual economic rights, cf. *Lochner v. New York*, 198 US 45 (1905). However, this line of reasoning was later explicitly abadoned, cf. *Currie, Second Century*, p. 48 ff. Even the famous *"Bill of Rights"* – a catalogue of American individual basic rights subsequently annexed to the U.S. Constitution -. contains – unlike, e.g., the German Constitution (cf. Arts. 9 and 12 German Constitution) – no economic but merely political rights, cf. *Currie, Constitution*, p. 299 ff.

In ihrer unmittelbaren Formulierung besagt diese Klausel eigentlich nur, daß der Bundesgesetzgeber (Kongreß) die *Befugnis* hat, den Handel zwischen den verschiedenen Bundesstaaten *aktiv zu regeln*; zu dieser Befugnis gehört selbstverständlich – jedenfalls in bestimmtem Umfang - auch der Erlaß etwa von Normen und Standards, die Produkte im gesamten Bundesgebiet einheitlich erfüllen müssen, um vertrieben werden zu dürfen, die aber andererseits für eine solche Zulassung auch ausreichen. Diese Seite der Handelsklausel ist also im wesentlichen Artt. 94 und 95 des EG-Vertrages vergleichbar, die den zentralen EG-Organen für die Europäische Gemeinschaft eine entsprechende Befugnis verleihen. Wie wir aber gesehen haben, reicht eine solche "positive Regelungsbefugnis" in der Europäischen Gemeinschaft bei weitem nicht aus, der Gefahr einer Marktzersplitterung ausreichend zu begegnen. Die möglichen Handelshindernisse, die sich allein aus dem Normengefälle zwischen den verschiedenen Mitglieds- bzw. Bundesstaaten ergeben, sind viel zu umfangreich, als daß sie allesamt durch positive Regelungen der jeweiligen Bundesorgane ausgeschaltet werden könnten; ein Effekt, der wegen der damit notwendig verbundenen übermäßigen Zentralisierung in beiden Systemen auch gar nicht gewollt ist. Deshalb wird die positive Regelungsbefugnis der EG-Organe in der Europäischen Gemeinschaft durch die Marktfreiheiten ergänzt, deren Zweck vor allen Dingen darin besteht, die Störungen zu minimieren, die die vorhandene Regelungsvielfalt für die Freiheit des Handelsverkehrs in dem gemeinsamen Wirtschaftsraum in jedem Falle notwendig mit sich bringt.

Eine diesen ausdrücklichen "ökonomischen Freiheitsrechten" des EG-Vertrages entsprechende Liste subjektiv formulierter Rechte des einzelnen Bürgers auf wirtschaftlich freie Entfaltung findet sich in der Verfassung der Vereinigten Staaten überraschender Weise nicht[293].

Statt dessen ergibt sich aus der amerikanischen Bundesverfassung eine ganz andere Regelungstechnik. So entnimmt die Rechtsprechung des *Supreme Court* der oben zitierten Handelsklausel - im Grunde entgegen deren ausdrücklichen Wortlaut - nicht nur eine positive Ermächtigung des Bundesgesetzgebers zum Erlaß von - den zwischenstaatlichen Handel betreffenden - Regelungen, sondern sie interpretiert sie gleichzeitig als ein - unausgesprochenes - Verbot gegenüber den einzelnen Bundesstaaten, durch ihre einzelstaatlichen Vorschriften bzw. durch deren Durchsetzung den zwischenstaatlichen Handel "übermäßig" zu belasten. Diese Auslegung wird im amerikanischen Verfassungsrecht als der sogenannte

---

[293] Anfang dieses Jahrhunderts machte der *Supreme Court* allerdings einmal den Versuch, derartige subjektive Rechte in die amerikanische Verfassung hineinzuinterpretieren, *Lochner v. New York*, 198 US 45 (1905). Diese Rechtsprechung ist aber inzwischen einhellig und endgültig aufgegeben, *Currie, Second Century*, SS. 48 ff. Auch die berühmte *"Bill of Rights"* - der der amerikanischen Bundesverfassung nachträglich angehängte Grundrechtskatalog - enthält - anders als z.B. das Grundgesetz (vgl. nur Artt. 9 und 12 GG) keine wirtschaftlichen sondern ausschließlich rein politische Grundrechte, vgl. *Currie, Constitution*, SS. 299 ff.

within the ample supply of difficult questions of American Constitutional law, this weighing of conflicting interests is one of the most complex.

Let us illustrate this with the following example:

Case "*Exxon v. Maryland*" (437 U.S. 117, 1978):

In the American state of *Maryland*, far removed from any oil-drilling on the coast of Texas, there are no refineries. Nevertheless, there of course exist many gas stations. Some of these are owned by refineries all of which have their headquarters outside the state. These are leased to tenants. Others are both owned and operated by *Maryland* businessmen who of course buy their gasoline from out-of-state refineries.

During the first oil crisis in 1973, oil was rationed in the U.S. by governmental decree. The resulting shortage of oil and gas made the refineries supply their own stations first, which in many instances left the independent gas stations without any gasoline at all. This often led to bankruptcy.

In response to complaints from the independent owners of gas stations, the state of *Maryland*, in order to obviate such discrimination in the future, passes a law ordering all refineries owning gas stations in the state to sell them to independent operators within a prescribed time period.

Exxon Corp., one of the refineries concerned, believes this order discriminates illegally against it as an "out-of-state" entities, thereby violating the "dormant" Commerce Clause (which not only prohibits the erecting by the states of trade barriers that are unduly burdensome, but also any discrimination against out-of-state businesses as compared to domestic ones). It therefore challenges this law in court.

The *Supreme Court* held as follows:

Through the law in question the state of *Maryland* pursued a legitimate state interest, viz., the removal of discrimination by the powerful refineries which during the crisis had only supplied their own stations. Further, the measures ordered were both conducive to the removal of this discrimination and rationally related to achieving this interest. Furthermore, as it applied equally to *all* refineries whether situated inside the state of *Maryland* or outside it, it was not discriminatory, at least not *"on its face"* (i.e., not overt), against out-of-state entities. The Court did not proceed to examine whether the law at issue might nevertheless be discriminatory *"in its effects"*, in that there simply were no *Maryland*-refineries that could have been affected by the state's divestiture order.

Rather, the Court finished its examination with the above observation, and went on to conclude that in view of the facts the law constituted a legitimate exercise of its police power by the state of *Maryland* and was thus constitutionally valid.

"schlafende" Aspekt der genannten Handelsklausel (*"dormant" Commerce Clause*) bezeichnet. Andererseits gesteht aber das amerikanische Verfassungsrecht den Einzelstaaten im Grundsatz durchaus die Ausübung der oben skizzierten *"police power"* und damit in gewissem Umfang auch das Recht zu, diese u.U. durch Maßnahmen abzusichern bzw. durchzusetzen, die sich auf diesen zwischenstaatlichen Handel negativ auswirken bzw. zumindest auswirken können.

Folgendes Beispiel möge dies verdeutlichen:

Fall *"Exxon v. Maryland"* (437 US 117, 1978):

Anders als in vielen anderen amerikanischen Bundesstaaten gibt es im Bundesstaat *Maryland* keinerlei Raffinerien, dafür aber natürlich jede Menge an Tankstellen. Diese gehören zum Teil der jeweiligen Raffinerie und werden verpachtet, teilweise werden sie aber auch von unabhängigen Tankwarten betrieben. Während der ersten Ölkrise 1973 wird in den USA das Öl rationiert. Das führt dazu, daß die Raffinerien zuerst ihre eigenen Tankstellen beliefern mit dem Ergebnis, daß die unabhängigen Tankstellen häufig kein Benzin haben und in kürzester Zeit in großer Zahl bankrott gehen. Der Bundesstaat *Maryland* ordnet daraufhin an, daß alle Raffinerien, die Tankstellen im Staat besitzen, diese innerhalb einer bestimmten Frist an unabhängige Tankwarte zu verkaufen hätten, um für die Zukunft einer derartigen Diskriminierung vorzubeugen.

Die Fa. *Exxon Corp.* klagt gegen diese Anordnung, die nach ihrer Auffassung rechtswidrig diskriminiert und so die Handelsklausel (in ihrer Ausprägung als Gesetzgebungs*verbot* gegenüber den Einzelstaaten!) der amerikanischen Verfassung verletzt.

Der *Supreme Court* entschied diesen Fall wie folgt:

Mit der von *Exxon* angegriffenen Maßnahme habe der Bundesstaat *Maryland* ein legitimes einzelstaatliches Interesse (a *"legitimate state interest"*) verfolgt, nämlich die Beseitigung eines für die unabhängigen Tankwarte unerträglichen Zustands der Diskriminierung durch die mächtigen Raffinerien. Das dazu eingesetzte Mittel: Anordnung eines Zwangsverkaufs der raffinerieeigenen Tankstellen durch die Raffinerien, sei auch geeignet (*"rationally related to"*) zur Erreichung dieses legitimen Interesses. Da zudem auch keine Diskriminierung durch den Bundesstaat *Maryland* gegen *"out-of-state-entities"* gegeben sei, jedenfalls keine "offene" Diskriminierung (*"discrimination on ist face"*), stelle die angeordnete Maßnahme eine erlaubte Ausübung der *"police power"* dar und verletze deshalb die "schlafende" Handelsklausel der US-Bundesverfassung nicht. Die Anordnung des Zwangsverkaufs der Raffinerien durch den Bundesstaat *Maryland* war unter der US-Bundesverfassung somit zulässig.

This conclusion is both surprising (at least for a lawyer trained in one of the European legal systems not sharing the *"common law"* tradition) and instructive in several respects:

1) Probably the most striking feature of this holding is the general approach the American *Supreme Court* takes to the solution of the underlying problem. It would probably not even occur to a European lawyer to examine the question of the constitutionality of the *Maryland* law in terms of legislative competence (limitation of the states' legislative power by the "dormant" Commerce Clause), of all possible approaches. Rather, to him it would seem much more natural to ask whether it violates certain rights of the affected refineries like the right to use one's property as one pleases or the freedom to conduct one's business undisturbed by state interference.

2) Second, despite this different approach, both regulatory systems (the U.S. and the EC) very soon arrive at a weighing of conflicting interests which in its essence is virtually identical in both cases. So, for instance, the examination of the *"rationality"* of the relation between the ends pursued and the means used to achieve them required by the U.S. Court for the pertinent law to pass constitutional muster is but another label for what under the EC-Treaty is called *"proportionality"* (with its three-prong test of "appropriateness", "necessity" and "non-excessiveness")[294]. This similarity reassuringly shows that the evaluation conducted here is really grounded in the substance of the issue itself and not a merely fortuitous result of some arbitrarily chosen testing procedure.

3) However, it is not only the similarities but the differences between these two systems as well that are instructive. One of the most important of these is the lack in the U.S. of the criterion of *"necessity"*. Thus in the U.S. it suffices for a law/measure to be legitimate under the Commerce Clause if it is *"rationally related to"* (= *"conducive to"* in European terminology) achieving a rational state interest. In contrast to its European counterpart, however, it need not necessarily be the "most appropriate" measure available. In effect, the American Constitution (as construed by the Supreme Court) grants both the Congress and (as in the case at hand) the legislatures of the various states greater latitude in determining the means with which to pursue their respective legislative aims than does the ECJ when examining the conformity with the EC-Treaty of legislative acts issued by the Community or its members (as in *Cassis*).

---

[294] It must be noted at this point that we have used here the test developed by the European Court of Justice in the *Cassis*-case with respect to the free movement of *goods* while in fact we are dealing here with cross-border *investments* (the gas-stations) rather than goods (moveable objects), an area covered by two other basic economic rights within the catalogue of rights contained in the EC-Treaty. However, the arguments are the same in both cases.

Das Ergebnis überrascht - zumindest den europäischen Juristen! Gleichzeitig ist die soeben dargestellte Entscheidung in mehrfacher Hinsicht instruktiv:

1) Überraschend ist zunächst die Argumentationsweise des amerikanischen Supreme Court an sich. So käme ein europäischer Jurist intuitiv gar nicht auf die Idee, diesen Fall ausgerechnet unter dem Aspekt der bundesstaatlichen Aufteilung der Gesetzgebungskompetenz zu betrachten (Einschränkung der einzelstaatlichen Gesetzgebungsbefugnis durch die "schlafende" Handelsklausel. Viel näher läge für ihn die Untersuchung, ob das vorliegende Gesetz individuelle Freiheitsrechte der betroffenen Raffinerien verletzt, insbesondere das Eigentumsrecht sowie den Anspruch aus eingerichtetem und ausgeübten Gewerbebetrieb.

2) Umgekehrt verblüfft aber, daß die USA trotz dieser unterschiedlichen Argumentationsansätze letztlich doch zu einer ganz *ähnlichen Abwägung* in der Sache kommen wie die Europäer: hinter dem *"legitimate state interest"* verbirgt sich nichts anderes als das legitime Regelungsziel, wie es auch im Rahmen von Art. 30 des EG-Vertrages und bei Art. XX des GATT geprüft wird, und das Erfordernis einer *"rational relation"* zwischen der Erreichung dieses legitimen Ziels und dem eingesetzten Mittel entspricht fast genau dem von uns sowohl im Rahmen des EG-Vertrages wie auch des GATT aufgestellten Erfordernis der "Verhältnismäßigkeit". Diese Parallelität der Überlegungen zeigt, daß die hier vorgenommene Abwägung nicht aus einer bloßen Willkür heraus erfolgt, sondern offensichtlich in der Sache selbst begründet ist[294].

3) Höchst instruktiv sind aber andererseits auch die *Unterschiede* sowohl in der Argumentation als auch im Ergebnis der beiden Ansätze. Was nämlich in der amerikanischen Überlegung fehlt oder eine zumindest erheblich geringere Rolle spielt als in Europa, ist das Prinzip der Verhältnismäßigkeit, genauer: das im Rahmen der Verhältnismäßigkeitsprüfung zu erfüllende *Kriterium* der *"Erforderlichkeit"* bzw. des Einsatzes lediglich *des "geringstmöglichen" Mittels*. In den USA genügt es, wenn das geprüfte Gesetz einen vernünftigen Zweck erfüllen soll und dazu wenigstens einigermaßen geeignet erscheint. Das (nach der nachträglichen Einschätzung des Gerichts!) unbedingt zweckmäßigste Mittel braucht es dagegen nicht zu sein, um vor der amerikanischen Verfassung Bestand zu haben. Kurz: hier räumt die amerikanische Verfassung dem Gesetzgeber der Einzelstaaten im Ergebnis ein erheblich weiteres Ermessen ein als dies beispielsweise der Europäische Gerichtshof gegenüber den Gesetzen der

---

[294] Anzumerken ist, daß wir die hier vergleichsweise herangezogene Argumentation des Europäischen Gerichtshofs für Fälle des *Waren*verkehrs entwickelt haben, während es hier um die etwas anders gelagerte Problematik *grenzüberschreitender Investitionen* geht und damit um ein Sachgebiet, das im Rahmen des EG-Vertrages von der Niederlassungs- und von der Kapitalverkehrsfreiheit abgedeckt wird. Die verwendeten Begriffe und Abwägungsschemata sind aber in beiden Fällen dieselben.

Question: If, as we have seen, the American Constitution imposes less stringent conditions on legislative acts (whether congressional or state) for them to pass constitutional muster than does the EC Treaty, can the legal order of the United States therefore be considered as less committed to the *rule of law* than the European Community?

Answer: Perhaps, but if so, the reverse is necessarily true with regard to the two Courts' respect for the – opposite - value of *democracy,* seen as the authority of the democratically elected legislature to make laws with as little interference by – unelected! – courts as possible.

Insofar as the less stringent American standard of constitutional review of state laws (as opposed to acts of Congress) simultaneously implies a greater indulgence towards decentralisation (as it is the legislature of a *state* rather than that of the American Congress whose democratic authority is being respected by the Court), it perhaps simply reflects the greater equanimity and self-assurance with which the much older and much more politically mature United States views the activities of potentially centrifugal forces, than the European Community is prepared to tolerate while it is still involved in developing the necessary political cohesion[295].

---

[295] Frankly, it must be admitted that the contrast so nicely elaborated in this case between the American and European attitudes cannot be recognised from all decisions of the *Supreme Court* as clearly as is the case here. Rather, like any other court in the world the path followed by it on its way of balancing necessary unity and decentralised self-determination is not always clear-cut.

verschiedenen Mitgliedsstaaten tut (vgl. etwa seine Argumentation in *Cassis*).

Ferner wird auch das Diskriminierungsverbot in den USA weniger scharf durchgesetzt als in Europa: lediglich das Vorliegen einer *offenen Diskriminierung* wird überhaupt geprüft - und zu Recht verneint (alle Raffinerien werden von dem Gesetz in gleichem Maße betroffen, also auch die - allerdings nicht vorhandenen! - maryländischen Raffinerien). Daß sich dieses Gesetz wirtschaftlich ausschließlich auf ausländische ("*out-of-state*") Raffinerien *auswirkt*, da keine der großen Raffinerien im Staat *Maryland* ihren Sitz hat und deshalb eine (verdeckte) Diskriminierung zumindest naheliegt, spielt für den *Supreme Court* keine Rolle und wird deshalb gar nicht erst geprüft.

Frage: Kann man angesichts dieser Unterschiede den *Supreme Court* der USA als "weniger rechtsstaatlich" ansehen als den Europäischen Gerichtshof?"

Antwort: So einfach ist es nicht, da der *Supreme Court* das "diskriminierende" Vorgehen des Bundesstaates *Maryland* ja keineswegs *anordnet* - er beugt sich hier lediglich in höherem Maße dem gesetzgeberischen Willen des Bundesstaates *Maryland* als dies gemeinhin der EuGH gegenüber dem Willen des betroffenen italienischen, französischen oder (etwa im Falle "*Cassis*") deutschen Gesetzgebers tut.

Will man diese unterschiedlichen Vorgehensweisen deshalb unbedingt mit verfassungsrechtlichen Schlagworten charakterisieren, so läßt sich - *cum grano salis* - sagen: um soviel wie der Europäische Gerichtshof *rechtsstaatlicher* ist als der amerikanische *Supreme Court*, um soviel ist dieser *demokratischer* als der EuGH.

Vielleicht spiegelt diese - zunächst verblüffende - "dezentralere" Haltung des *Supreme Court* auch nur die größere Gelassenheit und Selbstsicherheit eines bereits gefestigten, in sich ruhenden Bundesstaates wieder im Vergleich zu der noch deutlich weniger gelassenen Situation in der sehr viel jüngeren - und auch sonst weniger homogenen - Europäischen Gemeinschaft[295].

---

[295] Ehrlicherweise muß man allerdings zugeben, daß der für den hier besprochenen Fall herausgearbeitete Gegensatz zwischen der amerikanischen und der europäischen Rechtsprechung keineswegs in allen Entscheidungen des *Supreme Court* so deutlich zum Ausdruck kommt wie gerade hier. Vielmehr verfolgt auch der *Supreme Court* - ebenso wie alle anderen Gerichte der Welt - bei dieser Gratwanderung zwischen dem richtigen Ausmaß einer dezentralen Selbstbestimmung und der notwendigen Einheitlichkeit keineswegs einen völlig einheitlichen Kurs.

Chapter 86: USA and EC Compared

Cases of *"Danish Beer Cans"* (EuGH 302/86, of 1988) and of *"Minnesota v. Clover Leaf Creamery"* (101 S.Ct. 715, of 1981)

Conclusion: To conclude, we want to demonstrate once more the different arguments employed by the American and the European courts by looking at two well-known holdings issued in very similar cases, one by the *European Court of Justice* (ECJ) (*"Danish Beer Cans"* (ECJ 302/86, 1988))_, the other by the American *Supreme Court* ("*Minnesota v. Clover Leaf Creamery"* (101 S.Ct. 715, 1981)[296]):

Both cases dealt with the constitutionality (in the EC-case: the conformity with the EC-Treaty) of a statute enacted by a (member-) state (Denmark and Minnesota) which prohibited the manufacturers of certain drinks (beer in the Danish case, milk in the American) from distributing their products in certain kinds of containers (one-way beer cans and non-biodegradable plastic containers). The official reason for each of these prohibitions was the protection of the environment.

The Danish prohibition was to be judged against Art. 28 of the EC Treaty (freedom of movement of goods), the American one against the "dormant" Commerce Clause. As a first step in their respective holdings both Courts came to the conclusion that these prohibitions pursued a "legitimate state interest", viz., the protection of the environment, and that, further, these prohibitions also were "conducive to" or "rationally related to" the furtherance of that aim.

For the American *Supreme Court* no more was required to declare as legal (i.e., as compatible with the dormant Commerce Clause) the prohibition in question[297].

Not so the European Court of Justice. It proceeded with its examination and held the Danish prohibition – even though non-discriminatory *"on its face"* - to constitute a hidden discrimination against all beer of non-Danish origin. It found the economic effects of this prohibition (viz., the require-

---

[296] The comparison of these two cases I have taken from *Jackson/Davey/Sykes*, a fact I gratefully acknowledge.

[297] This case is indeed a good example of the fact that all such generalised statements as the difference between the U.S. and the European arguments developed here are always to be treated with the utmost caution. As it is, the same set of facts had first been decided exactly the opposite way by the *Minnesota Supreme Court* which had held that the pertinent Minnesota regulation did indeed violate the U.S. Constitution (although it based its opinion on a constitutional clause other than the Commerce Clause, *Minnesota*, 289 N.W. 2nd '79).

Kapitel 86: USA und EG im Vergleich

Fälle *Dänische Bierdosen"* (EuGH 302/86, von 1988) und *Minnesota v. Clover Leaf Creamery"* (101 S.Ct. 715, von 1981)

Schlußbetrachtung: Abschließend sei die unterschiedliche Argumentation der amerikanischen und der europäischen Rechtsprechung nochmals anhand zweier Gerichtsentscheidungen aufgezeigt, denen eine jeweils fast identische Problematik zugrundelag: der Entscheidung des Europäischen Gerichtshofs in seinem Urteil *"Dänische Bierddosen"* **(EuGH 302/86, von 1988)** und dem Urteil des amerikanischen *Supreme Court* in dem Fall *"Minnesota v. Clover leaf Creamery"*[296]:

In beiden Fällen ging es letztlich um die Rechtmäßigkeit eines aus Gründen des Umweltschutzes erlassenen nationalen (dänischen) bzw. einzelstaatlichen (von *Minnesota*) Verbots der Verwendung von nicht-recyclebaren Transportbehältern für bestimmte Getränke, im europäischen Fall von Bier (Verbot des Verkaufs von Dosenbier in Dänemark), im amerikanischen Fall von Milch (Verbot der Verwendung von Milchtüten aus nicht-verrottbarem Plastik im Bundesstaat *Minnesota*). Das eine Verbot war an Art. 36 des EG-Vertrages zu messen, das andere anhand der "schlafenden" Handelsklausel. Dabei kamen beide Gerichte zunächst zu dem Ergebnis, daß das jeweilige Verbot einem legitimen Ziel (*"state interest"*) diente, nämlich dem Umweltschutz, und daß es auch dazu geeignet war (*"rationally related to"*), dieses Ziel zu erreichen.

Für den amerikanischen *Supreme Court* war die Überprüfung damit beendet und das Gesetz des Bundesstaates *Minnesota* unter der "schlafenden" Handelsklausel verfassungsgemäß[297].
Der Europäische Gerichtshof dagegen prüfte weiter und befand das dänische Verbot wegen verdeckter Diskriminierung von nicht-dänischem Bier als ein verkapptes Handelshindernis i.S.d. Art. 36 EG-Vertrag und damit als unter dem EG-Vertrag unzulässig! Es wirke sich nämlich für nicht-dänische Brauereien deshalb wirtschaftlich besonders stark aus, weil diese - anders als *Tuborg* und *Carlsberg* - ihre Biere in großem Umfange in Dosen verkauften und durch das dänische Gesetz dazu gezwungen würden, extra eine Flaschenabfüllung vorzunehmen und zwar selbst dann, wenn ihr

---

[296] Die hier vorgenommene Gegenüberstellung habe ich von *Jackson/Davey/Sykes* übernommen, was ich dankbar anerkenne.
[297] Dieser Fall ist allerdings zugleich ein gutes Beispiel dafür, mit welcher Vorsicht die hier etwas holzschnittartig herausgearbeiteten Gegensätze zwischen den USA und Europa zu handhaben sind: noch die Vorinstanz, ausgerechnet der *Supreme Court* des Bundesstaates *Minnesota* selbst, hatte die fragliche Verordnung von *Minnesota* nämlich mit überzeugenden Argumenten für unter der schlafenden Handelsklausel der amerikanischen Bundesverfassung verfassungswidrig erklärt, (*Minnesota*, 289 N.W. 2nd 79, (vom *US Supreme Court* aufgehoben).

ment that the foreign manufacturers invest in bottling equipment and in the special infrastructure needed to distribute bottles rather than cans) was much more burdensome (per bottle) for the foreign manufacturers whose share in the Danish market was much smaller than that held by the two giant Danish brewers (*Tuborg* and *Carlsberg*)[298].

Chapter 87: Federal Republic of Germany

"Bavarian Purity Law for Beer"- Case (BGH GRUR 1960, S 240):

In Germany there exists a federal *"Purity Law for Beer"*. This law prohibits the manufacture and sale in Germany of beer containing any ingredients whatever save malt, hops, barley and water. In particular this law forbids the use in beer of any preservatives. However, it applies only to so-called top-fermented beer and not to bottom-fermented beer. Not so the *"Bavarian Purity Law for Beer"* which extends the same rules to the production of "bottom-fermented" beer as well, but is silent on the question whether beer not meeting this standard, if lawfully brewed elsewhere, may be sold in the state of Bavaria. As it happens, a brewery situated in Bremen (outside Bavaria) has taken to offering its beer for sale (of a "bottom-fermented" type) in Bavaria. For obvious reasons this did not suit the Bavarian breweries. As they could not rely directly on the Bavarian Purity Law – which neither forbade the *manufacture* of anything *outside Bavaria* nor the *offering for sale* of beer not in conformity with that law (but only its *production*) - they proffered a different objection: they argued that the Bremen brewery, by manufacturing its beer outside Bavaria and subsequently selling it there, availed itself of an *"unfair competitive advantage"* over its Bavarian competitors with regard to the sale in Bavaria of bottom-fermented beer containing ingredients not allowed under the Bavarian Purity Law. This, the Bavarian breweries contended, amounted to violation of the German statute against *"Unfair Competition"*[299].

---

[298] ECJ, ibid.

[299] which in fact boils down once more to our by now well-known *"race-to-the-bottom"* argument!

Bierabsatz in Dänemark so gering sei, daß sich die Einführung einer separaten Abfüllmethode allein für den kleinen dänischen Markt nicht lohnte.[298]

Kapitel 87: Bundesrepublik Deutschland

Bundesrepublik Deutschland - Der Bayerische Bier-Reinheits-Fall (BGH GRUR 1960, S 240):

Eine Münchner Brauerei klagt gegen eine Brauerei in Bremen. Hintergrund ist der Umstand, daß die Bremer Brauerei in Münchner Geschäften unter der Bezeichnung "Malztrunk" ein obergäriges "Bier" anbietet, das außer den Grundstoffen Wasser; Gerste, Hopfen und Malz noch einen weiteren Geschmacksstoff enthält, was nach dem deutschen Reinheitsgebot für Bier durchaus zulässig ist, da dieses nur für untergäriges Bier gilt. Anders jedoch das bayerische Reinheitsgebot: dieses erstreckt die Beschränkung bei der Verwendung von Zutaten auf die genannten vier Grundstoffe auch auf obergäriges Bier, verbietet jedoch den Zusatz weiterer Stoffe ausdrücklich nur in bezug auf die "*Herstellung*" von obergärigem Bier - über die Voraussetzungen des *Vertriebs* eines solchen Bieres äußert sich das Gesetz dagegen nicht. Die Münchner Brauerei hält den Vertrieb eines derartigen Getränks auf bayerischem Boden für wettbewerbswidrig, da sich Beck durch die Herstellung im außerbayerischen "Ausland" gegenüber bayerischen Brauereien einen "unfairen" Wettbewerbsvorteil verschaffe[299].

Der Bundesgerichtshof in Karlsruhe[300] wies die Klage ab, indem er u.a. darauf hinwies, daß die bloße Ausnutzung des innerhalb Deutschlands aufgrund des Föderalismus vorhandenen Normengefälles als solches noch keinen Wettbewerbsverstoß darstellen könne, zumal dieselbe Möglichkeit - Herstellung eines Malztrunks außerhalb von Bayern und dessen anschließender Vertrieb in Bayern - auch den bayerischen Brauereien in derselben Weise offenstehe.

---

[298] EuGH, aaO.
[299] Also das bereits hinlänglich bekannte *"race to the bottom"*-Argument in wieder anderer Gestalt!

Not so, ruled the German *Supreme Court*[300]: merely taking advantage of the different regulatory regimes in force within the single German market does not in itself constitute "unfair" competition.

Question 1: Is not the Bavarian consumer thereby deceived who believes – and may be excused for believing – *any* beer sold in his state to be in conformity with the Bavarian Purity Law, when he unsuspectingly buys the Bremen brewery's product which does not fulfill this expectation? (A problem rather similar to that governing the *Cassis* case!).

Answer: This danger might indeed exist. However, just as in the *Cassis* case, this would not justify a total ban on the distribution and sale of that product in Bavaria. Rather, it might render necessary an appropriate labelling so as to properly inform the consumer as to what he was buying. As such labelling was in fact in place in the case at hand, the German Supreme Court was spared the trouble of deciding whether the laws on unfair competition as such may indeed *require* such labelling even for products manufactured and sold in the single German market.

Question 2: Imagine that this case had arisen in the United States and the "paradise of pure beer" concerned had been the beer-brewing state of Wisconsin where such well-known brands as *Michelob* and *Budweiser* are made. The San Francisco Brewery of *Anchor Steam* is hit by a Wisconsin ban of its beer along the lines of the case above. As the representative of *Anchor Steam*, how would you argue against the validity of the Wisconsin prohibition?

Answer: You would probably argue that the Bavarian (or here: the Wisconsin) Purity Law violated the ("dormant") Commerce Clause of the U.S. Constitution, because it burdened interstate commerce excessively. If you were successful with these arguments, the pertinent law would be unconstitutional and thereby void so that you could freely advertise and sell your beer in Wisconsin.

Question 3: Why, then, wasn't this argument put forward in the German case?

Answer: Interestingly, the German Basic Law (as Germany's constitution is called) contains no regulations that correspond to the "dormant" Commerce Clause, nor anything equivalent to the various individual economic freedoms provided by the EC Treaty. One might therefore be led to believe that the various German *Länder* (states) were competent, if they so wished, to prohibit the importation, distribution and sale of any products not

---

[300] BGH GRUR 60, ibid.

Frage 1: wird dadurch aber nicht der (bayerische) Verbraucher getäuscht, der auch von obergärigem Bier, jedenfalls dann, wenn er es in Bayern erwirbt, erwartet und erwarten darf, daß dieses ausschließlich aus den vier bekannten Grundstoffen besteht?

Antwort: Diese Gefahr könnte in der Tat bestehen und die Pflicht des Herstellers zu einer entsprechenden, deutlichen Aufklärung des Verbrauchers nach sich ziehen. Im vorliegenden Fall war diese Frage allerdings deshalb nicht zu entscheiden, weil die Bremer Brauerei das von ihr angebotene Getränk gar nicht als Bier bezeichnet hatte sondern als "Malztrunk". Damit war für den bayerischen Verbraucher ausreichend klargestellt, daß dieses Getränk gar nicht den Anspruch erhob, ein (vollwertiges) Bier zu sein.

Die Klage der Münchner Brauerei wurde dementsprechend abgewiesen.

Frage 2: Stellen Sie sich vor, der Fall habe sich nicht in Deutschland ereignet, sondern in den USA und das betroffene "Paradies des reinen Bieres" sei der dortige Bierbraustaat *Wisconsin* mit seiner Hauptstadt *Milwaukee* (Herkunftsort von *Michelob, Budweiser* und den meisten anderen auf dem gesamten nordamerikanischen Kontinent bekannten Biermarken). Anstelle von Beck wird die *San Franciscoer* Brauerei *Anchor Steam* von dem entsprechenden Vertriebsverbot in *Milwaukee* betroffen. Mit welchem Argument würden Sie dann an Stelle von *Anchor Steam* gegen das Vertriebsverbot vorgehen?

Antwort: Sie würden argumentieren, daß das bayerische (bzw. *milwaukische*) Reinheitsgebot, sollte es tatsächlich so auszulegen sein, daß es den Vertrieb von obergärigem Malzbier in *Wisconsin* auch dann verbietet, wenn es in einem der anderen 49 Bundesstaaten rechtmäßig hergestellt worden ist, gegen die oben dargestellte "schlafende" Handelsklausel der amerikanischen Bundesverfassung verstoße, weil es den zwischenstaatlichen Handel übermäßig belaste. Wenn Sie mit dieser Argumentation durchkämen, wäre das einschlägige Gesetz von *Milwaukee* verfassungswidrig und damit ungültig mit der Folge, daß Sie ihr *Anchor-Bier* ungehindert auch in *Milwaukee* vertreiben dürften.

Frage 3: Warum, glauben Sie, kam diese Überlegung in dem deutschen Fall nicht auf?

Antwort: Interessanterweise enthält das deutsche Grundgesetz keinerlei Vorschriften, die entweder der Handelsklausel der amerikanischen Verfassung oder den Marktfreiheiten des EG-Vertrages genau entsprechen würden. Man könnte deshalb glauben, daß es den einzelnen deutschen Bundesländern möglich sein müßte, die Einfuhr und/oder den Vertrieb auf

---

[300] BGH GRUR 60, aaO..

in conformity with their own requirements, even if these were manufactured in other parts of Germany.

Indeed, such competence is not as absurd as it at first seems. However, such an import ban would nevertheless be illegal under Germany's Basic Law according to which Germany constitutes *"one single customs and economic territory"* (Art. 73 par. 5 Basic Law). Accordingly, the states are prohibited from establishing any customs-like controls at their internal borders.

As it is, such a problem occurs very rarely in practice, beer being a notable exception. The reason for this is that the German Constitution explicitly confers on the federation such far-reaching legislative authority in the field of trade and economics that hardly anything is left for regulation by the "Länder" so that normally no opportunities for conflicting Länder-legislation arise.

ihrem Territorium von Waren zu verbieten, die ihren jeweils landesspezifischen Produktanforderungen nicht genau entsprechen.

Ganz falsch ist diese Überlegung wohl auch nicht. Eine Einfuhrkontrolle bzw. ein Einfuhrverbot ist allerdings schon deshalb nicht zulässig, weil nach dem Grundgesetz Deutschland als Ganzes ein einheitliches Zoll- und Wirtschaftsgebiet darstellt, Art. 73 Nr. 5 GG. Damit ist u.a. jede Art der Grenzkontrolle zwischen den einzelnen Bundesländern unzulässig. Eventuell denkbar bliebe aber noch ein Vertriebsverbot von grundsätzlich der Art, wie in dem obigen Beispiel diskutiert. In der Praxis wird dies jedoch - anders als innerhalb der EG zwischen den verschiedenen Mitgliedsstaaten oder innerhalb der USA zwischen den Bundesstaaten bei uns deshalb so gut wie nie relevant, weil fast alle gesetzgeberischen Regelungsbereiche, aus denen sich bestimmte Forderungen für die Eigenschaften von Produkten ergeben können, entweder ausschließlich beim Bund liegen, Art. 73 Nr. 5 GG, oder von diesem im Rahmen der sogenannten konkurrierenden Gesetzgebung (Art. 74 GG) zumindest an sich gezogen worden sind. Anders als sowohl die EG als auch die USA ist nämlich die Gesetzgebungsbefugnis auf den für Handel und Wirtschaft maßgeblichen Gebieten in Deutschland fast vollständig auf den zentralen (Bundes-) Gesetzgeber konzentriert. Dadurch sind die einschlägigen Vorschriften im gesamten Bundesgebiet weitgehend identisch, so daß das hier diskutierte Problem in Deutschland nur in ganz besonderen Ausnahmefällen - wie etwa in dem oben geschilderten - überhaupt auftritt.

THE ARTICLES OF AGREEMENT OF THE INTERNATIONAL MONETARY FUND

Art. I

Purposes

The Purposes of the International Monetary Fund are:

(i) To promote international monetary cooperation through a permanent institution which provides the machinery for consultation and collaboration on international monetary problems.

(ii) To facilitate the expansion and balanced growth of international trade, and to contribute thereby to the promotion and maintenance of high levels of employment and real income and to the development of the productive resources of all members as primary objectives of economic policy.

(iii) To promote exchange stability, to maintain orderly exchange arrangements among members, and to avoid competitive exchange depreciation.

(iv) To assist in the establishment of a multilateral system of payments in respect of current transactions between members and in the elimination of foreign exchange restrictions which hamper the growth of world trade..

(v) To give confidence to members by making the general resources of the Fund temporarily available to them under adequate safeguards, thus providing them with opportunity to correct maladjustments in their balance of payments without resorting to measures destructive of national or international prosperity.

(vi) In the accordance with the above,, to shorten the duration and lessen the degree of disequilibrium in the international balance of payments of members.

The Fund shall be guided in all ist policies and decisions by the purposes set forth in this Article.

....

SATZUNG
DES
INTERNATIONALEN WÄHRUNGSFONDS[*]

Art. I

Aufgaben

Der Internationale Währungsfonds hat folgende Aufgaben:

(i) Die Schaffung einer dauerhaften Institution zur Förderung der internationalen Zusammenarbeit auf dem Gebiet der Geldpolitik, die den notwendigen Rahmen für die erforderlichen Beratungen und für die notwendige Zusammenarbeit bei der Lösung von Währungsproblemen bietet.

(ii) Die Erleichterung eines ausgeglichenen Wachstums des grenzüberschreitenden Handelsverkehrs als Beitrag zur Förderung und Aufrechterhaltung eines hohen Beschäftigungsniveaus und eines hohen Realeinkommens sowie zu der Entwicklung der produktiven Resourcen aller Mitgliedsstaaten als vorderstes Ziel der Wirtschaftspolitik.

(iii) Die Förderung der Stabilität der Wechselkurse und die Verhinderung konkurrierender Wechselkursabwertungen.

(iv) Die Unterstützung bei der Errichtung eines multilateralen Zahlungssystems für laufende Zahlungen zwischen den Mitgliedsstaaten und die Abschaffung aller Beschränkungen des internationalen Zahlungsverkehrs, die das Wachstum des Welthandels behindern.

(v) Die zeitlich begrenzte und entsprechend abgesicherte Bereitstellung von Resourcen aus dem Fonds als vertrauenschaffende Maßnahme, um den Mitgliedern dadurch die Möglichkeit zu verschaffen, Ungleichgewichte in ihrer Handelsbilanz auszugleichen, ohne zu Maßnahmen greifen zu müssen, die dem nationalen oder internationalen Wohlstand abträglich sind.

(vi) Die Verringerung von Ungleichgewichtigkeiten in der internationalen Handelsbilanz der Mitgliedsstaaten entsprechend den oben dargelegten Grundsätzen.

Der Fonds läßt sich bei all seinen Maßnahmen und Entscheidungen von den oben dargelegten Grundsätzen leiten.

---

[*] Übersetzung sämtlicher Texte sowie Hervorhebung im Text durch Kursivdruck durch den Autor.

Article III

Quotas and Subscriptions

Section 1, Quotas and payment of subscriptions

Each member shall be assigned a quota expressed in special drawing rights.

....

INTERNATIONAL BANK
FOR
RECONSTRUCTION AND DEVELOPMENT

ARTICLES OF AGREEMENT

....

Article I

Purposes

The purposes of the Bank are:

(i) To assist in the reconstruction and development of territories of members ...., including the restoration of economies destroyed or disrupted by war ..... and the encouragement of the development of productive facilities and resources in less developed countries......

....

Artikel III

Quoten und Mitgliedsbeiträge

Abschnitt 1, Quoten und Beitragszahlungen

Jedes Mitglied erhält eine bestimmte, in Sonderziehungsrechten ausge-
drückte Quote zugewiesen.

....

INTERNATIONALE BANK
FÜR
WIEDERAUFBAU UND ENTWICKLUNG

SATZUNG

....

Artikel I

Aufgaben

Die Bank hat die folgenden Aufgaben:

(i) Die Förderung des Wiederaufbaus und der Entwicklung der Territorien
der Mitglieder ....., einschließlich die Wiederaufrichtung der durch Krieg
zerstörten oder geschädigten Volkswirtschaften ... sowie die Förderung der
Entwicklung der Produktivkräfte und der sonstigen Resourcen in den weniger entwickelten Ländern.......

AGREEMENT ESTABLISHING THE WORLD TRADE ORGANISATION

Preamble
(omitted)

Art. I

Establishment of the Organization

The World Trade Organization (hereinafter referred to as "the WTO") is hereby established.

Art. II

Scope of the WTO

1. The WTO shall provide the common institutional framework for the conduct of trade relations among ist Members in matters related to the agreements and associated legal instruments included in the Annexes to this Agreement

.....

Art. III

Functions of the WTO

1. The WTO shall facilitate the implementation, administration and operation, and further the objectives, of this Agreement and of the Multilateral Trade Agreements ...

2. The WTO shall provide the forum for negotiations among ist Members concerning their multilateral trade relations ... The WTO may also provide a forum for further negotiations among ist Members ...

3. The WTO shall administer the ... "Dispute Settlement Understanding" or "DSU"...

....

5. With a view to achieving greater coherence in global economic policymaking, the WTO shall cooperate, as appropriate, with the International Monetary Fund and with the International Bank for Reconstruction and Developments and ist affiliated agencies.

ÜBEREINKOMMEN ÜBER DIE ERRICHTUNG EINER WELTHANDELSORGANISATION

Präambel
(nicht abgedruckt)

Art. I

Gründung

Hiermit wird die Welthandelsorganisation (im folgenden "WTO") gegründet.

Art. II

Tätigkeitsbereich der WTO

1. Die WTO bildet den gemeinsamen institutionellen Rahmen für die Abwicklung der Handelsbeziehungen zwischen ihren Mitgliedsstaaten in Angelegenheiten, die dieses Übereinkommen oder die dazugehörigen und als Anhang beigefügten sonstigen rechtlichen Dokumente berühren.
.....

Art. III

Aufgaben der WTO

1. Die WTO erleichtert die Umsetzung, Durchführung und das Funktionieren dieses Übereinkommens sowie der multilateralen Handelsabkommen und fördert deren Zielsetzungen ....

2. Die WTO fungiert als das Forum für Verhandlungen zwischen seinen Mitgliedern betreffend ihre multilateralen Handelsbeziehungen. ...... Die WTO kann ferner auch als ein Forum für weitere Verhandlungen zwischen seinen Mitgliedern fungieren.

3. Die WTO setzt das .... Streitbeilegungsabkommen oder DSU (*Dispute Settlement Understanding*) um ....

5. Soweit zweckmäßig, arbeitet die WTO mit dem Internationalen Währungsfonds und der Internationalen Bank für Wiederaufbau und Entwicklung und den diesen angeschlossenen Organisationen zusammen, um die Abstimmung der Wirtschaftspolitik der Mitgliedsstaaten zu verbessern.

Art. IV

Structure of the WTO

...

2. There shall be a General Council composed of representatives of all the Members...

3. The General Council shall convene as appropriate to discharge the responsibilities of the Dispute Settlement Body provided for in the Dispute Settlement Understanding.

Art. VIII

Status of the WTO

1. The WTO shall have legal personality ...

Art. IX

Decision-Making

1. The WTO shall continue the practice of decision-making by consensus followed under GATT 1947.

Art. IV

Aufbau der WTO

...

2. Aus den Vertretern aller Mitglieder wird ein Allgemeiner Rat gebildet...

3. Der Allgemeine Rat tagt je nach Bedarf, um die Aufgaben des Streitentscheidungs Spruchkörpers entsprechend den Vorgaben in dem Streitbeilegungsabkommen zu erfüllen.

Art. VIII

Status der WTO

1. Die WTO besitzt eigene Rechtspersönlichkeit ...

Art. IX

Entscheidungsfindung

1. Die WTO fällt wie bisher unter dem GATT von 1947 ihre Entscheidungen im Konsens.

GENERAL AGREEMENT ON TARIFFS AND TRADE 1947, AS AMENDED

PART I

Art. I

General Most-Favoured-Nation Treatment

1. With respect to customs duties and charges of any kind imposed on or in connection with the importation or exportation ..... any advantage ..... granted by any contracting party to any product originating in or destined for any other country shall be accorded immediately and unconditionally to the like product originating in or destined for the territories of all other contracting parties.

2. The provisions of paragraph 1 of this article shall not require the elimination of preferences ....

(a) in force exclusively between two or more of the territories listed in Annex A;

(b) in force between two or more territories ....listed in Annexes B, C, and D.

Author's Footnote: these Annexes contain the list of, i.a., the so-called ACP (African, Caribbean, Pacific) countries that used to be colonies of the U.K: (Annex A), France (Annex B) or one of the Benelux countries (Annex C).

Article II

Schedule of Concessions

1. ...

(b) .... products of the territories of other contracting parties , shall, on their importation into the territory to which the Schedule relates ... be exempt from ... customs duties in excess of customs duties in excess of those set forth and provided for therein.

ALLGEMEINES ZOLL- UND HANDELSABKOMMEN

TEIL I

Art. I

Allgemeines Meistbegünstigungsgebot

1. Jeder Vorteil und jede Begünstigung oder Befreiung bei oder von der Erhebung von Zoll oder jeder anderen finanziellen Belastung, die ein Vertragsstaat im Zusammenhang mit der Ein- oder Ausfuhr von Waren gewährt, die aus irgendeinem anderen Land stammen bzw. für ein solches bestimmt sind, kommt automatisch und bedingungslos auch allen Waren der gleichen Art zugute, die aus einem anderen Vertragsstaat stammen bzw. für einen solchen bestimmt sind. Dasselbe gilt auch für sämtliche sonstigen grenzüberschreitenden Zahlungen, die im Zusammenhang mit derartigen Ein- oder Ausfuhren erfolgen wie auch für alle Vorschriften und Formalitäten, die für solche Geschäften gelten bzw. für solche Geschäfte verlangt werden.

2. Absatz 1 verlangt jedoch nicht die Abschaffung von Präferenzen, die .

(a) ausschließlich zwischen zwei oder mehr der im Anhang A aufgeführten Territorien in Kraft sind;

(b) ausschließlich zwischen zwei oder mehr der im Anhang B, C und D aufgeführten Territorien in Kraft sind.

Anmerkung des Autors: diese Anhänge enthalten u.a. die Liste der sogenannten AKP (Afrika; Karibik; Pazifik) Länder, die früher Kolonien Großbritanniens (Anhang A), Frankreichs (Anhang B) oder eines der Benelux-Staaten (Anhang C) waren.

Art. II

Liste der Zugeständnisse

1.

(b) ...Erzeugnisse aus den Territorien der anderen Mitgliedsstaaten werden höchstens mit den in der beigefügten Tabelle aufgeführten Einfuhrzöllen belegt.

PART II

Article III

National Treatment on Internal Taxation and Regulation

1. The contracting parties recognize that the internal taxes and other internal charges, and laws, regulations an requirements affecting the internal sale, offering of sale, purchase, transportation, distribution or use of products, and internal quantitative regulations requiring the mixture, processing or use of products in specified amounts or proportions, should not be applied to imported or domestic products so as to affords protection to domestic production.

2. The products of the territory of any contracting party imported into the territory of any other contracting party shall not be subject, directly or indirectly, to internal taxes or other internal charges of any kind in excess of those applied, directly or indirectly, to like domestic products......*

3.....

4. The products of the territory of any contracting party imported into the territory of any other contracting party shall be accorded treatment no less favourable than that accorded to like products of national origin in respect of all laws, regulations and requirements affecting their internal sale, offering for sale, purchase, transportation, distribution or use.

*

Art. VI

Anti-dumping and Countervailing Duties

1. (Dumping is) the introduction into the commerce of another country of a product at less than ist normal value.....

---

* **Official Footnote** *(not recorded here in ist original wording): a tax etc., applied to an imported product in order to equalize a tax imposed by the importing country on like domestic products, is to be considered as an internal tax according to this provision even if it is collected at that country's border on the occasion of the imported product's importation.*

TEIL II

Art. III

Inländergleichbehandlung
bei der internen Besteuerung und anderen Vorschriften

1. Landesinterne Steuern sowie alle anderen *im Inland erhobenen* [*] finanziellen *Belastungen*, Gesetze, Vorschriften und Anforderungen bezüglich des internen Verkaufs, Feilbietens oder Erwerbs, der Beförderung, Verteilung oder Verwendung von Produkten sollten nicht so angewendet bzw. auferlegt werden, daß sie den einheimischen Waren Schutz gewähren.

2. Die Vertragsstaaten unterwerfen die Produkte aus den Gebieten der übrigen Vertragsstaaten bei deren Einfuhr in irgendeinen anderen Vertragsstaat weder direkt noch indirekt höheren Steuern oder sonstigen Abgaben als *gleichartige* einheimische Waren. [*]

4. Produkte, die aus dem Territorium eines anderen Vertragsstaats von einem bzw. in einen Vertragsstaat eingeführt worden sind, sollen dort mit Bezug auf alle Gesetze, Vorschriften oder Anforderungen bezüglich ihres Verkaufs, Feilbietens oder Erwerbs, ihrer Beförderung, Verteilung oder Verwendung *nicht ungünstiger* behandelt werden *als gleichartige* einheimische Produkte.

Art. VI

Anti-Dumping- und Subventions-Ausgleichsabgaben

1. (Dumping ist) die Einfuhr eines Produktes in den Handel eines anderen Landes zu einem geringeren als seinem normalen Preis ....

---

[*] *(amtliche Anmerkung:)* Als landesintern im Sinne dieses Artikels gilt eine Steuer, Belastung oder ein Gesetz usw. auch dann, wenn sie/es nur für bzw. auf einheimische Ware im Landesinneren und für/auf gleichartige eingeführte Ware anläßlich oder bei Gelegenheit der Einfuhr erhoben bzw. angewandt wird, sofern nur die Voraussetzungen ihrer Erhebung/ Anwendung im übrigen die gleichen sind.

2. In order to offset or prevent dumping, a contracting party may levy on any dumped product an anti-dumping duty....

3. Countervailing duties may be imposed on products subsidized by the exporting state.

Art. XI

General Elimination of Quantitative Restrictions

1. No prohibitions or restrictions other than duties , taxes or other charges, whether made effective through quotas, import of export licenses or other measures, shall be instituted or maintained by any contracting party on the importation of any product of the territory of any other contracting party or on the exportation or sale for export of any product destined for the territory of any other contracting party.

Art. XII

Restrictions to Safeguard the Balance of Payments

1. Notwithstanding the provisions of paragraph 1 of Art. XII, any contracting party, in order to safeguard ist external financial position and ist balance of payments, may restrict the quantity or value of merchandise permitted to be imported, subject to the following paragraphs of this Article.

Art. XV

Exchange Arrangements

1. The CONTRACTING PARTIES shall seek co-operation with the International Monetary Fund to the end that the CONTRACTING PARTIES and the Fund may pursue a co-ordinated policy ....

2. Zum Zwecke des Ausgleichs oder der Verhinderung von Dumping sind die Mitgliedsstaaten berechtigt, die betreffenden Produkte mit einer Ausgleichsabgabe zu belegen.

3. Entsprechende Sonderabgaben (*"Countervailing Duties"*) dürfen auf subventionierte Erzeugnisse erhoben werden.

Art. XI

Allgemeine Abschaffung von Ein- und Ausfuhrquoten

1. *Alle Verbote oder Beschränkungen* der Ein- oder Ausfuhr von Produkten oder ihres Verkaufs zum Zwecke der Ausfuhr aus einem bzw. in einen anderen Vertragsstaat *außer* Zölle, Steuern und andere *rein finanzielle Belastungen* sind *unzulässig*. Dabei spielt es keine Rolle, ob diese Verbote oder Beschränkungen auf dem Wege von Quotenregelungen, von Einfuhr- oder Ausfuhrlizenzen oder auf andere Weise wirken.

Art. XII

Einschränkungen zur Absicherung der Zahlungsbilanz

1. Vorbehaltlich der Regelungen in Absatz 1 von Art. XII ??? sind die Mitgliedsstaaten befugt, ihre Einfuhren zum Zwecke der Aufrechterhaltung ihrer auswärtigen Finanzposition und ihrer Zahlungsbilanz der Menge oder dem Wert nach zu begrenzen, sofern sie dabei die folgenden Vorschriften dieses Artikels beachten.

Art- XV

Wechselkurs Vereinbarungen

1. Die WTO arbeitet mit dem Internationalen Währungsfonds zusammen mit dem Ziel, daß beide ihre Maßnahmen aufeinander abstimmen ...

Art. XIX

Emergency Action on Imports of Particular Products

1. (a) If, as a result of unforeseen developments ... any product is being imported into the territory of a contracting party in such increased quantities .. as to cause ... serious injury to domestic producers in that territory of like ... domestic products, ... the contracting party shall be free, in respect of such product,, and to the extent and for such time as may be necessary to prevent or remedy such injury,, to suspend the (pertinent GATT-) obligation or to withdraw of modify the (pertinent GATT-) concession.

Art. XX

General Exceptions

Subject to the requirement that such measures are not applied in a manner which would constitute a means of arbitrary or unjustifiable discrimination between countries where the same conditions prevail, or a disguised restriction on international trade, nothing in this Agreement shall be construed to prevent the adoption or enforcement by any contracting party of measures:

> **(a)** necessary to protect public morals;
> **(b)** necessary to protect human, animal or plant life or health;
> ......
> **(f)** imposed for the protection of national treasures of artistic, historic or archaeological value;
> ......

Art. XXI

Security Exceptions

Nothing in this Agreement shall be construed

.....

(b) to prevent any contracting party from taking any action which hit considers necessary for the protection of ist essential security interests .....

Art. XIX

Dringende Notmaßnahmen bezüglich der Einfuhr bestimmter Erzeugnisse

1.(a) Wenn infolge unvorhergesehener Entwicklungen ... ein bestimmtes Erzeugnis in derart erhöhtem Umfang in das Gebiet eines Mitgliedsstaates eingeführt wird, daß die einheimischen Hersteller vergleichbarer Erzeugnisse ernsthaft geschädigt werden, darf der betreffende Mitgliedstaat seine GATT-Verpflichtungen oder Zugeständnisse betreffend diese Erzeugnisse in dem Umfang und für den Zeitraum ausssetzen, der erforderlich ist, um diesen Schaden zu verhindern bzw. zu beseitigen.

Art. XX

Allgemeine Ausnahmen

Unter der Voraussetzung, daß solche Maßnahmen nicht zu einer willkürlichen oder ungerechtfertigten Diskriminierung zwischen Ländern führen, in denen die gleichen Bedingungen herrschen, oder eine versteckten Behinderung des internationalen Handels darstellen, gelten solche Maßnahmen als erlaubt, die

a) zur Aufrechterhaltung der öffentlichen Moral erforderlich sind;

b) zum Schutze des Lebens oder der Gesundheit von Menschen, Tieren oder Pflanzen erforderlich sind;

f) zum Schutze nationaler Kulturgüter künstlerischer, historischer oder archäologischer Art.

Art. XII

Ausnahmen aus Gründen der nationalen Sicherheit

(sinngemäß:) *Maßnahmen, die zum Zweck der nationalen Sicherheit durchgeführt werden, fallen nicht unter dieses Abkommen.*

PART III

Art. XXIV

..... *Customs Unions and Free-Trade Areas*

5. ... the provisions of this Agreement shall not prevent ... the formation of a customs union or of a free-trade area ....

8. For purposes of this Agreement:

(a) A customs union shall be understood to mean the substitution of a single customs territory for two or more customs territories, so that

(i) duties and other restrictive regulations of commerce (...) are eliminated with respect to substantially alt he trade between the constituent territories of the union, ... and,

(ii) .... substantially the same duties and other regulations of commerce are applied by each of the members of the union to the trade of territories not included in the union;

(b) A free-trade area shall be understood to mean a group of two or more customs territories in which the duties and other restrictive regulations of commerce (...) are eliminated on substantially al the trade between the constituent territories in products originating inn such territories.

TEIL III

Art. XXIV

Zollvereine und Freihandelszonen

.....

4. ... Unter der Voraussetzung, daß solche Zusammenschlüsse nicht zur Bildung von Handelshindernissen gegenüber anderen Vertragsstaaten führen, wird die Schaffung regionaler Zusammenschlüsse durch die Bildung von Zollvereinen oder Freihandelszonen als wünschenswert anerkannt.

.....

8. Im Sinne dieses Abkommens gilt als

a) Zollverein

i) der Zusammenschluß von zwei oder mehr Zollgebieten zu einem einzigen Zollgebiet, innerhalb dessen Zölle und andere den Handel beschränkende Vorschriften ... mit Bezug auf im wesentlichen den gesamten Handel, zumindest aber mit Bezug auf den gesamten Handel mit Waren aus den beteiligten Gebieten abgeschafft sind und

ii) all seine Mitgliedsstaaten im Verhältnis zu Drittstaaten im wesentlichen die gleichen Zölle erheben und die gleichen Vorschriften anwenden.

b) Freihandelszone

ein Zusammenschluß von zwei oder mehr Zollgebieten, in denen Zölle und andere den Handel behindernde Maßnahmen mit Bezug auf im wesentlichen den gesamten Handel mit solchen Produkten abgeschafft sind, die aus einem der beteiligten Gebiete stammen.

.....

PART IV

TRADE AND DEVELOPMENT

Art. XXXVI

Principles and Objectives

....

4. Given the continued dependence of many less-developed contracting parties on the exportation of a limited range of primary products, there is need to provide in the largest possible measure more favourable and acceptable conditions of access to world markets for these   products, and wherever appropriate to devise measures designed to stabilize and improve conditions of world markets in these products, including inn particular measures designed to attain stable, equitable and remunerative prices , thus permitting an expansion of world trade and demand an a dynamic and steady growth of the real export earning of these countries so as to provide them with expanding resources for their economic development.

AGREEMENT ON TECHNICAL BARRIERS TO TRADE

....

2.7. Members shall give positive consideration to accepting as equivalent technical regulations of other Members, even if these regulations differ from their own, provided they are satisfied that these regulations adequately fulfil the objectives of their own regulations.

TEIL IV

Handel und Entwicklung

Art. XXXIV

Grundsätze und Ziele

4. Da viele unterentwickelte Vertragsstaaten nach wie vor in hohem Maße auf die Ausfuhr einer nur geringen Auswahl an Bodenschätzen angewiesen sind, erkennen die Vertragsstaaten die Notwendigkeit an, die Bedingungen des Weltmarktes für solche Produkte soweit wie möglich zu verbessern, insbesondere, die Preise für solche Rohstoffe auf einem so fairen und lohnenden Niveau zu stabilisieren, daß die Ressouren dieser Länder für ihre wirtschaftliche Entwicklung vergrößert werden.

VEREINBARUNG ÜBER HANDELSHINDERNISSE TECHNISCHER ART

(Nebenabkommen – "side agreement" - zum GATT)

.....

Technische Vorschriften und Standards

Art. 2

Vorbereitung, Annahme und Anwendung Technischer Vorschriften durch Organe der Zentral- bzw. der Bundesregierung

....

2.7. Kommt ein Mitgliedsstaat zu der Überzeugung, daß die technischen Vorschriften eines anderen Mitgliedsstaates den Zweck seiner eigenen diesbezüglichen Vorschriften in angemessener Weise erfüllen, wird er die Anerkennung dieser ausländischen Vorschriften als gleichwertig mit seinen eigenen positiv in Erwägung ziehen.

Abkürzungen/Abbreviatons:

aaO.	Am angegebenen Ort	ibid.
ABl.	Amtsblatt der Europäischen Gemeinschaft	O.J.
BGH	Bundesgerichtshof (German Federal Supreme Court)	
BISD	Basic Instruments and Selected Documents	
Cf.	Latin „*confer*" = compare	vgl.
e.g.	Latin (for example)	z.B.
EuGH	Europäischer Gerichtshof	ECJ
ECJ	European Court of Justice	EuGH
f.	following/folgende	(one page/eine Seite)
ff.	following/fortfolgende	(several pages/mehrere Seiten)
GRUR	Gewerblicher Rechtsschutz und Urheberrecht (German legal journal)	
ibid.	(Lat. „*ibidem*" = at that same location)	aaO.
infra	(Latin) below	unten
o.a.	oben angegebenen	above mentioned, above quoted
O.J.	Official Journal of the European (Economic) Community	ABl.

o.e.	oben erwähnt	above mentioned
p.	page	Seite
passim	Latin: „*at various places*"	seriatim
pp.	pages	Seiten
S.Ct.	United States Supreme Court	
seriatim	„*at various places*"	passim
supra	(Latin) above	oben
vgl.	vgl.	cf.
viz.	namely	
z.B.	zum Beispiel	e.g.

LITERATUR/LITERATURE

Besse, Dirk — *Die Bananenmarktordnung im Lichte deutscher Grundrechte und das Kooperationsverhältnis zwischen BVerfG und EuGH*, in: Juristische Schulung (JuS) 1996, 396.

Coase, Ronald H. — *The Nature of The Firm*, in: *The Firm, The Market and The Law*, Chicago, London, 1988.

Currie, David P. — *The Constitution in the Supreme Court, The Second Century, 1888-1986*, Chicago, London, 1990, zitiert als/cited as: Currie, *The Second Century*.

ders./the same — *The Constitution of the Federal Republic of Germany*, Chicago, London, 1994, zitiert als/cited as: Currie, Constitution.

Doggart, Caroline — *From Reconstruction to Development in Europe and Japan*, The World Bank, Washington, D.C..

Dörr, Oliver — *Die Entwicklung der ungeschriebenen Außenkompetenzen der EG*, EuZW 96, 39 ff.

Driscoll, David D. — *The IMF and the WORLD BANK How Do They Differ?*, IMF, Washington, D.C., 1992.

Evens, Phillip und Walsh, James — *The EIU Guide to the new GATT*, London, 1994.

Friedman, Milton — *International Financial and Trade Arrangements*, in: *Capitalism and Freedom*, Chicago, London, Reprint, 1982, SS./pp. 56 ff.

Friedman,   *The Future of Monetary Policy: The Central Bank*
Benjamin M.   *as an Army with only a Signal Corps?* (unpublished
                         Discussion Paper of September 1999).

Gormley, Lawrence W.   *The genesis of the European Communities and the*
                         accession of other European countries,
                         in: Kapteyn, P.J.G.; Van Themaat , P. Verloren;
                         Gormley, Lawrence W. (Edt): *Introduction to the*
                         Law of the European Communities , 2nd edition,
                         Deventer, Boston, 1989.

Grabbe, J. Orlin   *The Rise and Fall of Bretton Woods*, in: *Internatio-*
                         nal Financial Markets, 1995, SS./pp. 3 ff..

Griller, Stefan   *The Common Commercial Policy Instruments after*
                         the Uruguay Round - with some Implications for
                         Austria, in: *The World Economy after the Uruguay*
                         Round, von: Breuss, Fritz (Hg.), Wien, 1995.

Guitián, Manuel   *The Unique Nature of the Responsibilities of the*
                         International Monetary Fund, IMF, Washington,
                         D.C., 1992.

Hahn, Michael J.;   *Zum Verstoß von gemeinschaftlichem Sekundär-*
Schuster, Gunnar   *recht gegen das GATT, Die gemeinsame Marktor-*
                         ganisation für Bananen vor dem EuGH, EuR 93,
                         SS./pp., 261 ff.

Hahn, Hugo J   *"The Stability Pact for European Monetary Union:*
                         Compliance with Deficit Limit as a Constant Legal
                         Duty", in: Common Market Law Review 35, 1998,
                         pp. 77 ff.

Hauser, Heinz   *Das neue GATT, Die Welthandelsordnung nach*
Schanz, Kai-Uwe   *Abschluß der Uruguay-Runde*, München, Wien,
                         1995.

Hayek, Friedrich A. *Was der Goldwährung geschehen ist,* Tübingen, 1965.

Hilf, Meinhard *EG-Außenkompetenzen in Grenzen,* EuZW 95, SS./pp. 7 ff.

Jackson, John H. *Legal Problems of International Economic*
Davey, William J. *Relations,* 3rd edition, St.Paul, MINN, 1995)
Sykes, Alan O., Jr.

Keynes, John M. *The Economic Consequences of the Peace,* Re-issued 1995.

Keynes, John M. *siehe/see* Moggridge, Donald (Hg.).

Kloten, Norbert *Obst/Hintner, Geld-, Bank und Börsenwesen,*
und von Stein, 39. Auflage, Stuttgart, 1993, zitiert als:
Heinrich (Hg.) Obst/Hintner.

MacKenzie Stuart *Problems of the European Community, Transat-lantic Parallels,* in: International and Comparative Law Quarterly, Vol. 36, April 1987, SS./pp. 183 ff.

Meesen, Karl M. *Das Für und Wider eines Weltkartellrechts,* in: Wirtschaft und Wettbewerb, 2000, pp./SS. 5 ff., zitiert als/cited as: *Meesen, Weltkartellrecht.*
A short English summary of this essay may be found on the first page of the cited magazine.

Miller, William Ian *Bloodtaking and Peacemaking, Feud, Law an Society in Saga Iceland,* Chicago, London, 1990.

Moggridge, Donald *The Collected Writings of John Maynard Keynes,*
(Hg.) London and Basingstoke, The Royal Economic Society, 1980, Vols. XXV and XXVI, (zitiert als/cited as: *Keynes, Vols. XXV und XXVI*).

Obst/Hintner *siehe/see* Kloten, Norbert und von Stein, Heinrich Johann (Hg.).

Ohlhoff, Stefan;
Schloemann, Hannes
ff.

Durchsetzung internationaler Handelsregeln durch Unternehmen und Verbände, RIW 99, SS./pp.649

Posner, Richard A.

The Economics of Justice, Cambridge, MA und London, 1983.

Schmid, Christoph

Immer wieder Bananen: Der Status des GATT/ WTO-Systems im Gemeinschaftsrecht, NJW 98, SS. 190 ff.

Tipke, Klaus;
Lang, Joachim

Steuerrecht, 14. Auflage, Köln, 1994

The Bank For International Settlements and the Basle Meetings, Basel, Mai 1980 (Festschrift anlässlich des 50jährigen Bestehens der BIZ).

Trebilcock, Michael J.
und Howse, Robert

The Regulation of International Trade, London, New York, 1995.